中国心理学会心理学质性研究专业委员会推荐

心 理 学 经 典 教 材 译 丛

Introduction to Qualitative
Research Methods in Psychology
(3rd edition)

心理学质性
研究方法导论

（第3版）

[英]丹尼斯·豪伊特（Dennis Howitt) 著

甘怡群 宋亚男 等 译

北京师范大学出版集团
BEIJING NORMAL UNIVERSITY PUBLISHING GROUP
北京师范大学出版社

图书在版编目(CIP)数据

心理学质性研究方法导论/(英)丹尼斯·豪伊特著;甘怡群等译. —3版. —北京:北京师范大学出版社,2021.4
(心理学经典教材译丛)
ISBN 978-7-303-24469-0

Ⅰ.①心… Ⅱ.①丹… ②甘… Ⅲ.①心理学研究方法—教材 Ⅳ.①B841

中国版本图书馆 CIP 数据核字(2019)第 001446 号

营　销　中　心　电　话　010-58807651
北师大出版社高等教育分社微信公众号　新外大街拾玖号

XINLIXUE ZHIXING YANJIU FANGFA DAOLUN

出版发行:北京师范大学出版社　www. bnup. com
　　　　　北京市西城区新街口外大街 12-3 号
　　　　　邮政编码:100088
印　　刷:保定市中画美凯印刷有限公司
经　　销:全国新华书店
开　　本:890 mm×1240 mm　1/16
印　　张:33.25
字　　数:793 千字
版　　次:2021 年 4 月第 1 版
印　　次:2021 年 4 月第 1 次印刷
定　　价:138.00 元

策划编辑:何　琳　　　　　责任编辑:梁宏宇　朱冉冉
美术编辑:李向昕　　　　　装帧设计:李向昕
责任校对:康　悦　　　　　责任印制:马　洁

在 20 世纪 80 年代之前，心理学研究以量化的方法为主导，也大约在那个时候，质性研究方法开始出现并不断发展壮大。我的经历和大多数心理学家的经历不同。学了一年心理学之后，我为了体验工厂工人的生活，去伦敦巴特西的摩根奈特·卡本（Morganite Carbon）摩根石工厂车间（后来在人事部）工作了六个月，在那之后，我写下了我的工作经历。这是一种参与者观察法或人种志研究和现实生活结合的亲身经历。在工厂工作结束后，我又在韦克菲尔德（Wakefield）监狱待了六个月。在那里我开展了我的第一项关于性侵犯的研究（这可能是第一次由英国心理学家开展的对性犯罪的研究），研究的主要群体是性虐待者和恋童癖者。然后我又去伦敦的圣乔治医院工作了六个月，那里的工作人员佛兰赛拉（Fay Fransella），是倡导乔治·凯利（George Kelly，1905—1967，质性心理学中社会建构主义的先驱）的个人建构理论的重要人物。事实上，我在布鲁内尔大学就参加了首次个人建构理论会议，学习了较多的建构理论，也许乔治·凯利本人也参加了这次会议，虽然我并不能确定。

在布鲁内尔，我记得我被雅克（Jacques）教授组织的心理分析会议吸引。当时雅克作为一位组织心理学家，不仅把心理分析的思想带到了工业界，而且他还是中年危机概念的鼻祖。然而，当时对布鲁内尔大学心理学学生影响最大的却是玛丽·雅霍达（Marie Jahoda，1907—2001），因为当时的想法和问题都是玛丽·雅霍达的观点。她曾与一些社会科学领域的重要人物一起工作过或相互认识，西格蒙德·弗洛伊德（Sigmund Freud，1856—1939）就是她的一位朋友。她在讲座中还谈到了罗伯特·默顿（Robert Merton）——一位伟大的社会学理论家。她也与社会学方法论方面著名的学者保罗·拉扎斯菲尔德（Paul Lazarsfeld，1901—1976）一起工作并与其结婚。她参与了一些心理学领域最具创新性的研究，如马林塔尔（Marienthal）失业问题研究。"问题"本身——智力任务——是做研究的关键，收集数据的方式只是随之而定的，它们不是主导，分析只是一种方法，如欧内斯特·迪希特（Ernest Dichter）的市场研究讨论全都围绕苹果。我跟着玛丽·雅霍达到瑟赛克斯大学时，拜访了心理学方法学家唐纳德·坎贝尔（Donald Campbell），我就坐在他的旁边，那激动人心的时刻让我终生难忘。

我从来没有在只有一门学科的环境中工作过，我的工作环境中总是有社会学家、心理学家和其他领域的一些学者。我的第一份学术工作在莱斯特大学的大众传播研究中心。值得注意的是，大众传播研究在质性研究方法的发展中十分重要。例如，焦点小组、参与者观察法、受众研究、叙事/生活史等，都是从这个领域开始的，或者是通过这个领域发展壮大的。这是一个心理学家和社会学家共同贡献的领域。但是，研究模式从深度量化研究向同样深度的质性研究变化。不同的问题需要不同的方法。我还记得当时一些激进人物，如深受欧文·戈夫曼（Erving Goffman）和哈罗德·加芬克尔（Harold Garfinkel，1917—2011）影响的认知社会学家艾伦·西科尔（Aaron Cicourel）——研究中使用视频的先驱。在一个研讨会上，艾伦·西科尔对视频的编码和分类问题感到痛苦，我记得我问他为何不干脆公布这些研究视频呢？虽然艾伦·西科尔有几秒钟的迟疑，但最终还是给予了我回复。但在我看来，这个问题仍然是一个有趣的问题：人类学研究方法是普通大众的方法，为什么研究者要进行研究呢？

自相矛盾的是，我一直从事量化研究方法的教学工作，事实上，我从研究生期间就开始教量化研究方法这门课。尽管如此，在学术生活中，你总是会出于一些奇怪的原因而讲授课程。质性和量化的对立是不可避免的，所以许多研究人员都脚踩两条船，如艾伦·西科尔同样是采用两种研究方法的学者：不反对量化、形式化或者建模的方法，但是不想追求与所研究的现象完全不适合的量化方法（Witzel & Mey，2004）。他在研究生期间花了很多时间学习数学和量化研究的方法："如果我批评这种方法，我必须表明我对使用这种方法的担心不是基于不知道和不会使用这些方法，而是由于真正有兴趣找到一种新的方法。这种方法与我们所说的社会互动以及在正式和非正式的日常生活环境中与常规语言使用相关的人种志研究条件的现象一致或符合。"艾伦·西科尔忽视了另一个原因：量化的方法能够对政府和社会政策产生令人信服的影响，能够与量化研究人员交流，这在我的研究中所依据的政策领域非常重要。

无论如何，研究者应该专注于研究问题而不是研究方法，研究人员做出的选择是为了获得最佳可能性的答案而不是得到问题的特定答案。由于这个原因，质性研究方法只是我研究的一部分。但是，如果问题需要情景化和详细的数据，研究方法就要比我、我的参与者和我的记录仪器重要一些。我的一些研究也体现了这一点。

心理学中质性研究方法正在变得多样化。然而，不同类型的研究或认识论在其他学科的研究中并没有得到广泛的传播。例如，人种志研究方法在心理学研究中虽然并不常见，但是这种方法至今仍然存在，话语分析方法也已经成为比较常见的研究方法。这里说的人种志研究方法和话语分析方法的目的不是鼓励采用任何一种方法（或任何其他方法），而是解决某个人的研究问题。这可能不能让所有质性研究者满意，但心理学研究方法的任何霸权主义都不对。所以本书以宽泛的方法阐述了心理学中的质性研究方法。首先，它使读者更好地理解如何收集质性数据。质性研究收集数据通常会非常困难，对于草率和不恰当的数据收集方法来说，通常会让研究适得其反。有些研究人员认为深入访谈或焦点小组是简单易懂的数据收集方法，因为除了会话技巧之外，它们似乎只涉及很少的内容。但是，人们只需看看期刊文章上发表的这些数据的一些记录，就知道研究人员需要时间、实践、讨论和培训来学习质性数据的收集。其次，这本书涵盖了许多不同的质性数据分析方法，这些方法在某些方面可能并不相互兼容。它们扎根于不同的领域。扎根理论源于 20 世纪 60 年代社会学的会话分析。话语分析不仅源于法国哲学家米歇尔·福柯(Michel Foucault)的思想，也源于 20 世纪 70 年代的科学社会学。解释现象学分析虽然依赖于现象学，但是源于哲学和心理学。叙事分析有许多根源，但主要集中在 20 世纪 90 年代的叙事心理学。专题分析完全取决于你所说的专题分析是什么。

有一个重要的问题，也许最好的引证来自肯尼斯·J. 格根(Kenneth J. Gergen)。他是心理学质性研究方法的主要创始人之一。在下文中，他描述了他作为一名心理学研究者的早期经验。

> 我早期的培训是以科学心理学为基础的，也就是说，心理学基于这样的理论假设：通过应用经验方法、合理的测量和统计分析，我们将不断地接近心理功能的真相……我的专业课程学得很好，并且知道如何从实验室的混乱局限中产生那些专业期刊所能接受的清晰而令人信服的"事实"。这里有几个诀窍：预先测试实验操作，以确保获得预期的效果；采用多种测量方法以确保至少有一个能证实研究效果；如果第一个统计检验没有产生可信的差异，尝试另外一些可能会出现差异的方法；如果有参与者的效应和预期效应存在明显矛盾，即使效应很小也具有显著意义；一定要引用早期研究来体现研究的历史深度；引用最近研究显示自己的研究紧跟研究方向；不引用弗洛伊德、荣格或任何其他的前科学时代的心理学家的文章；需要引用那些可能作为审稿人的研究者的文章。因此，掌握了这些研究管理的技巧，我就可以在科学杂志上"创造事实"；这还意味着研究资助、名誉和更高的学术地位。(Gergen, 1999)

肯尼斯·J. 格根希望通过这种"认罪"来效仿主流心理学的玩笑，并不令人愉快。在写这本书的时候，我希望能分享一些质性心理学家所能够提出的一些有趣的研究和重要观点，使得量化心理学研究者和质性心理学研究者都可以从中获益。本书的一个重要目标是更好地开展研究，正如我们所做的那样，嘲笑那些努力理解他们所生活的世界的研究人员的工作并不在我的议程上。研究是为了选择最好的方法探究问题，而不是为了得到一种普遍好的研究方法。

本书有着专栏化的结构。这样的设计不是为了让读者从头到尾读完，而是为了让读者将本书作为一种工具，根据自身的需要按照任意的顺序阅读。最后，我要说明本书的以下几个特征。

* 本书附有专业词汇表，不仅包括了书中用过的质性研究的专业词汇，还包括了质性研究领域常见的专业词汇。
* 大多数章都有着同样的结构，如质性数据收集和质性数据分析这两部分。
* 每个部分重要的信息最后都有汇总，读者可以之后再阅读不重要的信息。
* 每章都有许多专栏来讨论核心概念，如介绍与概念相关的研究，介绍特别的研究话题等。
* 每章的开始部分都会简要介绍这章的主要内容。
* 每章的结束部分都会介绍进一步研究的参考资料，包括相关的书籍和杂志论文。

这本书是第三次修订版，有独立的章来介绍话语分析方法的主要类型：社会建构主义和福柯主义话语分析。最后一章中有如何写质性研究论文的例子。这些例子都有评论和注释。读者应该能找到更多的研究问题，读者的想法也应该比我的更好。

丹尼斯·豪伊特（Dennis Howitt）

作者的致谢

许多人在本书中贡献了他们的聪明与才智。多亏了他们的帮助，我原本粗糙的草稿才变成了现在精致的书籍。我对他们感激万千，但在此只能提及其中几位。

莉娜·阿布杰布(Lina Aboujieb，编辑)：莉娜在培生(Pearson)教育有限公司的时间虽然较短，但与她一起共事十分幸运。她对本书提供了许多创新的建议。

凯文·安逊特(Kevin Ancient，设计经理)：凯文对内容进行排版，让本书的架构更具吸引力。

凯利·米勒(Kelly Miller，资深设计师)：他设计了非常完美的封面。

卡罗尔·德拉蒙德(Carole Drummond，资深编辑)：卡罗尔从一开始就负责审查工作，直到本书完成。

珍·欣奇利夫(Jen Hinchcliffe，校对)：她是个非常严谨的校对者，在其他方面也提供了许多帮助。

菲莉丝·范·瑞宁(Phyllis Van Reenen，编索引者)：谢谢她的帮助，一本书如果没有索引将会很难读。

罗斯·伍德沃德(Ros Woodward，文字编辑)：与她共事也是一件非常幸运的事。她善于找到问题，经常让我刮目相看。

同时，我也非常乐意能收到来自学术界同行的建议。他们的宝贵建议使本书的内容得到了很大的改善。在此，非常感激以下诸位提出的具有建设性和支持性的建议：

达里恩·埃利斯(Darren Ellis)博士，东伦敦大学；

纳奥米·埃利斯(Naomi Ellis)博士，斯塔福德郡大学；

亚历山德拉·拉蒙特(Alexandra Lamont)博士，基尔大学；

简·蒙塔古(Jane Montague)博士，德比大学；

丹尼斯·尼格布(Dennis Nigbur)博士，坎特伯雷基督教会大学。

最后，我想特别感谢在我困难时期给了我莫大帮助的卡罗尔·德拉蒙德、简·蒙塔古博士和珍妮·韦布(Janey Webb，出版商)。

丹尼斯·豪伊特

出版商的致谢

感谢以下期刊对本书借鉴复制特定材料的版权许可。

文字材料

摘录发表于杂志 *Sage* 的文章：Stokoe，E. H. (2003). Mothers，single women and sluts：gender，morality and membership[J]. *Feminism and Psychology*，13(3)，326。

图片材料

图 8-3 参考的是发表于 Routledge/Taylor & Francis 出版商，Strandmark 与 Hallberg's 所提出的关于工作中被拒绝和排斥模型。该模型源于：Strandmark，M. & Hallberg，L. R-M. (2007). Being rejected and expelled from the workplace：Experiences of bullying in the public service sector[J]. *Qualitative Research in Psychology*，4(1-2)，1-14。

Introduction to Qualitative
Research Methods in Psychology 目　录

第一部分
心理学质性研究方法产生的背景

第 1 章　心理学中的质性研究是什么，它是否是隐藏着的　6

一、 什么是质性研究　7

二、 科学在质性和量化研究中的普遍实践　11

三、 现代心理学的开始： 内省主义和心理学的创始人　14

四、 逻辑实证主义、 行为主义和心理学　17

五、 主流心理学中量化的主导地位　19

六、 心理学中的统计学及量化精神　23

七、 小结　25

第 2 章　心理学质性方法的发展：质性革命　29

一、 质性方法在心理学中的发展　30

二、 20 世纪 50 年代以前心理学领域的主要质性方法　35

三、 20 世纪 50 年代至 70 年代的突破式创新　42

四、 质性心理学的最新进展　49

五、 小结　51

第二部分
质性数据收集

第 3 章　质性访谈　58

一、 什么是质性访谈　59

二、 质性访谈的发展　62

三、 如何进行质性访谈　64

四、 如何分析质性访谈 74

五、 何时使用质性访谈 76

六、 质性访谈的评估 77

七、 小结 78

第 4 章　焦点小组 83

一、 什么是焦点小组 83

二、 焦点小组的发展 85

三、 如何进行焦点小组访谈 87

四、 如何分析焦点小组的数据 92

五、 何时使用焦点小组 93

六、 焦点小组应用实例 94

七、 焦点小组的评估 97

八、 小结 98

第 5 章　人种志/参与者观察法 100

一、 什么是人种志/参与者观察法 101

二、 人种志/参与者观察法的发展 104

三、 如何进行人种志/参与者观察法研究 105

四、 如何分析人种志/参与者观察法数据 111

五、 人种志/参与者观察法应用实例 112

六、 何时使用人种志/参与者观察法 118

七、 人种志/参与者观察法的评估 118

八、 小结 120

第三部分
质性数据分析

第 6 章　数据转录方法 125

一、 什么是转录 126

二、 转录是必要的吗 126

三、 转录中的问题 130

四、 杰斐逊转录方法 132

五、 转录方法的发展 137

六、 如何使用杰斐逊转录方法 138

七、 何时使用杰斐逊转录方法 144

八、 对杰斐逊转录方法的评估　145

九、 小结　146

第7章　主题分析　150

一、 什么是主题分析　151

二、 主题分析的发展　154

三、 如何进行主题分析　155

四、 何时使用主题分析　161

五、 主题分析实例　162

六、 主题分析的评估　168

七、 小结　169

第8章　质性数据分析：扎根理论的发展　171

一、 什么是扎根理论　171

二、 扎根理论的发展　176

三、 如何进行扎根理论研究　178

四、 何时使用扎根理论　185

五、 扎根理论研究实例　186

六、 扎根理论的评估　190

七、 小结　193

第9章　社会建构主义话语分析与推论心理学　196

一、 什么是社会建构主义话语分析　197

二、 社会建构主义话语分析的发展　214

三、 如何进行社会建构主义话语分析　216

四、 何时使用社会建构主义话语分析　222

五、 社会建构主义话语分析实例　223

六、 社会建构主义话语分析的评估　230

七、 小结　232

第10章　会话分析　234

一、 什么是会话分析　234

二、 会话分析的发展　243

三、 如何进行会话分析　245

四、 何时使用会话分析　250

五、 会话分析研究实例　251

六、 会话分析的评估 258

七、 小结 259

第 11 章　福柯主义话语分析 261

一、 什么是福柯主义话语分析 262

二、 福柯主义话语分析的发展 266

三、 如何进行福柯主义话语分析 273

四、 何时进行福柯主义话语分析 275

五、 福柯主义话语分析实例 277

六、 福柯主义话语分析的评估 286

七、 小结 288

第 12 章　现象学 290

一、 什么是现象学 291

二、 现象学的发展 296

三、 如何进行现象学研究 301

四、 数据分析 305

五、 何时进行现象学 307

六、 现象学分析实例 308

七、 现象学的评估 313

八、 小结 315

第 13 章　解释现象学分析 317

一、 什么是解释现象学分析 318

二、 解释现象学分析的发展 319

三、 数据收集：半结构式访谈 326

四、 何时使用解释现象学分析 332

五、 解释现象学分析实例 332

六、 解释现象学分析的评估 336

七、 小结 338

第 14 章　叙事分析 340

一、 什么是叙事分析 341

二、 将叙事分析作为一个研究领域的难点 341

三、 什么是叙事 343

四、 社会建构主义与叙事 345

五、 叙事分析的发展　346

六、 如何进行叙事分析　349

七、 何时使用叙事分析　354

八、 叙事分析实例　355

九、 叙事分析的评估　357

十、 小结　358

第四部分
计划和撰写质性研究报告

第 15 章　撰写质性研究报告　364

一、 质性研究报告有何不同　364

二、 目标导向： 优秀质性研究报告的总体特征　366

三、 质性的理念　368

四、 质性研究报告的结构　372

五、 质性研究报告的细节　375

六、 小结　391

第 16 章　确保质性研究的质量　393

一、 怎样评估质性研究　393

二、 定量研究的质量标准　396

三、 评估质性研究的质量　397

四、 研究的一般理论依据和特点　398

五、 质性研究的普适性　401

六、 质性研究的效度　402

七、 质性研究的信度　408

八、 小结　412

第 17 章　质性研究中的伦理与数据管理　414

一、 质性研究是否需要伦理　414

二、 心理伦理学的发展　416

三、 质性研究中的基本伦理原则　419

四、 质性研究中的伦理程序　420

五、 鼓励参与的奖励　432

六、 作为伦理和方法论的任务汇报　433

七、 撰写研究报告和出版的伦理　434

八、小结 437

第18章　质性研究报告撰写范例：了解优缺点 440

一、引言 440

二、质性研究报告写作的例子 443

三、小结 478

词汇表 480

参考文献 491

译后记 515

第一部分　心理学质性研究
　　　　　方法产生的背景

| 模块内容 |

第1章　心理学中的质性研究是什么，它是否
　　　　是隐藏着的

第2章　个心理学质性方法的发展：质性革命

　　近年来，质性研究方法在心理学领域中已经获得了较好的发展。一般来说，大多数的质性研究方法最早是从 20 世纪 80 年代开始发展的，这意味着，质性研究方法在心理学学科早期的进展是不太顺利的。稍微早期的时候，质性研究方法在营销心理学中很受欢迎（Bailey，2014）。然而，对于社会心理学、健康心理学、心理治疗、心理咨询以及其他心理学领域而言，20 世纪 80 年代才是质性研究方法真正开始发展的时期。在这段时间，质性心理学中的理论基础以及哲学性的方法开始大力发展，并且它们具有非常强的实践性和应用性。除了这些，我们也必须承认，质性研究的历史比想象的更长。毫无疑问，整个主流的心理学，在历史上，是一门以量化研究为主的学科，并且很有可能在可预见的未来依旧是这样的。几乎在各个方面，主流心理学充分证明了"量化"这个特点。在心理学历史中，"数字"和"计算"是至高无上的。尽管如此，质性研究方法在心理学中一直产生了显著的影响，甚至可以说，质性研究的方法可以回溯到 19 世纪晚期，也就是现代心理学的萌芽时期。对于心理学的质性传统而言，质性研究稍微碎片化了点，数量也稍微少了点。

　　出人意料地，沃茨（Wertz，2014）曾总结了有很多大人物都使用过心理学的质性研究方法，如弗雷德里克·巴特莱特（Frederic Bartlett），阿尔弗雷德·比奈（Alfred Binet），约翰·多拉德（John Dollard），利昂·费斯汀格（Leon Festinger），安娜·弗洛伊德（Anna Freud），西格蒙德·弗洛伊德，卡罗·吉利根（Carol Gilligan），卡伦·霍妮（Karen Horney），威廉·詹姆斯（William James），卡尔·荣格（Carl Jung），劳伦斯·科尔伯格（Laurence Kohlberg），科特·勒温（Kurt Levin），亚伯拉罕·马斯洛（Abraham Maslow），让·皮亚杰（Jean Piaget），大卫·罗森汗（David Rosenhan），斯坦利·沙赫特（Stanley Schacter），威廉·斯特恩（Wilhem Stern），爱德华·铁钦纳（E. Titchener），列夫·维果茨基（Lev Vygotsky），约翰·华生（John Watson），马克斯·韦特海默（Max Wertheimer）以及菲利普·津巴多（Philip Zimbado）等，不胜枚举。有些心理学家主要是做量化研究的，但是他们的研究结果也会有质性的方法。以上名单中，有一个非常值得注意的地方，就是在美国占据心理学主导地位的大环境下，欧洲裔的心理学家的数量。如我们所见，这是有充分的理由的。此外，根据沃茨的总结，其中有两位心理学家曾经获得诺贝尔经济学奖，他们是赫伯特·西蒙（Hebert Simon）和丹尼尔·卡尼曼（Daniel Kahneman）。他们获得奖项的研究都是建立在对每日问题解决的口头描述以及质性分析上的。在此基础上，他们发展出了数学模型。因此，一个成功的心理学研究和使用质性的方法，并没有任何冲突。

　　对于量化研究方法在心理学研究中占主导地位的原因，通常的解释是这门学科试图追赶上自然科学的步伐——尤其是物理学。但有一个地方难以解释，即为什么心理学对质性研究如此抵触，以至于忽略了其他与之非常相关的学科的变革，如社会学和人类学。正是这种心理学对质性研究保持固执对抗的姿态，需要更多的解释。本书的第一部分由两章组成，它们有以下目标。

　　• 帮助读者大概理解质性心理学和量化心理学的不同。

　　• 回顾心理学历史，它可以解释为什么和其他相关学科相比，质性研究的方法在大部分心理学领域中发展得比较缓慢。

• 提供一个学科内的质性心理学发展的设想，受其他相近学科的影响，如社会学，结果使主流心理学研究方法醒悟。

质性心理学的哲学(认识论)基础和量化心理学的基础非常不同。心理学是如此的"量化"以致很多心理学家在初次接触质性研究方法时，都会经历文化冲击。从这种意义上来说，量化研究和质性研究，可以被看作两种不同的文化。很多新来者会发现他们会因为新的研究挑战而跃跃欲试。质性心理学拒绝、质疑，甚至完全改变那些主流心理学家认为的不可侵犯的事物。

迄今为止，心理学中质性研究的历史是碎片化的，也是不完整的。心理学的历史经常会对研究方法进行大清理，因此，对于未来的研究者来说，他们会失去那些被低估的研究方法。因此，重新检验心理学研究中浩大的研究方法是一项巨大的任务。不同的历史有不同的开始点和结束点。对美国的心理历史学家来说，心理学的历史起源于威廉·詹姆斯的作品：这很有可能是美国现代心理学的真正开端(Howitt，1991)。对有些质性研究心理学家来说，质性的历史可能比20世纪80年代更早。之后我们会对这些历史进行更加详尽的讨论。历史，在某种程度上是自利服务的。此外，有一点需要记住，那就是即使在质性研究的领域内，不同的流派也会为了主导权而相互竞争。质性研究的各种方法不一定像和主流心理学的关系一样相互包容。

那么，主流心理学的特点是什么呢？质性心理学家常常暗指，主流心理学因为自己的实证主义的基础而抑制质性心理学的发展。实证主义本质上是对自然科学，如物理和化学的假设以及特征的描述。比如说，这些科学的特点是研究普遍规律、量化和实证调查。质性研究者通常争论，心理学急于采用物理学的科学模型，这给心理学本身造成了损害。这一点，经过了无数次的重复主张，已经被逐渐接受为事实。但其中是有疑问的，如我们所见，质性研究的方法是否真的如此让实证主义反感呢？因此，我们应该保守使用实证主义这个词。不过，有一点是确定的，现代心理学历史中大部分时间的大部分心理学家，都在研究实践中使用量化方法。

心理学家模仿自然科学的做法有一个很好的理由，即19世纪自然科学取得了辉煌的成就，尤其是物理学，因此类似的做法将推动心理学进入一个新纪元。于是，心理学在自然科学中学会了实验法、普遍主义、测量与还原思维，甚至在当时做到了物理学都没有做到的地步。然而，心理学并没有学习其他更具有观察性的学科，如生物学和天文学。其他科学学科，如生物学和天文学都具有更多的观察性方法。一些和心理学密切相关的学科，如社会学，长期以来受到实证主义的影响比较小，尽管并不是完全不受影响，社会学在比较早的时候就转向质性研究方法。然而，直到20世纪50年代和60年代，社会学中才有了充分发展的质性研究方法来有效地挑战量化方法的地位。因此，主导心理学的实证主义方向不能单独解释哪个学科中质性研究方法出现得晚。心理学至少用了30年来追赶社会学的质变，从20世纪80年代开始采用了几种质性研究方法。换句话说，心理学在实证主义的掌握上比相关学科更长。这个理由很简单，实证主义心理学能够服务于国家发展的许多领域，并且能照顾商业利益。我们只需要看看临床心理学、教育心理学、法医心理学、犯罪心理学、消费心理学和工业心理学等就可以得知。实证主义帮助心理学在大学和其他地方推广，这种方式根本不会发生在其他与心理学密切相关的学科中(社会学除外)。

所以，实证主义这种形式在现代心理学发展的很长一段时间内占据了主导地位，但并不是完全排他的。质性心理学研究方法被压制，但最终克服了实证主义的想法，这是并不完全正确的对质性心理学历史的英雄主义观点。一个人只有考虑如皮亚杰、科尔伯格和马斯洛这样的心理学家对几代心理学家的工作的熟悉程度，才能意识到这个故事的复杂程度。将质性心理学的较晚出现归因于实证主义的窒息，相当于质性心理学在"创造神话"，这一说法不那么令人信服。但是，现代心理学数字和量化的方法仍然是主流。批评家经常指出主流心理学的失败，但从来没有有效地击倒这种失败。一些心理学家摆脱了主流心理学的束缚，往往会取得不错的成果。然而，他们从未打算改变现代心理学的主流。如果一种新的方法和正确的测量可以成功，心理学热点话题将会发生改变。我们现在已经到了一个阶段，那就是对于主流心理学的研究方式唯一性的这个说法的质疑。这种自由大胆的质疑是至关重要的，因为它使人们更多地关注父母学科的哲学、认识论的基础。在质性研究中，重要的是方法而不是详细的程序，因为这很少用在量化心理学中。质性研究人员没有这种自我辩护的需要。基于实证主义者的工作，实证主义哲学建立在学科规则中，并且在建立过程中传递这种哲学，这是不可反驳的，就好像这是心理学和自然学科不可挑战的方法，因此通常被无条件地采纳。例如，很少有边缘的质性心理学质疑信效度检验的重要性。然而，一旦牵涉到质性心理学，这些东西都会遭到质疑。关于质性研究方法的任何教科书都必须详细说明所采用方法的理论基础。尽管受到这么多的质疑，质性研究方法在期刊中的接受度还是一路上升，质性期刊中也有一些关于使用方法的讨论。

对于刚刚做质性研究的人来说，用不同的质性研究方法研究同一个问题会得到很大的差异。大部分方法都有复杂的理论基础，而有一些，尤其是主题分析，缺乏实质性的理论根源。因此，质性研究方法和量化研究有很大不同，不同质性研究方法之间也有很大差别。这样做有一个实际意义就是质性研究者需要了解清楚自己方法的理论基础来完成他们的工作。

质性研究的缺陷在于没有前人的方法可追溯，仅仅是抛弃了主流心理学，但是至少在心理学的某些范畴和研究问题上它都为心理学提供了一些有效和有利的模式。然而，主流心理学已经在国家机构中取得了有影响力的地位，因为它被认为是做一些正确的事情。即使有人质疑量化研究成就的性质，它在心理健康、医学、教育、工作、消费者行为、体育训练等领域的成就都是不可否认的。但是，有了质性心理学，心理学可能会发展得更好，质性心理学家已经找到了自身的弱点和脆弱性。心理学史是事后撰写的，后人也是事后阅读的，在当下理解历史事件的意义是不可能的。因此，我们不确定质性研究要走向何方，也不确定我们的历史的终点。

那么，我们不应该忽视质性心理学出现的非智力的原因。例如，现如今毕业的心理学学生的数量远远多于之前这个学科的总人数，甚至是30年前的总人数。此外，心理研究一度只在大学院系里进行。几十年来，随着心理学的实践领域越来越丰富，很多研究不只是在大学里进行，越来越多的研究者采用了基于知识的方法。如果实践者需要立即进行学术研究，那势必需要更多社会化的探索。当现代心理学处于起步阶段时，很可能采用容易的方法来推广量化方法。随着第二次世界大战后心理学家数量的增加，这种控制不可避免地逐渐减弱。质性研究方法渗入健康心理学可能就是这些工作中的一个例子，因为健康心理学只需要各种质性研究方法提供研究问题的答案。质性心理学的研究尚未开始认真地将心理研究的更广泛的背景作为心理学质性研究的材料。考虑到实践者研究的发展，增加心理人员的人数可以促进质性研究方法的发展。除了质性研究方法之外，其他心理学领域在 20 世纪 80 年代和 90 年代开始蓬勃发展，其中大部分包括心理学的非质性子领域，如法医心理学。法医心理学从 20 世纪初停滞不前，在 20 世纪 80 年代才开始繁荣。也就是在那个时间，一些研究人员看到了质性心理学在心理学发展中的力量。当然，当心理学迎来一个批判性的时代并且发展了一个日益多元化的组织结构时，它表现出了更大的潜力。事实上，有些人可能会说，对单一心理学主流的批判鼓励了这些变化。

第一章主要包括两点。

• 描述心理学中质性研究方法的本质特征。

• 讨论心理学量化的起源，包括对统计学的思考。

本章体现了量化和质性思辨哲学的微妙之处。

第二章考察了心理学家在整个心理学史上做出的对质性研究的各种贡献。同时，本章试图解释质性心理学和相关学科方法的理论根源。主要包括以下四点。

• 质性研究方法在整个现代心理学史中都是心理学的一部分。

• 许多心理学质性研究的早期例子已经成为经典。

• 心理学中质性研究的早期例子大部分都涉及明确的质性数据收集方法，尽管不同的和经常使用的质性数据分析方法直到 20 世纪五六十年代，甚至 20 世纪 80 年代才在心理学中真正出现。

• 质性心理学已经成为心理学的基础（如出现在学术会议、专业期刊中），但是心理学早期的历史在很大程度上忽略了这一点。

第 *1* 章
心理学中的质性研究是什么， 它是否是隐藏着的

概述

- 在过去的 30 到 40 年间，尽管质性研究已经在心理学领域中成为一个重要的方法，但在研究中使用的频率仍不高。

- 质性研究的发展在地理上和心理学的各个子领域中分布并不均匀。 尽管质性研究在心理学领域已经有了很长的历史，但直到 20 世纪 80 年代才被广泛地认可，成为一种十分有影响力的研究方法。 然而，这种影响并没有辐射到心理学的每个子领域当中。

- 大多数质性研究最鲜明的特征是偏好翔实的描述性数据。 这种研究方法秉持的信念是：现实是由社会构建的，研究的目的是说明问题而不是检验假设。

- 心理学在漫长的发展历史中已经成为一门科学，但是，质性研究一直被争论说它并不符合科学的基本要素。

- 实证主义由于将心理学的科学性质进行扭曲而被频繁地批评，然而，这样做容易忽视奥古斯特·孔德（Auguste Comte）的实证主义和逻辑实证主义。

- 自从 19 世纪 70 年代心理学诞生以来，主流心理学经历了内省主义、行为主义和认知主义等不同流派主导的时代。

- "量化研究的必要性"已经长久地根植在心理学研究当中，并首先在毕达哥拉斯的工作中得到展现。 这种必要性包括，认为科学是关于量化的。 早期的心理学家把目光坚定地投射在物理学的方向，认为这是最值得追随的研究模式。 这从一开始就奠定了现代心理学量化研究的基调。

- 统计尽管也是量化研究的特征之一，但统计方法很晚才被引入心理学。 也就是说，在统计分析成为大多数研究的核心之前，心理学长时间地被质性研究主导。

- 心理学的量化研究特征，包括统计方法的使用，为心理学充当了一部分非常成功的"门面"。 在美国，它在申请研究经费时起到了关键的作用，尤其是在 20 世纪后半叶。

一、 什么是质性研究

史密斯(Smith，2008)谈道："我们正在见证心理学领域中质性研究的大爆发。这可以说是一直以来心理学中片面强调量化研究重要性的一个重大转变。"还有一种更加夸张的说法，"质性调查在心理学学科中已经成为必不可少的研究方式，或许表明了研究范式正在转型——即使不能说是彻底转型，至少也是在量化和质性之间如钟摆一样来回摆动着"(Josselson，2014)。奥古斯蒂诺和泰尔里格(Augoustinos & Tileaga，2012)称，19世纪80年代社会心理学中话语分析对质性研究方法的引入无疑带来了研究范式的转变，尽管二人没有清楚地说明这种转变实质上是什么。即使不用完全颠覆原先的范式，一个学科仍然可以和新的范式相结合。在心理学中，质性研究的历史在某种程度上是难以理解的。尽管如此，这段历史也是真实存在的。甚至从本书的第一版开始，各种形式的质性研究就不仅是一种微不足道的心理学研究方式。这一事实已经很清晰地呈现出来。尽管质性研究的地位也会因为地域而存在差异，但是在心理学课程中对质性研究方法的培训和指导至少是十分常见的。比如，在英国，一些心理学专业的学生没有得到这样的训练(Parker，2014)，但无疑，这种培训的缺失在未来会越来越少。心理学已经无法再忽视质性研究了。这并不预示着主流心理学的终结。尽管质性研究存在着一些不足之处，主流心理学已经从质性研究的方法中收获了非常多的成果。并不是说在每种研究问题上质性研究都比量化研究更合适。融合新方法当然能够让心理学研究获益良多，但是无论如何主流的心理学研究成果已经很丰硕并且会不断地繁荣下去。总的来说，心理学研究在不断地蓬勃发展，这种发展的势头会随着知识性社会的稳固建立而持续下去。面对学科研究中不断出现的新需求，研究者们需要更加精益求精地去实践和改变。质性研究方法无疑是未来心理学研究中重要的一部分，它也将和其他的方法论相融合。心理学研究的读者们也会对以后的研究要求更高并期望研究在方法论的使用上更加创新。这些发展可能在某些国家缓慢一些，但是随着时间的推移，毫无疑问这些地区的发展会慢慢地跟上来。我们期待未来许多心理学家的研究生涯会呈现出从量化研究转移到质性研究或者混合研究的图景。当一些学者固执地坚守量化研究的时候，也有相当数量的学者选择只使用质性研究。

在心理学中，下定义不是一件易事，精准地定义心理学中质性研究的构成元素是非常难的。其中的一个原因是质性研究方法具有非常混杂的性质：它们不是某一种特定的方法，它们的研究目的并不相同，它们有不同的认识论基础，就研究中哪些部分是重要的，它们的观点并不一致，它们立足于心理学和其他社会学科的不同领域。这些都是如何去理解它们的复杂问题。当然，质性研究对某些学生来说，定义变得很简单，质性研究就是把他们从数字和统计的虐待中解放出来。然而事实却不是这样，将质性研究仅仅视作不需要数字的研究不能让我们清晰地认识到它的本质，虽然这可能是质性研究吸引一些研究者的原因之一。质性研究不可能由这样一个简单的特征来定义。质性研究各方法之间存在一些相似的特征，尽管这些特征并不是对每种质性研究方法都同等重要。有时一种质性研究方法可能会拒斥另一些质性研究方法中最关键的特征。也就是说，质性研究的特征中也有一部分不总适用于每种质性研究方法，但是不同的方法之间总会有特征的重叠。这些研究也许缺乏数据但是在其他方面是和传统的实证心理学没有区别的。比如说，如果一项研究声称它的发现是普遍适用的，或是以使用分析分类为先决条件的话，那么这项研究在性质上更可能是量化研究而非质性研究——心理学专业学生青睐"不需要数据"这一点，已经违背了质性研究方法论的基本假设。因此，认为质性研究完全不需要数据支撑的想法是不能将其与量化分析区分开的。与此同时，其实有很多质性研究包含着数据、计算甚至统计。

没有什么毋庸置疑的典型特征能让我们得以区分质性研究方法和量化方法。尽管如此，质性研究方法还是有一些代表特征的。但是这些代表特征也不足以描述所有种类的质性研究方法。下面是登青和林肯(Denzin & Lincoln，2000)列出的质性研究的五个主要特征。

(一)考虑描述的翔实程度

使用质性研究方法的研究者非常重视在描述属性上数据的翔实性。所以他们更加偏爱可以得到详细的描述性数据的数据采集方法，如深度访谈、小组讨论和详细的现场记录等方法。这种类型的数据通常会得到详尽的描述。与此相对的是，也许有些刻板印象，量化研究从参与者群体中得到的是更加局限和更为结构化的信息。这对于使用简单等级量表或多项选择问卷的研究来说是不可避免的局面。描述的详实程度——解释现象学分析(见第 12 章)——也许是质性研究的一个特征，但是会话分析(见第 10 章)却很难符合这个特征。尽管如此，传统主流心理学研究热衷于采用一些含义模糊的问卷，而它们往往无法收集翔实的数据用于分析事实。

(二)捕捉单个个体的观点

质性研究方法强调单个个体的观点和不同个体的独特性。它们在数据收集方法上相当丰富。比如，深度访谈和小组访谈都激发了对个体观点的重视。使用量化方法的研究者对待个体的方法更倾向于在某些抽象的维度——人格维度——关注人群之间的不同。再强调一次，对于质性研究方法中的会话分析，这个特征并不适用。

(三)反对实证主义与后实证主义观点

尽管质性研究人员和量化研究人员都依赖采集实验性证据，而实验性证据是实证主义的重要特征，质性研究人员还是倾向拒绝实证主义的方法(如以传统观点上的科学为基础的方法或科学主义)。质性研究人员认为真实情形能被了解，尽管了解过程中涉及一些问题。举例来说，量化研究人员多数使用语言数据，仿佛语言数据就能直接代表现实(如这些数据适用于某些现实情况)，而多数当代的质性研究人员则认为语言或许是通往现实的一扇门，但不能代表现实。后实证主义观点则提出不论真实是否真的存在，研究人员对该种真实的认识都只能是近似的，并且是有多种版本的。在质性研究中，相对较少的研究人员相信研究的目的是归纳知识。当然，这是量化研究的主要目的，并且量化研究人员倾向使用有限的数据来进行概括——有时似乎发现了到处适用的原理。

专栏 1.1　核心概念

奥古斯特·孔德的实证主义

在对主流心理学的批判中，比科学的见解更重要的是大量对于"实证主义"的引用。的确，当质性研究者使用术语"实证主义"和"实证主义者"时，这两个词汇就显得有轻蔑意味。考虑到实证主义不容易定义以及容易作为情绪词使用（Silverman，1997），这个词以侮辱性的代号为人广知可能会揭露人们对此的无知，而不是对它有深刻的分析。然而，实证主义这个词汇涉及大部分认识论的立场和其他相关学科。认识论指学习的知识，它关注：①我们如何知道事情；②知识的实际应用价值（我们所知道的东西的价值）。实证主义是一门起源于启蒙运动的科学哲学。这是一个重要的历史时期，启蒙运动支配着 18 世纪的欧洲思想。法国的奥古斯特·孔德（1798—1857）的研究工作将实证主义的概念体系化——他也创造了"社会学"这个术语（它先前是社会物理学）。

奥古斯特·孔德提出了一个涉及三阶段规律的社会发展并描述了社会演变的过程。三阶段分别是神学阶段、形而上学阶段和科学阶段（图 1-1）。重要的是，奥古斯特·孔德也将科学阶段称为真实阶段，因此有了今时今日科学和实证主义的密切相关。神学阶段是最早期的，在这个阶段，社会的知识在本质上是通过参照神和宗教信仰而获取的。宗教信仰在人们信仰的延续中是一个重要的因素，因此在神学阶段人们的信仰也就是他们的祖先持有的信仰。形而上学阶段被认为是探索阶段，因为这个阶段涉及推断和提问，而不是参照已有的神学的特定知识。这一阶段基于有些人权超出另一些人权，从而可以被任何人反对。科学阶段涉及为社会带来变化的方法，而这并不是基于神学论据或人类权利。科学能够回答社会需要的问题。从历史观点上来说，有神论阶段（本文的神是指知识来源的信念）常描述像法国的西方社会的大部分生活方式，形而上学阶段常反映启蒙运动时期。

奥古斯特·孔德认为，可观察和观察到的事实在正确知识的积累中起着重要的作用。因此，我们很容易见到"实证主义者"如何描述心理研究的主流倾向。然而在大多数情况下，质性研究人员亦有这个倾向。因此，可观察和观察到的"事实"并不能区分质性研究和量化研究。尽管如此，奥古斯特·孔德也不认为数据分析这种量化能够超越物理科学中的量化。我们应该"放弃提出和使用量化的方法和数学定理，这些都不是我们力所及能应用的"（Comte，1975）。离开物理、化学等学科，量化就无用武之地，其相关性也不被接受。换句话说，主流心理学采用的科学并不是奥古斯特·孔德赞同的应用于一门非物理学科的科学。

实证主义的问题是它最好被看作维多利亚时期的物理和化学的描述和理论模式，而不是科学应该怎样定义。定义科学而不是物理科学的特点可能会有所不同。乔塞尔森（Josselson，2014），一位被公认为心理学质性研究方法的提倡者，提供了以下解释。

科学，在其广泛的定义和实际操作中，是一项意义建构的活动。依据当代科学哲学，科学活动或者说研究是一种组织、筛选和理解有关现象的手段。在质性心理学里，我们的科学是一种为了理解在某背景下生活和活动的人们所付出的共同努力。我们希望我们共同工作的成果可以促进人们心理健康。

这样的方法将量化心理学和质性心理学一同带到科学心理学之下。

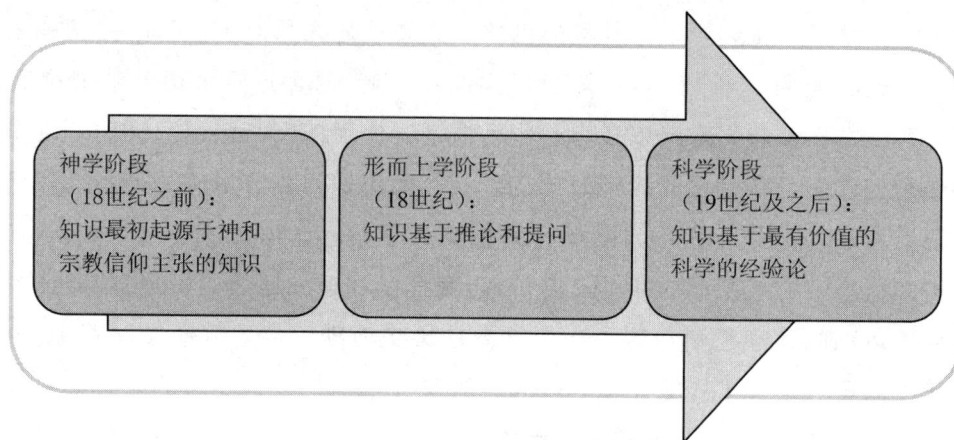

图 1-1　奥古斯特·孔德提出的社会演变阶段

(四)遵守后现代灵敏性

举例来说，后现代灵敏性体现在质性研究人员更加倾向使用那些能使他们更接近人们真实生活经验的方法(深度访谈是其中一种方法)。量化研究人员通常满足于一定程度的不自然之物，如通过实验研究所得的数据。总的来说，接近真实似乎对于质性研究人员更为重要，但很多心理学领域的量化研究人员则认为这并不那么重要。质性研究人员时常被描绘成在其研究中关怀伦理，并且他们除了可能与他们的研究参加者共同从事"政治"活动，还可能与他们有广泛的对话交谈。质性研究人员与研究参加者互动时的个人责任感时常被推广为质性研究的特点。在女性(行动)研究中，这些特点特别明显。举例来说，研究人员的研究目标不仅是确认女性的经历，还会根据其研究去改变工作的方式。例如，在色情文学的女性研究中(如 Ciclitira, 2004；Itzin, 1993)，女性研究人员和女性活跃分子是难以区分的(两者实为同一人)。其他在女权研究中有关这方面的一些好的例子有虐待儿童、强暴、家庭暴力等。

(五)检验日常生活的影响

有些人认为量化研究人员忽视日常社会，而日常社会可能与研究参加者的经历有重要的关系。也有人认为质性研究人员倾向更稳立于社会世界。例如，与量化研究报告相比，在质性研究报告中，我们时常能找到更多较详细的有关研究参加者的个人生活资料。

基于这些准则，我们很容易就明白为什么一个简单明确的衡量标准是不可行的。然而，传统主流心理学尽力符合所有题目。虽然如此，这本身亦证明了上述准则至少引导我们更了解质性研究指的是什么。或者我们不应对其他权威人士列出不一样但重复的质性研究特征的描述而感到意外。前面列出的登青和林肯的特征与布瑞曼(Bryman, 1988)的特征存在较少共同之处。

然而，多数研究人员认为布瑞曼所列出的特征对捕捉质性和量化的研究方法的本质有深入的理解。

（1）量化的数据被当作硬数据和可靠的数据，而质性的数据则被当作丰富和深入的数据。习惯上，主流的心理学家时常谈及硬数据而反对较主观的软数据。

（2）量化研究的研究策略倾向高度有组织的，而质性研究的研究策略相对不那么有组织。

（3）在量化研究中，研究人员与研究参加者的社会关系是疏远的，但在质性研究中，研究人员与研究参加者的社会关系是亲近的。

（4）量化研究人员倾向将自己定位为局外人，而质性研究人员倾向将自己定位为局内人，即在质性研究中研究人员与研究参加者之间存在很小的距离。

（5）量化研究倾向于理论观念和概念的确认（如在假设检验中），而质性研究倾向于新兴理论和概念。

（6）量化研究的结果倾向研究一般规律，而质性研究的结果倾向个案研究。研究一般规律是指研究团体或同属某种类的研究，它是对解释进行概括；个案研究指的是以个体作为研究对象。

（7）在量化研究中，社会现实对于个体是静态和外在的，但在质性研究中，社会现实是由个体构建的。

再次强调，一些质性心理学的方法仍然缺乏某些"典型的"或"起决定性作用的"特点，即研究人员有时混合搭配质性研究和量化研究的不同特点。图 1-2 总结了质性研究的主要特点。

图 1-2　质性研究的主要特点

二、科学在质性和量化研究中的普遍实践

主流心理学经常将自己定义为科学的学科。"科学"这个词在拉丁语的词源是"scire"，意思是理解。然而，科学逐渐意味着一种特殊的认知方式——我们称之为科学的方法。心理学教科

书里充满了宣称心理学是一门科学的言论。专业机构似乎毫无疑问地将心理学作为一门科学，如英国心理学会在其网站上宣布"心理学是研究人的心理和行为的科学"。同样，美国心理学会（APA）也声称"致力于促进心理学成为可评估、有效、有影响力的科学"。确切地说，从实践上来讲，现在还远远没有证实。心理学家如何解释科学？心理学为什么是科学？这些问题在网站上都没有明确解答。

一个常见的问题是，心理学广泛地被指责是一种特殊的自然科学，这些可接受的科学观点大体可以总结为以下几个方面（Woolgar，1996）。

（1）现实生活中的对象被视为客观的和真实的，并且是独立于个体而存在的。人类的行为是世界客观存在的一些外在表现出来的附属产物。

（2）由此可见，科学只是被定义为对物质世界客观特质的反映。

（3）科学包含一系列的方法和程序，大体具有一致性。

（4）科学是一种个体主义和唯心主义的活动。后者有时也被表述为"认知"。

伍尔加（Woolgar）认为，以上的几条没有经过研究者的科学过程的批判性的验证。也就是说，心理学的科学概念是有缺陷的——这一点在质性研究和量化研究人员身上反复出现。每一项内容都被推翻，与质性研究的原则更是相反。另一种观点认为科学是由人类社会建构的。

（1）一群永远也不能直接观察到这个"真实"世界的人。

（2）一群强迫自己用科学眼光看待自然世界的人。

（3）一群对于合适的方法和程序相对较少达成一致的人。

（4）一群把它作为科学事业的一部分并共同参与的人。

质性研究者常常提到科学的构成主义的本质，好像这是一种对使用质性研究方法研究心理问题的正当解释。这个说法也许是对的，但是现代的主流量化研究者在多大程度上不同意这个看法，也是一个问题。哈默斯利（Hammersley，1996）对此从社会学视角而非心理学视角做出了描绘，展现出典型研究者如何既进行质性，又进行量化研究。他们根据手中的任务来对于方法的使用做出理性的抉择。大量的研究并不能很容易地被分为质性或量化研究中的某一种。根据哈默斯利的说法：

> 真实情况并不是说只有两种类型的研究者，一种只使用数字，而另一种仅使用文字。虽然有一些研究报告的确只提供了数字信息，有一些只提供了文字信息，但还有很大一部分的研究同时使用了两种类型的数据。（Hammersley，1996）

心理学上的质性和量化研究人员在多任务中并不像其他学科那样常见。但我们只要浏览一下心理学期刊就会发现，在给定的范围内，两者的使用并不陌生。

研究人员能够在质性和量化研究方法之中找到合适的方法无疑是令人欣慰的。这表明，这两种方法没有太大的差别。然而，人们应该仔细考虑这一说法的含义。这种混合方法的使用（例如，在同一研究中使用质性和量化的方法）被一些人认为是有实质性好处的。比如，他们可能在一项研究中同时使用问卷调查和深入访谈。然而，研究人员在实验方法和话语分析或会话分析之间的差异并不大。可能至今仍存在较大差异。但是，研究人员也不太可能将不同的质性数据分析方法纳入他们的工作，如话语分析和解释现象学分析（IPA）。澄清一下，心理学中的质性研究方法包括大量不同的研究活动，这些活动的认识论基础非常不同。这包括会话分析、话语分析、人种志研究、焦点小组、扎根理论、深度访谈、IPA、叙事分析、参与者观察法、现象学等。它们的起源和基础往往是非常不同的，因此它们的相互兼容性是无法假定的。

重要的是，这份列表既包括质性数据的收集方法（如焦点小组），也包括质性数据的分析方法（如扎根理论）。因为质性数据的收集方法不是必需的，也不是量化的，所以区分这两者（数据收集和数据分析）是很重要的。这个区别看起来很简单但却很重要，经常被人们忽视。将质性分析过程的最新研究与心理学历史上的质性研究区别开似乎是质性研究的规律性程序。

如何区分心理质性研究呢？我们从心理学的历史中发现，质性分析程序的形式化可以作为区分特点。显而易见的是，这些特点应该在质性研究方法教科书中进行分步说明。深度访谈等质性数据的收集方法在心理学领域有着悠久的历史；相比之下，质性数据分析方法是相对较新的特征（参见图 1-3）。

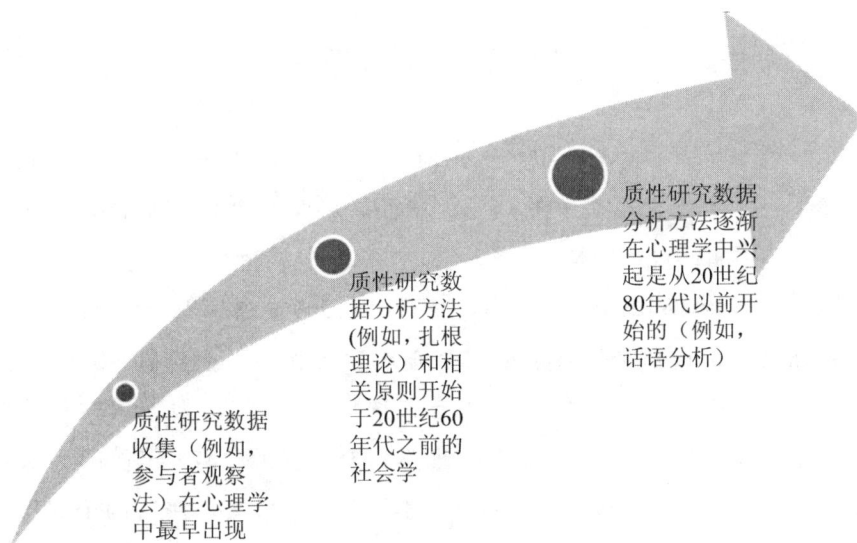

质性研究数据
分析方法逐渐
在心理学中兴
起是从20世纪
80年代以前开
始的（例如，
话语分析）

质性研究数
据分析方法
(例如，扎根
理论）和相
关原则开始
于20世纪60
年代之前的
社会学

质性研究数据
收集（例如，
参与者观察
法）在心理学
中最早出现

图 1-3　质性数据收集方法和质性数据分析方法的起源之间的关系

根据哈默斯利的研究，有观点认为，质性研究与质性和量化相结合的研究可以被看作两种截然不同的范式。科学范式的思想起源于托马斯·库恩（Thomas Kuhn，1962）的《科学革命的结构》（*The Structure of Scientific Revolutions*）。库恩（1922—1996）认为，通过一个稳定的知识积累，科学并没有进展。相反，这一过程涉及科学研究及其主题的革命性转变。范式转换描述了一种观点，一旦站不住脚，取而代之的就是完全不同的东西。范式是一种综合地看待事物方式的价值观，它比理论更广泛。这是一种包罗万象的理论，它把大量的学科或整个学科本身结合在一起。范式的转换是学科的根本变化，因此，新范式的发展就变得至关重要。可以说，也许，从行为主义到认知主义心理学的行动是一种范式的转变。托马斯·库恩的书是一个里程碑，特别值得注意的是它促进了科学是社会建构的观点的发展。这也是质性研究的一个重要的科学观点（尤其是量化和质性的方法在范式上的转换）。但需要注意的是，托马斯·库恩在他的书中没有写过关于社会科学的文章，更别说心理学了。范式转变需要彻底改变我们理解世界的方式。仅仅选择研究世界的不同方面并不意味着范式的转变。因此，举例来说，研究人们在不同的实验室条件下（主流方法）对疼痛刺激的反应，可能与研究人们如何谈论他们的痛苦经历（质性研究方法）是完全吻合的。所以，虽然这两种方法都存在，但是这种情况并不属于范式转变。

我们似乎不太可能走在心理学范式转变的前沿，因为一个失败的量化范式将会被一个新的质性范式取代。正如我们所看到的，主流心理学是各种行业和各种研究领域中显著成功的事业，这种情况短时间内不可能改变。在心理学的现代史中从来没有任何时候只存在单一的量化研究——我们经常会听到一些不同的声音，如研究者对量化研究的批评，他们认为基于数据的质性研究可以作为量化研究的替代物。虽然质性研究从未在心理学史上占主导地位，但是质性研究和量化研究始终并存，这可以在心理学历史上的各种重要研究中得到体现，在之前我们列出了一些关于这项工作的研究者。这种共存是否能够一直维持和谐的状态就是完全不同的另一个问题了。

三、 现代心理学的开始：内省主义和心理学的创始人

现代教科书里，每当提及一个学科创始人的概念时总会让人感到不舒服。这个概念不仅有性别意义，而且还引发了关于父母之争的问题。然而，各学科通常都会认定在确定新兴领域的未来和形态方面特别有影响力的个体为创始人。这一点在心理学中尤为肯定。威廉·詹姆斯（1842—1910）和威廉·冯特（Wilhelm Wundt，1832—1920）被普遍认为是现代心理学的重要奠基人。他们被人称颂的关键贡献是建立了第一个心理学实验室。而选择1876年或1879年作为现代心理学的起源就是一个个人偏好问题了。有人选择1876年，因为这一年威廉·冯特在哈佛大学设立一个小型实验室，用于教授生理心理学；有人选择1879年，因为这一年威廉·冯特在德国莱比锡成立了第一个研究项目是心理学的实验室。当然，在这两个时间之前，人们可以发现很多心理学著作，但是，即使不是为了定义，1876年或1879年都被认为是心理学史上标志性的时刻。现代心理学的历史从那时起发展得相当平稳。更重要的是，这两个日期中的任何一个都将心理学实验室的建立看作心理学的起源，琼斯和埃尔科克（Jones & Elcock，2001）将其描述为起源神话（如创世神话）包含自我服务的要素，现代心理学的起源被确定为该学科的实验室的建立。毋庸置疑，在20世纪的大部分时间里，实验室实验（连同多项选择问卷）是心理学的主要支柱，也是其最具特色的特征之一。这可能给人的印象是心理学和统计量化从那时起就是并行的。这和我们将看到的并不一样。

具有讽刺意味的是，在他们的著作中，威廉·詹姆斯和威廉·冯特表达了如何进行心理学研究的观点，心理学的发展应该是基于坚定的质性研究和坚定的量化研究的传统。威廉·冯特认为心理学存在不同类型的主题和问题，适当的研究方法取决于心理学的研究问题。他认为，心理学的一些方面可以在实验室的限制内有效地进行研究。然而，心理学的其他方面需要完全不同（更多质性）的方法。当然，主流心理学在其发展过程中几乎没有注意到这个简单的区分。

至于威廉·詹姆斯，最近美国心理学界对他在著作中提到的质性研究方法根源产生了关注。在《质性心理学》（*Qualitative Psychology*）期刊的第一期中，利里（Leary，2014）提出威廉·詹姆斯对质性心理学研究的贡献重大。在个人体验方面使用自我反省的过程，使威廉·詹姆斯发现心理现象的崭新的或被低估的方面。对利里来说，威廉·詹姆斯的《宗教经验之种种》（*The Varieties of Religious Experience*，1902/1985）不仅是一本经典著作，而且是一个有意义的观点和见解的宝库。威廉·詹姆斯的声音可以在时间的深渊中被听到，利里认为这是由于他采用第一人称叙述方式，拒绝心理学和其他地方的先入为主，描绘了不同心理现象之间的相似之处，并发展出新颖的概念差异。实例增强了对于文本改进和转换的理解。威廉·詹姆斯的著作避免了关闭未来对其主题继续探索的可能性。对于一些人来说，《宗教经验之种种》是现象学的里程碑。詹姆斯长期以来对心理学的质性描述产生了积极影响。事实上，利里甚至表示，神经心理学不是质性研究方法最明显的竞争者，并且神经心理学将从中受益。他认为，质性研究方法对心理学进展至关重要，而不仅仅是心理学的一种研究方法。质性研究方法有助于处理人类有关新经验的盲目无知的问题。这种盲目无知意味着没有一个单独的人能够充分认识到现象的本质。通过联结或合作，可以部分缓解这种盲目无知带来的后果，在此之后就要进行更具质性的调查，可能也会使用一些其他方法帮助深入理解，其中包括量化方法和实验等。即使我们将其划分为神经学问题，詹姆斯也没有将质性研究方法视为神经学的仆人。相反：

> 詹姆斯将意识体验的质性描述和评估置于优先位置，提供了神经学可能的最佳线索，其中一些当下设想更有可能通过后续的研究得到证实。心理学应该主要通过质性研究赋予神经学的方向和意义，而不是反其道而行。（Leary，2014）

近期的质性研究人员也许并没有将质性研究放到心理学主流里面去考虑。

在威廉·詹姆斯和威廉·冯特实验室成立时，学习心理学是什么样的？根据亚当斯（Adams，2000）和其他人的观点，内省主义在德国是主要的力量，在之后美国现代心理学才开始产生。内省主义的学说认为有效的心理知识应该是研究者以自己作为研究对象，内省自己的感觉、知觉、想法等。内省的目的是识别心灵的元素——就像化学家制作物质世界的元素表格一样。不同元素之间的相互关系也是内省研究的一个方面。他们很少有哲学关切，其本质上是经验主义者对他们自己的观察进行分类。内省的方法是将思想转向内部，以便仔细研究研究者自己的经验。换句话说，内省是向内的自我观察。作为一种研究方法，内省是明显的用第一人称的方法，与第三人称研究非常不同，第三人称研究是过去 150 年的心理学研究普遍流行的特征。有趣的是，威廉·冯特不仅因为建立了第一个用于心理学研究的实验室而成为心理学的创始人，而且他还被认为是内省主义的创始人。换句话说，科学心理学主要由内省主义构成是在1860—1927 年，之后行为主义开始主导整个学科。然而，如果这个术语旨在暗示内省主义者是排他式的只使用内省的方法，将威廉·冯特视为内省主义者的观点就是错误的。

根据巴尔斯（Baars，1986）的说法，威廉·冯特在现代心理学中的看法是他自己造就的讽刺的局面，这一切是由美国内省主义者先驱爱德华·铁钦纳（1867—1927）发端的，而他是威廉·

冯特的学生。自从内省主义者研究人类思维的结构，铁钦纳用结构主义一词代替内省主义。事实上，威廉·冯特确实认为系统的自我观察占有内省主义的一席之地，但是他认为对于更复杂的心理过程，如更高级的心理功能和情绪，这样是无用的。同样，他也不认为社会和文化心理学可以使用内省主义者的实验方法来研究。然而，威廉·冯特，在1912—1973年，确实提出了一种关于自我观察的普遍论述。这提供了很好的范例去阐明内省主义者如何进行研究。这些研究基本上是对研究者自己实施的，下面将展示一个个体被引导去听节拍器的一系列节拍的例子。

> 现在让我们沿着相反的方向进行，使节拍器的节拍间隔为 1/2 到 1/4 秒，我们感觉到紧张并且放松的感觉消失了。在它们出现的位置，随着印象的迅速增加，兴奋也会增加，而我们通常或多或少会有一种不愉快的感觉。（Wundt，1912）

铁钦纳和威廉·冯特的另一名学生奥斯瓦尔德·库尔普（Oswald Külpe，1862—1915）负责培训以内省为特点的观察方法。取代内省主义的行为主义心理学对这些经过训练的观察结果进行了严厉的批判。

可控性和可重复性是内省主义原则中的组成部分。根据铁钦纳的观点，它们应该被补充到内省的一般原则里，这是合理的。这意味着研究人员不应该用先入为主的想法或期望来研究他们可能会发现什么。另一个原则是专注，这意味着研究人员不应该推断研究活动的目的，这是需要在内省阶段进行的。对于研究本身也要认真对待。这些原则与现代质性研究的某些方面有一致之处。例如，IPA（第13章）中的多重曝光（bracketing）或悬搁（epoche）要求研究者杜绝外部影响。然而，这一概念来自现象学中的现代IPA（第13章），而不是直接来自内省主义。在铁钦纳离世之后，很少有心理学家运用内省主义者的这种内部观察法。相反，观察开始转向第三方，如老鼠。

区分内省主义和现象学对质性心理学，尤其是IPA形式，具有重要的影响。现象学不是内省主义的一个子领域，而是对内省主义以及其他很多方法的反应。现象学中的重要人物是奥地利出生的哲学家埃德蒙德·胡塞尔（Edmund Husserl，1859—1938）。他的名字和现象学在使用时是可以互换的，但是可以明确的是，内省主义和现象学是有区别的，并且是两个不相容的学术传统。

胡塞尔的趋势有一个不同的指向。从广义上来说，如果任何事物以可知觉的方式把客观物体化为现象，他的哲学是"外省的"。"一瞥"（用胡塞尔的语言来说）就是现象学家用来针对经验中所呈现的内容的方式，而非指向内心混合了多种感觉的存储器。对始终存在的内省主义与现象学有联系的这一误解的唯一解释是这个术语本身一直被滥用，开始是一种表述词，之后成为一种不合时宜的词。

胡塞尔的现象学在欧洲大陆范围内继续对哲学和社会学产生重要影响，这在一定程度上导致了心理学领域质性研究的发展。然而，20世纪主导美国以及世界其他大部分地区的心理学的行为主义，在很久之前就已经取得了对战内省主义的胜利。行为学家提倡的主导思想起源于逻辑实证主义。因此，在 20 世纪早期，行为主义取代了内省主义成为心理学的主流形式。

四、 逻辑实证主义、 行为主义和心理学

实证主义一词起源于奥古斯特·孔德的著作。实证主义一词其实是不准确的，但是也能被用作贬义的外延来形容主流的，非质性的心理学。在 20 世纪早期，实证主义成为心理学的主导观点——特别是逻辑实证主义。它对行为主义学派在关于科学是如何建构方面有深远的影响。逻辑实证主义的定义特征是它对使用源于数学方法和其他概念的逻辑推论的经验主义的依赖。逻辑实证主义运动于第一次世界大战前首先在维也纳形成，但是在 20 世纪 20 年代和 30 年代仅仅在其他欧洲国家和美国被广泛地建立起来。因为逻辑实证主义运动里的领导人物迁移到美国，所以运动中重要成员的迁移在很大程度上推动了它的传播。尽管如此，直到 1931 年，美国哲学家布鲁姆堡（A. E. Blumberg，1906—1997）才第一次使用了逻辑实证主义这一术语来描述维也纳学派的哲学。学派中的重要成员，奥地利哲学家费格尔（Herbert Feigl，1902—1988）和德国哲学家鲁道夫·卡尔纳普（Rudolf Carnap，1891—1970）迁移到美国，并且对行为主义心理学方法论的关键推动者史蒂文斯（S. S. Stevens，1906—1973）有很大的影响。不知道费格尔或者卡尔纳普的名字是可以被原谅的，然而史蒂文斯的学术成就直到今天还影响着每一位在数据课程上对测量方法的名称、顺序、等级和比例水平有困难的学生。他也对 20 世纪 30 年代中期操作性定义的观点融入心理学做出了主要贡献——尽管这是哲学家布里奇曼（Percy Bridgeman，1882—1961）的观点，但是，是史蒂文斯从逻辑实证主义学中获得的。操作主义持这样一种观点：科学中（包括心理学）的概念是由测量它们的过程所定义的。

逻辑实证主义是一门科学的哲学，并且也在一定程度上为行为主义拥护者定义了科学是什么。在心理学家约翰·华生（1878—1958）的影响下行为主义在美国发展起来。在心理学界行为主义有许多分支。华生的行为主义将行为主义看作自然科学的一部分，是对行为进行预测和控制的客观的实验方法。正如孔德的观点：科学的目的在于预测。心理学的行为主义学派在研究人类行为法则方面体现了关键的实证主义原则。有时候这些原则是以数学术语的形式形成，正如克拉克·赫尔（Clark Hull）的著作中呈现的那样。

逻辑实证主义者主张，从科学的角度来说，知识产生于个体基于经验的直接观察和来自具有严密逻辑推论的应用（例如，逻辑重言式——操作性定义就是逻辑重言式的一个很好的例子，因为不管怎样它都必须是正确的）。因此，根据逻辑实证主义的观点，行为主义认为科学的特征如下。

（1）科学是一个积累的过程。

（2）各类科学可以被完全简化为真实世界的一个单一科学。

（3）科学独立于研究者的特征。

即使不反对全部，多数质性研究者也会反对上述的大部分观点。

华生认为，用他的行为主义心理学取代内省主义将有可能使心理学像其他科学一样：

这暗示，不再将意识状态作为心理学研究的适合对象将会移除存在于心理学与其他科学之间的障碍。心理学的成果都与结构功能性相关，因而它们也能用于对物理化学术语的解释。

换句话说，按逻辑实证主义中的简化论原则来说，心理学最终将简化为哲学。但对华生来说，心理学是一门自然科学，最终会还原为像物理学和化学这样的科学。行为主义在心理学上的影响和主导在 20 世纪 20 年代到 60 年代最为明显，在这之后它就逐渐势微，认知心理学开始处于优势地位。重要的行为主义心理学家包括爱德华·桑代克（Edward Thorndike，1874—1949），爱德华·托尔曼（Edward Tolman，1886—1959）以及在职业生涯初期的阿尔伯特·班杜拉（Albert Bandura，1925—　），对认知心理学产生了主要影响。特别应该被提及的是激进的行为主义者斯金纳（B. F. Skinner，1904—1990）。或许因为它严密的逻辑基础，这也是其继承逻辑实证主义的一个特征，激进的行为主义可以被看作心理学中逻辑实证主义的典型。

应该提及的是，逻辑实证主义通过它对行为主义实证原则的影响充实了心理学。这意味着此观点（可能是理论或者假设）仅仅在某种程度上有意义，即经验研究允许它们被测验来检验它们是否切实可行或是否应该被拒绝。这一原则依然被现代质性心理学和一些已做了一些改良的质性心理学所分享。

澳大利亚哲学家约翰·巴斯摩尔（John Passmore，1914—2004）以如下文字对逻辑实证主义的最终消亡做出了著名的预测：

之后，逻辑实证主义会灭亡，或者说是像哲学运动曾经产生的那样消亡。但是它在身后留下了一笔遗产。在德语国家，的确，逻辑实证主义完完全全的失败了。正如马丁·海德格尔（Matin Heidegger，1889—1976）和他的追随者的著作中所呈现的那样，德国哲学提倡任何实证主义所反对的事物……但是在这种程度上它完全同意……哲学家应该树立精确和清晰的榜样，哲学家应该利用产生于科技的设备去解决与科学的哲学有关的问题，哲学不但是关于"世界"的，也是关于人们如何谈论这个世界的语言的，至少我们可以在当代哲学中觉察到激发于维也纳圈子的精神的延续。

在这里，我们又一次看到那些在质性心理学中流行的逻辑实证主义观点的踪迹。比如，短语"人们用来谈论世界的语言"几乎就是话语分析（第 9 章）中的一个见解。尽管如此，正如巴斯摩尔在他提及马丁·海德格尔时所解释的，逻辑实证主义败在了对后现代主义的发展、解构和解释有核心作用的哲学的学术战争中，而上述三点都是质性心理学一些形式的关键方面。

考虑到心理学界对逻辑实证主义的反应，需要注意的是，一般来说逻辑实证主义并没有描绘质性心理学的可能性（Michell，2003）。然而，鲁道夫·卡尔纳普对此是一个例外——他更早地提及了这一点可能性。米歇尔在卡尔纳普著作的基础上将实证主义与质性心理学的关系总结如下：

实证主义并没有否认非质性研究方法在心理学中的可能性。事实上，它比现在许多诋毁者所认知的要微妙、复杂、包容得多。本质上，它包含了对科学的浪漫观点并且预期了后实证主义的相对主义，但实证主义者评估科学的事实意味着他们对在不适合的背景下应用质性研究方法的危险性很敏感。(Michell，2003)

不幸的是，即使逻辑实证主义没有完全反对质性心理学，这也不能抗衡行为主义心理学的主流地位。对逻辑实证主义著作的详细阅读可能有助于心理学家的工作，但是米歇尔的分析显示，很少有人会为了理解逻辑实证主义哲学家的实际意图而回归到他们的著作中。

可能行为主义心理学家使用的科学模型背后的原因并非主要扎根于实证主义。举例来说，诺姆·乔姆斯基(Noam Chomsky，1928—　　)尽管是一名语言学家和哲学家，但他对行为主义领域和认知科学的崛起有重要的影响。当被问及行为主义心理学的影响时，他做出了一个相当有辨识度的阐述：

现在你已经提出了一个关于为什么行为主义心理学如此盛行，特别是在美国盛行的问题。我不太确定该如何回答这个问题。我认为，简短来说，这与大量观察数据和操纵紧密联系的观点有关，不管怎么样它都是科学的。信念是一种荒诞的讽刺漫画和对科学的曲解，但是毋庸置疑的是许多人没有信念。我认为，如果你想要对问题更加深入地了解，你必须做一个在操作、广告、控制中使用的美国心理学的社会性分析。行为主义心理学的流行很大程度与它的意识形态角色有关。(Chomsky，1977)

对乔姆斯基观点的一种解释是在大学卖出行为控制的技术后会有一大笔钱。不管这样一门学科原本的构成是怎样的，之后它们都会被这种经济上的成功所强化。

五、 主流心理学中量化的主导地位

要想全面理解心理学中质性研究方法的地位，首先需要了解在心理学历史中占大部分的量化精神的性质和程度。心理学史几乎毫无例外，没有包括质性研究方法。虽然尽可能尝试，但似乎也不可能准确地确定心理学(或其他学科)中量化和质性研究之间的差异。同样的差异在心理学上具有悠久的历史，使用不同的术语，如客观——主观或软性——硬性的研究。每个术语都有自己的特性，虽然也是高度值得怀疑的寓意。当然，这不仅是软心理学被批评，而且基础量化心理学也受到了批评。我发现(经过大量艰辛而令人沮丧的搜索)，最早将量化和质性研究方法做对比的心理学家是戈登·奥尔波特(Gordon Allport，1897—1967)。那是在 1940 年：

例如，如果我们高兴，那么现在的心理学越来越多地是经验主义的、机械性的、量化的、常规的、分析性的和可操作性的，我们也应该注意到对这些预先假设的苛求是盲从的。为什么不允许心理学作为科学——由于科学是一个广泛和有益的术语——

心理学也是理性的、目的论的、质性的、个性化的、概要的，甚至是不可操作的？我提到这些方法的优点的对立面，原因很简单，因为过去心理学有很好的见解。例如，亚里士多德、洛克、费希纳、詹姆斯、弗洛伊德——源自一个或多个不合时宜的预设。（Allport，1940）

不久之后，奥尔波特（Allport，1942）对心理学中的质性研究（不是他所命名的）进行了大量的回顾——重点使用提供个人经验和个体在社会生活中的行为的个人文件。奥尔波特自愿参加了美国社会科学研究理事会研究评估委员会的审查。在他的评论中，奥尔波特强调了心理学中质性研究方法的合理性。他认为，质性研究方法在科学上基本不比实验方法更有问题。他认为质性研究方法的角色是：①为大部分心理学方法人为地贡献"现实"；②验证量化的已建立的知识。

他认为质性研究的作用不仅说明通过心理学的科学方法获得的知识，而且提供要测试的假设。

奥尔波特当然不是唯一一个对当时心理学主流提出批评的人。一个很好的例子可以在布劳尔（Brower，1949）的文章中找到。布劳尔的批评很明显地认为主流心理学缺少量化的替代物。此外，布劳尔的文章没有提到"质性"这个词——他只是写了"非量化"，好像唯一可能的选择就是没有量化。阅读布劳尔关于心理学量化的叙述是有意义的，因为工程和物理科学时代的"自然伴奏"，并将物理学作为原型科学：

　　　　量化方法在心理学上发挥了非凡的作用，并且由于若干原因需要坚持美国的标准要求。首先，它们代表着机械时代的自然伴随物，并重视工程和物理科学。其次，我们不知不觉地将物理学作为科学的原型，而没有阐述心理学和物理学之间的本质差异。物理学的方法使观察者的内容脱离程度成为可能，迄今为止，只有通过人工化对现象造成损害，才能在心理学中获得一定程度的分析。在现代物理学、天文学、化学等历史上，对"个人方程"的认识肯定是对这些领域发展的福音。虽然个人在感知上存在差异的事实来源于心理学，但物理科学家并没有发现吸收心理学方法的必要性，如内省，以及他们的事实数据。然而，随着心理学在自然科学基础上的发展，不仅物理学被纳入心理学，而且主要的方法也是量化的。（Brower，1949）

换句话说，人们不需要深入心理学的哲学基础，来了解为什么量化深深地嵌入在它的集体灵魂中。心理学家从事心理研究实践的方式是他们在理解实践中探索的。随后的实例毫无疑问地说明，心理学中已经有一些质性的精神，这已经体现在一些经典研究中。然而，正如我们所看到的，量化方法是心理学家认为的实行心理学的方式。这几乎像量化被认为是心理学的自然方式一样。专栏1.2讨论了根本上的科学本质的不同概念化。

专栏 1. 2 核心概念

社会建构

社会建构主义是一个广泛的流派。社会建构主义学家的信念很难界定，也就是说，社会建构主义有一系列思想基础，每个社会建构学家都没有思想上的共享。伯尔（Burr，2003）认为，被描述为社会建构主义者，必须至少满足格根（Gergen，1985a）的以下特征之一（见图 1-4）。

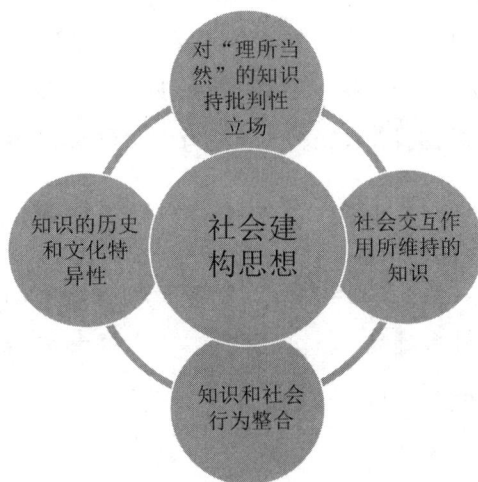

图 1-4 社会建构思想的特征

• 社会交互作用所维持的知识：社会建构主义者认为，知识是人们通过互动构建的。因此，我们的知识实质上是我们日常生活中会话等语言的产物。

• 知识的历史和文化特异性：我们对世界任何方面的思考方式在不同文化和不同时期的同一文化中都有所不同。例如，一旦将自杀视为犯罪行为，一名自杀者的尸体就像活着一样受到惩罚（Ssasz，1986）。一直以来，试图自杀在英国都是罪行。

• 对"理所当然"的知识持批判性立场：有人认为，主流心理学的普遍观点是研究者可以客观地观察世界。这种假设以及主流心理学的其他假设受到社会建构主义观点的质疑，认为人们认识世界的方式与现实不符。

• 知识和社会行为整合：我们对世界的不同建构影响着不同种类的社会行为。因此，定义非法毒品使用者为"医学上的疾病"对他们的治疗有影响，这与将他们视为罪犯的含义不同。

社会建构思想起源于后现代主义本身的历史，它具有文化研究和文学等艺术的背景。后现代主义拒绝现代主义观念，即使在艺术中也包含了基本规则，如"三分构图法"推定的潜在良好构成。后现代立场是对世界认知的多种不同观点之一，这与说明世界和生存基础的宏伟理论的观念是不符合的。伯杰和卢克曼（Berger & Luckmann，1968）创作了一本关键的书——《现实的社会建构》（*The Social Construction of Reality*）（将在第 2 章讨论）是社会学的决定性时刻，也是建立社会科学的整体的建构主义视角——最终形成心理学。一般来说，在心理学中，建构主义的立场是对主流心理学家的工作的激进批判。然而，更重要的是，它的研究风格的重点——其中许多在本文中讨论——大体上可以分为两类。

- 聚焦于相互作用：这就是伯尔（Burr，2003）所说的微观社会建构主义，丹齐格（Danziger，1997）称之为轻社会建构主义。它本质上指人们所经历的世界是通过日常社会互动（如谈论）来创造或构建的。这是日常生活中不断的、有规律的过程。虽然这是话语分析的工作的一部分，但在更小程度上是会话分析，这种方法可归因于肯尼斯·格根（Kenneth Gergen，1999）和约翰·肖特（John Shotter，1995a）的工作。

- 聚焦于社会：伯尔（Burr，2003）称之为宏观社会建构主义，丹齐格（Denziger，1997）称之为黑暗社会建构主义。这种社会建构思想的形式将社会权力视为通过话语构建的重要方面。米歇尔·福柯对这种形式的社会建构主义特别有影响力。它集中在制度实践和社会结构等方面。

这两种类型的社会建构间的区别，或多或少是代理的观点（Burr，2003）。社会相互作用的类型包括聚焦于社会建构的相互作用形式中，涉及会话中的积极参与对建构过程的贡献。从以社会为中心形式的社会建构主义来看，访谈中的参与者是相对无力去产生社会变革的，即他们无力改变社会的权力结构。

社会建构主义的心理学方法和在这一领域接近统治地位的量化方法之间的差异显然是巨大的。虽然它们并不是完全不兼容的，但却处在一个连续体相反的两端上。两者相关，但不完全相同，因此社会建构主义和量化方法的差异主要包括以下几个维度。

- 现实主义——相对主义：这个维度的差异是指量化方法假设存在客观现实，而这种客观现实是可以通过研究进行评估的。社会建构主义则认为现实中有很多不同的想法和观点，但没有一种是与事实相符的。

- 能动性——决定论：这里的差异是说量化方法认为人类的行为是由外在力量决定的，而社会建构主义者的观点是人们能决定自己的行为。

质性研究的大部分特征都和社会建构的基本假设相关。这当然是一个强有力的想法，但也的确有一些限制。其中最重要的是它在理论上相对薄弱，因为研究人员往往不能明确说明什么是社会建构、社会建构在何处占优势以及为什么要进行社会建构。

如果实证主义不能完全解释量化方法在心理学中的主导地位，那什么可以呢？米歇尔（Michell，2003）认为，"量化准则"最好地描述了心理学的取向而非基于任何对哲学的考虑。这个"量化准则"就是任何科学研究都涉及对事物的测量。根据这一点，科学和测量是并行的，因此，非量化的方法被认为是科学出现之前的东西。但这个"量化准则"又起源于哪里呢？按米歇尔所说，量化和科学不可分割，这是一个古老且根深蒂固的观念。这个观念源自古希腊前苏格拉底时期的毕达哥拉斯（约公元前500年）。毫无疑问，毕达哥拉斯是数学界一个重要的人物。他认为数学构成了世界中各种能够观测到的现象的基础。鉴于毕达哥拉斯的成就，这种信念是可以理解的。举个例子，毕达哥拉斯发现在不同事物（如几何、天文、音乐）中，数学比例明显不同。在音乐上，他观察到一个音键比另一个音键在音调上高八度，振动频率却是它的两倍。不过，亚里士多德（公元前 384—前 322 年）质疑像颜色和味道这类事物的属性怎么能够量化。

从毕达哥拉斯直至现在的科学思想一直认为，数学构成了我们所经历的一切。一个紧密相连的看法是数学将代替其他科学。特别是物理学，从艾萨克·牛顿（Isaac Newton，1643—1727）的发现开始，在用数学表达式说明物理现象方面取得了惊人的成就，20 世纪前半叶的科学发展又加速了这一进程。所以：

> 在物理学领域，量化方法主导着科学思想，这意味着它对有志于追求科学（如心理学，以将自然科学量化为模式）的人产生了不可抗拒的影响。（Michell，2003）

量化在物理学领域的成功实践支持了其应用于心理学的必要性。作为一个发展中的学科，心理学试图在各个方面赶上物理学（Michell，2003）。而在心理学发展的早期，有一些本质上明显是量化研究的实验工作也就不足为奇。一个很好的例证是心理物理学。它研究的内容涉及我们感知音量、明度或重量。比较突出的学者包括古斯塔夫·费希纳（Gustav Fechner，1801—1887）。他提出了一个数学模型，将感觉经验与引起感觉的物理现实联系了起来。

六、 心理学中的统计学及量化精神

在 20 世纪 30 年代及随后的第二次世界大战期间，心理学在方法论上取得的共识越来越多，其中涉及科学严谨性所需考虑的各种成分，包括假设检验和罗纳德·费希尔（Ronald Fisher，1890—1962）在实验设计方面所做的工作——提出了方差分析。但米歇尔（Michell，2003）和乔姆斯基（Chomsky，1973）认为，这些方法上的共识带来的价值更多是装饰门面，而非在逻辑实证主义层面有任何隐含的贡献。米歇尔与其他人观点一致，认为这种共识在科研资金的经济方面能很好地服务于心理学，并且是阻碍质性研究产生的原因。也就是说，心理学家使用的复杂的量化方法导致他们的研究地位比较高，因此吸引了资金。大体来说，当前占主导地位的心理学研究在形式上仍然是量化的。

尽管统计技术最初在维多利亚时代晚期得以发展，但直到 20 世纪中叶之前，这一方法才普遍被纳入心理学的研究当中。虽然区分心理学中的量化和心理学对统计的使用非常重要（有可能存在没有统计的量化心理学），但毫无疑问，统计学在建立很多现代心理学方面起到了巨大的作用。

时常有一些看起来似乎从根本上属于心理学的概念其实起源于统计学，如"变量"这样的融入了心理学思维、被认为是学科核心概念之一的名词。但是"变量"一词直到 20 世纪中期——在第一个心理学实验室建立很久之后——才进入心理学思想领域（我们之后会再回到这一话题）。统计方法影响了心理学理论的许多方面。举例来说，统计技术，如因素分析对人格和智力的研究有很大影响。在当今时代，我们可以给出一个相当不同的例子，如最小化空间分析对于从犯罪现场特点来分析犯罪行为的量化方法产生了重大影响。简而言之，最小化空间分析允许研究人员找到不同犯罪现场的潜在特征，这简化了对不同犯罪现场进行比较的方式。如果没有长时间的融合，心理学研究和统计学之间的亲密关系就会显得很尴尬。这就是说，统计学带来的影响有时会使心理学过于关注那些微不足道的事情，如显著性检验，忽视了心理学本身的实质性问题。然而，我们无法知道如果心理学的发展没有统计学的参与将会是怎样一番景象。正如我们看到的，在其现代发展史上，心理学已经具有强大的力量推动自身朝量化的方向前进。

从历史的角度看，统计思想与主流心理学之间的关系有点令人困惑。少数心理学家曾为统计技术的发展做出贡献，这些技术现在是心理学和其他学科的一部分。例如，查尔斯·斯皮尔曼（Charles Spearman，1863—1945）因为斯皮尔曼等级相关系数而为人所知。但更重要的是，他将最早最基础的因素分析作为智力结构研究的一部分。路易斯·瑟斯顿（Louis Thurstone，1887—1955）拓展了这项工作，开发了早期因素分析技术之一，从而在心理测验和测量的发展中发挥了巨大的作用。路易斯·古特曼（Louis Guttman，1916—1987）作为一名心理学家，几乎可以被描述为一个社会学家，为统计领域贡献了多维度定标的统计方法。毫无疑问，还有其他人也做出了卓越的贡献，但心理学家通常都是统计技术的主要使用者而非创新者。

像借鉴哲学一样，心理学家通常借用统计技术。心理学家利用的很多统计新方法都是从其他领域引进的。例如，回归和相关系数的起源就在心理学领域之外。回归是一个生物学概念，而回归分析是由弗朗西斯·高尔顿（Francis Galton，1822—1911）引进的。高尔顿对特性的遗传很感兴趣。他的思想最终产生了我们现在所知的相关系数——标准偏差，这也是高尔顿的想法之一。全世界所有心理学家都知道的相关系数形式——皮尔逊相关系数（积差相关）是由卡尔·皮尔逊（Karl Pearson，1857—1936）提出的。皮尔逊不是心理学家，我们最好把他看作一个数理统计学家，他最终成了一位优生学教授。他的儿子伊根·皮尔逊（Egon Pearson，1895—1980）也是统计学家，并且和杰西·内曼（Jerzy Neyman，1894—1981）一起负责心理学最重要的统计学概念之一，这个概念也在竞争最具破坏性的头衔——假设检验和统计显著性。自从20世纪中叶开始，这个检验零假设然后决定是否拒绝它的过程几乎被反复灌输给了每一位心理学的学生。更糟糕的是，它是作为进行良好研究的方法而呈现的！也就是说，统计显著性成了有价值研究的主要标准，而排除了研究中所有其他质量指标。最后，人们不应该忽视费希尔对实验设计和方差分析所有重要的统计方法的主导观点。事实上，只要不要求更多细节，所有这些统计技术的名称对世界上任意一个心理学家而言都是熟悉的，它们已经成为这个学科的通用名称。

然而，正如我们已经提到的那样，在心理学实验室成立后的50年里，统计技术对心理学来说并不重要。根据丹齐格和吉尼斯（Danziger & Dzinas，1997）的观点，心理学家一般是从20世纪30年代以后才开始慢慢熟悉统计学思想的。如前所述，在20世纪30年代，"变量"这个词被引入心理学。虽然如今"变量"已经内嵌于心理学的语境当中（在卡尔·皮尔逊的工作中它是另一个概念），但它最初融入心理学的过程相当缓慢。然而，当认知行为心理学家爱德华·托尔曼引入自变量和因变量这两个概念时，就对心理学的意义重大了。无论我们是否把"变量"这个术语视作一个行话，它在心理学中的应用都引发了一种世界可被量化的思想。作为概念化的便利，变量构造了另一种方式，这种方式使得主流心理学家倾向于将自己和他们所研究的东西分隔开。按照丹齐格和吉尼斯的观点，使用自变量和因变量的吸引力在于它们有效地取代了行为主义遗留的术语——刺激和反应。而对变量的使用率增长不能归因于研究中统计使用率的增长，因为随着变量被心理学家普遍采用，在 20 世纪 40 年代及 50 年代，对统计的使用也随之增加。

罗伯特·伍德沃思（Robert Woodworth，1869—1962）的心理学教科书在当时颇具影响力。他在书中采用了"自变量—因变量"这一术语，这可能是这一术语得以被人接受的重要因素。无论是什么原因，当时除了提出层面理论（Canter，1983；Shye & Elizu Bird，1994）的古特曼等少数例外，主流心理学家在一个由变量构成的世界中生活得很舒适。虽然，"变量"成了整个心理学界的常用术语，但质性研究报告很少使用"变量"这个词。在质性报告中一旦用到"变量"，就会显得特别突兀。

值得注意的是，有人声称，做量化研究的心理学家正在消失，几乎没有人再热衷于这一研究领域（Clay，2005）。这并不意味着主流的量化心理学正在衰落，而是表明心理学界缺乏专门接受过统计、测量和方法学方面培训的心理学家，而并非缺乏在工作中经常进行量化研究的心理学家：

> 20 世纪 60 年代的心理学家认为自己是统计、测量和实验设计问题的领军人。在心理学界，量化专家、研究生常有能力处理所做研究中的量化问题。到 1990 年，随着意识到自己有兴趣并有能力进入该领域的学生越来越少，这一传统逐渐衰落。（Clay，2005）

这可能也说明心理学中行为主义的力量已经不再那么强大。然而，仍然有很多心理学家对量化研究保有兴趣。

历史的问题在于去想象包括了现在的想象。所以，没有认真思考，我们会通过现今的心理学来看过去的心理学。很难想象，早期的心理学可以脱离已经主导了心理学半个多世纪的方法论和统计学，但在心理学的一些经典论文中可以找到这样的心理学研究。一个很好的例子是爱德华·托尔曼的研究，他负责引入的认知地图概念目前研究中仍在使用。他在"老鼠和男人的认知地图"（Tolman，1948）研究中，使用的最复杂的"统计"方法是图表。这些图表可以在"心理学史经典研究网站"（http://psychclassics.yorku.ca/Tolman/Maps/maps.htm）上获得。这份档案中的其他文章将会让您感受到早期心理学著作的性质。

七、小结

到目前为止，本书带着我们领略了自维多利亚时代到 20 世纪 60 年代以来心理学在塑造其基本形态的哲学层面上所发生的变化。我们不断追寻和探索这一时期心理学在整体上采用量化方法的原因。虽然人们往往用实证主义解释这一点，但是无论是孔德的观点，还是具有逻辑性的实证主义，它们的基本观点都并不反对心理学的质性研究方法。然而，如果假设心理学家的哲学知识尤为丰富和复杂，足以欣赏这个故事，这样的假设可能是错误的。显而易见，人们着重强调心理学史的大部分都是实验这一点，而做实验的最佳模型就是成功率较高、量化的物理科学研究。当然，就研究对象以及研究方法而言，历史上的心理学比普通的社会科学更接近科学。换句话说，对量化研究的偏见是心理学实践中的一个问题，而不是哲学层面的问题。量化曾被认为是心理科学的前进方向，对心理科学非常重要。量化给心理学创造了一种盲目性，这样的盲目性现在仍然存在，但这仅仅是描述心理学的处境。很难解释为什么当有明确的替代先例时，心理学还是坚决地遵循量化路线。只有坚持对何为科学（特别是物理学）的过时看法，心理学的这一轨迹才得以延续。尽管有很多可供选择的研究范例，但是假设检验逐渐成了心理研究的一种方法。

20世纪上半叶，心理学行为主义的主流带来了刺激和反应的概念。这源于伊万·巴甫洛夫（Ivan Pavlov，1849—1936）对在条件反射下，刺激和反应所产生的生理作用研究。心理学的研究方式逐渐减少，全都转为寻求导致自身反应的刺激，因此研究者被推向量化研究。所有这一切，在心理学家普遍地将统计作为心理学工具之前，就已经发生了。事实上，对心理学的量化和统计学应用进行区分是非常重要的，二者差异很大。心理学的量化，是基于心理系统本质上是基本数学的观念。虽然统计也是基于这一原则，但并不是因为需要使用统计才设立这一原则的。当然，是否用统计是大多数量化心理学家最明显的边界，所以量化和统计学的概念不可避免地融合在一起。到20世纪50年代，统计思想才完全融入心理学家的工作中。这可以被看作心理学需要量化而带来的结果，而不是其原因。简言之，心理学在成为统计学科很久之前，就已经是量化的学科。

心理学界有不少反对实证主义和量化的声音。正如我们将在第2章中看到的那样，在20世纪，要求改变的声音变得更强。亨伍德和皮津（Henwood & Pidgeon，1994）认为，可能是威廉·狄尔泰（Wilhelm Dilthey，1833—1911）最早倡导心理学应该寻求理解，而不是确定因果机制。普鲁斯（Prus）评论说：

> 狄尔泰明确表示他对当时心理学界盛行的实证主义决定论、因果关系和还原论不抱任何希望，也不相信当时心理学对人类生活经验的错误的或不相关的调查。他特别担忧的是，心理学没有认识到文化调节着（具有主体间性）人类生活的本质。（Prus，1996）

20世纪50年代，虽然行为主义的科研项目仍然是主力军，但是也处于衰落的边缘。在这样的趋势下，对行为主义的批评也极为猛烈，但批评的声音逐渐不能传达心理学家所需要传达的信息。行为主义的出现导致心理学"失去思想"，研究者最先在思想上进行反省。心理学家对于行为主义的强硬科学项目越来越不满，但社会学等领域的研究人员也在批判审查他们的学科。在社会学方面，肆意的经验主义和理论极负盛名，因而这一学科没有与研究数据相结合，大部分的质性研究对数据缺乏尊重，从而引发了对质性研究的重大调整。在这个时期，社会学正在向质性研究转变——这个转变在几年后对心理学的质性研究（以及其他学科）产生了一定影响。然而，心理学转向了不同的方向，认知或认知主义逐渐发展，心理学再度恢复了对感官的研究。20 世纪 60 年代，认知科学开始起重要作用。自此，大范围的与认知科学相结合的跨学科以各种各样的形式主导着心理学。

最后，值得探寻的是最直接参与心理研究的研究者(学生和学者)对质性研究方法的看法。例如，在澳大利亚的一项研究中，波维和罗伯茨(Povee & Roberts，2014)针对质性研究方法，访谈了一所大学心理学系中的学生和教职工。他们采用专题分析(第 7 章)对访谈的转录稿进行分析，发现在分析中普遍存在一个核心或显著的主题——研究方法的选择应该取决于所研究的问题。三种不同类型的研究方法(质性研究、量化研究和混合研究)有各自的价值区域，应该在自己的区域中得以重视。这一研究确定了各种其他的主题。

(1)缺乏接触和信心。参与者抱怨说，他们在学习过程中没有充分接触过质性研究方法，这导致他们感觉质性研究是令人畏惧和困惑的，也感觉由于缺乏熟悉质性研究的教职工给他们提供支持，他们会避免进行质性研究。

(2)时间和资源密集。与量化研究不同，质性研究不能简单地将问卷放在研究对象面前，这一观点也部分证明了"时间和资源密集"这一主题。这些要求会阻止一些人参与质性研究。此外，认识到发表质性研究文章所存在的困难，一些学者也会在学术生涯中放弃质性研究。

(3)心理学固有特质。在亲密关系和良好的沟通方面，质性研究和心理学实践之间有相似之处。例如，深入访谈和临床或心理治疗都鼓励描述大量丰富的主观体验。也就是说，专业心理学的实践与质性研究并非完全不同。

(4)捕捉生活中的经验。质性研究能够捕捉参与者的生活经验，这被认为是质性研究的主要优势。

(5)效力以及参与者与研究者之间的关系。一些人注意到，与传统量化心理研究相比，质性研究中研究者之间的效力差异较小。其中一个观点认为，当参与者感觉到能够诚实公开地分享他们的经验时，研究者的影响力就会减小。

(6)尊重和合法性。许多人认为，和量化研究相比，专家对质性研究缺乏尊重。这包括了一个这样的想法：质性研究不容易被发表，因而存在职业发展问题；而在教授量化方法时，就传达着其他事物并不重要或不存在这一思想。对于一些人来说，质性研究是一种简单或温和的选择，只是要求问题，而无须理解方法学问题或认识论。

(7)主观性和严谨性。质性研究由人的观点组成，一些参与者容易被研究偏差影响。质性研究不像量化研究那么严格、可靠或有效。然而针对这个主题，有些参与者表示，他们不太相信量化研究推理的客观性，量化方法可能会用统计愚弄人们。

(8)有限的普适性及价值。人们对质性研究的普适性存在一定的怀疑，包括缺乏预测泛化的推理统计学。

(9)质性研究的特征。一个不喜欢和人交谈的质性研究者会有很多麻烦。有些人认为质性导向的个人缺乏统计技能，不能在量化方法上有所成就。

广泛而言，这些主题表明，质性研究方法并不像过去那样，屈服于对抗势力。与量化研究方法相比，质性研究更大的问题是培训和支持的水平较低。有人认为，质性研究方法对努力程度和时间的要求苛刻，这也会使得研究者在研究中抵触采用质性研究方法。

在下一章中，我们将拆解心理学质性研究方法的故事，以及质性研究方法发展过程对更广泛的社会科学的影响。

本章要点

• 提出了许多区分质性和量化研究的特征。虽然任何一个特征都不能在每一种情境下对二者进行明确的区分，但是质性心理学研究和量化心理学研究的思维不同。通常，质性心理学和量化心理学对科学本质的概念有显著差异。

• 20 世纪上半叶，大部分时间是行为主义主宰着主流心理学，而实证主义一直被认为是行为主义背后的哲学力量。自从逻辑实证主义和孔德的实证主义盛行，其本身就没有否认采用质性研究方法研究心理学的可能性，质性研究的哲学地位就受到质疑。

• 心理学的量化思维是长远视角的一部分，认为世界最终可以简化为数学关系。这个观点源于毕达哥拉斯，并被物理学在数学上所取得的成功所强化，而物理学是科学的主导学科。

• 统计学引入心理学相对较晚，所以最好将统计看作心理学量化研究必要的产物，而不是其原因。

拓展资源

Brown，S. D. ，& Lock，A.（2008）. Social psychology. In C. Willig & W. Stainton-Rogers（Eds,）. *The SAGE handbook of qualitative research in psychology*（pp. 373-389）. London：Sage.

Burr，V.（2015）. *Social constructionism*（3rd ed. ）London：Routledge.

Gergen，K. J.（2015）. *An invitation to social construction*（3rd ed. ）. London：Sage.

Michell，J.（2003）. The quantitative imperative：Positivism，naive realism and the place of qualitative methods in psychology. *Theory & Psychology*，13(1)，5-31.

Parker. I.（2005）. *Qualitative psychology：Introducing radical research*. Buckingham：Open University Press.

Potter. J.（1996）. *Representing reality：Discourse，rhetoric and social construction*. London：Sage.

Vidich，A. J. ，& Lyman，S. M.（2000）. Qualitative methods：Their history in sociology and anthropoloy. In N. L. Denzin & Y. S. Lincoln（Eds. ），*Handbook of qualitative research*（2nd ed. ，pp. 37-84）. Thousand Oaks. CA：Sage.

第 2 章
心理学质性方法的发展：质性革命

概述

- 心理学质性分析方法发展最关键的时期发生在 20 世纪 90 年代。心理学文摘数据库（以下称为 PsycINFO）积淀了几乎所有心理学的产出内容，这也成了质性方法重要的佐证。大部分质性研究产出内容都收录于核心期刊和书籍中。跨学科类期刊在出版质性研究方面的记录相较于心理学类期刊更令人印象深刻。

- 使用质性分析方法这一趋势并没有同时发生或以相同的速度发生在心理学的所有子领域中，市场和消费心理学就是一个例子。20 世纪 70 年代，在这些领域使用质性方法才得到认可。

- 专门的质性心理学期刊［如《心理学质性研究》（*Qualitative Research in Psychology*）］的出版以及关于质性心理学的专业组织的创立证明了质性心理学受到认可，象征着其新地位的建立。

- 尽管存在问题，但案例研究被认为可能是心理学中非常早的质性研究方法。最初的案例研究是以教育及训练为目的的，通过这个方式可以表明其他研究方法能发现什么。弗洛伊德的案例研究在多大程度上可以被视为质性方法仍然存在争议。近来有很多关于质性研究中单一案例研究的例子。案例研究本质上是可以质性或量化的。

- 心理学中的参与者观察法研究是随着将其引入芝加哥学派的社会人类学和社会学领域而来的。该学派在研究中使用了民族学术语。研究人员的动机本质上是对他们所面临的特殊社会问题（如失业和种族主义）的深刻关切，而目前处理这些问题的主流方法存在很多不足之处。

- 社会学、语言学和哲学在大部分质性方法中对基于话语分析的核心观点的发展都发挥了作用。

- 在大多数情况下，20 世纪 50 年代和 60 年代的创新发生在社会学而不是心理学领域。然而，以人为本等健康心理学方法的兴起，可以被看作对新的心理研究方法需求的鼓励。

- 社会的变化有助于将质性观念整合进心理学中。特别是女性主义需要一种建构主义的方法，一种能够通过女性主义心理学研究赋予妇女发言权的方法。例如，女性主义对实证主义的拒绝在某种意义上使其成为质性研究的同盟。

一、质性方法在心理学中的发展

(一)记录心理学中质性方法发展所面临的挑战

尽管很难解释清楚原因,但量化分析方法在心理学历史上基本占据了统治地位。要不然,心理学史上极具影响力的意见也不会常常不能成功促使从量化到质性方法的转变。量化方法通常具有不证自明的真理地位,对它的质疑需要有一位杰出的修正主义心理学历史学家——然而并没有这样的角色存在。现在一般认为,质性方法终于在心理学上取得了突破,并且在过去 30 多年里进展很快。质性方法的存在,提供了可行且高度易得的对于量化方法的替代性方法。然而,我们对心理学中质性方法发展的认识至多在粗略的表层,某些情况下甚至是不准确的。定义的问题(什么是质性方法)增加了写出有价值的质性方法心理学史的困难。众所周知,并非所有非量化的东西都具有质性的气质。应谨慎阅读目前已发表的一些质性心理学史著作。很常见的一个现象是,部分充满了统计和数字的方法在本质上是质性的。例如,弗洛伊德所做的工作在心理学史中就经常被定义为是质性的。但是,这并不有助于我们理解他在实证主义方面工作的根基,也缺乏真正的质性精神。质性数据收集方法和质性数据分析方法之间的区别在第一章中做了说明,这点不容忽视。这样做的一个原因在于,20 世纪 80 年代,质性分析方法开始起步,90 年代逐步加速,似乎预示着以前心理学中不可用的质性数据分析方法正在发展。质性数据收集和分析的历史并没有完美结合,重复的术语也增添了混乱。例如,尽管在 20 世纪 80 年代,我们所谓的话语分析被发展成质性心理学的方法之一,但在更早的时候,在量化方法中就可以找到对话语分析的借鉴。尽管数据库可以帮助我们追溯至 19 世纪的心理学类出版物,但术语随着时间的推移而变化。所以,早期的出版物可能会使用相同的词语,但往往不是现代词语所表达的意思。

质性研究作为一个概念来讲似乎是比较新颖的,虽然好像没有人知道它究竟是何时初次出现的——也许它是被引入心理学的。当然,寄希望于通过检查心理学在过去 100 多年左右的时间内巨大的产出,来确定质性的本质是不可能的——现在有超过 300 万篇心理学研究文章正在发表! 而且这一数字还在上升。

(二)使用 PsycINFO 和其他指标跟踪质性研究方法

记录质性心理学兴起的最有效方法是心理学家利用的大量的数字数据库。从表面上看,使用这些数据库来进行研究任务很简单。

(1)列出可能找到的有关质性研究的关键词或搜索词。

(2)在适当的研究数据库中使用这些搜索词对出版物进行搜索。

(3)检查这些出版物(例如,使用数据库提供的文章摘要)的内容,来确保它们是真正质性的。

两项重要的研究尝试以这种方式追踪心理学中质性方法的起源——两者都使用美国心理学会的 PsycINFO,包括出版作品的摘要(简要摘要)、参考书目引用等。截至 2010 年 11 月,已有

300 万份记录录入数据库(American Psychological Association,2011)。引起讨论的是一篇引起轰动的、使用质性分析方法的论文《在视觉运动活动中通过棱镜暴露方法修复左眼视盲患者》(Rehabilitating Patients with Left Spatial Neglect by Prism Exposure During a Visuomotor Activity)。目前,PsycINFO 的扩张速度为每年增加 13 万篇文章。截至 2015 年,PsyclNFO 声称拥有超过 3 700 000 条记录(www. apa. org/pubs/databases/psycinfo/index. aspx? tab＝2)。PsycINFO 早在 1894 年就开始收录行为和社会科学领域刊登的学术期刊出版物,书籍则可追溯到 1840 年或更早。书籍章节也有所陈列,包括博士论文。它算是一个真正的国际纲要,包含近 30 种不同的语言,囊括近 50 个不同的国家(American Psychological Association, 2009)。它收录了约 2500 本期刊,其中绝大多数是经过同行评审的,即由两位或三位在该领域知名的研究人员评估出质量令人满意的的文章。约 300 篇期刊的全部内容被自动抽取出来,并调查了其余与心理学相关的内容。换句话说,PsycINFO 是大规模编目操作的成果,并且为追踪大部分现代心理学历史的发展提供了最好的来源。但是将 PsycINFO 视为心理学历史研究的完美工具是愚昧的,作为广泛的研究方法的一部分,它具有巨大的潜力。

那么 20 世纪质性研究的总体趋势是什么呢? 伦尼,沃森和蒙蒂罗(Rennie, Watson & Monteiro, 2002)使用 PsycINFO 来定位 1900—1999 年每十年的质性研究。他们尝试了很多种可能的词汇进行搜索,最后列出了如下清单:质性研究、扎根理论、实证现象学、现象心理学和话语分析(一种原始的卡片格式,据此可以进行话语分析或话语分析的相似术语)。当然,是否应该使用其他搜索词,这一点值得商榷。例如,他们没有提到主题分析、会话分析和叙事分析。他们确定了 3000 多份记录作为质性研究的潜在实例。在筛选和排查过程中,一些错误命中实例被删除,剩余 2500 份有关质性研究的记录。现象心理学是约 1970 年之前数据库里面出现的唯一搜索词。其他搜索词出现在 20 世纪 80 年代之后。20 世纪 90 年代,质性研究、扎根理论和话语分析和其他相关术语才开始更加频繁地出现。

质性研究通常不在主流或者主要的心理学期刊发表,而是在非心理学期刊发表。这可能表明,主流心理学之外相对于其内,对质性研究有更浓厚的兴趣。也有人认为,主流心理学期刊与质性研究势不两立。伦尼等人总结道:

> 总体来看,通过我们选择的三个搜索词,质性研究的数量增加可以说是非常剧烈的,特别是在最近十多年……单单几份专门面向质性研究的期刊的出现,就大大推动了出版物的增加……(Rennie et al. ,2002)

这项研究为我们目前普遍认可的观点提供了证据,即在 20 世纪 80 年代或之后,质性研究方法开始在心理学加速发展,从 20 世纪 90 年代开始剧烈增多。

另一项使用 PsycINFO 的研究聚焦在更短的历史时期,进行了更复杂的分析。马歇尔和欧文斯(Marchel & Owens,2007)决定将每一本期刊用如下方式分层。

(1)第一层:美国心理学会拥有的期刊。

(2)第二层:美国心理学会发表但不为其所有的期刊。

(3)第三层：与美国心理学会的某些分支机构有关的期刊。

换句话说，这项研究还引入了一个额外的标准——这些出版物不仅仅要在 PsycINFO 中，还必须以某种方式与美国心理学会联系在一起。这比伦尼等人使用的标准要严格得多（Rennie et al.，2002），因而更可能产生更少的"命中"。第二项研究涵盖了 1950—1990 年每十年的变化。研究者注意到质性研究出版物数量的增速似乎在加快，所以他们引入了新增的研究，包括随后几年直到 2002 年的研究。在这项研究中，研究者选择了以下关键词或者搜索词：行动研究、内在社会人类学、案例研究、话语分析、人种志研究、民族方法学、扎根理论、生活史、参与者观察法、现象学和质性。这份列表与伦尼的列表有所重合但并非全然相同。每发现一份提及以上关键词的出版物，两位评估人会详细查看内容。通过电脑搜索产生的文章中约有半数并不是真正意义上的质性研究——这比伦尼等人的研究排除了更多。最后剩下来自 33 种美国心理学会期刊的 600 份包含质性研究的摘要。

这份研究的结果表明美国心理学会期刊中的质性研究总量相当小。其中，质性研究数量所占百分比最多的杂志是《人文心理学家》（*Humanistic Psychologist*），有 22% 的研究为质性研究；第二位的是《理论和哲学心理学期刊》（*The Journal of Theoretical and Philosophical Psychology*），有 7% 的质性研究。总的来看，美国心理学会仅发表了占总量很小一部分的质性研究，这个比例应该占现已发表文章的 1%。

根据马歇尔和欧文斯的研究，从事质性研究的研究人员应该记住以下几点。

(1)最受推崇的期刊或者顶级期刊(位于第一层的期刊)总是很少发表质性研究。假设这是选择偏好的结果(而不是作者自己不提交)，研究人员应该避开这些期刊。有一个例外是，理论性的质性研究文章似乎容易被这些期刊接收。这可能是因为最负盛名的期刊认为理论研究价值非凡。

(2)一些新出版的期刊和隶属于美国心理学会特定分支的杂志更有可能发表质性研究。这可能反映了一个趋势——非核心期刊有更多的变化和灵活性，质性研究正在通过这些期刊进入心理学研究。

(3)跨学科期刊(不只发表心理学研究的期刊)在质性研究的发表数量上保持最佳纪录。因此，如果研究的主题属于某期刊的范畴，质性研究人员就可以考虑在这些期刊上发表。例如，如果文章属于教育领域，跨学科的教育期刊就是发表质性研究论文的一个不错的选择。

从这些研究结果来看，质性研究努力进入心理学主流研究的情况是有点悲观的。尽管整体而言有进步的表现，但是对于主流心理学而言，质性研究的力量还是微不足道的。当然，这种消极的观点可能受到了马歇尔和欧文仅聚焦在美国心理学会相关的出版物上的影响。主流心理学期刊倾向于迎合心理学在长期的学科专业化上的特殊需要，而这种专业化在本质上几乎排除了质性研究。当前美国心理学会对于质性研究工作依旧热情不高。因此，值得注意的是，2008 年，美国心理学会拒绝了所有开设心理学质性研究分支的请求。相反，美国心理学会的第五分支(专注于评估、测量和数据分析的部门)邀请质性研究心理学家成立一个部门并加入他们，这个分部叫作"心理学的质性调查学会"。这个学会现在正在运行。美国心理学会现在出版了一个专门期刊《质性研究的心理学》—— 2014 年出版。如果把欧洲看作一个质性研究心理学更有可能产出的地方，对美国心理学会期刊的质性研究文章进行的搜索工作可能就会成为一个有偏见的或者不适宜的开端，这样的开端不太可能轻易定义新的趋势。

另外一个可能导致这些数据在心理学领域对质性研究的代表性低的原因表现在质性研究在期刊的发表通常比书籍的少。伦尼等人（Rennie et al.，2002）指出其自身研究对于质性研究的命中率低于 PsycINFO 记录的 0.5%。然而，这忽略了书籍和书籍章节中更高的命中率。书籍和书籍的章节，与期刊文献一起推动了质性研究的数量增加。作者指出，世哲出版社出版的书籍在这场扩张中起重要作用；他们指出这些书籍作为替代出版物，能够很好地避免在期刊发表体制中遭遇的不公。对于单一出版物的这种依赖并非完全由质性研究开创。例如，社会学出版社（Society Press）的目标就是保证重要的扎根理论出版物的发表。

出版物并不是衡量学术专业性是否成功发展的唯一指标。该学科本身带有的因素表明专业性已存在于学科之中。学习和专业协会将以何种方式积极将新的研究领域纳入专业性结构？这方面最好的消息是，英国心理学会在 2006 年建立了一个致力于心理学质性研究方法的部门。这个部门声称自己将成为学会内"最新和最大的"部门，拥有超过 1000 名成员。值得补充的一点是，学会下设的主要部门称作"分部"，有的分部本身就要比质性研究方法部门要大得多。致力于发展质性研究的期刊和愿意接收使用质性研究方法的文献的期刊的数量呈现明显的稳定增长，这是一种积极的迹象。专门发表质性研究或者愿意接收质性研究的期刊在几年前已经远超 100 份了（St. Louis University，2009），尽管其中专注于心理学研究领域的期刊相对较少。

几乎所有质性研究心理学的发展历史都表明，质性研究在 20 世纪 80 年代成为数据分析的重要形式。然而，心理学中的质性研究方法的历史需要更多细节补充，它似乎比现有了解到的更加漫长。这个部分到现在还没有完全地记录下来。当下情况已经比本书第一次出版的时候改善了一些。一些研究者已经提供了心理学质性研究的一般历史（Wertz，2014），而另外一些研究者将其涵盖面限制在了特定的专业领域，如心理治疗（Levitt，2015），营销和消费者心理学（Bailey，2014）以及话语分析或者会话分析（Potter，2012）。

在心理学领域，质性研究的兴起反映了量化研究的衰退，这种观点是站不住脚的。诚然量化研究在数量上有一定程度的减少，特别是在社会心理学领域。除了这种特例之外，没有证据表明，主流量化心理学因为质性研究方法的成功而削弱。心理学科由于质性研究的增加而更加丰富，但是主流心理学并没有表现出显著削弱的迹象。20 世纪以来，心理学家数量的急剧增长可能足以使心理学呈现多元化发展而不显著削弱或者减弱大部分主流心理学的发展。举例来说，英国心理学会在 1950 年有 1900 名成员，1960 年有 2700 名成员，20 世纪 80 年代有 10 000 名成员，近年来有 33 000 余名成员。从根本上说，我们似乎正在见证主流心理学和质性研究心理学的发展。当然，情况不会一成不变。随着越来越多的心理学学生接受了质性和量化研究方法的培训，这种平衡可能会改变。这可能会增加多元方法研究或更多的质性研究。

专栏 2.1 讨论了批判现实主义的质性研究的核心概念。

专栏 2.1　核心概念

批判现实主义

对量化研究的一个批评是它站在现实主义的立场上。"现实主义"这个词通常被用到实证主义和心理学中。与广泛建构主义的质性研究方法不同，现实主义假定我们自身之外有一个现实——一个物质的世界——科学家能够直接知道并理解它。另一方面，主观主义认为除了我们自己，没有外在的、能够被直接研究的现实。我们生活在一个可量化的世界这一观点使得科学法则更可信。物理科学在寻求量化的过程中一般能够成功，而这使得现实主义立场更加合理。然而，当现代物理发现无论测量什么行为，测量对行为都存在反应性效果时，这一观点不攻自破。测量改变了现实。所以，如果物理学家不以上帝视角看待现实，什么改变了心理学？通常，质性研究人员相信能够从很多角度看待现实，但不能直面现实。他们强调，科学地研究恒定且可知的现实是一项毫无疑义的任务。

批判现实主义是一个哲学观点，这在理解一些用于心理学研究的质性方法上非常重要。批判现实主义不否认确实存在一个真实的物质世界，但是他们质疑社会科学的数据能在多大程度上准确且完全地反映这样一个真实的世界。质性研究人员普遍认为，我们是通过"窗口"或"镜头"观测现实（如不同的信息或者不同的数据收集方式）的。因为现实总是被某种方式扭曲，所以我们充其量只能瞥见现实的一角。每一个观测用的"窗口"或者"镜头"都会以各自的方式扭曲现实，而且使用不同的窗口，将会有不同的看待现实的视角。我们无法知道扭曲的程度有多大。而且，心理学研究与其他社会科学一样，在很大程度上依赖于语言数据。语言永远都不可能成为现实，最多只能算作看待现实的一个"窗口"。因此，质性研究人员认为看待现实的视角是多样化的。我们无法将这些不同的视角结合起来看现实究竟是什么样的——只能从不同的视角看待现实（同样，我们也不能通过不同艺术家给出的场景图片来将各种场景的绘图相结合）。然而，质性心理学中最极端的反现实是不可能忽视即将到来的警告。基于我们收集的数据，有太多关于我们究竟能知道什么样的现实世界的猜想。

有一种观点认为，每种测量现实的方法都有其根本的缺陷。如果不同的现实观点倾向于一致，我们从一些地方获得的均值就会有助于理解现实，却不能够揭示现实本身。换句话说，所有观察者都有研究预期和其他的"包袱"，而这会影响研究结果。这个"包袱"包括我们的文化、我们特殊的兴趣以及我们个人对生活的看法。此外，质性研究倾向于承认测量工具（心理测量技术）有各自的理论和假设，而这些也会影响我们将如何看待现实。鉴于此，所有心理学家都有可能接受这个观点，那么我们应该如何处理这个问题呢？质性研究人员提出的一种方法是将我们观察的结果呈现给被观察者，来获得他们的批判性回应，并将其纳入我们的分析结果中。

批判现实主义是一种与罗伊·巴斯卡尔（Roy Bhaskar，1944—2014）作品相关的科学哲学方法。实证主义者认为人们能够用自然科学的方法理解社会世界，但批判现实主义者的观点与之相左。同样，批判现实主义者也反对社会研究的目的是阐明由人民和社会强加给世界的意义(这是很多质性研究人员的立场,但不是所有质性研究人员都这样认为)。如果某些事情有因果效应,批判现实主义者就认为它是真实的,即使它只是自然或物质世界(比如,电力能够驱动电动机)抑或社会世界的一部分。因此,失业是真实的,因为可以确定它对其他事物是有影响的。科学的调查有一个要求,那就是所研究的内容应涵盖能导致结果的机制。这与实证主义所认为的事件之间存在稳定关系的概念不同。这不意味着社会科学方法与自然科学方法相同,因为与物理结构相比,社会结构所处的变化状态更加稳定。社会结构先于个人出现,但是社会结构的变迁状态是个人行为的结果。因此,在这层意义上,人类活动是转换生成的。

罗伯特(Robert,2014)强调,批判主义对于因果质性理论的提出也非常重要。质性研究人员声称因果关系是他们方法论的一个方面,并认为质性研究人员的领域是主观的。批判现实主义拒绝表明因果关系对量化(经验论者)和质性领域都是有问题的。有些质性研究人员相信,客观世界存在于语言、会话、任务、交流和其他人类生命构成特征之外,而真实的物质世界则通过它们而得以谈论。两者最重要的不同是,量化研究人员的行为就好像他们认为得出的数据是真实的世界所提供的,而质性研究人员不这么认为。他们认为在对真实世界的了解中,我们只能够进行"量化的观察"。罗伯特是这样解释的:在批判现实主义理论中,世界被认为是由不同的现实层次或领域组成的。量化研究人员探究变量间的关系并找出其中的因果,在他们的实验室工作中能看到实证研究。其他研究者(质性研究人员)没有在这个封闭的领域工作,而是在因果变量和类似需要证明的变量的开放系统中工作。这是现实世界的维度。在这个维度中,因果机制以复杂的方式与其他机制相互作用。在批判现实主义中,知识是易错的,因此知识是可疑的且经常被质疑。为了处理这样不可靠的知识,社会研究人员需要在各种研究环境中探索因果机制。

二、 20 世纪 50 年代以前心理学领域的主要质性方法

在心理学的早期历史中,我们如何找到质性研究方法的例子?在心理学家的研究中,软数据或硬数据(或科学)之间的区别是很重要的。尽管这一点在近代心理学上有点过时,但量化—质性似乎是首选。这种软和硬的区别会帮助我们在"软研究"中寻找心理学领域的早期研究实例。其中,最重要的是弗洛伊德的精神分析以及它最常用的方法——案例研究。另一个可寻找的地方是心理学相关学科的发展可能(或已经)在哪些地方影响了心理学。一个杰出的案例是参与者观察法。它起源于社会人类学,之后经常被精神病学家采用。然而,问题是这两种方法是否真的是心理学早期质性方法的先驱。

(一)案例研究

毫无疑问,从 19 世纪的现代心理学开始,案例研究一直是心理学的一个常规特征。然而,把所有的案例研究都定义为质性研究是一个正确的假设吗?表面上看,案例研究只是简单地作

为质性研究的方法被作者接受(Vidich & Lyman，2000)。从口头描述的角度来看，将案例研究作为一种质性方法是很容易的。然而，在一定程度上，所有的案例研究都代表质性研究方法是有问题的。案例研究在医学中应用广泛，之后被应用到心理学中。它们最初的功能是在教学中通过一个例子来说明什么是已知的特定医疗条件。因此，这种形式的案例研究显然不是真正的研究。心理学文摘中能够找到大量的案例研究。从它开始出现的 19 世纪一直到 2009 年，大约有 21 000 项条目涉及案例研究(比如，在理论上提及案例研究，且绝大多数是在 1960 年以后出现的)。

案例研究是对个案的深入调查——它可能是一个人、一个组织、一个社区、一个事件等。它可能是一个极端案例，或是一个典型的案例，抑或是一个不正常的案例。在心理学中，案例研究涉及个人，以符合该学科的个人主义的性质。虽然有一些人在科研中使用案例研究与在教学中使用案例研究时看起来有很大的不同，但他们仍主张将案例研究作为一种研究方法来使用(Yin，2003)。在文献中，"案例研究"一词涵盖了量化研究人员在没有样本时的困难情况，换句话说，样本的大小等于 1(见 Barlow & Hersen，1984，关于样本容量为 1 的实验研究的讨论)。

现代质性研究与我们在书中其他地方所见的量化研究有非常不同的观点。在现代质性研究中有许多案例研究的例子。以下是很好的例子，但其实还有更多的例子：麦克米伦和爱德华兹(MacMillan & Edwards，1999)，波特和爱德华兹(Potter & Edwards，1990)，洛克和爱德华兹(Locke & Edwards，2003)，沃蒂莱宁、佩雷屈莱和鲁苏武奥里(Voutilainen，Perakyla & Ruusuvouri，2011)，埃利斯和克龙比(Ellis & Cromby，2012)。这些例子不以个人为重点，主要关注媒体广泛报道的事件。它们通常不被其作者称为案例研究。看起来，质性研究人员不太愿意采用单一的案例研究方法。例如，一项涉及会话分析的质性研究几乎总是只专注于会话的一小部分。这在任何方面都不常见，而在某些质性研究中却非常典型。相比之下，尽管"一个单一的案例研究就是一切"是量化心理学的一种研究传统，但量化研究人员仍然会感到不安(行为学家斯金纳便是其中之一)。

考尔斯(Cowles，1888)报告了一个很久之前的心理学案例研究。他将一名 28 岁有很多极端僵化观念的女性描述为一个偏执精神状态的人。考尔斯写道：

> 这个案例的问题在于发现这种异常复杂的怪癖的起源、发展和形成。首先，它的起源可能不是特殊的遗传影响。其次，偏执成分被排除在外。当然，我们需要质疑推论的准确性。如果因为青春期的伤寒症或者其他原因而得了这个怪癖，神经衰弱症就应该被承认。但是如果已获得的生物缺陷也被承认——对推论的一致性感到兴奋，当偏执缺陷出现了新的可能的因素时，几年前形成而后又消失的"僵化观念"就能得以恢复和发展。(Cowles，1888)

考尔斯的研究不包括质性研究，这一点是非常清楚的。相反，这个案例将这名女性的情况和其他人的情况进行了比较。同时，关于"习惯法则"的参考文献可能显示出作者的实证主义立场。它在风格上与医学中的案例研究看起来非常接近。考尔斯的案例研究包括在观察的基础上提出已存在的分类,在某种程度上这通常与质性研究相并列。

当然,案例研究有时被看作心理学质性研究的早期形态,这是因为案例研究常常无法体现量化。它们常包括大量的描述性材料,这些材料一般不包括对人们样本的常规量化研究。所以,由于案例研究缺乏数字和包含相当丰富的描述性材料,我们面临把一些案例研究从本质上视为质性研究的诱因。但另一方面,我们很难在最近的质性分析方法中找到案例研究的要素(本书稍后会提到)。质性研究通常包含数据驱动的而非已知的东西驱动的分析。从特点上讲,质性方法是探索性的、用于产生理论的,这与许多案例研究恰恰相反。

所以,能否把心理学历史上的经典案例研究看作与各种各样的量化研究相对立的质性研究的早期形式,是一个开放的问题。人们可能对此有不同的答案,这取决于他们关注的案例研究的特点。西格蒙德·弗洛伊德所做的精神分析案例研究就是个切题的例子。弗洛伊德带来了不同于心理学主流的思维传统,但这种思维方法本质上是实证的而非质性的。毕竟,他曾经是一个医生和生理学研究者。他的一些案例研究甚至在心理学领域外都赫赫有名。然而,弗洛伊德在案例领域的产出非常小。

对 5 岁的小汉斯的恐怖症的分析(Freud,1909)是心理学历史上十分有名的案例研究。当弗洛伊德试图理解婴幼儿性欲时,他请他认识的人向他提供有关儿童性生活的观察,也就是在这个时期,弗洛伊德对小汉斯做了研究。小汉斯 4 岁时曾目睹一场事故:一匹马发狂把马车撞在了路边,致使一位行人死亡。这个小男孩对离开家变得非常恐惧,他尤其害怕马和超载的交通工具。小汉斯的父母也是向弗洛伊德提供观察结果的人。小汉斯 5 岁时成为弗洛伊德的病人。事实上,自从小汉斯的父亲在弗洛伊德的指导下对小汉斯进行精神分析以来,弗洛伊德只见过小汉斯一次。尽管恐惧的来源很明显,弗洛伊德也比孩子的父亲敏锐得多,弗洛伊德和孩子的父亲还是选择使用心理性欲的术语解释这种恐惧。收集到的数据算得上丰富、细致、复杂,因为小男孩的梦、行为和对各种问题的回答都被囊括进来了。这种数据的丰富性和深入性正是现代质性研究的特点。但是,和现在许多从事质性研究的心理学家不同,弗洛伊德有点脱离于数据收集过程(因为数据大部分是孩子的父亲收集的)。小汉斯的案例研究并没有促进新想法的产生。相反,它成了帮助弗洛伊德阐明他的儿童性欲理论的主要工具。不仅如此,质性心理学家也倾向于拒绝接受弗洛伊德使用的许多描述内在心理过程的心理学概念(如"本我"和"超我")。弗洛伊德的观点和当代质性研究者的观点并不一致。简而言之,弗洛伊德的案例研究忽略了质性研究方法学的一些重要方面。

心理学历史上也有其他的经典案例研究。卢里亚和布鲁纳(Luria & Bruner,1987)所做的,写在《一个记忆专家的头脑:一本关于广阔记忆的小书》(*The Mind of a Mnemonist*:*A Little Book about a Vast Memory*)一书中的研究就是一个极为重要的案例研究。这个对拥有惊人记忆力个体的研究涉及许多真实问题。在这本书中,作者向读者详细描述了一个有神经系统问题的人是如何应对他的渊博记忆和感受到的困难的。《一个记忆专家的头脑》一书在本质上是相当量化的,几乎找不到纯粹描述这个个体对记忆的日常感受的材料。事实上,这本书描述了很多在这个人身上做的记忆小实验。在连续体的另一端,奥利弗·萨克斯(Oliver W. Sacks)的书《因为一顶帽子误会妻子的男人》(*The Man Who Mistook His Wife for a Hat*)也应该被提到,这本书讲的是一个记忆力很差的人的案例。《因为一顶帽子误会妻子的男人》一书是非常具有描述性的，按照书中的说法，它或许应当被称作一个质性研究。

　　尽管案例研究在心理学文献中出现得相对较早，但我们并不能把心理学中的案例研究简单地归入质性研究的早期形式这一类。也就是说，尽管案例研究经常在本质上是描述性的，经常不包括数字、统计这类量化研究的显著特点，但是显著量化特点的缺乏并不意味着大多数案例研究在本质上是质性的。案例研究还拥有哪些质性方法的特点？回顾一下描述了很多质性研究特点的图1-2，我们不妨问问自己：这些特点中有多少可以用来形容早期心理学家所做的案例研究？有一些是早期心理学案例研究的特点，有些不是。所以我们不能自动地认为一个案例研究在本质上就是质性的。在考虑案例研究之后，把研究简单区分为量化研究和质性研究的方法就显得不充分。我们可以用第三种类型——可以称之为"非量化研究"——形容由量化取向引发的但没有包含量化的研究。弗莱维布热格（Flyvbjerg，2006）曾精妙地讨论过案例研究的许多假象和它们应当如何概念化的问题。

（二）参与者观察法和人种志研究

　　参与者观察法是人种志研究方法的一部分，我们今天很少脱离人种志研究方法单独讨论参与者观察法，参与者观察法很少脱离其他人种志研究方法被单独使用。因此，尽管人种志是一个非常新的术语，我们仍可以把参与者观察法和人种志研究方法当成同一种方法。毫无疑问，参与者观察法和人种志研究方法在本质上是质性的。某些人种志研究可能包含一些量化元素，但这并不是人种志研究方法的典型特征，它们通常也不具有这样的特征。人种志研究方法经常花费很长的时间收集质性数据，偶有例外的是做深度访谈。所以提到质性研究时，心理学中参与者观察法/人种志研究方法的历史尤为重要。人种志研究是利用现场记录的资料（与二手来源的资料相对）对不同人类社会做描述性研究的学科。它吸纳了整体论的方法学，也就是说，把社会系统的各个部分看成相互作用的而不是独立运转的。这种方法学视角仍然是文化人类学的核心，在现代社会学中也非常重要。有趣的是，维迪奇和莱曼（Vidich & Lyman，2000）在探讨社会学和人类学的质性方法历史时，把人种志研究看成最重要的方法。然而，这种统治地位在心理学质性方法的历史中并没有强有力地出现。在参与者观察法中，研究者在很长的时间里不同程度地参与一个共同体的活动，收集大量有价值的信息。这种内容丰富的研究方法通过以下途径收集数据：积极参与小组活动、收集小组成员的生活史信息、直接观察、小组讨论、研究者的自我剖析。根据质性研究者的一般观点，做人种志研究要丰富、细致地收集数据。

　　最早的人种志研究者通常是传教士和航海家，他们认为"原始民族"是发展链条的一部分，西方文明站在链条的终端。因而通过研究这些文明，他们就能更好地理解西方文明的早期阶段。然而，据维迪奇和莱曼所说，全世界社会的差异如此之大，以至于很难解释为什么其他社会的道德价值观与现代西方社会的道德价值观如此不同。这个发现与基督教独占合法性和真理的观点之间存在很大的分歧。此外，早期人种志研究者的著作经常成了为殖民主义和帝国主义的极端行径进行合法性辩护的工具。

　　19世纪后半叶，移民的文化多样性和美国城市中的"他者"吸引了研究者探索更多真相。杜波依斯（W. E. B. Du Bois，1868—1963）是一个非裔美国人，做了第一个针对美国社区的研究。他的著作发表于 1899 年，名字叫《费城黑人》（*Philadelphia Negro*）。这个研究包括 5000 名受访者，他们被称作"费城（Philadelphia）的黑人人口"。这个研究是由贵格会社区（Quaker community）发起和资助的，目的是提升黑人社区。但是这的确是美国社会学质性研究的开端，并影响了 20 世纪二三十年代的芝加哥学派（the Chicago School of Sociology）。非常重要的是，芝加哥的第一位社会学教授罗伯特·帕克（Robert Park，1864—1944）曾是一位记者，也曾受过心理学的训练。他在社会学中看到了社会改革的手段，在 1927 年说了一段有名的话。他对他的学生说："孩子们，去吧，在真正的研究中把你的裤子坐脏吧。"（引述自 Bulmer，1984）20 世纪二三十年代的芝加哥学派运用了参与者观察法的方法，不过他们的参与者观察法有非常强的人类学的色彩。巨大的进步在于芝加哥学派以"人种志研究"的名字把这种方法应用到了当时的西方社区研究中。教会赞助了大量这类的早期研究。罗伯特·林德（Robert Lynd，1892—1970）和海伦·林德（Helen Lynd，1896—1982）写了《米德尔顿：一个对美国当代文化的研究》（*Middletown：A Study in Contemporary American Culture*）一书，这本书也是参与者观察法对质性研究影响的例证。他们后来写的《转型中的米德尔顿：一个文化冲突的研究》（*Middletown：A Study in Cultural Conflicts*）一书摆脱了教会的影响，转而支持马克思主义。

在早期非常重要的人类学研究中，布罗尼斯拉夫·马林诺夫斯基（Bronislaw Malinowski，1884—1942）在 1914 年来到巴布亚新几内亚（Papua New Guinea）的特罗布里恩群岛（Trobriand Islands）。他原本的目的是带着他在伦敦经济学院（the London School of Economics）的博士生做野外研究，但第一次世界大战的爆发使他滞留在当地。马林诺夫斯基克服了最初的不情愿，开始像一位特罗布里恩岛居民一样生活。也就是说，他作为参与观察者进入了当地居民的生活圈。这和早期心理学有很有趣的联系。马林诺夫斯基曾经在莱比锡大学待过，并受到了心理学家威廉·冯特的影响。尽管冯特经常被视为实验心理学的创始人（正如我们在第 1 章提到的那样），冯特实际上看到了这种方法（他称之为生理心理学，Physiologischen-psychology）的局限，并倡导一种不同形式的心理学（Volkerpsychologie，有时翻译为"民俗心理学"）来研究社会和社区生活对人类心智的影响。马林诺夫斯基接受了参与者观察法的观念，虽然冯特对他的这种影响在很大程度上被心理学家们忽视。后来，弗兰克·博厄斯（Frank Boas，1858—1942）和他的学生玛格丽特·米德（Margaret Mead，1901—1978）把这种方法推广到了美国文化人类学的田野工作中。

从 20 世纪 30 年代开始，参与者观察法在 PsycINFO 中就很常见，到 2009 年，有近 3000 篇摘要中都有这个词。心理学期刊中有一篇在非常早期提及参与者观察法的迪尔伯恩的书评，他评论的是一个在北罗得西亚（Northern Rhodesia，今赞比亚，Zambia）做的文化人类学研究。从迪尔伯恩所做的评论的摘录里可以看出这一点：

> 对他们来说，在所有可能的场合，性的结合和吃饭喝水一样放任自由、没有限制。人们可能想知道，与一个克制的、有男子气概的、习惯于自我控制的男人相比，这些人的抑制性的新皮质中的神经元的相对数量是多少？西格蒙德·弗洛伊德会认为

数字是一样的吗？（Dearborn，1920）

所以除了第一句带有当时常见的科学种族主义（Howitt & Owusu-Bempah，1994），迪尔伯恩将一个人类学问题基本上转化为了生理学问题。这项丰富的人类学研究在本质上使用的就是一种质性方法。迪尔伯恩想要知道文明人的大脑与他所认为的那些"原始人"的大脑结构有无不同，因此他提出了这个稍显种族主义的生物学还原论思路，试图从心理学的视角分析北罗德西亚人部落中复杂的社会系统。值得注意的是弗洛伊德在他的部分著作中也大量采用了人类学视角，尤其是在他的《图腾和禁忌》（*Totem and Taboo*，1918；*Totem und tabu：Einige Übereinstimmungen im Seelenleben der Wilden und der Neurotiker*，1913 年出版于德国）一书中。当然，像这一时代的其他人一样，弗洛伊德并没有亲自进行原始的人类学观察。他在人类学基础上所做的工作，与其说是质性研究，不如说是"非量化"的研究。请注意，弗洛伊德本人受过医学训练，他的精神分析理论受到当时生理研究的影响，在本质上是实证主义的一种版本。例如，本我、自我和超我这一类对内部心理状态的推断不仅是与行为主义相排斥的，也与目前的质性研究方法相左。与弗洛伊德的理论相反，这些研究方法是拒绝研究内部精神状态的。话语分析和会话分析的对立就是一个例子。

先前我们已经说到 PsycINFO 里不仅包含典型的心理学研究出版物，也包括那些虽然属于其他学科但关注了心理学主题的内容。因此在某种程度上而言，当某些质性方法第一次出现在主流心理学研究领域时，可能仅仅显示心理学家对这种方法产生了兴趣，而不是心理学家们真正采用了这种方法。不过，也有充足的证据表明，20 世纪三四十年代，至少有几位心理学家在研究中采用了参与者观察法。

最早也是最重要的在心理学领域采用参与者观察法的例子是关于一个小镇马林塔尔的研究。这项研究由心理学家玛丽·雅霍达，后来成为社会学家的心理学家保罗·拉扎斯菲尔德，以及社会学家汉斯·蔡塞尔（Hans Zeisel，1905—1992）开展，是第一个有关失业的研究，20 世纪 30 年代首次发表于奥地利（Jahoda，Lazarsfeld & Zeisel，1933），并于近 70 年后再版（Jahoda，Lazarsfeld & Zeisel，2002）。马林塔尔是一个奥地利的小镇，当时糟糕的经济环境使得原本提供了大部分工作岗位的当地工厂倒闭，因此引发的大量失业对小镇造成了毁灭性打击。有关于马林塔尔镇的研究细节参见第 5 章。雅霍达等人是这么形容这项研究的：

> 这项研究的目的是利用尖端的研究方法，来展现一个饱受失业影响的群体的心理状态。从一开始我们就把注意力集中在两个目标上。在内容上我们希望找到有关失业问题的影响因素；在方法论上我们试图给出一个全面而且客观的对社会心理学状态描述的方法。（Jahoda et al.，2002）

换言之，关于马林塔尔镇的研究本质上是人类文化学的，使用了参与者观察法、访谈法等，同时也使用了一些量化的方法。另外，这种跨学科研究在这个时候还是很少见的。

马林塔尔镇的研究与当时典型的行为主义实验室研究非常不同。因此，值得注意的是这项研究的核心理念（以及伦理）关注的是推动研究的那些实际"问题"，而非任何抽象的哲学观念。

> 在 1994 年的一次演讲中，玛丽·雅霍达宣布了她的研究理念：有意义的社会心理学所关注的主题应该来自社会当下的问题，而不是抽象的理论；不应该脱离时代寻找答案，而应该认识到社会事件和人类的行为都发生在特定社会时代环境中；不是想要证明什么，而是去发现……因为无法被量化的事物依旧重要，质性研究像量化研究一样起到重要的作用。尽管展开质性研究有种种困难，既不时髦又多有不足，但在一些科学领域，质性研究仍旧非常良好地解决了当代的许多问题。(Klein, 2001)

这其中有行为研究的成分，但更重要的是研究者对参与者的关注。这在当时具有令人耳目一新的现代性，在现在则是质性研究者身上的典型特点。马林塔尔镇的研究结合了质性观察和量化数据来解决研究者所关注的问题。

在雅霍达等人的研究结束几年后，约翰·多拉德(1900—1980)从耶鲁大学出发去往美国南方腹地的一个小镇——他称之为南方小镇(Southerntown)。当时，这个地方实行着种族隔离。多拉德最初的目的是通过访谈研究黑人的人格，但他很快意识到白人化的度量方式影响了对他们人格的测量。因此，多拉德的访谈转变为对社群的研究。基德尔和法恩(Kidder & Fine, 1997)是这么评论多拉德的研究的：多拉德在研究中的"质性立场"使研究人员能够"消除固有框架，这使得观察那些只有模糊认识的事物时不受限于已有的预测"。多拉德也描述了自己当初与心理学固有框架做斗争的研究经历：

> 在进行研究和整理材料时，我经常对自己所使用的方法感到心虚。要是一个研究者不是基于那些量化系统来得到结果，也不能基于当前的科学传统去描述它，那这个研究真的可信吗？不过目前我用下述观点成功地摆脱了这种疑虑：一名科学家最首要的是要忠于他的研究对象，他必须在它真正所在之处去追寻它，以它真实存在的样子去呈现它。(Dollard，1937)

多拉德在南方小镇研究中使用的完全是参与者观察的方法。他花了几个月的时间作为一个社群的成员了解不同的人，和他们打交道。他拒绝使用访谈来研究社群成员，因为在当时的种族歧视环境下，这种方法并不可靠。

《当预言失败：世界末日的现代预言者的社会与心理学研究》(*When Prophecy Fails：A Social and Psychological Study of a Modern Group that Predicted the Destruction of the World*，Festinger, Riecken & Schachter, 1956)是一个使用参与者观察法方法的新颖研究，激发了一大批关于认知失调的实验。认知失调是心理学史上最有名的概念之一，最早来源于利昂·费斯汀格(Leon Festinger, 1919—1989)。当时，报纸上的一个预言引起了研究者的兴趣。预言称，将要出现一场导致世界末日的大洪水。预言者马里恩·基奇(Marion Keech)声称自己的手受外力的控制写下了预言，并称自己收到了来自一个名叫克拉里翁(Clarion)的星球的信息——洪水将在 12 月 21 日降临。一群基奇夫人的信徒放弃了学习和工作，抛弃了财产，离开了家庭。他们相信会有一个飞碟过来拯救"信者"。费斯汀格和他的同事们决定渗透进这个组织，看看要是到了预言的时间世界却没有毁灭会发生什么。在预言中的大洪水出现前几小时，这个组织主动停止了宣传，并且称只有真正的信徒才能进入。到了 12 月 20 日，并没有什么飞碟过来拯救这些真正的信徒。几小时后，基奇夫人又通过被外力控制的手写下的新的信息：地球之神已经阻止了大洪水。最终，在预言中的大洪水本将降临的下午，这个组织扭转了之前回避宣传的态度，开始寻求新闻媒体的关注，并且急切地极力向更多人进行宣传。换言之，当对世界末日的信仰受到威胁时，他们改变了认知来使得信仰不至破灭。这一项质性研究的价值并不是匆匆推行参与者观察法的方法，而是对当时大批的实验室研究——也就是当时心理学界的主流方式——产生了很大冲击。

尽管参与者观察法和案例研究都被现代质性研究者视为质性方法在心理学中的早期应用实例，但这两者在现在并不是质性研究的典型方法。相比于其他数据收集的方法，现在的心理学质性方法的教科书中关于案例研究大多没有什么详细的介绍。类似地，参与者观察法或者人类文化学方法有时候会被提及，但是不像在其他领域，这些方法并不是作为质性方法的核心来介绍的。案例研究可以有多种形式——量化的、质性的、精神分析的，或者也可能是教育学的。参与者观察法/人类文化学研究也有量化和质性之分。整体而言，案例研究和参与者观察法/人类文化学方法对心理学的内容其实影响甚微。在心理学领域，这些方法更多的是因为它们的新颖性而被重视，而不是因为它们提供了多少心理学的核心知识。举例来说，它们很少出现在心理学的教科书中，这也能说明这一点。反过来，其他相关的社会科学学科倒是很重视这些方法，在这个层面上心理学和其他学科的对比还是很有趣的。

三、 20 世纪 50 年代至 70 年代的突破式创新

从历史观点而言，质性心理学是借由其他学科发展起来的，主要是社会学和哲学这两种和社会语言学相关的学科。社会学在 20 世纪 50 和 60 年代的转变最终对质性心理学造成了巨大的影响，虽然那已经是 30 年之后的事了。心理学内部的转变也为近年质性心理学的发展奠定了基础；如果想要对心理学中的质性方法有一个全面的理解的话，这一点是不容忽视的。实证主义和行为主义并没有完全垄断 20 世纪上半叶的心理学，也许有理由相信在临床和与之相关的领域，行为主义方法并不像在其他心理学领域那样备受追捧。所以不奇怪的是，和临床相关的领域也产生了与当时主流心理学非常不同的研究问题的方法。下面，我们会讲到 20 世纪 50 年代和 20 世纪 60 年代将心理学转向质性方法的重要进展，也包括其他学科的相关发展。

（一）事实的构建性本质

质性研究者大多相信有许多种观察事实的方式，但没有一种可以直接看到它。因此，他们强调，通过科学研究寻求一个稳定持续并且可知的现实是无意义的。临床医生卡尔·罗杰斯（Carl Rogers，1902—1987）的工作同时以人道主义和现象学为基础，来访者中心疗法是罗杰斯

最为关键、具有持久意义的创新。这需要对个体的集中研究,而这种集中研究正是某些质性研究的特征。但是,在这一方面更为重要的是乔治·凯利的工作。他在 1955 年出版了两卷本的《个体建构心理学》(*The Psychology of Personal Constructs*)。个体建构理论包含的基础观点在于个体建构他们自己的世界,而心理学的任务则是理解这种建构出来的现实。

个体创建有关他们生活的有意义的理解,并根据经验自由改变这种理解的过程正是个体建构理论的基础。凯利的最主要的影响在于心理治疗、临床心理学以及咨询心理学,但不代表这些是他全部的影响范围。他的一个重要隐喻就是个体是创建、测试、重建他们的自我和世界的(最初的)科学家。因此,人们的理论认识使得他们能够处理未来事件。当一个人有关事件的自我建构不能有效包含新的事件或者不能与周围人群的建构形成连接,心理问题就出现了。这个建构形成和改变的过程是持续发生的,并且缺乏固定性,这与质性心理学的后现代观点是相符的。治疗师(或研究者)可能采用汇编网格方法定义一个个体的自我建构。在汇编网格法中,个体被要求在他们生活中的三个重要人物之间进行区分,说出哪两个人相似以及哪一个不同(并且说出哪里相似或不同)。他们再将这个相似——不同的维度应用到生活中的其他人身上。这个过程在不同的三个个体的组合中重复进行。通过比较对不同人群的描述模式,心理学家能够超越个体所用的具体描述,深入理解个体所采用的内在建构的性质。

可以认为乔治·凯利接近于一位早期的有影响力的质性心理学家。有关他的工作的影响因素——特别是现象学——都相当明显,并且基本上质性取向清晰。质性研究的一些基础假设在他的理论中都很明显。例如,尽管他相信"现实"的存在,他也接受个体有他们自己的对于现实的角度。也就是说,评估现实是不可能的,而人们如何体验它应当成为研究的焦点。这使得凯利的观点与本书之后要提到的胡塞尔的哲学达成了一致。不得不说,20 世纪六七十年代,乔治·凯利的汇编网格法和他的个人建构理论在许多不同国家都有着极大的影响力,在英国尤其如此。换句话说,乔治·凯利的工作中存在质性革命的元素,这比 80 年代话语分析、IPA 和叙事分析的到来早了 20 年。当时,主流心理学刚刚摆脱行为主义的束缚,个人建构理论正是一个充满生气的选择。由于个体是主动构建了他或她的版本的外在世界,因而个人建构心理学以个体为中心。诚然,那时汇编网格法只是初步形成的,但它并没有屈从于主流的研究方法。

或许正是凯利的工作所具备的构建主义者性质帮助他成为近代质性心理学的重要先驱。根据波特(Potter,1996a)的叙述,大量的质性方法本质上都是构建主义的,其中包括会话分析、话语分析、人种志研究和修辞学。如果将这个看作凯利的遗产,它就可以被看作心理学中质性方法的发展线的一部分,我们通过贯穿现代心理学历史的研究定义了这条线。但凯利的工作和它发展的方式并不能完全免除量化的影响,这倾向于表示其在质性方法的根源并不像所提到的那么坚实。另外,通过凯利的汇编网格法收集的数据通常不是丰富、翔实的描述,而这是许多近来的质性研究的命脉。尽管如此,在心理学家的研究中,这种汇编网格法仍然保持着卓越性。可以认为,乔治·凯利的工作是对于主流心理学的重大挑战,特别是那些质性方法在二十年左右之后就形成了有效发展的领域。

相对于近代社会建构主义取向,个体建构理论被看作一个早期的先驱者。但实际上,它不应该被看成社会建构主义的一个例子(Ashworth,2008)。个体建构本质上是认知的,因此它不能和一些近来的质性心理学取向完全兼容(例如，话语分析)，这些取向与认知主义存在理论上的不一致(见第 9 章)。尽管如此，在某种程度上令人遗憾的是，凯利距离更为意义深远的突破仅一步之遥，而这一突破出现在欧洲社会学家彼得·伯杰(Peter L. Berger，1929—2017)和托马斯·卢克曼(Thomas Luckmann，1927—2016)的工作中。尽管他们的基本观点确实具有更早的根源，他们仍是最先使用长期的社会建构的人。他们的书《现实的社会建构》(*The Social Construction of Reality*，1966)是社会科学领域的经典著作，被认为是有关知识的最好的理论。他们认为，不同的人群作为一个社会系统一起进行互动。在这个系统中，人们逐渐形成理解系统中其他成员行为的方式，而这种理解方式(或者是概念，或者是表征)在系统的各种关系中得到巩固和强化。最终，有关现实的概念制度化到社会结构内，并成为这种意义上的现实。或者说，尽管观点和行为表现得如同具备某种天生的或内在的特质，最好还是将它们看作由社会的成员创造出来的。因此，那些看起来是常识的观念是社会互动的产物，而在这个社会中，行动者认为他们共享对于世界的认识，因而这种认识实际上成了现实。这种社会建构的过程是一个持续的过程，并且是互动状态的产物。

对于社会建构观点在心理学中的推广，一个重要的人物就是肯尼斯·格根。格根在 20 世纪 70 年代撰写了一篇文章，将社会心理学概念化为历史(Gergen，1973)。他的基本观点在于，心理学事实是短暂的，会由于心理学研究和它所研究的对象之间的互动而部分改变。心理学知识受制于互动过程中所发生的修正。例如，他指出某些被普遍接受的心理学概念可能会受到影响。

> 心理学规律对所有它所适用的人造成了潜在的威胁。对于自由的投入可能因此加强那些会使理论失效的行为。我们会对有关态度改变的规律感到满意，直到我们发现它们被用于致力于改变我们行为的信息活动。这时候，我们可能会感到厌恶并表现出反抗。理论在预测行为方面越有效，它的公众传播就越广泛，而这种反应就越流行越强烈。因此，相比于较弱的理论，更强的理论可能受到更大的失效的影响。(Gergen，1973)

在这个版本中，我们基本上能看到社会建构主义心理学的一条关键假设(Gergen，1985b)以及由此形成的现代质性分析——认识是历史和文化特定的。另一个和近代质性心理学共同的特征在于社会建构主义心理学对有关我们解释和描述他人的"理所当然"和常识假设持批评态度。这最终引向了一个更为批判性的、复杂的理解，其中还包含政治性。

> 社会建构主义者关心检查人们所用的言语、人们理解世界的方式、影响人们如何定义单词和解释事件的社会和政治过程，这些定义和解释的含义——谁从我们描述和理解世界的方式中获益或受损……从这个角度看，并不存在一个单一的、无争议的、统一的或者有关任何观念都正确的定义。对术语的定义是由定义它们的人决定的，因此，定义反映了掌权者的兴趣。(Muehlenhard & Kimes，1999)

(二)发现扎根理论的需求

社会学家巴尼 · 格拉泽（Barney Glaser，1930—   ）和安塞尔姆 · 斯特劳斯（Anselm Strauss，1916—1996)提出了扎根理论。在心理学质性方法的发展中，这件事的重要性不亚于其他任何事。这一理论可能至今仍是最常见的质性数据分析方法，心理学使用的一些质性数据分析方法至少也运用了它的一些原理。其名称"扎根理论"意在表示所使用的数据和从数据中得到的理论观点之间的紧密联系，因此这里有一种观点，即理论十分紧密地联系着数据。相比于表示扎根理论是嵌于或脱离于数据的，这是阐释这一理论的更好方式。这不意味着理论仅仅是在数据中等待被发现，而是通过研究者艰难的分析工作创建的。扎根理论和主流心理学的观点——数据是用来检验预先建立的理论——存在明显的差别。这些观点出现在格拉泽和斯特劳斯出版的《扎根理论的发现》(*The Discovery of Grounded Theory*)一书中。扎根理论不允许使用在进行数据分析之前得到的假设，因此，一个扎根理论分析者需要避开诸如文献综述等的不利影响，从而避免预先决定自己的观点。这一方法的基础在于研究者应当基于有附带条件的数据形成新的范畴，从而使这些范畴显示出数据的良好匹配。扎根理论需要对分析的不同方面不断重复，从而最终获得对数据可能的最优分析。这种细致的、紧密联系数据的分析是心理学中几乎所有近代质性方法的基石。

众所周知，格拉泽和斯特劳斯后来在扎根理论方面探索了不同的路径。格拉泽根据《扎根理论的发现》的总体方针继续研究，在 1978 年出版了《理论敏感性》(*Theoretical Sensitivity*)这本书。而斯特劳斯和科尔宾(Strauss & Corbin，1990)发表了另一个版本的扎根理论，这使得格拉泽非常不高兴，以至于他写了一本书来驳斥这两人的工作(Glaser，1992)。他们之间的核心问题是理论应该在某种程度上从数据中得到，而不是将数据硬塞到一个部分预想好的结构或框架中。可以说，格拉泽认为理论应当来源于数据，而斯特劳斯更偏向于预想的框架。除了扎根理论对于许多现代质性方法的影响，还有有关使用扎根理论哪些方面（或者版本）这一个角度的选择。举例来说，根据格拉泽的扎根理论，应当避开录音和转录访谈，因为这些本质上达不到预期目标，是毫无益处的。这是由于当研究者进行现场记录（一份书面描述），并在访谈后尽快完成时，扎根理论分析能够快得多。研究人员在这样做的同时开始识别与先前现场记录数据高度相符的概念。换句话说，详细转录所记录的描述会话分析和某些形式的话语分析特征的数据在格拉泽版本的扎根理论中并不是重点。扎根理论与人种志研究的联系是依据现场记录而不是历史记录，这一点是显而易见的。然而，格拉泽的观点是少数派，采用斯特劳斯观点的研究人员通常使用历史记录。当然，随着时间的推移，无论它们本质上是量化的还是质性的，这些方法的细节变化都并不令人惊讶。我们将在后面讨论（第 8 章）扎根理论。

(三)社会学中的现象学

正如我们在第 1 章中看到的那样，现象学在心理学方面有着悠久的历史。它的影响也表现在本章前面讨论的乔治 · 凯利的著作中。然而，从现象学到最近的质性心理学的更直接的途径是社会学和由社会学家哈罗德 · 加芬克尔在 20 世纪 50 年代和 60 年代所发展的民族方法学。

"民族方法学"一词的字面意思是人们用来理解日常生活的方法或思路。这不单单适用于个人，也适用于个体组成的团体，如不同的组织。民族方法学的基本思想是，一个人以了解他们的日常生活的方式构成了一个社会事实。社会上的个人和团体创造了这些社会事实。了解这些社会事实是研究者的任务。个人对社会状况的描述以及他们如何感受世界的本质是这个理论的重要方面。因此，向老板解释第二天请假的原因是一种描述。但是使这些描述对另一个人具有意义的方法更重要。用于解释一个人的行为或理解社会行为的许多描述通常不必详细给出，因为他们被认为是"理所当然"的特征。为了阐明这种理所当然的说法，民族方法学家有时采用违反预期的程序。例如，想象一个场景，邀请客人共进晚餐但没有提供食物。一种可能性是客人会为主人的行为提供解释，人们非常善于对失败的社会秩序进行解释，以此维持社会秩序。

人们容易看到民族方法学对会话分析的影响（第 10 章）。会话分析本质上处理的是表面上看起来像社会交往的一个混乱层面的事物——会话，但分析表明它有一个潜在秩序，并且参加会话的人都知道支配会话的规则。会话分析是由哈维·萨克斯（Harvey Sacks，1937—1975）在20 世纪 60 年代发展起来的。尽管萨克斯在车祸中早逝，但盖尔·杰斐逊（Gail Jefferson，1938—2008)和伊曼纽尔·谢格洛夫（Emanuel Schegloff，1937—　 ）随后推动和发展了他的观点。例如，萨克斯的讲座录音被杰斐逊转录，甚至在他去世后成书出版，因为他在学术论文方面并不是一位多产的作家。会话理论的许多方面都来自萨克斯的理论范畴——交谈中的下一位发言者的选择、会话的转换、会话的开场和会话期间错误的修正。

(四)心理学中的现象学

现象学在心理学领域历来不乏追随者。然而，作为一个有历史传统的事业，追溯心理学中的现象学的发展是有些问题的。可以肯定的是，我们能识别受到现象学影响的个别心理学家。例如，克卢南（Cloonan，1995）调查了大量的（几乎囊括了北美地区）心理学家的工作，这些心理学家们均从现象学中汲取灵感。他们是唐纳德·斯里格（Donald Snygg，1904—1967)、罗伯特·麦克劳德（Robert McCleod，1907—1972)、荷兰的心理学家阿德里安·范卡姆（Adrian L. vanKaam，1920—2007)和阿米德·乔治（Amedeo Giorgi，1931—　 ）。每一项研究工作都由克卢南根据其现象学凭据进行充分复查。乔吉的方法是迄今为止最为连贯的以现象学为基础的工作。能够定义哪些心理学家受现象学影响这件事本身并没有在任何意义上兴起一个不断发展的现象学运动。因此，也许是为了夸大这种现象，现象学在心理学史上的大部分时间里都是一条支线，这种增长在学术领域中是很难被发现的。

一个例外——也是一次探索性的尝试——是阿米德·乔治和杜肯大学其他人的工作。杜肯大学从20 世纪 50 年代起就开始了现象学的良好传统，但只是在哲学系里。20 世纪 60 年代，当乔吉加入教职工队伍时，心理学系也开始采取类似的激进路线。乔吉接受了心理学的常规训练，但对心理学的方向已经心生不满。这促使他探索了一些激进的研究方法，尤其是现象学，这导致了被认为是在心理学中第一个成功运用现象学方法的研究。此方法坚实地基于埃德蒙德·胡塞尔的现象学哲学。埃德蒙德·胡塞尔的工作亮点是描述人们在意识中是如何经历现实的。根据胡塞尔的说法，有意识的经验是唯一有效的知识。乔吉的方法可以被说成粗暴的描述,他的工作主要是对人们普遍经历的现象的特征进行分类。这并不是关于个人的经历,因为这是对一般情况下的现象进行描述的基础。一般来说,现象是被经历的。乔吉在很长一段职业生涯中都在运用他的现象学研究风格,并进行了大量的研究。但问题是,这是否导致了大量的现象学涌入心理学范畴。当然,乔吉完成了建立一个致力于现象心理学的专刊(《现象心理学期刊》,*The Journal of Phenomenological Psychology*)的重要步骤,它为这类研究提供了一种工具。然而,它是否为近期的质性心理学方法的发展铺平了道路(除了解释性的现象分析)也是一个争论点。乔吉的工作本书第 12 章和第 13 章有更详细的讨论。当然,上面讨论过的社会学中以现象学为基础的运动可以被看作对质性心理学相当广泛的影响。

(五)激进语言学

20 世纪 50 年代,语言学的普遍观点是言语和语言具有代表性,是一种将头脑内部的东西传达到外部世界的方式。单词是理解语言的一个基本单位。路德维格·维特根斯坦(Ludwig Wittgenstein,1889—1951)认为,语言本质上是一种做事情的工具包,这种理论反映在 20 世纪五六十年代语言学理论发展中。约翰·奥斯汀(John Austin,1911—1960)对言语行为理论做出了重要贡献,他认为言语是社会行为,是做事情而不是代表事物。保罗·格赖斯(Paul Grice,1913—1988)和他的良好会话准则建立了会话规则驱动的本质。这些观点和其他许多的理论一起,对社会心理学中语言学主题的修订和话语分析的最终发展都是重要的。顺便提一下,维特根斯坦对逻辑实证主义者有影响,尽管他们可能并不总能以他所希望的方式来解释。表 2-1 列出了心理学中质性方法的时间线。

表 2-1   心理学中质性方法的时间线

年代	关键事件	影响
19 世纪	西欧启蒙时代	产生了主导现代心理学早期历史的实证主义思想
19 世纪 60 年代		反思主义是第一个主要的科学心理学派,一直持续到 20 世纪 20 年代。它旨在量化,而且通常不被视为质性方法。不应将它与作为一种质性方法的现象学混淆
19 世纪 70 年代	威廉·詹姆斯在 1876 年成立了第一个实验室,教授生理心理学 威廉·冯特于 1879 年在莱比锡大学创立了第一个心理学研究实验室	这些都被视为现代心理学发展的重要时刻 它们标志着心理学中实验室研究占主导地位的开始,这种主导地位持续了大半个 20 世纪
19 世纪 80 年代	爱德华·考尔斯(Edward Cowles)首次出版心理学案例研究	这种方法是从医学中引进的。它更偏向于说明性而不是分析性,不是早期的质性方法。著名的例子有后来西格蒙德·弗洛伊德的研究。有关这些还能够提出类似的问题
19 世纪 90 年代	这一时期以来,一些最为著名的当下普遍使用的统计技术得到了发展	自 20 世纪 30 年代以来,统计学一直是心理学领域的主要力量,并且在很多方面很好地定义了这一学科
1900 年代	1892 年美国心理学会成立,1901 年英国心理学会成立	专业团体在心理学发展中的重要性没能特别加强。美国心理学会约有 15 万名会员。第二次世界大战以来,训练有素的心理学家的成长有了显著的增长。量化方法在这些组织中占主导地位,这可能阻碍了心理学质性研究的发展

续表

年代	关键事件	影响
20 世纪 10 年代	维也纳学派发展了逻辑实证主义，但直到 20 世纪 30 年代才对其命名	对 20 世纪上半叶发展起来的行为主义具有高度的影响力
	人类学家马林诺夫斯基通过沉浸和参与的过程开始研究其他文化	这是参与者观察法的开始，现在通常被称为人种志研究。参与者观察法在 20 世纪 30 年代以来的心理学出版物中很常见。早期的人类学作家经常把对其他人，如传教士的观察作为他们的数据来源
20 世纪 20 年代	芝加哥人种志研究学派成立	为研究美国城市生活提供了人类学方法
20 世纪 30 年代	在这 10 年中，大多数心理学家对 20 世纪 30 年代的统计技术有了一定的了解，尽管这些知识始于 19 世纪后期	统计通常被视为量化方法的首要特征，并部分弥补量化研究的不足之处
	雅霍达等人指导有关奥地利失业经历的马林塔尔研究。这本质上是一种心理学的人种志研究，包括创新的质性和量化数据收集方法的混合运用中的参与者观察法	如果采取纯粹的行为心理学方法，这项研究是不可能的。这是一个质性心理学仍然相关的主要论述，强调经验的背景和完全不同的研究伦理
20 世纪 40 年代	保罗·拉扎斯菲尔德等传播学研究者在此阶段提出了内容分析的概念。尽管稍后有许多质性研究方法诞生，但内容分析的本质还是量化分析	内容分析是早期出现的处理文本资料（尤其是传播学资料）的一种方法。内容分析的本质是量化分析
	保罗·拉扎斯菲尔德撰写了第一批关于焦点小组研究的出版物	20 世纪 90 年代，在社会科学领域中通过市场研究缓慢地发展至兴盛
20 世纪 50 年代	认知心理学诞生	认知心理学及其衍生学科是现代心理学发展的主要方向
	乔治·凯利在 1955 年出版了《个体建构心理学》	个体建构心理学有别于 20 世纪 60 年代大行其道的行为主义心理学，在当时颇具影响力，被看作社会建构主义研究方法的前身
20 世纪 60 年代	哈罗德·加芬克尔开始在社会学中提出民族方法学的研究方法	这可能是会话分析方面最重要的事件
	伯杰和卢克曼在 1966 年出版了《现实的社会建构》	引出了 20 世纪 70 年代和 80 年代出现的社会建构主义观点
	格拉泽和斯特劳斯在 1967 年出版了《扎根理论的发现》	尽管乔吉为主流心理学观点提供了一种新思路，但他的方法并未动摇主流观点
	哈维·萨克斯建立了有关会话分析的基本概念，谢格洛夫在 1968 年发表了第一篇有关会话分析的论文	会话分析在心理学质性方法方面有一些追随者，并与话语分析的联系更加紧密
	阿米德·乔治和杜肯大学的一些研究者为现象逻辑学研究提出了一种研究方法	提出了质性研究中的主要研究方法——扎根理论，巩固了更加质性取向的分析方法
20 世纪 70 年代	女性主义作为心理学中非常重要的一股力量开始出现	女性主义心理学需要建构主义对性别的解释来反对社会对女性的消极看法，给女性发声的权利
	吉尔伯特（Gilbert）和马尔凯（Mulkay）的研究是该阶段的重要事件。他们的研究主要是科学家在杂志中的写作风格和呈现风格，如会话	这是话语分析发展的重要里程碑。在话语分析中，关于特定事件的口头描述与其他语境中的描述不同

续表

年代	关键事件	影响
20 世纪 80 年代	朱利安·亨里克斯(Julian Henriques)、温迪·霍尔韦(Wendy Hollway)、卡西·厄温(Cathy Urwin)、库兹·维恩(Couze Venn)和瓦莱丽·沃克黛(Valerie Walkerdine)在 1984 年合著出版了《改变主题:心理学、社会规范和主观性》(Changing the Subject: Psychology, Social Regulation, and Subjectivity)	本书为将福柯式思想引入心理学提供了最重要且最早的尝试
	乔纳森·波特(Jonathan Potter)和玛格丽特·韦瑟雷尔(Margaret Wetherell)在 1987 年出版了《话语和社会心理学》(Discourse and Social Psychology)	本书影响重大,被美国心理学会的电子摘要资料库中超过 800 本出版物引用
20 世纪 90 年代	伊恩·帕克(Ian Parker)与合作研究者们出版了有关福柯主义话语分析和心理学主要领域的重要著作《解构精神病理学》(Deconstructing Psychopathology, Parker, Georgaca, Harper, McLaughlin & Stowell-Smith, 1995)和《解构心理疗法》(Deconstructing Psychotherapy, Parker, 1999a)的重要著作	帕克建立了福柯主义话语分析研究
20 世纪 90 年代	乔纳森·史密斯(Jonathan Smith)在 1996 年发表了第一篇解释现象学分析法的论文	解释现象学分析法极大地影响了健康心理学质性研究的方法。这是第一次将心理学学科以外的方法用于心理学系统质性研究方法的尝试
21 世纪	英国心理学会质性研究方法小组在 2006 年成立,拥有大约 1000 名成员。学者们希望在美国心理学会分离出质性研究小组的愿望在 2008 年宣告失败	心理学新领域的进步得益于专业基础设施建设。专业协会的成立促进了专业领域的研究兴趣
	经济和社会研究协会(Economic and Social Research Council,ESRC)等资助机构要求心理学(以及其他学科)博士生接受量化和质性研究方法训练	学院派心理学者越来越多地了解质性研究方法
	质性研究方法的专业期刊成立,如《心理学质性研究》	建立特定领域的专业期刊也达成了相似的结果。专业期刊的建立促进了质性心理学研究方法的发展

四、 质性心理学的最新进展

心理学质性研究方法的兴起在一定程度上伴随着许多心理学量化研究学者对科学和实证主义理论拥护的减少——就像两个反向延伸的图形。例如,在今天,很少有心理学家会认为,他们研究目的是发展适用于他们的研究对象的普遍科学规律。虽然从整体来看,心理学保持着绝对的实证性,正如目前典型心理学家西尔弗曼(Silverman)的研究理念——他在 1997 年提出,典型现代研究者的任务是实现数据累积，理论上对此明确概括为归纳数据筛选结果。要定义这种实证主义就需要补充许多术语之外的含义。然而，主流心理学家仍然倾向于非情景化的理解：从数据中归纳却很少关注文化和其他情境。但是，也有些人认为心理学不适用于西方之外的区域和情景（Owusu-Bempah & Howitt，2000）。

维利希和斯坦顿·罗杰斯（Willig & Stainton Rogers，2008）认为，质性研究方法从一开始就是心理学的一部分，虽然这种方法在 20 世纪的前 80 年没有得到重视并且被边缘化，但从未完全消失。然而，比利希（Billig，2008）认为，心理学中反现代主义的时间远早于此。他建议质性心理学家"勇于接受自己想法的肤浅历史"，同时声称沙夫茨伯里伯爵（the Earl of Shaftesbury，1671—1713）"几乎是前后现代的人物"。然而，一个心理学家穿越到心理学史上任何一个时间节点（无论何时开始），都会被当前心理学中各种不同的质性研究方法迷惑。那么也可以说，在过去的 30 年中，对质性方法的抵制已经消失了——尤其是世界上那些不是那么严苛要求行为主义和实证主义的地区。有人误以为研究中心已经发生了变化，因为质性研究更多的是在欧洲的智力研究传统中出现而非美国。其证据本书已在讨论关键人物时给出。然而，我们也不应忘记：统计和实证主义的起源也在欧洲。

现在对心理学中质性方法的研究已经很少涉及数据收集的新方法，而是更多研究数据分析，这是一个被忽视的关键区别。最近心理学质性方法的教科书倾向于讲述数据分析方法而忽视数据收集。这种趋势恰好反映了在过去二三十年中质性方法研究所发生的变化。

我们可以从不同的角度来解释质性心理学的发展，但需要理解质性心理学的不同来源。因此之后的章节将介绍各种研究方法的起源——详述质性数据收集方法（如焦点小组和深度访谈）和质性数据分析方法（如会话分析和解释现象学分析）。表 2-2 显示了各方法起源讨论的目录。当然，这无法解释为何有些研究方法广受欢迎而另一些备受冷落。学科内的变化将有助于解开疑问，但学科外的变化也非常关键。政治环境也是影响因素之一。

表 2-2　质性方法的详细发展历程在本书中的对应章节

质性数据收集方法	质性数据分析方法
访谈，第 3 章	主题分析，第 7 章
焦点小组，第 4 章	扎根理论，第 8 章
人种志研究，第 5 章	社会建构主义话语分析，第 9 章
	会话分析，第 10 章
	福柯主义话语分析，第 11 章
	解释现象学，第 13 章
	叙事分析，第 14 章

其中一个例子是对质性研究方法影响很大的女性主义心理学的发展。女性主义从 20 世纪 60 年代"第二波女性主义"开始就是心理学质性研究方法发展的主要动力之一，80 年代以后促进作用更大。女性主义的政治因素在很大程度上影响了当时心理学的研究方法建设。当时的研究对男性有利而对女性不利。心理学家威尔金森（Wilkinson，1997）只是其中一个提供了主流心理学"男权对女性控制"描述的心理学家。但可能更重要的是，研究者和他的研究对象——女

性——之间的关系在女性主义研究中是不同的。女性主义研究者在研究中会更偏向女性而非中立。三四十年前,主流心理学倾向于对女性主义者感兴趣的话题保持价值中立。而且女性主义者认为自己的任务之一是让女性在各种环境中"发声"。因此,为性暴力和家庭暴力受害者发声是一个重要的目标,质性研究也在这样的主题上更胜一筹。同样,女性的身体也成为色情研究、身体的物化、进食障碍和更年期等研究的主要领域。当然,19 世纪 60 年代盛行实证心理学,而自 70 年代盛行的女性主义心理学开始采用定量研究作为基础研究方向(Gergen,2008)。然而,性别的定义和相关的问题始终处于变化之中,这就需要一些完全不同的东西——一些并非固定而是可变的东西。于是,建构主义的方法提供了部分答案。随着伯杰和卢克曼的《现实的社会建构》一书的出版,这样的替代选择变成了可能。目前很多质性研究方法本质上都根植于建构主义,越来越多的女性主义研究者在实验中采用这些方法,当然也包括会话分析和话语分析。同样,质性的数据收集方法在为女性"发声"方面有很大的潜力。因为研究者不能像深度访谈研究中那样剔除女性参与者,像焦点小组这样的研究方法还有特殊的作用。

此外,女性主义心理学是最早拥有专门的期刊的心理学领域之一,其主要内容是发表心理学方面的质性研究。创立于 1991 年的《女性主义与心理学》(*Feminism & Psychology*)虽然并非完全排斥定量研究,但其议程是典型的质性研究式的,且具有重大影响力。

五、 小结

我们看到,即使是在实证主义和行为主义最为盛行的年代,心理学家们有时也对质性研究充满兴趣。一般来说,这是因为他们对某个话题的兴趣无法通过在实验室进行实验,或以调查表的形式得到有效解决。我们不能将这些心理学家描述为孤立的叛逃者,因为他们驾驭心理学主流内外的能力通常更强。存在多种将定性与定量研究相结合的方法。第一种经典的观点认为,质性方法为研究人员提供信息,然后定量地来验证想法。这种观点在许多方面成了对于费斯汀格等人(Festinger et al.,1956)对失败的末日预言进行研究的描述。由此产生的实验室和相关研究不计其数。第二种观点认为,定性和定量都有助于对同一问题进行研究。雅霍达等人对失业的研究就是一个很好的例子。在后面可看到,保罗·拉扎斯菲尔德也在从事这一课题研究。他对社会学(及相关学科)的方法论,在定性和定量上的研究做出了不同的贡献。此外,还有第三种观点,来自多拉德在南方小镇的研究。当意识到自己无法应对紧迫的形势时,他放弃了原有的研究计划。尽管他将定量社会化,但他发现他研究方面的智力需求不能在没有量化的情况下得以实现。

另外还有个失去心理学机会的例子,这也许有助于解释心理学中定性方法的缓慢出现。罗杰·巴克(Roger Barker,1903—1990)和赫伯特·赖特(Herbert Wright,1907—1990)都是创新生态心理学家。例如,他们在一本书中观察并描述了某一男孩在某一特定日子里进行的活动(Barker & Wright,1951)。想不到的是,著名的社会学家艾伦·西科尔在接受采访时表示,这本书影响了自己人种志研究的风格(Witzel & Mey,2004)。1947 年,巴克和赖特在堪萨斯州(Kansas)一个叫"米德韦斯特"(Midwest)的小镇建立了中西部实地观测站。观测站已运行多年,致力于对生态环境中的人进行研究，以形成一种生态心理学：

> 心理学知道人们在实验和临床操作时不同的表现，但是对于实验室和临床之外不同条件的分布状况以及行为的结果却知之甚少。（Barker，1968）

这不适用于诸如化学（例如，化学家知道氧、氢和赭石元素的分布性质）和昆虫学之类的科学学科（比如说，昆虫学家知道疟疾在真实世界是如何分布的）。心理学家一般并不比普通人更了解诸如惩罚、恐惧和社会压力等概念是如何在现实世界中产生的。在书中，巴克针对他的行为环境理论，做出了一个重要的声明。行为环境是一个重要的自然环境单元，正常人将其视为日常生活的一部分。行为环境具有特定的时间、地点和对象等特征，但更重要的是，它对该环境中的行为有共同的期望。环境背景是人们行为的重要决定因素。尽管人们对这一理论热情很高，但它还没有成为现代心理学的重要组成部分。斯科特（Scott，2005）解释了，在某种程度上，为什么这种创新方法逐渐被抛弃。他的理由如下。

（1）心理学以个人主义研究方法为主，这使得一种基于非个人主义理念的心理学形式很难兴起。

（2）心理学的实践通常是在实验室实验，其核心假设不利于自然主义的数据收集方法。

（3）野外作业常常是劳动密集型作业。

（4）在这一领域，巴克的接班人发现，他们没有自己的工作机构，并且缺少这方面的资金环境，这使得中西部的实地观测站难以建立起来。

（5）斯科特认为，博士生在某特定领域是一个"批判性"的群体，有助于这一领域更为广泛地推广。例如，生态心理学的培训方案尚未建立。心理学的其他领域也是如此，如格式塔心理学。因为它的拥护者是来自欧洲的移民，所以他们不得不在较小的部门工作，因此很难有发展"批判性"群体的机会。

（6）生态心理学并不像大多数心理学家认为的那样是关于心理学的。那么，生态心理学在当时是如何适应主流心理学的呢？

我们必须记住，在抵制心理学质性研究的时代，巴克的生态心理学是一个活跃的领域，然而到20世纪50年代和60年代，包括社会学在内的其他学科却转入了质性研究。有趣的是，从某种程度上讲，我们知道心理学从20世纪70年代起就开始有了各种各样的变化，其中一些变化可能更容易产生某些质性的方法。本书中的大部分质性分析方法，并不依赖于巴克所倡导的任何大规模生态学方法。事实上，人种志研究方法对许多心理学家并没有吸引力，在心理学方面几乎没有真正的人种志研究。现代质性分析的数据收集起来相对简单，如果这些分析数据足够丰富，则采用相对较少的数据就可进行分析。

吉尔伯特和马尔凯（Gilbert & Mulkay，1984）在他们有关科学家论述的重要著作的开头重新写下了以下内容。也许我们能从中得到更普遍的经验，但不管这些经验是什么，鉴于其中如此多地谈论了有关质性方法的内容，它足以作为本章的结尾。

　　物理学家利奥·西拉德(Leo Szilard)曾经向朋友汉斯·贝特(Hans Bethe)说,他打算写一篇日记:"我不打算发表它,我只想把事实记录下来,供上帝参考。"贝特问道:"你不觉得上帝知道事实吗?"西拉德回答道:"我知道上帝知道事实,但他不知道这个版本的事实。"[弗里曼·戴森(Freeman Dyson),《扰动宇宙》(*Disturbing the Universe*)]

本章要点

• 出版材料有数据证实。质性方法是 20 世纪 80 年代在心理学中崭露头角的,20 世纪 90 年代以后迅速发展壮大。但实际上,质性研究出版物的数量微乎其微。

• 心理学的历史上有很多引人入胜的质性研究。一些案例甚至成为心理学领域不断翻印的开创性研究。但在评估这些研究方法作为质性研究范例的可信度方面,我们需要足够谨慎。比如,案例研究在本质上很难有量化和质性的区分。事实上,案例研究的原始功能是教育性和示例性的,而非出于研究目的。

• 心理学质性数据收集方法的历史远比质性分析方法的历史长。

• 心理学质性方法的发展晚于其他学科。社会学质性方法的发展最早,大约在 20 世纪 50 年代和 60 年代。很多最为重要的质性分析方法起源于这个时期,如扎根理论和会话分析等。

拓展资源

Ashworth,P. (2008). Conceptual foundations of qualitative psychology. In J. A. Smith (Ed.), *Qualitative psychology:A practical guide to research methods*(pp. 4-25). London: Sage.

Hill,C. E. (2011) Qualitative research in counseling and psychotherapy. *Psychotherapy Research*,21(6),736-738,DOI:10. 1080/10503 307. 2011. 620642.

Levitt,H. M. (2015). Qualitative psychotherapy research:The journey so far and future directions. *Psychotherapy*,52(1),31-37.

Vidich,A. J. ,& Lyman,S. M. (2000). Qualitative methods:Their history in sociology and anthropology. In N. L. Denzin & Y. S. Lincoln(Eds.). *Handbook of qualitative research* (2nd ed. , pp. 37-84). Thousand Oaks,CA:Sage.

Wertz. F. J. (2014). Qualitative inquiry in the history of psychology. *Qualitative Psychology*,1(1),4-16.

第二部分　**质性数据收集**

| 模块内容 |

第3章　　质性访谈
第4章　　焦点小组
第5章　　人种志/参与者观察法

质性数据的来源很多。质性数据不仅包括通过质性研究方法(如访谈、焦点小组、参与者观察/人种志研究)收集来的新数据，也包括从各种渠道获得的现成的数据，如来自网络、媒体的数据，临床访谈的录音等。质性研究的数据只有一个主要的要求，就是数据必须是全面而细节丰富的。除此之外，质性分析对数据的类型和来源没有过多限制。大众媒体为质性研究提供了丰富的数据资源，如报纸上的新闻报道、杂志报纸中的访谈、广播和电视节目中的访谈等，上述材料都可以被质性研究者使用。所以有些对个体同一性感兴趣的研究者会从书籍、报刊中寻找自传体素材。某些研究者可能对会话感兴趣，那么网络就是一个丰富的资源库。例如，往来的邮件尽管是书面文字，但也包含了很多会话的特征。社交软件也可以提供很多会话式的数据。手机短信也可以被用在质性研究中。如果您对在研究中使用网络平台的数据感兴趣，以下是一些有用的信息。

Evans, A., Elford, J., & Wiggins, D. (2008). Using the internet for qualitative research. In C. Willig & Stainton-Rogers (Eds.), *The SAGE handbook of qualitative research in psychology* (pp. 315-333). London: Sage.

Kazmer, M. M., & Xie, B. (2008). Qualitative interviewing in internet studies: Playing with the media, playing with the method. *Information, Communication & Society*, 11(2), 257-278.

Hookway, N. (2008). 'Entering the blogosphere': Some strategies for using blogs in social research. *Qualitative Research*, 8(1), 91-113.

Kaun, A. (2010). Open-ended online diaries: Capturing life as it is narrated. *International Journal of Qualitative Methods*, 9(2), 133-148.

Mann, C., & Stewart, F. (2000). *Internetcommunication and qualitative research: A handbook for researching online*. London: Sage Publications.

在接下来的3章里，我们会介绍3种对专业技能要求最高的质性研究数据收集方法。它们是质性访谈(第3章)、焦点小组(第4章)和参与者观察法/人种志研究法(第5章)。从某种程度上说，这几种方法算是社会科学和心理学研究中的传统技术。它们都要求研究者具有良好的人际交往技能(有些人很擅长，但有些人很吃力)以及质性研究者应有的全方位专业能力。访谈技术训练在心理学教学中常常是欠缺的，心理学研究方法训练也没有对如何做访谈进行足够的讲授。访谈明显带有谈话的性质，这一点容易造成误解，即做好访谈就是掌握好谈话技巧。谈话技巧会有帮助，但做质性研究除了学好访谈技巧外还需要很多其他的东西。值得一提的是，有的研究者为了让访谈内容可以作为会话被分析，便有意识地采用交谈的方式做访谈。对话语分析来说，这当然很好，但是对叙事分析来说，这样就不太妙，因为叙事分析不太关注人们在一起怎样交谈，而看重人们怎么体验和表达他们生活中的重要事件，这需要他们进入一种反思性的状态。在这种情境中，访谈者和受访者说话顺序的频繁转换只会适得其反。和很多研究中的问题一样，这些问题和研究者对研究目的是否有判断力和清晰的了解有关。

接下来的 3 章中还要讨论另一个重要的问题。仅仅学习狭义的访谈技术、焦点小组协调策略和参与者观察法是不够的。简单的几个面谈技巧并不能构成一个人的质性研究能力。数据收集其实包括数据收集之前和之后的一系列活动。比如，研究者如何得到帮助来完善研究想法？研究者如何动员人们参与到研究中来？怎么保证那些答应参加研究的人认真参与？这些问题都会影响研究的效果，但却很少有人教给学生。因此，你会在之后的 3 章中看到大量和数据收集各环节相关的建议，其中有些内容是研究方法类教材中常常忽视的。

- 第 3 章将介绍质性研究访谈。
- 第 4 章解释了什么是焦点小组以及它是怎样运作的。
- 第 5 章介绍了参与者观察法/人种志研究法——一种重要的但在当代心理学质性研究中常被忽视的质性研究方法。

第 3 章

质性访谈

概述

- 现代社会充满了形形色色的访谈。

- 质性访谈是心理学和社会科学研究中的一种常见的工具。它可用于大多数形式的质性数据分析，尽管它产生的可能不是自然的会话，不符合某些领域的质性研究的要求。

- 访谈通常被划分为开放式的和封闭式的访谈，或者结构化的和半结构/无结构化的访谈，或者量化访谈和质性访谈。开放式、半结构化的访谈是质性数据收集的特点。

- 早期的访谈可以追溯到修西得底斯（Thucydides）对伯罗奔尼撒战争（Peloponnesian War）的记述（公元前 400 年左右）。然而，直到 19 世纪后期，维多利亚时代的慈善家查尔斯·布斯（Charles Booth）研究伦敦人的贫困问题时，访谈法才开始成为社会科学的研究工具。弗洛伊德、皮亚杰和迪西特等有影响力的心理学家们的工作都建立在访谈的基础之上。

- 到 20 世纪 50 年代中叶，录音机在访谈中被接受并广泛应用。

- 在质性访谈过程中，研究者需要成为积极的倾听者，在觉察谈话细节的同时，按照研究问题的要求引导访谈的方向。

- 研究者应预先准备访谈提纲，从而明确访谈要涉及哪些方面、哪些问题。"提纲"只是辅助工具，而不应在访谈中逐字逐句地照着念出来。

- 把质性访谈视为一个贯穿访谈之前、之中和之后的过程是很重要的。在访谈的计划阶段研究者要做很多准备工作，在执行访谈的阶段需需要具备大量技能。如果想让访谈的效果最好，研究者就需要管理好研究的各个方面。

- 在某些质性访谈中可以看到访谈者使用了更多的交谈的风格，访谈的人际互动特征比较明显。如果多多少少是把访谈当成会话分析的，那这样做是合适的；但如果研究者想要获取一段叙事性的生活史，这样做就不太合适。上述观点之间的差异在于，应当采用与数据需要相适应的访谈方法，还是将访谈看作对真实生活的记录——比如，话语分析当中就讨论了这个问题。

- 质性访谈是现象学分析和解释现象学分析的关键要素，然而其他的分析方法，如主题分析和扎根理论也可以有效地分析质性访谈数据。

- 叙事分析对访谈有独特的要求（详见第 14 章），但一般的访谈建议也适用于叙事分析。

一、　什么是质性访谈

访谈在我们的生活中常常扮演着重要的角色。工作面试、心理治疗访谈、申请大学的面试、市场调研访谈、杂志和电话中的访谈、警察的问询谈话只是其中的一部分例子。没有一套统一的标准能概括出如何进行所有这些访谈，因为它们中的任何一种在内容、目的、目标、形式和结构方面都不同。从表面上看，质性研究访谈和上述这些访谈很相似，但质性研究访谈其实有其独特的特点和要求。质性访谈的特别之处就在于在访谈者的提问和探询下，鼓励受访者围绕主题自由、开放地表达。访谈者的访谈技巧等因素并不能保证质性访谈的成功，访谈成功与否与访谈的主题以及受访者是否有潜力提供高质量数据都有很大关系。研究性访谈的目标和背景都与其他访谈类型（如新闻访谈）不同。例如，①质性研究者一定会谨遵研究的价值观和伦理要求；②研究者有责任基于访谈数据来发展理论——其他形式的访谈则没有这些要求。当然，在研究问题允许的前提下，就新闻访谈素材进行质性分析也是完全可以的。质性研究在数据选用方面是非常灵活的。

访谈通常被认为是从结构化到非结构化的连续体。大部分人都曾经有过在街头或电话中接受市场调查的经历。这种访谈就是典型的结构化访谈。在这种访谈中，提问者常常简单地照着问卷列表念出问题，然后被调查者从答案选项中做出选择。访谈者不太有机会脱离"剧本"发挥。换句话说，这种访谈会尽可能把一切预先设定好。通常市场调查的访谈员是临时雇来的，不是专业的研究者。也就是说，实施访谈的人是雇来的帮手。

总的来说，结构化访谈需要做到以下几点。

(1)访谈者确保参与研究的受访者具备取样要求的特点（这种取样方法被称为分层定额抽样，在这种情境下是很常见的）。此外，由于访谈者会在访谈现场主动招募受访者，他们可以快速收集到相当大量的样本个案的数据，这是因为访谈者通常站在一条繁华的街道上，很多潜在受访者从那里经过。这样的访谈对于受访者来说可能是相当疏离的。访谈者通常给受访者提供有限的选项，因而受访者可能会感到他们无法有效地表达自己真实的看法。然而，多项选择、预先设定的回答格式使得数据可以快速录入电脑进行分析。质性研究者同时认为，这种结构化访谈的方式也让研究者被疏离了，因为在这种研究中，研究者距离研究对象也非常远。

(2)关于研究过程的速度。如果研究的基础配置已经就绪，问卷已经设计好，总体研究计划也已完成，结构化访谈就可以随时开始了。研究的基础配置包括访谈者团队、数据录入助手和负责研究的研究员。研究报告可以在几周甚至几天时间内送到客户手中。

学术型的质性研究者会在研究中使用不同的结构化访谈。这种研究方式的优势和弱点大致相同。如果结构化访谈能够满足研究的要求，就可以省时省钱地完成数据收集工作（结构化访谈的另一种形式是自填问卷，即在方框内打钩）。

　　相比结构化访谈，我们当中可能只有少数人参加过质性访谈。相对而言，质性访谈消耗每个参与者更多的时间，并且在制订研究计划和招募合适的受访者方面更为复杂。质性访谈常被认为是半结构化的访谈。理论上还存在一种无结构化的访谈，即毫无预先准备的访谈。质性访谈者通常不会采用无结构化访谈来收集数据，因为这是很矛盾的事。真的可以在毫无计划的情况下进行访谈吗？但是半结构化访谈的前期准备程度也可以有很大差异。质性访谈的要领是从研究对象那里取得广泛、丰富的数据。这样使用质性访谈的目的才契合质性研究的精神，这和结构化访谈反映量化研究的精神差不多。与日常谈话不同，质性访谈的一个原则是，大部分时间由受访者讲话——访谈者只是约束和引导受访者以调查更多信息或在必要的时候以其他方式插入谈话中。通常，我们不认为访谈者要回答问题，回答问题是受访者的角色。同样的，受访者也不会像访谈者那样自由地询问对方个人问题。那不是质性访谈的"规则"。受访者可能被要求花多点时间来叙述那些难以回答的问题——可能是因为他们此前没有思考过这个问题，或者因为访谈的话题让人尴尬等。访谈者的任务也不轻松。访谈者需要一边引导访谈，一边处理访谈过程中涌现的大量信息。这些信息需要被吸收和记忆，以便有需要时利用这些信息进行提问。尽管录音设备对于大多数质性访谈者都很重要，但这并不会减轻访谈者在吸收、理解和反思受访者提供信息的负担。访谈者需要整体把握在访谈中已经收集了哪些资料，从而做进一步探索，对不清楚的事项进行澄清。

　　在本章中，我们用质性访谈一词而没有采用非结构化或半结构化访谈的表述，以避免一种误解，即质性访谈是缺少结构的，实际上它只是没有遵循预定的结构而已。这种自由不意味着访谈可以漫无目的地进行，成功的访谈需要预先准备访谈内容和访谈设置。一名优秀的质性访谈者需要具备高超的倾听技巧、现场分析技术、令人满意的人际交往技能和经验。质性访谈技术是需要花时间来培养的。

　　高度结构化的定量访问和质性访谈的差别主要在于研究者和受访者有多少自由施展的空间。对质性访谈和结构化访谈以及与结构化访谈相似的自陈式问卷进行比较是有益的。表 3-1 对质性访谈和结构化访谈进行了详细比较（部分内容摘录自 Bryman & Bell，2003；Howitt & Cramer，2011 的研究）。

表 3-1　结构化访谈和质性访谈的对比

结构化访谈	质性访谈
1. 访谈使用预先写好的封闭式问题清单，通常在访谈过程中不会偏离这些问题，提问方式也是标准化的	1. 研究者通常会有一个问题清单，预期通过提问来探索特定"领域"，但不会设置刻板的结构，灵活性是至关重要的
2. 受访者通常从具体的选项中选择一个答案，或者由访谈者根据预设的方案对回答进行分类	2. 研究者希望鼓励受访者做出开放性的回答，提供精细翔实的信息
3. 结构化访谈有利于进行量化分析	3. 质性访谈通常不采用量化分析方法
4. 结构化访谈相对用时较短，时长比较容易估计	4. 质性访谈鼓励丰富、详尽的回答，这使得访谈时间较长，时长不好估计

续表

结构化访谈	质性访谈
5. 结构化访谈通常不录音	5. 录音在大多数质性访谈中都是必不可少的
6. 高度的结构化可以帮助建立信度、效度等类似的测量学指标	6. 质性访谈的信效度是一个非常复杂的问题，不是轻易能够解决的。参见专栏 3.1
7. 结构化访谈中的访谈者基本上是提问者和答案记录者的角色	7. 质性访谈要求访谈者成为积极的倾听者，一边集中注意力在受访者正在讲述的内容上，一边形成新问题来帮助受访者展开回答或澄清之前的内容
8. 结构化访谈是基于研究者制订的计划，并基于以往的知识和理论。也就是说，结构化访谈通常不是探索性的	8. 质性访谈在很大程度上受到受访者的回答内容的影响，访谈者可以通过仔细提问做进一步探索。质性访谈试图探索受访者的所思所想
9. 受访者除了根据研究者已经设定好的内容做反应，此外没有更多选择。几乎没有空间表达不同的观点。可能会有一个象征性的机会让受访者提问或表达额外的想法	9. 有些时候，质性访谈中鼓励"漫谈"式的回答，这也许能为访谈主题带来更广阔的视角
10. 将问题和可能的回答标准化是结构化访谈的一个特点	10. 在质性访谈中缺乏标准化的问题是不可避免的，访谈者期望重新表述问题，根据受访者的回答提出新问题或探查受访者话语的含义等
11. 不灵活的	11. 灵活的
12. 访谈者常常是"雇来的帮手"，而不是参与了设计研究计划的人	12. 在很多情况下，质性访谈由研究者亲自执行是最好的。这能让研究者对访谈中出现的问题快速做出反应，并在必要时做出调整
13. 有些人认为结构化访谈最适用于检验假设	13. 有些人认为质性访谈是探索性的，和假设的产生更相关，而非检验假设
14. 重复访谈在结构化访谈中并不常见，除非是纵向研究	14. 在质性访谈中，附加或重复的访谈是适宜的，这可以帮助研究者"重构"他们的想法。重复的访谈可以让研究者检验他们对受访者的理解是否与受访者的感知一致

　　每个人对结构化问卷（包括它令人失望和有缺陷的地方）都非常熟悉，因为工作中难免要填一些问卷。结构化访谈和问卷在填写快速和容易操作方面拥有强大的优势，这是它们存在的理由。它们都包含一系列预先设定的问题，采用标准化的形式提问，很少有变动。换句话说，问题和答案都是研究者在计划阶段就决定好了的。当然，结构化访谈（和问卷）和心理学中的量化研究密切相关，因此它和一般的质性研究精神相冲突。定量问卷侧重于"确认"不同人群在哪些维度上有差别（和心理量表所做的类似），而不在于理解作为个体的人，这是另一个分歧点。质性研究者拒绝上述这些观点，也随之放弃了数据分析的便捷性，他们采用的访谈方式给了受访者更大的自由把控和组织他们所提供的信息。因此，和结构化访谈相比，质性访谈者把很大的控制权交给了受访者，尽管这只是暂时的。

　　访谈在质性研究中是非常普遍的，这容易让人误以为质性访谈很容易。此外，因为质性访谈较少预设（访谈）结构就容易使人们认为数据收集过程是很随意的也是不合理的。质性访谈和其他研究方法一样，要求研究者对该方法有深入理解、有使用该方法的经验并熟悉如何利用该方法分析数据。有些学者对质性访谈的交谈属性进行了评论。伯吉斯（Burgess，1984）认为它是"有目的的交谈"。这虽然是一个普遍的观点，但它是有问题的。我们不能认为交谈很容易，所以质性访谈也很容易。

不仅如此，质性访谈不遵从典型的日常会话的原则。访谈和现代研究所说的会话有很多不同之处。例如，会话通常不是由一个人向另一个人提出一系列问题构成的。那么把质性访谈当作会话有什么好处呢？话语分析领域就争议过"质性访谈是否有利于做话语分析"的问题。研究性访谈不是自然的会话，也比自然的会话包含更少的社会交往功能的语言信息。即便如此，一些话语分析学者仍愿意使用质性访谈，因为质性访谈是会话的形式之一，在日常生活中可以见到，虽然研究性访谈是高度专业化的会话形式。很多时候，愿意采用质性访谈的话语分析研究者会用一种非常会话性的方式来进行访谈，它和一般的质性访谈相比有更强的互动性。然而，这种谈话的风格生成的数据常常揭示了访谈者和受访者一样多的信息。对于解释现象学分析或叙事分析来说，这种"会话"的风格太过随便而不能取得所需的数据。进行质性访谈需要具备很多普通会话不需要的能力。此外，有效地使用质性访谈涉及远比数据收集中研究者和受访者的互动更多的内容。专栏 3.1 就质性访谈在质性研究中扮演的角色等重要问题进行了探讨。

二、 质性访谈的发展

访谈的历史源远流长（Kvale，2007）。修西得底斯（公元前 460—前 395 年）就是个很早的例子。他用 8 卷史书记录了雅典和斯巴达之间持续了 27 年的伯罗奔尼撒战争，该书就是在对参加过伯罗奔尼撒战争的人进行访谈的基础上写就的。众所周知，古埃及人曾进行人口普查（Fontana & Frey，2000），约瑟和玛利亚为了参加罗马人口普查而前往伯利恒并在那诞下了耶稣，这里的人口普查也是一种访谈。对质性访谈来说更重要的可说最早的是新闻访谈，它是对摩门教首领杨百翰（Brigham Young）进行的采访，刊登于《纽约先驱论坛报》（*New York Herald Tribune*）上。采访由报刊编辑兼政治家霍勒斯·格里利（Horace Greeley，1811—1872）于 1859 年 7 月 13 日在美国犹他州盐湖城进行，这位摩门首领在采访中说奴隶制是"神圣的制度"。

更直接相关的，社会科学中的访谈法是从查尔斯·布斯（Charles Booth，1840—1916）的工作中发展起来的。他是维多利亚时代的慈善家，在 1886 年调查了伦敦人生活的社会经济状况（Fontana & Frey，2000）。1889 年，该研究出版，名为《伦敦人民的生活和劳动》（*Life and Labour of the People of London*），该书此后发行过不同版本。布斯对依靠户口调查表得来的信息不屑一顾，所以他亲自研究了伦敦东区的贫困（贫民）问题。通过访谈得到的发现促使布斯呼吁社会建立养老金制度。从方法上看，这也是早期使用三角测量（见第 16 章）的例子，因为布斯在研究中同时采用了访谈和人类学观察的数据。

柯费尔（Kvale，2007）指出"纵观心理学的历史长河"，质性访谈的例子不胜枚举，是开创"科学和专业知识"的"一个关键的方法"。他找到了心理学领域使用质性访谈方法的最杰出研究。

（1）西格蒙德·弗洛伊德曾进行大量的质性访谈——来访者在访谈期间进行自由联想。自由联想方法鼓励来访者自由地说出进入他们脑海的念头，不必有任何顾虑。自由联想要求避免自我审查，因此访谈者需要接纳来访者所说的一切，而不显露出任何评判的迹象。自由联想没有限制，作为治疗师的访谈者也无法预先知道访谈的发展方向。从这个意义上说，弗洛伊德式的访谈显然更像一种无结构的访谈。当然，通常来说这类访谈是为了增进个人领悟和洞察，而不是为了收集信息以供未来做分析。

（2）让·皮亚杰的工作是基于自然情境下对儿童进行的长时间访谈。他常常在访谈中让儿童做一些任务。因为皮亚杰受过精神分析的训练，他的访谈方式和弗洛伊德的差不多。通过这样的访谈方法，皮亚杰开始理解数字、大小、重量的心理含义，这是他理论的核心内容。

（3）质性访谈的另一个重要的应用领域是由欧内斯特·迪西特（Ernest Dichter，1907—1991）发展起来的。他是市场研究领域的心理学家，开创了动机研究。迪西特在消费者动机研究中采用的质性访谈方法在很大程度上受到精神分析方法的影响。

有意思的是，柯费尔列出的在心理学质性访谈历史中有重要地位的心理学家都来自欧洲，虽然迪西特的大部分的工作都是在美国做的。在这种背景下，柯费尔还提到了著名的霍桑实验，虽然该研究受到很多质疑，但它是一项包括了质性访谈在内的开创性研究（Mayo，1949）。在这项研究中，数千名霍桑电器工厂的工人接受了深度的访谈，也参与了一些其他的研究。虽然柯费尔把这些研究归功于弗利茨·朱尔斯·罗特利斯伯格（Fritz Jules Roethlisberger，1898—1974）和威廉·狄克逊（William J. Dixon），但实际上该研究的主要推动者是欧洲心理学家和社会学家埃尔顿·梅奥（Elton Mayo，1880—1949）。很明显，在将访谈作为一种"质性"研究方法来使用的方面，欧洲研究者、哲学家和社会思想家们的影响是卓著的。然而，这些在历史上使用了质性访谈的研究者们也会在访谈法之外结合使用其他的数据收集方法——这在皮亚杰和梅奥的研究中尤为突出。

一些简单的因素推动了质性访谈在心理学和其他学科中的发展。我们常常容易忽视技术进步使质性数据收集更便利简洁的作用。一个重要的推动因素是，现在的录音技术已经可以完整地录下长时间的访谈。第二次世界大战后磁带录音设备被发明出来，人们才能够记录声音。这意味着1～2小时的访谈可以在不被打断的情况下被记录下来，不必在访谈中或访谈之后用笔记录了。显然，在访谈过程中做笔记会干扰访谈的流畅性，也会让访谈者分心。麦克贝恩（McBain，1956）很早就在发表的文章中介绍了如何在心理学实验室中录音。他指出当时录音在人际沟通、人格和临床研究方面是很常用的方法，在转录方面有很大的优势。贝维斯（Bevis，1949）在更早的时候就推荐使用录音来减少访谈研究中的"偏差"。对访谈录音的一个重要的好处是，它让研究者有更多的机会检查和誊录访谈中的内容。转录型录音机能够回放之前的某段录音，从而加快了转录速度。计算机和高质量数字录音设备为质性访谈提供了更大的助力。现在研究者不仅可以详细地分析声音模式，文字处理技术也使人们可以快速地剪切粘贴数据文件。不仅如此，电脑程序使得人们可以方便地对数字声音文件中执行快进后退操作，方便地编辑内容。

到20世纪70年代和20世纪80年代时，访谈已经成为很多其他学科的常用研究工具，尤其是社会学，这进一步促进了它在心理学中的应用推广。到1980年时，心理学期刊中采用半结构化访谈的研究还很少，有 100 篇左右，同时期使用结构化访谈的相关论文有 400 篇左右。然而，1980—2010 年，这一数字迅猛增长起来，接近 6000 篇文章使用了半结构化访谈，11 000 篇文章使用了结构化访谈。这些数字揭示了各种访谈方法的迅速发展，也让我们清晰地看到，质性访谈在心理学研究中的作用越来越重要。

三、 如何进行质性访谈

一般而言，由研究者亲自进行质性访谈是比较重要的，因为这样有助于研究者熟悉数据的细节。从本质上看，质性访谈应当被视为某个具体社会情境下的产物，该情境中的某些独特特征将它和其他社会情境区别开来。心理学的各种分支学科中已经有大量的研究采用访谈的方法，值得注意的是，研究发现和质性访谈过程是相关联的。例如，在研究中和受访者建立良好的关系。在大多数访谈中，我们都需要避免过度引导受访者。学习访谈知识通常可以帮助我们避免很多新手会犯的常见错误。良好的访谈技巧和精心的前期准备是质性访谈成功的重要因素。质性研究的一个关键特征就是，研究者使用了广泛、丰富、密集、详细的数据。因此，访谈者关心的核心问题便是如何鼓励受访者叙述更可能丰富的内容。想要很好地完成访谈，培训和实践经验固然有益，但这并不是全部，访谈的成功不仅与访谈过程本身有关，还与数据收集过程中的诸多其他因素有关。研究者需要整体把握研究的全过程，包括参与者的招募和留用。

质性访谈是非常灵活的，我们可以根据具体的研究目的选择不同的方式，质性访谈在以下几个方面可以做调整。

(1)传统的访谈常常是一对一进行的，即涉及一位访谈者和一位受访者。在这方面，质性研究访谈的形式是更为灵活的。例如，焦点小组(这种团体访谈的形式，第 4 章将详细介绍)就包括不止一位访谈者和两位或多位受访者。同样，质性访谈也可以同时访问不止一位受访者，譬如研究对象是合作者(如已婚夫妇)的时候。不是所有情况下都适合采用一对一访谈，事实上，我们也不可能总是沿用这种传统的形式，如某些时候，受访者的家庭成员也想要参与到访谈中来。

(2)访谈不必一定采用当面会谈的形式。某些情况下电话访谈也是可行的。电话访谈省时省钱。例如，电话访谈可以省去花在路途上的时间，毕竟路途往返可能是非常耗时的，也无法保证每位答应接受访谈的人都能真的赴约。有研究者指出，当讨论一些非常敏感的话题时，电话访谈可能更加有效，但与此同时，也可能使访谈变得有些随意和流于表面。所以，举例来说，如果要讨论和性有关的话题，电话访谈就是合适的，而如果讨论的是近期经历的丧亲之痛，电话访谈的形式就不合适了。不同情境应使用不同的访谈形式，研究者在决定采用何种访谈形式时需要综合考虑多种因素。电话访谈常被诟病应答率比较低，但事实上，这一点对质性研究几乎没有影响，因为质性研究的取样通常是为理论目的服务的，而不在于选取对总体有代表性的样本。电话访谈的另一个重要的缺点是无法获得交谈过程中的非语言信息。某些时候，非言语的内容当中也包含了有用的信息。除此之外，质性访谈也可以在网络上进行，这时可能只涉及文本内容，没有声音信息。

（3）对某些研究者，尤其是采用混合研究方法（在研究中创造性地融合定量和定性的研究方法）的学者，在访谈中结合使用结构化问题和相对非结构化的问题可能是比较有利的，这样，一些简单的信息（如人口信息和其他背景信息）可以被快速地收集起来，同时受访者也有机会具体讨论他们的感受、经历、生活史等。

我们在前文已经了解到，在结构化—非结构化的维度上，质性访谈更偏向于非结构化的一端。由于"结构化"在这里主要指的是在访谈之前进行计划，由此可能带来一些误解，即认为质性访谈是杂乱无章、混乱无序的。质性访谈过程中的问题无法全部预先设定好，但这不是说质性访谈过程就是混乱无序的，也不意味着访谈者在访谈之前不必用心准备。没有详细的问题列表，意味着访谈者更需要在访谈全程中专心致志，从而尽可能地让访谈在结构上连贯统一，条理清晰。诚如我们所知，定量研究和定性研究的差别主要在于，在质性访谈中，受访者的回答不会受到太多限制，研究者在访谈过程中也有创造性提问的自由。实际上完全的非结构化访谈如果存在的话也是很少见的，而且把非结构化访谈设想为在头脑中没有任何预设的情况下完成一个成功的访谈也是错误的。鉴于质性访谈或半结构化访谈的独特本质，研究者应当具备很好的提问技巧和倾听技巧。如果不能很好地吸收和理解受访者的意思，访谈者就无法提出好问题。

(一)质性访谈的准备阶段

如果想要让质性访谈达到最佳效果，就需要认真筹划。即便是完成不像专业研究一样有那么多限制的学生作业，新手们也需要做好所有准备工作。因为质性访谈通常不是一场随心所欲的交谈，而是一个有计划的过程，许多因素需要提前考虑到。很多时候，由于情况相对简单，准备阶段当中的某些环节要做的工作比较少，但是同样的环节在另外的情况下可能就要精益求精了。例如，研究的对象是非常特殊的群体时就很难联系到，而如果访谈对象选择一般人或同学时，那在获取合适的访谈对象上的困难就小多了。

和所有的研究一样，质性访谈需要焦点。很少有持续时间非常久并且访谈者能够不受限制一直提问下去的质性访谈。（这种情况只可能在面向单一个体或很少受访者时出现。）那么，怎样的时长对于一次典型的质性访谈是适宜的呢？通常来说，质性访谈需要控制在 2 小时以内或 2 小时左右。在这样的限制条件下，显然大多数质性访谈都需要考虑如何取舍谈话范围。实际上，如果访谈没有焦点，受访者可能对这一系列问题感到困惑或突兀。受访者需要明白访谈者的目的，不仅因为受访者在保证访谈目标的实现上发挥着重要的作用。没有受访者的合作，质性访谈注定是失败的。表 3-2 是质性访谈准备过程的主要阶段。

表 3-2　质性访谈过程的主要阶段

访谈前	访谈中	访谈之后的工作
1. 研究概念化和开发	1. 为访谈录音	1. 为访谈者提供支持
2. 准备访谈提纲(访谈时程安排)	2. 访谈的引入阶段	2. 数据的保护和管理

续表

访谈前	访谈中	访谈之后的工作
3. 评估对样本群体进行深入访谈的适宜性	3. 访谈过程中，质性研究者"做"什么	3. 数据转录
4. 试验性的访谈（预访谈）	4. 进入访谈尾声	
5. 在访谈之间做比较		
6. 访谈者之间的沟通		
7. 样本招募和选取		
8. 管理参与者		
9. 访谈地点的准备/选择		

1. 研究概念化和开发

我们很难用三言两语概括研究想法是如何发展出来的。然而，在研究过程中尽早形成清晰的研究目标和目的总是重要的。这并不是要求研究者对研究主题完全清楚。很多情况下，研究者收集数据仅仅是因为他们需要对某个现象有更多了解，即该领域内的现有研究很不充分，需要通过访谈来更好地认识这个问题。在这个阶段，质性访谈者需要清楚地了解为什么要用访谈法来实现研究目标。这个理由不必复杂，只是，既然已经决定要做访谈，研究者就应该明白为什么做出这个决定。

2. 准备访谈提纲

标准的质性访谈操作要求在主要的数据收集阶段之前准备一份框架性的大纲。这份大纲被称为访谈提纲。它可能列出了一系列访谈要涉及的范围或话题，也可能列出了一些问题。当然，在访谈过程中，有些话题或问题可能没等研究者主动提出就已经被说到了，这就意味着访谈者需要灵活地判断访谈提纲中的哪些问题是需要直接提问的。如果对受访者已经回应过的问题再次提问，受访者不会认为访谈者缺乏经验，而可能认为访谈者对这部分内容不感兴趣。访谈提纲可以根据经验进行调整。比如，访谈中可能出现了一个重要的，此前没想到的问题，这让访谈者感到它应当被系统性地纳入之后的访谈提纲里。这种修补的动作反映了质性访谈的灵活性。但是，结构化访谈就不能这样做。访谈提纲不是质性访谈的焦点所在，这和结构化访谈重视的问题列表不一样。我们不必在访谈中常常查阅访谈提纲，但在访谈接近尾声的时候，访谈者可以花点时间来核对一下是否该谈的问题都谈到了。别担心，受访者会理解你为什么要做这些的。访谈提纲常常是比较简短和容易记忆的。一旦做过几次访谈之后，访谈者只需要粗略地浏览一下就可以了。

新手访谈者容易犯过于专注访谈提纲的错误，这会降低访谈质量。访谈提纲是作为访谈背景存在的，不应像结构化访谈问卷那样成为互动的关键。质性访谈应聚焦于受访者的话语，并确保进行充分的补充提问或探询，从而从受访者的视角全面地探索该话题。换言之，质性访谈者是一个主动的倾听者。主动的倾听者需要做到：①尽最大可能理解受访者所说的话；②根据受访者的回答，提出跟进的问题来"填补缺口"，如受访者表述不清楚、自相矛盾或者过于简短的时候。访谈提纲提供的结构可以让受访者的回应尽可能地丰富。质性访谈的目的以及成功与否都有赖于数据的丰富性。概括来说：

（1）访谈提纲需要以一种自然的、合乎情理的、有用的方式将访谈问题和拟涉及的话题组织起来。当然，这一点应当在每个具体的访谈中灵活应变，如对受访者已经讲过的信息进行提问就是没有意义而且会帮倒忙的。不仅如此，杂乱无章的提问顺序还会给访谈双方制造困难。访谈过程中的记忆负担会非常重，一套有逻辑的、自然的问题结构可以让访谈双方都轻松些。

（2）即便是质性研究，研究者也可能想要利用结构化问题来收集一些简单、常规的基础信息。基本的人口学信息，如年龄、性别、学历、职业等，通过结构化提问方法来收集这些信息可能是更有效的。但这不是我们推荐的做法，这对研究者来说只不过是一个可用的方式。这种做法的潜在危险是可能形成一种短问短答的风格。此外，有些时候，研究者也许希望深入讨论某个事项，如教育，但在其他情况下研究者就不太关心这个问题。

（3）访谈提纲不是将研究者可能感兴趣的所有具体问题或话题都罗列在一起。研究是为研究目的服务的，研究问题和研究理念应该为访谈提供信息。把话题相关的一切能想到的问题都囊括进来是根本不可能的。在实际操作中，访谈都有时间限制，2 小时左右是能接受的最大限度。超出这个时长会让访谈者和受访者都感到疲惫。

3. 评估对样本群体进行深入访谈的适宜性

对某些特定类型的个体进行有效访谈是比较困难的——对儿童做访谈——但也不是不可能的，采用适合他们的语言进行交流应该有所帮助。然而，不论研究者怎样做调整，这类受访对象的回答在丰富性上都不会达到质性访谈期望的程度。在这种情况下，质性研究方法可能不太合适。如果要进行这般困难的研究，听取该群体相关人士的建议并进行预访谈可能会有帮助。

4. 试验性的访谈（预访谈）

我们无法保证开始的几个访谈就能收到理想的高质量的数据。这和很多原因有关，包括访谈者的技能以及访谈提纲的完善性。因此，明智的做法是在正式收集数据之前试验一下自己的访谈风格和流程，这便是预实验阶段。这种初期的尝试涉及两种情形：

（1）通过数次的访谈实践积累经验，明确问题；

（2）开始主体的数据收集过程，但认识到早期的访谈仍可能存在问题，之后需要再对访谈流程进行调整。

在二者之间怎样选择很大程度上取决于受访者是否稀缺。如果合适的受访者很难取得，即便不够完善的访谈也是有价值的。当然，预访谈之后最好征询受访者和研究项目组成员、研究督导的意见。

5. 在访谈之间做比较

研究中的访谈通常是一系列的，而不是一次性的访谈。这意味着访谈者还会完成其他访谈，或者访谈者应当意识到他的同事也在做访谈。先前访谈中出现的问题必将影响当下的访谈。访谈者可能已经将这些话题整合进新的访谈中了，但有时候这些之前出现过的话题并没有在当前的访谈中再次出现。这时，研究者需要考虑为什么会这样，需要通过小心地提问来探寻其背后的原因。这种将一系列访谈放在一起全盘考虑的视角使访谈者的任务变得更加复杂。

6. 访谈者之间的沟通

究竟该有多少个不同的研究者一起进行访谈呢？用两个或多个不同的访谈者可能带来的问题是，如何保证不同访谈在内容范围上的相似性和一致性？如何沟通不同访谈的进展？如果统筹多名访谈者太过复杂，可以考虑使用更加结构化的访谈，然而，这样做可能会有很多问题，而且采用结构化的方式可能并没有多少优势，也不会激发研究者的热情。

7. 样本招募和选取

虽然传统的随机抽样方法在质性研究中并不常见，但研究者还是需要采用一些策略来选取合适的受访者。当研究对象的选取不局限于某个特殊的群体时，选择策略就可以相对简单。如果要求访谈对象是某个特殊的群体，就需要更加仔细和富有创造性的抽样策略了。例如，健康心理学家可能对某种特殊疾病相关的人群感兴趣（癌症、慢性疼痛、痴呆症看护者等），但无法取得公开的人员名单。对于这种情况，如果采用传统的抽样方法，从一个电子名单中随机抽样是无法实现的。当然了，如果逐一联络电子名单上的人，去看他们是否符合本研究要求的特征，那会是相当漫长、困难并且终将徒劳无功的事。可能的替代方案是，起草一份可能帮助我们选取研究参与者的个人或机构的名单。例如，如果研究者想要访谈慢性疼痛患者，可能的"联络对象"有：

（1）医院治疗慢性疼痛的科室——医院可能有合适受访者的名单，如果不能用，也许可以在那放置一些"传单"来宣传该研究项目，招募参与者；

（2）有可能接触此类患者的医生；

（3）慢性疼痛患者的自助团体；

（4）滚雪球取样，找到一些符合特征的患者，然后请他们推荐相识的同类型患者；

（5）在当地报纸上刊登广告。

研究者应当扪心自问，那些个人或机构为什么要帮助你。个人或组织不愿意配合研究者的原因很多，作为研究者，当然需要努力避免这些情况的发生。总的来说，研究者需要尝试着和机构的关键负责人建立良好的关系，取得对方的信任，最终建立合作。私人化的沟通（比如，"您知道谁可能帮到我们吗？"）比发送请求合作的正式信函更容易奏效。一旦建立合作，对方机构仍然可能提出条件和要求。一些原则可能是需要坚持的，如和潜在研究参与者的初次接触应该由机构成员引荐，而不是研究者独自前往。

建立信任和合作可能是一个非常耗时的过程，并且有可能以失败告终。起初看上去热心帮忙的联系人，之后可能会被发现他没有资格推动其机构与研究者合作。组织或机构也不太可能愿意和不认同其组织宗旨的研究者合作。上述这些情况都可能对研究造成破坏。有时候研究者最初的取样方法失败了，这可能是因为取样困难。比如，想要研究偷窃犯，但没能与监狱或教养所建立合作。在这种情况下就需要想其他方法。比如，和出狱犯人打交道的机构可能有招募这类受访者的渠道，如果能找到个别研究对象也可以使用滚雪球的方法。

8. 管理参与者

质性访谈当中一个让人沮丧的地方就是研究者多少会依赖研究参与者能否在特定的时间和地点出现，并且乐意接受访问。很容易出现的情况是，我们花了很多时间精力做好预约，然后受访者没来，这可能和各种各样的原因有关。我们不应由此推测受访者对访谈没有兴趣，有时候他们只是忘记了。所以在预约时间到来之前"把他们留住"很重要。这包括以下几件事：

(1)给参与者写信，感谢他们参与到研究中来，同时提醒他们访谈的时间和地点；

(2)用内部电话在访谈的前一天或当天上午提醒参与者，确认他们没有问题；

(3)给参与者提供一些研究相关的背景信息，研究目的和研究中的伦理设置。不了解这些信息的参与者可能会因为误解了研究的本质而盲目退出。

9. 访谈地点的准备/选择

研究性访谈的地点有很多选择，各有优势和风险。可能的地点是什么，具体怎样选择，需要考虑研究对象是什么人。质性访谈时间较长的特点决定了人们不太可能像常见的市场调查那样在大街上或门口的台阶上进行。一个显而易见的方法是请受访者来到研究者工作的地方。这么做的问题在于，能不能如约进行访谈就全靠受访者了。可能还有其他更复杂的原因让访谈受影响。其他的问题有如下几种。

(1)需要找到一个合适的、不被打扰的、安静的空间。

(2)沟通方面的问题。例如，让相关的同事知道访谈在哪里进行，这样当受访者到来的时候他们就知道该如何引导他。

(3)可以让某些访谈室看上去像一个比较冷的、无菌的环境，便于进行对敏感话题的访谈。

(4)访谈室可能在工作日闲置，因为受访者在工作日可能因为工作走不开。

一个明显的替代方案是到受访者家做访谈。这样做的好处是，受访者在自己家里可能感觉更放松。然而，家里也可能不是合适的访谈场所，原因如下。

(1)孩子、宠物等很多事物会让受访者分心。可能有其他人在场，受访者不愿意当着某些人的面谈论某些话题，又或者，其他人也想要参与到访谈中来。

(2)在某人家里准备录音装置是更有难度的，因为需要迅速设置好，又或者背景中有鸟叫的声音会给录音誊录带来麻烦。

当然，研究者还可以考虑很多其他的地点。要点就是，要本着为研究服务的宗旨精心选择地点。同时谨记，适用于所有访谈对象的绝佳地点是不存在的。

在使用某些地点时可能还要考虑安全的问题。去受访者家里做访谈不是没有危险的，研究者需要考虑到安全问题并提前做好相应安排。类似地，某些地点本身就是更危险的(如监狱)，因此也要加以注意。本章最后的专栏 3.2 和 3.3 详细介绍了两个涉及质性访谈的研究。

(二)质性访谈的进行阶段

虽然一个好的访谈看上去主要是由受访者在表达，但实际上，访谈者是需要高度卷入访谈过程的。特别地，质性访谈非常依赖于研究者快速吸收受访者讲述内容的能力。柯费尔曾这样描述一个优秀的访谈者：

> 访谈者需要不断地做出快速的决策，决定提问什么、如何问，在受访者回应的内容中哪些内容需要跟进，哪些不必，哪些回应需要解读，哪些不用。访谈者需要对访谈话题有充分的了解，掌握卓越的会话技巧，精通受访者的语言，能够很好地适应受访者的语言风格。访谈者还需要对好故事有敏锐的直觉，能够帮助受访者展开叙事。
> (Kvale，1996)

下面是访谈进程中需要着重考虑的一些事情。

1. 为访谈录音

几乎没有专业人士否认全程记录访谈过程的必要性。访谈录音对于形成高质量的转录稿是至关重要的。以下是一些注意要点。

(1)不要以为对着麦克风说几句话就算检查好录音设备了。能够满足个人语音备忘录需要的录音机也许并不适用于更加复杂的访谈情境。请尽可能在和研究情境相近的环境下测试录音设备。

(2)尽可能使用高质量的录音机，因为从长远来看，高质量的录音可以帮助研究者节省时间，提升转录稿的质量。

(3)如果需要转录大量的访谈材料，使用可以快进和快退的录音机是更便捷的，当然，某些电脑程序也能够起到辅助作用。

(4)在访谈过程中检查录音质量，如有条件，使用可以一边录音一边耳机回放的录音设备是很有好处的，这样可以尽可能减少因为操作失误而什么都没记录上的风险。

(5)数字化录音设备常常是首选。

(6)提前做好准备，确保录音机可以长时间录音。

(7)麦克风的质量会影响录音质量。通常建议采用外置的麦克风，这样谈话录音效果会更好。也可以选用那种在记录多人谈话时收音效果更好的麦克风。

(8)访谈参与者与麦克风的距离会影响录音效果，所以要确保所有谈话者都坐在麦克风旁边。如果需要在访谈者和受访者之间做选择，通常优先保证受访者的录音质量最佳。

(9)环境中的外部噪音会影响录音的清晰程度。定向型麦克风可以帮助我们解决这个问题。

(10)在麦克风设置中，尽量不要让麦克风记录由访谈参与者动作造成的声响。例如，在摆放麦克风的桌面上移动纸张可能会造成部分的语音被覆盖而不能识别。

(11)立体声录音机通常更有利于转录。

(12)摄像往往比录音更困难，也更容易干扰访谈过程。受访者可能不愿意被拍摄，因为那会令他们感到不舒服或者尴尬。这提示我们，如果访谈涉及非常敏感的主题，在是否选择录像上就要非常慎重(或许可以在正式研究之前进行有录像的预试验)，因为录像会让情境变得更糟糕。如果你的研究没有必要记录视频信息，最好不要使用摄像机，但另一方面，如果你的分析涉及对受访者的肢体动作和目光注视的编码，录像就是很重要的了。

2. 访谈的引入阶段

在质性访谈中，研究者说得最多的就是在访谈开头的引导阶段。在这个部分，访谈者会通过以下行动来开启和受访者的合作。

(1)进行自我介绍；

(2)解释访谈的目的以及希望通过访谈达到怎样的目标；

(3)说明通常情况下一次访谈需要多长时间；

(4)解释一般性的研究伦理问题，并特别说明，受访者可以随时退出研究并有权要求销毁其数据；

(5)在访谈正式开始之前，允许受访者提出任何他们所关心的问题；

(6)鼓励受访者在访谈过程中充分地表达和回应问题，向受访者解释，研究者很想了解他们的观点、感知和反应等，他们的回答是没有时间限制的。

3. 访谈过程中，质性研究者"做"什么

想清楚研究者在访谈过程中应该做什么，不应对做什么，可以帮助我们很好地理解访谈者的角色。

(1)访谈者通常不会记录非常详细的笔记。只有被录音和仔细转录过的具体信息才可以被各类质性研究采用。一般来说，即便最详细的笔记也不足以达成研究的目的。有些研究者会通过记笔记来辅助记忆，但这不是必需的。然而，也有一些研究者质疑在访谈过程中记笔记是否合适。这种反对的观点认为，记笔记可能分散访谈者的注意力，也容易让受访者分心。例如，访谈者开始做笔记似乎表明受访者刚刚说的话里有一些特别"值得关注"的内容。相应地，这个做笔记的动作可能被受访者视为访谈者在整合此前访谈内容。对新手来说，记笔记让已经比较困难的任务变得更加复杂，也许在熟练掌握其他访谈技能之前最好先不做笔记。如果确定要做笔记，接着要考虑的问题就是，笔记中包含哪些内容。如果笔记纯粹是帮助记忆，诸如姓名、日期之类的信息就显然应当被记下来，以便之后直接称呼某个家庭成员的名字或者按照时间为事件排序。

(2)质性研究者通常不会在访谈过程中说太多话。访谈者说话多的情况常常意味着访谈出现了问题或者访谈者经验不足。

(3)质性访谈者不会打断受访者的回答。当然，偶然的例外状况也会发生，但总体上访谈者应当顺从受访者。

(4)在质性访谈中，一旦访谈情境确定和明晰了，研究者的大部分时间就是在倾听受访者对问题的回应。访谈的方向主要由受访者掌控，但当受访者的叙述离题太远的时候，访谈者需要介入——研究者的主要任务就是在必要的时候引导访谈向更聚焦或更丰富的方向发展。

(5)在质性访谈过程中，研究者始终积极地在头脑中建构概念图，时刻在理解受访者说的话。研究者专注于受访者的回答是非常重要的，因为研究者需要考虑是否需要展开提问、进行探询、澄清或确认问题。有时候，研究者要澄清的是细小但关键的信息(如受访者此刻在说的人是谁）；有时候，研究者会结合叙事结构进行提问（例如，"所以，这件事是什么时候发生的？在你离开孩子家之前吗"）。研究者常常要扪心自问，结合之前讲过的内容，受访者现在说的话合乎情理吗？访谈者的目的是确保受访者回答了充分多的细节，并审查收集这些信息是否必要。这反映了一个观点：对质性数据的分析从数据收集时就开始了。同时也反映出质性研究的设想，即研究的进展有赖于对数据的前期处理和反复加工。质性访谈要求访谈者能够积极倾听、吸收观点并恰当地补充提问，这对访谈者提出了很高的要求。相比之下，在结构化访谈中，准确记录受访者的回答才是最重要的任务，研究者只要从受访者那得到简要的信息来"勾选出正确的选项"就可以了，不用高度卷入也能完成任务，而在质性访谈中，如果访谈者不全神贯注地理解受访者的话，访谈就可能失败。

（6）质性访谈者需要能够有效地利用沉默。新手访谈者最容易犯的一大错误就是不给受访者必要的"空间"以便其思考和表达。沉默的出现并不表示访谈进展得不好，也不意味着访谈者缺乏技能。恰恰相反，受访者能够舒服地沉默着是访谈者优秀的标志。人们在日常对话中避免没话可说，但质性研究与此不同。在质性访谈中有效运用沉默，不仅让访谈者避免过早地打断受访者，也有利于受访者深入思考，从而更好地表达。从受访者的角度看，当沉默出现时，如果研究者立刻打破沉默，容易形成一种访谈者希望加快进程、自己已经说得太多了的印象，显然，这和质性访谈的初衷背道而驰。

（7）和结构化访谈不同，在质性访谈中，提问不是抛出一套标准化的刺激，受访者给出回应就行了。一般来说，在结构化访谈中，我们希望访谈者严格按照规定的方式提问同样的问题，只有当受访者不理解问题或者希望访谈者澄清的时候，访谈者才会暂时放下"剧本"。而在质性访谈中，访谈者的目的是让受访者就某话题自由、广泛地表达。这就意味着，不同访谈采用的提问方式可以不尽相同，因为每个受访者的需要各不相同。不仅如此，由于在质性访谈中，访谈者在理解了受访者意思之后，提问时加以反应是非常重要的，因而，对着问题一字一句念的提问方式是不合适的，毕竟，访谈是人与人之间的交流过程，注视着对方的眼睛进行交流比把头埋在问题列表里更好些。质性访谈中问题的组织方式，强调促进对方展开表达，而不是得到简单的是或否的回答。比如，"你和父母的关系好吗"这种问题在结构化访谈中也许是个好问题，但是用在质性访谈中就不恰当，换成"你可以跟我讲讲你和父母的关系吗"可能更有效。

4. 进入访谈尾声

仅仅讨论完访谈手册上的最后一个问题，并不代表质性访谈就结束了。让研究者和受访者都感到满意，是一个重要的额外准则。所以，在结束访谈的阶段，访谈者和受访者需要探讨一些和访谈体验相关的问题。此时，不急于关掉录音机会是个明智的做法，因为一些重要的信息常常会在这时出现。以下步骤和结束访谈有关。

（1）访谈者也许想要暂时停下来，浏览访谈提纲以了解访谈进行得如何。那些没来得及充分探讨的话题，也许会在这个阶段重新回到谈话中；

（2）可以给受访者机会，请他们谈谈他们认为有关系但尚未在访谈中涉及的内容；

（3）访谈者需要正式地对受访者表达感谢；

（4）需要有一个事后解释（debriefing stage）的环节，此时受访者可以讨论对访谈的感受。这个阶段的内容可以包括：①受访者对任何与研究相关的问题的提问；②确认受访者是否仍然同意研究者使用其数据；③相关机构的联系人姓名和具体联系方式，如当访谈可能引起受访者的心理困扰，需要寻求心理咨询师或心理治疗师帮助（推荐的心理学家需要具备提供这种支持的专业资质，研究者不应承担这个角色）；④受访者对访谈内容和访谈方式的反馈意见。

专栏 3.1 解释了如何实现高质量的质性访谈。

专栏 3.1　核心概念

保证质性访谈的质量

研究者怎么才能知道自己的访谈质量是令人满意的呢？当然，不是和所有受访者进行的访谈都能达到最佳水准。某些受访者无论面对哪位访谈者都说得比较少。但是受访者只是影响访谈效果的一个因素，访谈方式也有重要的影响。然而，访谈者对访谈进行得顺利与否的感知是很重要的。如果访谈者发现进展得不够理想，他还有机会调整自己的访谈方式。柯费尔（Kvale，1996）提出了一系列指标来探测访谈的效果。

- 访谈者的提问是否明显比受访者的回答简短？
- 受访者的回答是否切题并进行了展开？柯费尔用了"自然、丰富、具体、相关"这几个词来形容高质量回答的特点；
- 访谈者对与访谈（主题）有关的内容有没有跟进？有没有试图澄清陈述的内容？
- 访谈本身足够完整吗？也就是说，访谈中的故事已经自成体系，不必追加额外的解释也能让人明白？
- 在访谈过程中，访谈者有没有对受访者言语中的要点进行总结并且/或者进行解释？
- 在访谈中访谈者有没有确认或核实自己对受访者回答的理解？
- 访谈者对访谈的话题有充分的了解吗？研究者对研究主题的认识越多，访谈会就越顺利。当然，访谈者坦诚地表示自己对访谈中的某些内容并不理解也是可以的。
- 访谈者的提问是否直接、清晰、简明？受访者理解起来容易吗？访谈者有没有避免使用受访者不懂的术语？
- 访谈者有没有使用一个清晰的访谈结构，并且在恰当的时机进行有益的总结？
- 访谈者对受访者的话敏感吗？对于受访者表述的意思中有微妙的含义时，访谈者有没有试图澄清？访谈者对受访者作答时的情绪反应敏感吗？他/她有没有有效地处理？
- 访谈者对待受访者的态度温和，让受访者可以按照自己的节奏回答吗？这包括接纳受访者的停顿和思考，不打断他们。访谈者有没有避免打断受访者说话？
- 访谈者是否对受访者的陈述保持着开放？比如，他/她允许受访者引入与话题相关的新内容吗？
- 访谈者是否记得受访者之前的谈话内容？水平差的访谈者可能没记下受访者之前的

话，继续提问受访者已经回应过的问题。

- 访谈者准备好质疑或者就之前的谈话内容提问吗？他／她有没有通过提问建立谈话的效度？逻辑一致性的问题可能会被问到。
- 访谈者有没有表现出对访谈的驾驭力，让访谈始终和研究目的相关？也就是说，访谈者有没有紧紧抓住研究的核心？例如，访谈者需要确保受访者没有离题太远。

显然，访谈者达标的项目数越多，通常访谈效果就越好。

（三）质性访谈之后的工作

一些访谈之后的事项是需要注意的。

（1）为访谈者提供支持。有些质性访谈会涉及敏感的或令人痛苦的事情。对性虐待、家庭暴力的受害者，以及承受丧亲之痛的人做访谈，都可能让访谈者和受访者感到非常悲痛。访谈者在访谈过程中当然会避免表达他们的感受和情绪，但是，访谈结束后，这种感受可能还会盘踞在心头。访谈者该怎样应对这些问题呢？对于访谈者来说，一种办法是和他们的知己好友倾诉。和普通人谈论这些可能帮助不大。有几个经历过或正在参加类似访谈的"好哥们儿"也会有帮助。这些方法不具有正规心理治疗的性质，但是提供了必要的社会性的、情绪性的支持。也就是说，讨论不一定是情感沉重的，也可以用其他方式让情绪舒缓起来。比如，从旁观者角度看，讨论猥亵儿童的话题可能会引发强烈的负性情绪，因此在这类访谈结束后会设计一些充满欢笑的活动。对于令人痛苦的访谈，这是常用的做法。

（2）数据的保护和管理。通常作为质性研究伦理的一部分，研究者需要计划如何对录音文件进行妥善保管和最终处理。这些计划需要在恰当的时间执行。

（3）数据转录。录音数据的转录事宜和转录方法将在之后进行讨论（见第 6 章）。

四、　如何分析质性访谈

有些情境下的质性访谈，如由心理治疗师或心理咨询师进行的访谈，从研究角度是"自然"的会话，也可以看作标准的会话分析实践。很多质性研究使用了这种类型的访谈资料，如警察对嫌疑人的问询资料（如 Benneworth，2006），心理治疗师与来访者之间的对话（如 Antaki，2007）。在这些情况下，访谈最初是服务于某个专业目的的，这些资料最终的研究用途只是次要的甚至是偶然的。在研究中使用这种来源的数据需要经过慎重的伦理考虑（见第 16 章）。例如，受访者可能并不知道、也不希望自己的录音被用于研究目的。如果是这样，使用该数据合适吗？

用哪种方法分析质性访谈的数据，要看它是否是自然的对话。如果是自然发生的对话，会话分析或话语分析之类的方法就不能被排除在外。治疗性访谈被认为是适于分析的——虽然它们不是为研究目的服务的。对于能不能把质性访谈看作自然对话产生的数据，人们的看法迥然不同。

　　拉普来（Rapley，2001）在他的文章中给出了这样的研究性访谈的例子。在这篇文章中，他提出一个问题，访谈者在访谈对话的生成中是否发挥着关键的作用？一个观点是既然访谈可以看成社会交往的过程，那么，那些用来分析社会交往的方法，也应该可以用来分析它。拉普来在文中解释了访谈者和受访者作为不同类型的个体，是如何在谈话过程中建构自己的。他认为，不论采用什么分析方法，分析时都应该重视访谈数据在具体访谈情境中的生成过程。人们愿意基于特定的分析理念来进行访谈的可能性是很小的，拉普来借用已发表的文章论证了这个观点。不仅如此，从他报告中摘录的研究来看，这些访谈在本质上都是比较传统的，访谈者在对话中贡献的时间都相对较短。越是典型的质性访谈，可能越难使用这样的分析方法。

　　这反映了西尔（Seale，1998）对两种立场的区分：①把访谈数据仅用于该研究议题；②把访谈数据看作一种资源，认为访谈数据反映了受访者在访谈情境之外的、现实生活中的信息。如果一个人想要像拉普来那样把访谈本身当作研究的目标，重点就非常明确了，这与想要利用访谈来了解受访者的生活和经历的目标非常不同。尽管这些是不同的选择，它们都可以成为有效的质性数据分析方法。专栏 3.2 中介绍的访谈研究采用了和拉普来非常不同的视角。

　　根据波特（Potter，2003）的观点，质性访谈不适合用作话语分析的一个原因是，受访者在访谈中更像理论家或者专家，因为他们已经把自己从平常所处的社会情境中抽离出来了。不仅如此，对某个具体话题的访谈，其相对价值可能比自然对话更低。可以采用的一个策略是，让访谈在一种更接近日常交谈的氛围中进行，这时的访谈者会比在正规质性访谈中表现得更积极主动一些。如果电视访谈都能成为有效的数据来源，研究性访谈的不同之处又在哪里呢？

　　上述这些姑且不论，有很多合适的分析方法可以被用来分析质性访谈的数据（见图 3-1）。

　　（1）扎根理论（第 8 章）可以被视为一种通用的质性数据分析方法，它和会话分析或话语分析不同，它不会受制于对特定言语或行为的兴趣。

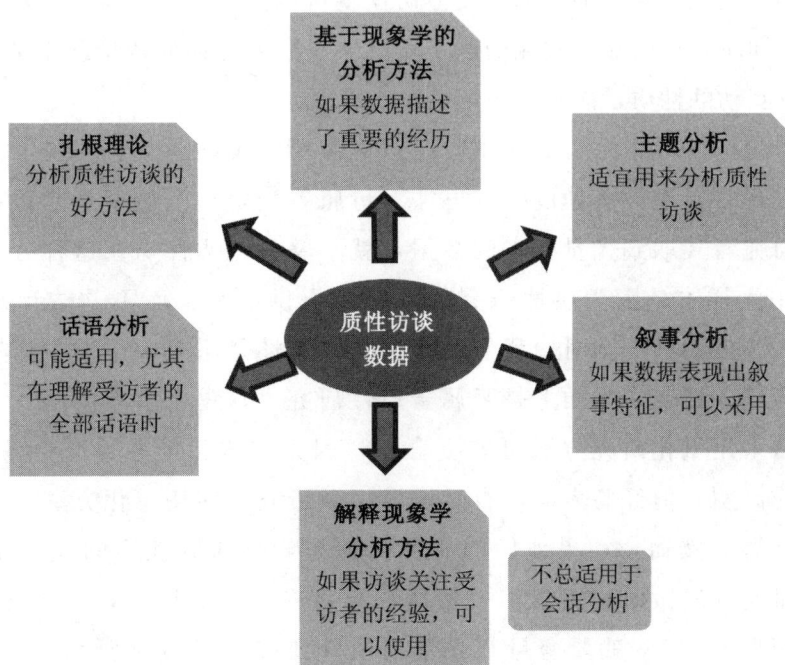

图 3-1 　质性访谈数据的分析方法

（2）可以使用主题分析（第 7 章），因为它只是寻找出谈话背后的重要主题。

（3）如果访谈关注于个体对某现象的感受，如健康问题，那么使用现象学分析（第 12 章）或解释现象学分析（第 13 章）是合适的。

（4）如果访谈是用生活史/叙事的方式展开，叙事分析可能是合适的。然而，一些叙事分析的研究者倾向于使用麦克亚当斯（McAdams，1993）和其他人的方法组织他们的质性访谈（见第 14 章）。

最后，在某些情况下，没必要采用正式的数据分析方法。比如，研究者只想在研究计划之前通过访谈获得一些基本的认识和理解，之后再去设计更有针对性的研究。

五、 何时使用质性访谈

总的来说，质性访谈可以用于多种类型的质性研究的数据收集。不过，对于主要研究自然发生的对话的研究者来说，质性访谈可能是最没用的。纵然有诸多好处，但把研究性访谈当作自然发生的谈话进行分析是没道理的，虽然二者之间有些相似的特点。我们已经知道，把研究性访谈和常见的其他类型的访谈（专业人士对他们的顾客进行的访谈）区别开是很重要的。工作面试、医生对患者的询问、警察问话可以被视为自然发生的对话，可以用分析日常对话的方法来分析它们。和一般性的规则不同，叙事分析（第 14 章）倾向于使用麦克亚当斯的分析方法去分析质性访谈。然而，这不意味着叙事分析不能处理其他类型的质性访谈数据，只要访谈中包含合适的叙事材料就可以。

研究者的现实主义—相对主义取向也会影响采用的分析方法。现实主义取向的研究者会从访谈材料中找到多种理解当事人的视角。也就是说，如果研究者认为人们说的话反映了现实，尽管对现实的反映不是完全逼真的，那么质性访谈就可以提供叙事性信息，给某个领域的研究提供实质的帮助。同时，很明显，质性访谈不能反映一群人是如何谈论某个话题的。焦点小组（第 4 章）由于具有互动的性质，能更好地解决这个问题。

决定在某个特定的研究中是否要使用质性访谈需要深思熟虑。有时候，在考虑了诸多方案后，研究者会发现很难想到其他的研究方法。毋庸置疑，这类访谈是非常耗费时间和资源的。因此，如果研究者要取到大量样本的数据，就不要考虑质性访谈这种方法了。现在的质性研究一般不使用大样本，因为质性研究的目的是提供解释，而不是估计总体的特征。所以，当一个研究需要使用大样本时，我们就需要警醒这还是不是一个质性研究。当然，我们需要常常问自己，这个研究在本质上是否属于质性研究，这是个基本问题。比如，研究问题相对简单时，那么采用量化研究方法可能更合适，因为结构化问卷比质性访谈的成本更低。说出来好像在故作高明，但经验表明，有时候学生做研究不使用量化方法，只是为了避免遇到统计方法上的问题。然而，如果他们的研究问题是量化研究性质的或是用量化方式表达的，绕路用质性研究方法做研究不仅浪费资源，也没有价值。所以，一旦想好研究问题（通常写下来会更有帮助），接着就要衡量它是偏向质性研究还是量化研究。举个简单的例子，多少女性在生育后得了抑郁症就明显是一个量化研究问题。但是，产后抑郁的感受是怎样的就偏重质性研究。

当然，质性访谈可以采用多种方式进行。我们通常所说的是访谈者和受访者一对一、面对面的情况。但质性访谈远远不止这样，可能有两个或多个访谈者以及两个或多个受访者。这些情况有各自的运作机制和伦理要求（参见第 17 章）。采用这些变式的原因很多。比如，在家中对性犯罪者做访谈，出于安全的考虑，访谈者需要多于一人。研究者可能在来到受访者家之后，发现受访者全家都想参与到访谈中来。此外，面对面访谈可以被电话或网络交谈替代。对于有些研究来说，这样做是有好处的，虽然缺少人情味的特性可能以各种方式对研究造成影响。

六、　质性访谈的评估

当研究者们非常关注个体自身的（而非作为群体一员的）经历、想法、生活史和感受时，使用质性访谈是最好的。单个访谈可以作为一系列访谈的一部分，被用来对比不同受访者、不同类型的受访者之间的差别。质性访谈通常可以被视为最典型的质性研究数据收集方法。然而，质性访谈却并不总是质性分析最偏爱的数据来源。所以，虽然质性访谈由于能提供经历的丰富细节而被解释现象学分析方法钟爱，但会话分析通常不喜欢它，因为它不是普通人的日常对话。质性访谈的分析方法没有固定的规则，因此我们无法用一个简单的标准来评价质性访谈，我们总得选一种分析方法来分析它。选择哪种方法部分取决于研究者的研究问题。当然，决定访谈实际质量的因素和决定访谈与研究主题是否相关、是否切合的因素截然不同。质性访谈收集和特定主题相关的数据，想要让质性访谈收集数据的潜力最大限度地发挥出来，需要做好精心的准备。

以下内容结合上下文来理解，可能会有所帮助。

（1）质性访谈的主观性对于质性研究来说不是问题——实际上还是一个优势。量化研究的宗旨也许是要捕捉客观现实的特点，但质性研究却不是这样的。质性研究想要探索参与者的各种不同的想法，或者说他们谈及研究主题时的方式。如果研究者试图将访谈数据看作对现实的反映，而不是对现实的不同看法，主观性的问题就势必会产生。简而言之，从本质上说访谈法呈现的是受访者描述的他们的想法和行为，而不是现实中他们真实的想法和行动。如果记录参与者的行为比记录他们描述的自己的行为更重要，采用参与者观察法/人种志研究（第 5 章）就是更合适的。

（2）质性访谈比焦点小组（第 4 章）更具优势的地方在于，它允许研究者实质性地控制数据收集过程。相对地，焦点小组在研究者的指导下进行，给参与者更多的控制权。焦点小组中一组成员共同设计讨论大纲，这和个体访谈很不一样。这种做法不会让研究失效，只是方式不同而已。与单独访谈相比，焦点小组的研究者对个体的关注明显更少，但毕竟焦点小组和个体质性访谈的目的是不同的。

（3）和其他大多数质性数据的收集过程类似，质性访谈是非常灵活的，不必受既定框架的束缚。比如，一个做家庭研究的访谈者可能在访谈中利用家庭照片，让参与者结合照片来谈和家庭有关的内容。

（4）在质性研究中，研究者可以结合使用质性访谈和其他数据收集。一个明显的例子就是人种志研究或参与式观察研究中也会使用质性访谈方法（第5章）。

（5）根据不同的研究，质性访谈可以有不同的用途。比如，很多研究者把质性访谈作为研究的最初探索阶段，因为研究问题相对较新，研究者还无法依靠已有研究文献形成观点。如果研究者对某个特殊的主题缺少了解，在研究的初始阶段，就应该去跟有相关经验和想法的人交流。研究者希望通过这些采访，基于人们的经历形成研究想法。

（6）然而，不要误以为质性访谈仅仅是一个形成想法的技术。质性访谈有这方面的作用，但这样做也可能破坏质性研究，因为它仿佛在暗示还有更好的方法来做"真正的"研究。实际上，质性访谈可以提供充分的信息达成研究目的。

（7）研究者始终要考虑质性访谈耗时耗力的特点。这可能最终会引出一个想法，即质性访谈是实现研究目的唯一可行方法。换句话说，研究者需要扪心自问，为什么需要采用质性访谈的方法？研究问题中的哪些部分是无法用其他方法做的？研究者是否做足了准备功课（如文献回顾），是否确定该研究问题无法通过其他方式更有效地解决？

（8）很多时候，除了质性访谈法没有其他可行的数据收集方法。比如，研究者没法对避孕行为进行观察研究。

七、小结

质性访谈作为一种质性数据的收集方法有着巨大的魅力。的确，人们几乎想不到什么研究问题是不能在某种程度上通过对相关个体的访谈来研究的。大量研究受益于让研究参与者"发出声音"，质性访谈便是一个绝佳的实践方式。作为一个独立的数据收集方法，它的竞争者寥寥。使用方法得当的话，它将提供丰富的数据，其他方法只能作为提供补充材料而已。然而，质性访谈的局限尤其是其耗时耗力的特性也是相当重要的。此外，研究的实践性也确保了大多数访谈都是在一对一的基础上进行的。

在质性研究和一般意义上的研究中，质性访谈都算得上一种典型的数据收集方法。尽管质性访谈未必能满足所有的研究目的。比如，由于质性访谈是一种有点"不自然"的会话形式，如果研究者想要研究自然的、现实生活中的对话，质性访谈就不太适合了。和所有的数据收集方法一样，质性访谈的价值取决于它在多大程度上准确地达成了研究者的意图。

本章强调质性访谈是一项非常精密复杂的研究技术，尽管从表面上看它就是谈话。一个好的质性访谈要求研究者具备全面的技能，包括分析能力和理论方面的能力。当然，日常聊天技巧有助于发展出好的质性访谈能力。比如，聊天技巧就能帮助建立良好的人际关系。然而，质性访谈者进行的人际交往活动比较特殊，他们不需要像在通常的人际互动中那么善谈。例如，研究者的倾听技巧在访谈中至关重要，即能够记住访谈中已经说过的内容。在普通会话中做不到这样也是可以的。和普通对话相比，访谈的转录稿是非常"一边倒的"——通常研究者只讲很少的话，而受访者明显说得更多。

本章要点

- 不同形式的质性访谈是质性研究的基础。它为各种研究主题收集广泛而翔实的信息。当然，焦点小组也是其中的一种变式。尽管如此，质性访谈无法为所有研究提供合适的数据，所以它只适合一部分质性研究的数据收集方法。

- 准备进行质性访谈的研究者需要认识到，访谈涉及一个计划/准备的阶段、访谈阶段、和访谈后事项。没有进行恰当计划的研究者可能以各种方式浪费时间。比如，受访者可能没有按时前来，由于事前缺少规划、访谈过程组织混乱或者研究者过度主导谈话。再比如，访谈设备录下的声音听不清楚导致无法转录，这些只是可能出现的部分问题。

- 要将访谈的质量和它对具体研究的适宜性区别开，理想状况是，访谈者精通访谈技术，同时对研究的总体策略有清楚的认识。

- 可能用来分析质性访谈数据的方法多种多样。当然，如果研究者能够用与访谈内容匹配的分析方法就更好了。每种不同的分析方法基于不同的理论基础，形成不同形式的分析。

专栏 3. 2　解释性的案例研究

对性犯罪者进行的色情作品访谈

很多心理学研究的一个显著特征是，它们聚焦于探讨数据之间的关系，而不描述所要研究的心理现象。然而有些时候，研究者要研究的话题还很少有人涉足。在这种情况下，研究者的当务之急就是想尽一切办法对该问题增进了解。如果没有既往的研究文献，可能就需要考虑使用访谈等方法了。豪伊特（Howitt，1955）起初对恋童癖者做访谈的时候，是为了探索"幻想"这个主题。现在，幻想这个词意味着，我们中大多数人都会有，但各人的内容很不同。对某些人来说，它是类似中彩票一类的"白日梦"，对另外一些人，幻想可能是对周围的人和事产生的非常不切实际的念头。询问正常人有哪些幻想并没有给研究者太多启发。

机缘巧合，豪伊特和坎伯巴奇（Howitt & Cumberbatch，1990）为政府机构出版了一份详尽的关于色情作品的文献回顾。正如读者能想到的这个任务在政治上是一个烫手的山芋。每个人，包括政客对这个问题都有个人看法。一次偶然的机会，豪伊特听到性犯罪咨询专家雷·戴维斯（Ray Wyre，1951—2008）在电台采访中评论了自己的报告。他突然想到，性犯罪者的幻想可能是一个很好的研究幻想的情境。幸运的是，雷·戴维斯给了他大力支持，让他可以在当时著名的格拉德韦尔研究所（Gracewell Institute）接触性犯罪者。他很快发现，那时关于恋童癖的研究还很少，此后这类研究快速增加，毕竟，全新领域的研究总是进展得很快。

前面说的和本章内容非常相关。具体来说，当研究者决定在性犯罪治疗诊所对性犯罪者进行访谈的时候，几乎所有应当在研究计划阶段考虑到的问题就都被解决了。比如，研究样本被清楚地界定了，地点确定了，受访者的管理问题也由诊所负责，等等。甚至，这些男性是否适合参加访谈的问题也被提前解决了，因为这些男性被选择参加了基于认知疗法的治疗，他们需要对自己进行反思，并和其他人讨论侵犯他人的行为。此外，对于受访者来说，诊所的环境也容易让他们分心，原因很简单，他们这些天都要生活在这个环境里。

当然，研究者需要对访谈做出计划。访谈提纲只是指引访谈者讨论哪些内容，如他们的童年经历、具体的侵犯行为、看过哪些色情作品、产生过哪些性幻想、和父母的关系、成人后的人际关系等。研究者没有进行真正的预访谈。在最初的一两个访谈中，研究者试着检验这种方法是否合适，很快就发现，访谈可以产生大量的丰富的信息。受访者似乎可以从这个过程中受益——也许可以试着通过这种方式补偿自己所造成的伤害，也许是因为这里的访谈者比团体治疗中的人更友善，又或者因为他们更了解自己了。当然，偶尔会出现一些小危机——受访的男性可能变得情绪化或者哭了起来，在谈话的某些部分他们可能不愿意说下去（比如，他们太情绪化，无法讨论他们的母亲或者他们的暴力犯罪细节）。这些情形是不可预见的。在访谈过程中，研究者没有记笔记，但由于这些素材本身是富有情绪的，它们很容易被留在记忆里。研究者使用了专业优质的录音设备，并且在访谈中时刻留意着它是否在正常工作。

对研究者来说，对这些受访者做这种有丰富细节的访谈是很有挑战的。他们不仅会身心俱疲，情绪上也容易耗竭。这部分是访谈内容的原因，同时也跟这些男性通常经历过糟糕的童年和凄惨的生活有关。所以，访谈者需要有机会找个友善的朋友倾诉一下，这也是为了更好地分析数据。访谈录音会被逐字誊录。然而，一些分析性的想法显然在访谈的早期阶段就浮现了出来。换句话说，在访谈进行的过程中，分析就已经开始了，这些分析还可以指导后续的访谈。例如，在访谈初期，研究者就发现成年时对儿童的犯罪行为可能和犯罪者童年的受虐经历、过早（和其他孩子）发生性行为的经历有关。豪伊特形容这二者"异体同形"。比如，如果犯罪者在小时候有过性经验，他可能侵犯一个和当年的自己差不多大的孩子。这些都在提示我们，访谈的材料越生动，数据揭示的细微的相似性就越容易被转化成分析性的想法。

可以清楚地看到，在描述性层面，观看色情作品和恋童癖之间的关系是非常复杂的。在这项研究所处的时代，网络还不像今天这么发达，所以网络传播的儿童色情作品还不是个问题。然而，一个明显的现象是犯罪者往往利用一些无伤大雅的影片或电视节目来发展对儿童的性幻想。也就是说，由儿童主演、没有表现出任何外显情色意味的迪士尼电影也可能成为这些人性幻想的素材。

基本上，研究者都找不到比质性访谈更好的研究这类问题的方法。只要小心谨慎，研究者就能用质性访谈收集到详细的叙事细节。这不仅让研究者可以详细探究研究问题，而且可以让研究者结合受访者的人生经历理解研究问题。

专栏 3.3　解释性的案例研究

令人苦恼的"不像女人"的疾病

多囊卵巢综合征(polycystic ovarian syndrome，PCOS)患者的两侧卵巢都因囊肿而受损。该疾病会导致生殖系统功能障碍，以及明显的体貌特征改变，如肥胖、毛发旺盛以及男性才有的脱发问题。自从 1930 年被确定命名，多囊卵巢综合征就被纳入了医学研究的范畴。基青格和威尔莫特(Kitzinger & Willmott，2002)指出，这个疾病只得到了很少的一般性的讨论，除此之外，人们都在用"长胡子的女士"和"不是真正女人的异类"来形容这类患者。研究表明，患有多囊卵巢综合征的女性不仅身体上承受着疾病压力，心理上也经历着痛苦，虽然她们的心理痛苦可能没达到心理病理学诊断的程度。很明显，多囊卵巢综合征可能造成女性的自我认同问题，基青格和威尔莫特从女性视角出发，试图理解患病是怎样影响女性的身份认同的。研究者描述他们的发现时说，这类女性感觉自己是"怪人"(很多女患者都用了这个词)，感觉自己没办法成为"女人'该有'的样子"。身上和脸上的毛发是最困扰她们的症状。在她们眼中，正常女性的身上和脸上是不应该有毛发的，正常女性应该有规律的月经，可以生育。

在这样的背景下，我们对基青格和威尔莫特是如何进行访谈就更加感兴趣了，他们在研究中详细披露了研究方法的细节。他们通过一个多囊卵巢综合征自助团体发放"传单"，招募到 32 名自愿参与访谈的女性。报名的女性不止这些，研究者优先选择了那些地理上更近便的、去家里做访谈费用不会太高、可以在研究时程内接受访谈的女性。志愿者基本都是白人、异性恋、年龄为 25～34 岁。访谈时间为 45～90 分钟，并基于一份内容宽泛的访谈提纲(计划表)。访谈提纲的用意是让女性受访者说出自己的故事，而不是提供一个固定的结构。访谈过程中结合使用了开放式问题、必要时的提示性问题和补充问题。根据基青格和威尔莫特的介绍，最终的访谈结构探索了以下几个方面的问题。

- 女性患者怎么知道自己患有多囊卵巢综合征的;
- 她们是怎么应对这些症状的;
- 患有多囊卵巢综合征有什么感受。

所有的访谈都用拼写法进行转录，从数据中整理出"重复出现的主题"并加以分析。基青格和威尔莫特称这种方法为"主题分析法"，虽然我们不清楚两人的研究是否包括了所有主题分析法应该包括的研究程序(详见第 7 章)。作者认为这些访谈是"结构松散"的，不适合进行定量分析。他们指出，如果想要了解有多少女性具有某项症状，可以使用症状清单对数据进行量化分析。他们在研究报告中列举每个分析主题时，都是逐字引用访谈内容的。他们清楚地将分析定位为"现实主义"取向而非"相对主义"的:

> 我们的分析和一些话语分析的不同之处在于，我们把受访女性所说的话当作
> 她们经历的证据，也就是说，把她们的谈话看成"解释性的自传"，而不是看成局

部的、具体的"行动"。

研究者基青格和威尔莫特所做的许多决策都反映了本章中的某些观点。具体来说，自助团体的使用对取样过程帮助很大。研究中的一些人并不知道其他女性也在承受相同的困扰，所以滚雪球取样法也许不会太有效。鉴于受访者的状况使她们不愿去某些场合，研究者敏感地选择了在受访者家里进行访谈。由于研究者对病人如何体验这种疾病知之甚少，采用开放式访谈的必要性就不言而喻了。最为重要的是，研究者确切地指出了他们的分析方法，他们把数据作为受访者经验的文本性证据来分析。基青格和威尔莫特非常清楚质性研究中关于质性访谈数据的争议，这是一个深思熟虑的决定，而不是对质性研究精神的天真臆测。

拓展资源

Arksey, H., & Knight, P. T. (1999). *Interviewing for social scientists: An introductory resource with examples*. London: Sage.

Busher, H., & James, N. (2009). *Online interviewing*. London: Sage.

Higher Education Academy. (n.d.). TQRMUL Database Teaching Resources: Shazia's Interview.

Fontana, A., & Frey, J. H. (2000). The interview: From structured questions to negotiated text. In N. K. Denzin and Y. S. Lincoln (Eds.), *Handbook of qualitative research* (2rd ed., pp. 645-672). Thousand Oaks, CA: Sage Publications.

Kvale, S. (1996). *Interviews*. Thousand Oaks, CA: Sage.

Kvale, S. (2007). *Doing interviews*. Los Angeles, CA: Sage.

Morris, A. (2015). *A practical introduction to in-depth interviewing*. London: Sage.

Opdenakker, R. (2006). Advantages and disadvantages of four interview techniques in qualitative research. *Forum Qualitative Social Research*, 7 (4), Article11. http://www.qualitative-research.net/index.php/fqs/article/viewArticle/175/391(2015年2月23日访问).

Truesdell, B. (n.d.). Oral history techniques: How to organize and conduct oral history interviews.

第 4 章

焦点小组

概述

• 焦点小组是一种集体访谈的方式，在一名研究者（协调者）引导下利用情境中的人际互动来形成丰富的数据。

• 焦点小组的使用方式不是单一的，可以用于研究初期的探索阶段，或者在研究结束后用于评价项目成果。

• 虽然如今焦点小组已经成为普遍的数据收集方法，但它最初发端于罗伯特·默顿（Robert Merton）在 20 世纪 40 年代进行的焦点访谈研究。 这个方法随后在市场研究中得到迅速推广，但直到 20 世纪 70 年代才被学术界接受，并在之后日益得到学界肯定。

• 焦点小组基本包括一位协调者和 6～10 位参与者。 通常在每个研究小组类型下开展 4 个独立的焦点小组。

• 为了取得高质量的数据，计划阶段的工作至关重要，尤其需要计划好每个小组的参与者类型。 选择参与者时要时刻考虑对讨论质量的影响。 比如，避免不同地位的人同时进入小组，那样的话某些参与者可能会在讨论中顺着其他参与者的意思说。 计划阶段还要决定什么类型的人可能为研究主题提供最丰富的信息。

• 焦点小组是有结构的，通过有序的提问逐步展开，从而提升讨论质量。

• 协调者（小组领导者）需要有充分的社交技能以确保焦点小组不会被少数人主导。

• 研究者需要决策采用什么方法分析焦点小组的数据，多种质性数据分析方法都可以使用。近期的观点认为，可以采用话语分析的方法来分析焦点小组的讨论过程。

一、 什么是焦点小组

和很多其他的质性数据收集方法一样，我们很难精确地给出焦点小组的定义。吉布斯

(Gibbs，1997)综合了各种定义之后，总结出了几个焦点小组的关键特征。她认为这些特征包括以下几点。

(1)有组织的讨论；

(2)集体活动；

(3)社会事件；

(4)人际互动。

显而易见，焦点小组是包含人际互动的活动，但是一些其他的研究方法也是如此。就拿普通的访谈来说，焦点小组和它有什么不同呢？焦点小组当中有一位负责提问的研究者——在焦点小组研究中，这个角色被称为"协调者"。协调者可能不止一个，如一位擅长做焦点小组的专家和一位熟悉研究主题的研究者。焦点小组访谈的对象也不是一个人，通常是6～10个"成员"（推荐的人数范围）。然而，仅仅这两个特征还不能完全定义焦点小组，因为焦点小组的关键是，它让成员有机会针对协调者的问题在小组内进行互动。小组成员之间的动态互动是焦点小组的主要特征，虽然参与者观察法和人类学研究中也有类似的特点。所以，很明显，焦点小组拥有一些访谈的共性要素，即研究者通过提问来引导讨论。但我们不能因此将焦点小组等同于面向多位受访者的访谈，因为这种说法没有体现出焦点小组的核心特征，即团体互动。不仅如此，我们也不应说焦点小组就是小组讨论，因为焦点小组的讨论过程是由小组协调者而不是小组成员引导和控制的。

图4-1形象地展示了焦点小组内的成员关系。在访谈中，访谈者对访谈中的事件有着很强的控制力，而受访者影响力则相对较少。在焦点小组中，协调者一般具有一定的掌控力，但小组以及小组成员之间的互动将发挥更大的作用。焦点小组的关键就是要利用小组成员之间的互动，由此得到和个人访谈不一样的信息。为了让小组动力的贡献最大化，在焦点小组的计划阶段需要花费比较多的精力。这也是焦点小组把人数限定在6～10人的原因。这样的规模不会太大，不会让小组成员感到自己的声音被淹没在群体里，又不会太小，以至于团体动力不足以形

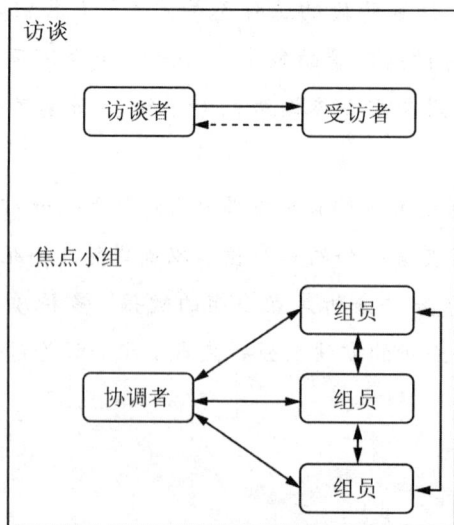

图4-1　访谈和焦点小组中的关系

成良好的讨论。类似地，焦点小组也会试着避免其他可能对团体互动产生不利影响的因素。比如，焦点小组的成员都是经过挑选的，这样就可以保证他们的同质性。对我们当中的大部分人来说，和自己的直属领导或大老板身处同一个小组，不仅会限制我们的参与性，也会影响我们对表述内容的选择。这是焦点小组通常（但不总是）会对小组成员进行甄选的一个原因，因为这样就可以让小组成员彼此不认识，之后也不会再见面。顺便一说，焦点小组在实践当中千变万化，基本上每条规则都会碰到例外的情况。本章中给出的建议并不是一系列准则，而是一些以帮助您规划好一个焦点小组的经验法则及一点见解。

综上，焦点小组的小组动力是它们的关键特征。值得一提的是，虽然其他数据收集方法也有其自身的动力，但不像焦点小组这样高度依赖小组内部自我激发的力量来生成数据。必须记住，从某种程度上说，焦点小组的数据是小组动力的产物。因此，如果认为焦点小组中说的话是对其他情境的反映就不太对了。实际上，小组成员的任务是形成对某个问题的理解，这需要通过小组动力来实现，就像通常人们之间的讨论或辩论那样。传统的个体访谈技术很难做到这一点。

使用焦点小组的方式至少有以下三种：

(1) 在研究的早期阶段使用，从而发现和确认什么是重要的议题；

(2) 针对某个问题生成广泛的谈话数据，对它进行分析；

(3) 借助与研究问题相关的人士的视角评估研究中取得的发现，即讨论研究结论。

对研究者来说，使用焦点小组还有其他的好处，即大部分资料都来自参与者。研究者通常只是"辅助"小组进程，以确保预期的话题范畴都被涉及，同时又能允许预期之外的素材进入讨论中来。所以，理想的情形是，研究者不会主导讨论进程。如有必要，研究者会在小组"行进乏力"的时候出来将讨论向更有成效的方向加以引导。基于这个原因，组织焦点小组的研究者也被称为协调者或辅助者。

二、 焦点小组的发展

社会心理学（以及一般社会科学）的早期发展大多和 20 世纪 20 年代至 40 年代研究者对广播、电影、电视等大众媒体的兴趣有关。对大众媒体的研究尤其需要反映社会现实，因此那时急需能够反映真实生活的研究方法。那时候，研究的赞助者常常是商业组织——不像现在常见的学术基金（Morrison，1998）。保罗·拉扎斯菲尔德和罗伯特·默顿作为两个代表性的人物，在多个领域内进行了方法学的创新。例如，他们开发了追踪法来研究美国大选期间人们的投票意愿是如何变化的，这种方法需要在竞选期间对一群人进行多次测量。换言之，追踪法被用来研究竞选活动的影响。

类似的背景也推动了焦点小组的诞生。在 20 世纪初，研究者就发现大众媒体并不能像人们担心的那样，轻易地左右人们的态度和行为。意识到这一点之后，大众媒体研究就转向了一个新的视角，即"利用和满足"。它强调研究听众是如何利用媒体以及媒体从心理学和社会学角度可以为听众提供什么。这时候就需要发展出新的研究方法。第二次世界大战爆发后，社会急需调动一切资源，社会科学研究也不例外，这种形势起到了进一步的推动作用，默顿开发了焦点访谈(焦点小组)来考察听众对战时宣传的反应(Merton & Kendall，1946)。默顿等人说：

> ……一些军事机构要求从社会和心理学方面研究某些鼓励士气的方案是否有效。(Merton，Fiske & Kendall，1956)

在这时期，焦点小组的成员通常会"聚焦"在小手册、电台节目、影片等内容上进行讨论。换句话说，早期的焦点小组更像有指导的小组讨论，并且有具体的讨论素材。罗伯特·默顿被公认为焦点小组的创始人。值得一提的是，虽然在他之前也有人使用过小组访谈，如埃默里·博加德斯(Emory Bogardus，1882—1973)(Bogardus，1926)，但那种访谈是由研究者提问和主导的——也就是说，焦点小组关键的动力性特征是没有体现的。虽然默顿强调焦点小组在很多方面和聚焦性访谈不同(Merton，1987)，二者仍然有很多相通之处，并且聚焦性访谈常被认为是焦点小组的前身。默顿的一个观点是，现代的焦点小组中缺少量化研究。从早期的方法论述(Merton et al.，1956)中我们可以清楚地看到焦点小组的特征是如何被快速地建构起来的。例如，小组的最佳规模是10～12人(略高于现在的标准)，成员的同质性(相似性)对于保证良好的小组动力是重要的，关注小组的空间布局，用围成一圈的坐法代替课堂中的就座形式等。当然，现在的焦点小组有时候会忽略某些基本要求，尤其是同质性问题。

所以，在大众传媒研究中，市场研究者的商业兴趣和学者的研究兴趣的界限变得模糊。像保罗·拉扎斯菲尔德等研究者会借市场研究项目来进行学术研究。如莫里森(Morrison，1998)所说，继20世纪40年代焦点小组崭露希望之后，它就一度消失在研究者的视野中了，直到20世纪70年代，人们再次把它发掘出来作为"探索性工具"，并在20世纪80年代终于得到认可——之后，心理学领域也逐渐开始接纳焦点小组方法。所以，在1950年之后的30年间，焦点小组很大程度上存在于市场研究领域中。彼时，学术界热衷于用大样本调查来获取研究数据，而焦点小组和这种方法格格不入。在学术界看来，焦点小组被它的商业性"污染"了——对他们来说，商业性让人生厌，歪曲了学术性。直到20世纪70年代，焦点小组的概念才开始凭借其与市场聚焦研究的关系出现在心理学领域中。社会心理学考尔德(Calder，1977)在讲质性市场研究时讨论了焦点小组的方法。之后，菲斯迪方(Festervand，1984—1985)讨论了在医疗行业中应用焦点小组的前景。到20世纪90年代，一系列心理学研究领域都开始对焦点小组产生兴趣。现在，它已经成为常用的方法，每年都有大量采用该方法的论文被发表出来。普赫塔和波特(Puchta & Potter，2004)指出，伦特和利文斯通(Lunt & Livingstone，1996)的研究是最早使用焦点小组的心理学研究，在伦特和利文斯通的研究中，他们考察了听众如何解读政治信息——这在本质上是把焦点小组带回到了它的起点，即大众传媒的研究。

最终，焦点小组和其他社会科学研究方法一样，成了如今广为人知的研究方法。它在当今的政治领域被广泛应用，如被现代政党使用。有人说它是现今世界上最常用的研究方法。然而，这并不意味着焦点小组是一种容易的数据收集方法，或者不需要什么训练和技术就能操作。焦点小组和其他的质性研究方法一样，看上去简单，实则不然。虽然同时聚集一组人进行讨论节省了精力，但如何保证结果的高质量是另一个问题。

三、 如何进行焦点小组访谈

我们可以概括地认为焦点小组是由一位熟练的协调者负责面向 6～10 人的访谈，大概持续 1.5～2 小时。焦点小组是具有动力性的，协调者促进参与者之间的互动，同时对小组保持控制，以便让所有的成员都有机会表达观点。为了得到高质量的数据，协调者需要在焦点小组的计划、组织和分析阶段投入相当大的精力。比如，将焦点小组的规模通常控制在 6～10 人是很重要的。就像我们之前提到的那样，如果小组成员太多，成员可能缺少说话机会，有些人也不想在很多人面前表达自己的意见。如果成员太少，又缺少互动，团体过程就会索然无味。

研究者的工作可以被分成以下几个部分：

(1)计划；

(2)招募参与者；

(3)开展焦点小组；

(4)分析焦点小组的数据。

我们必须认识到，焦点小组方法不仅为一个目标服务，还可以被用来实现多种不同的目的。根据考尔德(Calder，1977)的观点，焦点小组有三种使用方式。

(1)探索性的方式。试图在此前缺少研究的领域中获取信息和知识，即一种在全新领域内捕捞基本知识的方式。

(2)临床的方式。使用专业的临床分析技术来尝试理解人们行为背后的原因。

(3)现象学的方式。研究者通过焦点小组了解其他群体对某问题的看法。研究者试着了解不同类型的人对某件事的感受。

上述三种方式并未涵盖所有类型，焦点小组还可能有其他的目的。比如，在焦点小组中对新产品进行讨论以便在上市前做出改进，只能勉强算是上面的第一个类型。我们可以在考尔德的体系中体会焦点小组的灵活性。

只有在例外情况下研究者才会只使用一个焦点小组。通常研究者会计划根据不同的成员类型，开展多个不同的焦点小组并进行组间比较。关于如何进行焦点小组的建议各有不同，以下是一般性的策略(图 4-2)。

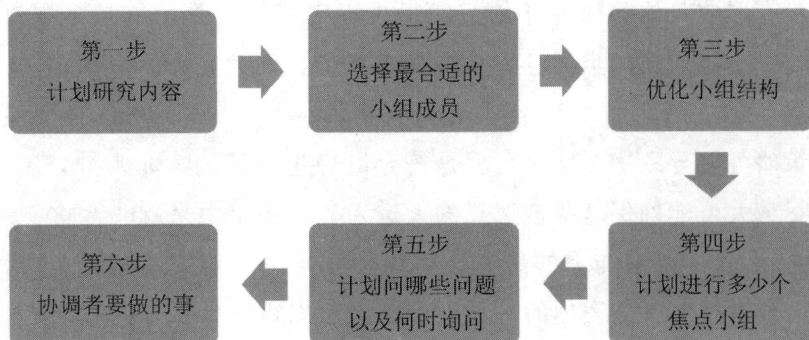

图 4-2 焦点小组研究的步骤

(一)计划研究内容

一项研究可能是由研究者发起的，也可能是受到其他人的推动，如受某组织之委托进行研究。不论哪种情况，形成对研究内容的（有共识的）理解都是非常重要的。因此，我们需要明确以下内容（Krueger & Casey，2000）。

（1）研究希望解释的问题。

（2）研究的动因。通常，对于学生来说，动因可能是要完成一个课堂练习、一篇论文或者毕业设计的一部分。不同的用途会对研究形成不同的要求。

（3）本研究的具体目的。

（4）希望通过本研究取得的信息类型。

（5）哪种类型的信息是数据收集时的优先选择。

（6）想要获取研究数据的人是谁。

（7）如何使用在研究中取得的信息。

以上的每一点都关系到研究的详细计划。当然，有些问题看上去似乎和学生的研究没什么关系，但这也很难讲，对学生来说，导师就是重要的"客户"。作为学生，你和你的导师在上述问题上达成了共识吗？即便你的研究没有一位明确的"客户"，你能说清楚上述问题吗？

同时，记得保持一个研究者应有的适度的谦逊，不要害怕向他人寻求帮助和建议。毕竟研究者的工作在于寻找答案，而不是精通所有事情。所以你可以和他人讨论与研究相关的问题，获取一些关键的信息。

(二)选择最合适的小组成员

参与你的焦点小组的成员到底该具备哪些重要的特征呢？这个问题不仅关系到取样的标准，也关系到如何使数据的丰富性最大化。什么样的参与者会带来最令人满意的信息呢？也许并不存在一批现成的潜在参与者，因为我们现在说的不是"方便取样"，而是为了让数据的质量和相关性最优而采用的有目的性的取样方法。以研究那些索要了度假宣传册却从未选购任何度假项目的顾客为例，如果利用焦点小组去理解影响度假消费的因素，这些顾客就是非常合适的参与者。可以采取的一个方法是，邀请这些没有购买行为的人参与一个几小时的焦点小组以换取一个免费的假期。

当然，如果没有形成具体的研究计划，就很难确定哪些人是可能带来丰富数据的参与者。唯一的经验法则是，小组成员的类型可能是多种多样的，因此在小组成员的入选标准上花费的精力越多越好。

然而，这个策略可能导致一个结果，就是符合最理想条件的人非常少，因为某些特征过于特殊了。这时，尽最大可能确保这些被选择的人进入焦点小组中来就非常重要了。

（1）问自己为什么人们要参与你的研究。如果想让候选者愿意参与研究，最好的请求方式是什么？作为个人或者某些社会团体的一员，参与者可以得到什么好处？

（2）基于伦理要求，考虑给予参与者适当的报酬（详见第 17 章）。

（3）至少提前两星期联系小组成员。这样可以给他们时间安排出席焦点小组，如把焦点小组写进个人日程或重新安排个人活动。你可能会发现，越是在临近焦点小组开始的时间，越会有人提出有其他事情要做。

（4）在小组成员同意参加研究后，发送一封"礼节性的"感谢信或电子邮件。

（5）记得在小组会面的当天（或前一天）给参与者打一个"礼节性的"电话，确认对方是否遇到什么问题。这么做的主要目的是给对方一个参与活动的提醒。

（6）考虑潜在参与者们是否方便，而不是你自己。要让人们参与起来更容易。把焦点小组安排在参与者难以赴约的时间没有任何意义，比如安排在他们上班的时间。类似地，从参与者的角度看，在什么地方开展焦点小组是最便捷的呢？他们可能碍于路途遥远而退出研究。

（7）选择最合适的人来发出邀请。虽然由研究者本人邀请参与者进入研究是顺理成章的事，但在某些情况下，由其他人进行参与者的招募工作效果更好。私人关系常常更有效，相比你自己，人脉广泛的当地人士可以招募到更多的参与者。这么做的另一个原因是，他们可以帮助你建立研究者的信誉。

在思考如何选择具有特定特征的人进入研究时，你可能会考虑以下可能性。

（1）有没有关键的人士可以与目标人群取得联系？例如，假设你想要研究癌症生存者，那么是否有支持癌症幸存者的组织机构？

（2）委托开展本研究的机构能否帮忙联系合适的小组参与者？

（3）有没有可能联系个别符合条件的小组成员，请他们帮忙引荐与之相似的人，就像滚雪球抽样那样？

焦点小组的成员最好具有研究者所期待的代表性特征。如果一个焦点小组里会有各种不同类型的参与者，选择成员时应当考虑如何让小组讨论最富有成效——有时候不同类型的人聚在一起会妨碍讨论或者让焦点小组变得难以驾驭。当然，如果拥有带领焦点小组的经验，可以对小组成员关系有更好、更完善的判断。

最后，在小组开始之前你需要想清楚要告诉成员哪些与焦点小组有关的信息。吉布斯（Gibbs，1997）提供了以下实践建议。给小组成员提供仅限于帮助他们决定是否参与研究的信息，不要在会面之前提供任何和小组讨论话题有关的内容，那样的话他们可能提前进行思考，然后固化个人的想法，无法敏感地对即时的团体过程做出反应。

（三）优化小组结构

焦点小组的重点在于，它是由小组成员推动的有方向的讨论。因此，焦点小组中的所有成员都应当平等地进入讨论中来。如果仅由一两个成员主导讨论，那就违背了焦点小组的初衷。尽管协调者会负责防止小组进程被个别组员主导，但如果小组成员没有选择好，问题依然会发生。具体来说，焦点小组通常由背景相似的人组成有利于形成高质量的数据。反之，由不同社会地位的人或上下级组成小组会造成失衡，而引致个别人主导小组的情况。协调者可以通过邀请个体以不同的方式进行表达或者限制发言时间（在一两分钟之内）来施加控制。然而，还是要避免小组动力令某些组员无法完全参与进来的情况。就像我们已经提示过的那样，有两个明显的因素可能导致这种情况的发生。

（1）如果小组过于同质，每个人分享的观点都差不多，讨论就可能被缩短。基于此，有时候我们会建议焦点小组的成员有些许异质性，尽管这要限制在一定的程度内。

（2）如果小组成员中有明显级别更高的人士，那么小组成员可能会听从这些人的意见。比如，某些小组成员看上去比其他人懂得更多，那么其他成员就可能对他们说的话毫无疑问地接受。

经验是预判这些问题的基础。研究者需要小心地关注那些无法形成讨论的焦点小组，评估其失败的原因，并调整研究计划。

焦点小组不仅仅使用一个小组。即便单一的小组能生成很多想法和有趣的反应，研究者还是需要计划开展几个不同的小组。如果不打算使用多种类别的焦点小组，最少要进行 3～4 个小组。克鲁格和凯西（Krueger & Casey，2000）称之为单类别设计。这是焦点小组最简单的形式。除了单类别设计，他们还列出了以下几种设计。

（1）多类别设计。焦点小组根据受访者的类型分成几个不同的小组。例如，在癌症经历的研究中，类别可能包括：①癌症患者；②癌症生存者；③癌症患者的照顾者。

（2）双层设计。焦点小组在两个维度上存在差异。这些维度可能包括年龄（年轻和年老）、癌症患者和癌症幸存者。两者结合形成四个类别：①年轻的癌症患者；②年老的癌症患者；③年轻的癌症生存者；④年老的癌症生存者。研究者可能会在四个类别下分别开展 3 或 4 个焦点小组。

（3）广泛参与的设计。这种方法承认，某些研究涉及的相关群体是很广泛的，他们可能都有发言权。于是，研究者会选择一些不同的小组作为代表。例如，在研究邻里纷争的问题时，想要参与到研究中来的团体可能包括：①当地政府的调解员；②警察；③有难相处的邻居的人；④曾被起诉的邻居；⑤当地政府官员。

（四）计划进行多少个焦点小组

虽然根据法则，每个类别下应当有 3 或 4 个小组，但这并不是一个限定的数字。即便已经对研究目的有所了解，预先规定好小组数量也是有问题的。采用"饱和"的标准可能是更恰当的。也就是说，研究者对数据的收集要一直持续到没有更多新信息出现为止。也许有人会说，这个标准太主观了。但即便如此，这在质性研究中也是具有实际价值的，在扎根理论中被称为理论饱和（详见第 8 章）。

（五）计划问哪些问题以及何时询问

焦点小组比结构化访谈提问得更少是普遍能接受的。如果焦点小组的研究者发现他们需要问好多问题才能让讨论继续下去，就需要怀疑这个焦点小组是不是出了问题。也许这意味着小组动力是无效的，或者提的问题在某种程度上是错误的。

关于焦点小组中的提问，有两个主要的问题：①好的问题具有什么特征；②理想情况下，在焦点小组进行过程中应如何组织问题或安排问题的顺序。第一个问题是最容易回答的。一个好的问题应该是交流顺畅并且不会造成误解的。因此，在深度访谈中运用的基本提问技巧在此处也是适用的。此外，问题应当更适用于口语交谈而非书面语。一个重要的检验方法是，看看问题是不是能够脱口而出，没有笨拙、出错或者结结巴巴的感觉。问题应当和参与焦点小组的人相适应，尽量避免太长或太复杂的句子（如复合问题）。复杂的问题里常常包含着多个问题。当我们在用两个词代替单个词的时候，常常就会导致这种情况。比如，询问参与者是否觉得这个焦点小组是"有趣且有用的"，这个问题实际上就在问两件事，听到的人可能感到困惑，不知道如何回答。他们可能觉得这个小组是有趣的但不是非常有用的。于是，虽然在研究者看来只是一个简单直白的问题，对受访者来说可能是难以回答的。

关于提问的顺序，就不太容易说清楚了。克鲁格和凯西（Krueger & Casey，2000）总结了一个焦点小组提问顺序的模型，如图 4-3 所示。它很好地说明一个焦点小组的流程。如果提问顺序不当，焦点小组会有很大的问题。根据克鲁格和凯西的观点，问题的顺序包括：①开场问题；②导入问题；③过渡问题；④关键问题；⑤结束问题。如果太快抛出关键问题，参与者可

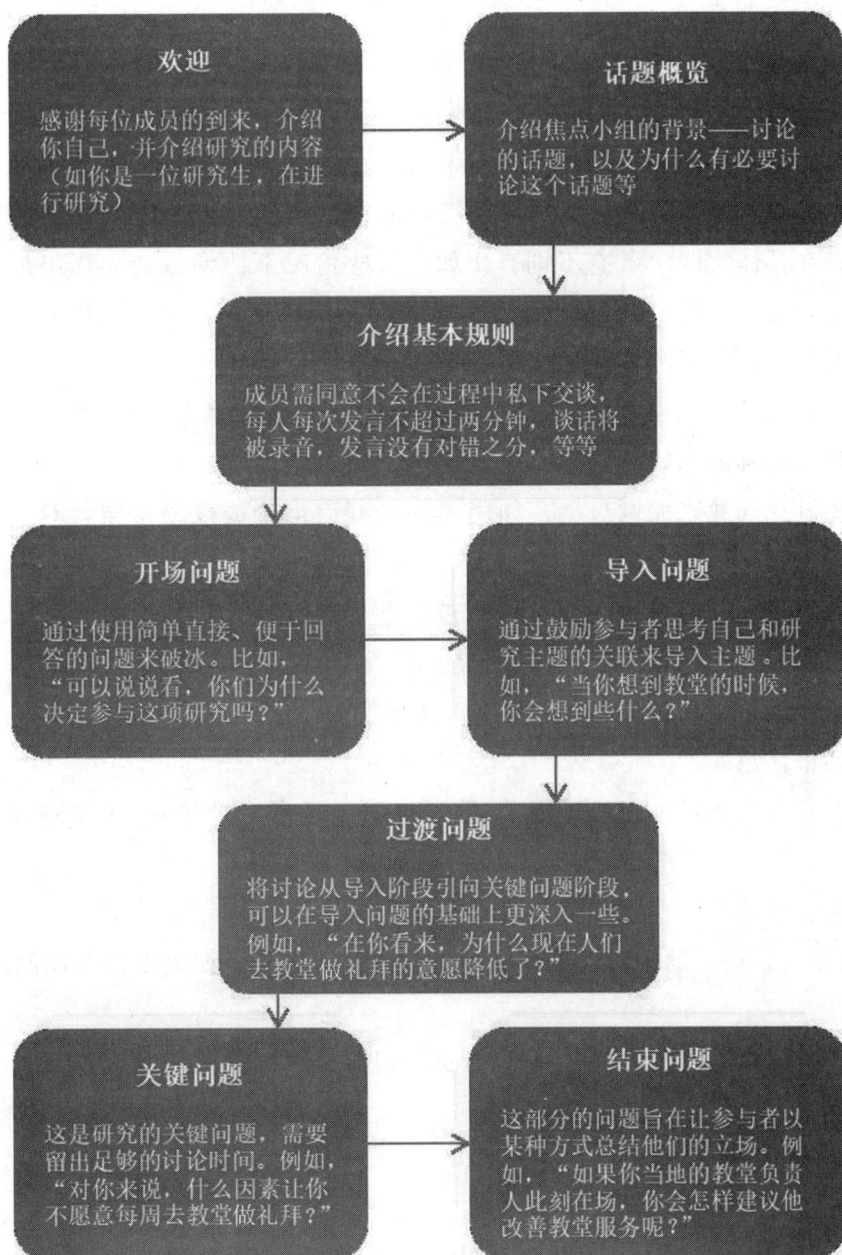

图 4-3　焦点小组的流程

能无法给出适当的反应。害羞的组员还没适应小组动力，焦点小组可能无法产出研究者所期待的高质量的内容。可以用图 4-3 中的问题顺序来辅助小组进程。此外，一些其他的提问顺序规则也有帮助，可以一并整合进来。克鲁格和凯西指出：①一般性的问题要放在具体问题之前；②对积极内容的询问要置于负面内容之前；③无线索的问题置于有线索的问题之前，也就是说，研究者先询问小组成员对医院的感受，再问他们在具体方面上的感受，如食物、信息、医疗条件等。这是漏斗式问题的一种形式。

（六）协调者要做的事

在研究者看来，以下特点对于协调者来说是非常重要的(Gibbs，1997)。

(1)不要表达个人观点；

(2)不要看上去带有评判性。

不论小组协调者是不是主要的研究者，他都要对焦点小组有效、顺利地进行负起责任来。显然，这个复杂的角色一方面对协调者的人际技能提出了很高的要求，一方面也要求协调者在讨论中将自己抽离。协调者不能让自己卷入争论中。焦点小组的协调者要执行多项任务(Gibbs，1997)，在具体实践中各有不同。比如，有些情况下协调者会允许组员自由交流而不过多干预(Flick，2002)。这在很大程度上是和研究目的有关的。协调者的任务包括以下内容。

(1)在会面开始时，介绍和解释焦点小组的目的和目标。

(2)确保成员感到放松自在，并在最终结束时体验到积极的感受。

(3)为讨论提供明确的问题。

(4)通过提出补充问题来控制讨论，如用提问来开启辩论或鼓励参与者对关键问题进行更深入的讨论。

(5)确保所有成员都参与进来，防止讨论被少数人主导。这可以通过多种方式来实现，如针对具体的成员进行提问，从而鼓励他们参与讨论。

(6)强调焦点小组中存在各种不同的观点，从而帮助小组成员接纳差异性。

(7)防止谈话偏移主题。

(8)协调者要负责给焦点小组的讨论录音(可以只是录音或录像)，通常协调者也会在讨论过程中记笔记。

(9)如果协调者有助手，由助手负责进行记录。他会比协调者记下更完整的笔记，同时负责后勤工作，如安排茶点。助手可以更积极地参与到讨论中来，如提出补充性问题(Krueger & Casey，2000)。

稍后的专栏 4.1 和 4.2 将介绍两个利用焦点小组收集数据的研究。

四、 如何分析焦点小组的数据

焦点小组有各种各样的数据分析取向。值得注意的是，焦点小组的历史由来已久，现代的质性研究只不过是对它的一小部分应用。焦点小组在市场研究中的角色已经表明，其数据分析建立在与现代质性心理学截然不同的知识体系之上。具体来说，市场研究的学者倾向于从弗洛伊德精神分析的视角分析人的内在动机，很多研究者把焦点小组当成一种揭示人们行为原因的方法。换句话说，焦点小组可以用诸多方式来分析，并不一定采用质性心理学推崇的方式。在最基础的水平上，研究者只是呈现小组成员的观点，可能还会引用一些原话来阐述。这样的做法自然很难进行"分析"，不过，对于研究的赞助者来说可能已经足够了。很多焦点小组研究都是为市场研究的目的服务的，这些研究的赞助者对心理分析的要求不会太复杂。说到底，选择何种数据分析方法在很大程度上将取决于你为什么选择采用焦点小组来收集数据（参见图 4-4）。

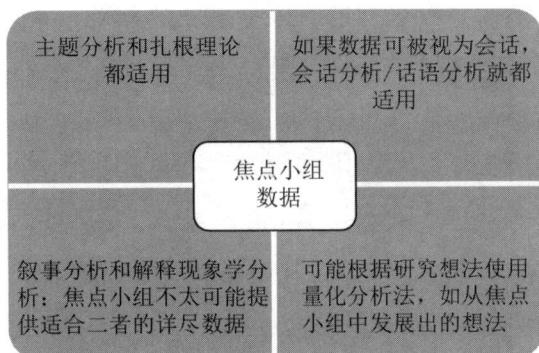

图 4-4　焦点小组数据的分析方法

（1）也许焦点小组研究的目的是要为后续深入研究积累研究想法。在这种情况下，只要列出焦点小组中出现的主要的、突出的主题，明确研究问题就可以满足研究者的需求了。

（2）另一方面，研究者可能希望通过收集焦点小组的数据来更好地理解人们对某问题的感受。比如，研究者想要了解人们对慢性疼痛的感受，那么焦点小组成员所说的话就将称为分析的基础。在这种情况下，研究者也许想要对转录进行主题分析（见第 7 章）。

（3）还有一些研究者也许从会话的角度对焦点小组讨论感兴趣，在这种情况下，需要采用杰斐逊的转录体系进行数据分析（见第 6 章）。

（4）转录后的焦点小组数据通常是适宜用扎根理论分析法来处理的（见第 8 章），但若要采用话语分析（第 9 章），则需要看研究者的目的是什么，以及焦点小组的数据是否能构成充分的会话。

普赫塔和波特（Puchta & Potter，2004）将焦点小组中成员的互动作为数据，来理解焦点小组的过程。专栏 4.2 将为您详细展示。

五、 何时使用焦点小组

焦点小组方法可以得到其他方法难以获得的数据。人们在焦点小组中呈现出的观点、信念、感受和体验是其他方法难以企及的。不仅如此，焦点小组还让研究者得以捕捉个体对其他组员表达的观点、信念、感受和体验是如何反应的，观察法和访谈法都不能获取这些信息。由于焦点小组中的参与者扮演着积极主动的角色，因此那些他们认为对话题更重要的东西就可以明显浮现出来，而其他方法则倾向于将研究者的关切点摆在首位。焦点小组通常被认为尤其擅长揭示清楚成员的感受、态度和信念。当然，当我们说焦点小组可以确认人们的态度时，要注意态度的含义。就像普赫塔和波特指出的，态度有两种含义。一种态度是既定的——在参与研究之前已经形成的。另一种含义指态度是表现出来的——即在研究情境中生成的。大多数焦点小组中都能看到这两种态度。然而，如果研究者想理解人们的行为动机，表现出的态度意义就不大了。

焦点小组可以被用作多种用途。在多方法的研究中，它可以作为一种探索性的尝试，因为它可以激发人们对某个主题的讨论，并在小组中生成想法。如果研究者缺乏相关的知识，这将是非常重要的功能。比如，它可以帮助研究者策划调查的问题，甚至帮助量化研究者形成研究假设。另外，焦点小组可以被用来评估人们对某已有研究的反应，是获取研究结果反馈的一种方式。

焦点小组有一套和其他方法不同的基本理念，尤其体现在取样上。它们不会试图估计总体特征的分布情况，而这在某些访谈中通过正规的抽样方法是有可能实现的。焦点小组不从总体中抽样，而是有指向性地挑选小组成员，从而让研究数据尽可能丰富。因此，它采用的是有目的地选择策略，而非依靠随机程序。即便如此，焦点小组仍然可以在不同的小组类别之间做出对比和比较。把焦点小组方法视为个体访谈的替代品是无稽之谈，焦点小组绝对不是个体访谈的廉价替代品，两者没有可比性。焦点小组不太可能成功地收集到个人的生活史或叙事性信息（Barbour，2007），在这方面，个体访谈可能是更好的选择，因此，总的来说，焦点小组对解释性的现象学分析或叙事分析可能并不好用。

在某种意义上，焦点小组可以被赋予权利。它们提供了一种集体式的问题解决方式，而在其他方法里这通常是由决策者主导的。焦点小组的成员参与决策过程，他们的声音是被重视的。焦点小组在女性主义的研究中非常盛行，在一定程度上和这个特点有关。

六、 焦点小组应用实例

专栏 4.1　案例研究

女性体验

黑人女性和白人女性是如何感知自己的女性身份的？她们有什么相似之处，又有什么不同呢？塞特尔，普拉特·海厄特和布坎南（Settles, Pratt-Hyatt & Buchanan, 2008）预期，根据已有的研究，二者都会考虑到的女性角色是：(a)母亲，(b)伴侣，(c)工作者。两种人可能在以下方面有差别：(a)工作家庭责任之间的角色灵活性，(b)遭遇的性别歧视和性骚扰类型，(c)各自遭受的刻板印象不同，她们报告出来的性虐待也因此不同。根据研究者所说，"还没有研究同时考察黑人和白人女性对女性身份的看法和感受，以及这些知觉是怎样塑造她们的自我和世界观的"。因此，他们打算采用质性焦点小组的方法来鼓励女性讨论她们的"生活经历"，而不是带着先入为主的认识去开展研究。

　　研究者选取了 14 位黑人女性和 17 位白人女性参与者，分成了 6 个焦点小组。其中 4 个焦点小组通过报纸广告和传单进行招募，同时请参与者帮忙介绍其他人选（类似滚雪球取样法）。另外两个焦点小组的参与者是从美国大学的心理学"参与者库"中招募来的。黑人组和白人组在社会人口学特征上没有显著差异，如年龄（18～84 岁）、教育程度、是否有孩子、孩子的数量、性取向等。虽然研究者表示这个样本量可能太小无法表现出差异来。另一方面，黑人女性的单身人数显著多于白人女性，而白人女性的失业比例比黑人更高。

　　焦点小组的人数上限被设定为 10 人，而实际上最多的一组只有 7 人。根据实际适合参与研究的人数的不同，各组规模不同。根据计划，各组在年龄等特征上尽量同质，在种族特征上，每个小组内都是相同种族的女性。所以总共有 3 个黑人小组和 3 个白人小组。在小组中，女士们被问及"她们与性别和种族相关的积极的、消极的体验"。小组辅助者和小组助手与小组成员的种族和性别相同。用研究者的话来说，这么做是为了"让小组更加舒服和一致"。在每个焦点小组开始之前，参与者都签署了知情同意书，表明其自愿参与研究、知晓谈话会被记录，并填写人口信息问卷。焦点小组辅助者的任务是对小组提问以促进讨论，而助手的任务是负责管理录音录像设备并做现场记录。焦点小组持续大概 2 小时。

　　在开始阶段，小组辅助者会介绍研究的总体目的，告知参与者她们的（伦理）权利。她还会介绍小组讨论的基本规则，包括发言是没有对错之分的，参与者可以自由地表达，以及所有参与者都应当尊重他人的发言，即便观点和自己不一样。作为小组的"破冰"活动，每个小组都会先让参与者说一些和她们的自我感受相关的重要事件。这些事情可能和她们的母亲角色或伴侣角色有关。焦点小组的结构经过了认真设计，并且遵循手册或草案进行，以便"确保不同小组之间保持一致"。初始问题是非常开放和广泛的，例如：

- 女性身份对你的生活有哪些积极的（消极的）影响？
- 做女人的优势（劣势）是什么？
- 女性身份帮助你更好地了解自己或者让你的生活更有方向感吗？
- 作为女性，你有没有体验到什么特别的或者有价值的事，即便它可能让你的生活变得辛苦？

　　对积极方面的询问都被置于消极方面之前。具体性的问题会在跟进提问时采用，便于激发讨论或者鼓励参与者细化她们说过的话。这样的问题如：

- 你需要承担家庭或者养育孩子的责任吗？如果有，是什么类型的责任？
- 有没有关于女性身份的特别的、不同的事情呢？如果有，是什么？

　　在焦点小组的最后，对参与者进行询问和解释，致谢并给予对方酬劳。从社区招募的参与者得到少量现金和免费午餐，大学生参与者被给予相应学分。当然，利用学分让学生参与研究可能存在一定的伦理问题（详见第 17 章）。

　　研究者认为因为当时没有确切的理论可供遵循，扎根理论是数据分析的合适的方法（详见第 8 章对扎根理论的介绍）。8 名经过培训的编码者是在校大学生或教职工。对焦点小组的录音进行了逐字转录和分析。分析人员试图在数据中寻找到"突出"的类别。他们采用了"概念排序分析"的方法，依次从最具体的类别到最抽象的类别（Strauss & Corbin，1998）。分析人员每周碰面，针对分析过程中生成的主题达成统一意见。然后，采用量化分析的方法统计小组参与者提到各种主题的情况。评分者一致性接近90%。

研究者在分析过程中发现了一些主要的、共同的主题。这些主题包括以下几点。

- 主题1：性别相关的不合理对待
  - 性别歧视；
  - 性骚扰；
  - 对安全的担忧。
- 主题2：感知到的优势
  - 有能力表达情绪；
  - 得到有权势男性的宽容对待；
  - 男女平等。
- 主题3：友谊和团体
  - 女性珍视并发展深厚的友情；
  - 朋友可以提供社会支持；
  - 难以和女性成为朋友；
  - 同性友谊的消极面。
- 主题4：照顾子女
  - 照顾子女的积极面；
  - 照料者的角色是有意义的；
  - 母亲的角色对于未来的自我非常重要；
  - 作为照顾者要面对的困难。
- 主题5：工作和家庭
  - 喜欢有选择的余地/比男人有更多选择；
  - 难以实现工作和家庭的平衡；
  - 在整合工作和家庭上面临的挑战。

只在黑人女性中出现的主题是：

- 主题6：内在力量
  - 从其他黑人女性身上学到的力量；
  - 内在力量的特点。

每个主题都结合例子进行了讨论。研究者指出，这些例句经过了微调，如去掉了某些影响表达清晰性的语句。

专栏 4.2　案例研究

焦点小组实践

尽管研究者通常关注于焦点小组中的互动内容，在此之外还有其他的研究取向。普赫塔和波特（Puchta & Potter，2004）探索了焦点小组的另一个方面——小组协调者和组员的互动。他们关注的重点是小组中的观点是如何产生的，以及协调者怎样营造小组的非正式感。我们会着重说后面的部分。非正式感不会无故产生——而是需要努力经营的。让人们"放轻松"是焦点小组协调者的一项重要技能。普赫塔和波特指出，名义小组和德尔菲小组的方法都和焦点小组不同，因为这些小组的成员需要轮流贡献想法，在这种情况下，团体动力就被削弱了。

普赫塔和波特通过具体例子说明了如何一边保持小组的非正式感，一边控制小组进程以达到研究者的期望。他们的建议如下。

- 协调者让互动变得更像交谈或闲聊，而非像在教室里那样的正式互动；
- 协调者说话时不要像念稿子或已经充分计划好了似的。相反，停顿和踌躇有助于增强非正式感的印象，使用地道的表达方式也会有同样的效果；
- 焦点小组的地点最好选在像家一样的地方，而不要选在办公室一类的场合；
- 协调者声称自己需要的是"直觉"，由此暗示人们可以不必进行理性解释，有什么想法直接说出来就行。

协调者会从小组成员的视角出发，想办法减少自己的距离感。为了达到这个目的，协调者还可以尝试的另一个方法是使用日常的、在正式场合不太使用的说话方式。他们提到，在一个关于洗发水的焦点小组中，一个成员误将发根的"根"理解成了根源音乐（如世界音乐、非洲音乐）的"根"。当协调者终于发现这个误解时，他用了"哦！"这个词。"哦！"在日常生活中常用来表示某种理解发生了转变或者"知识状态的改变"（Puchta & Potter，2004）。普赫塔和波特认为，协调者只有在确定不会影响自己的中立形象时才能使用这种表达。如果在参与者说"这种洗发水要卖给老年人"之后，协调者用"哦！"来回答，可能表示协调者和说话者的观点并不一致。在同样的情境中，协调者在明显发现成员犯错后也可能笑起来。焦点小组中的笑可能成为协调者有优越感的信号，有形成冷漠印象的危险，因为这种反应是带有评判性的。然而情况也不尽然，普赫塔和波特指出，当交谈双方可能产生相似的误解时，这时候的笑就会像朋友之间的笑一样。换句话说，在某些具体的情境下，"哦！"或者笑可以是不带评判性的，可以带来非正式感，而在另外一些情况下则可能产生距离感并破坏非正式感。

七、焦点小组的评估

焦点小组通过一种动力性的方式来了解小组成员的信念、想法、观点和体验。研究者可以对讨论过程施加控制，因此可以有效地收集到各种不同的观点。数据会帮助我们理解为什么参与者会这样想问题。没有什么方法能像焦点小组这样既有动力性和互动性，又处于控制之中。在访谈法中，研究者有更多的控制权，但缺少了团体过程；观察法容许了团体过程的发生，但是研究者又无法进行控制。因此，我们要注意，不要因为存在相似性就以为焦点小组是理解"社会现实"或日常人际互动的方法。焦点小组中的讨论可能和日常生活中的会话没什么关系。

我们当然不该用难以达到的标准来评判焦点小组。具体来说，焦点小组不是微型的样本调查，不能用它来估计总体人群的想法、观点、信念。不要期待将焦点小组的结果和样本调查的结果对应起来。焦点小组无法像样本调查那样进行代表性取样，而样本调查也无法像焦点小组那样具有团体动力。

草率地完成一个焦点小组也许不太费力，但高质量的、精心准备的焦点小组研究是非常耗费研究者资源的。它们费时良多，并且常常不容易用常规的方式来组织。带领好一个焦点小组需要具备良好的人际技能、对研究问题的准确理解以及在小组情境中聚焦于研究目的的能力。它需要人在获取和研究问题相关的数据方面有卓越的能力。只要去看看电视上的讨论就会明白这有多不容易——人们常常只是在强调自己固有的立场、交头接耳、没有针对当前的问题发言等，这些情况屡见不鲜。

焦点小组当中会出现一些独特的伦理问题。具体来说，我们无法保证人们在公开场合下说的话具备匿名性和保密性。虽然研究者在发表研究成果时会确保匿名性和保密性，但这些数据毕竟是在一个公共场合收集的。因此，有必要和小组成员讨论这个问题，争取让小组成员同意为讨论内容保密，但这无法强制，所以恐怕也不是最令人满意的解决办法。

最后，焦点小组是一种质性数据的收集方法。从方法论的角度上看，它没有对应的具体的分析程序。因此，不应该因为某些研究的数据分析看上去比较薄弱就否定焦点小组方法。有时候，焦点小组研究只展示了一些意料之外的信息，似乎没有进行仔细和彻底的分析，但这是缺少严格的分析方法的缘故，我们不能把它归咎于数据收集方法的问题。

八、 小结

焦点小组是当今世界普遍采用的数据收集方法。因此，它似乎不可避免地要从心理学研究中发展出去。毋庸置疑，焦点小组可以发展出独特的形式来适应质性心理学研究的具体要求，不仅在数据分析方面，也在于焦点小组的运行过程上。我们已经知道，主流市场研究中的焦点小组是建立在理论性（解释性）的框架基础上的，这和质性研究的思路不同。具体来说，市场研究中的焦点小组是和消费者心理动力（心理分析）理论相伴而生的，而质性研究则很少依靠心理分析的理论基础，二者非常不同。这就意味着，市场研究中的焦点小组和质性研究的焦点小组可能没什么关联。质性研究者倾向于使用扎根理论、主题分析、会话分析、话语分析等质性数据分析方法。这就开启了一系列新的研究问题。比如，如何改造焦点小组便于其产生自然的会话。在学术型焦点小组中，市场研究焦点小组的某些对话可以被省略，如协调者在组织讨论上的话可以少说一些，从而让对话更加"自然地发生"。

本章要点

- 一个焦点小组通常包括 6～10 位成员，成员针对研究者（协调者）的提问进行讨论和互动。为了促进讨论效果，焦点小组显得不那么正式，研究者需要提前考虑如何让互动更自然。出于这个目的，焦点小组的成员往往互不相识，此外，还要避免成员的身份地位存在明显差异，这样可能妨碍某些组员参与讨论或者由少数成员主导讨论。通常在一个研究中，研究者会根据小组的不同类型设计开展 3～4 个焦点小组。

- 组织焦点小组是一项很复杂的活动，因为研究者要负责选择合适的参与者，从而确保有效地收集到研究所需的信息。若想取得合适的参与者，一个办法是利用现有的群体或者重要的联络人。安排焦点小组的时候要充分考虑组员的需要，尽可能争取让他们参与到研究中来。焦点小组的协调者需要具备良好的社交和研究能力，以保证收到高质量的数据。

- 焦点小组的数据分析方法多种多样。传统的市场研究中的焦点小组倾向于根据心理动力理论来分析消费者的动机，然而这在大多数质性研究中都不适用。具体采用何种质性分析方法，取决于研究者的研究目的。研究者可以根据相应的研究目的，采用本书中介绍的一些常用分析方法——扎根理论、话语分析等进行分析。

拓展资源

Barbour，R.（2007）. *Doing focus groups*. Los Angeles：Sage.

Iowa State University.（2004）. Focus group fundamentals. http://store. extension. iastate. edu/Product/pm1969b-pdf（2015 年 2 月 23 日访问）.

Krueger，R. A. ，& Casey，M. A.（2015）. *Focus groups*（4th ed. ）Thousand Oaks，CA：Sage.

Morrison，D. E.（1998）. *The search for a method：Focus groups and the development of mass communication research*. Luton：University of Luton Press.

Stewart，D. W. ，& Shamdasani，P. N.（2015）. *Focus groups：Theory and practice*. Thousand Oaks，CA：Sage.

Wilkinson，S.（2008）. Focus groups. In J. A. Smith（Ed），*Qualitative psychology：A practical guide to research methods*（2nd ed. ，pp. 186-206）. London：Sage.

第 5 章
人种志/参与者观察法

概述

- 参与者观察法是指包括密集观察在内的更广泛的一套方法，也被称为人种志方法。人种志是更恰当的术语用法，这样可以与其他学科保持一致。

- 参与者观察法具体指的是研究人员广泛和深入地进入群体或社区中的观察方法。

- 参与者观察法有不同的形式，表现在研究者被接纳入相关组织的程度各不相同，以及研究人员实际角色的明显程度各不相同。

- 实地记录是人种志/参与者观察法的基础，是在观察结束后制作而出的。实地记录要求详细，可以由单独的观察和解释形成。

- 人种志/参与者观察法是研究者最复杂的研究方法之一，在智力和人际两方面都有其要求。智力需求包括制定研究问题、探询特定的研究问题是否能从参与者观察法中受益、决定观察过程中需要处理什么问题，以及撰写有效的实地记录。在人际需求方面，包括定义研究者的角色、获得并保持进入研究环境、并有效地使用关键合作者。

- 人种志/参与者观察法主要是一种数据收集方法。它本身并不是一个分析的方法，尽管它关注的是文化。鉴于该方法历史悠久，有多种方法来分析数据，但是最近的研究通常使用扎根理论方法（第 8 章）。

- 使用人种志/参与者观察法可能存在的问题包括：（1）过程需要密集的劳动和大量的时间；（2）收集的数据具有复杂性，需要对数据的不同方面进行整合；（3）在过程中存在主观性的可能以及对主观性的质疑。

- 虽然人种志或参与者观察法在心理学中还未被广泛使用，但该方法的潜力值得质性研究人员考虑。

一、 什么是人种志/参与者观察法

参与者观察法被看作一种数据收集方法，而不是数据分析方法。尽管扎根理论（第 8 章）是常用的系统研究方法，但对实地记录和其他收集的数据的分析没有标准的方法。参与者观察法起源于在非西方文化中工作的人类学家，但在现代西方环境中经常被采用。令人困惑的是，参与者观察法指的是两种截然不同的事情。

（1）参与者观察法是一种非常具体的方法，它涉及当研究人员密切参与到一个被记录和分析的群体或文化中时的观察。它最显著的特点是研究人员密切沉浸到研究环境中，通过参与或与一个群体或社区进行长期密切接触这一研究设置来实现。

（2）在实地收集数据的一般方法或广泛策略有时被称为参与者观察法，包括上面描述的更具体的方法。因此，对参与者观察法的正式定义可以是在实地环境中收集数据的广泛策略。它包括收集各种与回答研究问题相关的数据。

还有另一个术语或概念——人种志——它本质上是对文化的研究。就本章而言，我们可以将人种志和参与者观察法看作类似的，即使不完全相同。这里的类似是指它们都是在实地环境中进行的复杂的同步数据收集方法。它们相似的部分似乎是完全重叠的，因为很少有单独使用参与者观察法（具体的技术）而不涉及其他方法。人种志是 20 世纪 70 年代的主要术语（Bryman，2004）。此外，人种志这个词也指以研究的出版物为基础的研究产物。区分这两种含义需要采取谨慎的态度。

因此，人种志/参与者观察法是涵盖一系列相关方法的总括术语。人种志/参与者观察法研究有许多不同的维度。其中重要的如下所列（Dereshiwsky，1999；Patton，1986）。

（1）观察者在环境中的角色。观察者在参与的过程中不仅仅当一个完全的局外人，而是要争取成为群体的正式成员。

（2）群体对观察过程的知晓程度。如果参与者知道他们正在被研究，这就是已知情景的观察。隐蔽观察指参与者不知道他们是研究的一部分。

（3）研究目的解释。包括完全解释到误导性的解释。

（4）长度。观察可能只是一个相对较短的、一小时的单次会谈，也可能是持续数周甚至数年的多次观测。

（5）重点。研究人员的重点可能在于相对狭窄的范围，或者可能更全面，通过深入观察一些情况来收集更丰富的数据。

参与者观察法的字面意思意味着研究者不是简单地观察特定的社会或文化背景下的事件，而是具有"实际操作"的经验。虽然参与观察者在社区中是完全参与的（完全作为社区的成员去生活），而不是作为社区中的客人。他们参与程度不同，但所期望的都是与社区有实质的接触（还有其他一些不需要这种参与的观察方法。例如，研究新车的司机是否比旧车的司机更频繁地跳过交通信号灯，这可能需要使用一个简单的清单来确定车龄——车牌号，以及司机合法或非法地穿过交通信号灯的评级标准）。参与者观察法的特质是，研究群体或社区成员的观点被认为是主要的。这些观点将会有很大的不同，因为不同的群体成员或社区成员在角色、活动以及许多其他方面会有所不同。因此，参与者观察法与那些不需要参与，并可能通过如闭路电视、摄像机等纯粹的技术资源来实现的观察是截然相反的。

当然，也有研究者在观察社区的时候并没有告知被观察者，因而没有人意识到这一事实的例子。由于伦理原因，这在现代研究中是罕见的。"沉浸"这个术语经常被用来描述这个过程。"沉浸"可能涉及与所研究的群体一起生活（就像早期人类学对其他文化的研究一样），但同样，沉浸可能局限于工作日或其他一些更有限的时间安排。后者是更典型的在自己的文化方面的参与者观察法，就像社会学家和人种学方法的其他现代使用者的做法一样。一般参与观察者不会和该社区的任何其他成员一样，因为他们通常来自非常不同的社会背景。然而，比较好的一点是参与观察者比起其他研究中的人来说往往更接近社区常规成员一点。这样，仔细认真的观察者往往能对社会的运作方式有一个比较充分的认识。

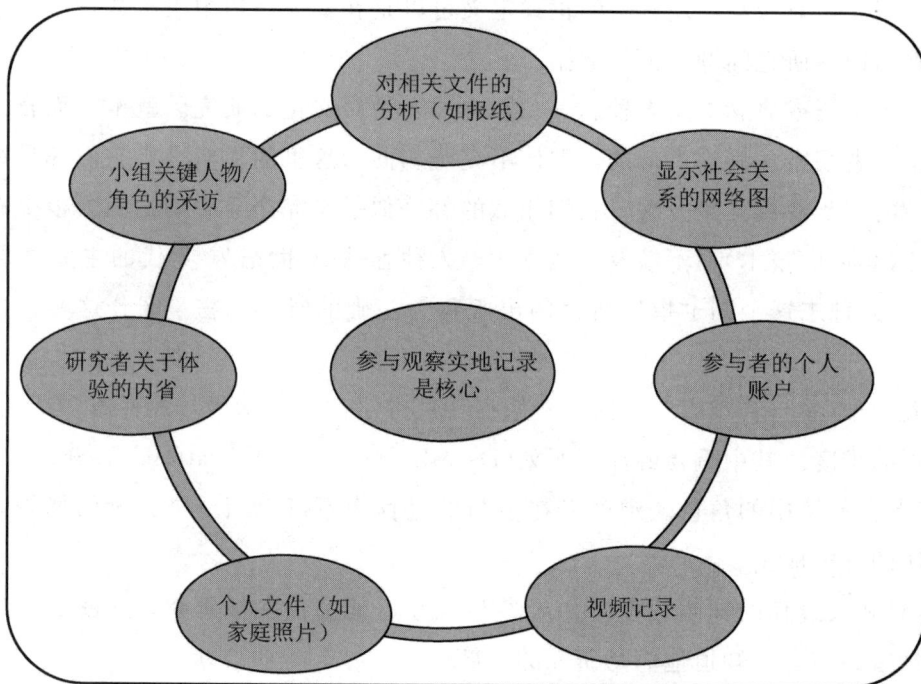

图 5-1 人种志研究/参与者观察法的可能因素

传统上，数据主要是在事件发生后观察员尽快撰写实地记录的形式来收集的。这通常会在离开社区生活的"私人时间"中完成。在可能的情况下，数据收集没有理由不使用技术辅助手段，如语音记录、计算机、甚至视频等，尽管这些手段在使用的时候可能会对正常的活动造成干扰。使用计算机直接做现场记录是有利的，因为这些数据可以直接输入计算机，并用数据分析程序，如 NVivo 来进行分析。研究者将仅限于实地记录中的观察结果作为数据来源是有充分理由的。这样可以包含以下或更多内容（见图 5-1）：

（1）半结构式访谈；

（2）群体讨论；

（3）社区成员的生活史；

（4）包括照片在内的个人资料；

（5）相关媒体报道；

（6）其他资料。

这些都是他们自己熟悉的方法，但在人种志/参与者观察法的背景下，会被视为一种可以与研究者的直接经验相比较的资源。在某种意义上，参与者观察法的提法往往被认为过于狭隘了，为了说明在这类研究中实际做了什么，"人种志"则往往被视为是更合适的术语。在参与者观察法的研究中，量化的方法也并不是未知的。实地记录应该以一种相对纯粹的形式记录下来——也就是说，观察和对观察的解释是分开的。换句话说，观察者的"经验"是参与者观察法的主要数据形式，但这些"经验"应该与实地记录中更多的分析性陈述区分开来。这是各种质性研究的共同要求。一种方法是：把"纯粹"的观察记录放在笔记本的一侧，而另一侧是与它们相关的分析性评论，可以用线条将两边隔开。

参与者观察法可以为研究者提供初步的、相当详细的数据，并以此作为研究的基础。尽管有其他方法也可以做到这一点，但从参与者观察法中获得的知识可以使研究者更好地了解在他们的面谈时间表、问卷或进一步的观察研究中包含有哪些内容。因此，参与者观察法有助于确保研究人员有足够的相关知识，在知情的基础上进行研究的后期阶段。

观察者在这类实地研究中的作用因观察和参与程度的不同而有所不同（见图 5-2）。

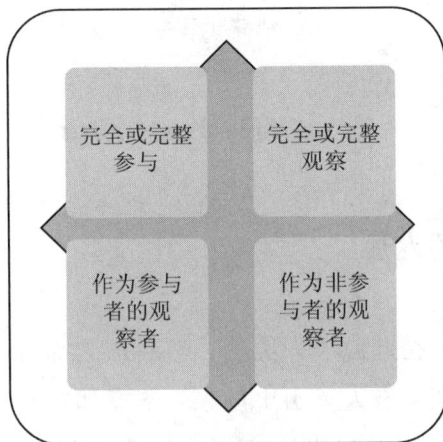

图 5-2 人种志研究的参与与观察

（1）完全或完整参与。研究人员完全融入所研究的群体或组织成员的角色，并且不会将他们研究人员的角色透露给其他团队成员。例如，研究人员在工厂工作，以了解方方面面的工作经验。

（2）完全或完整观察。在这方面，个人的参与程度尽量最小化，研究人员与被研究人员是分离的。他人对于观察者的角色也并没什么疑惑。例如，研究人员可能会花时间在工厂内进行观察或记录，同时也不会去和那里的工人进行交流。

（3）作为参与者的观察者。研究人员作为研究者的身份被研究的群体所知。例如，研究人员将时间花在一个青年俱乐部中，并对俱乐部成员的活动进行评估，这些成员知道观察者作为俱乐部成员和研究人员的身份。当然，在这种情况下，观察者不一定必须完全参与该群体的活动。

（4）作为非参与者的观察者。这其实并不是参与者观察法的一种形式，因为观察者并没有直接参与被研究群体的日常活动。有时候这个行为学术语在心理学中会被使用，但这实际上是指对动物行为的研究。

当然，使用哪种参与者观察法并不完全取决于研究人员。有些人可能会排斥特定的环境或研究人员所研究的问题。人种志研究/参与者观察法的不同维度如图5-3所示。

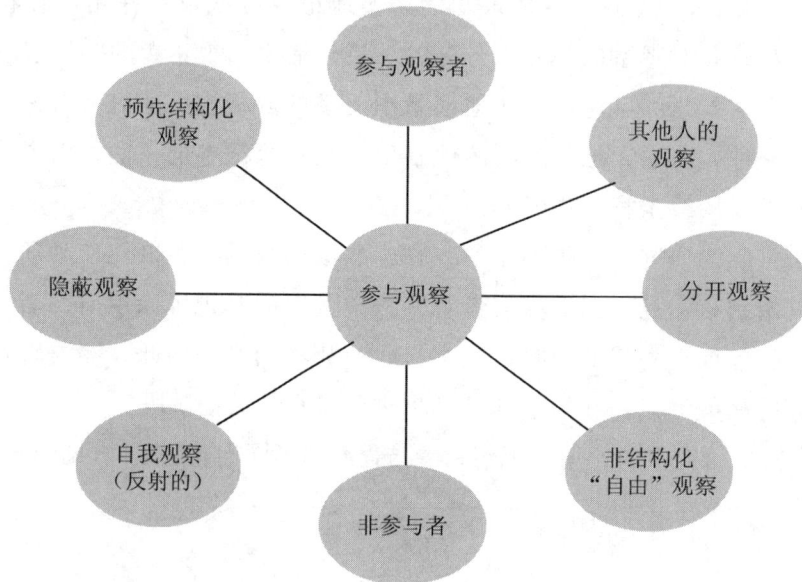

图 5-3　参与者观察法研究的维度

二、 人种志/参与者观察法的发展

参与者观察法的研究方法最初起源于人类学，然后被芝加哥学派应用到对现代城市环境的研究中。人类学的根源可以追溯到有人类历史以来，毕竟那些写下自己经历的其他文化的旅行者也可以被认为是某种人类学家。从15世纪开始的西方殖民时代，在启蒙运动时期（19世纪）为人类学和学者提供了开始研究其他文化的动力，尽管他们在很大程度上只是分析了殖民者和旅行者提供的信息。当然，这里并不需要挖掘人类学的历史细节。可以这么说，即使在20世纪初，文化人类学家依然严重依赖于第二手的资料来源，如旅行者的作品。因此，他们的基本数据是通过间接地而不是直接通过观察和经验收集的。参与者观察法第一个广为人知的使用者是美国研究人员弗兰克·汉密尔顿·库欣（Frank Hamilton Cushing，1857—1900）。他加入了新墨西哥人类学考察队，从1879年开始与美国原住民祖尼普韦布洛人（Zuni Pueblo）一起居住了五年。库欣最终被接纳入祖尼社区并参与了他们的日常生活。

更有意思的是，布罗尼斯拉夫·马林诺夫斯基被困在我们现在称为新几内亚地区的特罗布里恩群岛中，从而带来了关键性的重大变化。马林诺夫斯基出生在波兰克拉科夫，在那里他攻读了哲学博士学位。他在莱比锡大学学习并开始对人类学感兴趣（在那里他受到了威廉·冯特的影响）。介于当时许多最杰出的人类学家都是英国人，然后，他搬到了伦敦经济学院。1914年，马林诺夫斯基在获得人类学博士学位的同时，前往巴布亚，然后前往特罗布里恩群岛。第一次世界大战爆发时，他是奥匈帝国在英国保护地区的公民。他选择了被流放在特罗布里恩群岛以替代拘禁。起初，马林诺夫斯基试图扮演超然的殖民人类学家的角色，依靠对合作者的正式采访，避免直接接触被他最初称为"野蛮人"的土生土长的特罗布里恩人。漫长的流亡岁月以及随之而来的无聊和孤独使他越来越多地与他们交往，在这样的过程中，他学会了他们的语言，并结交了朋友。长期的流亡生涯为他提供了机会，让他萌生并发展了关于参与者观察法的想法，以及了解当地社会日常经验的重要性，以达到对当地社会如何运作的准确理解。

参与者观察法发展的第二个重要思潮来自美国第一个芝加哥学派的城市社会学思想。这种社会学的方法与理解城市环境有关，最早的研究是在芝加哥进行的，尽管城市社会学的研究在美国社会学中已经广为人知。除此之外，人类学家劳埃德·华纳（Lloyd Warner，1898—1970）是芝加哥大学的一名研究生（1929—1935 年），1935—1959 年在那里任教。威廉·富特·怀特（William Foote Whyte，1914—2000）解释了他是如何在芝加哥大学专门研究劳埃德·华纳（Whyte，1984）的。这一点很重要，因为怀特是《街头社会学》（*Street Corner Society*，1943）一书的作者，这本书对于参与者观察法研究的解释和说明在当时的美国社会学中声名显著。这项研究是在波士顿的一个意大利移民社区进行的，怀特在那里生活了 18 个月。

劳埃德·华纳参与了心理学史上最著名的研究之一——霍桑实验，提出了"霍桑效应"。他与心理学家埃尔顿·梅奥合作，对工厂生活进行了一系列综合研究，并考察了各种变化对工厂内部员工的工作效率的影响。例如，工厂内的照明条件和薪酬支付方式的变化是否会影响员工的工作效率。华纳的影响力主要来自"银行配线室"。他建议使用人类学方法来观察工人的自然的工作团队的行为。研究人员记录了他们能观察到的所有人的行为，就像一个人类学家观察其他不同的文化一样，并以此为基础构建了能显示工作团队成员的人际参与程度的"社会图"。

尽管有一些例外值得注意，比如本章最后在专栏 5.1 和专栏 5.2 所描述的，人种志/参与者观察法还不是心理学的主要数据收集方法，而且尽管在质性研究人员的著作中有大量的参考文献多次提及，但人种志/参与者观察法在最近兴起的质性研究方法中并没有被显著运用。另一个值得注意的例外是拉尔松和霍姆伯格（Larsson & Holmberg）在本章最后的专栏 5.3 中所做的研究。米勒等人（Miller，Hengst & Wang，2003）解释了现代心理学之父威廉·冯特在文化心理学领域的研究，和他对人种志资料的兴趣和研究。然而，人种学方法在心理学上普遍被边缘化。但是，最近人们对文化心理学尤其是文化儿童发展的兴趣高涨，从而激发了人们对人种志方法的兴趣。

三、 如何进行人种志/参与者观察法研究

我们已经看到，参与者观察法通常是由各种方法组成的方法网络中的一部分，其中一些方法在任何一项研究中都有使用。因此，很难描述如何在不同时使用其他数据收集方法的情况下进行参与者观察法。然而，参与者观察法方法的核心和特点是使用观察者来收集数据。这需要

参与者观察法的研究人员在研究方法的经验和人际交往能力等各个方面都有优秀的技能，以便作为观察者和参与者能在实地环境中有效地发挥作用。

下面是参与者观察法的一些重要步骤——参见图 5-4 中的概述。

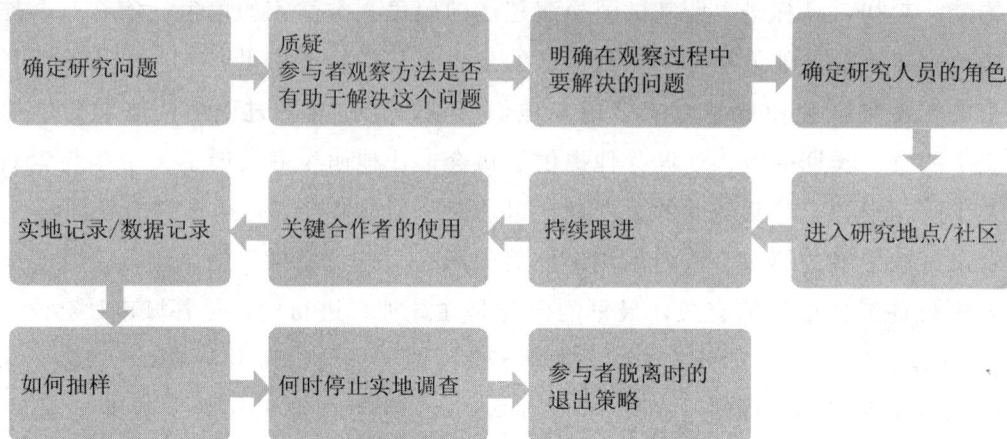

```
确定研究问题 → 质疑               → 明确在观察过程中     → 确定研究人员的角色
               参与者观察方法是否      要解决的问题
               有助于解决这个问题                              ↓
实地记录/数据记录 ← 关键合作者的使用 ← 持续跟进            ← 进入研究地点/社区

如何抽样       → 何时停止实地调查   → 参与者脱离时的
                                      退出策略
```

图 5-4　参与者观察法的重要步骤

(一)确定研究问题

在研究的问题或对象较宽泛的时候，可以采用参与者观察法，事实上在最初阶段，研究者也不太可能有一个重点突出的研究问题。正常的情况是，研究者开始理解需要关注的特定方面。换句话说，研究人员将在参与者观察法的过程中重新确定或发展他们的想法。这种过程在质性研究中并不罕见，在参与者观察法方面也没有特别大的问题。这并不是给研究者一个全权保证，因为如果要使用参与者观察法的话，研究问题要是参与者观察法可以有效解决的问题，这是非常重要的。怀特这样说：

> 在研究人员进入实地之前，规划过程已经开始，但尚未完成。我并不是建议我们一片空白地进入研究，把研究计划全部留给后续的观察和经验。为这样一种无意识的状态而奋斗是愚蠢的，但重要的是要避免另一种极端的情况，即专注于事先准备好的和详细的研究设计，因而错过了收集有关问题的数据的机会，而这些问题可能会变得更重要。(Whyte，1984)

任何研究者都必须掌握的重要技能之一就是选择合适的研究方法来解决特定的问题，这需要知识和经验的积累才能做好。

(二)质疑参与者观察法是否有助于解决这个问题

有许多活动被认为是私密的，而且这些活动不太可能通过参与者观察法或其他任何形式的观察来进行调查研究。明显的例子就是我们所认为的私密性的活动。例如，如厕和求医。在这些活动中可能会有研究人员获得调查权限，但一般来说，这些都只是一种备选的数据收集方法。或者，当然，隐蔽观察有它的可行性，但伦理风险是巨大的，那么重新考虑方法将是必要的。

(三)明确在观察过程中要解决的问题

研究问题的清晰定义将在这里得到应用，因为它将有助于确定研究人员将要研究的情况的各个方面。尽管在被观察到的目标中，有一定程度的可选择性，当然，一个人并不能完全确定哪些要素是相互关联的，特别是在一个几乎不熟悉的情况下。

(四)确定研究人员的角色

参与者观察法/人种志的一个主要考虑是研究者要确定一个可行的角色，允许他参与一个环境或在其边缘充分发挥作用，使观察得以进行。没有一种方法可以适用于所有情况。这其中有很多原因，包括研究人员的特点，如由于明显的生理差别的原因，成年研究人员不能在一群学生中成为参与观察者。另外，他们也许能够在课堂上扮演成年人助理的角色。社会特征也可能阻碍研究人员进入研究环境。当然，那些缺乏组织的公共场合可能是最容易进入的，作为一名观众，很容易成为音乐演奏会的参与者。

(五)进入研究地点/进入社区

人种志/参与者观察法的研究地点在正式程度上有所不同，正式的环境，如工厂；非正式的环境，如足球场。对于这两种环境，参与者观察法的进入方式不同。正式组织通常需要正式的申请来进行研究——因此，研究人员可能需要接近高级管理人员。然而，非正式组织也并不是没有社会结构的。可能有一些关键的个人，可以被称为"看门人"，他们可能会帮助参与观察者进入群体。当然，接触这些人可能需要一些非正式的方式。需要注意将进入方法与相关社区相匹配。例如，怀特(Whyte, 1943)在对波士顿北端意大利——美国贫民窟地区的经典研究中，最初试图通过接触一个定居点的社会工作者来进入这个工人阶级的社区。怀特认定自己是中产阶级，但他最终意识到，为了达到目的，接近中产阶级的看门人是不合适的。他把这个比喻为试图通过联系美国大使馆来帮助进入加纳社区。那么，什么是更合适的进入方式呢？怀特从一位社会工作者那里听说了一个特别的社区成员，并最终联系了他。这个人帮助怀特进入了社区。当然，这是一个复杂的问题，如果不参考具体的例子就很难讨论这个问题。同样重要的是，现代研究人员可能需要研究委员会的许可才能进入组织或者社区进行研究。例如，医院的研究就需要这样的伦理许可，这给进入研究地点的过程增加了复杂性。公开和隐蔽的观察是有区别的。隐蔽观察时，研究者没有向社区表明他自己是作为研究者在进行观察的。研究人员不需要联系其他人寻求帮助，研究人员也不需要向被观察的人解释或证明他们的活动。但是，这么做当然可能会出现相当多的伦理问题(第 17 章)。

(六)持续跟进

人种志/参与者观察法需要持续跟进以维持与所研究的群体的关系，而不仅仅是进驻研究地点就万事大吉了。这在人际关系方面需要相当的思考和技巧，因为研究者可能会担心研究者的活动的性质。完全隐蔽的研究并不能完全避免这种风险，因为在信度等问题上可能会遇到困难。例如，一个通过在那里获得就业机会而进入工厂的研究人员可能与在那里工作的其他人有所不同。例如，他们的口音可能与群体成员的口音不同，因此可能引起他人的兴趣，或者他们可能不想冒着暴露身份的风险，所以无法进行诸如"周末你做了什么？"或"你住在哪里？"这种简单的对话。而如果研究人员表明他们作为研究者的身份，则可能会受到怀疑，其他成员会思考他们的"真实"身份——研究人员可能被视为来自社会保障部门或是管理间谍等。所有这一切导致的结果不太可能是直接的对抗，如要求研究人员停止他的活动或以某种形式的谩骂来对抗。相反，阻力可能是以故意提供错误信息的形式来破坏研究。当然，这些怀疑的程度可能会因涉及的人员不同而有所不同——其中一些被观察者可能会放松一些，而有些人可能会加深怀疑。研究人员必须对这些问题保持敏感，并尽其所能地处理这些问题。这将根据情况而有所不同，但通常情况下，避免可能引起怀疑的情况是明智的。例如，一名对管理层表现出超乎寻常的友好态度的研究人员更有可能受到怀疑，因为他们可能被认为更有可能无意中泄露信息给上层。同样重要的是提供关于数据的保密情况、数据的安全情况、个人信息的匿名情况等信息的书面材料的可能性，这需要视特定的研究情况而定。一方面，前面的这些记录可能导致对研究者能力的敌意或怀疑；但另一方面，它可能也反映了研究人员无意中发现的群体中存在的紧张局势或关系。从这个意义上说，所有被观察到的人的反应都是有价值的数据，可以深入了解这个群体。无论如何，这应该被记录在实地记录中，而不可忽略。

(七)关键合作者的使用

在任何一个社会环境中，有些人在我们的生活中扮演着比其他人更重要的角色。同样，在人种志/参与者观察法中，一些人在与研究者的社会关系中扮演着更重要的角色。这可能有几个原因。特别是，①关键合作者在组织活动的大多数方面可能比其他人发挥更重要的作用；②可能比其他人对研究更感兴趣；③可能与研究人员有特殊的关系等。关键的合作者可以在顺利的研究过程中发挥作用，也可以在困难的研究过程中为研究者提供社会支持。在某些情况下，关键合作者可能会选择提供有关该群体未来计划做什么的信息。例如，对研究犯罪团伙的人来说，知道他们计划周末去海边旅行可能会对研究者有所帮助。

(八)实地记录/数据记录

实地记录的制订可能是参与者观察法的数据中唯一能够说清楚的。进行实地记录的目的是要有一个在实地环境中观察的综合数据库。因此，越完整的记录越好。但这在很多方面都是不切实际的，因为它回避了一个问题：到底有多少细节才足够？此外，对观察的记录没有限制吗？这并不是暗示参与观察者应该记录所有事情，因为这将是一个无限和不可能的任务。实地记录的完整性方面是相对于研究者对该实地研究中的特定问题，以及理论和概念性问题来说的。此外，由于这些理论和概念问题将根据观察经验进行修改，那么一套充分完整的实地记录也将会随之而发生改变。这些都是抽象的难以解决的问题，但应该考虑到以下几点。

（1）实地记录的一个重要功能是帮助研究者熟悉研究环境的社会背景，包括背景中的人以及他们之间的相互关系。好的实地记录将包含这些信息，以便建立这些重要的社会关系的图片，并帮助识别关键人物，以了解群体中发生的事情。

（2）如果在观察和制作实地记录之间有太多的延迟，记忆将会对实地记录的质量产生不利影响。它也会受到中间事件的性质的影响，所以一般的建议是在观察之后尽快地做实地记录，正常的建议是在观察之后的同一天之内做完记录。当然，在某些情况下，如果在晚些时候不可能记录完整，在观察之后立即做一些简要的说明是有帮助的。这可以通过多种方式来完成，如使用录音器材，但这可能会增加工作量而不是减轻工作量。在大多数情况下，手写或电脑书面记录可能会更好。

（3）详细制订不同阶段的观察计划，以使笔记的制作更加容易，这可能会有所帮助。例如，一个人可以制订不同阶段的观察计划，以便在一个阶段的观察结束之后给长时间的实地记录留下足够的时间。这可能很简单，如用午餐休息时间做笔记，而不是更多的观察。连续观察的时间越长，有效地进行实地记录就越困难。

（4）做笔记的时候不要匆忙，因为这些是你以后分析的记录，如果你不明白你写的东西，笔记就没用了。所以你需要写得非常清晰，并尽可能地把注释写得详细，也可以使之图形化，以达到这个目的。

如果想要使整个研究期间的观察都处于同一水平，这是不可能的。斯普拉德利（Spradley，1980）提出了三个不同的阶段：①描述性观察，研究者努力了解研究情况复杂性的初始阶段；②有侧重的集中观察，侧重于与研究问题最相关的方面；③在研究结束时发生的选择性观察，研究人员可以寻求关于在集中观察阶段出现事情的进一步证据。

实地记录是否足够的一些指标在于：①对研究者而言，能够与正在研究的群体进行互动和联系，可以更为有效地完善实地记录。例如，可以承担各种不同的角色和状态，可以参与各种各样的团体活动。②观察者对群体的参与越多，他们越有可能理解被观察者所说的内容和所做的事情的性质。③观察者和研究对象相互理解的越多，对实地记录所记录的事件的解释就越准确。

研究者应该观察什么？如果研究者没有在研究之前更准确地说明研究意图和研究目的，这就是另一个很难解决的问题。很少有心理学家会到一种完全不同的文化中去尝试理解这种文化，他们往往在一个特定的地点工作，以了解一个特定的问题。例如，他们可能希望了解医院背景下工作群体的活动，在这种情况下，研究将更加集中和精确。尽管人种志/参与者观察法研究通常从比较一般的观察开始，直到基于研究人员经验的更具体的观察，但是不同的研究出发点在这个过程中可能会表现出巨大的差异。人种志/参与者观察法非常灵活——这是该方法的优点之一。灵活性并不意味着犹豫不决，而是一种在整个研究项目的时间范围内进行思考的过程。通过思考所观察到的情况，情况的关键特征将会变得更加明显。一旦达到这一点，改变就是适当的。如果不改变以适应研究中的各种发展，就将错过人种志/参与者观察法的重点。

(九)如何抽样

在人种志/参与者观察法中，研究者的目标是更好地理解所观察的社区或群体。例如，很少有人能够获得诸如社区成员平均年龄等不同特征的发生率的估计值。因此，一些定量研究人员使用的概率抽样对于试图找到对群体或社区工作的关键方面的解释的人种志/参与者观察法方法来说是不合适的。为了实现这一目标，显然更重要的是找出对研究目标有更多贡献的情况和个人。例如，想象一下在工厂里进行的研究，对于合作者的随机抽样很有可能漏掉在工厂活动中最重要的一两个人。参与者观察法的研究者将通过获取信息，如从关键信息提供者那里获取信息，从而主动地寻找这些个体是谁。

(十)何时停止实地调查

大多数研究都受到资源的限制，即使是那些受政府资助的学生的研究也同样如此，这些限制可能决定了究竟可以做多少实地调查。但是，有时研究者使用另一种策略。"理论饱和"这个术语常用来描述这样一种情况，在这种情况中，数据的收集刚好满足指导研究的概念、思想和理论，不多一点，也不少一点。当这种情况发生时，研究人员已经在不同的概念、思想和理论之间确立了牢固的关系。此外，当达到饱点时，这些概念、思想和理论将被充分理解。也就是说，研究人员很清楚这个概念的性质或特征，任何额外的数据收集并不支持对该概念的特征进行重新评估(Strauss & Corbin，1998)。或者，另一种确定的方式是，在一个人的实地记录中出现的新条目与早期的实地记录中所写的东西相比，看起来非常熟悉的时候，就可以停止观察了。

(十一)参与者脱离时的退出策略

这可能是不言而喻的，人种志/参与者观察法研究从研究的最初阶段开始就涉及一个持续的谈判和参与的过程。在前面已经看到，这包括通过谈判进入研究，然后保持参与，使实地调查得以继续，但是很少有人写关于从实地调查中退出的过程。研究过程的结束，可能是因为实地调查已经完成，或者可能是因为研究时间或资金已经耗尽，也可能是由于研究背景中的人际问题，如当参与者由于怀疑研究人员的动机而变得不合作时，这种情况并不少见。但在最顺利的实地调查过程中，研究必须要有一个结束的过程。例如，参与者信任研究人员，那么如何提供关于研究人员未来行为的保证？他们之间的友谊可能已经形成，他们将如何结束？他们的关系应该被终结吗？

研究人员是否能够避免参与者产生可能被利用的感觉，这些都是难题。这种研究虽然没有任何协定，但是研究人员从研究环境分离的过程，需要谨慎的行动和明确的决定。里夫斯(Reeves，2010)详细描述了她在这方面的经历。如果不是有过痛苦的经历，她不会深刻地写道：

尽管通过谈判和建立融洽关系而产生的情感关系可以支持研究人员的实地研究，他们自己也可能是数据的一部分，但当他们离开研究地点和研究对象的时候就会变得更有挑战性。与进入研究有关的问题，研究人员有更多的重视，并倾向于更详细地规划，这些问题在实地工作的最后阶段同样重要。按照相同的伦理原则，把这个结束阶段的计划和安排告知他们也是退出的一部分。然而，在实地调查阶段的各种决定或事件，可能只会表明他们自己是重要的，这会让事情变得复杂。人们之间的关系往往在面临重大事件时会遭遇挑战。因此，人种志研究者需要认识到，实地调查的轨迹，常常由与正式和非正式的看门人的关系的发展和演变而塑造。（Reeves，2010）

四、 如何分析人种志/参与者观察法数据

伯吉斯指出，研究人员普遍认为，参与者观察法和人种志的数据不能"自圆其说"（Burgess，1982）。此外，实地研究并没有把那些通常被认为是定量研究的阶段——文献综述、研究问题的提出、数据收集、数据分析等——进行划分。人种志研究/参与者观察法的分析首先必须认识到它是研究者了解文化、社会结构和组织的重要方法（图 5-5）。其中最重要的是可能涉及数据收集方法的广泛性。这意味着，研究人员的技能很重要，因为需要使用多种不同类型的数据。当然，如果研究只涉及参与者观察法，任务就不那么复杂了，尽管这种情况很少发生。

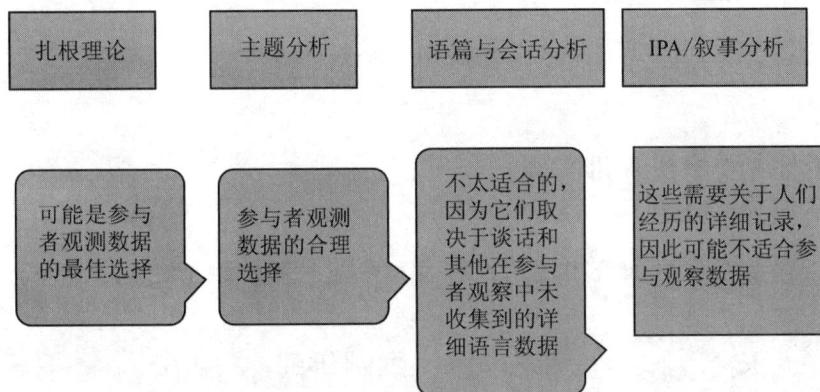

扎根理论	主题分析	语篇与会话分析	IPA/叙事分析
可能是参与者观测数据的最佳选择	参与者观测数据的合理选择	不太适合的，因为它们取决于谈话和其他在参与者观察中未收集到的详细语言数据	这些需要关于人们经历的详细记录，因此可能不适合参与观察数据

图 5-5　分析参与者观察法数据的可能性方法的评估

阅读这一部分，我们应明确以下内容。

（1）广义上讲，对人种志/参与者观察法这种研究方法的分析，没有像"食谱"一样呈现的方法。虽然这像对此类研究的一种阻碍，但它更应该被视为一个积极的方面，而不是消极的方面。有许多形式的研究比人种志/参与者观察法更容易。

（2）人种志/参与者观察法的数据收集可能有许多不同的方法，因此，将不同分析联系起来是这个过程的必然组成部分。也就是说，你如何将参与者观察法研究的结果与相关深入访谈研究的结果联系起来？

人种志/参与者观察法是典型的质性研究，一般来说，由于它的目的是收集深入或丰富的数据。因此，它期望这些数据可以适用于某些形式的质性分析——扎根理论就是一个明显的例子。很明显，一些质性分析的形式被排除了——如语篇分析和对话分析——因为它们依赖于对文本的精确和详细的转录。人种志/参与者观察法的实地记录并不试图以这种形式记录对话。

人种志/参与者观察法的分析在很大程度上是很依赖于扎根理论的(见第 8 章),这并不是说扎根理论总是被正式地运用到分析中。然而,它们有明显的相似之处。

(3)这种分析被视为只是原始数据收集阶段的开始,而不是一个完整而独立的过程。

分析工作的过程在很大程度上描述了描述性的实地笔记,研究者增加了解释性(或分析性)笔记。这与在主题分析、扎根理论、语篇分析等方面的数据编码过程没有什么不同。

(4)分析过程分为数据检验阶段、试探性地分析思路阶段、对数据的重新审视和分析阶段,以及对分析思想的改革阶段等。

伯吉斯(Burgees,1982)描述了一种对实地调查进行分析的方法,该方法转换为图 5-6 所示的过程。这种方法与扎根理论的相似之处是显而易见的。

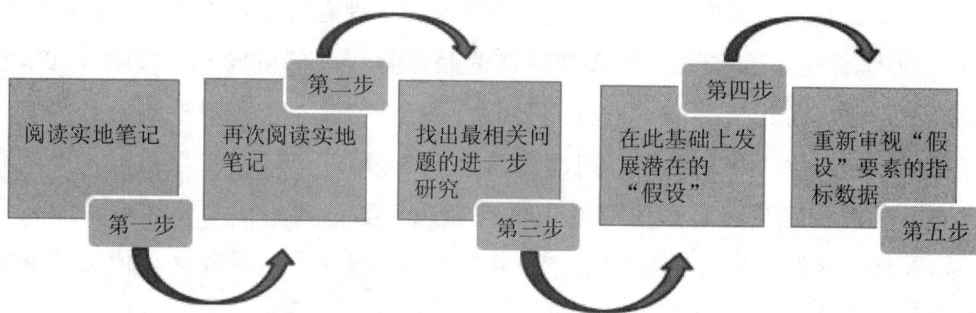

图 5-6　现场工作分析的一种方法

五、 人种志/参与者观察法应用实例

专栏 5.1 和 5.3 提供了在研究中使用人种志和参与观察的例子。

专栏 5.1　案例研究

一个重要的参与者观察法研究:马林塔尔

奥托·鲍威尔(Otto Bauer,1891—1938)是 20 世纪 20 年代末奥地利左翼社会民主党的领袖人物,他向奥地利的研究团体表示,研究失业问题将是一次重要的冒险。奥地利经济心理学的研究人员在著名的心理学家和社会学家保罗·拉扎斯菲尔德的指导下工作。这项研究计划始于 1930 年,当时马林塔尔的纺织厂倒闭了。

马林塔尔是一个靠近维也纳的小镇。这项研究的实地调查主要是由一名叫洛特·申克-丹齐格(Lotte Schenk-Danzinger,1904—1992)的研究人员进行的。他当时是一个救济组织的主管,负责分发二手衣服。他总共花了 24 星期在现场进行实地调查工作,收集的研究材料的重量大约为 30 千克。

关于这项研究的著作大部分由玛丽·雅霍达撰写,出版于 1933 年,作者的犹太名字明显没有出现在书的前面,这是当时国家社会主义政府的让步。作者雅霍达、拉扎斯菲尔德和蔡塞尔写道:

　　该研究的目的是利用前沿的研究方法来描绘一个遭受失业的社区的人员心理状况。从一开始，我们就把注意力集中在两个目标上。一是物质的：关于失业问题的物质原因。二是方法论：试图对社会——心理事实提供全面和客观的描述。(Jahoda et al., 2002)

　　这不仅是对失业问题的第一次心理学研究，而且由于其在方法和数据收集方面采取了各种不同的做法，因此也是一个引人注目的研究。这些方法包括对文件的分析、观察法、参与者观察法、调查法等。这本书的描述材料非常生动。这种科学的枯燥的材料是由无业人员的口头叙述，甚至是从儿童学校的论文材料中呈现的。马林塔尔的参与研究人员也受到这样的原则的指导：他们应该通过参与社区的活动来自然地融入社区。研究人员和失业家庭之间的关系可以从以下几个方面进行评估：

　　我们在马林塔尔的调查首先是对大约 100 个家庭进行访问，表面上问他们关于服装分发的具体需要。访问中的观察和访谈记录让我们了解了这些家庭的基本情形。每一个家庭成员最终来领衣服的时候都要告诉我们他的生平，这通常是他们心甘情愿的。然后我们在各种环境中观察这些人：在我们的课程和会议上，我们和他们在一起并且谈论他们，我们在进行的过程中记录一切。这些笔记以及从膳食记录、时间表等提供的特殊信息中，体现了对每个家庭的详细描述。(Jahoda et al., 2002)

　　当然，这种方法对于当时的芝加哥学派的社会学家以及文化人类学家来说都是耳熟能详的。在这种情况下，参与的程度以及研究者和被试之间的互动并不令人惊讶。一些现代的质性研究也有类似的特点，但是，这种广泛的互动当然也不能代表当前质性心理学分析发展的特征。

　　在这本书的最后，作者介绍了马林塔尔的一些失业者的传记，尽管还有更多无法收集的资料没有收录进来。这在一些现代质性研究报告中并不少见。让现代的质性研究人员感到惊讶的是研究人员系统地将定量数据与质性数据相结合的程度。这些数据包括被以失业人员为主的社区中居民的家庭饮食数据，以及步行速度数据。这些不同的信息使得研究人员能够研究失业者的经历和时间安排。保罗·拉扎斯菲尔德成为美国一位非常有影响力的社会学家，可能主要是由于他的定量方法工作。质性研究和定量研究之间的严格分离可能并不总是可取的，相反的情况可能更接近真相。

专栏 5. 2   案例研究

人种志：暴力足球的支持者

在心理学上，很多研究者都认为人种志和参与者观察法的方法很有前途，应该值得提倡，但实际上却很少有人实际使用这种方法。马什、罗瑟和哈雷（Marsh, Rosser & Harré, 1978）对足球观众的研究是一个特别重要的人种志研究。有人可能会说这本书是对足球流氓行为的调查——从某种意义上说是这样的，但是它也完全改变了关于如何理解这种行为的想法。书中认为足球暴力是"道德企业家"（如媒体和政治家）的社会建构，而不是对比赛过程的准确描述。

> 例如，破坏行为可能被认为是一系列可明确识别的需要制裁的行为，原因很简单，因为他们侵犯了社会成员的个人和集体的财产。但与此形成鲜明对比的是，球迷们穿越城镇制造破坏与高年级大学生戏弄新生的一周的行为造成了类似的伤害。前者的破坏被视为"破坏性流氓行为"的结果，并有相应处理，而后者被视为由过度的好脾气和过度热情而引起的。尽管破坏性的行为非常相似，但球迷们都是"离经叛道者"，而学生则被不明不白地原谅。（Marsh et al.，1978）

该研究的作者将其描述为在本质上是一种"回声"，这意味着它本质上是关于言语的，它使人们能够理解伴随言语的行为。换句话说，一个人的言语是其行为的"回声"。然而，马什等人采用的方法在本质上无疑是人种志的方法。（在该研究期间，人种志的概念还比较新。）这项研究涉及多种数据收集方法，包括观察、访谈、描述事件以及对对方团队和粉丝进行威胁与侵犯的证据收集。这一观察利用了现有的在足球场周围自由转动的监控摄像头。研究的被试是当地数量相对较少的足球俱乐部的球迷。这意味着，部分人种志研究的观察是隐蔽的，因此不能被描述为参与者观察法。

在进行这项研究的时候，足球场地中站的和坐的位置混合在一起，比现代全座席的球场更容易来回移动。在那些年轻的球迷们聚集在一起的时候，特别的区域被围了起来。警方会将球迷送到这些围栏区，这一过程被称为"隔离"。因此，警方以最有效的方式将不同的球迷群体分开。这种隔离是警察和球迷之间的一种合作行为——当他们进入"错误"区域时，他们都击退或驱逐了"对方"的劫掠球迷，分析"站立"粉丝的视频发现，当他们被相互监督时，球迷们自己也意识到了一种基本稳定的团体模式。不仅如此，不同的群体有重要的行为和社会特征，这可以归因于他们自己。

例如，A 组主要是 12～17 岁的年轻男性。他们有一种可以被称为"闹事装备"的服装图案，上面有"效忠标志"，如旗帜和横幅，他们是最喧闹的粉丝群。这个团体中有不同的社会角色，包括口号领导组织，他们负责组织喊口号，在需要的时候写一些口号，还有总是站在与对方球迷敌对最前方的闹事领导者，还有那些参与了一些更离谱的事件的疯子，还有酗酒者因醉酒过度而经常被驱逐出场，还有以暴力著称的小团体战斗人员（他们不同于那些只与其他团队支持者发生仪式冲突的闹事领导人），还有组织球迷到其他足球场参加客场比赛的组织者。相比之下，C组并没有表现出与年轻人不同的特殊风格，他们的年龄较大，在25岁以上。区分服装、旗帜和横幅并不是这个群体的组成部分，他们也不会被视为足球场之外的球迷。一般来说，C组的成员比其他组成员的地位要高，加入C组是其他组的一种期望。

足球观众的组织性甚至延伸到带着球迷往返比赛现场的领头人。允许谁坐在领头人的位置上存在一种自然的秩序，如果不遵守这种"自然"的秩序，违规者将被驱离。研究人员对不同的粉丝群体进行了广泛的质性访谈，有趣的是，球迷们对这个足球场文化中的各个群体都非常了解。研究人员对在足球比赛中发生的各种事件进行了录像，重要的是球迷们如何解释这些事件，不管这些解释是否准确反映了录像中的内容。例如，研究人员通过观察发现，球迷们一边谈论打架是极端暴力的，但是受伤却相当罕见。研究人员将停止他们的采访录音，并将其播放给球迷以征求他们的意见，这常常会引起球迷对他们所说的话的反思。所以，一个叫韦恩（Wayne）的球迷，在采访的第一部分表达了这样的观点：

> 孩子们冲了进来——到处都是靴子——有时真的很疯狂。像桑德兰这样疯狂的球队——他们简直是疯了——就这样疯狂。所以，现在我们试着在他们到达和聚在一起之前，先找到靴子。你可以先把靴子拿出来，然后再把他们吓跑。我们有一对夫妇从他们的领头人那里出来，不知道是什么击中了他们。这让他们思考，不是吗？

听完录音后，他说：

> 你进去了，有点像疯子一样，或者踢他们一脚之类的。但是，通常情况下，孩子们不会被殴打。你可以看得出来某人受够了——你真的想要阻止他们多嘴。你会对他们发火，但你知道什么时候该停下来。

这可能被认为是两个有点矛盾的说法——第一个说法非常暴力，而第二个似乎是在描述有规则的行为。这是一幅冲突的画面，但控制是它的重要组成部分。暴力观在很大程度上是足球迷的主流观点，可以在报纸等上找到。这个人种志研究的证据是，如果有一场冲突发生了，球迷们就可以为这种情况提供理由，而并非像球迷群体之间的"闹事"那样本质上大都是仪式性的，也就是说攻击和暴力威胁的口号是一种形式性的威胁，但很大程度上并没有真正的威胁，因为"闹事"的规则通常可以防止极端暴力的发生。

马什等人说，这些规则可以在球迷们解释他们的行为时看到。这并不意味着球迷们对足球比赛中的规则有了全面的了解。研究人员尝试了一种简单的方法来改变真实事件的面貌，以此来帮助他们更好地理解球迷活动因规则而驱动的特征。球迷们意识到，这些"不正确"的事件在顺序上发生了一些错误，并暗示了现实中应该发生的事情。同样，他们也给出了一些事件的例子，这些事件因为有人受伤而"出了问题"，球迷们可以解释原因。换句话说，在足球比赛中，球迷行为的规则驱动性可以从"规则"失败的情况中识别出来。人种志方法学家们也采用了同样的方法，让人们处在混乱的情境中，发现人们把混乱的情况视为有意义的(见第10章关于这类研究的讨论)。这些研究被称为突破性研究。

马什等人的研究(Marsh et al.，1978)显示了人种志心理学研究的潜力。他们从根本上解决了一个臭名昭著的问题——足球比赛中的暴力——并产生了一项分析，该分析充分改变了许多关于这个问题的"常识性"观点，这些观点可以在很多媒体和广大公众中找到。这一切都不可能简单地通过采访球迷来实现，因为他们最初的许多评论似乎反映了局外人的观点。只有当球迷们被要求解释比赛的实际情况时，才会出现一幅新的画面，这是由不同的球迷群之间的互动所产生的规则驱动性。有人可能会说，因为研究人员是球迷文化以外的人，他们通过新的角度观察事情和倾听讨论。如果不仔细观察足球场上的人群，他们可能就会留下一种未加区分的群体暴力印象，相反，他们能够看到错综复杂的结构，帮助他们识别出与不同球迷群体相关联的不同行为模式。

专栏 5.3　案例研究

人种志研究：一个来自组织心理学的现代例子

在心理学中，人种志仅在文化心理学和儿童发展研究中获得了实质性的立足点(Miller，Hengst & Wang，2003)。除此以外，我们很难在心理学中找到系统使用人种志的实例。我们这里讨论的工作有一点不同，因为它涉及组织心理学家的工作。霍姆伯格和拉森(Holmberg & Larsson，2006)表达了他们对组织研究中使用人种志方法的巨大关注。他们看到了人种志的方法有潜力为组织心理学提供更为丰富的理解。这项研究包括研究人员以观察员的身份参与组织的各种活动，跟踪观察组织中的重要人物，以及对组织中个人进行正式的和非正式的访谈。

这项研究涉及向瑞典矫正(监狱)系统引入一种认知行为疗法体系。这项研究的重点是使用标准化的手册来处理罪犯的认知和行为。在司法心理学中，有一个叫"手册化"的概念。心理治疗的研究时常发现，治疗师如何实施认知行为疗法有很大的差异，一些人明显背离了这种方法的基本理论和实践。这种差异与治疗能否成功密切相关，那些坚持治疗的基础理论和实践的治疗师很可能在治疗中获得更大的成功。"手册化"提供了如何以最有效的方式进行认知行为治疗的详细信息，以最大限度地提高治疗效果(更全面的讨论见Howitt，2012)。这项研究的目的是要了解治疗师在精确执行治疗程序的程度上有所不同的根本原因。数据是从治疗当中和本组织其他工作人员收集的，包括：

- 正式的和非正式的访谈；
- 问卷调查；

- 观察培训课程、会议和促动会议；
- 正式文件。

这项研究在不同的地点进行了两年多，属于矫正服务，采用了手册化方法。研究人员与工作人员频繁接触，研究人员积极参与了该组织的活动，并向参与者介绍了他们的一些研究成果。

显然，以手册化为基础的治疗是重新组建惩教机构的更广泛努力的一个方面。与此同时，高层管理人员也在进行其他变革，包括管理方法和程序、后勤管理、质量控制管理，以及客户的诊断。总部的许多决策者都认为，手册化是广泛尝试服务改革的一部分，他们认为这种新方法比以前更有效率、更合理、更标准化、更科学。以前对矫正服务的管理在方法上是非常传统的，现在的管理方式发生了很大的变化，有时甚至趋向于不正常。在所有这些情况之下，人们认为，手册化过程是更基于研究证据而提供的服务，更适合新的管理系统。高级管理人员将所有这些变化视为涉及实施和控制的事项。

虽然这是高级管理人员看待事情的方式，但从实施治疗的工作人员的观点来看，事情并不完全一样。在与研究者的访谈中，惩戒部门的治疗人员透露了研究人员对他们工作的"复杂的态度和感觉"。以手册为基础的治疗方案被视为具有挑战性，然而，当治疗方案进行得很顺利时，他们发现这种经历令人感到满意和值得，因此，是否有可衡量的进展是这个问题的关键。例如，一个人说："完成一个完整的程序，感觉真的很好，就像登上了珠穆朗玛峰的峰顶。回顾整个程序，我觉得我的角色更安全，而且我认为我可以做得更好……"但许多研究治疗方案的人发现，手册化的方法学起来很慢，更难以精通。大多数人在设法找到时间充分注意治疗方案时遇到了问题。除了个项目，他们还有其他常规工作任务要去完成，因此，一个人周日晚上在家抱怨说，他们在业余时间无休止地准备这个计划，当他们不能尽可能多地帮助合作客户时，他们会感到内疚。这些例子说明了从事该方案工作的人员所遇到的问题与高层管理人员的执行过程有很大不同。

研究人员在促动会议和培训课程上所提出的意见，提供了对这些问题的不同的理解。参加这些会议的治疗工作人员对新方案的每一个方面都有疑问。与访谈不同的是，并不是所有的员工与研究人员在面对面交谈中都表现出安全感和足够的经验。他们讨论了许多问题，即如何处理涉及真正客户的特定治疗的情况，但使用治疗手册作为他们所做工作的基础，也就是说，他们可以在多大程度上使手册的程序适应特定情况。因此，会议涉及围绕标准化程度和应如何应对具体情况进行"谈判"。促动会议还被用作讨论与支持治疗工作有关的问题的工具，涉及资源分配、工作程序改变、房间使用的实际问题等问题。建议和支持是这些会议的一部分，但在观察中还有其他的事情没有出现在访谈中。

> 促动会议可以被看作一个舞台，在这个舞台上，手册、规则和指令被拉进一个有意义的过程中，在那里，被试的不同经历、困难和他们自己的个人策略被公开。这些散漫活动的结果似乎是，有可能搞清楚官方背景（手册、规则等）和个人经验，从而使工作人员能够建立一种标准或合理（可能）的执行这项任务的方法。

在没有这种会议的组织单位中，人员表达出了不确定、孤独以及需要从他们的直接上级那里得到更明确的方向。

更全面的人种志方法的优点是什么？拉森和霍姆伯格认为，访谈和文件提供了管理意图和员工在工作实践中感知变化的方式的基本情况。对比发现，通过观察所获得的见解与解释和通过访谈所获得的见解和解释大相径庭。观察使研究超越了简单的标签。比如，促动会议发现了其他事情，这是参与者在访谈中不能自发谈论的事情，如学习过程、社会支持过程、对形势的感知等。看来，促动会议的深入研究提供了有关该组织的真正工作在哪里完成的信息。也就是说，事情不会从高层管理那里过滤出来，而是出现在不同水平的组织间的互动中。

六、 何时使用人种志/参与者观察法

在以下情境中，人种志/参与者观察法是最有用的。

(1)当一个人想要了解一个自然出现的群体、社区或文化的运作时，假设研究人员与团队进行巧妙的、长时间的接触，他们就会看到团队自然的运作而不会因为参与研究而受到严重影响。

(2)当广泛的观察比聚焦的关注更适合的时候。因此，人种志/参与者观察法与会话分析和语篇分析等深入细致的方法有很大的不同，它不会太过于追求细致和详细。人种志/参与者观察法是指以尽可能充分和自然的方式研究社会交往和文化。

人种志/参与者观察法可以被看作一种本身就可以产生丰富数据的方法，而其他方法都无法做到。然而，与其他大多数质性研究方法相比，这是一条资源匮乏的途径。作为一种方法，它有很多值得称道的地方，因而可以推荐给专注于质性研究的心理学家，尽管大量的质性心理学将焦点集中在语言上而对其实用性是一个很大的限制。然而，作为一种在社会环境中研究群体的方式，还有什么方法能与之媲美呢？

虽然在心理研究中，人种志/参与者观察法并不是一种很常用的方法，但它在心理学上的作用比研究更广泛。你会发现，在心理学中，观察法被广泛使用于诸如商业、咨询和教育等各方面。因此，将这个方法作为研究工具，将会增加心理学家的一般技能。

七、 人种志/参与者观察法的评估

对人种志/参与者观察法的评估需要考虑到在这样一项研究中可以包括的事物的范围。单独地观察是很少见的，也不是评价的要点。这就是说，在对人种志/参与者观察法的评价中，我们要考虑以下几点。

(1)人种志/参与者观察法，主要是质性的数据收集方法，并没有明确的与某种特定的数据

分析方法联系起来。这意味着一旦收集了数据，研究人员可能会留下一些关于如何分析数据的重要问题。在某种程度上，这一直是研究中的一个问题。

（2）人种志/参与者观察法需要花费大量的资源，需要花费大量的时间和金钱。传统的人类学家或人种学家有足够多的时间，但是并不是每个研究人员都有一两年的时间致力于实地工作，当然，并不是每一项涉及人种志/参与者观察法的研究都需要这么多时间。例如，早期人类学家可能会在开始他们的实地工作之前就熟悉语言，接触当地的文化。此外，他们可能认为他们的工作比现代研究人员更具探索性，更少建立在以前的研究和理论之上。与传统的人类学家相比，具有明确的预设目标或更少关注焦点的研究人员可能需要的时间要少得多。

（3）主流心理学家可能质疑人种志/参与者观察法的客观性。因此，参与观察者的第一项任务就是记录所看到和听到的内容。参与观察者应当将描述与解释分开。在撰写现场笔记时，把这些分开，有时是很困难的，但却是必不可少的。当然，某些记录事件的方式本质上比其他更好。例如，写"当黛比（Debby）走上前时，她没有笑"比写"黛比充满敌意地走上前"更加客观。虽然她可能怀有敌意，但这并不能用她没有微笑的事实来评估。

（4）现场笔记可能会有问题。虽然人种志或参与者观察法的方法看似简单，但实际上的情况要复杂得多，因为研究人员在观察后往往不能立即做现场笔记，尽管这可能是最理想的。考虑到人种志/参与者观察法的性质，使用诸如数字录音这样的技术支持并不容易，比如说在面谈中便不太适合进行录音。

（5）延迟记录实地观察可能会因记忆而导致失真的风险，这意味着参与观察者需要非常严格地遵守每天定期记录笔记的习惯。

（6）由于人种志/参与者观察法的本质和其对资源的耗费，它实际上不能用于大型组织甚至国家问题上的工作，也就是说，当研究一个大型组织的代表性样本时，人种志/参与者观察法也许不可行，其他方法（诸如调查）可能更适合，但是人种志/参与者观察法可以作为在全面研究之前探索问题的一种手段。

（7）人种志或参与者观察法通常与其他方法结合使用。这意味着必须开发出将研究的几个不同方面结合起来的分析方法。

（8）珀尔（Pole）和兰帕德（Lampard）是这么来评价人种志/参与者观察法的：

> 观察是一种研究方法，它可能比其他任何一种方法都更依赖于研究人员解释自己周围情况的能力。此外，在强调参与的时候，研究者在观察的同时也可以直接参与到一些社会行为之中。把所有这些考虑在内，观察也许是最苛刻的研究方法，需要大量的思考和实践。当然，问题是，实践只能在实际的研究情况中才能有效地进行。（Pole & Lampard，2002）

如果我们考虑到对参与观察者的其他要求，如方法本身所要求的人际交往能力和额外的研究范围，很明显，人种志/参与者观察法是一种要求很高的研究形式，而不是一种训练练习，可能不适合新手。

八、 小结

贝克和吉尔(Becker & Geer，1982)认为，人种志/参与者观察法和非结构化面谈等技术是数据收集的主要方式，有时候可以在这些方法中发现意想不到的"惊喜"。预先编制的问卷只能够"发现"那些预先指定并因此而"已知"的事情。当然，也有许多其他数据收集的方法满足这些要求，只要其关键因素是在收集数据之前没有任何的结构预设。

不幸的是，尽管人种志/参与者观察法经常被提及，但它依然是一种相对不常见的心理学研究形式。也许它有点太不像传统的实验室研究那样让那些有心理学背景的研究人员欣然接受。在主流心理学中，主观性并不是一种优点，值得注意的是，目前流行的质性心理学研究也倾向于使用能被客观解释的方法(会话分析和语篇分析是最好的例子)。它的数据不包括准确记录的口述或文本，而这些数据往往是现代质性心理学研究的核心。但还有一些其他因素导致对人种志/参与者观察法的忽视，如劳动密集性。所有这一切都是一种遗憾，因为这意味着心理学家们没有充分利用这种专门针对社会系统和过程的方法。虽然心理学中的其他质性方法可能有一些相关性，但是它们缺乏人种志/参与者观察法在处理问题时所具有的广泛性和深入性。

本章要点

• 人种志/参与者观察法不能被描述为心理学的一项主要的质性方法，但它以一些开创性的研究形式而产生了重大的影响。当然，这在社会心理学中是最常见的。

• 虽然人种志/参与者观察法是指一种特定的研究类型，实际上，参与者观察法和人种志在更广的范围内运用参与者观察法，其中可能包括访谈、日记、一般文件和参与者观察法等。这样一项广泛的研究在资源上是昂贵的，因此也相对不常见。

• 人种志/参与者观察法对研究人员的人际交往能力、记忆能力以及对分析数据的记录等方面提出了相当大的要求。显然，这些方法所产生的数据类型与集中于语言活动的质性数据分析方法(如语篇分析和会话分析)所需的数据类型之间存在很大差异。叙事分析和解释现象学分析也是如此，这些分析侧重于对个人经历的详细描述。

拓展资源

Genzuk，M.（2003）. A Synthesis of Ethnographic Research. http://www-rcf. usc. edu/~genzuk/Ethnographic_Research. pdf(2015 年 2 月 23 日访问).

Miller，P. J.，Hengst，J. A.，& Wang，S.-H.（2003）. Ethnographic methods：Applications from developmental cultural psychology. In P. M. Camic，J. E. Rhodes & L. Yardley(Eds.)，*Qualitative research in psychology*：*Expanding methods in methodology and design*(pp. 219-233)Washington，DC：American Psychological Association.

O'Reilly，K.（2009）. *Key concepts in ethnography*. London：Sage.

Rapport，N.（2014）. *Social and cultural anthropology*：*The key concepts*. 3rd ed. Abingdon，Oxon：Routledge.

第三部分

质性数据分析

| 模块内容 |

第6章　数据转录方法
第7章　主题分析
第8章　质性数据分析：扎根理论的
　　　　发展
第9章　社会建构主义话语分析与
　　　　推论心理学
第10章　会话分析
第11章　福柯主义话语分析
第12章　现象学
第13章　解释现象学分析
第14章　叙事分析

大部分质性研究产生的数据以文字的形式呈现。在心理学上研究者很少会对视觉数据进行质性分析。因此，当我们想到质性心理学时，实际上我们主要是在分析文字。语言的概念化有很多不同的方法，因此在质性心理学中就有不同的分析方法，这取决于研究者希望如何使用这些文字。当然，质性心理学的新手们可能最初难以知道各种质性分析方法究竟达到了什么目的。因此，在第三部分的介绍中，我们将重点放在如何为您的数据选择合适的分析方法。在接下来的几章中讨论的八种不同的分析方法是建立在完全不同的认识论和历史根源的基础上的。这一点在选择不同的定量方法时通常不是问题，但在质性研究方面却是重要的。表 P3-1 总结了这些不同认识论的基础。另外，不同方法的不同名称可以涵盖很多不同的分析形式。例如，会有多种不同的技术同被称作话语分析，心理学中范围略小，但也包括了社会建构主义的话语分析到福柯的话语分析。没有意识到这一点的读者可能难以准确地理解话语分析的本质。这些都不是完全兼容的方法，它们存在不同的问题。这是在这个领域中出现的一个问题，而对于话语分析的新手们来说，这可能会引起混乱。凡事预则立，的确有人提出是否要分别处理这两种方法。在这一版中，两种主要的话语分析方法被划分为不同的章节来讨论。

表 P3-1 质性分析方法的背景和认识论基础

主题分析	主题分析的认识论基础是相对不具体的，不遵循质性研究方法广泛的一般特征
扎根理论	扎根理论是 20 世纪 60 年代以前对社会学大规模的社会理论的一种回应，它为理论建构提供了严格的方法论程序
话语分析（两种）	话语分析的根源在于言语行为的概念以及福柯的社会系统方法
会话分析	会话分析采用强烈的人种志方法论来试图把对话理解为一种熟练的技能
解释现象学分析	解释现象学分析是以现象学和许多相关的方法为基础的。它专注于个人所经历的经验
叙事心理学	叙事心理学集中于从批判现实主义的角度解释生活故事数据。它在很多方面都与解释现象分析有很多相同之处
现象学	现象学是埃德蒙德·胡塞尔的哲学体系，在心理学中已经发展为现象学心理学。这涉及不同程度坚持胡塞尔哲学的各种方法，它关注事物在意识中是如何被体验的

在本书中，作者详细讨论了八种不同的心理学质性数据分析方法，可以将它们分为三类。这并不是说它们在研究文献中被这样区别，但是理解这三个分类有助于揭开质性数据分析领域涉及的内容。当然，相似性的判断一定是有争议的，所以这个方案可能不会被所有人接受。研究人员有时声称在一项研究中使用了多种分析方法，可能来自多个分组。这可能是因为许多分析方法有重叠的部分。事实上，尽管认识论不同，但涉及的分析过程往往非常相似。所以研究者声称要进行话语分析和扎根理论分析，可能表明他们的对话分析方法与扎根理论有许多重叠的特征。尽管如此，图 P3-1 应该是有用的。我们重点要注意以下几点。

- 许多质性分析方法往往依赖于将数据从听觉形式转录成书面形式。因此，这张图从转录开始。这将在第六章中讨论。当然，如果这些数据已经是书面形式的，那就不需要涉及转录。大多数情况下，对于本书讨论的许多质性数据分析方法来说，逐字记录就足够了。许多研究人员发现，记录词语的文字转录足以达到其目的。然而，对于会话分析和某些版本的话语分析来说，使用杰斐逊转录系统是普遍的。这种方法转录了语言的其他特征，如交谈中的说话人之间的停顿。

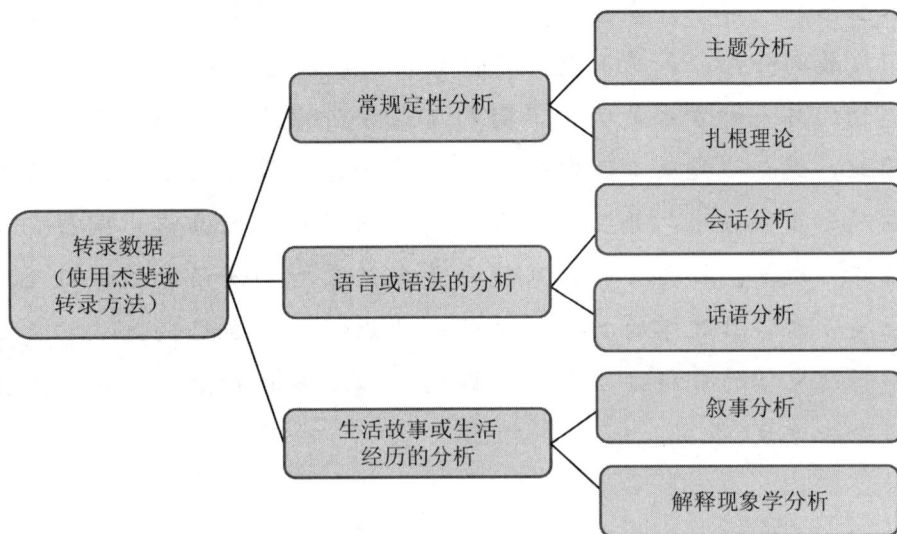

图 P3-1　本书第三部分结构

- 主题分析和扎根理论是相当普遍的质性数据分析方法。主题分析基本上包括用多种方法将数据分类为若干主要的主题或描述性类别。扎根理论能做到的更多，它被更好地设计为一种数据收集和数据分析的策略。例如，它具有取样的程序，以最大限度提高数据与理论的相关性，以及对数据进行编码的方式以产生专题。然后再进一步，包括产生更多普遍理论的方法。这两种方法受认识论因素的制约比在接下来的几章中描述的任何其他方法都要少。

- 会话分析是一种关于对话结构的清晰连贯的分析方法。相比之下，"话语分析"一词则更为宽泛，一方面包括了类似会话分析的活动，另一方面则涉及法国学者米歇尔·福柯的一些工作，他提供了研究社会制度的关键方法。这两者都可以被合理地称为话语分析，但假设它们重叠很大，便可能造成错误或是导致混淆。

- 叙事分析，现象学分析和解释学分析在很多方面都是相似的。三者都强烈依赖质性数据，通常还需要深入访谈数据。它们可以被看作批判现实主义的方法，因为虽然它们对相对主义的质性观念很敏感（也就是说，我们永远不能确切地知道现实——它总是通过镜子来感知），但它们认为人们所说的话对他们的生活和经历有实质性的意义，即人们所说的话不仅仅是短暂的闲聊。这三者都可以看作以现象学为基础的，尽管叙事分析可能更多地依赖于被称为叙事心理学的人格理论的发展。

　　这些不同的分析程序在多大程度上被认为是根本不相容的？在某些方面确实是这样，但是研究人员往往在他们的职业生涯中，会使用各种根本不可调和的方法。例如，问卷调查研究和实验法具有非常不同的认识论基础，但许多定量的研究人员都使用这两种方法。在例外的情况下，这也是不成问题的。研究人员使用名称不同但非常相似的方法会遇到困难和问题。例如，话语分析既可能是指社会建构主义的方法，也可能是指另一个截然不同的福柯式的方法。叙事分析也倾向于用来指非常不同的方法，这种混乱是学术生活的一部分。掌握各种不同的分析方法可能会使新手感到困惑，但应将其视为学科发展的一部分，而不是破坏性地分裂学科发展。

　　看待这一切的另一种方法是理解不同的质性分析方法往往与心理学的不同分支联系在一起。因此，例如，健康心理学领域的质性研究人员自然会更倾向于解释现象学分析，因为它起源于该领域，并且更适合该领域研究人员的需求。同样，叙事分析更适合人格和临床心理学。社会心理学家倾向于会话分析和话语分析，以至于他们通过语言来处理社会互动。心理学的其他领域倾向于选择他们自己的方法。例如，教育心理学使用了解释现象学的分析方法。毫无疑问，心理学的其他子学科将产生适合于他们自己的质性分析方法。

第 6 章
数据转录方法

概述

- 转录是在进一步分析资料之前将声音（和视频）录制成文字的过程。 正字法（秘书法或剧本法）转录只是试图记下所说的话。 这并不像最初看起来那么简单，因为抄录员需要做出许多决定，决定转录应包括什么和排除什么。

- 其他形式的转录可以更准确地描述人们说话方式的特征，如说明单词是如何说的以及说话人之间哪里发生了重叠。

- 转录方法有许多种，但大部分都没有进入心理学领域。 唯一的例外是杰斐逊转录方法，它在会话分析（第 10 章）和社会建构主义话语分析的部分（第 9 章）都是非常重要的。

- 杰斐逊的转录系统是由会话分析发展的重要人物盖尔·杰斐逊（Gail Jefferson）设计的。 它试图更清楚地说明单词是怎么说的，但不包括所有相关的特征，如面部表情或伴随词语的手势。 也就是说，转录不可避免地会从原始的语音中丢失信息，但确切地说，丢失的信息取决于转录是如何完成的。

- 杰斐逊转录不被要求必须用于所有的质性数据分析，尽管当把语言当作一种活动而不是简单地交流信息时，杰斐逊转录尤其重要。 对于听觉信息的转录技术要比视觉信息的记录要好得多。

- 转录是一个耗时的过程，容易出错。 研究者应该总是选择一种符合研究目的的转录方法。许多研究人员认为，抄录员应该避免将更多超出他们分析需求的内容放入转录，尽管这在许多已发表的研究中并未得到遵守。

- 杰斐逊转录使用普遍的敲击键盘方法，但敲击的符号表示了所说单词的不同方面。

- 杰斐逊的方法可以被看作一个低层次的编码系统，因为它强调了数据的某些方面，并认为它们很重要，但忽略了其他方面。 很容易看到原始谈话比录像更丰富，而录像又比对事件的转录更丰富。

- 可以预期的是，未来研究人员将会比现在更频繁地通过互联网提供抄本、录音和混合音频抄本材料的数字文件。

一、什么是转录

质性研究人员的数据有很多不同的形式。但是，最常用的数据形式是口头语言。转录是将所说的单词的声音（或视频）重新编码成书面语言以供随后分析的过程。值得注意的是，口头语言和书面文字不是一回事，因为口头语言具有通常文字缺乏的特征。一个简单的例子就是音调、音量和节奏特征，以及其他各种各样的口语展现出的丰富的变化，而它们是使用相同的文字所缺乏的。尽管语言数据摘要用于某些研究目的是完全有可能的，但在现代质性研究中实际上是一种通用的方法，即将口头语言的逐字（逐句）记录，或是在某些情况下，记录与研究问题特别相关的口头语言部分。质性心理学中常用的转录方法的基本选择如下。

（1）正字法/秘书法/剧本法转录只专注于所说的内容，而不是说的方式。这是大多数质性研究所使用的转录形式。

（2）杰斐逊转录。它使用常用的键盘符号来提供秘书转录中所能提供的额外信息。增加的内容类似于说话方式，说话人重叠的地方等。这种转录系统主要用于会话分析（第 10 章）以及与波特和韦瑟雷尔（Potter & Wetherell，1987）相关的社会建构主义话语分析（第 9 章）。

研究对所收集的数据施加了限制。例如，研究决定采用音频录制一个焦点小组讨论会强加一些参数，而视频记录也会改变这种情况。如果研究人员在访谈时选择记笔记，这也是有影响的。例如，记笔记的研究人员似乎看起来更加正式，无论在研究中做出何种选择，它们都会影响数据的性质，从而影响数据的处理。转录也是如此：一旦选择了谁转录，转录什么以及如何转录，那么这些选择都会有相应的后果。例如，波特和赫伯恩（Potter & Hepburn，2009）建议：

> 至关重要的是，简单的正字法或剧本式转录往往不会意识到它们并不是中性或简单的记录，相反，它们要完成相应的转换。例如，正字法的抄本规定了书面语言的相关原则，这些原则被设计成明显地独立于特定读者。这种转换系统地抹去了错综复杂的协调关系和接受者的意图。它鼓励分析人员通过参考个别发言者来解释发言，或者重点关注单词与世界之间的抽象关系。

问题在于，如果不指明单词是如何被说出来的，分析就只能用正式的书面语来解释。因此，当语言被用于交互以实现某些目的时，它的许多特征就会消失。因此，如果研究者的重点是语言的内容，秘书法、正字法或者剧本法转录都是不合适的。然而，最终没有任何形式的转录与它所基于的原始话语是相同的。

二、转录是必要的吗

并非所有形式的质性研究都需要使用转录。例如，福柯的经典著作，作为批评话语分析的基础，并没有使用任何描述的转录本，这将影响到那些在福柯的影响下工作的人（Fairclough，1993）。对于批评话语分析的人员来说，访谈和记录等同于方法论的工具，使这些话语能够被识别——他们关心的不是如何构建话语的细节。批评话语分析者对文本中蕴含的意识形态的权力感兴趣。另一方面，在会话分析人员和社会建构主义话语分析人员的工作中，使用转录实际上是一种普遍现象。他们更感兴趣的是如何构建谈话和其他文本的机制。

转录与写下口头语言的方式有什么不同？这些差异应该指出正字法/秘书法/剧本法转录的一些局限性。在访谈或小组讨论中进行的其他非言语交流包括以下内容。

（1）空间关系沟通。谈话中人与人之间的物理空间的使用。例如，想象一下电视真人秀节目中的普通女性是如何将椅子挪开的，以表示她对前伴侣的厌恶，因为她拒绝相信她的孩子也是他的。

（2）身体语言沟通。身体运动和姿势的范围可能比口头语言表达的东西更多。例如，在对话过程中折叠手臂的人可能会以特定的方式被感知和解释。

（3）副语言沟通。这包括音量、音调和其他声音的变化。例如，研究发现许多人说谎时音调都会提高。

（4）语速沟通。演讲中的节奏变化和沉默。例如，当人们情绪激动时说话的速度可能更快。

这些都没有出现在一个字一个字的正字法/秘书法/剧本法转录中。其他的转录方法，如杰斐逊转录方法，部分包括这些缺失的元素。但是，没有任何一种转录方法包括上述所有内容，在人类交往的某些方面，转录程序才刚刚开始开发。例如，赫伯恩（Hepburn，2004）试图提供一种方法使得研究人员可以描述和转录交流过程中的哭泣。

关于转录在质性研究中的作用的讨论确定了一系列不同的考虑因素，并没有简单的观点认为一种转录方法在整个质性研究领域比另一种更好。正如我们将会看到的那样，对于需要杰斐逊转录系统的会话分析和建构主义话语分析来说，事情已经被标准化了，但是这并不适用于所有的转录。使用什么样的转录方法取决于研究的目的和性质。哈默斯利（Hammersley，2010）认为，关于如何进行转录必须考虑许多因素，其中包括以下内容。

（1）是否需要翻译某个特定录音的任何部分，如果需要，翻译多少？由于转录对于质性研究不是绝对的要求，一些质性研究可能不涉及转录。即使是转录，研究人员也可能决定只转录部分录音。所以选择性转录是可能的，不过研究者需要清楚地说明这种选择性是出于什么原因。

（2）转录的内容将如何呈现？在极端的情况下，研究者要么选择呈现实际发出的声音，包括音调，语速和语调（如杰斐逊的转录）以及口音/方言，要么选择呈现传统文字形式（如书写）中使用的词语。后者如果使用了错误的单词可能被"纠正"。

（3）如果有很多人在一起交谈，研究人员是否想要找出说话的人是在对谁说话（仅仅通过说话的内容很难判断出来）？例如，在一次焦点小组讨论中，两个人实际上在彼此交谈，但他们要避免被其他人听到。显然通过视频记录更容易做出判断，研究人员可以通过标明他们的注视方向看到谁在寻找谁。

（4）是否应该包括那些非单词的发音（如嗯、啊）、咳嗽，吸气和呼气，笑声等？它们可能并不传达任何交流信息，但对于分析同等重要。打喷嚏似乎没有其他的意义，但咳嗽除了代表身体的反应，还可以暗示多种事物。

(5)应如何处置停顿和沉默？研究者需要决定是否计时，如果是，应该如何计时。时长是否需要精确到几分之一秒？还是说它们的长短取决于听者如何知觉。停顿是否要与谈话中明显的沉默做区别对待？也就是说，沉默可能有不同的含义。又是谁决定停顿和沉默的意义？

(6)如果采用视频录制，是否应该记录那些伴随词语的身体姿势呢？

(7)应该如何编排转录稿呢？通常像剧本一样编辑即可，但可能需要识别那些重叠的话语。

(8)在转录中应如何确定谁是说话者呢？可以用一个名称标示性别，用一个概念标示类别（如父母和孩子），以此表明这些角色对于理解转录稿是十分重要的。

(9)将转录部分纳入研究报告时，应该选择哪些方面？是否应该给出访谈者的问题？研究报告中的文字应该与转录文本完全一致，还是要根据报告要求量身裁定？

所以质性研究的一般假设是，"转录是为特定的分析目的而产生的"(Nikander，2008)。换句话说，分析的目的决定了如何进行转录。除此之外，还有一个观点，即转录并不一定要"完美地"派上用场。事实上，在这种情况下很难定义完美。质性研究人员意识到他们使用的转录方法具有局限性，他们通常都会注明，录音和转录是对他们研究对象的一种有价值的深度表征，而并不是研究对象本身。

布霍尔特(Bucholtz，2000)认为转录可以被看作一个连续统一体。两个极端是自然的和非自然的转录(图 6-1)。这两个极端是转录的主要类型，但还有很多类型位于这两个极端之间的任何地方。

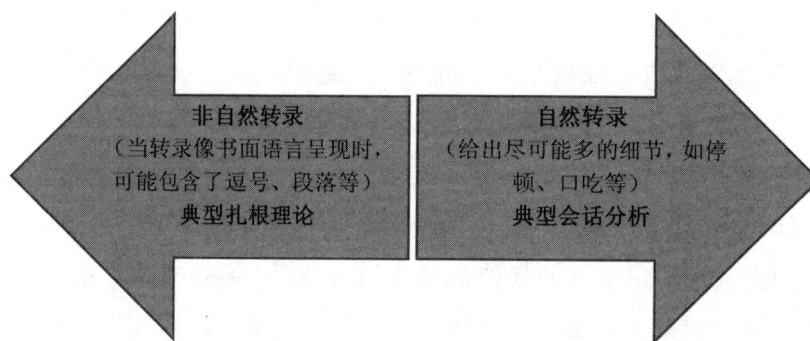

图 6-1　自然的和非自然的转录

(1)自然转录意味着要尽可能捕捉每一个细微差别——这些细节在转录文本中很重要。

(2)非自然转录意味着要根据实际的情况做出一些改变。例如，纠正语法错误，消除像口吃、停顿和口音等这样一些"噪声"，也就是不包括那些特殊元素。

对于某些质性研究来说，选择哪种类型的转录已经按惯例进行了。会话分析使用了由杰斐逊开发的自然转录系统。但还有其他形式的质性分析需要做出决定。奥利弗、塞罗维奇和梅森(Oliver，Serovich & Mason，2005)认为，研究人员应该考虑他们的研究需求并据此做出决定。转录类型的选择对研究结果有重要的影响。这不仅取决于可以实现什么——没有自然转录的会话分析是行不通的；另外，非自然转录对于主题分析、扎根理论和评论性话语分析是有效的。转录类型的选择也会影响任何一个阅读研究的人对被试的知觉和理解。如果转录文本充满了各种停顿和粗浅的白话文，这可能说明被试的一些情况。有人认为，应该有一个自然的和非自然的两个版本的转录。后者可能对"成员检查"特别有用——即由组中相关成员对转录情况进行检查。

　　这部分解释了为什么转录被视为"强有力的表征"(Oliver et al.，2005)。在某种程度上，转录是由研究人员建构而成的。这反映了奥克斯(Ochs，1979)在 30 年前提出的一个非常有影响力的论点。她认为，转录可以被视为一个选择过程，涉及研究者/转录者的理论目标和概念。在阐明奥克斯的主张时，质性研究文献揭示了很多转录术语的定义，与议论中的对研究传统的基本理论的担忧相吻合。会话分析者倾向于将其定义为情境实践，而语言人类学将转录视为一种文化实践——这种文化实践使得转录文本成为"人工文物"，展示了时间和历史的一面。因此，转录既是为了反映理论也有助于阐明理论的本质。哈默斯利(Hammersley，2010)认为，由于建构主义的观点可能会走得太远，因此需要一个中间立场。哈默斯利认为问题的关键在于转录是否或多或少地反映了录音时发生的事情。假设转录是基于纯粹由转录者创造的数据来建构的，那转录其实在走下坡路。

　　对研究人员来说，在开始转录之前考虑他的转录需求是非常重要的。研究人员的任务是根据他们想要研究解决的问题来优化其转录过程。举一个简单的例子，适合转录音频文件的方法可能不适合转录视频文件。例如，诺里斯(Norris，2002)认为她的视频转录系统更强调动作，而不是像音频转录方法那样关注语言。再如，访谈相比于有许多人参与的课堂互动，对转录系统的要求更低。

　　正如学生所认识的那样，转录是一种"幕后"活动，研究出版物中很多时候都没有对具体的转录过程进行讨论。也就是说转录过程在质性研究文献中体现得并不明显，这已不是一个严守的秘密了。尽管不能指责作者忽略了与转录有关的问题，但是他们可以做更多的事情来解释与转录相关的选择和过程。其结果是，学生有时候对转录感到很困惑——他们的目标太高，认为转录文本必须是完美的才能有用。然而，它并没有一个完美的标准。因此，学生在转录过程中面临选择或者遇到困难的时候，可能会觉得能力不够或者缺乏技巧。他们不知道这种不适其实可以和那些面临同样问题但技能更高的研究者来分享，事实上，没有两个研究者会把同样的数据转录成完全相同的版本。

　　欧康奈尔和科瓦尔(O'Connell & Kowal，1995)对各种不同的转录方法进行了系统的评估，包括杰斐逊的转录方法。他们发现所有的方法在简单记录所说词汇方面都做得很好，不同点在于它们捕捉到的语言的其他方面。一些转录系统能很好地指示副语言特征(如伴随着语言的笑声、叹息甚至是呻吟，杰斐逊系统在这方面做得很好)，另一些系统则善于记录语言的韵律特征，如声音是响亮的还是温柔的，用重音强调了单词的哪个部分(杰斐逊系统也是这方面的一个很好的例子)，还有一些系统擅长转录额外的语言特征，如伴随的面部表情或手势(杰斐逊系统在这方面很差)。没有一个系统能够做完所有这些事情。最终，按照欧康奈尔和科瓦尔的说法，转录是"一张真实的口语照片"，是毫无意义的。

同理，科茨(Coates)和索恩博罗(Thornborrow)也认为做到下面这些事情是不可能的：

> 最完美的转录，是一份语言交流的录音(音频或视频)的真实版本。但是对音频或视频录像带的转录总是有所偏好的。不同的研究者关注语言的不同方面：一个语音学家将会制作一个细致的语音记录，一个对协作式谈话感兴趣的语言学家将会用五线谱来捕捉不同声音的相互作用，一个叙事分析师可能会用"观念单元"来转录故事……决定如何转录可以上升到理论层面，换句话说，相同的数据可以用许多不同的方式转录：每种转录方法都会以一种特定的方式来表述数据，并且会突出谈话的某些特征，但几乎肯定会遮蔽其他的特征。(Coates & Thornborrow，1999)

因此，在原始文件和转录文本之间完全保真是不现实的，也是一种误导。考虑一些现实的建议更为有用。奈卡德(Nikander)建议：

> 要在忠实原文、保证最终转录文本的可读性和易懂性，以及时间和空间问题之间做出实际的妥协。(Nikander，2008)

这种妥协关乎于判断，而对于经验丰富的质性研究人员来说，做出判断比新手更容易。

阿什莫和里德(Ashmore & Reed，2000)系统地探讨了发生的事件、事件的记录和事件的转录之间的差异问题，这三者之间每一个都有实质性的不同。非常关键的一点是，即便是同一个事件，如果对事件的记录不同，对这些不同记录的转录也会有所不同。也就是说，麦克风靠近不同的位置，所做出的记录也是不同的，这不是记录员的错误，而是反映了在不同的位置可以听到不同的东西。因此，即使是记录也是强加于原始事件的某种重构，就像转录是建立在记录上的重构一样。

三、 转录中的问题

就像访谈中的访谈者一样，转录者也是一位演员，在社会和文化的层面上与研究参与者保持联系。在质性研究中明确这种关系是很重要的，其原因可以从威彻(Witcher，2010)的研究中看出来。他的研究基于对居住在农村地区的加拿大老年人的半结构式访谈。威彻发现由于他也在这个地区长大，他把自己定位为一个"相对的内部人"，他的研究参与者包括他自己的大家庭成员。但是由于他相对更小的年纪以及地区之外的学术生活地位，他不再是一个完全的内群人。

内部—外部维度是质性研究的一个重要方面，应该引起研究者的重视。它与转录过程有关。质性研究中常见对口语化的陌生方言的转录，它呈现出一些困难(MacLean，Meyer &

Estable，2004)。因此，由于参与者想要传达的信息和研究人员在转录文本中所包含的意思之间的差异，转录文本中便出现了错误。例如，有些词很容易被错误表征或曲解，因为它们没有像标准英语那样被使用。拿下面的话来说："我们不能去除鱼腥味，我们等着看(停顿)，他们从店里出去，并且他们(停顿)你知道，会做点小事情。"(Witcher，2010)在这里，"店"是储藏用品和设备的建筑物或房间，而不是指商店。作为一个相对的内部人，威彻知道这个独特词汇的方言和含义。换句话说，可以认为内部人的看法和外部人的看法之间是有区别的。奥利弗等(Oliver et al.，2005)则采取了另一种不同的方式来说明这种情况——转录者可能对他们正在转录的语言一无所知。他们提供了一个囚犯的例子。这个囚犯声称在他的性活动中有一项叫作""tossin' the salad"。这个短语或者符号对于转录人员来说毫无意义，他们可能会为此而迷惑。它的含义后来在采访中变得很清楚，这是监狱俚语，指的是口交和肛交。当然，访谈者可能会要求澄清，但并非所有的质性研究数据都包括访谈，因此这些短语或者符号的含义可能永远不会清楚。

转录人员还可能为阅读或摘录转录文本的读者制造问题。奥利弗等人的研究就是一个很好的例子。在录音记录中，受访者正在抽噎，但转录者用"抽鼻子"在转录文本中进行标记。转录文本的读者应该怎么解释这个意思呢？受访者是在哭泣？流鼻涕？还是在吸毒？

因此，什么样的转录是合适的就取决于研究者的研究目标。这个决定需要反思性的停顿，因为没有任何一种形式的转录能够自动处理各种需求。你需要仔细问自己，你对你的研究提出了什么要求，以及如何通过你的方法来实现这一点，什么是满足你的需求的最好的转录方法？口语英语可以被记录，但这可能会冒犯文本的阅读者，因为它显得相当不敏感。一些研究人员会用参与者来验证转录文本的正确性。然而，采用更加非自然的方法可能会丢失有价值的数据。另一方面，自然的转录可能影响研究团队。比如，奥利弗等人(Oliver et al.，2005)的研究发现研究者会假设讲话的非裔美国人的教育水平。

另一个问题是发音错误的单词。一个例子是参与者说他存在"annual"(annual是指每年的、一年一度的)的性行为。研究人员认为他说的是"anal"，这是肛交的意思，但是否应该在转录中将其记录为"annual"呢？如果参与者阅读转录文本可能会感到尴尬或被冒犯。让参与者检查转录文本的做法具有明显的优势，但同时也增加了引起尴尬或冒犯的机会。

同样，是否应该包括不自主的发声呢？如打嗝，抽噎和咳嗽。如果有很多笑声，该怎么理解呢？如果笑声是紧张的笑声呢——这会改变对笑声赋予的含义。访谈者可能知道，但转录者却未必知道。

转录被记录在页面上的方式也会产生影响(Nikander，2008)。心理学家进行的大部分转录都使用了剧本型的编排方式，不同发言者所说的话分行呈现。然而，对于某些形式的转录，使用分列呈现也是完全可能的，每个说话者被分配到一个单独的列。有人认为列的布局有助于根据不同发言者的贡献来呈现不对称的会谈模式。

质性研究越来越多地在国际范围内进行研究与传播。这在某些情况下不可避免地涉及翻译。伯曼(Berman，2011)的文章批评了与女权主义和社区研究有关的实证主义翻译模式。她认为，翻译者和解释者应该被认为是共同的研究人员，而不是为了解决研究的问题。实证主义的翻译模式中推荐使用回译(从语言 A 翻译到语言 B，然后将翻译 B 翻译回语言 A，以查看 A 的两个版本是否相同)。研究人员的任务是消除错误。还有人呼吁把翻译者看作积极的知识生产者，所以研究者需要了解他们翻译的背景和能力，他们往往在研究人员和被试之间起到中介作用。伯曼认为，翻译者需要出现在研究的每一步。

需要强调的是转录方法在质性研究方面差异很大。研究者使用哪一种转录方法不是随心所欲的，而应该考虑到研究的性质和研究者希望了解的内容。这并不是说研究人员需要为每一项新研究开发新的转录方法，这是毫无意义且徒劳的。可以参考与自己做相似研究的人使用哪种转录方法。在心理学上，杰斐逊转录方法经常被那些对建构主义话语分析和会话分析感兴趣的研究者使用。如果研究者使用主题分析、扎根理论、基于叙事理论的叙事分析或解释学分析，就会很少使用这种方法。但杰斐逊转录仍然是最好的方法，我们以它为起点来介绍转录的实用性。

四、 杰斐逊转录方法

尽管杰斐逊的转录方法最初看起来让人望而生畏，但是它使用了很多直观意义的符号和象征。例如，用下划线表示强调，用大写表示一些单词被大声地说出来。这些都不复杂——困难更多在于杰斐逊系统中这些约定的数量，而不是任何一个单独的元素，每个元素本身都很简单。此外，杰斐逊转录方法使用的专门文字，一般人都能够用普通的电脑和打字机的键盘进行操作。这就意味着只要愿意花费一定的时间，任何人都可以学会杰斐逊转录方法。当然，杰斐逊系统中按键的用法不同于它们的通常用法。事实上，更准确地应该说是在杰斐逊方法中一些符号不仅具有一般的用法，还有一些附加的用法。例如，我们前面所提及的，字母大写有特殊的约定含义，大写单词的读音要比周围单词的读音要高。括号的用法则表示在记录中不能完全确定这个词语所要表达的意思。毕竟，这些符号的基本用途就是告诉读者转录中这些单词是如何真实地被说出来的。杰斐逊的方法包括标示讲话音高、讲话音量、讲话速度、重点强调的词语、暂停或忘词、重叠的话语、笑声和其他非言语的表达符号，以及转录者添加的额外信息。杰斐逊的主要转录方式见表 6-1。必要时查阅这张表格，你就会理解转录的过程。你也可能发现两个转录者就某个问题的细节会有微小差异。杰斐逊转录系统在逐渐演化，并且这种演化可能会一直持续下去。这并不令人惊奇，在这种转录方法的每一个发展阶段都会有新的符号诞生。此外，有时一些转录符号也会被其他符号代替。这偶尔会给使用杰斐逊转录系统带来一些问题，特别是在学习那些研究杰斐逊转录方法的较早的版本时。哈奇博和伍菲特(Hutchby & Wooffitt，1998)对杰斐逊转录方法做了详细的介绍。

表 6-1　杰斐逊转录系统(Jefferson，2004)

杰斐逊符号	例子	用法
音高指示		
↑	Absol↑utely	提升音高箭头。这表示在讲话时音高的持续上升，↑表示接下来将会有一个比之前的讲话显著增高的声音出现。多个上升箭头可能表示大幅度提升音高
↓	Absolutel↓y	与讲话中正常的声音变化相反，↓表示接下来讲话的声音比前面的词的声音要低
*	I'm sor*ry	表示星号后面吱吱响或者是嘎吱作响的声音
.	Sure	. 前面的词表示在说话时伴随一个降调，暗示即将停止说话，尽管这种停顿是不必要的
讲话音量指示		
大写	For GOODNESS sake	字母大写表示说这个词的时候要比说周围的词的时候的声音大，这个评定是根据说话者的一般音量而言的。把一个讲话声音很洪亮的人的说话内容全部都用大写来标示显然是不正确的
下划线	For goodness sake	下划线表示说这个词的时候要上下文的声音要大，但是划线词的声音不如大写词的声音大
°°	And when I discovered that she had °died°	上标的°或度数符号用来表示一段更安静的语音的开始和结束
说话速度的标志		
＞＜	Then i said ＞we'd better hurry home＜	在＞＜之间的单词的讲话速度要比周围的单词快
＜＞	On reflection，i think things are ＜best left alone＞	在＜＞之间的单词的讲话速度比周围的单词慢
单词中的强调标志		
:	de::licious	冒号表示对前面声音的延长。多个冒号可以用于表示声音延长的程度
?	right?	? 表示这是一个疑问(上升)的语调，不管在这里用疑问的语调是否符合语法规则
下划线	ke rumbs	下划线的使用是为了强调这个单词。它同时表示强调的地方和强调的力度，这种强调可以提高讲话的音调和响度
暂停或延长		
(0.1)	Let me think(3.1) no I don't remember	括号里的数字(3.1)表示以秒为单位的停顿时长。(3.1)表示停顿时间为 3.1 秒，这是一个长的停顿，通常的停顿为 0.3，0.5 秒等。如果它们是一个特定说话人所说内容的一部分，就包含在讲话中。如果它们不涉及特定的讲话人，那么就在转录文本另起一行。不确定时也另起一行
(.)	I was thinking(.) would you like a break	(.)表示显而易见的，但是很短暂的不容易精确测量的停顿

续表

杰斐逊符号	例子	用法
—	r-r-really	短横线-表示先前的声音被连字符切断
[]	I [think the]job [No if you]	方括号[]表示显示了一段对话之后紧接着是没有间隔的连续对话。它可能出现在改变说话人的时候，也可能出现在一个人说话期间
重叠语句		
==	I=think the=job =No if you=	有时候等号=用来代替方括号[]，二者表示同样的事情
笑声和无声语言		
hhh	hhh I'm sorry that it has come to this.	h 表示可以听得见的呼气声。多个h可以表示呼吸声的长度
.hhh	so to recapitulate. hhh the committee has votedagainst	.h 表示能够听得见的吸气声 h 则表示呼吸的长度
heh heh	heh heh HEH	这表示比"哈哈哈"笑得更厉害，由于它与单词一模一样，你可以添加其他符号
h	Do(h)n't tick (h)le m(h)e	(h)表示在讲话中出现的笑声
来自研究者的 其他信息		
[(注释)]	[(Clare speaks in a mock Scottish accent)]	双括号表示转录者所做的注释。例如，可以表示一些传递性特征或者与语境相关的内容
( )	the treasure is Buried under the()and it is all mine	圆括号里的空白表示一些说话者说过的话语，但是转录者不能进行识别，空格的数量表示缺少的单词的近似长度
(单词)	she had a(bunion) operation	括号里的单词表示转录者不能完全确定说的单词是什么，但认为是括号里的单词
(单词1)/(单词2)	(nights)/(likes)	表示两个听起来都像的单词
→	John：→	单箭头用来提示分析人员这是一个重要的分析点
凝视(用于 视频转录)		
——……	62 ————…… 62 if you would Just	转录者用无间断的线表示当说话时一个人一直凝视着另一个人。虚线则表示凝视的状态被打破。本质上就是增加一条线表示凝视(和文中的数量一样)

* 阅读本章内容来详细了解录音中如何出现重叠的。

当你根据表6-1核对转录符号的含义时，你会发现理解杰斐逊转录并不困难。例如，你可以思考下面的关于邻里纠纷的调解。这份转录是关于两对夫妻和一个纠纷调解员的会议记录的一部分。这两对夫妻分别是格雷厄姆(Graham)和路易丝(Louise)(G 和 L)，以及鲍勃(Bob)和艾伦(Ellen)(B 和 E)。鲍勃在转录的内容中没有出现。如果你在阅读的过程中遇到困难，可以翻看之后的注释版。这份转录文本不太复杂，也没有包含每个转录符号，但是作为初学它表达得足够清晰了。

---

1 G：你知道它是真的一真的越来越严重(.)↑但是
2 那个小伙子一直在逃跑(.)不幸的是(.)他的妈妈手里没有
3 家伙(.)所以她[站在孩子的前面与他交流
4 L：　　　　　　[她并不住在这里
5 那时候她在做＝
6 G：＝不，她晚上出去了，他们把它当成了＝当成了约会的地点
7 歹徒
[...]
8 G：这是顶端[那是底部
9 L：　　　　[这就像被忽略了一个星期的垃圾箱(?)
10 [人行道
11 G：[这一切都和这个小伙子有关(.)对(.)我们已经一收到报告了
12 我们和学校取得了联系(.)他们说这个孩子有什么问题
13 刚到学校他什么也不知道(.)他只是(0.5)惹了一些麻烦
14 [他们从来不打扰他
15 L：[他们似乎有话向这位女士说，最终还是没有说
16 你知道他在学校[做了很多错事(.)所以他离开了
17 G：　　　　　　　[(?)
[...]
18 G：(?)°不不°我的意思是(.)事实上这是一件有趣的事情
19 我的意思是那个女人是(.)有责任感的(.)事实上也是如此
20 [在一天即将结束的时候说[她是有责任感的[因为她一直没有在这儿
21 E：　　　　　　　　　　　[她从来没有去过那里
22 L：　　　　　　　　　　　　　　　　　[()她咒骂了起来
23 G：控制不住他
24 E：是的
(Stokoe, 2003)

　　了解杰斐逊转录方法的思想渊源是很重要的。在研究方面，她关注的重点是两个人之间互动的微小细节。她在研究时对广泛的会话模式并不感兴趣，她尤其感兴趣的是会话的各个方面是如何通过会话早期发生的事情而持续形成的。换句话说，言论源源不断地取决于自己。从前英国的首相戈登·布朗在一次著名的场合出现了一个口误，在回答议会提出的问题时，把"拯救银行"说成了"拯救世界"。当然，一种方法是说这是一个弗洛伊德式的口误，它揭示了首相的真实想法。然而，阿特金森（Atkinson，2008）被杰斐逊的"论日常谈话中的诗学"的一篇文章点醒，这篇文章讨论了对单词的错误选择是如何受到它前面单词的影响的。因此，阿特金森检查了首相说过的话：

戈登·布朗：资本重组的第一点是拯救那些原本会崩溃的银行，而我们不仅拯救了世界，呃，拯救了银行。

　　注意到我们所提取出了一系列的包含"w"的读音——"was""would""otherwise"和"we've"。戈登·布朗的错误与其说是个人心理学的展现，不如说是"w"读音的不幸重演。杰斐逊也坚定地认为这并不是弗洛伊德理论中隐藏的心理动机，而是由语言诱导的错误。

波特(Potter，2003)使用一份邀请他人的电话录音摘要清楚地说明了杰斐逊转录中的要点。

> A：快(')来这里(:)，它好了(:)。(0.2秒)
> A：我得了一个东西，得了一瓶啤酒(:)。

波特写道：

> 注意讲话者进行邀请时的方式。为什么会是这样的呢？原因可能是停顿的0.2秒暗示接下来对方会拒绝邀请。例如，交谈中的延迟是典型的拒绝邀请的暗示，研究表明讲话者基于这种预测来调整他们的行为。(Potter，2003)

换句话说，如果没有延迟暗示的信息，这个对话片段的含义就不那么容易解读了。由于高质量的邀请可能是有效的，也可能是无效的，所以这种延迟不会被对方的接受或拒绝的反应所改变。

显然，现在还没有出现能够统一正字法/秘书法/剧本法转录的规则。只是什么该进行转录，什么不该进行转录呢？当转录者尽最大的努力尝试识别不太清楚的语句，但还是不能听清楚时，何时对讲话者的口音进行转录是合适的？如何处理讲话中的叠音？对于这些基本问题，即使不使用杰斐逊的附加语言编码，也应该使用杰斐逊转录的规则来处理。

> 转录符号所代表的意思
> 1G：你知道它是真的一真的越来越严重(.)↑但是
> 2　那个小伙子一直在逃跑(.)不幸的是(.)他的妈妈手里没有
> 3　家伙(.)所以她[站在孩子的前面与他交流
> 格雷厄姆是前三行的说话者
> (.)表示在说话的过程中有一个无法测量的短暂的停顿
> 格雷厄姆在说"但是"的时候有一个明显的高音
>
> 4L：　　　　　[她并不住在这里
> 格雷厄姆和路易丝一起说的
>
> 5　那时候她在做=
> 6G：=不，她晚上出去了，他们把它当成了=当成了约会的地点
> 格雷厄姆毫不犹豫地接过路易丝的话
>
> 7　歹徒[...]
> 8G：这是顶端[那是底部
> 9L：[这就像被忽略了一个星期的垃圾箱(?)
> 10　[人行道
> 格雷厄姆大声地说着
> 11G：[这一切都和这个小伙子有关(.)对(.)我们已经一收到报告了
> 12　我们和学校取得了联系(.)他们说这个孩子有什么问题
> 13　刚到学校他什么也不知道(.)他只是(0.5)惹了一些麻烦
> 这里有一个0.5秒的停顿

14　〔他们从来不打扰他
15L:〔他们似乎有话向这位女士说，最终还是没有说
16　你知道他在学校〔做了很多错事(.)所以他离开了
17　　　　　　　　　　　　　　G:〔(?)
转录者没有听到

[...]
省略了一些文字

18G:(?)°不不°我的意思是(.)事实上这是一件有趣的事情
19　我的意思是那个女人是(.)有责任感的(.)事实上也是如此
她说不不的时候非常安静

20　〔在一天即将结束的时候说〔她是有责任感的〔因为她一直没有在这儿
21E:　　　　　　　　　　　〔她从来没有去过那里
22L:　　　　　　　　　　　　　　　〔()她咒骂了起来
艾伦和格雷厄姆同时说话，然后路易丝的声音又覆盖了格雷厄姆的声音

23G:控制不住他
24E:是的

五、 转录方法的发展

　　谁是第一个发明正字法/秘书法/剧本法转录的人，并没有科学资料的记载。或许从打字员转录老板的口述录音到另一个打字员转录访谈和其他数据的跨度并不大。语音转录最早见于20世纪的国际语音系统。

　　盖尔·杰斐逊在社会学、人类学及最近兴起的心理学等许多学科中都是很有影响力的人物。她的研究问题跨越了不同学科的界限。一个偶然的机会她开始对人们的会话进行分析(第10章)，这种方法最初由哈维·萨克斯发明，杰斐逊选修了萨克斯的一门课程以完成她当时在读的舞蹈学位。杰斐逊先前在当打字员的时候有过做正字法/秘书法/剧本法转录的经验，于是她开始转录萨克斯一些被记录下来的演讲实录。萨克斯不是一个多产的作家，杰斐逊对他演讲记录的转录成为他重要的遗产(Sacks, 1992)。最后，杰斐逊在萨克斯的督导下读了博士，在此期间她发展出一种追踪描摹人们互动的细节的方法。她的方法是把说的内容和说话的方式结合起来进行精确的记录，她想尝试着表述出人们是如何把笑声融入讲话的细节的，而不仅仅是简单记录讲话者的笑声。当然，杰斐逊系统并不是唯一的语言转录系统。语言学家约翰·杜布瓦(John DuBois)开发了一个在很多方面都能与杰斐逊系统一较高下的转录系统(DuBois, Schuetze-Coburn, Cumming & Paolino, 1993)。它与杰斐逊系统有很多相似之处。事实上，他的系统使用了一些杰斐逊系统的标记符号，但在细节上有所不同。当然还有其他的转录方法，如 HIAT(启发式解释听觉转录)(Ehlich, 1993)，约翰·甘伯兹的转录方式(Gumperz & Berenz, 1993)和 CHAT(对转录文本进行人为分析的代码)(MacWhinney, 1995)。这些方法很

少出现在质性心理学研究中。

　　和许多研究领域一样，个人电脑的出现在相当大的程度上减轻了转录的任务。例如，杰斐逊系统涉及在转录时如何精确记录讲话过程中的沉默、间隔和暂停。诸如 Audacity 和 Adobe Audition（原 Cool Edit）之类的计算机程序可以测量声音的音波，这在很大程度上提高了转录的精确性。了解详细信息请参阅本章末尾的拓展资源。

　　在未来，转录可能还会受到数字声音识别软件的影响。如果电脑能够把数字记录转换为文字，这可能会加速逐字转录。尽管现在还不能获取，但有些软件是可以做到的。然而，最大的问题是，鉴于质性研究数据的性质，这个软件需要能够鉴别出两个或多个说话者。马西森（Matheson，2008）讨论了她的系统在这方面的表现和语音识别软件在质性研究中的一般问题。当然，这距离能够使用软件进行杰斐逊式的转录还有很长一段路。使用软件将记录转换为文本的优点可能不如它最初看起来那么大。约翰逊（Johnson，2011）研究了软件辅助转录的速度和准确性，并与"传统的"听音打字方法进行了对比。他先后用声音识别软件和传统听音打字方法转录同一段访谈，两次转录间隔了一个星期。电脑转录法是先通过耳机收听录音，然后对着麦克风直接重复刚才听到的录音，这样做是因为声音识别软件不能够处理原始声音记录。使用声音识别软件进行转录比传统的转录方式多花费了14％的时间，并且犯错误更多。这表明用声音识别软件进行转录需要更多的检查核对。软件识别出来的部分词语毫无意义，如把"排水"（drainage）转录成了"火车发痒"（train itch），把"蚊子"（mosquitoes）转录成了"商业否决"（business vetoes）。

　　盖尔·杰斐逊的故事与会话分析有密切的联系，在第10章我们会介绍更多的细节。

六、 如何使用杰斐逊转录方法

　　在计算机技术进步促使转录变得更容易之前，杰斐逊转录方法最早是使用手动打字机发展起来的（Potter，2004）。可以想见技术的重要性，因为当时转录1小时的谈话记录可能要花费10～24小时（这个数字因估计的人不同而不同）。这同样意味着在进行数据转录的时候一定要特别注意把转录内容与转录目的相结合。因此最本质和核心的假设是，选择转录方法要与研究目的相匹配，因为我们没有时间再按照惯性将精力浪费在不必要的事情上。例如，你或许觉得杰斐逊转录符合你的目标，因为它对语言数据有比较精细的透视，但是你会感觉到记录中的大部分内容与你的目标是无关的。只要你有一套基本的原则来帮助你确定什么是相关的，什么是不相关的，毋庸置疑这些原则一直以来都被坚持应用。几乎可以肯定的是，会话分析中使用杰斐逊转录是司空见惯的，尽管有研究者质疑它在包括话语分析在内的其他质性研究中的普遍存在性。

　　质性研究有很多不同的种类，一种转录方法不可能适用于所有的质性研究。我们建议新手选择杰斐逊转录方法，不管这是否符合他的分析风格。如果一份转录文本就足够表达了，那再使用精细的转录系统是毫无意义的。一个人最初可能会被同一领域的其他研究者引导，而选用他们已经采用的研究方法。毕竟他们在转录方面的经验更丰富，而且可能对某一特定类型的研究选用什么方法有过更为深思熟虑的考量。相比于对说话内容感兴趣的研究者，对会话发生的过程感兴趣的研究者可能需要更精细的转录程序。对他们来说，字面转录不足以帮助他们理解会话的全过程。一个对谈话中的地方口音感兴趣的研究者，可能会发现无论是字面转录还是杰斐逊转录都是有缺陷的，因为两者都没有充分处理单词发音这一方面的问题。这种情况下语音转录可能更加合适，尽管这在当前心理学研究中仍是一个空白领域。在选择转录方法之前应该认真思考这个转录方法是否适合你研究的目的(Potter，1997)。

无论选择哪一种转录方法，都有一些基本原则，这对那些计划口语转录的人来说是有价值的建议(O'Connell & Kowal，1995)。

(1)节俭准则。研究人员不应该转录那些不打算进行分析的语音特征。换句话说，只转录那些有用的信息。

(2)转录报告要尽可能的简单。这意味着呈现在你的研究报告中的转录部分只需要包括那些有助于读者理解的语言特征。因此，即使已经完成杰斐逊转录文本，也不一定适合于呈现在研究报告中。

(3)避免在报告中表现出虚假准确性的印象。欧康奈尔和科瓦尔发现，在对电台采访进行转录时，研究者实际上忽略了绝大多数短暂的停顿。大约只有五分之一的短暂停顿被转录在内，但对于为何包括它们研究者却一点都不清楚。同样的，如果研究者主观评估停顿的长度，按照惯性使用 0.9 秒是误导性的，这会让人感觉测量的准确性比实际情况更高。当然，这并不适用于所有研究，转录人员采用的计算机辅助方法可能会提高这种判断的准确性。

(4)检查转录报告。不要期望转录是无错误的，而且转录出现错误是很常见的现象。诸如语言的省略和添加，语言错位或词语替换等问题在转录的过程中都可能出现。因此，为防止这些问题的出现，我们要找一个没有参与到转录过程中的人来检查这些错误。

正如大部分研究方法，如果一个人对于如何使用转录以及如何在发表刊物上呈现转录有足够了解，转录就是很容易掌握的。因此在你自己开始转录之前，我们推荐你阅读包含转录方法的质性研究报告。你已经看过之前呈现的有关邻里纠纷的转录报告了，但是转录文本还可以包含更多细节，尤其是在转录中包括在哪里出现了大量的笑声，以及在哪里讲话者打断了别人的讲话等信息。通过阅读那些使用转录的研究报告，你将会了解不同转录者的工作，这些工作初看起来非常复杂。熟识各种各样的转录文本将有助于你更好地理解转录内容。在阅读转录报告时，要注意理解说了什么内容，理解这些内容是如何说的。刚开始你可能发现许多转录部分是有意义的，因为一些转录符号在某种程度上是不言而喻的。例如，大写字母表示大声说的单词，上下箭头分别表示音调的高低，问号表示提问的语调等。你也可能在文本中遇到一些意义不明显的符号，如"。。"表示一段安静的时间。你可以翻看列表 6-1，它罗列了杰斐逊转录方法的主要规则并提供了解释和例证，它们被组织成口语的不同方面以便于使用。当然，在学习初期你需要不断查阅这张表格，但慢慢地你就可以很自然地使用这些符号。

在你没有通过不断的练习而获得足够的信心之前，我们不建议你尝试对重要的数据资料进行转录。当然，必要时你可以查阅表 6-1 获取杰斐逊系统的细节，或者是咨询在转录方面有经验的人来解决你的疑惑。有许多网站可以帮助你学习转录，其中一些网站提供了转录文本的原始记录。

下面是使用杰斐逊转录方法的几个阶段，这是以阿特金森和赫里蒂奇（Atkinson & Heritage，1984），冈伯茨和贝伦斯（Gumperz & Berenz，1993），兰福德（Langford，1994）和罗伯特（Roberts，2007）的方法为基础的。这个转录过程并不是绝对的、固定不变的，你甚至可以在此基础上发展你自己的转录方法。然而，这对转录的初学者来说是非常适用的（见表6-2）。

表6-2　转录步骤

第一步　厘清录音中的互动关系	第二步　初步转录	第三步　准确地添加杰斐逊转录符号和排列转录顺序
反复听多遍录音	确定会话中每个阶段的讲话者的姓名	添加精细的转录符号来标注会话中出现的叠音
确定是否所有的材料都需要进行转录	记录所说言语的显著特征	确保读者能够清楚地读懂转录内容
如果不是，则确定需要进行转录的部分	把没有转录的特征词放在括号里，如((枪开火了))。在一段大声的朗读中只需要使用连续的大写，其他地方都不使用 如果有停顿要表示出来，之后增加更精确的测量	

(一)厘清录音中的互动关系

转录是一个灵活的活动，而不是一个完全程序化的过程。因此你需要在转录之前多听几遍，厘清录音中的互动关系。通过多听几遍录音你或许能够做出以下决定。

(1)我需要转录所有的录音内容吗？虽然做出这个选择很简单，但它会对转录结果产生一定影响。特别是转录过程相当耗时、耗力、耗费其他资源，如果所有的录音都进行转录，可能会使转录结果变得粗糙或者不准确。如果某一部分录音不需要分析，那浪费资源转录它有什么意义呢？

(2)如果不是所有的录音都需要转录，哪些方面需要转录呢？在这种情况下，你需要有一种方法来辨别哪些部分应该被转录。例如，你可能正在研究移民子女如何理解他们的民族身份。在这个例子中，你可以基于这个主题寻找一些材料。可以通过对采访者或焦点小组组长提相关的问题来确定是否要转录的边界，但是内容不是唯一可能的标准。例如，有些研究者可能对成年家庭成员如何把孩子带入家庭会谈的研究感兴趣，在这种情况下，这个边界就是指孩子进入家庭会谈的范围。边界有时候很清晰，有时并不清晰。

为了对互动的顺序有一个基本的了解，你应该多听几遍录音，努力确定每一位发言者的身份。这可能并不容易，尤其是在转录者不是资料收集者的情况下，并且一连串相互重叠的语音会对识别说话人的身份带来相当大的负荷。这个过程是困难的，因此可以把捕捉他们所说的话与他们说话的方式分开或独立分析。这也是立体声记录显而易见的价值。

(二)初步转录

参考表 6-1 了解如何进行转录以及参考其他章节中提供的一些进行转录的建议。记住这些只是一种指南，有些事情最好留到最后。最后的工作才是插入一些线条，这是因为我们需要考虑如何对转录页面进行布局，而不仅仅是应用规则。转录中一行的长度受到插入讲话中叠音的影响，这涉及反复试错直到实现目标。虽然在一些转录系统中，行号指代说话者的转换，但在杰斐逊转录中每行的长度是任意的。一般来说，在转录的过程中我们应该注意控制句子的数量，方法之一就是使用讲话中出现的自然分组，如我们可以把在一个呼吸前说的话自然地组成一个句子，或者是把出现的一或两个表示具体消息的单词自然组合在一起。当然，转录也留有很大变化的余地，不过这通常来说不太重要。

专栏 6.1 实践建议

如何对转录文本进行排版

根据波特与赫伯恩(Potter & Hepburn，2009)的研究，以下是对杰斐逊转录文本进行排版的最佳方式。

• 字体 使用一种均衡大小的字体是非常重要的，否则你调整一个重叠会话的间距是非常困难的。他们推荐的字体是 Courier 10 号字体。

• 行号 杰斐逊转录的每一行都有一个行号。这些行号可以手动输入，也可以通过 Word 自动插入。最重要的步骤是(a)通过按 Enter 键强制换行来结束每一行的转录；(b)用鼠标选中所有你想标号的行；(c)右击鼠标，然后选择标号(或者以其他方式标号)。请记住行的长度是任意的，只要你觉得方便就可以强制换行。行号规则帮你从转录文本中更好地识别摘要，因为行号是序列的一部分。行号是相当随意的，同一份原始记录被不同的研究者转录后，可能会有不同的行长，可能会比原始录音多或少几行。这种随意性很重要，因为它提供了能够指示重叠会话所需的灵活性。

• 排版 (a)在页面的顶部，底部，左侧和右侧设置 25 毫米的页边距；(b)为摘要设置一个编码，最好可以包含对这个摘要来源的一些指示。

• 发言者/参与者的名字 把发言者/参与者的名字加粗，并尝试留一些空间把他们的名字和他们所说的内容清楚地分开来。

• 空白 因为你可能想要在这个转录上做一些笔记，所以在文本的页面右侧留大量的空白是非常重要的，明智地使用回车键可以实现这一点。

在初步转录的最后，转录者应该注意记录以下内容。

(1)对话或互动中每一回合发言人的姓名。

(2)所有被说出来的语言通常都按照发言者的原话记录，而不是按照标准英语的方式呈现。

例如："summat"表示"something"，或用"yer"表示"you"或"your"，但这并不是一个对转录者而言标准化很明显的地方。当然使用传统的正字法（一种把字写下来的方式）可以合理准确地表达许多口音的特征。人们也可以使用拼读拼写系统，但这需要读者具有一定程度的经验和知识，这可能是无法达到的。或者一些转录者会使用漫画书里的那种"伪音标"形式（例如，b'cuz I luv ya）。最后，所有这些都可能使转录信息难以阅读，因此它可能是不可取的。从另一方面而言，在某些情况下，这些单词的精准发音可能非常重要，如当一个发言者以夸张的口音来嘲笑另一个发言者时。

（1）一些不可转录的特征，如当说话人咳嗽或者清喉咙的时候。这些都应该放到双括号之中[（清喉咙）]。

（2）记住，在杰斐逊转录中除了一些专有名称必须使用大写字母之外，一般不使用大写字母。在这个系统中大写字母表示说话非常大声。

（3）请指出有停顿的地方。你也许会发现，当需要开启下一段话时很容易使用括号标记[（xx）]。

必须记住这只是转录的初步阶段，而这份粗糙的转录并不能满足所有这些标准。这不是特别重要，因为转录的最后阶段会提供足够的机会来纠正遗留的不足。这一阶段需要考虑的最重要的两件事是如何与读者进行有效沟通，以及转录在其中发挥怎样的作用。

自打字机和磁带录音机的时代以来，转录技术得到了迅速发展。数字录音设备（和录像机）意味着数字文件随时可用计算机进行处理，这些通常都具有高质量。计算机软件可以轻松复制和编辑这些文件，同时也提供简单的搜索设备。出于伦理原因，面孔和声音可能会被伪装，姓名也会在记录中被隐去。按照波特的说法：

> 最简单的转录方法是在计算机屏幕上使用两个窗口，一个运行音频文件，另一个运行文字处理器。音频程序是可用的，允许使用波形的物理特征来表示文件的逐步移动，这对于计算停顿的时间和识别叠语是非常理想的。（Potter，2003）

（三）准确地添加杰斐逊转录符号和排列转录顺序

最后一个阶段是通过添加详细的杰斐逊转录符号来实现转录的最终转换。到目前为止，您已经完成了大部分直接的工作，包括添加一些杰斐逊符号，但这并不一定是有助于读者理解的最佳细节或安排。这一阶段关注的重点是谈话的详细顺序，而不仅仅是所说的内容。这些符号有方括号（用来表示两个或两个以上的人重叠或同时说的话），在斯托克（Stokoe）2003年的书中可以找到例子，但由于它们在杰斐逊转录中非常重要，值得我们不厌其烦地重复。请看下面这个使用方括号的例子：

11　加里：你认为我们今晚上应该去哪里？[今晚出去？]
12　莎拉：　　　　　　　　　　[有什么事吗]在电视上？

上面的方括号"["指出了当莎拉开始讲话时加里也开始讲话，而上面的结束方括号"]"指出了莎拉和加里同时一起结束讲话。单括号用来表示两个人同时开始说话的时候：

17	莎拉：我不介意看一些东西。
18	加里：[好的。
19	莎拉：[比如文件。

等号用来表示制止，其中一个说话的人不加停顿地接过了另一个人的话：

28	莎拉：你总是想要你想要的＝
29	加里：＝什么，我？

在谈话中可能更加复杂，不止一个说话者同时打断，在这种情况下可能需要方括号"["表示这一点。例如：

28	莎拉：你总是想要你想要的＝
29	加里：＝[什么，我]
30	夏恩：＝[太正确了]

当然，其他言语特征可以包括在内，这些特征表明在录音中单个的单词是如何说出的。这些在杰斐逊转录中是很常见的，在表 6-1 中也都有解释。有必要时参考这张表，它还可以作为记忆辅助工具来确保你考虑了所有不同的转录可能性。经验对于确保高质量的转录是必不可少的，这对于研究者和读者都是有用的。

在对话中停顿是很常见的。在杰斐逊转录中，它们大部分用"."或"0.5"来标记不同长度的停顿时间（见表 6-1）。但是，请看下面的：

38	莎拉：你选。
39	（.）
40	加里：我不介意。
41	（.）
42	莎拉：你在生闷气吗？

在这个对话中，停顿既不属于莎拉也不属于加里，因为它们被隔开了一行。他们在对话之间停顿，而不是在莎拉或加里单独说的话中停顿。如果停顿可以被明确归属于一个人，比如说莎拉，那么（.）应该出现在萨拉说的那一行。

记住，任何转录系统都有局限性，你希望包含的言语特征可能根本不属于这个系统。如果你需要增加额外的不属于杰斐逊系统的转录编码，这是一个开放性的选择。当然，你需要仔细描述和解释这样的附加编码。

某些计算机程序常被推荐给学生来辅助分析过程。一个完完全全的转录新手也许更喜欢把它放在一边，直到自己学会基本的转录技巧。不得不说，很多转录都是毫无益处的，而且并非所有的质性研究者都会采用这种转录。这些计算机程序确实有各种各样的优点，如启用某种程度的"降噪"来改善数字录音的音质，也允许其他形式的声音片段编辑。可能更重要的是，它们能在录音中显示声音的波形，这样就可以精确地测量对话中的停顿时间，并记录声音异常响亮或格外柔和的地方。可以考虑的软件是 Audacity 和 Adobe Audition，前者可以免费下载，后者有免费试用期。详情请参见本章末尾的拓展资源部分。

七、 何时使用杰斐逊转录方法

决定究竟使用杰斐逊转录方法，还是正字法、秘书法或剧本逐字转录法是一个需要慎重考虑的问题(表 6-3)。如果研究采用了会话分析视角，那么不使用杰斐逊转录系统是靠不住的——对于某些形式的话语分析也是如此。这可能是因为盖尔·杰斐逊的著作与会话分析的发展紧密相关。但并不是所有的研究人员都对杰斐逊和她的同事们的会话分析方式感兴趣。一些质性研究人员可能对谈话、访谈等内容的其他方面感兴趣，这种喜好并非出于他们对参与者如何组织这些话语的兴趣，而是出于对参与者不得不在对话中谈论与研究问题相关的内容的兴趣。例如，如果研究者对性犯罪者的生活史感兴趣，对于研究者来说重要的就是每一个犯人的生活史的实质性材料，但像罪犯在讲述自己如何从错误中"恢复"过来的生活史时，研究人员就不太感兴趣了，因此在这种情况下使用杰斐逊转录是否有好处是值得怀疑的。很显然，选择做杰斐逊转录会产生巨大的资源成本，问题是这样做是否会产出值得的研究成果。用于杰斐逊转录上的资源其实也可以用于其他的事情。

表 6-3　何时使用杰斐逊转录方法

必须使用杰斐逊转录方法	可能使用杰斐逊转录方法	使用杰斐逊转录方法没有优势，因而使用正字法转录
• 会话分析	• 话语分析 （特别是波特和韦瑟雷尔版本）	• 叙事分析 • 解释现象学分析 • 主题分析 • 扎根理论现象学分析

杰斐逊转录方法主要用在语言被研究者作为一种社会行为的时候。显然，在很多情况下，采用会话分析和话语分析的视角进行研究的人也能受益于杰斐逊转录方法。当然，这并不意味着这些研究者总能从如杰斐逊转录一般精细的方法中获益。研究中总是存在需要采用的分析层次的问题。例如，一般来说，当采用主题分析方法进行数据分析时，我们是很难看出使用杰斐逊转录的优点的。这样的分析是建立在比较广泛的类别的基础上的，它描述了访谈、小组讨论等内容，不需要杰斐逊提供的精细转录方法。在这种情况下几乎肯定要用秘书法或剧本转录法。同样值得注意的是，一些分析方法往往不采用杰斐逊转录系统。例如，解释现象学分析的传统研究(第 13 章)通常不使用杰斐逊系统，而叙事分析(第 14 章)，扎根理论(第 8 章)和主题分析(第 7 章)也是一样的。

鉴于转录往往可以通过其他质性研究人员做进一步的分析，可以使用杰斐逊系统来进行完全转录。这是因为杰斐逊转录方法最大限度地为其他分析人员提供了额外的信息。没有它，转录的价值就降低了，这也是反对使用精简版杰斐逊转录方法的原因，如一些人（Parker，2005）推荐的杰斐逊"精简版"。但这些问题在质性心理学方面有一些争议，目前尚没有明确的答案。

八、 对杰斐逊转录方法的评估

我们需要记住杰斐逊转录系统的作用。它使所述单词的记录方式尽可能展示它们听起来的原样，尽管这并不等于完全的语音再现。你可以看见一些用方言写下来的单词，当然，这增加了阅读转录文本的难度。表 6-4 列举了杰斐逊转录系统的优点和缺点。

欧康奈尔和科瓦尔（O'Connell & Kowal，1999）对心理学文献中转录的某些方面持批判意见。他们甚至把转录中的一些"标准化实践"称作伪科学。

（1）他们提到了一个使用精细的杰斐逊转录方法的例子，但它对作者的数据解释没有任何用处，而且在成果刊出时并未提及，于是问题就变成了一个研究为什么要包含这些似乎没有任何价值的东西。

表 6-4　杰斐逊转录系统的优缺点

杰斐逊系统的优点	杰斐逊系统的缺点
1. 它记录了对话参与者的说话方式，并且将分析的重点放于此，而非说话的内容	1. 虽然杰斐逊符号有时可以非常精确地使用，如十分之一秒内的时间，但是其他符号（如"："）的定义并不精确
2. 与秘书转录法相比，该方法有助于分析会话中的互动	2. 它在处理互动的某些方面会受到限制。例如，它不利于对情感进行编码
3. 即使这些词语是他们分析的焦点，但也能让其他研究人员更充分地检查原始分析，因为杰斐逊转录更接近原始记录	3. 虽然系统可以被修改，但是它倾向于设置标准的格式和参数
4. 相比其他方法，它已经占据了主导地位，因此可以被看作标准化的符号体系	4. 它起源于打字机时代，这意味着它没有充分利用电脑的各种颜色、字符、字体和字体大小的潜力
5. 通过迫使研究人员花费时间进行转录，它鼓励了一种更为彻底的分析方法	5. 它对于研究者来说是非常耗时的
6. 它需要有熟练技巧的转录人员，不能由秘书助理进行	6. 即使是用在话语分析中，有关杰斐逊转录的价值始终存在着争议
7. 可以根据行号迅速地找到转录的某一特定部分	

（2）当转录文本被其他人阅读的时候，他们会质疑单词的拆分。单词内或音节内出现的延长（如 wa：：s）、音调变化等指示符号极大地干扰了转录文本词汇的完整性。这种情况经常出现在使用杰斐逊方法进行转录的时候，并且在分析会话没有提到这些内容的情况下，很难理解其价值。它们可能对研究者有用，但对读者有用吗？

（3）他们不喜欢用相同的符号表示不同的事物。例如，杰斐逊系统演化过程中出现了这种情况，符号"－"常常表示打断前面一个人的话，但这个符号也被用来表示短暂的、不可测量的停顿。

(4)一般来说对音调变化的测量是不客观的。即使是对语音停顿的记录也是有问题的，因为杰斐逊转录通常会以十分之几秒为单位来测量停顿时间。然而，这里存在着一个客观和主观的问题。当一个人说话很快时，一个半秒钟的停顿可能会比一个人说话缓慢时的相同长度的停顿在主观感受上的时间更长。因此一些研究人员倾向于用讲话的节拍来计量停顿(讲话的速度)。

也许与转录有关的最棘手的问题在于它到底是否是必要的。并不是所有的质性研究人员都使用转录，而且即使是文字转录本身，也并不总是采用杰斐逊式的编码转录。虽然杰斐逊转录方法在会话分析和一些形式的话语分析中是必要的，但它并不被视为是重要的，甚至被其他提倡福柯式、现象学和叙事分析的质性研究者认为是不重要的。霍尔韦(Hollway)就有一个关于批判转录的很好的例子：

> 一旦面对面的对话被简化为视频的，尤其是音频记录，就会丢失很多东西，但音频记录所保留的信息仍然要比杰斐逊转录丰富得多。对我来说，即使我对所有的符号都熟悉，当我读到这样一篇转录文本时，一阵一阵的打断，意味着我失去的含义远比我获得的要多。在分析访谈数据时，我会定期回顾音频记录来检查我的理论构想。(Hollway，2005)

霍尔韦不愿使用转录可能不会太令人意外，她大致以福柯式的质性研究传统为主，认为日常谈话的细节并不是那么重要。她也暗示了使用杰斐逊转录方法的问题，一旦转录提供了详细的信息，那么如何使用才能理解数据的丰富性？考虑到她认为杰斐逊的转录不如录音带记录那么丰富，那么转录的结果在她看来可能有点消极。然而，她自己的方法是如何运作的也不清楚。不管怎样，许多质性研究人员确实认为转录是无价的。此外，无论你是否喜欢，如果你对杰斐逊转录的方法没有基础的话，你都会在一些质性研究中遇到困难。

九、 小结

在许多质性研究人员看来，转录的过程会产生一些有益的附带效应。例如，许多形式的质性研究都需要对所需数据非常熟悉，而转录过程可以帮助研究者更熟悉那些数据。出于这个原因，研究人员不应该将转录过程委派给助理来完成。转录是：

> 分析过程的一个组成部分。因此，不能进行"转手"转录(由专业转录人员或文书人员帮助完成)。转录过程耗时而乏味，但它为分析人员提供了一个熟悉他的数据的机会。(Psathas & Anderson，1990)

当然，这对于质性研究的初学者来说更为适用，因为他们很少通过让朋友或伙伴为他们做数据转录。因此，除了大多数质性研究人员花费大量的时间进行日常的转录任务之外，几乎没有其他选择。但是，在质性研究方面，这是有好处的。

在使用语言数据的研究中，使用语音转录系统或多或少是必不可少的。如果原始的语言数据没有经过转录，则往往是不可用的，尽管一直有争论说数据分析并不一定需要转录阶段（见第 8 章扎根理论）。毫无疑问，转录是一个非常耗费资源的过程。杰斐逊的转录方法比逐字直译更为细致，也更浪费时间。因此，一个研究人员需要问自己他们想通过转录达到什么目的。那些简单的问题，为什么正字法/秘书法/剧本法等转录方法不足以解决问题。即使使用杰斐逊转录方法，也要问自己是否在会话的所有方面都适合用这种方法。杰斐逊转录系统的发展主要是为了满足会话分析的需要，会话分析有其自身的特征，所以那些不具备这些特征的为什么也要使用杰斐逊转录方法呢？

研究人员需要知道的是，他们的数据并不是话语本身，而只是基于话语的音频（或视频）记录的转录。对话语的记录已经是对原始话语的缩略或者简化了，而转录又是对记录的缩略或者简化。虽然杰斐逊被确切地描述为一个口语转录系统，但这往往会掩盖它也可以被视为一种低级编码或分类系统的事实。这意味着杰斐逊系统的使用在所包括的和未包括的方面，对数据进行了一定程度的结构化。然而研究人员主要倾向于关注杰斐逊转录系统能够转录下来的东西，但显而易见的是，它不能转录下来的信息也很重要。例如，在杰斐逊系统中，人们很少注意到诸如地区口音之类的东西，而我们从研究中得知，这种口音是可以影响人们对于话语的理解。同样，杰斐逊的转录中也没有系统地包括话语的情感方面，如在录音中可以听到愤怒或恼怒，但这些却不能被转录。当然，如果研究者想要一个完整转录的录音讲话，声音本身就很难更好地被记录。转录提供的内容（杰斐逊式或其他方式）只是一些事件的简化版本，系统地省略了原文的某些方面。不幸的是，原始记录不利于使用任何主要的质性分析方法进行分析。几乎不可避免的是，编码或分类的材料（包括可被视为低水平的转录）遗漏了那些不在分析计划之内的言语特征，而突出了那些在分析计划之内的言语特征。因此，比如，会话困难在使用了杰斐逊转录系统后会变得非常清楚，因为这些是与杰斐逊系统相关的会话分析的一部分。另一方面，在杰斐逊系统中，谈话成员之间人际关系上的困难并没有被充分强调，这种人际关系上的困难可能是非常显而易见的。这并不奇怪，因为研究者认为杰斐逊系统几乎不涉及如面部表情、侧目等信息，然而小组交谈中人际关系的因素可能会通过这些信息显现出来。为保护杰斐逊转录，如果有必要的话，可以在转录文本中用一些手段来表明人与人之间的关系不好。例如，冗长而尴尬的停顿（沉默），连续粗鲁地打断别人，当轮到别人发言时不让别人说话都是暗含着敌意的。此外，还有进一步的细节可以标示，如转录人员在转录文本中用括号将说话者的情感基调（如讽刺）标示出来。

研究人员可能认为，在他们使用的转录系统中包含额外的特征是很重要的。当系统没有解决研究人员认为非常重要的互动细节时，如果没有重新创建一个系统的话，就有充分的理由去开发或修改现有的系统。例如，巴特勒（Butler，2008）坚持传统的会话分析的同时，通过增加转录符号"/"以表示用相同的声音断续说出的音节，如同在 Good mor：ning ev'/ery/o：ne/中所说的那样。

转录文本是一种非常便携的数据形式，在研究中很容易处理。它提供了分析的主要焦点、对数据与其他研究人员进行交流的方法，以及将数据呈现在出版物中的方法。然而，它也有缺点，与心理学期刊中的典型出版物相比，它确实有点冗长。部分由于这一原因，可以预见互联网将会被越来越多的应用，这不仅是因为通过互联网传送大量的转录数据便宜易得，而且也由于互联网在伦理允许的范围内传送音频和视频文件的潜力，以及将音频和转录材料结合在一起的潜力。所有这些将意味着，与期刊文章的范围相比，更多的实质性数据可以在研究人员之间流通。

本章要点

• 转录不是一个中立的活动，而是一个转录者做出许多选择的活动。虽然这可能是一个微妙的过程，不同的转录者转录一份录音的同一部分也可能表现出巨大的差异。这通常不是一个转录比另一个更好的问题，而只是简单地反映了人与人之间交流的本质和完美准确定义转录系统的难题。

• 出于一些目的，直接逐字转录谈话中所用的单词可能就足够了，而有些分析则需要注意说话的方式，而不是说的是什么内容。会话分析在其转录要求方面是严格的，并使用杰斐逊转录系统来说明是究竟如何说的。话语分析者也倾向于使用这种系统。然而，如果在分析时并不要求这些，进行杰斐逊转录就是毫无意义的。

• 转录不应该被认为是一个乏味但必要的琐事。这是一项艰苦的工作，但是这项艰巨工作的重点不仅在于完成转录，而且在于转录者（通常是研究人员）开始越来越熟悉这些数据。转录促进对数据的深入了解，开始激发研究人员产生关于数据发生了什么的想法。如果没有这种熟悉的过程，分析是不可能的。

• 由于转录将丧失原始记录的各个方面，因此检查转录的副本是非常重要的。当然，这可以由研究人员自己完成。尽管如此，征求有经验的同事关于转录文本的意见是很重要的，这对新手研究人员尤其重要。

拓展资源

Adobe Audition. http://www.adobe.com/products/audition/(2015 年 2 月 26 日访问).

这是一个专业品质的数字编辑程序，可用于提高声音质量，伪装声音和改变各种数字录音。它还将声音的轨迹显示为图形或波形轨迹，可非常精确地测量停顿的长度，并帮助你判断单词或音节的相对响度或柔和度。以上网址提供免费试用版，但是，由于 Audacity 程序有很多功能相同但是免费的版本，所以并不需要费脑筋选择哪一款。下面罗列了一些 Audacity 的版本。

Antaki，C. (2002)An introductory tutorial in Conversation Analysis. 网址为 http://www-staff.lboro.ac.uk/~ssca1/sitemenu.htm(2015 年 2 月 23 日访问).

Audacity. http://audacity.sourceforge.net/(2015 年 2 月 23 日访问).

这是一个可以免费使用的声音编辑程序。它允许对各种数字声音文件进行增强。此外，它还显示一条声波轨迹，可以精确测量停顿、"响度"和"柔和度"。

Bucholtz，M.，& Du Bois，J. (n.d.). The Transcription in Action Project. http://

www. linguistics. ucsb. edu/projects/transcription/index. html(2015 年 2 月 23 日访问).

这是 Du Bois 的转录系统。

Edwards，J. A. (n. d.). The transcription of discourse. http://www. cs. columbia. edu/~ sbenus/Teaching/APTD/Edwards_transcription_Handbook_of_DA. pdf(2015 年 2 月 23 日访问).

这里讨论了转录语言的方法和问题。

Jefferson，G. (2004). Glossary of transcript symbols with an introduction. In G. H. Lerner (Ed.)，*Conversation analysis：Studies from the first generation* (pp. 13-31). Amsterdam：John Benja-mins.

Liddicoat，A. J. (2007). *An introduction to conversation analysis*. London：Continuum，Chapter 2.

Schegloff，E. Transcription symbols for conversation analysis. http://www. sscnet. ucla. edu/soc/faculty/schegloff/TranscriptionProject/page1. html(2015 年 2 月 23 日访问）.

第 7 章

主题分析

概述

• 主题分析是一种重要且相对简单直观的质性分析方法，因为它对基本概念只有适度的要求，所以是开始质性研究的一个很好的起点。

• 主题分析备受批评的原因是缺乏一个一致且清晰的执行方案。 本章力图提出一个更严格的主题分析方法来纠正这一问题。 由于缺乏普遍接受的标准，使用主题分析的研究应始终包括关于如何进行分析的详细信息。

• 主题分析正如其名，就是对访谈和其他质性数据中发现的关键主题进行分析。 与话语分析（第 9 章）、会话分析（第 10 章）和叙事分析（第 14 章）相比，主题分析对理论的依赖要小得多。这为学习质性分析方法的学生和其他新手提供了一个更易入门的途径。

• 主题分析的历史可追溯至 20 世纪 50 年代和量化内容分析的发展。 呼吁采用质性研究方法进行内容分析的声音在那个时代兴起。 主题分析与质性内容分析有很多共同之处，尽管后者已得到更系统的发展，尤其是在欧洲。

• 主题分析要求研究人员使用数量有限的主题来充分描述诸如访谈等文本数据中发生的情况。表面上，这种做法是很容易的，但是更为重要的是，研究人员要确定一组主题，这组主题能够全面深入地描述在数据中发现了什么。

• 主题分析要求分析者非常熟悉他们的数据。 这可通过自己收集并转录数据、多次重读数据实现。 然后，研究者开始编码数据——可能是一行一行编，或每两行到三行——以便表示出少量数据的内容。 编码是对小块数据的简要说明。 没有规则确切地说明如何完成编码，但一般越概念化越好。

• 编码是在概要水平上对数据进行的一种处理。 从这些编码中，研究人员试图建立或确定能够描述数据主要特征的主题。 这一过程可能涉及在表格中对卡片进行排序，每张卡片都带有编码或主题的名称。 通过这种方式，哪些编码可以更好地结合在一起，主题可能是什么，都将变得更加明确。 每一个主题都需要仔细地定义，并区别于其他主题。

- 随着分析的进展，研究人员可以重新检查数据或编码，以最大化数据、编码和主题间的拟合度。
- 主题分析是质性研究的一种描述性方法，而不是理论建构方法（不同于扎根理论）。它的优点之一是易于产生一般公众和政策制定者容易理解的研究结果。

一、 什么是主题分析

主题分析是分析说了什么，而不是分析怎么说的。一般来讲，主题分析可被推荐作为质性研究的入门，因为它相对来讲并不复杂。简单地说，对数据进行检查以确定比较宽泛的主题，希望这些主题能相当完整地概括数据的内容。最近，有人试图提供关于如何进行主题分析的系统指南，以纠正该方法的某些缺陷。布朗（Braun）和克拉克（Clarke）在 2006 年提出了一个更严格的主题分析版本，他们也确实表达了对主题分析以前存在状况的一点轻蔑。他们声称，"主题分析是一种界定不清、很少被认可，但在心理学中被广泛使用的质性分析方法"（Braun & Clarke，2006）。这一点可以理解，因为似乎采取了一些基本的、非系统的分析方法的主题分析研究比较容易被找到。关于如何进行主题分析的详细说明习惯上被报告所遗漏。当然，一旦研究者意识到这个问题，这种情况是很容易得到纠正的。"它可以被看作一种非常糟糕的'品牌化'方法，因为它不像其他方法那样作为一种'命名化'的分析而存在……"（Braun & Clarke，2006）。

主题分析所提供的包括描述数据重要特征的广泛类别或主题。主题分析通常是指从数据中"涌现"出来的主题，就好像这些主题本身就在那里，不需要研究人员的积极参与一样。由此给人的印象是，研究人员只需通读几次访谈的转录稿或其他形式的数据，就能"看到"5 或 6 个（甚至更少）在转录稿中通常反复出现的主题。在研究报告中，这些主题穿插在一起，并且每个主题都附有转录中的说明性引语或摘录。一个主要的问题是，研究人员似乎没有做大量的分析工作来得到这些主题。这项任务似乎太容易了——只要提出几个主题，找到一些说明性的引用，那么分析工作就完成了。这意味着研究人员没有提出论据来论证他们的具体分析。即对研究人员的智力需求似乎处于最低限度，但更重要的是，这些主题与大部分数据的拟合度是未知的。

在波特（Potter，1998）的观点中，这意味着研究人员思考了一些看似合理的主题，然后通过梳理转录稿来找到能够说明这些主题的选段。问题在于这种对数据的严重不尊重和不公正忽视了质性研究的要点。基本上，它与收集定量数据时将数据强制转换为预定类别的方式几乎没有什么不同。既然没有标准来决定主题，谁又能说这种分析有什么问题呢？因此，在许多主题分析中，缺乏基本的和根本的透明度。研究人员对他们的数据做了些什么以便来开发主题？主题在多大程度上包含了所有的数据？可能随着关键的分析性见解，数据的关键特征会被忽略。分析中缺乏明确、一致和广泛的努力意味着分析的价值难以评估。这是一个难以令人满意的情况。因此，我们需要一种更加系统和透明的主题分析取向。这类取向最近已经形成（Braun & Clarke，2006；Howitt & Cramer，2014）。本章所讨论的主题分析正是基于此的。

主题分析，甚至新近发展的更具结构化的形式，是一种研究新手非常易于掌握的、有用的技术。作为质性数据分析的一种形式，主题分析比后面几章讨论的质性分析方法要求要低。主要原因是主题分析的数据分析过程不像其他方法那样与特定领域的理论紧密联系。在某些方面，主题分析非常类似于扎根理论，尽管在数据收集和理论建构方面，它没有达到同等的复杂程度。然而，只要操作恰当，主题分析与其他分析方法也是有很多共同之处的。当然，从主题分析中学到的数据分析实践技能对研究人员学习其他方法是有帮助的。这些都不是对主题分析的批评——仅仅是对其更有限的适用范围的认识。

把这些观点和其他观点结合起来看，主题分析在下列情形中是一种有用的分析方法。

(1)数据收集已经完成；

(2)缺乏有力的理论建构推动分析——尽管布朗和克拉克(Braun & Clarke，2006)认为，主题分析有两种形式，有些分析是由先前的理论驱动的，有些分析则是由数据驱动的；

(3)数据包含细节性的文本材料，如访谈、焦点小组、报纸文章等；

(4)数据包含丰富的细节和信息，如在深入性访谈和媒体材料上获取的数据等。

很显然，这些都是对质性研究的最低要求。因为主题分析不需要特定的理论取向，在如何以及为什么进行主题分析方面是灵活的。对于最熟悉定量方法的研究人员来说，这可能是最容易掌握的质性分析程序。即使是实验室研究人员(对质性研究者来说他们是典型的量化狂魔)常常也会对他们的参与者进行一定深度的访谈。主题分析可为实验室研究人员提供一种组织和分析数据的方法。相似地，计划开发结构性问卷的研究人员可能希望首先通过访谈熟悉研究主题的人来探索该主题。主题分析可能为他们提供了一种处理数据的恰当方法。

在某种程度上，主题分析处于定量分析与质性分析的中间位置。主题分析没有理论上的"包袱"，而这种理论上的"包袱"是很多其他质性分析所携带的(量化分析理论上的"包袱"也很重)。例如，研究人员对于参与者在访谈中所说的东西可能持一种现实主义的立场(一般来说，在质性数据分析中，被视作必备的主观主义或现实主义立场通常是有问题的)，这并不是说任何东西都要进行主题分析。

尽管主题分析在研究出版物中很流行，但在心理学教科书中很少被提及。当然，也有例外，如豪伊特和克拉默(Howitt & Cramer，2014)的著作。正如我们所看到的，有迹象表明研究人员对涉及系统取向的主题分析重新产生兴趣。虽然不可能就如何进行主题分析提供一套完全标准的或通用的指南，但重要的是要将其作为一种方法，而不只是附加到涉及数据编纂的简单研究上的一个松散的标签。

根据豪伊特和克拉默(Howitt & Cramer，2014)的观点，主题分析的核心过程是转录、尝试分析和主题识别。虽然在概念上，这三个过程是独立的，但实际上它们并不遵循这一严格的顺序，而且这些过程在相当大的程度上是重叠的。正如扎根理论(第8章)和很多其他形式的质性分析那样，研究人员可能觉得有必要在各个阶段之间来来回回，以检查和完善正在形成的主题(见图7-1)。

图 7-1   基本的主题分析

(1)转录文本材料。任何形式的文本材料都可以使用，如从互联网上的材料到深度访谈或焦点小组的转录。大多数已发表的主题分析所使用的转录方法是秘书法/剧本法(见第 6 章)。一般来说，主题分析不需要使用更详细的杰斐逊转录法。当然，如果你有理由使用杰斐逊转录法做主题分析，就这么做即可。因为，谁又能说清楚这些条件可能是什么呢？在质性研究中，在一个好的研究者那里，转录不会被看作一件乏味的苦差事，因为转录能使研究者熟悉数据，是使研究者试图理解并进而分析数据的一个早期推动或激励。由于转录的性质，转录所带来的对数据的熟悉是非常集中和系统的。例如，对深度访谈或焦点小组来说，分析可能在数据收集阶段就已经早早地开始了。

(2)尝试分析。尝试分析是所有质性分析的关键。成功的分析很少有捷径。尝试分析是指研究人员为了得到最终的主题而对文本所做的工作或加工——这就是主题分析。尝试分析由以下几部分组成：①熟悉数据以便对其内容有充分的了解；②为了确定全部的主题而通过逐行或多行扫描的方式对数据进行的详细编码和概念化；③为使分析尽可能符合数据的情况而不断对数据分析的结果进行加工处理的程度；④在分析过程中遇到困难的程度以及解决这些困难的努力；⑤在数据和数据分析之间核对的频率和彻底性。

(3)识别主题和子主题。尽管主题和子主题的命名是主题分析的终点，但研究人员在各种报告中调整和改善所呈现的主题时在一定程度上有相当大的变化。研究人员可能确定 5 或 6 个主题，这些主题能有效地描述他们所确定的数据的关键特征。而其他的研究者很可能对这些主题不满意，因为他们觉得这些主题并没有完全描述数据所提供的信息。所有这一切都始终贯穿于分析工作，直至完成最终的主题分析。因为主题识别部分依赖于研究人员投入在分析上的数量和质量，所以不同的研究人员对相同的数据进行分析，可能最终会得到更复杂或更简单的分析结果。这就强调了准确理解研究人员为生成报告中讨论的主题所做的工作的重要性。当然，在质性研究中，不同的研究者对相同的数据有不同的解读是可以接受的。这些解读可能同样华而不实。相比不同的分析者进行不同的分析，仅仅是因为他们在分析中的努力程度不同，或者是他们坚持的主题分析原则的程度不同，结果就可能是完全不一样的。

图 7-2 呈现了主题分析的一些关键要素，这有助于将它与其他形式的质性数据分析区分开来。

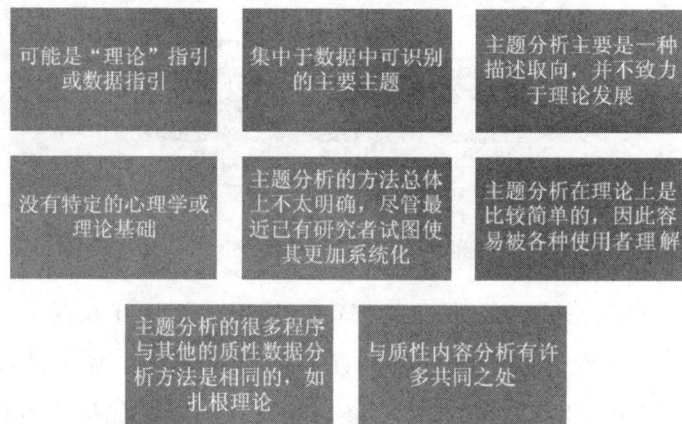

图 7-2　主题分析的关键要素

二、　主题分析的发展

"主题分析"一词最早出现在心理学期刊上是在 1943 年，而现在它已经很普遍了。例如，在 1998—2008 年，有近 1000 份出版物的摘要中包含了主题分析。尽管如此，人们还是必须要接受主题分析在质性研究领域"相对较差"的地位（Howitt & Cramer，2014）。我们希望这种情况正在改变。有趣的是，主题分析缺乏其他一些形式的质性分析所具有的高调倡导者。使用主题分析的研究者通常很少或根本没有详细说明他们是如何进行分析的，除了使用像"我们对……进行了主题分析"这样的短语。尽管一些研究人员实质上确定了主题，但却没有提及将主题分析作为他们的方法。例如，吉（Gee）、沃德（Ward）和埃克莱斯顿（Eccleston）在 2003 年提出了性犯罪者不同类型的认知歪曲，使用的方法是他们所描述的"数据驱动的模型开发（扎根理论）……以分析访谈转录"，然而，因为缺乏扎根理论的关键特征，他们的研究似乎属于主题分析。

主题分析仅仅是扎根理论的一个简单版本吗？尽管进行主题分析的任何人都可以从扎根理论的方法中学到很多东西，但不论在何种意义上，都没有迹象表明主题分析是扎根理论的衍生物。事实上，主题分析似乎明显早于扎根理论。为什么这么说呢？主题分析的基本思想是简单的——通过确定一再重现的重要主题，可以有效地概括复杂的质性数据。这很难说是火箭科学般的突破，因为主题只不过是类别，而分类加工是人类思维的一种基本属性。而且必须承认，主题分析是心理学中一种比较普遍的质性数据分析方式，因此它必须要比其他质性分析方法更能满足大多数研究人员的需求。

虽然主题分析的全部历史可能永远不会被写出，但主题分析最初可能是从量化研究中产生的而非质性研究。内容分析是对诸如新闻报道、电视节目等媒体的各种分析方法的总称，起源于 20 世纪上半叶的大众传播研究。第一本有关内容分析的著作是伯纳德·贝雷尔森（Bernard Berelson，1912—1979）在 1952 出版的《传播研究中的内容分析》。但其实，内容分析在 20 世纪 20 年代及之后的大众传播研究中就得到了发展。保罗·拉扎斯菲尔德和哈罗德·拉斯韦尔

(Harold Lasswell，1902—1978)是这一领域早期的重要人物。内容分析是第二次世界大战期间美国政府所要求的宣传分析的核心。基本上，这种形式的内容分析旨在找到有效描述数据实质的编码类别——一旦确定了这些编码类别，那么每一类别的发生频率就可以量化了。此外，还可以以一种典型的、定量的方式将一个类别与另一个类别的交叉情况制成表格。大众传播研究中有句名言——"谁对谁说了什么，用什么方式，有什么结果。""谁""做什么""对谁""用什么方式""有什么结果"就成了许多内容分析的要点。

然而，贝雷尔森于 1952 年出版的著作引发了对质性分析的直接需求，即人们也需要以质性的方式来进行内容分析。齐格弗里德·克拉考尔(Siegfried Kracauer，1889—1966)对这一著作的出版做了回应，他认为，一直以来人们都忽视文本的质性方面而主张计算和测量(Kracauer，1952)，这可以算作是相当早的一次关于定性/定量的争论。尽管科尔巴赫(Kohlbacher，2006)在阿塞德(Altheide)等人的著作中看到了这一早期争论的遗留问题，但对此的反应远非迅速。还有一种可能是，在 20 世纪 80 年代，由于菲利普·梅林(Philip Mayring)的工作，质性内容分析主要出现在欧洲大陆，而在其他地方的影响不是很大。然而，那种应用不过是质性分析的主要原则吐露的一点点芬芳。布瑞曼(Bryman)认为，质性内容分析"包括从正在分析的材料中找出潜在的主题"(Bryman，2004)。这似乎非常接近主题分析的定义了。

然而，质性内容分析和主题分析之间的相互作用通常在文献中并不十分明显，因此所有这些都是一种推测。从其中可以得到的一个经验是，质性研究人员有时需要更不受拘束的方式来进行质性分析，而非借助话语分析和会话分析通常使用的那种方法。

三、 如何进行主题分析

如果你正在寻找由心理学家撰写的有关主题分析方法的最新资料，布朗和克拉克(Braun & Clarke，2006)提供的指南是学习主题分析的最佳途径。关于如何进行主题分析，指南中有一个加强版的描述，这一描述大大利用了他们对其他形式的质性分析的熟悉和参与。布朗和克拉克对主题分析和分析员的工作规定了高标准，以此提高结果的质量。根据布朗和克拉克的观点，进行主题分析的过程可以被划分为 6 个独立的阶段，但正如大多数质性分析一样，在分析的不同阶段会出现大量无规律的前后交替。主题分析的过程可参照图 7-3。分析的 6 个步骤按照顺序被清晰地列出，但阶段间的重叠是显而易见的。在进行主题分析时，研究人员可能在各阶段之间来回移动，目的是对照分析的其他一个或多个步骤，检查分析的某一方面。显然，紧挨着的步骤间的检查更频繁，但这并不排除要对照原始数据检查报告中所写的内容。分析的不同阶段之间的差异在很大程度上是概念性的，因为不同的阶段在实践中可能并不是完全分离的，而通常是并行的。前后循环是改进分析的方法，而不是表示分析进展不顺的征兆。没有这种前后循环，投入这个过程的分析尝试可能是不够的。你可能希望阅读本章下文的专栏 7.1，因为它描述了进行主题分析的实际过程。

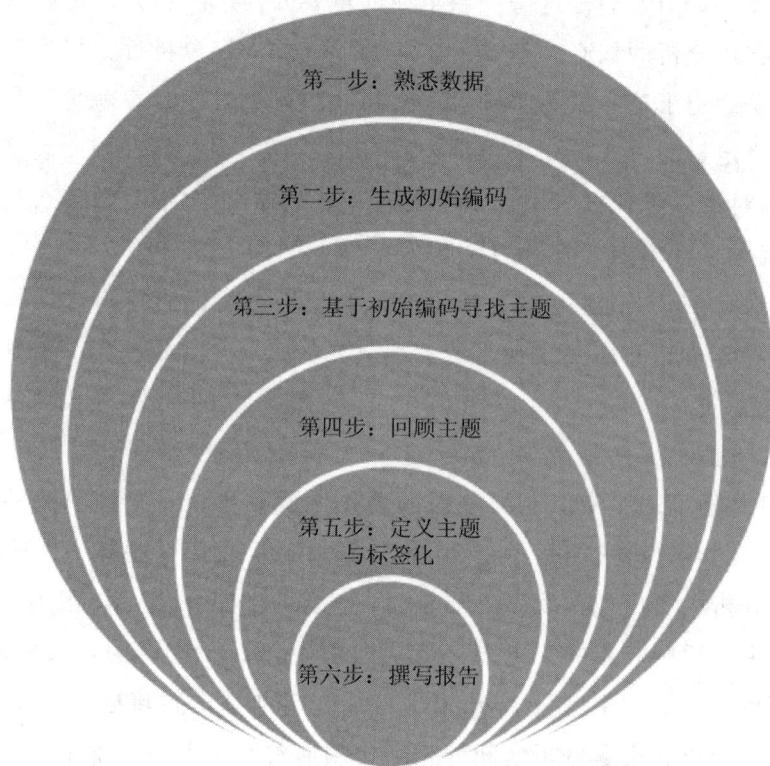

图 7-3 布朗和克拉克的主题分析模型：*所有步骤都可以任意向后或向前转到其他步骤*

（一）熟悉数据

在这一早期阶段，研究人员要熟悉转录的详细细节或其他将要使用的任何文本。因为研究所关注的细节不同，熟悉数据的时间也不同。如果研究人员已经进行了访谈和焦点小组，他们可能在数据收集时就积极地加工了这些数据。如果研究人员正在转录自己的数据，数据熟悉就可能发生在转录过程中。此外，反复播放录音或多次阅读转录也是熟悉数据的重要步骤。尽管访谈或转录可能是其他人完成的，但研究人员必须要熟悉数据，因为这是进行分析的一个关键阶段。在数据熟悉阶段，研究人员将会开始思考数据中发生了什么——这是必然的，但质性研究人员应该计划投入大量的时间来做这件事。来自参与者的数据越多，越容易制定出连贯的模式。这些关于数据中正在发生的事情的早期想法可能暗示了数据将要被编码的方式，或者实际上暗示了数据中显现的主题。

主题分析通常使用秘书风格的文字转录。虽然使用杰斐逊转录不是不可能的，但是很难看出杰斐逊转录在主题分析中将达到什么样的功能，因为它主要是表达如何说事情，而不是说了什么。主题分析集中于所说的内容，因此没有办法处理这一额外的细节。在质性研究中，转录不是一项盲目的杂务，而是数据分析中一个积极而重要的方面。因此，对于新手研究者来说，应该亲自进行所有数据的收集和转录。许多专业的研究人员也是这么做的。

(二)生成初始编码

更高水平的分析尝试会产生更好的研究，根据这一原则，主题分析最初的、正式的分析步骤是对数据进行逐行编码。这些编码不是研究将要生成的主题，而是努力实现这些主题的过程中的一个阶段。通过对每一行进行编码，研究人员是在处理数据的细节，而不是对数据进行大范围扫描。一个编码只不过是描述一行（或两行）转录或文本数据内容的一个标签。这些行基本上是任意的，因为文本或转录通常被纸上的空白环绕着，这张纸是研究人员用来做笔记的。由于主题是对数据的提取，如果它们是基于抽象而不是更具体的事物，所以初始编码通常就是最好的。换句话说，研究人员的编码越概念化，最终的主题可能越好。研究人员的编码应该指出关于该数据片段有趣或重要的东西。初始编码包含研究人员对整个数据的系统加工——或挑选出的一个数据子集，因为它涉及的是研究人员感兴趣的某个特定主题或问题。编码不必逐行进行——如果每行进行编码是不可能的，每两行或三行进行编码也可以。这确实要视情况而定。即使是要编码的行数，也不要求每次都相等。此外，研究人员可能选择的是一个分析单元而不是一行文字。如果研究者认为这可能是有利的，完整地编码句子就没有什么错。初始编码力图捕捉文本句子的精华片段，但这一阶段的意图并不是要确定广泛的主题。当然，关于主题可能是什么的想法可能发生在分析的任一阶段。初始编码并不是复杂的数据分析，有时可能只不过是随笔或注释，这些随笔或注释是对文本的一部分的总结。

别忘了，在这一阶段，研究人员已经对数据有了一个大致的了解，而不是简单的初始编码。这意味着初始编码可能以比较完整的描述做依据，而不是靠一两行文本所指引。初始编码的开发（以及主题的后期开发）并不是研究人员查看数据时所发生的事情。根据布朗和克拉克（Braun & Clarke，2006）的观点，编码不是从数据中浮现出来的，而是由研究人员主动创造出与他们的数据相关的想法。编码和主题并不存在于数据本身，而是由研究人员投入在数据分析中的努力和数据的相互作用所创造的。

布朗和克拉克认为，存在两种不同的取向，即信息是由数据驱动的还是由理论驱动的。

(1)数据驱动取向。这种取向是由数据特征主导的。编码主要是由对数据内容的详细分析来指导的。专栏7.1中的研究示例采用的是这一方法。

(2)理论驱动取向。初始编码的结构是由研究人员所采用的理论的关键要素所启发的。例如，女权主义理论强调，男女之间的关系主要是由权力以及男性在社会各个方面对女性的支配地位所主导的，包括就业、家庭生活和法律等。因此，基于女权主义理论的主题分析将以任何文本材料中有关权力关系的表达为导向。

当然，这里有一个两难问题，因为还不清楚研究人员如何能避免在分析过程中使用理论视角的要素。除了研究人员在他们的写作中明确交代以外，如何区分理论驱动的编码与数据驱动的编码呢？

除了克拉克，伯恩斯和伯戈因（Burns & Burgoyne，2008）确实描述过他们对多行文本的一些初始编码，使用主题分析的研究人员通常并不报告初始编码。查看这些初始编码是有用的，因为他们表明初始编码通常没有什么特别复杂的，也没有什么神奇的，它们相当简单。试着将下文左侧的文本片段作为整体进行编码，而不是逐行编码：

| 这太费劲了，我的意思是你必须要签署多少张纸，
更改一个讨厌的名字，没有我，我的意思是没有我，没有我们，我
们已经考虑过了，
（听不清）心不在焉地，并认为没有……不，我只是——我不能被
打扰，
这太费劲了。 | 1. 与同伴讨论
2. 更改名字太麻烦 |

很难说这些编码需要大量的洞察力、创造力或任何特殊的能力。在本例中，它们只是一种简洁的方法。不难看出，辛勤工作是这个片段的主要内容，其中的讨论（"我们已经考虑过了"）是第二个重要内容。当然，研究人员同样可能将这些内容编码为"文书工作是一种妨碍"和"父母考虑了改名字"。请注意，如果他们需要，具有不同研究目的的研究人员可能会编码摘录的不同方面。例如，编码可能是：①反问句，"这太像苦差事，我的意思是你必须要签署多少张纸以更改讨厌的名字"；②人称代词从"我"变为"我们"，再变回原样。换句话说，编码在一定程度上是由研究者的研究视角指引的，而不仅仅依据访谈内容。

当然，研究人员会注意到，尽管措辞不同，但它们的初始编码非常相似。因此，如果研究人员相信不同的编码意味着同样的事情，那么重新命名这些具有相同编码的名称可能是恰当的。否则，任务可能会被搁置，直到完成以下工作。

初始编码完成的时候，研究人员自然需要更好地理解编码 A 所包含的材料，同时与编码 C 所包含的材料相比较。换句话说，研究人员应该将编码为 A 的所有转录或文本放在一起，编码 B、编码 C 等同样如此。一种方法是从文字处理器的文件中简单地复制并粘贴这些不同标题下的材料。例如，当检查编码为 C 的材料时，研究人员可能会清楚地知道：

（1）编码标签不准确或不够精确，需要改变；

（2）一些已经编码为某种类型的材料在重要的方面是不同的，因此可以对与其他材料不真正匹配的那部分数据进行新的编码；

（3）例如，编码为 C 的材料与编码为 F 的材料并无本质不同。因此，研究人员可能要考虑合并这些编码。

显然，最好是在一小段文本上练习一下编码过程，而不是数据刚收集完，就进行首次编码。你可能会发现从互联网上复制一些文本很有帮助，如网络聊天室等，那里也许会有一些有用的东西。你可以尝试对当中的一些内容进行编码。

（三）基于初始编码寻找主题

这一步的顺序是先细读文本，为每行或一组文本生成编码，然后将这些编码转变成主题。问题是如何能将编码转变成主题。答案是更加努力地工作，即研究人员投入更多的努力进行分析。在这一点上，研究人员可能会注意到，虽然已开发的初始编码列表似乎是有用的，因为数据和对数据的编码是有意义的，并将一种类型的材料与另一种类型的材料区分开来，然而，列表中的一些编码彼此之间相关较大，而与另一些相关较小。换句话说，编码中的模式是什么？

随便举个例子，如果编码是狗、莴苣、猫、胡萝卜、苹果、兔子、食蚁兽，你可能就倾向于认为这些不同的编码与两种类别有关——①动物；②蔬菜。事实上，有人可能会认为第二组是水果和蔬菜——或者可能是一个群组和一个子群。这些群组几乎是一个主题。因此，主题基本上是将编码分类为有意义的组块的结果。当然，如果分析是稍微具体的，就有可能发展出比较简单的主题。如果要使分析具有一个好的质量，研究人员需要使用他们的抽象思维能力，但无论如何这就是研究的全部内容。在初始编码中，主题是主要的识别模式，因此可以将其看作对文本的二级解释。当然，初始编码过程可能已经确定了数据相当重要的方面，这就使得编码本身被描述为一个主题。与质性数据分析的所有方面一样，将编码阶段与主题生成阶段完全分离开来几乎是不可能的。它们之间有一种难以很好地描述清楚的相互作用。

　　我们能做些什么以鼓励研究人员从编码中构思主题呢？从许多方面看，这是问如何能够激励分类和推理加工，一般而言这是人类思维的特征。也就是说，任何促进或激励抽象思维的事情都是值得推荐的。在某些情况下，从已开发的编码中能发现非常明显的主题。但有时候可能需要更努力、更有效地开发主题。例如，简单的分类方法可能会有所帮助。每一个编码可能被写在一张小卡片或一张纸条上，根据相似性对编码进行归类或重新归类。将类别放置在大概对应的位置上是一个好主意，因为这暂时表明了不同主题之间的关系。在这一过程中，研究者可能会认为有些编码类别并不构成一个单一的主题，而是紧密地结合在一起。这些可以被看作更一般的主题中的子主题。

　　在某些分析中，一些编码可能很明显的是另一些编码的反面。这是一种截然不同的情况，即编码很难按不同的主题来区分。在这种情况下，编码属于同一主题，但标示的是同一主题的相反方面。把这些截然相反的编码看作不同的主题是非常错误而且误导人的。

　　"没有付出，就没有收获"虽不能恰如其分地描述开发主题过程，但也很接近了。虽然痛苦不是必要的，但努力工作是确保主题尽可能在数据解释方面有效并有用的关键。计算机可以帮助对主题分析进行数据管理，并减轻由于大量材料分析所带来的压力。文字处理程序具有允许无限剪切和粘贴的功能。而且，一些专业的计算机程序（特别是 NVivo）可以帮助实现相同的，甚至更多的目的，不过它们用的是不同的方式。

(四)回顾主题

　　到目前为止，我们已经经历了开发一组假设主题的过程，这有助于理解数据。根据不同的情况，在这一阶段，这些主题可能还没有完全确定，甚至还不特别精确。因此，我们有必要对照原始数据检查这些主题。研究人员需要围绕主题再次组织数据，正像先前围绕编码组织数据一样。这仅仅是一个剪切和粘贴材料的问题，这些材料先前是围绕不同的编码组织起来的，现在是围绕不同的主题组织起来的。换句话说，所有支持某一特定主题的证据被整合在一起。如同所有的质性分析，任何分析都可被看作试验性的，因此，根据在这些开发出的主题中所发现的东西，研究人员可以决定是否再次审查主题，甚至是重新编码。分析越系统，主题开发过程中的数据管理任务就越大。对于较大的数据集，研究人员可能更倾向于先分析一半的数据，然后根据数据集的后半部分的处理情况来完善分析。

这里有很多的可能性：

（1）你可能会发现，只有很少的数据支持你所确定的主题，基于此，主题可能必须要被放弃或修正。

（2）你可能会发现，一个主题需要进一步划分或细分，因为假定联结在一起成为一个主题的数据蕴含着两个不同的主题或子主题。

（3）你可能觉得主题大体上是有效的，但并不适合你最初认为是该主题的一部分的某些数据，因此你可能需要找到一个新的主题来处理未拟合的数据。你可能需要检查你的主题对所摘取的部分以及整个数据集的适用性。

（五）定义主题与标签化

准确性和精确性是所有学术研究的追求。没有做好在各个阶段重新考虑和完善分析的准备，研究人员就不大可能对他们研究中显现的主题进行定义和标签化。虽然我们似乎很容易给一个主题标上标签，但精确地定义主题可能是更麻烦的。最重要的是研究人员所确定的一个特定主题能在多大程度上与所有其他的主题有概念上的区分。也就是说，对于每一主题，研究人员能恰当地说出它是什么，而不是什么吗？当然，试图处理所有数据的分析比只处理特定方面的数据的分析要求更高。在这一阶段，开发子主题的过程很可能会继续下去。随着主题变得更加清晰，以前难以编码的数据可能会随着分析过程中概念的发展而变得可以理解。

到目前为止，主题分析已经被按照这种方式进行描述，即所有的东西都在研究者的头脑中（和桌子上）。这是一个有点隐秘的过程。在任何阶段，公开你的分析可能都是一个好主意，尤其是正在对分析进行完善的阶段。简单地和别人谈论你的想法，这本身就能帮助你发现你想法中的问题或你对自己想法的理解。它不但能帮助你看到整体中的细节），也能以不同的方式继续这个澄清的过程。此外，与他人交谈可能会让他们质疑你的想法，并可能抛出他们自己的分析观点。

（六）撰写报告

报告——可能是学生的学位论文或著名研究期刊的一篇论文——是对研究阶段十分详细的描述（见第 15 章）。报告往往不是毫无保留地描述，在某种意义上，报告的书写通常比实际的研究更有条理。质性写作往往比其他形式的研究报告包含更多的对分析问题的描述。值得注意的是，就算不是大多数，也有很多涉及主题分析的报告没有包括关于分析过程的大量细节。分析几乎就像是从数据中完全显现出来的，很少涉及中间环节。这是对质性分析的错误描述，好的做法是坚持将分析过程中的一些细节包括在内，突出分析中的困难——如果问题被掩盖了，对其他的研究人员就没用了。

报告撰写可被视为数据分析的最后阶段——也就是说，这是研究人员根据写作过程中显现的问题，必须对分析进行完善和修改的阶段。分析过程的各个阶段相互关联，推动研究者开展一项研究的研究优势恰恰是研究成功的一部分。事实上，在分析过程中，甚至在撰写报告阶段，研究问题很可能被数次改写。因此，报告撰写不仅仅是讲述研究项目的"结构"的实质——

研究的步骤——而且是进步反映数据、分析、数据与分析关联的适当性以及与之相反的情形的机会。报告中所讲的故事反映了研究者的最终想法。报告撰写不应被视为琐事，而应包括最终合成的数据分析过程中的一部分。然而，报告撰写能让人感受到一些艰苦的斗争，这是可以理解的。

在主题分析中，最终报告中对主题的解释和描述包括对取自与主题相关的材料的适当说明。可适用于这种选择的标准如下。

（1）数据的材料属于某一特定主题的典型程度。

（2）材料与主题相关联的贴切程度。一些摘录可能比其他摘录能更好地说明主题的特定特征。

（3）摘录引人注目的程度。有些数据可能比其他数据更生动，因此可能优先于其他摘录而被选择。

（4）你可能更喜欢仅仅用研究中一个参与者的摘录来说明各种主题。这样，就有可能深入了解一个特定的案例，以便在个体生活的背景下进行分析。

以上每一项都意味着某种不同的选择策略。在你的报告中注明摘录选择的依据显然是有帮助的。

最终的报告将会提供对相关研究文献的讨论。通常在主题分析中，研究人员很少——如果有的话——不愿意用以前的研究结果来报告正在形成的分析，尽管这是研究者总是必须要做出的选择。要么以前的研究文献有助于解释为什么你提出了你所研究的特定问题，要么研究文献与你的分析有关，一旦分析的框架建立好了的话——也就是说，你的分析是如何与其他相似材料的分析相关的？当然，可能两者兼而有之。可以指出的是，以前的研究在本质上可能主要是定量的。在这种情况下，将回顾这篇文献作为对为什么还需要质性研究方法的一部分解释可能是恰当的。由于没有先前的质性分析，新的质性分析将不会受到这些发现的影响。在专栏 7.2 中报告的这项研究的文献综述主要是定量的，因此减少了与主题开发的相关性。无论与数据分析有关的文献综述采取何种方法，最终的报告必须包括你将以前的研究文献与你的新分析进行合成和整合的尝试。建立这种合成是理解你已确定的主题的性质的一部分。量化也是专栏 7.3 所描述的一个问题。

不管上述步骤如何，主题分析的核心是数据、数据编码和主题识别。这不是一个线性的过程，因为研究人员可能经常在这三者之间反复，在分析过程中创建额外的循环。这有助于研究人员检查和改进正在进行的分析。数据和数据分析通常是并列的，研究人员既要检查分析的适当性，也要进行分析的细化。

四、 何时使用主题分析

主题分析可能并没有为研究人员提供像在会话分析和话语分析中那样的视角。主题分析没有相关的复杂理论，而理论是会话分析和话语分析所具有的。另外，"理论"可能并不是研究者的真正兴趣，也可能并不起作用。以下几点可以帮助我们判定主题分析是否恰当。

（1）主题分析最好被看作一种描述性的方法，因为它试图提出数量有限的主题或类别来描述数据中正在发生的事情。

（2）主题分析不像扎根理论，不是旨在产生理论，尽管在这方面它可能是有帮助的。例如，主题分析中提出的主题不需要以某种方式联系或关联起来，然而，从扎根理论分析中确定的类别确实需要依据它们之间的关系来探讨。

（3）相似地，主题分析的主要目的不是提供对数据的详细解释，而是描述数据的概括特征。虽然解释和描述确实是重叠的，但主题分析可以通过简单地描述数据中的内容来达到它的目的。

（4）主题分析提供了一种比较粗略的数据分析取向，而不是像其他质性研究方法那样的细节化取向。

（5）主题分析对收集的数据和收集的过程没有很强的影响力。因此，不像扎根理论，主题分析可用于已完成的数据集，也不要求通过分析对收集的数据进行中途审查，如有必要，则发起新的取样方法等。

（6）一般来说，主题分析并不浸透在其他质性研究方法所充满的有趣但有时令人沮丧的认识论争论中。事实上，主题分析符合定量研究的一些假设。因此，这可能是定量研究人员对质性数据感到满意的一种方式。

（7）在某些情况下，主题分析可以接受简单的量化，如一个主题可以被编码为占或不占某一访谈的多少百分比。

很显然，最接近主题分析的方法是扎根理论。然而，尽管主题分析的很多阶段与扎根理论有相似之处，但从上面的要点可以看出，这两种方法实质上是不同的。因此，主题分析是扎根理论的简化版或精简版的观点是不合理的。然而，一些扎根理论的分析产生了与主题分析相似的结果是可能的。

五、主题分析实例

专栏 7.1—7.3 给出了在研究中使用主题分析的例子。

专栏 7.1　研究示例

主题分析：色情制品的功能

当一个研究人员面对大量需要分析的访谈记录时，他会做些什么呢？主题分析是一个显而易见的选择。互联网性犯罪者——基本上是使用和下载儿童色情作品的男性——是了解性侵犯研究本身是否发展的关键群体(Sheldon & Howitt，2007)。这些人与传统的接触恋童癖者有何不同？互联网罪犯在互联网上避免使用儿童色情制品的情况如何？由于互联网性犯罪者相关信息的主要来源在以往研究中相对较少，所以必须对犯罪者本人进行访谈。网络虐童图片在这些罪犯的生活中起什么作用？显然，这个问题的答案存在于作者对网络性侵犯者和接触侵犯者进行的 51 次访谈中。如此大量的深入访谈产生了大量的信息，需要进行有效的总结。谢尔顿和豪伊特(Sheldon & Howitt，2007)的分析可能产生了一些可预测的结果，但也有一些"意外发现"。例如，互联网性犯罪者显然对儿童有强烈的性倾向，因为他们是由儿童性唤起的。因此，我们可以预测，性唤起可能是儿童色情作品服务于这些男性的主要功能。这项研究证实了这一预测，但又增加了其他未曾预料的功能。

在漫长的访谈过程中，互联网性犯罪者被问及他们使用儿童色情图片的情况。这项研究的所有访谈都是由实施分析的科里·谢尔顿(Kerry Sheldon)完成的。在数据分析方面，她访谈了研究中的所有参与者，并对所有访谈进行逐字逐句的完整转录。由于研究目的是了解罪犯如何解释他们的罪行，所以没有必要进行杰斐逊式的转录(第 6 章)。因为一个研究人员密切参与了访谈和转录，在研究的分析阶段开始之前，研究者对数据是非常熟悉的。

当然，访谈和转录中包含了许多与互联网儿童色情制品功能问题无关的数据，因此需要确定有关这一主题的相关材料。由于只有某些方面的提问与此有关，因此识别相关材料比较容易。这是通过将相关材料从转录的计算机文件剪切—粘贴到一个新文件中完成的。然而，用荧光笔在转录上突出有关文本，或改变计算机上的字体颜色同样可行。如果数据比较多，最好使用计算机存储相关材料，以备在编码数据时阅读。

研究者所采用的主题分析的步骤与其他形式的定性分析中所用的相类似。编码过程始于描述性水平的编码，涉及最低限度的解释或抽象。这时编码被用于"大块的"数据和转录是适当的。因此，它可能只是一个单词、一个短语、一个句子或一个段落。例如，一些罪犯把避免消极感受/心境描述为他们使用儿童色情制品的理由，因此每次在转录上出现这种情况时都给出"回避消极情绪"这一编码。编码是一个复杂的、相互关联的过程，因此最初的编码将会根据转录中稍后出现的内容进行修改。如果最初的编码看起来与数据不符，编码就将被细化或修正；如果编码在含义上重叠太多，编码就将被合并。记下想法和代码是这个早期阶段不可分割的一部分——有点类似于扎根理论中的"备忘录"(见第 8 章)。

下一阶段的数据分析涉及更多的解释和归纳推理。也就是说，包含了许多初始代码的构想被保留下来。这些构想捕获了一些初始的描述性编码的总体含义。在整个分析过程中，分析员将在数据(访谈摘录)、编码以及正在建立的主题和编码之间反复工作。为了促进主题的形成，个人编码连同简要的澄清描述被写在不同的卡片上。这些卡片可以被移动和打乱次序，并组织成"主题派"，在那里它们似乎有很多共同点。这使得分析人员能够确定主题是否与编码(和摘录)有关。

虽然这一主题分析的初始阶段是由数据引导的，但在最后阶段，研究者从心理学理论和研究中获取帮助，以将解释编码作为首要主题。了解文献被认为是非常重要的，因为它促使人们更好地理解编码中模式(即主题)的含义和启示。同时，研究人员试图对每个主题做出清晰的定义，并给出明确的名称。总的来说，这一主题分析只创建了少数的主题，但这些主题是包含较低水平编码的一般性概念。

当然，如果主题界定得非常明确，就可以量化它们在数据中的发生频率。有多种方法可以做到这一点。

• 主题有多流行？也就是说，每个主题包含了多少(或百分比)的访谈内容。

• 特定主题的发生率是多少？也就是说，一个特定的主题在整个数据中的发生频率，以及被每个被试所提到的频率。前者通常比较容易。

在主题分析完成后，再次对访谈进行细致审查，并统计提及某一特定主题的访谈次数。主题的重要性并不是其出现次数的函数。可以确定的是，有些主题比其他主题更重要，因为它们特别适用于所研究的问题。根据罪犯告诉研究人员儿童色情作品在他们生活中的功能，最后确定了 4 个主题。这些主题是：(a)性唤起，(b)回避情绪，(c)收集，(d)促进社会关系。这些都是非常不同的主题，在数据收集和分析之前，它们不可能完全被预期。通过主题分析确定的主题经由摘录加以说明，其中的例子如下所示。

• 主题 1：性唤起。"女孩们穿着校服在大学(迪斯科复兴)，这是一个引起性欲的刺激，所以我开始在互联网上寻找穿校服、在学校的女孩。"这是在发生频率方面具有压倒性优势的主题。

• 主题 2：回避情绪。"当我在网上的时候，那是一个十分谨慎和孤独的世界。"

• 主题 3：收集。"特别是当图像变得越来越年轻时，我注意到……你也会得到一系列的图像，而且也发挥了相当大的作用……以获得全套的东西。"

• 主题 4：促进社会关系。"我更感兴趣的是我正在进行的谈话，我正在得到的友情……图片……为我提供了一个交流的形式……那是我的荣幸……我很孤独……为了证明他们是真诚的，他们送我不雅的东西……我必须做与他们相同的事情以证明我自己是真诚的。"

当然，这相当于男性使用儿童色情制品的原因分类系统。虽然性唤起功能是非常普遍的(75％的互联网性犯罪者)，但这个系统有着明显的潜力来进一步发展这个领域的研究和理论。例如，某些功能的使用是否与最终对儿童的接触性犯罪更有关联？摘录与主题名字的拟合似乎很好。当然，尽管引用的例子更为普遍，但主题在概念上却截然不同。当然，有一些罪犯提到了与不止一个主题相对应的东西，但这些不同的主题显然是相互区别的。如果说明性摘录不太符合主题，这就可能是分析不完整，是需要做更多工作的一个信号。这是学生研究中的一个常见错误，摘录与主题的不匹配是分析的整个过程都不太顺利的信号。

专栏7.2 研究示例

主题分析：一个女性恋童癖网站

由于诸多原因，女性性犯罪者在心理学文献中仅有很少的报道——她们在司法系统中的罕见是最重要的一个原因(Howitt, 1995)。兰伯特和奥哈洛伦(Lambert & O'Halloran,

2008)对女性性犯罪者进行了一个演绎性的主题分析,他们将其归功于布朗和克拉克。我的总体印象是,兰伯特和奥哈洛伦的论文在精神气质上是定量多于定性的。在他们的论文中,兰伯特和奥哈洛伦描述了他们对六名女性"个人故事"的分析,以及他们在网站上发现的对儿童有性兴趣的女性的"常见问题"。他们将这些数据描述为对儿童具有性兴趣的女性为其他具有相似性兴趣的女性所撰写的资料。有人声称,在互联网上,可能多达 1/3 的罪犯是女性(Finkelhor, Mitchell & Wolak, 2000)。

兰伯特和奥哈洛伦没有给出所涉及的材料数量的说明,而是详细描述了分析的各个阶段。

阶段 1:网站上的材料被阅读了好几遍,用于分析的材料被识别并复制到一个文档中。研究者对这个数据集进行了更详细的检查,并将对数据的任何想法放在左边的空白处。"这些注释与研究人员认为有趣或重要的概念和措辞有关。"

阶段 2:数据集被重新阅读了多次,阶段 1 所做的注释被转换成主题。他们将主题定义为"与研究兴趣相关的重要内容,代表了数据集中某种程度的模式化回应或含义"。有趣的是,与这一"定性"报告中充满的"定量"光环相一致,另一位研究者也对数据集进行了分析,并开发了她自己的一套主题。最终的主题集是两位研究人员协商的结果,"直到就每个主题的有效性和适当性达成一致为止"。

阶段 3:研究者重新阅读这些数据,通过利用已知的心理学概念将主题形成主题的"特定集群"。九个主题(例如,"儿童是引诱者""与儿童发生性关系是自然的"和"在社会中儿童的性欲是受压制的")与认知扭曲的概念有关,被归类为认知扭曲这一更宽泛的主题。

阶段 4:研究者"根据它们与特定心理学概念的关系对集群进行分类"。除了认知扭曲,研究者还确定了性动机、认知障碍、个人因素和互联网角色等主题。

阶段 5:研究人员从数据中找出表述来说明每个类别中的每一个主题。事实上,研究人员说,他们"要提供各种类别中每一个主题存在的证据"。对这些说明性的摘录做了进一步的检验,以便将它们与研究问题("调查对儿童有性趣的妇女如何接触互联网")和相关的研究文献联系起来,最后撰写一份"学术报告"。

下面是一个用来支持主题的文本摘录举例,用以阐明"儿童作为引诱者"这一主题。

B:"一个小时后,我真的有了与 10 岁儿童的第一次同性恋经历,我真的为自己感到羞愧,因为我让她做了她想与我做的事,而我也回应了她的要求,我成了受害者。我没有碰过她,但她对我做的事,我简直不敢相信,我们甚至做了一次很好的口交,而我比她大 12 岁。"

尽管研究人员确定了这一主题,尽管他们倾向于量化,但在报告中没有迹象表明"儿童作为引诱者"这一主题的普遍性是如何在数据中确定的。

从报告中我们可以很清楚地看出,这一主题分析并非特别以数据为指导,而是由现有的有关男性性犯罪者的心理学理论和概念所引导的——但应用于对儿童有性兴趣的女性。换言之,这一分析是由文献回顾而不是数据引导的。现在,这可能是分析数据的一种有用的方法,但它是否构成了该短语最充分意义上的定性分析是值得怀疑的。事实上,一些定性研究人员可能认为这是一种精心设计的为说明众所周知的主题而搜集例子的方法。换言之，这一主题分析似乎在很大程度上证实了我们已经从对男性性犯罪者的研究中所知道的。很显然，知道有这样的对应关系是有用的，但是否应该把这当作主题分析是有争议的。有趣的是，由于这些主题表面上是从数据中发展而来的，所以分析很少质疑以前从男性罪犯的研究中发现的结果。有些时候，研究人员对已知的和与女性罪犯有关的问题提出了一些轻微的批评："母亲乱伦被认为是特别罕见的，但在网站上公布的故事表明这是不真实的，有人认为，这种形式的虐待比许多人认为的要普遍得多……"

专栏 7.3　研究示例

主题分析：着装和身体关注

身体映像是心理调查的一个重要主题。然而，与之相反的是，我们平常所做的日常梳理以及它在维持和调节身体映像方面的作用在很大程度上被忽视了（Frith & Gleeson，2008）。研究人员倾向于把注意力集中在身体映像的负面方面，而正面的身体映像却通常被忽略。身体映像可以被看作多维的，包括对外貌的态度、感知和评价。心理学研究一般强调社会学习和认知因素在身体映像中的作用。一个人的外貌和相关的信仰和假设都与自我感知密切相关。人们通过一个自我调节的活动过程来管理和处理与身体映像有关的问题。

弗里思和格利森（Frith & Gleeson，2008）试图揭示女性如何"创建、管理和经营她们的身体映像"。她们专注于日常的美容活动，包括穿衣打扮。研究人员特别想知道：（a）女性是否知道穿衣打扮的方式和她们对自己身体的评估有一定的关系；（b）女性如何用服装来掩盖她们不满意的那部分身体，以此来评估实行自我调节的程度。研究人员希望利用定性方法的探索潜能，为进一步的研究问题和理论发展创造思路。他们的方法论涉及他们称为质性调查问卷"很少使用的方法"。这使得他们有机会处理比面对面的访谈更大的样本。质性问卷是一种开放式问卷，使女性有机会清楚地说明与研究主题有关的主要问题。不同于封闭式的定量问卷，质性问卷显示了个人在身体映像方面所经历的细微、不相容和含糊之处。研究使用志愿者机会抽样法，在这一方法中，学生代表研究人员与参与者联系。82名女性参加了调查。绝大多数人报告自己为白人（88%），6%的人拒绝回答这个问题。

问卷中包含的问题是：

- "你感觉你的身体对你购买或穿的衣服的种类有多大影响？"（这评估了被试对身体映像和着装之间关系的看法）
- "你穿衣的方式掩盖了你身体的各个部位吗"？
- "你穿衣的方式突出了你身体的各个部位吗"？

指导语要求被试尽可能地写，尽可能地举例他们买的、想买的和希望他们没有购买的衣服名称。数据分析采用海斯(Hayes，2000)所描述的归纳式主题分析。这在图 7-4 中进行了总结。可以看出，他们的方法或多或少类似于本章所描述的方法。主题分析是一个归纳过程，因为一般的主题是从可用的实例(或者说数据)中提炼出来的。研究人员选择主题分析处理他们的数据，因为它不涉及使用现成的理论框架。因此，值得注意的是，在质性研究中，研究人员使用了另一个评分者，以评估在分析中确定的主题的可靠性。图 7-5 显示了分析期间确定的主题和子主题。

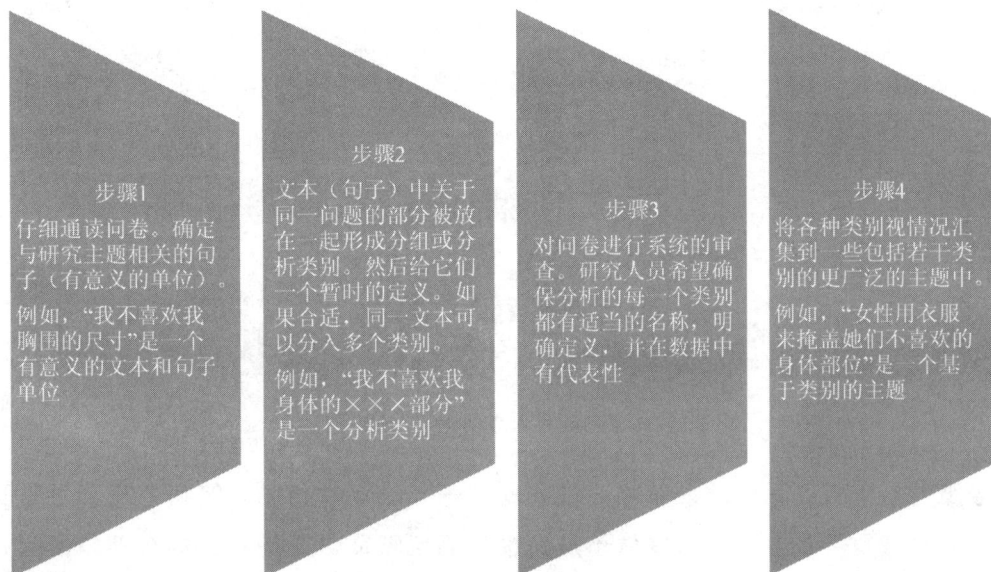

步骤1
仔细通读问卷。确定与研究主题相关的句子(有意义的单位)。

例如，"我不喜欢我胸围的尺寸"是一个有意义的文本和句子单位

步骤2
文本(句子)中关于同一问题的部分被放在一起形成分组或分析类别。然后给它们一个暂时的定义。如果合适，同一文本可以分入多个类别。

例如，"我不喜欢我身体的×××部分"是一个分析类别

步骤3
对问卷进行系统的审查。研究人员希望确保分析的每一个类别都有适当的名称，明确定义，并在数据中有代表性

步骤4
将各种类别视情况汇集到一些包括若干类别的更广泛的主题中。

例如，"女性用衣服来掩盖她们不喜欢的身体部位"是一个基于类别的主题

图 7-4　弗里思和格利森分析数据的程序

大多数女性在某种程度上对她们身体的各个方面都感到困扰，她们大都知晓自己对自己身体的感觉，而且大多数人觉得她们对自己身体的感觉影响了她们的穿衣习惯。40%以上的人在调查问卷上写到，她们对自己身体的感觉对她们的穿着有很大的影响。她们报告对于自己身上不喜欢甚至厌恶的身体特征，他们能够意识到或感到不安。她们使用了诸如"突出太多"或"不成比例"之类的短语。然后她们会做一些事情，比如通过选择新衣服来掩盖凸起部位。或者她们写到大的套头衬衫是很好的掩饰。通过这种方法，大约有 1/3 的女性隐藏了她们的臀部，1/3 隐藏了她们的腿/大腿；1/4 隐藏了她们的肚子，1/10 隐藏了她们的胸部。但同时参与者报告说，他们也会使用服装来突出她们满意的身体的某些部位——一半的女性提及会突出她们的胸部，1/3 提及突出她们的腿/身高，1/6 提及突出她们的腰/肚子。这些东西不是静止的，而是随着时间和环境而波动的。

弗里思和格利森的研究在许多层面上都很有趣。从方法论的角度来看，他们清楚地用数字记录了在数据中发现的某些主题等的程度，所以有量化的元素。使之与定量研究不同的是，利用参与者从她们自己的资源中生成数据——研究人员没有使用研究中预先指定的范畴，而是使用参与者的写作材料生成类别，最终形成主题。此外，他们并没有把个体描述为具有固定的特征，而是将事物视为处于一种可变性、不稳定、波动等的状态。因此，女性对自己的身体并不一贯或永久地感到好或坏，但这些感觉有些时候会发生，有时也可

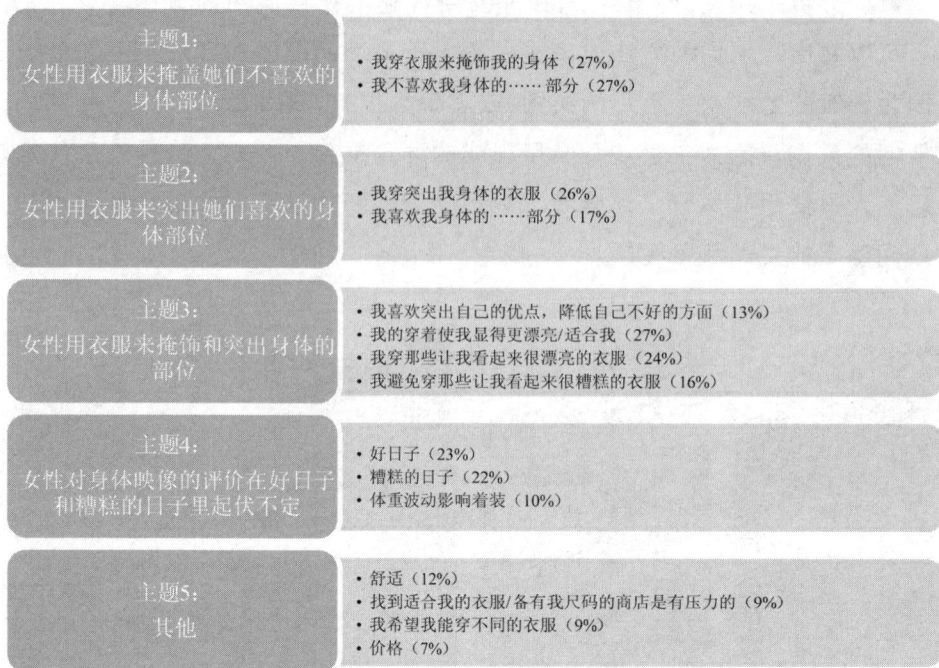

图 7-5 弗里思和格利森确定的主题和子主题

能会意外变化。女性采用的服装策略也是如此——与稳定性相比，策略的变异性是更准确的描述。也许最重要的是，身体映像不是女性的固定特征，而是变化的东西。所有这一切呈现出的特征都与典型的定量研究非常不同。也就是说，尽管有数字量化，这项研究清楚地充满着质性的气质。

六、 主题分析的评估

当评价主题分析时，重要的是要记住，布朗和克拉克版本的程序可能比那些声称使用主题分析的研究者所采用的要好得多。也就是说，主题分析包括一系列的程序，并不是所有的程序都满足布朗和克拉克的标准。因此，他们的做法可能并不总是适用于实践中所发生的事情。以下是布朗和克拉克认为关于主题分析的正确描述。

(1)相较于其他形式的质性分析，主题分析对数据收集的要求较少，对数据分析的限制较少。

(2)相较于其他的质性研究方法，主题分析比较容易学习和理解。因此，新手研究人员可以几乎没有困难地使用它。

(3)聪明和受过教育的团体成员可以很容易地理解主题分析的结果。

(4)主题分析对一般公众的可通达性意味着它可以用于涉及特定群体和研究人员的参与性研究。例如，对急诊室的工作人员进行访谈的主题分析不大可能产生他们无法理解的结果。

(5)主题分析通过提供含有丰富信息的描述性主题来总结大量数据。

（6）主题分析在为政策制定提供信息的质性研究中是有用的，因为它可以访问和使用涉及个人的数据。

布朗和克拉克还认为，尽管没有任何系统的证据，但：

（1）通过主题分析可以获得"意想不到的见解"——然而，只有当采用的程序以数据为中心，且研究人员根据数据修正他们的分析时，这才可能实现；

（2）主题分析"允许对数据进行社会学和心理学的解释"——尽管这是正确的，但这表明主题分析的目的是提供这种解释而不是描述。

另外，经验表明，主题分析是一个包罗万象的术语，一些被称为主题分析的研究未能达到布朗和克拉克的期望或一般质性研究者的期望。例如，以我的经验来看，有许多学生论文，似乎只是从数据中摘取一些引文，给它们标上一个主题，基本上没有达到主题分析或一般质性分析的标准。正如我们所看到的，其实很容易做得比这更好。图 7-6 总结了可用于主题分析的一些质量标准。

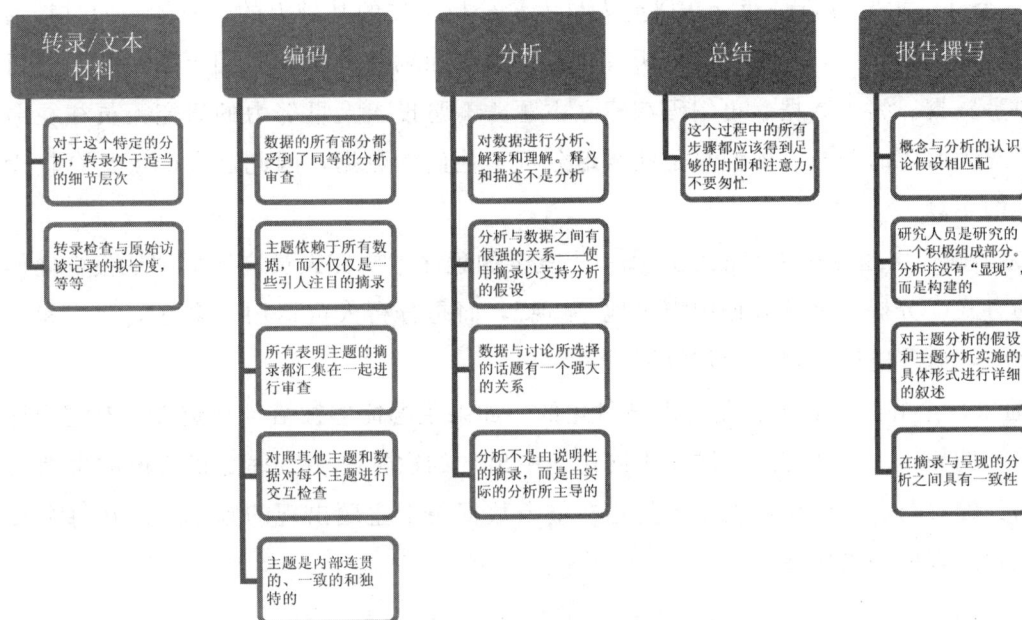

图 7-6　主题分析的质量标准（Braun & Clarke，2006）

七、 小结

主题分析这一名称或多或少地说明了这类分析所涉及的内容。主题分析是对文本材料（报纸、访谈等）进行分析的一种研究程序，以指明在该文本中所发现的主要主题。《简明牛津词典》将主题定义为"一个人所说、所写或所思的对象或话题"。虽然这并不是主题分析中所使用的"主题"这个词的确切意义，但它是一个足够接近"主题"本意的常识性含义。那些对质性分析不熟悉的人将主题分析作为质性研究的第一步也许是正确的。主题分析缺乏理论基础，以及对研究者的限制性要求，本身就是尝试进行主题分析足够好的理由。它对用户友好的声誉是一个福音，但它能够以主题的形式产生有用的，可能是有限的，对数据的简要描述。对主题分析采用表面的方法，将在所生成的非常有限的分析范围内显示出来。理想情况下，研究人员不会满足于简单和肤浅。本章所述的方法应允许研究人员避开陷阱。主题分析的简洁性掩盖了这样一个事实，即分析人员的辛勤工作在生成主题时起决定性作用。研究人员在每个阶段对挑战分析的准备越多，最终的结果可能会越好。无论提出的、然后成为"分析"的一些主题是多么的吸引人，这都是对主题分析思想的损害。

本章要点

• 从历史上看，主题分析作为一种方法几乎没有任何知名的倡导者。因此，作为一种方法，它的发展一直被推迟到最近。然而值得注意的是，这种方法如何能够轻易地与大多数质性分析的主要目标保持一致。最后，因为它是一种描述性的方法而不是一种理论导向的方法，所以主题分析不能有效地替代后面几章所讨论的理论性更强的方法。

• 一个好的主题分析是建立在研究人员大量分析工作的基础上的，所涉及的过程通常是质性研究人员非常熟悉的，是建立在分析者紧张、细致和勤奋的工作基础上的。主题分析的主要过程是熟悉数据、编码数据、再编码和建立主题。不愿投入大量努力的研究人员往往会产生更弱、更缺乏说服力的分析。他们只是肤浅地分析了他们的数据，因此这会产生具有较少洞察力和全面性的主题。

• 为了确保主题分析未来能发展成一个复杂的程序，研究人员应该详细地报告他们进行主题分析的方式。分析不是从数据中简单地"显现"，而是分析人员运用许多好的做法和大量辛勤工作的结果，这些应该在报告中加以说明。

• 通常一个好的主题分析是可以被量化的。如果主题能够被恰当地定义，对它的计数就应该很容易。例如，一个特定的主题在不同访谈中出现的次数。流行率是指所说的事情与某一特定主题相关的参与者的数量，发生率是指在整个数据集中主题出现的频率，或在每个参与者的数据中主题出现的平均次数。

拓展资源

Boyatzis, R. E. (1998). *Transforming qualitative information*. Thousand Oaks, CA: Sage.

Braun, V., & Clarke, V. (2006). Using thematic analysis in psychology. *Qualitative Research in Psychology*, 3, 77-101.

Howitt, D., & Cramer, D. (2014). *Introduction to research methods in psychology* (4th ed.). Harlow: Pearson.

这里也包含了一种更简单的主题分析方法。

Miles, M., & Huberman, M. (1994). *Qualitative data analysis: An expanded sourcebook*. London: Sage.

第 8 章
质性数据分析： 扎根理论的发展

概述

- 扎根理论开创性地将质性研究界定为一种系统的研究形式。 扎根理论产生于巴尼·格拉泽（Barney Glaser）和安塞尔姆·斯特劳斯（Anselm Strauss)在 20 世纪 60 年代的工作，后来格拉泽和斯特劳斯在如何进行扎根理论研究方面提出了一些不同的侧重点。

- 扎根理论是从数据与对数据的发展性理解之间密切的相互作用发展起来的理论。 在扎根理论中，理论与数据的拟合应该是紧密的。 理论的建立过程涉及对分析过程不同方面不断的前后验证。

- 通常，扎根理论从最初的数据收集和分析到在最初分析(理论抽样）引导下对更新的数据的收集。 这一过程通常是对诸如访谈或焦点小组等转录文本的逐行编码过程。 将这些编码分类，从中可以确定基本的理论观点和关系。 这一过程可能会进行到包括收集新数据的其他阶段，以帮助验证研究发展出的新理论观点，并检验该理论是否更为普遍适用。

- 研究人员在备忘录中写下想法、概念和其他分析见解，以帮助理论发展。

- 人们对世界的常识理解能够提供帮助回答研究问题的适当数据的领域，用扎根理论可能效果最好。

- 人们对扎根理论有许多批评。 例如，一些人质疑发展出来的"理论"的性质，当已有相关的理论可以利用时，它强加给理论运用的延迟可能会适得其反，它经常缺乏清晰度。

- 值得注意的是，有相当比例的扎根理论研究只集中在最初的理论构建阶段。 在许多研究中，这些阶段所产生的类别在很大程度上构成了理论。 有些研究者不愿超越这个阶段来检验从理论中得出的理论和假设，以扩展其适用性。

一、 什么是扎根理论

根据布赖曼(Brgman，2004)的观点，扎根理论是使用最广泛的分析质性数据的方法。扎根理论为质性数据的分析提供了一个相对正式但有力的方法，从这个意义上讲它是开创性的。它还涉及收集数据的方法，这与数据分析相互依存且相互关联。这是在 20 世纪 60 年代学者们的不满声中产生的，当时它们的不满是实证研究与理论构建之间的鸿沟，以及普遍感觉质性研究缺乏学术规范所要求的严谨性。它源于社会学家巴尼·格拉泽和安塞尔姆·斯特劳斯的研究。现在，质性研究人员煞费苦心地建立其分析的有效性已是很平常的事，这实际上是格拉泽、斯特劳斯和扎根理论的贡献(关于对质性研究者所提出的大量质量标准中的一些标准的讨论参见第 16 章)。可以说，扎根理论是建立在两个主要概念之上的。这两个概念在当时的实证主义社会科学中是异端。持续比较涉及同时收集和分析数据，新收集的数据和已经做的分析不断地进行相互比较，这违反了实证主义先收集数据然后再分析的观点，即分析对数据收集过程是没有影响的。理论抽样的观点是研究人员正在研究的理论/分类应该有助于确定接下来要收集哪些数据。

第一本详细论述扎根理论的主要著作是格拉泽和斯特劳斯的《扎根理论的发现》(*The Discovery of Grounded Theory*)。这本著作既可以被看作创新的和激进的，也可以被认为是破坏当时主流社会学的决定性因素。这本书坚决主张用实证研究数据与理论之间的密切关系去取代当时在缺少研究数据支撑的高度思辨的大社会学理论，和给很多研究带来坏名声的非理论的经验主义"空洞的废物"。像许多研究者一样，他们拒绝接受科学依赖于独立的外部现实(实证主义立场)的观点。科学知识是观察过程和由研究者或观察者共同参与从而达成共识的意义建构过程的结果。因此，经验现实是一个持续的过程，意义通过这一过程在共同的科学观察项目中被解释(Suddaby，2006)。扎根理论主要假定，经验数据和理论构建之间必须有密切的联系，要求对得出理论的数据分析和理论本身进行彻底的检验和令人信服的质疑与挑战。扎根理论为质性研究的发展提供了一条前进的道路，尽管它从未专门用于质性数据。质性研究方法中存在着明显的潜在可信度问题。20 世纪五六十年代前后的质性研究的刻板印象突出了分析过程的明显主观性。在定量研究中普遍存在的质量检查——信度和效度问题——当时的质性研究都不具备。格拉泽和斯特劳斯并非是他们在定量研究中所采取的信度和效度形式的倡导者。他们不确定传统的信度和效度概念是否适用于扎根理论，并认为它们迟滞了研究的发现过程。相反地，例如，他们的效度方法包括应答者验证——从研究中发展出来的理论对参与研究的人是有意义的。当然，要验证质性研究的有效性的还有很多要做的(见第 16 章)。

格拉泽和斯特劳斯关于扎根理论的早期著作是在实证主义和定量化占据上风的时候写的。如果格拉泽和斯特劳斯对扎根理论中所阐述的理论"发现"过程和实证主义心理学家"发现"心理规律的过程一样，可能就不足为奇了。心理规律似乎本就存在于世界中等待着被发现。几年后，越来越多的人认为科学知识是由研究人员建构的，而不是由他们发现的(Gergen & Graumann，1996)。这种兴起的观点可能使其在扎根理论中受到质疑。这是扎根理论随着时间推移而改变的一个例子，也是解释出现明显不同的扎根理论研究派别的一部分原因。实际上，格拉泽和斯特劳斯在 20 世纪 90 年代就扎根理论应该如何进行的问题分道扬镳了(请记住，扎根理论包含了量化研究，尽管它主要被看作一种质性分析方法)。哈钦森、约翰斯顿和布雷肯(2011)描述了多年来扎根理论中理论生成方式的变化：

最初的扎根理论文本(Glaser，1978；Glaser & Strauss，1967)将发现理论从与卷入的科学观察者或研究人员分离的数据中浮现出来。因此，尽管它们开始反驳当时占主流的实证主义实践，但它们似乎仍然符合朴素的或科学的现实主义框架。斯特劳斯和科尔宾(Strauss & Corbin，1990，1998)随后对这一方法的修正看起来是通过承认研究者是理论生成过程的积极组成部分使这种立场转向更具解释性的立场。然而，为了勾勒出实施扎根理论更合用的指导方针，他们描述了一些技术性的规定程序，这再次传达了一个更客观的立场。围绕研究人员在知识建构过程中的作用进行的这场争论引发了对方法的另一项显著修正。这项修正由查默兹(Charmaz，2000，2006)提出，并且她承认了建构主义的观点。查默兹认为数据和理论都不是被发现的。相反，她确认了这样一个事实：我们是我们所研究的世界和我们所收集的数据的一部分，她认为扎根理论是通过我们过去和现在的参与和与人、观点和研究实践的互动而建构的(Charmaz，2006)。最近，人们尝试着根据当前哲学和认识论的形势试图重新定位扎根理论，最终对扎根理论的客观主义和建构主义修正进行了区分(Bryant，2002；Bryant & Charmaz，2007；Charmaz，2000，2006)。(Hutchinson Johnston & Breckon，2011)

扎根理论中的数据基础是非常明确的，因为扎根理论中的理论处于数据收集所涉及的实证工作中。然而，扎根理论中理论的性质可能导致一些问题。对于接触扎根理论的新手来说，这本身并不是一个问题。在心理学中，"理论"这个词本身并不是一贯实用的心理学术语，它的含义几乎包含了任何东西，不只是一个实证的关系。理论可以是一个定义非常宽泛的短语，指的是诸如广泛的原则或个人的思考等事物，但也可能涉及相对"复杂"的定义。因此，理论也可以包括一些事物，"如整合了大量知识的完备的思想体系"，而且可能"具有预测的潜力"。菲什(Fish，1989)拒绝接受理论概念的价值，因为在他看来，它真的是指"理论说"，这是一种在研究中获得了"威望和声誉"的对事情的思考方式。这在心理学流行的概念化中经常可以看到。概念是主要的谈论要点，但随后消失在研究者的视野中。因此，如果对"理论"的讨论似乎超出了你的理解力，也不要过于担心。

人们经常用"中层"理论这个短语来描述扎根理论，但这也不是一个不证自明的术语。存在一个问题，许多扎根理论分析并没有把这一方法或数据的使用推到极限。因此，一些由扎根理论分析所生成的理论并没有表现出格拉泽和斯特劳斯的一些原著中所预期的最充分的意义。重要的是要记住，扎根理论分析中使用的大量数据包括访谈、焦点小组、日记等形式的来自个人的丰富数据。因此，这意味着扎根理论是与这些数据形式相关的理论。然而，中层理论这一术语是由美国杰出的社会学家罗伯特·莫顿在其 1949 年的著作《社会理论和社会结构》(*Social Theory and Social Structure*)中提出的。中层理论占据了研究者描述他们的经验观察时使用的那种简单的、日常的假设或解释与用来解释生活主要领域的更复杂的、包罗万象的宏大理论之间的空间。事实上，在最近的心理学中，想出大理论的例子要比中层理论的更难。大多数大理论的最佳范例都来自经典的心理学领域，如弗洛伊德的精神分析理论、皮亚杰的认知发展理论、符号互动论、艾森克的人格理论、卡特尔的人格理论、维果斯基的文化历史学派等。根据莫顿的观点，大理论不能直接指导研究人员如何收集相关的实证证据。它们往往是相当抽象的，因此，直接应用于实证研究有些困难。原因之一是，它们是心理学一个特定领域的许多方面的主要集成，因此，不能满足研究人员非常具体的规划研究需求。

中层是一种描述，适用于基于数据但综合了一系列研究和发现的许多心理学理论。心理学中充斥着简单的、经验概括的例子，它们只是试图解释一对变量间的关系。因此，中层理论超出了一个非常特殊的实证研究的要求，但远远没有成为包罗万象的全面的理论。心理学中中层理论的例子是很多的。公正世界理论、认知失调、性犯罪的路径模型、相对判断理论等都可以被视为心理学的中层理论。这些是主流心理学中中层理论的例子，不是从扎根理论中发展的中层理论。这一层次的理论是心理学中许多实用理论的典型。

扎根理论建立在与研究问题相关的特定类型的数据基础上。因此，我们可以预料扎根理论与深度数据尤为相关，这些数据可以通过焦点小组、深度访谈、日记、叙事、报纸故事等获得。因此，关于人们思维的不同意识形态、不同类型的人如何与他人交往、儿童在生活中谈论权威人物的方式等，都是中层扎根理论的范例。中层理论并不是一个多么神秘的概念，它只是基于一个定义相当不清楚的观念。

在扎根理论中还有另一种方法来开发理论——这就是所谓的重写技术。根据格拉泽的观点：

重写技术的一个版本是简单地省略实质性的单词、短语或形容词，不是写"非预定状态通道的死亡时间方面"，而是写"非预定状态通道的时间方面"。实体理论（substantive theory）也可以被改写成一个等级：不是写医生和护士如何根据病人的社会损失对垂死的病人进行医疗护理，而是谈论如何根据客户的社会价值分配专业服务……在每一种版本的重写技术中，社会科学家在其实体理论的基础上写出一个领域的正式理论，并没有直接从数据中生成正式理论。这些技术只产生了一个足够的理论起点，而不是恰当的正式理论本身。研究人员机械地提高研究的概念水平，并没有通过比较性理解来提高它（Glaser, 1982）。

换句话说，如果理论是通过重写技术生成的，它在数据中扎的根不能被视为理所当然，需要根据相关数据进行评估。

正如我们将在后面详细看到的那样，进行适当的扎根理论分析的过程是非常艰巨的，所涉及的程序是基于数据和分析之间不断反复的参考。做这件事有许多不同的方法，但没有一种是容易的。这样来看，尽管一些研究人员把他们的研究描述为基于扎根理论，但他们所做的工作很少有迹象表明采用了扎根理论的严格程序，也就不奇怪了。这种口头的说法会为扎根理论带来不幸，因为对质性研究的新手来说，在实践中可能会对扎根理论实际上是什么感到困惑。因此，我们要警惕这种可能性，即某些声称是基于扎根理论，实际上仅仅是最低限度的研究。像所有的研究，特别是高标准的质性研究一样，扎根理论方法是严格的、费时的和细致的。它们要求研究者对数据非常熟悉，这样的熟悉度需要他们花费大量的时间和精力来实现。

扎根理论的最终目的是建立适合于数据的理论，并通过对数据的仔细检查发展合理的理论。然而，许多扎根理论研究在理论的发展中短暂止步，集中于数据方面的分类。不管怎样，分类过程是扎根理论的根本，因此这种对数据的描述性解释是有价值的，尽管作为中层理论有时难以描述结果。从本质上看，这其中涉及的过程有：

(1)使研究人员对他们的数据非常熟悉；

(2)鼓励研究人员对数据的小元素进行编码；

(3)鼓励研究人员将这些不同的小元素综合成类别；

(4)在分析中，不断要求研究人员将数据与发展中的理论(类别)进行比较。

在最成功的实例中，这一过程能带来理论的发展。但应当指出的是，扎根理论所产生的那种理论并不具备一个主流心理学家所认为的好理论的所有特征。具体来讲，许多心理学家认为，一个好的理论将帮助他们预测人们在某些情况下会做什么。这种精确的预测并不是扎根理论的目的。在扎根理论分析中发展起来的理论也许能够应用于新的数据集，但通常不可能做出因果预测。根据查马斯的观点，扎根理论提供了收集和分析数据的指导原则，是用来开发说明和解释数据的理论。

在整个研究过程中，扎根理论家会对他们的数据进行分析性的解释，以聚焦进一步的数据收集，他们进而使用这些数据来告知和完善发展中的理论分析(Charmaz，2000)。

以下是扎根理论的一些重要特征。

(1)系统性。理论发展的过程是通过谨慎地运用扎根理论的一般原理和方法。

(2)指引性。扎根理论本质上是一套指导数据收集、数据分析和理论构建的准则体系。就数据所表征的社会现实而言，正在形成的研究和理论与其紧密相连。

(3)归纳过程比演绎过程更重要。这与传统的心理学理论建构有很大的不同。传统的心理学理论建构，假设是从理论演绎出来的，而且是经过实证检验的。这种理论建构的方法通常是在主流的心理学导论教科书中传达给心理学学生的。

(4)理论建构是一个连续的过程。扎根理论是通过一个连续的过程，而不是通过传统理论建构中的决断性假设检验开发理论的。由于理论发展在早期——甚至在数据收集阶段——就开始了，并持续到写作阶段，因此不可能将扎根理论研究分为少数几个离散的阶段。

扎根理论的一些主要元素如图 8-1 所示。

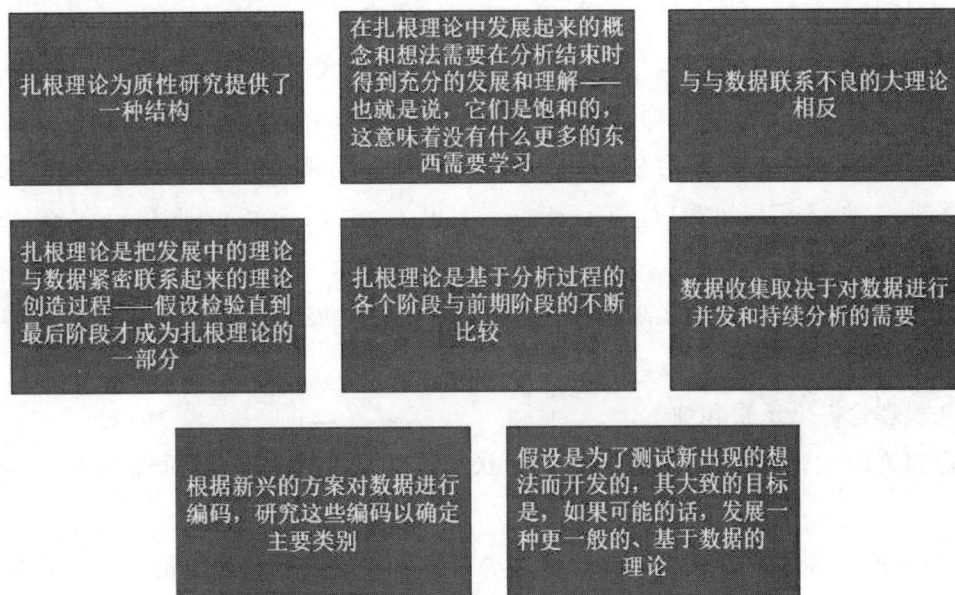

图 8-1　扎根理论的主要元素

二、扎根理论的发展

在过去的几十年里，扎根理论的流行是不可否认的。但这是什么原因呢？托马斯和詹姆斯认为：

> 扎根理论和质性研究中的其他分析技术必然会受到欢迎，因为它们符合需要。虽然质性研究是绝对有效的，但很难做到……它可能需要在学校和其他环境中参与、观察和倾听。但当这一切完成后，接下来会发生什么呢？这种做研究的方法会导致一种漂浮的感觉，缺乏方向。人们如何处理自己的数据？当然，人们不能只是谈论它。扎根理论提供了一个解决方案：一套程序以及生成理论的方法。因此，它已被广泛使用，其在质性研究中作为一个可理解和彻底解释的方法，其声誉不断增长。(Thomas & James，2006)

巴尼·格拉泽和安塞尔姆·斯特劳斯于 1965 年出版了《死亡的认知》(*Awareness of Dying*) 一书。斯特劳斯开始在位于圣·弗朗西斯科的加利福尼亚大学医学院工作，并逐渐意识到医院发现死亡是一个很难处理的问题。他开始实地调查这个主题，并聘请格拉泽帮忙。这两位研究人员得出这样的看法：病人和周围的人对死亡的期望对参与者之间的相互作用有很大的影响。他们区分了这种期望的许多不同分类，从开放的意识到封闭的意识，到怀疑和相互欺骗。护士也有难处，尤其在病人不知道他们正在面对死亡，因为护士必须避免将这个信息透露给病人。这本书吸引了很多人的注意，可以说，可被看作扎根理论用于研究的第一次。格拉泽和斯特劳斯后来的著作《扎根理论的发现》(Glaser & Strauss，1967)实质上是试图描述扎根理论的方法和它的局限性。它成了社会学甚至社会学之外的经典之一。

格拉泽和斯特劳斯试图弥合社会学中理论与实证研究之间的"尴尬"鸿沟(Glaser & Strauss，1967)。有趣的是，鉴于这个意图，格拉泽曾师从哥伦比亚大学社会学主要方法学家(和就此而言的心理学某些领域)保罗·拉扎斯菲尔德和杰出的理论家罗伯特·莫顿。当然，拉扎斯菲尔德作为一个方法学家是富有创造力和革新精神的。他轻易地越过了定量和定性之间的鸿沟，认为两者都是重要的(Bailey，2014；Morrison，1998)。根据斯特劳斯和科尔宾(Strauss & Corbin，1994)的观点，这本书有三个不同的目的。

(1)为理论在数据中扎根提供基本原理。也就是说，发展理论的一种方法，其中理论的发展是与研究数据相互作用的一部分。

(2)为扎根理论提供逻辑和细节。

(3)考虑到当时质性社会学的地位低下的状况，为社会学的全面质性研究提供了坚实的基础。

或许在这三个目的中，最后一个目的是这本书最惊人的成就和最早的成就。正如我们所看到的，扎根理论经常被描述为与主流和理论上高度推理的社会学相对立，这种社会学在 20 世纪前半叶及其以后兴起并笼罩着社会学。更具体地说，作者倾向于把扎根理论的反应视为芝加哥学派的社会学。该学派开发了城市地区社会学的生态学方法。它对犯罪学产生了很大的影响，并为这一学科的量化提供了一些最早的方法。它用对数据收集和严密分析的强调替代了不切实际的理论化。但是，在芝加哥大学发展起来的理论倾向理想化，尤其体现在帮助社会和城市变化的宽泛流程中。芝加哥学派最早的一些成员的著作中有将社会学变革与生态研究中的基本自然科学模型联系起来的要素。人类社区被视为由亚群组成，这些亚群的运作与生态种群中类似的力量相类似。一个亚群开始侵入一个区域，并最终成功取得支配地位；这个亚群又会因为另一个亚群开始在同一区域入侵并取得成功而衰落。但芝加哥学派是长期存在的，其影响是复杂的——当时在社会学专业毕业生中很大一部分是该校的毕业生。其影响之一是使用标准化测量工具收集数据。

当然，在心理学的量化优势中可以看出芝加哥学派的许多特征。尽管芝加哥学派对现场环境进行了开发，但其焦点是非常广泛的过程，而不是社会互动的细节。在 20 世纪的大部分心理学中，同样可以看出，这一学科集中在可以量化的东西上。这些往往是相当粗略的抽象概念。查默兹(Charmaz，1995)认为，在社会学中，理论家和研究者在 20 世纪早期的社会学中扮演了非常不同的角色。在同一时期，从很多心理学的理论家和实证研究者之间的分歧中可以看到一些同样的现象。

根据托马斯和詹姆斯(Thomas & James，2006)的观点，"扎根理论代表了不同认识论立场的决议，以及社会科学中对基于定性知识地位的看法这一更广泛问题的解答。"他们认为，符号互动论在社会科学中的力量正在下降，但更重要的是，统计学和结构功能主义的"硬"科学方法挤压其他方法的力量也有所下降。扎根理论在很多方面推翻了当时主流社会学的许多特征：

(1)它将质性研究建立在对自己的权利的合法冒险之上，而不是把它降级为"科学可信的"，为定量研究做准备的精炼研究工具的初步或准备阶段。

(2)研究和理论之间的区别在理论发展和数据收集不断地一体化中被去除。数据收集和数据分析在理论发展的意义上几乎是不可分割的。扎根理论为理论发展提供了根据实证数据进行验证的方法。

扎根理论可以被看作一种一般的质性研究方法，使其能够适应各种研究领域。此外，扎根理论不需要特定类型的数据，因此可以用于日记、传记、报纸和杂志文章、访谈等。这显然意味着扎根理论的潜在传播范围是巨大的，它渗透到人类学和心理学等学科，以及社会工作和教育等领域，这并不令人意外。

扎根理论的主要发展之一是格拉泽和斯特劳斯后来在职业生涯中分道扬镳的结果。也就是说，《扎根理论的发现》所阐述的扎根理论的版本在这两个人的著作中逐渐有所不同。这为如何进行扎根理论分析提供了两种选择。20 世纪 90 年代，这一分歧变得最为明显，格拉泽批判了斯特劳斯当时的观点，他们之间的分歧成了更普遍的学术辩论的一部分。奥尼恩斯(Onions，n.d.)对格拉泽和斯特劳斯的方法进行了比较。例如，奥尼恩斯认为，在格拉泽的方法中，好的研究者开始于一个空的想法(或"一般惊奇")；而在斯特劳斯的方法中，好的研究者有一个关于从哪里开始研究的大致想法。对格拉泽来讲，"理论扎根于数据中"；对斯特劳斯来讲，"理论是由观察者解释的"。对格拉泽来讲，"理论的可信度或验证来自其根植的数据"；对斯特劳斯来讲，"理论的可信度来自方法的严谨性"。对格拉泽来讲，"应该确定一个基本的社会进程"；对斯特劳斯来讲，"不需要确定基本的社会进程"。当然，差异比这还要多，但通过这些例子，我们在某种程度上可以理解这种差异。也许最有说服力的比较是，对格拉泽来讲，研究者的特征是被动和纪律约束；而对斯特劳斯来讲，研究者是一个更积极的参与者。此外，格拉泽关于扎根理论的策略并不单是质性的，因为任何东西都可以是研究者在研究中遇到的数据。定量数据(如调查和统计分析)可以成为扎根理论开发过程的一部分。这是格拉泽的观点。所有这一切的后果是，难以非常明确地说明扎根理论的程序是什么。当然，一个解决办法是让研究者确定他们所坚持的阵营。这些差异可能并不那么重要，只要你解释一下你的分析所依据的假设是什么。

三、 如何进行扎根理论研究

扎根理论是一种指向理论开发的数据分析方法。它不是收集数据的具体方法，可以使用各种数据，尽管目前文本数据是最典型的。不要求特定类型的数据，但正如暗示的那样，它确实更适合某些类型的数据——访谈和类似的材料可通过这种方法很好地被处理。扎根理论可以应用于访谈、传记数据、媒体内容、观察、对话等。研究者在扎根理论中使用多种来源的数据是可能的，也是被推荐的。当然，一个关键的特征是，数据应该尽可能详细，而不是简单或简化的。查默兹(Charmaz，1995)认为，丰富详细的数据涉及"完整"或"厚实"的书面描述。使用"是—否"或类似的回答格式的问卷不符合这一标准。因此，数据通常使用一个符号系统进行最初的转录——它可能是杰斐逊转录系统(第6章)，尽管更典型的转录是更简单的，如正字/剧本法转录。

扎根理论被视为一种复杂的归档系统(Potter，1998)。具体来讲，扎根理论的"归档系统"并不是简单地把项目置于一系列标题之下，而且还提供了对归档系统中其他标题或类别的广泛的交叉引用。因此，扎根理论的馆藏目录可能把一本书归档在"心理学"标题下，但它也可被交叉引用。比如说，这本书也可以在"方法"或"定性研究"标题下。波特的类比是有用的，这提醒我们扎根理论中的数据可以分为几个类别，而不是单个类别。然而，波特的类比也有一些局限性。

(1)扎根理论的"归档系统"可能会不断地改变和完善，直至研究的最后阶段——在报告或出版物中发现理论。大多数归档系统在它们停止使用之前保持不变。例如，当有如此多的书籍在社会学标题下，以至于它不再是快速存取书籍的有效方法时，馆藏目录系统可能会被修订。根据这一观点，"社会学"类新的子类可能必须要有所发展，如社会学理论、工业社会学、城市社会学等。扎根理论中的归档系统是不同的——分类过程倾向于减少类别的数量，更清晰地描述每个类别是什么，并了解数据中发生了什么。

(2)扎根理论的"归档系统"是通过不断地比较数据和归档分类而发展起来的。也就是说，虽然有些归档分类似乎是从检查数据中产生出来的，但这些类别经常要根据新数据以及这些类别是否有意义进行调整、修正和更改。事实上，根据研究者对类别是关于什么的理解的修正，这些类别可能变得更具包容性或更不具包容性。

（3）也许有点奇怪，一项研究中开发的扎根理论"归档系统"在其他研究中很可能被抛弃，于是新的和不同的归档系统被创建。事实上，研究者可能故意选择忽视其他扎根理论的"归档"系统，以了解新的研究产生与以前的"归档系统"相似或不同的扎根理论"归档系统"的程度。

关于扎根理论及其应用的大量例子，不同学科有大量的文献。正如人们所预料的，这会导致在如何进行扎根理论方面的一些变化。事实上，任何从事扎根理论的研究者都可能在扎根理论的广泛程序中发展自己独特的工作方法。

将扎根理论分析划分为离散的、独立的步骤是不可能的。虽然扎根理论的解释必须是相继的，但扎根理论分析需要在分析阶段之间进行非常灵活的反复检验。这不是一个随机的过程，而是一个有目的的过程，因为它是基于不断需要检查和测试一个人新兴的理论思想与数据、编码、类别和新数据的拟合。写备忘录是这方面的一个重要工具。备忘录可能和笔记本一样简单。研究人员通过扎根理论分析过程，随着他们思维的发展记录其理论思想。这些笔记不必是详尽的理论推测，因为它们可能包括关于研究人员需要思考的问题的半成熟想法。在更具概念性的层面上，它们可能是关于编码、类别和概念如何联系或连接在一起的建议。如果一个图表是展示想法的最佳方法，那么在备忘录中可以加上它。由箭头恰当连接的文本框（如流程图一样）可能是典型的图表备忘录。它对于记录分析的哪些方面是相互依存的，以及确定可能的关系是很有帮助的。研究者的类别不能仅仅从它们自身来理解，它们也从它们不是什么中获得它们的意义。因此，要理解像男性这样的类别真的需要理解其他类别，如女性，并从其他类别中衍生出它的一部分含义。这就是所谓的相互依存。

备忘录并不完全独立于数据。备忘录需要包括最重要和最有意义的数据示例，这是数据的更普遍运行的说明。因此，备忘录中应该充满了数据的说明性实例，以及在分析的特定阶段中存在的问题。当然，新的扎根理论研究者可能很难确切知道备忘录中包含什么内容。在这方面注意以下几点可能是有用的：

如果你不知道该写些什么，就在你的数据收集中寻找重复使用的代码。然后开始详述这些代码。不断收集数据，保持编码，并通过编写更多和更完善的备忘录来不断完善你的想法（Charmaz，1995）。

有时，备忘录写作被描述为最终书面报告或期刊文章中的数据和理论之间的中间步骤。有时，我们建议一旦在数据、编码或分类过程中识别出感兴趣的东西后就启动备忘录写作，但这在实践中可能有点晚了。研究人员应该尽早开始写作备忘录——越快越好是工作的格言，这已经成为普遍的共识。因此，一些研究者喜欢在开发研究问题阶段就开始写作备忘录。

典型地，定量研究人员力求在少量的概念中解释尽可能多的数据特征，通过这种方式将概念数量减到最低。定量研究的一个著名原则是奥卡姆剃刀原理，它指出研究人员使用的概念数量不应该超过解释所讨论的现象所需的最少概念数量。概念密度（Strauss & Corbin，1999）是一个用来描述扎根理论中概念发展的丰富性和关系识别的短语。换言之，这是扎根理论的理论发展与定量研究的理论发展大不相同的另一个标志。扎根理论发展的主要阶段见图 8-2。你可能会注意到，这个图形比第 7 章和第 9～14 章中的任何一个对应图形都要复杂得多。这只是反映了扎根理论的特点。扎根理论方法的关键要素包括编码/命名、比较、归类、备忘录写作、理论抽样和文献综述。下面我们将对其中的每一项要素进行描述，并遵循查默兹（Charmaz，1995，2000）的程序性建议和布赖曼（Bryman，2004）的方案。

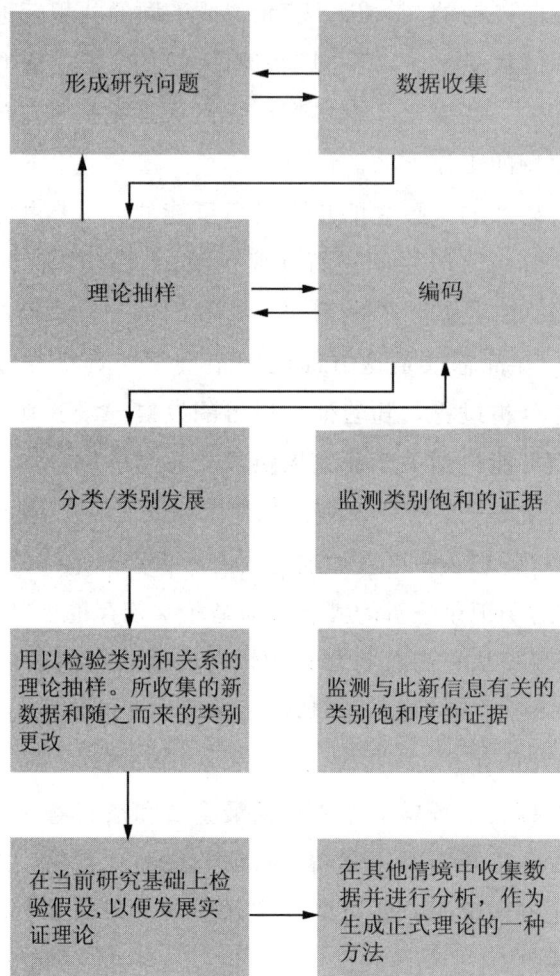

图 8-2　扎根理论中理论发展的过程

（一）形成研究问题

决定研究问题几乎是任何研究中的重要一步。任何一个为项目或论文寻找想法的学生都知道，研究问题是规划任何类型的研究中最困难的一个方面。研究问题的来源可能很多——与某一特定组织进行研究的机会、基于经验的个人兴趣，公众关注的问题、研究文献等。本章的专栏 8.1 所描述的关于心脏病发作症状的研究部分是基于以前的研究文献和作者工作的机构背景（基本上是公共卫生领域）。研究者并未透露该研究是否是由个人兴趣激发的。

在定量研究中，文献综述在形成研究问题中的作用是非常明确和重要的一个因素——定量研究的观点几乎总是在该领域先前研究的结果和理论的基础上得到解释的。文献综述被认为是任一研究的初步阶段，主要是在新研究的详细规划之前进行的。换言之，定量研究被看作在先前研究基础上建立新研究的过程。与之形成鲜明对比的是，文献综述在扎根理论中的作用并没有占据同样鲜明的地位。有时，人们认为，扎根理论研究的文献综述应该在研究过程结束时进行。因此，在扎根理论领域，文献综述主要是为了将新的分析与先前的分析进行比较，而不是为了激发新的研究。这有助于确保扎根理论分析扎根于新的数据，而不是先前的理论。在辩论的另一方来看，文献综述被视为发展新研究的一部分。斯特劳斯和科尔宾（Strauss & Corbin，1999）认为，扎根理论方法论可能开始于现有的扎根理论，只要它们"似乎适合调查领域"。然后，这些扎根理论"可能会被详细地阐述和修改，因为输入的数据会对它们进行周密的检验"。

理想的情况是，在新的研究计划中，应该很早就决定采用扎根理论。这是因为，例如，扎根理论所包括的抽样方法取决于对最初几次访谈的分析反馈。尽管在收集了所有数据之后，研究者有可能做出使用扎根理论的决定，但由于刚刚提到的原因，这不是理想的方式。扎根理论是关于理论发展的，主流定量心理学使用的那类假设检验不是这个过程的一部分。扎根理论的一个优点是它可以用于那些很少或没有先前研究可用的研究领域，或者以前没有使用过定性方法的研究领域。

（二）理论抽样

（这可能发生在开始收集数据之前，但也可能发生在数据收集过程的各个阶段）抽样在定量和质性方法上有着重要的区别。

(1)由于各种原因，特别是因为数据收集和分析要求太高，大样本不切实际，因此质性研究倾向于使用小样本。质性研究中一般没有样本具有某种代表性的假设。

(2)质性研究者很少了解总体的特征，因此真正的随机抽样是不可行的。

(3)在理解社会现象所做的贡献方面，并非所有的被试都可以被看作同等的。有些人由于观察、理解和人际交往技能有限，信息来源贫乏。对"丰富"数据的探索表明某些来源比其他来源更受青睐。这不是定量研究人员在取样时所做的假设。马歇尔（Marshall，1996）把这比作一辆汽车坏了的情形。你更喜欢谁？一个随意选取的路人还是汽车修理工？

扎根理论可能具有最不同的抽样方法。在扎根理论中，抽样通常是在理论基础上确定的，这些理论是在扎根理论分析时期研究者建立起来用以解释数据的，这就是理论抽样。由于从第一次收集数据开始扎根理论家就与他们的数据密切接触，他们将在数据收集完成之前在不同阶段对他们的数据进行尝试性解释。正是这些解释推动了对进一步数据和进一步抽样的需要。因此，研究者将评估收集多少额外的数据有助于他们的解释，根据评估来决定进一步该收集多少数据。当然，这些选择是在寻找可能挑战他们解释的数据之间进行的，但同样的，这可能有助于他们详尽地阐述新的解释（或者换句话说，理论）。

换句话说，理论抽样是关于如何验证备忘录写作过程中所形成的想法，这些想法是通过扎根理论的发展而不断发展的。如果研究人员在备忘录中提到的想法是正确的，并且具有有效性，就应该能够通过对它们适用的情况和它们不适用的情况提出建议来检验它们。这可能包括对参与研究的被试，因为它们可能给发展理论带来困难。例如，这些困难可能要求研究人员重新表述他们的想法或者限制它们的适用范围。研究人员的一部分任务是选择理论适用的样本和不适用的样本。这不是简单地招募新的样本成员，扎根理论家可能会根据理论运用理论抽样来指导他们对数据的其他方面进行考虑。同样，研究人员可能会寻求新的情境以检验发展中的分析是否适用于此。需要注意的是，这些额外的参与者样本、情境或数据取样应纳入随后的备忘录写作和理论发展中。这样，备忘录和其中的想法就变得更加紧密地嵌入或根植于数据中。

虽然理论抽样可以应用于扎根理论分析的各个阶段，但它同样适用于初始数据收集的来源和地点的初始选择。由于研究者可能对什么样的人或情境在理论发展方面最有成效有一些初步的看法，因此理论抽样适用于扎根理论研究的最初阶段。

（三）数据收集

扎根理论对数据的构成持非常宏观的视角。通常，在扎根理论分析中，研究人员将从大量的文本材料——数据开始。这可能是以文档的形式，报纸、杂志或互联网上的材料，或者最有可能的是，深度访谈、焦点小组以及诸如此类的转录。实际上，将几种不同的数据形式结合在一起是合适的。当然，可能大多数的理论研究会使用诸如上文提及的访谈和焦点小组一类的基本来源方式。

（四）编码

随后，研究人员要对数据进行漫长、复杂和严格的检查。为了实现这一点，研究者要对文本进行逐行分析，并从根本上仔细审查每一行的意义。为了方便和参考起见，每一行按顺序编号。编码是通过给每一行的分析提供一个或多个描述性代码来实现的（尽管编码通常是逐行进行的，但是没有理由不能使用其他的分析单位，如句子、段落、讲话轮次等。）。基本上，这些代码处在抽象层次，从本质上描述了文本/数据行中的内容。有时，代码与数据密切相关，但理想的情况是，由于最终产品是从数据中抽象出来的理论，编码应该瞄准更高层次的抽象，而不是单纯的描述，因为这就是理论的发展方向。这被称为编码数据。尽管，在阅读编码方面，人们认为这需要某种有见地的、有意义的和复杂的描述，但事实上，研究人员会大量使用一些至少相对平淡的描述。请记住，这些最初的编码是基于少量的数据，因此在这个阶段可能相当接近数据。只是没有足够的信息去发展得更远。认识到不同的研究者使用完全相同的数据，这些编码可能是有差异的也是非常重要的。这些差异可能仅仅是用词不同，实际上研究人员是用不同的方式在表达同一件事。然而，有时差异可能比这更深入。基本上，每行的编码描述了在该行中发生的事情，或者换句话说，这行表示的是什么。因此，在扎根理论中编码是代码的创建，而不是像在内容分析中那样，编码是预先指定的代码的应用。根据波特（Potter，1997）的观点，另一种描述编码的方式是，赋予出现在特定行（或段落等）中的关键概念或想法标签的过程。编码的要点是让研究者的思想牢牢地保持在数据的基础上。根据查默兹（Charmaz，1995）的观点，逐行编码能帮助研究者避免过度解释数据的诱惑，如将动机归因于文本中的说话者。

在扎根理论中，编码的最终目标是留给研究者一页页的文本和每行代码的描述。研究人员可能会从这一阶段中浮现出关于数据中正在发生的事情的更广泛的想法——也许是关于不同的编码实际上是如何组合在一起的、尽管使用不同的标签但哪些编码是几乎一样的，等等。研究人员通常会以备忘录的形式记录这些想法（见上文关于备忘录写作的章节）。在这个过程中，研究人员完全有理由在任何阶段修改任何编码。

扎根理论涉及几种类型的编码。其中最重要的是：

（1）开放式编码。这是上面描述的编码形式，它尽可能地与原始数据紧密配合。因为这一点，它有时被称为见实编码。

接下来的两种编码方式更多的是寻找开放式编码之间的关系。

（2）轴向编码。这是将编码（类别和概念）联系在一起的过程。尽管对开放式编码的强调远多于数据，但在某种意义上，这是对数据第二次重要的再加工。归纳推理和演绎推理可能都参与了轴向编码的创建。轴向编码是关于发展中的理论不同方面之间的关系。它是关于组织初始代码和识别关键概念的。这是扎根理论的一个有点争议的特征，关于它的意义和价值，专家没有达成一致。这是斯特劳斯和科尔宾（Strauss & Corbin，1998）方法的关键，但被其他研究者视为可选项（Charmaz，2006）。轴向编码可以由任何有助于把开放式代码并列放置的方法促进，这一方式能帮助分析。因此，例如，在卡片或纸上写上开放式编码，可能会促进试图形成似乎类似的编码的组合。在地板或桌子上移动卡片和纸张比在脑海里乱翻主意要容易得多。

（3）选择性编码。这是研究者将某一类别确定为分析的核心，并将所有其他类别与该类别联系起来的过程。它主要涉及主要主题或故事情节的发展，围绕着它所有其他方面的分析被整合在一起。

后面这两种形式的编码在下一步中占主导地位。

（五）分类 /类别分展

前面获得的逐行编码代表对数据进行概念分析的起点，这一直被视为发展扎根理论的初步过程。研究者需要将这些编码组织成各种类别，每种类别包含几个编码。编码的概念化合成就是这样开始发展的。这些类别需要与最初的编码相一致：编码被强行归入它们不适合的类别是没有意义的，而且不应该随意给编码分类。换言之，虽然编码是发展理论的早期步骤，但是它们与所提供的数据细节太接近了，以致无法为数据中所发生的事情提供令人满意的综合结果。编码是构成扎根理论分析的最小正式单位，通过将它们适当地结合起来，我们对于如何理解数据可以有一个更好的视角。因此，将编码构建成类别或从编码中催生类别的过程对理论的发展至关重要。

当然，将数据组合成更广泛的类别是定量研究分析和质性研究分析中的共同特征。例如，在定量研究中，为了从本质上将变量聚成更广泛的类别，研究者会使用诸如因子分析和聚类分析等统计程序。质性研究者一般没有这些统计技术可用。此外，相较于完整地考虑数据，定量方法中的这类统计/实证分类过程则更聚焦于数据共享的内容。也就是说，它基于相关建立类别，忽略没有相关的内容。换句话说，定量研究中的类别发展忽略了大量的与变量无关的数据。质性研究的目的是将数据的所有方面都综合到一个分析中。

此外，研究者需要尽可能充分地理解这些类别，他们的任务包括有效地标记类别，从而清楚地了解这一类别的内容。这意味着研究者可能需要不知疲倦地研究类别，因为这一层次的分析推动了分析朝向理论发展。此外，研究者需要对这些类别进行比较，以确保它们不重叠。研究者有可能会给同样的类别贴上不同的标签。例如，研究者可能开始意识到他们的"反民主原则"类别会使人联想起像"独裁主义"这样已存在的观念和理论。虽然在格拉泽一个版本中的扎根理论分析不应该受到这一阶段研究文献的影响，但研究者的研究和理论知识对类别发展可能产生一定的影响，这是不可避免的。

理解扎根理论中的类别发展有两个重要的原则。这两个原则是：不断比较和类别饱和。下面我们将依次讨论这两个原则。

首先要进行不断的比较，过程是批判性地检查分析的某些方面，并对照分析的其他方面。这一步的目标是批判性地评估这些不同方面相互作用的程度。通过检查，我们要了解分析的元素拟合、成形和连接在一起的效果，并在必要的地方做出修改和调整，分析开始形成连贯性，并使得分析更精细。如果我们采取逐行编码，不断地比较需要研究者检查以下事项：

(1)不同的已被编码的行具有不同的内容——或使用几乎同样的内容做不同的编码吗？

(2)相似的已被编码的行具有相似的内容——或使用非常不同的内容做相似的编码吗？

而且，比较过程可以更广泛地用于评估理论发展。

(1)访谈在组织中担任类似角色的人时，可以根据他们在工作场所的经历来比较。例如，他们是如何解释他们在工作场所的行为。

(2)将一个数据集与另一个数据集进行比较——甚至将一个研究与进一步的研究进行比较。

(3)将来源于编码的类别与原始编码进行比较。

(4)将扎根理论分析的任一方面与原始数据进行比较。

与定量分析不同的是，扎根理论不能容忍将不合适的分类强加给数据。相反，扎根理论认为应重新考虑分析的类别，并为了更好地拟合数据而修改分析的类别。格拉泽写道：

> 在类别、属性和假设方面，比较分析也可以用来比较一个理论或多个理论的概念单位和数据。这种概念比较用更广阔的视野发现一套更简洁的概念，从而生成、压缩、整合实质性理论，使其成为一个正式的理论。(Glaser, 1982)

因此，我们应该清楚的是，在扎根理论中使用"比较"这个词，与在心理学和社会科学中的使用通常是不同的(Glaser, 1982)。在扎根理论中，比较服务于理论形成这一过程，比较过程可能包括确保证据准确、详述概念、检查研究假设等。扎根理论中的比较使得研究人员需要处理细节问题。

现在，我们可以转向另一个重要的概念：饱和度。扎根理论中使用类别饱和度的概念来表示分析到此为止。这是无须去精细理论，而是去做进一步比较的关键点。饱和度的概念可以用于决定是否要终止数据的收集——特别是帮助研究人员决定是否要访谈其他被试。当更多的访谈产生的内容与之前内容没有实质性差别时，这时最好停止招募新的被试。这有点像搜索互联网。使用浏览器搜索"扎根理论"将会出现数千的网页。然而，在递减回报一种法则中，你会发现你从最初访问的几处网站学到了所有重要的东西，最后新网页只会变成一些熟悉的东西。这是结束网络搜索的时候。扎根理论分析中也有同样的情况。

　　当研究者在很多比较步骤后终于发现类别不会改变，分类也学不到新东西，然后饱和度便用于发展类别（类别饱和度）。关键是扎根理论是关于理论发展的。当某个分析（比较）停止发展其理论理解时，就没有必要再进一步分析了。应该强调的是，理论饱和度同时适用于所有类别——而不是部分类别。

(六)用以检验类别和关系的理论抽样

　　在分析的这一阶段，我们仍需要做一些工作来对照数据检验理论。在分析过程中，理论抽样的原则再次被用来寻找新的数据，来检验已确定关系的适当性。研究者寻求证据不仅是为确认已提出的理论上的关系，也是为了审视、甚至修正这些理论及某些相关概念。

(七)在当前研究基础上检验假设，以便发展实证理论

　　基于类别和类别之间关系的理论显然是有价值的。然而，如果这一理论能让我们超越基本理论，发展关于理论如何与所研究事物的其他方面有关的假说，这种理论将更为有用。例如，当格拉泽和斯特劳斯的书《死亡的意识》早些时候被讨论时，有人指出，可能有几种不同的意识类别：开放意识、封闭意识、怀疑和相互欺骗。当格拉泽和斯特劳斯发现这些不同类型的死亡意识影响了医务人员和病人之间互动的方便性时，这些类别变得更加有趣。这种检验及对这一假设的确认，将扎根理论拓展为一个实证理论。

(八)在其他情境中收集数据并进行分析，作为生成正式理论的一种方法

　　扎根理论现在已经在一种特定的研究情境中产生。这一理论在其他研究情境中可能有用吗？当然，这种可能性部分取决于已经形成的理论的性质。但是，例如，专栏 8.1 中所描述的关于心脏病症状感知的理论可能与癌症症状的感知——我们一般对不良医疗消息做出反应的方式——有关。这个理论可以推广的其他情境越多，它就越可能成为一个与特定现象有关的正式理论。许多研究者还没有将扎根理论完成到这个阶段。

四、　何时使用扎根理论

　　扎根理论确实是发展理论的一种方法，这使得它与它所基于的数据紧密吻合。尽管它说了很多关于在分析过程中应收集什么数据，但它不是一种数据收集方法。与本书中的几种定性分析方法不同（例如，语篇分析和叙事分析），它与某种特定的内容无关。扎根理论取向永久改变了进行定性数据分析的方式。在其他章所描述的大多数方法中都可以看到扎根理论的元素。研究者使用扎根理论优先于本书中描述的其他方法不是那么明显。扎根理论对研究者提出了相当多的知识要求，而该方法的适当训练需要数月的时间。此外，以一种交互式的方式将数据收集与数据分析相结合的扎根理论方法，无论是实际上还是理智上，都不是最容易做到的事情。也许不足为奇的是，似乎并不是每一位声称对数据分析采用扎根理论的研究者都坚持其所有苛刻

的方法。

　　扎根理论对什么样的研究目标最有帮助？根据波特（Potter，1998）的观点，当涉及的问题从"一个相对普通的行动者"的角度来看比较容易处理时，扎根理论的效果最好。换句话说，理论的发展与理论中参与者的日常观念非常接近。也许给参与者"发言权"在任何研究中都是不可避免的。换句话说，扎根理论可能只是简单地将普通人理解和体验世界的方式编成法典。但如果波特是正确的，这就意味着扎根理论根本不算是一种数据分析方法。也许这使得这种方法看起来没那么复杂。可能波特指的是扎根理论分析中那些分析没有超过基本抽象层次的案例。

　　因此，扎根理论经常用于医学疾病和人际关系，这可能并不令人意外。这些都是研究参与者凭常识性输入的很容易理解的主题。但是，同样，符合研究参与者常识解释的研究很可能是政策制定者认为有意义的那类研究。也就是说，由于研究与常识理解密切相关，研究者理论贡献的抽象性越少，政策制定者越容易使用这一理论。被试、理论和政策制定者都是"合拍的"。

　　这是一种令人有点沮丧的扎根理论观点，也许需要一些修正，因为它意味着扎根理论是相当有限的。与本书中的许多其他数据分析方法一样，扎根理论与特定种类的数据和研究没有太直接的联系。会话分析、语篇分析、解释现象学分析和叙事分析，将分析与特定的理论视角联系起来。这可以看作一种优势，但也是一种局限。扎根理论是发展理论的一种方法——它是一种数据分析理论，而不是心理学实证领域。这使得它在范围上有很大的不同。因此，扎根理论主要提供给那些希望发展理论而不要求它在这一领域中取得卓越地位的研究者。从某种意义上说，以定性研究人员的关注来看，扎根理论最大竞争对手是主题分析，它很可能产生非常类似于那些扎根理论的分析。这并不奇怪，因为它们有一些相同的过程。然而，在理论发展上相较于主题分析，扎根理论鼓励研究者走得更远。

　　扎根理论为扎根于主流心理学方法论的研究者提供了智力上的激励和挑战。心理学主流研究本质上没有什么特点，它没有推翻或修正扎根理论。不是说扎根理论会与使用主流心理学的一些结果相对立——相关信息是扎根理论中的相关信息——而是它会认为主流心理学的理论生成方法是比较粗糙和没有效果的。

五、 扎根理论研究实例

专栏 8.1 和 8.2 呈现了两个使用扎根理论的例子。

专栏 8.1　研究示例

扎根理论：当心脏病发作时

　　急性心肌梗死是一种心脏病发作。部分心脏的血液供应停止，导致心脏细胞死亡。不幸的是，尽管心脏病的早期治疗可能是非常有效的，但死亡可能随之发生。当然，这取决于受害者是否能很快地识别出心脏病发作的症状（如胸痛、恶心和过度出汗）——延误两小时以上是很危险的。事实上，出现这些症状之后，女性比男性更少去寻求医疗护理。理解身体状况症状的含义是一个复杂的过程，自然，心脏病发作的症状在第一次发生时可能无法得到正确的确认。所有这一切和更多的事情致使布林克，卡尔森和哈尔伯格（Brink, Karlson & Hallberg，2002）认识到，当第一次心脏病发作产生症状时，受害者的思想、感情和行动是很重要的。

这项研究在瑞典的一家医院进行。参与者是一组连续的急性心脏病患者的幸存者。参与者群体的年龄、教育程度、就业情况和病情严重程度相当不同，性别数量相同。他们同意参加一个半结构化访谈并同意录音，研究通常在入院后 4～6 天在医院进行。然而，报告中没有提供关于访谈本身的细节。

这项分析涉及对访谈记录的编码，在前三次访谈实施和转录后开始。编码（标签化）过程由格拉泽提出的三个问题指导：

- 这些数据的研究对象是什么？
- 这一事件表示什么类别？
- 数据中到底发生了什么？

作者描述了他们是如何质疑、比较数据的差异和相似现象，以帮助研究人员形成概念。他们解释了他们分析方面的发展情况，如下。

来自当前数据初始类别的一个例子是"想象不到"。它反映了参与者被诊断为"急性心肌梗死"时的一种反应。概念上相似的事件被归类为更抽象的概念或类别下。研究者使用主轴编码，类别和子类别在属性和维度的水平上被联系在一起。例如，类别"想象不到"被放置在更大的类别"幻想不会受伤害"之下。通过回答"谁，何时，何地，为什么，如何以及后果如何"等问题，类别之间的概念关系得以发展……最后，在选择性编码程序中，研究者开发了两个核心类别，标记为急性反应和健康信念。

急性反应的两极是准备行动和延迟寻求照料。健康信念的两极则是意识到风险和不会受伤害的错觉。

然后，研究人员开始更好地理解在他们的数据中发生了什么，并使研究者关注这个。也就是说，研究人员开始意识到，症状感知的类别与急性反应和健康信念这两个核心范畴有联系。关于症状发作的这四种不同的知觉模式被标记如下（表 8-1）。

表 8-1　布林克等的心脏病发作症状的知觉模式

急性反应　　　知觉模式　健康信念	准备行动（受他人强迫，剧烈症状发作，疼痛反应）	延迟寻求照料（服药，观望，实际的障碍）
意识到风险（先前的经验，知识，常识，理性思考）	了解	误解
不会受伤害的错觉（不会发生在我身上，想象不到，从来没有过这样的问题，没有意识到风险）	惊讶	忽视

注：基于 Brink 等（2002）的表 1 和表 2。

- 了解　受害者了解情况的严重性，他们需要做一些事情。急性反应为准备行动，健康信念为意识到这种情形所涉及的风险。

- 惊讶　这些人对症状出现在他们身上感到惊讶。急性反应为准备行动，健康信念为不会受伤害的错觉。

- 误解　受害者没有将症状与心脏问题联系起来——如他们认为疼痛是由另一个问题引起的。急性反应为倾向延迟，健康信念为意识到风险。

- 忽视　一些受害者只是继续他们正常的日常工作。急性反应为倾向延迟，健康信念为不会受伤害的错觉。

扎根理论分析是通过对那些被问及"心脏病发作时他们的想法、感受和行为的"不同病人进行"非常简短的访谈"来证实的。然而，研究者没有提供关于如何验证原始结果的详细信息。

因此，这显然是一项基于扎根理论原理的研究。研究者超越了他们在分析中逐步建立的范畴，尝试理论性的理解，这可以从基于健康信念和急性反应的广泛类别的症状知觉类型中看出。这可以被描述为一个"模型"——或它在定量研究中是模型——但同样地，就它将分析的不同方面连接在一起而言，它构成了一个理论。

专栏 8.2　研究示例

扎根理论：职场欺凌

职场欺凌对受害者具有严重的影响。它可能严重影响他们维持社会交往、声誉、职业地位、健康等。斯特兰德马克和哈尔伯格（Strandmark & Hallberg，2007）认为，大多数关于欺凌的研究集中在诸如欺凌盛行和欺负者与受害者之间的关系等这类问题上。他们认为研究在很大程度上忽略了被欺负的经历。

研究人员运用扎根理论，从报纸广告和网站上招募参与者。他们所选择的参与者在特征上是异质的。基于访谈指南的开放式访谈包括以下主题。

- 与欺凌有关的想法和感受。

- 心理社会工作环境。

- 工作小组。

- 感知健康。

访谈过程包括调查和澄清问题，对前 15 次左右的开放式访谈进行数据分析。分析采用了编码、备忘录写作和相当标准的扎根理论程序。

转录第一次访谈后，最初的编码过程在逐行的基础上贴近数据开始进行，同时聚焦编码在一个更为概念化的层面上进行。研究人员对数据的不同部分、不同的事件和经验，以及不同的新兴概念之间进行不断的比较，以探索数据的相似性和差异性。在随后的数据收集中初步分类达到饱和。进行理论抽样以完善每个类别，并用信息使类别饱和。因此，饱和意味着额外的数据没有增加新的信息。在整个分析过程中，类别之间的概念性关系在数据中被假设、寻求和验证。新兴理论框架、作为数据中心的核心类别被确定了下来。

当然，理论抽样是基于数据分析的新发现。作者认为：

这种"理论抽样"是通过重新分析收集的数据，回到被调查者身上以获取更多的信息，或者通过访谈新的被调查者获取信息，直到新的数据没有增加新的信息为止。

对数据的分析导致了一个核心类别（中心主题），研究人员称之为"被排斥并被赶出工作场所"。这基本上是从数据中产生的"故事"——被欺凌的受害者通过排斥和驱逐，经历了冲突解决的过程。当然，其他类别与这个最重要的主题相关。

• 用诽谤的手段改变一个人的形象：这是指诽谤和中伤在被诽谤者工作场所的同事之间传播。

• 通过欺骗出卖某人：这是指在工作场所中被其他人欺骗的感觉，欺骗者似乎站在被欺骗者这一边，但没有为他们提供支持。这包括直接同事、工会代表和人事部门职员。

• 通过侮辱贬低某人：这是指他人的消极行为，这些行为是专门用来贬低受害者的。受害者感到欺凌的耻辱，开始觉得自己毫无价值。

• 通过不公正的待遇合法欺凌：这是指对欺凌受害者采取的各种不公平做法。例如，一名参与者抱怨说，她想请假帮儿子准备入学考试，但遭到拒绝。而另一位同事却因为她的 60 岁生日聚会批准了 10 天的假期！

还有另一种类别，受害者可以从来源于家庭的社会支持中获得暂时的解脱。

• 通过支持动员力量：受害者有时获得家庭的支持，也在工作场所中获得较小程度上的管理人员和其他人的支持。

作者将这些元素纳入一个概念模型中，以被排斥和被迫离开工作场所的状态而结束（见图 8-3）。作者没有解释示意图中的蜿蜒模式。

在许多方面，本研究呈现了一个比较完整的扎根理论研究。当然，它显示了数据收集和数据分析之间的相互作用，这是扎根理论的特性。它的失败之处可能是，一旦提出了理论模型（如图 8-3），那么这个过程便不会继续建立一个更正式的、能用于其他类型研究情境下职场欺凌的模型。作者意识到有必要这样做，但未能做到扎根理论的最后一步。换言之，与本章所描述的和图 8-1 所总结的过程相比，扎根理论分析提早停止了。虽然这在扎根理论的报告中是常见的，但它仍然是不完整的过程。然而，本文所描述的扎根理论分析大体上比许多分析更完整。

实际上，研究人员在实施研究之前及实施到某种程度后，呈现了一篇文献综述。这就引出了一个有趣的问题，因为之前的文献综述仅仅指出，与其他方面的欺凌相比，与职场欺凌经验相关的研究很少。因此，在某种意义上，先前的文献综述不能影响数据的分析，因为先前的文献未能解决这个问题。也许在某些情况下，扎根理论学家能够接受之前所有的文献。

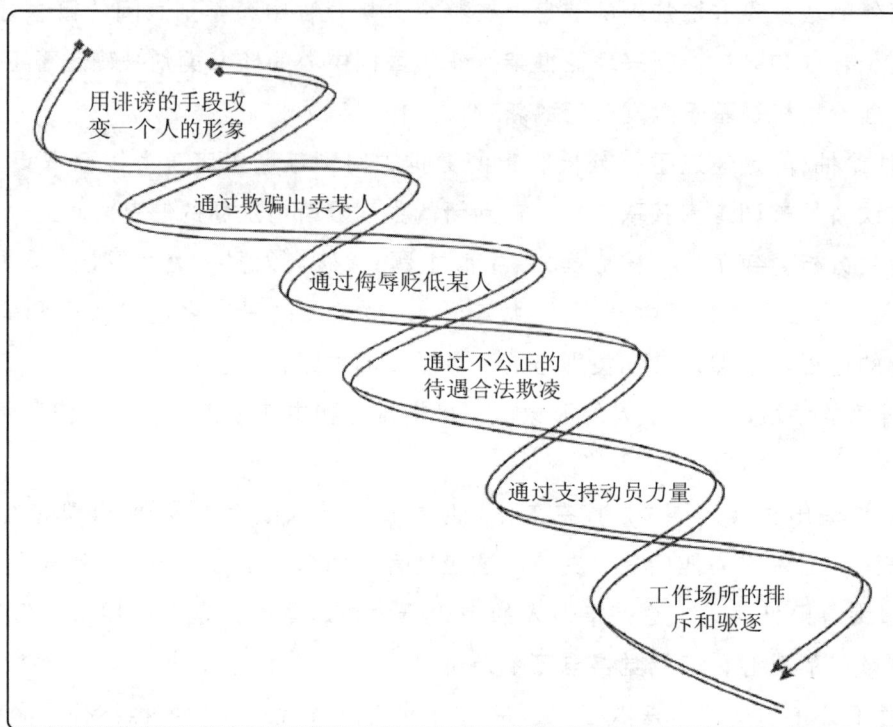

图 8-3　斯特兰德马克和哈尔伯格的工作场所排斥和驱逐的过程模型

（资料来源：Strandmark & Hallberg，2007）

六、　扎根理论的评估

全面实施的扎根理论显然是一个费力的过程。实施完整的扎根理论所需的资源可能超出了学生研究者的能力。然而，就学生的研究而言，扎根理论最初的几步是合理且可行的。人们的印象是大量自称使用扎根理论分析的研究者倾向于采用这种"简化"版本的程序。也就是说，当形成一个基于初始编码的理论时，研究人员便满意了，就停止了分析。扎根理论需要彻底的方法和分析工作，这应该帮助学生避免常见的定性研究不能"搜寻一套文本作为引文以说明预想的观点"的局限(Potter，1998)。

当阅读一些扎根理论分析时，人们可能并不总认为分析是从数据中来的，而不是从先入为主的观念中来的。然而，根据方法中的失败例子而不是更好的成就来评价研究方法是有风险的。研究著作中关于所使用的方法的细节越多越好，因为这有助于保持高标准。

扎根理论的情形包括以下几个方面。

(1)扎根理论为研究中的假设检验提供了一种替代性方法。20 世纪 60 年代，扎根理论首次出现，研究的假设检验模型在量化心理学中占主导地位(当然，假设检验在主流心理学中依然非常重要)。在社会理论发展中扎根理论并不重视假设检验。

(2)扎根理论因有助于将质性研究建立在系统的研究程序上而有影响力。实际上，它扭转了质性研究在社会学中的命运。

（3）由于扎根理论产生的许多理论与研究被试所说的内容密切相关，扎根理论以一种人们——包括多个领域的政策制定者和实践者——容易理解的方式表达。换言之，扎根理论产生的理论非常适合用于社会和公共政策领域。

（4）相比于将质性研究视为研究的初步探索阶段，扎根理论认为质性研究在理论发展中是有效的。它支持并重视详细的质性研究。

在对扎根理论的批评中，有以下几点。

（5）在扎根理论中数据收集的潜力是无穷的，几乎任何文本或口语材料都可以进行扎根理论分析。由于理论的发展发生在数据开始收集之后，理论无法指导扎根理论分析的主题。因此，任何一个研究领域只要有足够的意义——理论就会出现。

（6）大多数情况下，扎根理论要求理论发展推迟到数据收集开始之后，这使得研究者建立理论的深度而非多样性。

（7）扎根理论的一些程序具有模糊性。毫不奇怪的是，与研究人员在这方面进行的实际步骤相比，理论发展中涉及的关于心理过程的理论比较模糊。描述编码过程比解释如何提出编码的想法要容易得多。在另一个层面上，扎根理论对于检验一个理论所涉及的过程的了解远不如对于生成理论所涉及的过程的了解那么清楚。专栏 8.1 和 8.2 中的示例，要么不提及检验过程，要么有些含糊——这可能反映了这种批评观点。

（8）扎根理论的许多目标都值得赞赏，但这种方法有可能为数据不充分的质性分析提供借口。不能保证扎根理论会产生任何有价值的结果。当然，本书所描述的其他方法也都是如此。实质上，扎根理论主要提供了一种处理数据方法，用以促进研究人员将概念抽象化——这可能会产生有价值的理论。扎根理论涉及大量的艰苦工作，因为付出了如此多的时间和精力，所以无论这一过程的结果如何，研究者都难以放弃。判定理论价值的标准在扎根理论中不那么明显。

（9）扎根理论可能是一种"自动防故障"的数据分析方法，在这种情况下，研究人员有数据，但未能开发出合适的研究问题。缺乏其他可选择分析的其他选择可能意味着采用扎根理论没有确凿的理由。

（10）扎根理论聚焦于理论的发展，倾向于拒绝优先考虑该领域的理论，因为这些先前的理论可能会"玷污"分析。但在很多情况下，成熟的理论是可用的。例如，语篇分析和对话分析都有基于质性方法的成熟理论。为什么不采用这种理论？或者扎根理论是否应该留在没有相关理论的情况下使用？本章中的两个例子（专栏 8.1 和 8.2）都是在没有相关质性理论可用时使用了扎根理论。

（11）扎根理论方法鼓励在逐行的基础上分析文本。这些行也是任意划分的结果。所以它们可能是片段，甚至不是完整的句子。这可能鼓励研究人员专注于比较小的分析单位。这与在语篇分析中通常使用的更大的文本单位是截然不同的（Grbich, 2007；Potter, 1998）。扎根理论的这种局限性使得它成为其他分析方法的不太友好的"伙伴"，这种不友好比文献中显示的更甚。当然，这是一个逐行编码过程所产生的问题，在实践中可能不一定是个大问题，因为研究人员可能会采用其他层次的分析(例如，备忘录中的那些)。事实上，某人考虑到格拉泽缺乏录音的热情以及他将转录视作浪费时间(Glaser，1998)，就表明研究者对一个访谈内容的意识和他对这一访谈的概念化是扎根理论的重要方面——它不是基于扎根理论研究中常见的、挑剔的、仔细的分析。

(12)有时我们可能难以区分扎根理论分析和主题分析(第7章)的结果。虽然主题分析是一个对理论发展没抱很大期望的分类过程，但扎根理论分析有时可能会提出几乎相同的数据分类方案。除非扎根理论分析通过使用理论抽样等超越了这一点，否则就失去机会了。但是谁能保证数据比主题分析能阐明更多的信息呢？

当然，我们这里的问题是扎根理论与心理学研究之间的相关性。豪伊特和克拉默(Howitt & Cramer，2014)指出，一些扎根理论家把它写成了，好像它对心理学中的某些理论发展是有害的。斯特劳斯和科尔宾明确写道：

> 扎根理论研究者对各种类型的社会单位("行动者")之间的行动和互动模式感兴趣。因此，他们对创造关于个体行动者的理论并不是特别感兴趣(可能除非他们是心理学家或精神病学家)。(Strauss & Corbin，1999)

如果扎根理论是关于社会(互动)的，时间将说明扎根理论能在多大程度上有助于更纯粹的心理问题的理论发展。

还有一种对扎根理论的批评，是以实际上声称是这种方法的例子的研究工作为基础的。在扎根理论研究中，有时会出现声称是扎根理论但却很难体现这一方法的著作。苏达比(Suddaby，2006)认为，在扎根理论分析中，应该避免一些常见的误解。他的评论是以提交给学术期刊的著作作为扎根理论的论文为基础的。因此，这些评论反映了弱扎根理论研究的特点。它们本身也构成了应避免的注意事项。

(1)扎根理论不是忽略文献的借口。扎根理论是建立在一系列信息来源与分析相关的信念之上的。例如，这包括从实证研究中得到的成熟结果，以及新研究中出现的质性结果。研究人员不是一块白板——一个扎根理论家不可能不受现有思想的影响就进入一个成熟的研究领域。同样地，一个扎根理论家不会没有任何研究议程或计划而漫无目的地进入一个研究领域。最好的研究是从最佳的准备和计划中产生的。苏达比(Suddaby，2006)认为，一个完全非结构化的研究方法通常会生成非结构化的研究报告。格拉泽和斯特劳斯(Glaser & Strauss，1967)基于大量以往的研究区分了实体理论和扎根理论。心理学中的许多扎根理论研究似乎是从实体理论中展开的。这并不意味着扎根理论紧跟实质理论，或仅仅在某种程度上定性地检验它。但是定量理论并不是简单地被接受的，它的特征通常被严谨地视作分析策略的一部分。

(2)扎根理论并不仅仅是呈现原始数据的一种方法。它涉及对数据的复杂和抽象分析。它不提倡最小的数据分析，它肯定也不提倡陈腐的结论。苏达比(Suddaby，2006)给出了陈腐结论的例子，如"改变是困难的"和"政治领袖是有超凡魅力的"。这些都是思维可以推断出的明显结论，不需要扎根理论去阐明。出现这类在很大程度上未经处理的演示可能有很多原因。其一是扎根理论的本质缺乏明晰性——它不是叙事分析或现象学，研究中参与者的"生活经验"使分析者试图详细地去理解和描述。这些方法需要用自身高度集中的研究取向来获得正确的数据类型。当然，对这种数据的分析不是一个扎根理论（研究）。在叙事和现象学分析中，有时给出稍微未经处理的数据是合适的。扎根理论访谈与现象学访谈不是一回事。而且，扎根理论家未能将分析推向更抽象、更恰当的概念层面，这会导致这种分析的不充分。例如，使用持续比较的方法去分析可能不够恰当。对范畴等概念的理解需要超越显而易见的内容。这很可能需要现有的各种知识和发展中的扎根理论之间的相互作用。这是分析不充分的另一个原因。也就是说，研究人员可能只是过早地停止收集新数据。类别饱和意味着没有新的挑战目前已形成的类别结构的数据正在被收集。虽然作者习惯于建议数据饱和是停止数据收集的标准，但事实并非如此。重要的是分析方面的数据饱和度，而不是数据收集本身。耐着性子听完访谈，并且认为在以前的访谈中你已经听说过这一切，可能是不容易的。不要忘记，分析过程是数据收集的一部分。由于没有收集足够的数据，分析可能不会超出数据范围很多。

（3）扎根理论不是理论检验、内容分析或字数统计。古尔丁（Goulding，2002）提到了方法论是含糊不清的，其中解释（定性）方法被用来分析实证假设。现实主义的本体论假设研究者是可知事情发生的真实世界。所以，这样的报告可能开始于良好的定性分析，但随后却对数据做一些粗糙的、可能无效的定量分析。

（4）扎根理论不是简单常规应用公式化的技术分析数据。扎根理论的过程没有任何机械性。因此，理论饱和不是当执行一定数量的访谈时，就能得到解决的公式。简单地从开放式编码到概念性或理论性编码，除了乏味分析外并不能保证任何东西。结果可能看起来整洁有条理，但远离了原始数据，而且可能会丢失研究的目的。这不涉及逻辑—演绎过程，且数据分析需要大量的归纳推理技能。

（5）扎根理论不是缺乏方法论的借口。扎根理论是一套严谨的方法，需要报告一些细节，以达到可信度。它远不是一个随便实施的方法，需要的不仅仅是格拉泽和斯特劳斯经典著作的一个象征性引用。收集一堆毫无意义的数据是不合适的。相反，写作需要是透明的，以便演示扎根理论核心特征如何运用、如理论抽样和持续比较。数据是如何产生分析类别的？对数据的替代性解释是否有开放性？在展示文献回顾、数据和经验的整合方面有没有表现出技巧？所有这些以及更多的东西都是必需的。

七、 小结

扎根理论在质性研究方法的发展中是如此重要，以至于所有严谨的研究者都应该熟悉其基本思想和过程。话虽如此，它却常常是一种似乎不太被了解的方法——心理学中成熟使用该方法的例子难以被理解。从某种意义上说，扎根理论具有所有的优点，因为它保证了基于质性数据的理论分析，而不必以理论综述为前提。对于一个撰写论文或项目的学生来说——甚至是对有着大量访谈记录但却没有分析它们的真正想法的研究人员来说，这似乎是梦寐以求的。然而，应该清楚的是，扎根理论对研究者的个人要求高，如果分析是不普通的，研究者的抽象思维能力就是很重要的。

一个重要的问题是，从扎根理论中得出的各种理论是否能满足研究人员的智力或其他方面的需要。在一定程度上，问题在于扎根理论研究中使用典型类型的数据，而不是扎根理论本身。也就是说，将研究被试提供的常识解释提升到一个更抽象的层面是很难的。因此，扎根理论研究产生的类别通常用以描述数据中发生了什么，但无法更进一步。由于研究中可用的数据范围太有限，扎根理论所承诺的正式理论很少见。相比于典型研究，扎根理论更需要广泛获得可用数据的方法。

本章要点

• 扎根理论主要涉及多种技术，这使研究人员能够有效地分析"丰富的"（详细的）质性数据。然而，这也可能涉及定量研究的结果。

• 扎根理论与理论发展的经典假设检验方法（被一些定量研究人员所青睐）相反，它将数据收集定义为主要阶段，并要求理论与数据的整体紧密相连。

• 研究人员在进行理论分析时，要与数据紧密联系——通过这种方式，分析"根植"于数据，而不是基于推测性理论，然后用理论推导出的假设对其进行检验。

• 扎根理论并不意味着在数据中理论概念只是等待被发现。这意味着理论被固定在数据中。

• 在扎根理论中，研究人员为了分析（通常是文本）数据，开发并精炼了分类。分析应最大限度地提高发展中的理论（类别）与数据和任何其他相关的信息来源的拟合度。由于理论与数据紧密相关，许多使用扎根理论的研究人员并不考虑与发展分析相关的先前理论。

• 扎根理论研究中形成的理论常常被描述为"中层的"，而不是旨在深远或是包罗万象的"宏大"理论。然而，由于理论往往是基于被试的常识性想法，所以它们可能不是特别抽象或精心合成的。

• 扎根理论主要是"归纳性的"（即不从理论假设中演绎出结果）。它是系统性的，因为某种形式的分析几乎总是采用了该系统。它是观念发展的一个连续过程——它不依赖于对从理论中推论出的假设进行决断性检验，那是视为演绎性的主流心理学理论发展的特征。

• 比较是扎根理论的关键过程，研究和分析的所有要素都是不断比较和对比的。

• 计算机程序可以找到帮助研究者组织材料进行分析，并有效地更改编码和分类。

拓展资源

Charmaz，K. (2008). Grounded theory. In J. A. Smith(Ed.)，*Qualitative psychology：A practical guide to research methods*(2nd ed., pp. 81-110). London：Sage.

Gibbs, G. R. (2010). Grounded Theory：Core Elements part 1. https://www. youtube. com/watch? v=4SZDTp3_New & feature=relmfu(2015 年 2 月 27 日访问).

以上只是 YouTube 上关于扎根理论的一系列短片的开始。以上短片结束时，将显示其余的短片。

Hawker，S.，& Kurr，C.（2007）. Doing grounded theory. In E. Lyons & A. Coyle （Eds.），*Analysing qualitative data in psychology*（pp. 87-97）. London：Sage.

Henwood，K.，& Pidgeon，N.（2003）. Grounded theory in psychological research. In P. M. Camic，J. E. Rhodes & L. Yardley （Eds.），*Qualitative research in psychology：Expanding perspectives in methodology and design* （pp. 131-156）. Washington，DC：American Psychological Association.

Payne，S.（2007）. Grounded theory. In E. Lyons & A. Coyle （Eds.），*Analysing qualitative data in psychology*（pp. 65-86）. London：Sage.

第 9 章
社会建构主义话语分析与推论心理学

概述

- 一般而言，在诸多人文学科和社会科学中，话语分析指的是不同的东西。然而，就心理学而言，话语分析大体上是指两个不同的线索。本章集中讨论社会建构主义话语分析。这也可以被描述为乔纳森·波特和玛格丽特·韦瑟雷尔的话语分析或者是拉夫堡（Loughborough）学派话语分析。第 11 章则讨论另一个线索——以米歇尔·福柯后结构主义思想为基础的福柯主义话语分析。

- 简单来说，波特和韦瑟雷尔的方法涉及微观层面的分析，这种分析专注于对话、访谈，以及其他话语文本中的建构主义本质。这被称为社会建构主义话语分析。福柯主义话语分析运用于更宏观的层面，它主要寻找文本中话语的证据（知识体系）。本文分析了话语的实质以及与其他话语的关系。福柯主义话语分析往往与更"政治化"层面的分析相关联。它最重要的倡导者很可能是伊恩·帕克（Ian Parker）。

- 话语分析包括超出单个词范畴的对语言的分析。

- 社会建构主义话语分析指的是对作为社会互动一部分的对话（或文本）进行研究和理解的一系列方法。它认为话语是在交流中建构的，同时也是建构性的互动。

- 社会建构主义话语分析可以被看作一套关于谈话和文本本质的思想。因此，它能够被应用到心理学家以语言形式收集的大量数据之中。然而，它不是研究语言的唯一方法。根据不同的研究目标，同样的数据可以进行迥然不同的分析。例如，主题研究可以在同一批数据中简单地寻找一下主要的主题即可。

- 社会建构主义话语分析的知识根源很大程度上来源于 20 世纪 50 年代之后的语言哲学。最具影响力的是言语行为理论，这一理论的研究者把语言看作一种社交行为。

- 社会建构主义话语分析广泛地吸收了建立在社会学，特别是语言学上的语言理论和语言概念。它们包括修辞、语态、韵脚、话语剧目和谈话的对话性质。

- 话语分析的实践涉及围绕着文本的处理和再处理的各种程序，包括转录、编码/分类。

- 社会建构主义话语分析发展出了一种心理学研究方法，被称作话语心理学，它强烈对抗着心理学中的认知主义。

- 社会建构主义话语分析与对话分析日益融合（见第 10 章）。 其结果是，它在文本分析中采用了一种相比于其他形式的话语分析更为微观的方法。
- 话语分析只适用于研究意图是什么。 它不应该被看作一种"通用"的方法去分析质性数据。当某个人的兴趣在于把语言当作行动时，它会同时提供理论和实践来引导这一分析。

一、 什么是社会建构主义话语分析

心理学有两种主要的话语分析方法。

(1)话语分析的社会建构主义解释是由乔纳森·波特(1956—)和玛格丽特·韦瑟雷尔(1954—)提出的。由于它依附于对话分析(见第 10 章)，因此它可被看作是以民族方法学理论为基础的。有时它被认为是拉夫堡(大学)学派的话语分析，尽管波特在去拉夫堡大学之前和韦瑟雷尔就已经写了他们的重要著作《话语和社会心理学》(*Discourse and Social Psychology*)。不过，在 1987 年之前，拉夫堡大学的社会科学系就在话语和修辞小组大旗之下聚集了一群志同道合的研究者，包括心理学家和社会学家。爱德华兹(Edwards，2012)将合作的核心内容描绘如下：

> 当时我们大家关心的问题是，作为个体心理产物和过程的思想和理解，心理学如何用标准方法处理它们，而这如何能够通过对另一种方法的对话和文本检查来实现，并且表明在本质上，而不仅仅是外围的、附加的、衍生的或社会的。

(2)另一种与心理学相关的话语分析方法源自米歇尔·福柯(1926—1984)对心理学研究目的的改变。这通常被称为福柯主义话语分析。批判性话语分析这一术语是与福柯主义话语分析关联在一起的，尽管远非仅限于此。也就是说，福柯主义话语分析和批判性话语分析并不同义，但在实践中它们常常有所重叠。伊恩·帕克(1956—)是这种方法的一个著名倡导者(Burman & Parker，1993；Parker，2002)。

后面我们将会详细讨论福柯主义话语分析(第 11 章)。现在，我们将集中讨论波特和韦瑟雷尔的社会建构主义话语分析，并解释其分析方法。本书中，他们提供了两种可能是对学生更友好或有用的话语分析方法。社会建构主义话语分析的实施程序通常更为清晰，并且可能更实用一些。实际上它在出版物的数量方面完全超越了福柯主义话语分析。

图 9-1 是一个思维导图，它利用了波特(Potter，2003)对心理学话语分析及其广泛知识链接的许多重要方面所做的概括性思想。这个思维导图阐明了心理学中与话语分析不同传统概念之间的联系。在某种程度上，这个思维导图的所有要素应该用箭头连起来，但为了简单起见，图中只显示了那些主要的关系。建构主义思想在心理学中有着悠久的历史，并且在转向话语之前就已经步入了学科化道路。社会建构主义思想(见专栏 1.2)对于波特和韦瑟雷尔研究话语分析是重

要的先驱，并且它还对最近的质性理论有着持续的影响。波特的思维导图为科伊尔(Coyle)的主张提供了一些支持。

"话语分析"这一术语基于不同的假设且有不同的目的。这使得我们很难对话语分析的共同性做出解释，除非在最宽泛的条件下，但任何一个领域的表述都会不可避免地让某些人满意，同时也会激怒其他人(Coyle，2007)。

最初，甚至社会建构主义话语分析都会给初学者带来一些困惑。话语分析者自己有时候似乎也热衷于在他们的著述中强调这一点。例如，斯塔布斯(Stubbs)就话语分析的这一点写道：

> 话语分析这一术语是相当模棱两可的。我会用它……来主要指自然发生的连续语言或者书面话语的语言分析。粗略地讲，它所指的是试图研究在句子或从句层面上研究语言的组织，从而研究更大的语言单元，如会话交流和书面文本。由此可以说，话语分析也关注社会语境中的语言的使用，特别是对话者之间的互动或对话。(Stubbs，1983)

20年之后，乔纳森·波特提出了一个更清晰明了的定义：

> 话语分析是一项如何用对话和文本来执行行动的研究(Potter，2003)。

但没过多久，波特补充说，话语分析是一个十分模糊的术语，从而将其作为一个不连贯的领域予以描述。

20世纪80年代中期，人们有可能发现不同书中被称为话语分析的概念在主题上几乎没有重叠。在21世纪之初，如果有的话，是更片段化的。(Potter，2004)

很明显有一个迹象，即话语分析这一术语可能是对各种不同事物泛泛的描述：

没有简单的方法来定义话语分析。它已经成为一个广泛的统称，涵盖各种各样的分析性原则与实践。(Edley，2001)

造成这种混乱和复杂的原因有很多。部分性原因在于，话语分析在不同的学科中表现出不同的特征。鉴于处在这种杂陈的背景下，方可解释人们很难达成观念上的广泛共识。话语分析的跨学科性，彰显心理学各个领域特征的变化与发展过程，个人偏好以及知识传统的差异都冲击着话语分析精确地讲究竟是什么的问题。如果我们主要是在心理学的范畴里关注"话语分析"，事情就会变简单些。大概在20世纪80年代，话语分析首次出现在心理学之中。但我们仍需要足够多的时间来对其自然发展的观点进行多元的讨论。

鉴于此，提一下泰勒(Taylor)的观点是很重要的，即话语分析最好不要仅仅被当作心理学家方法论武器库中的另一种方法：

按部就班地研究那些研究员所做的事情(就像按照食谱做的那样)是远远不够的。我们还需要回顾这些认识论的争论及其更广泛的影响。(Taylor，2001)

换言之，理解话语分析不仅要依赖于对其知识根源的理解，也依赖于知道如何做一些技术

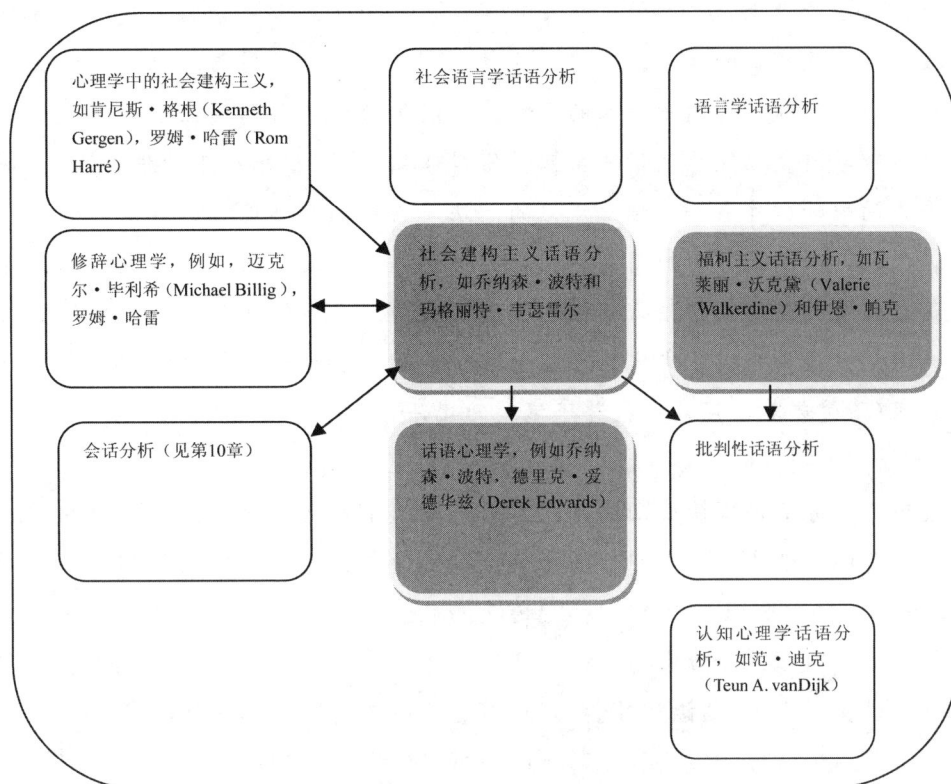

图 9-1　话语分析的思维导图

性的事情，就如杰斐逊的转录，如何运行话语分析的机制。这样一来，任务实际上就会变得更加清晰，一些混淆就会逐渐减少。换句话说，有很多理论需要被理解，也有一些实践技能需要人们去掌握。

波特和韦瑟雷尔的成就在于把针对社会背景下语言的截然不同的方法整合在了话语分析的框架下。此外，他们用与心理学相关的方式呈现他们的想法，并引起了相当多的心理学家（尤其是社会心理学家）的共鸣。他们在积极意义上是兼收并蓄的，并且为广泛的材料提供了连贯性。然而，其结果是在社会情境下各种语言方法成了一个混合体，但这与简洁的概括相悖。不过，至少在其起初的构成来说，这很容易将话语分析过度复杂化，合在一起的话语分析就是对各种文本里特定语言工具的严格搜索。由于文本里充斥着各种行为（简单举例来说，如愤怒、请求和要求），而不是只有描述，因此在这个框架下把这些文本称为话语分析是不合理的。

我们可以引用塞里奥（Tseliou，2013）的描述作为更全面解释的一个起点。也许不是每个事物都能够通过其定义被勾勒清楚，但它可以被建立起来。

话语分析是广泛被使用的术语，话语分析通常用来表示话语的理论方法和认识论方法，话语分析的各种方法也是如此。推论心理学是与对话分析传统紧密关联的话语分析趋势，与奥斯汀的言语行为理论、维特根斯坦的哲学方法相结合……推论心理学强调语言的表现方面，语境的重要性，以及语篇的主体间建构。对于推论心理学，在话语之外没有任何心理现象。语言不是一种传递态度或者感觉的手段。相反，它本身就是舞台，在这舞台上，当人们进行日常话语性交换时这些概念得以建构。谈话是一种修辞设计以加强我们的观点。同时，这种"设计"也有助于对与我们观点相关的责任进行管理。因此，即使是同一个人的解释也可能依赖于修辞语境而发生改变。举例来说，推论心理学研究已经确认了一系列的修辞手法，如"栩栩如生的描述"。当说话者试图将自己的解释构建成一种独立于他的想法而存在的事实时，这些修辞手法便被运用上了。因此，建构是作为削弱潜在指责的一种方法而发挥着作用，这种指责是说话者的解释受利益驱动的。推论心理学也强调了更广泛且系统地讨论某现象的这种方式的作用。它们被认为根植于文化、思想和社会实践。在话语分析术语中，它们被称为解释性剧目（清楚起见，用简称代替了完整的短语，省略了引用）。

阅读这篇摘录，你应该很快地知道：话语分析根植于人文学科和社会科学的古老传统，它构筑语言的方式与语言的语法或类似方面无关，它催生了推论心理学领域（Edwards & Potter，1992；Edwards & Middleton，1988），拒绝传统的社会心理学概念，语言被构建用来做事的方式是这一切的根本。所以话语分析与推论心理学之间有着密切的联系。它们的根源非常相似。

在波特和韦瑟雷尔发表《话语和社会心理学》之后不久，爱德华兹和波特发表了他们最初暂时称为推论心理学这个领域的重要著述，在这一背景中特别重要的是《话语心理学》(*Discursive Psychology*)这本书（Edwards & Potter，1992）。它基于话语分析和话语理论，但不完全相同。从某种意义上说，由于将话语理论运用到与心理学相关主题上形成了一些知识，推论心理学是依据这些知识从智力上实现的。最初，大多数与心理学有关的话题倾向于是基于认知的社会心理学的典型代表，根据奥古斯蒂诺和泰尔里格的观点（Augoustinos & Tileaga，2012），诸如态度、归因、认知、情绪、说服力等。但是推论心理学重新定义了这些问题，使它们首先看上去是通过话语分析来理解话语问题的。毫不奇怪，推论心理学几乎没有依据认知结构对诸如记忆和态度此类的事物进行解释。该观点认为记忆和态度是在社会互动中积极建构的。给一个家庭一堆他们的家庭照片，在这个过程中他们开始建构家庭成员和家庭事件的记忆（Edwards & Middleton，1988）。记忆不是某种固定的结构，而是在社会互动中积极产生的。爱德华兹（Edwards，2012）实际上使用了与推论心理学可以互换的社会心理学一词，可能是因为推论心理学所关注的就在社会心理学的问题上。按照比利希（Billig，2012，一个最初就应该知道的人）的观点：

> "推论心理学"这个范畴并不简单。该术语用来描述一个子学科性的专门研究，一个主题，一个教学大纲等。它的意义可以被质疑。学者们可以提出竞争性版本的推论心理学，甚至提出诸如"物质推论心理学"或"批判推论心理学"等这样的子学说。我不想介入这些争端。学术生活充满了地盘战争，在激烈的争斗中，亲密的与外来的似乎难以区分。无论他们对心理分析的看法如何，社会心理学家和其他学者一样，经常表现好像试图证实弗洛伊德所谓的关于"微小差异的自恋"。

其他人则声称他们的研究是推论心理学[例如，Harré 和 Gillett，1994，见《话语心灵》(*The*

Discursive Mind)〕，他们的工作是有历史意义的，而且对爱德华兹和波特也没有重要影响。莱斯特(Lester，2014)在她关于推论心理学的评论中并没有提到推论心理学中除爱德华兹和波特之外的这些替代性利益相关者。她通过定义何谓推论心理学讲了如下这些话。

推论心理学可以被认为既是理论取向的语言研究，也是一种方法论，其中分析者从以假定为人类行为之媒介的话语开始分析它们(Potter，2012)。也许并不奇怪，推论心理学的重点是自然主义的研究，并开展在日常生活和机构背景下记录人们互动的音频和视频的研究。推论心理学强调与界定话语相关的三个原则。首先，话语被定位为行为导向的，表现在一位分析者会问："在这种互动中话语的功能是什么?"其次，话语被理解为是在特定互动中使用的单词或对话工具所建构起来的。因此，分析者会考虑语言本身是如何发挥功能以创造出特定的版本。最后，话语被假定为处在特定的互动之中。因此，分析者考虑话语如何处于特定的对话序列(例如，一个说话者如何接受另一个说话者提出的问题)以及该话语是否也是受机构限制的(如医疗环境，治疗情境)。

因此，人们能够将作为知识体的推论心理学和作为建立与心理学相关知识方法的话语分析加以区分。不过这种区分并不总是保持不变的，而且作者有时会换着使用话语分析和推论心理学这两个术语(例如，Willig，2008a)。然而，就本书的目的而言，我们的重点在于话语分析这一方法论上。维持两者之间的区别具有重要优势，它有助于更清楚地标记在非特定的话语分析一般标签下的内容。

修辞是这类话语分析的另一个基本方面，我们将在专栏 9.1 中予以讨论。

专栏 9.1   核心概念

修辞

人们常常在讨论话语分析的时候看到对修辞概念的引用。此外，人们有时也提到修辞心理学这个词。现在修辞概念的基本含义简单来说就是争论或者论证。或者说，它是一种有说服力、有效地运用语言的实践。作为一个研究的主题，修辞有一段可以追溯到希腊哲学家亚里士多德(公元前 384—前 322)的历史。他把修辞定义为所有情况下都能够理解什么是容易令人信服的能力。尽管对于亚里士多德来说，修辞是讲话的一部分，但其现代用法包括各种形式的文本。尽管与心理学没有特别的联系，但是修辞学的研究在 20 世纪各个学科中达到了一个显著性水平。从 20 世纪 30 年代开始，主流社会心理学发展出了自己特有的说服沟通版本，尤其是以卡尔·霍夫兰德(Carl Hovland，1912—1961)为首的耶鲁团队，尽管部分性地集中在态度转变上——一个不太流行的概念，许多质性研究者研究话语是因为其根植于传统心理学。

话语分析与修辞之间的联系似乎是自然的，因为社会建构主义话语分析和修辞分析都把语言及社会行动和语言及行为作为重点。但比起这些它们之间的联系应该还更多一些。话语分析与修辞分析之间的密切联系也是体制性的，因为在 20 世纪 80 年代，迈克尔·比利希(Michael Billig)是拉夫堡大学社会科学系的成员，乔纳森·波特、德里克·爱德华兹等人也是如此。比利希描绘了一段他从传统社会心理学研究到修辞学研究之旅的画面，他独自一人，没有与心理学中志同道合者甚至持不同意见者联系过，直到加入了拉夫堡大学的话语和修辞小组。比利希讲授课程，但是他的研究时间是没有约束的。他把以前一所大学的图书馆描绘成给他提供了学术世界的主要禁闭之地。他会独自坐在图书馆里，他说，只读他所喜欢的东西。这种隔离是一种解放的，他能读懂亚里士多德、柏拉图以及修辞学的古英语著作。从他学术隔离中出现的一本书就是《争论和思考》(Billig，1987)。其基本主题可以概括为人的思想在本质上是议论性的，其本身并不新颖。跟他看到主流心理学杂志的枯燥乏味相比，亚里士多德的《修辞学》引人入胜，并且他觉得亚里士多德几个世纪以前就已经说出了他所称的主流社会心理学的官方话题。

不把修辞看作仅限于特别熟练的演说者的东西，这一点很重要。修辞内在于所有形式的话语之中。根据比利希(例如，1992，1996)的说法，它是在上下文中给予或表达观点的过程的一部分，而这在本质上看起来不一定有争议。比利希认为修辞和评价是不可分割的。尽管话语分析者将修辞学纳入自己的兴趣范围，那些对修辞有特殊兴趣的心理学家的确有依据认为它是一个独特的研究领域。修辞和话语分析在一些出版物中可以互换使用(例如，Billig，1997)。比利希毫不羞涩地称自己是一个古董，并表明他的行程是一段迂回曲折之路而不是一趟旅游。此外，他似乎对话语分析方面的研究很少，如精心记录其中经常使用的编码惯例。

他反对当时主流社会认知心理学的观点是因为他犯了两个错误。

很多社会认知心理学都犯了一个双重错误。它把思维描绘成基于认知模型，最好是与对我们与动物所共享的知觉过程种类的描述相符。这种社会认知心理学要么忽视了语言，要么将语言看作对世界予以归类的基础。但是，我们不仅仅用语言对世界进行分类，也会像动物一样将视觉刺激按照"食物"或"非食物"归类。在巴特莱特(Bartlett，1932)比较贴切的术语中，我们可能改变对类别的看法。我们能用语言来讨论如何分类。总之，我们精湛于修辞以及否定的天赋是人类思维的核心。这无疑是《争论和思维》一书的核心，该书对传统的心理学假设说"不"。(Billig，2012)

尽管在广泛的社会建构主义背景下强调对文本的分析，但修辞心理学跟话语分析方法的大家庭不一样。修辞心理学特别关注确认文本中的话语策略和议论材料。然而，文本中的修辞的程度被看作比人们最初所预期的更为普遍。修辞分析十分注重语言的使用和论证的模式。通过这样做，论证可以被视为与直接的争论背景并且超越于此的文化主题。从这个观点来看，社会心理学的一些标准议题，如态度、社会表征和分类，也可换成解释为修辞性质的。许多社会行为的修辞性质不应该被看作存在于争论和争执之中，而是作为人的思想和语言的基础来看待。也就是说，修辞是超越对抗性语境的社会互动的特征。每一个断言(逻各斯)都包括反驳的可能性(反逻各斯)。基于普罗泰戈拉(Protagorean，公元前490—前420)的"矛盾精神"，比利希(Billig，1987)认为，真理的宣称，事情发生的描述，观点的陈述很可能会被另一个人驳倒。这种反驳是非常简单地建立在我们构建辩论的方式之上——他们的逻辑基础，他们的事实基础，他们的相关性等可能会被另一个人挑战。

时间是更具体的例证。在一个修辞分析的有趣例子里，吉布森（Gibson，2013，2014）选择重新分析斯坦利·米尔格拉姆（Stanley Milgram）服从实验档案中的录音带（Milgram，1974）。研究心理学的人一定了解20世纪60年代以来从任何不同角度讨论的米尔格拉姆的电击实验。尽管这些实验通常是按照权威服从被表述的，但是研究中某些阶段的大量参与者表现得不服从。吉布森（Gibson，2014）的关注点在持异议者身上，而2013年之前的论文更多地关注服从者。提醒你一下，电击实验的基本设置包括一个"学习者"——实验者的同谋——他被授意以一定的方式进行反应。还有一位不是同谋的"教师"，实际上是被研究的参与者之一。最后，还有一个"实验者"参与了实验的各个方面。"教师"以某种方式对"学习者"学习任务中的失败施以电击。"教师"施加或被要求施加的电压（实际上没有）随着实验进行逐渐增加。许多参与者准备遵循实验指导的程度通常被视为权威服从的一个生动例证。米尔格拉姆研究的大部分实验和研究变式的记录可从档案中获得。学习者，教师和实验者之间有一些交流。"学习者"评论被预先确定为研究的一部分，"实验者"的一些评论是标准刺激。其中最有名的是"实验者"对"教师"说"你别无选择，你必须继续下去"。"教师"们会与"实验者"就实验程序的继续进行谈判。这些谈判出现了从标准实验程序激烈想要退出实验的人。第四个刺激有些无效。四个刺激按顺序是：

- "请继续"或"请做下去"。
- 实验要求你继续。
- 你必须继续下去。
- 你别无选择，你必须继续下去。

程序是这样的，不管"教师"何时拒绝继续，上面的程序将会依次使用。每次拒绝时，"实验者"将会从序列的开头开始。在它们都被用过之后，"教师"仍然坚持拒绝，那么研究任务就中止。为了回答"教师"某些特定的问询，会有两个额外的刺激：

- 虽然电击可能是痛苦的，但是没有永久性的组织损伤，所以请继续。
- 不论"学习者"是否喜欢，你必须继续，直到他准确地学会了所有的词对。所以请继续下去。

随着时间的推移，程序一点点地发展，所以该研究的最终版本被实施的时候有一些细微的变化。给定的最大电击，"教师"是否服从"实验者"，以及所施加的最大可能电击是米尔格拉姆所使用的结果变量。当然，拒绝服从可能会以各种不同的方式进行。一方面，"教师"可能会在电压达到无法接受的水平时才可能起身离开。同样，"教师"在每次问询之后都可能会简单地说"不，我不接受"。然而，这不是对话进行的通常方式，尽管这些建议有助于我们理解修辞学的本质。那么在交流中发生了什么导致了实验的放弃呢？

以下是米尔格拉姆（Milgram，1974）自己发表的一篇摘录，其中的"教师"被称为《旧约》教授。"教师"在电击发生器仪盘上达到150伏之后，发生以下情况：

实验者：我们继续实验是绝对必要的。

教师：我明白这个说法，但我不明白为什么这个实验是放在这个人生命之上。

实验者：没有永久性的组织损伤。

教师：嗯，那是你的看法。如果他不想继续下去，我就接受他的指令。

实验者：你别无选择。先生，你必须继续下去。

教师：如果这是俄国也许如此，但在美国不是。

（Milgram，1974，最初的"教师"写作"被试"。）

在此之后任务终止了。米尔格拉姆认为，没有受益于对谈话的现代理解，在此基础上，《旧约》教授没有通过拒绝继续做下去以宣示自己的抗拒。相反，米尔格拉姆认为教授声称"学习者"的指令和"实验者"的指令是等同的。这不太可能是对该交流的恰当解读。"教师"本可以用"去你的"这样的词句来回应"实验者"的刺激，但这种回绝并不是这种情境下人们所期望的。相反，教授以一种稍微不那么对抗的方式弱化了他的断然拒绝。礼貌似乎是不做下去的交流的一个特征(Milgram，1974)。然而，礼貌似乎不是"实验者"所发刺激的一个特征——他们通常相当粗暴地否定"学习者"所说的话。教授所做的是运用他的智慧，还指出了他可能继续下去的情境，并假设这些要求永远不会得到满足。教授的修辞使他从这种情况中抽离出来，没有近乎直白的拒绝，也没有打破在一个学术情境中会话的正常标准。该教授还改变了"实验者"关于事实陈述的表达，即坚持说这仅仅是一种意见陈述。从修辞来看，事实被反转成了一种观点。即使教授的修辞可以被推向一个更坚实的方向，但是其修辞使得"实验者"通过重复而继续最后的刺激。

我们可以参考吉布森(Gibson，2013)的另一个例子，L 是指学习者，E 是指实验者，T 是指教师。(16)是指 16 秒的停顿：

59L：	实验者！我要离开这儿！我一点也不想参加
60	这个实验了。我拒绝继续下去，让
61	我出去！
62E：	请继续。
63T：	不想在这些情况下了。不想听到他
64	大喊大叫。
65E：	我刚刚去看过他，他看起来很好，
66	愿意继续，所以请继续。
67T：	不！除非我认为，你看他在
68	那里大喊大叫。
69	(16)
70E：	你继续下去是绝对必要的。
71T：	我不会跟那个人继续下去了，
72	他喊叫着要离开那里，我是说
73	呃(2)，这可能对你来说很重要，但是对我来说不重要。
75	(3)
76E：	我刚刚在那看他，他看起来愿意，足以

77   继续。

78T: 那么，那是他说的，但你知道不是这样的。

79   呃，

80   (14)

81E: (无声)

82T: 我是说，我……我很高兴走到那里，如果他告诉

83   我继续，我就继续下去，但是我不愿意继续下去

84   当那个人在那里喊叫着要停止。

85E: 你别无选择，你必须继续下去。

86T: 我不是说我的意思就是我不会继续下去

87   而是除非他说要继续下去。

88E: 好吧，那么我们将不得不中断实验。

吉布森(Gibson，2013)认为，记录的这些特定片段中展示了教师的几种修辞策略，以使他们的实验得以结束。

· 记录第 64，68 和 72 行中的三个不同位置，他反复注意到"学习者"的大喊大叫。

· 与实验者相比，实验能够继续进行下去更重要，"教师"详细说明"实验者"的第三点刺激。

· "教师"强加了必要条件，即他能使自己确信"教师"在继续下去之前"学习者"是愿意继续的。这部分涉及"实验者"的修辞主张(这是脱离于标准脚本的)，他就在那里，而且"学习者"似乎愿意继续下去。这似乎与"教师"不知道说什么好，而且不能清楚地说完他的争辩有关。当然，"实验者"也可能故意留下这个差距来对"教师"默默地施加压力。

· "教师"也重复说那个男人在喊叫，但又补充说，是要结束这个实验，与此相对的却是"实验者"声称这个男人似乎愿意继续下去。这是用过去式来表达的，似乎是在起着对"教师"声称刚听到的，以现在时态表达的喊叫声的妥协作用。

有理由认为，最后的刺激"你别无选择，你必须继续"是无效的。也许这是一个修辞软弱的刺激。在不到10％的时间里，它被用于给参与者施压进一步电击。有两个人，其中只有一个人完全服从，而另一个人是在成功停止实验之前只施加给"学习者"一个更大的电击。也许刺激给"教师"提供了一个简单处理的方法，通过建议他们别无选择，只能继续。很明显还有一种选择。相比之下，请继续是更为复杂的修辞性处理。例如，在制定一个适宜的再次刺激时，做到礼貌地请求可能需要更多的工作。反理念可能就太明显了。

话语分析的关键要素能被相对严格地予以详细表述。语言不能被解释为沟通内部认知现实(我们的信仰、态度，以及其他主流心理学中的认知)和外部世界的手段。相反，这些"事物"被看作是以各种不同的方式在语言中构建的。话语分析在最基础的层面上假定，真理和现实是不能通过语言为人所知的。然而，波特和韦瑟雷尔的话语分析将关于语言性质的一些基本的假设

汇集在了一起。语言不被视为纯粹的交流，而是被看作以一种更具创造性、更积极和更有影响力的方式参与到了社交互动之中。普通会话中的对话是当下话语分析的主要焦点，但是任何形式的文本也可以进行研究。例如，治疗师和当事人之间的互动也被认为是适于研究的。有一个趋势是倾向于使用"真正的会话"，尽管精确地讲究竟是什么使得日常会话比研究者—参与者的访谈更加真实还不完全清楚——也就是说为什么研究访谈会比医生—患者的就医约谈更不真实。波特（Potter，2012）区分了日常生活的自然语言和专门用于主流心理学家数据中的"激动的（接地气的）"语言。另一种看待语言的方式是，它确认了对语言数据的偏好，这个偏好不受研究者在会话方面的影响，即使他们在分析的某些方面并不突出。离开访谈作为话语分析中一种基本的数据收集方法将在专栏9.2予以讨论。基础话语分析和应用话语分析也会加以区别。这种区分在话语分析中是很困难的，因为有种感觉话语总是实践性的，即它是关于语言实践的。在这些情境下，人们如何区分什么是基础研究，无论如何这就涉及了日常生活的实践。应用话语分析似乎更多地用来指话语分析的延伸，从日常生活中的话语分析扩展到专业或机构场景、医生的外科手术、呼叫中心以及诸如此类的地方。

深嵌在话语分析中的就是所谓的"言语行为理论"（Austin，1957）。在这一点上，语言被看作社会表现的一部分。在这些语言表现中有各种事情都可能发生。人们创造自己的社会身份，或由他人创造，或他们共同建构的；权力关系被决定、行使和维护；而且，一般来说，很多社交任务是通过语言来执行的。这就是为什么作为内部思想和外部世界之间沟通的语言模式不适合于话语分析的原因。对于话语分析来说，语言是一种实践，而不是语法性的，也不是其他简单化的语言学原则。

在话语分析传统中，语言被认为是具有社会情境性的。但是主流意见已经发生了变化。从广义上说，话语分析能应用于各种不同类型的文本，而不仅仅是会话。从某种意义上说，如果这些文本是自然对话，如在公共汽车上说话，网络聊天室聊天，报纸头条，深度的且相当会话性访谈，或者其他什么等，这些基本上是无关紧要的。所有这些都曾出现在话语分析研究之中。尽管如此，如今已经不再使用面谈作为首选的数据来源，但是也没有对这类工作实施禁用（见专栏9.2），并且基于访谈数据的早期研究并未失去其价值。适用于话语分析的数据的关键特征是它们包含了语言的社会性及社会的使用。正如我们所看到的，话语分析将语言的概念化从语言代表了什么转变为语言作为社会行动——语言能做什么以及做事情时它如何起作用。那么很清楚，使用自然发生着的语言进行这样的研究比按照说明书操作家用电器等更有研究潜力。

话语分析的主要理论原则是什么？根据波特（Potter，2003）的观点，以下是其核心特征（见图9-2）。

（1）行动导向。语言是人们行动和互动的最重要背景，它们被嵌入在社会实践之中，如发出邀请。

（2）情境。话语存在于许多观念上：①机构性存在——话语可以发生在机构情境（如咨询单位），并由在这个机构内具有特定身份的人员（如接待员）说出，所有这些都与所说的内容有关；②序列性存在——语言在话语中是序列性存在的，如在某一特定时间所说的语言不是由之前所

话语分析是行动导向	话语是讲究机构设置、序列和修辞的	话语是建构性和被建构的	语言不能通达"现实"	意义是通过语言实现的社交产品
语言建构了社会现实的不同版本	登记时在特定情况下所使用语言的风格	根据上下文有不同的话语风格	有所立足是言语中所包含的观点	言语是与其部分内容进行对话的
修辞是关于言语辩论性成功的	对话中的人被视为有一定立场而且是可以解释的	话语分析拒绝接受来自心理学的认知性解释	谈话是探索心理现象的重要场所,如记忆	面部及其维护是对话中的重要策略
谈话者关系之间的概括性是重要的	话语实践是人们通过语言用来达到自己目的的策略			

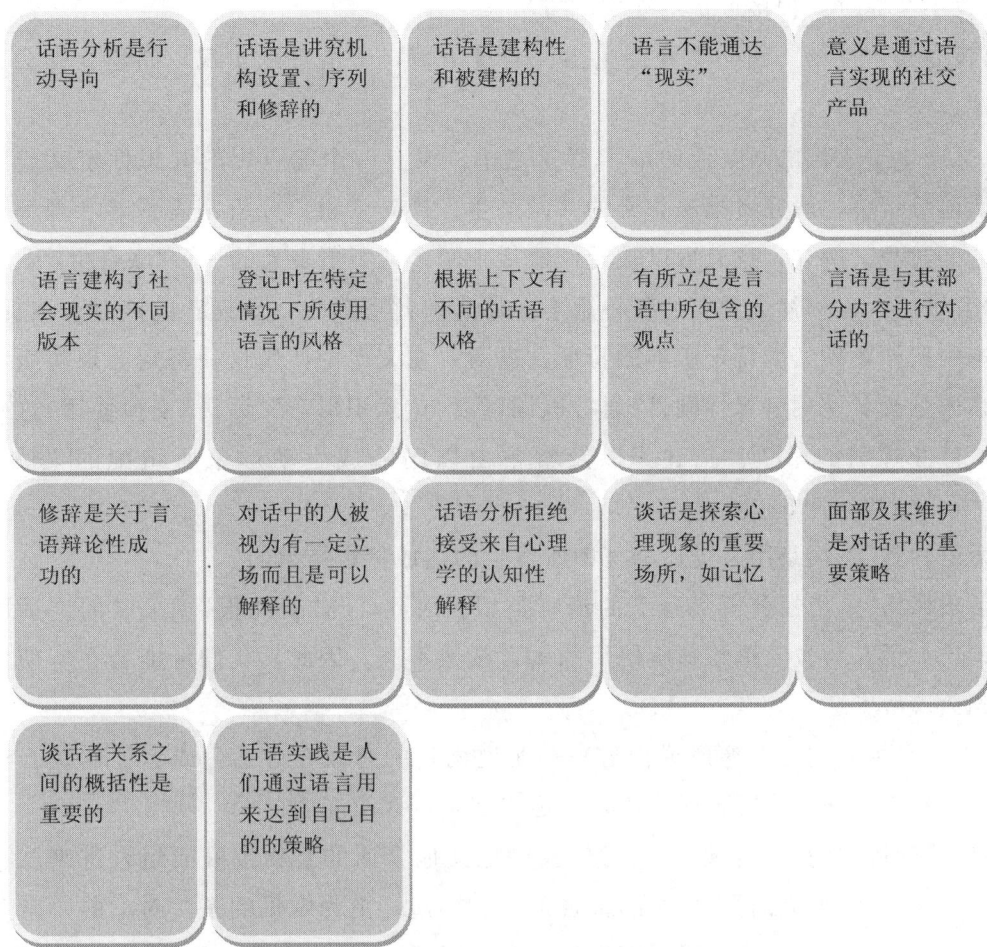

图 9-2　话语分析中看待研究访谈的各种潜在方式

发生的事情决定的,正相反,是由后来发生的事情所决定的;③修辞性存在——话语的一个片段可以存在于修辞过程的语境之中,因此,包括了抵制反对它的企图的方法,如声称"你会说那不是你",参见专栏 9.2。

（3）建构。话语是既被建构的也是建构性的。它是由类别、陈腐观念和更广泛的解释系统,当然,还有词汇等大量的构建模块构成的。在一定意义上它是建构性的,因为它可以建构对世界的解释,也可以维持这些解释。

正如一个人愿意将话语分析呈现为一系列从 A 到 Z 的步骤,它不仅仅是一个分析实践的系统（就像扎根理论一样）。话语分析是建立在对语言是什么的理论概念化上,同时也促进了这种理论的发展。因此,想要成为话语分析者,在从看似更实际的方面中学习和收获更多之前,应该尽可能多地学习它的理论观点——否则就有点像写诗的人从未读过一首诗。阅读书籍及期刊文章的语言分析作品是掌握该理论的一种主要途径。尽管如此,话语分析者研究中分布着的一些语言特点能够被列出来。因此,它们构成了话语分析者作品的一种行程指南。了解相关理论中的死胡同也是相当重要的。因此,接下来的清单是一个理论性起点（Wetherell,Taylor & Yates,2001)——在你想要分析的文本（话语)中,它们中的任何一个都能被认出来吗? 它构成了围绕着代表性话语分析者视野的一次闪电般的快速之旅。

(1)语言不会提供一种接近稳定现实的方法。

(2)语言是建构性的，建构着社会生活。通过语言，事情得以实现，如建立社会关系、对象和世界观。

(3)意义产生于人们之间交流的语言背景之中。没有一个能应用的共识性定义或意义的文化库。在话语分析中，研究者指向意义的共同产生。换句话说，分析家需要寻求理解意义通过语言被创造的过程。例如，意义可以被看作谈话中两个甚至更多人的一种"联合生产"。

(4)语言被用于建构社会现实的各种版本。那么由此可断定，研究者应该对文本提出质疑，以确立文本中所构建现实的特定版本的特征。进而，在文本中使用这一特定的现实版本达到了什么呢？话语分析者使用解释性剧目（通常该词可以与"意识形态""话语"交换使用）这一术语以描述"大体上可辨别的术语。描述，以及常常由以隐喻或生动形象所组配的人物的群组"（Potter，Wetherell，1995）。

(5)"话语实践"一词是用来描述语言中所发生的达成特定结果的。

(6)"话语风格"是指在分析考察下的语言类型。因此，与"新闻报"相关联的讲话可能会有特殊特征，比如说，与教堂里牧师所使用的语言截然不同。因此，我们可能会在所使用的语言类型中看到语境线索。

(7)立足点是指人们是否像所说内容——所说词句的对象在讲话，或者他们是否正在用其他人的词句。在文本任一片段不同阶段，立足点都是可以改变的。

(8)谈话是问答体的——在谈话的时候我们把其他会话的事物吸收或组合进来。有时会采取"埃莉说"什么或者"尼克回答"什么的报告形式。不过，更为常见的是，对话的要素并不是如此直接被呈现的，也不是这样被指明的。当一个孩子说"我一定不要和陌生人讲话"的时候，他们正在考虑以前同老师和家长的会话。

下面是对前述内容的补充，取自波特和韦瑟雷尔（Potter & Wetherell，1995）。

(1)修辞指的是话语分析的利益所在，指讲话如何组织得更加辩论性成功（有说服力）。

(2)股份和责任指人们在行事中将其他人视为拥有投资利益（股份）的方式。因此，他们将那些可以帮助驳回别人所说内容的动机归到别人的行为之中。

(3)话语分析主动拒绝认知心理学中概念的用法，如人格特质、动机、态度和记忆存储。相反，它对其进行修订以解释它们是如何通过语言被构建的。因此，记忆被看作存在于人们思想中某处的看法被取代了，话语分析强调记忆是如何被社会性建构的，如当一个家庭一起翻看一本家庭相册的时候。

(4)人们把谈话和话语的其他形式看作理解典型心理现象的重要方式。因此，没有必要认为内部心理机制能解释它所说的是什么。因此会话中的种族主义被看作种族歧视付诸实践的方式。从这一观点出发，我们也没有必要将诸如专制主义或种族主义者态度之类的心理结构作为传统的心理主题，如个体和集体认同的本质，心灵的性质，自我的建构和其他的东西，这些都是话语分析重新形成的典型领域。

(5)话语分析并不是简单地包含语言的社会性用法。它也关注于会话和书写过程的话语实践。话语分析者们鉴别出人们通过语言达到目的时所使用的资源。例如，话语中使用了什么辩论性策略以及运用了什么类别。因此，当报纸和政客们讨论毒品时，他们使用了反映战争和战斗的语言。例如，他们会谈到"毒品战争"。

另外，下面的内容可以认为是重要的，需要包括：

(1)面子的概念指那种用于保护会话参与者身份地位的语言策略。面子的概念取自戈夫曼(Goffman，1959)的研究，象征着个体的人格面具。例如，我们会说"留面子"。在对话中留面子是一个集体现象，对话中不止一个成员会促成于此——不仅仅是处于风险之中的人。

(2)登记是指在某种特定情形下所使用的语言风格。因此，与参加教堂礼拜相关联的语言风格会远不同于去商店退换次品时所使用的风格。登记依赖于行动的范围(如电视访谈)，也依赖于所使用的媒介(如口头语言对书面语言)。

(3)正在讨论中的关系的大体进程(如讲师—学生，警官—犯罪嫌疑人)。

专栏 9.2　争论

关于质性研究中的访谈

会话分析者们通常会为自然数据的使用而发生争论并且会对研究访谈的价值持有特别批判的态度。这回避了一个问题，研究访谈中到底什么是非自然主义的东西，以及话语分析视角下访谈到底有什么问题。语言学家们(如维特根斯坦和奥斯汀)通常会提出有关于语言的例子以克服他们的看法。话语分析的社会建构主义和福柯主义的方法用于访谈都显得有些牵强。例如，福柯在他的经典著作中没有使用过访谈。福柯把访谈写成忏悔的结果，忏悔室是一种社会控制的方式。访谈会束缚思考，并且不允许人们用理所当然的复制模式去挑战它。也就是说，确实在过去有许多话语分析研究是通过使用研究访谈来获得了它们的数据。然而，也有反对使用访谈法的行动。

导致这种现象的部分原因是，在过去 30 年左右的时间里，社会建构主义话语分析已经越来越靠近会话分析。会话分析(详见第 10 章)不使用对日常会话的记录是难以想象的。据奥汝克和皮特(O'Rourke & Pitt，2007)，会话分析起源于电话会话的研究。其假设是，一个文化中"很合适的方法"并没有受到电话技术的物质性影响。那么自然主义就不会排除传播的技术手段。会话分析的一个重要贡献是处理会话文本的方式，这也大大影响了话语分析。其例子是，至少在最初时，文本是内在于而非外在于被分析的内容，这一点不像语言的经典表述那样。会话分析认为会话参与者会朝向由会话特征所界定的文本。根据会话分析的创始者萨克斯(Sacks)的观点，会话的这些常规性特征不会因会话中人数之类的情况而改变。会话中的人数可能会改变，而且新的个体会取代其他人，但是会话的特征却会保持不变；"我并不知道哪些特征会保持不变"(Sacks，1995)。这是否应用于研究访谈是另外一回事。

从话语分析的视角，奥汝克和皮特(O'Rourke & Pitt，2007)提出了应用于研究访谈的四种明显不同的分析立场。这些内容呈现在了图 9-3 之中。它们有着非常明确的区别，而且因为相当于"非人为例证"格言，所以难以看到最终的类型。

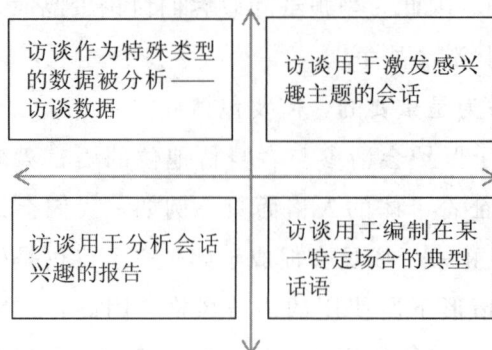

图 9-3 话语分析中的研究访谈的分析立场

当然，研究者不愿意使用访谈作为数据可能还有其他的原因。这种对访谈数据的反对态度已经在许多主流定量研究心理学家中历史性地达成了共识。呈现这些问题的一种方式就是提出这样的问题：研究所发现的东西是否会受到得出此发现的研究者的影响。根据奥汝克和皮特的观点，无研究者卷入的话语分析理念在波特（Potter，2002）"死亡社会科学家测试"这一句话中得以体现。也就是说，如果访谈前研究者就像死掉了，访谈中的互动就会一样了吗？在常规的访谈中，可以说访谈者表现为两种解释者——在一种水平上，访谈者以研究参与者相同的方式作为会话的解释者，而在另一种水平上，访谈者是独立于参与者而对全部交流进行解释的人。

在一篇可能有争议但很重要的论文中，波特和赫伯恩（Potter & Hepburn，2005a）认为在社会研究中经常使用的访谈类型存在许多问题。它们应当根据会话分析的目的而被自然数据取代。一个问题是，在研究出版物的访谈报告中有太多的细节被遗漏了。例如，所提问题被遗漏了，而且所用语调等也没有提示。对访谈过程中发生了什么的理解会因此而不清晰。波特和赫伯恩对两类问题进行了区分，即访谈中一定程度上可控的问题（他们称之为不确定的问题），以及根植于访谈方法性质之中棘手问题（他们称之为必然的问题）。访谈中可控的不确定性问题如下。

• 访谈的抄件及在对访谈的分析中遗漏了访谈者。

• 所使用的誊抄惯例是缺乏理论基础的，以至于访谈者和参与者之间的关系，二者之间的合作，以及他们互动方面的大量信息被遗漏了。

• 通常访谈会以这样一种方式呈现，即读者不能很快地看到由研究者形成的分析主张和访谈内容之间的关系。

• 通常很少在研究前给出关于参与者的招募以及参与者的简报信息。

波特和赫伯恩对于这些问题的主要解决方案是，访谈应该以他们推荐的杰斐逊转录法（详见第 6 章）进行呈现。然而并不是所有的访谈记录都需要使用杰斐逊转录方法。他们建议，在某些情况下一些转录方法要比其他的更好，尽管他们没有解释何种转录方法对于特定种类的文本是最好的。他们也没有制定出描述这些记录应该如何使用的一个详细方法。然而他们的确表示，这样一个转录方法可能有助于揭示在访谈中那些会话的互动方面，它们则可能会揭示访谈的一些事情。有人可能认为这些是一种显而易见的事实，但杰斐逊转录法是如何从根本上改变质性访谈研究中得出的结论的还不是很清楚。例如，一项解释现象学分析的研究通过使用他们所说的杰斐逊转录法而得以改进，而通常解释现象学分析研究者并没有发现杰斐逊转录法在使用中的优势。大概这就是为什么他们同样推荐运用来自话语和会话分析的洞察力在访谈过程中开展大量研究。

有一句令人难忘的话，波特和赫伯恩(Potter & Hepburn，2005a)建议研究访谈要从根本上"转变成那种体重报告机的文本对等物"。访谈者将问题放进去，被访谈者答案就出来了。诚然这是言过其实的，它仍然与第 3 章中所描述的进行质性访谈的程序不符。是的，一些质性访谈更像波特和赫伯恩的"模式"，但它们往往是较差的质性访谈。从记录上判断，它们经常出现冲突或杂乱无章。波特和赫伯恩(Potter & Hepburn，2005a)承认，许多访谈都很差，但最终，他们似乎看到的解决方案就是放弃访谈法，而不是改进它们。不好的访谈会使访谈者在主题上跳来跳去，其性质是疯狂对话。一个实施很好的访谈也许几乎没有会话的特征。如果访谈主题对受访者来说是重要的，受访者就可能会在会话中长篇大论，而无闪烁其词，或者觉得有必要这么做。为了记录这样的访谈研究者可能会增加一些内容，但是不太可能因为会话分析处理对话和独白就会对转录有太多的话要说。

上述问题可以在一定程度上得到解决。但根据波特和赫伯恩的观点以下问题是更加棘手的，也是更难以解决的。

• 在研究类型、研究议程以及他们对所用材料的倾向性方面，研究者无疑持一个固执的态度缺乏社会科学精神。因此你会发现一些社会科学术语被研究者用来提问受访者。即使不是这样，研究者也可能会使用一些抽象语言来提问。尽管很难看出，技术性术语的使用一直是个问题。例如，教师的专业术语与心理学家和其他研究人员的专业术语有所重叠。

• "立场"的问题广义上是指访谈者和受访者在访谈中会从不同的立场说话——因此教师可能是作为个体为自己说话，为其学校的教师们说话，或为普遍而言的教师说话。

• 访谈者和受访者在同一个话题中可能有十分不同的利益。例如，女性主义研究者的利益会十分不同于施虐性伴侣的利益。

• 访谈研究中存在认知主义的风险。这个意思指的是术语的发展起源于认知心理学的观念。所以当访谈者说到态度、价值观、人格等时，他们会从认知心理学中剔除对话语分析比较不一致的观点。

当然，波特和赫伯恩所讨论的内容很有道理，但他们是否确认了总是无法克服的问题还不是很清晰。例如，研究者的作用可能会超越了受访者心理上访谈者可能有的任何特定利益。毕竟研究人员在受访者眼里被视为在寻找真相。当然这并不是说，利益和立场不会起到任何作用。这也并不意味着研究者在自己的分析中能忽视它们。然而，在一定程度上它们是一个变动的问题，并且最好的研究人员不太可能忽视它们。

在对波特和赫伯恩观点的批评中，埃利奥特·米什勒(Elliot Mishler，2005)叙述了传说中一位法国国王的故事。他命令他的皇家地图制作者制作一张完全准确的法国地图。他要求地图没有什么东西可以省略，甚至是最小的村庄或农场。皇家地图制作人员的工作做得很好，经过多年的努力，地图越来越大，以至于这张地图是按照尺寸以及细节水平对国家的一份复制品。寓言通常是有寓意的，那么这个例子中的寓意是什么呢？假定法国的地图像法国一般大，并且像法国那么细节俱现，它却有很少或没有实际用途——它是如此的大和详细以至于那种可操控的图片就丧失了。在这个寓言中，米什勒确认了波特和赫伯恩研究的问题。在没有解释这些额外细节将为分析做什么的情况下，他们想去扩展进入分析的细节，而不是有助于提供访谈中所发生事件的更为精确的图像。但是一个人会对记录的细节矫枉过正吗？更学术地说，他将这个问题视为是"朴素"实在论与实证主义的混合物——也就是说，这个观点认为研究人员能通过研究确认世界的现实。所以当波特和赫伯恩推荐使用记录方法以帮助更好地理解访谈的时候，就仿佛他们在暗示研究者能够确认访谈的真实含义是什么。但如果这是访谈的真实含义，就产生了一个重要问题，到底它们必须与质性精神有什么关系。换个方式来说，很明显的是，访谈数据的分析是研究者对从质性研究角度对访谈材料的看法，而在普遍的质性研究精神的边界之中，波特和赫伯恩想要实现什么并不明显。当然，波特和赫伯恩通过争辩说行为主义和会话分析没有任何共同之处，来强烈反驳他们的建议是有实证基础的说法。但也许他们反对得太强烈了。诚然，在他们的文章中，他们认识到了访谈记录的理论渗透性质，但除非该理论被认为是以某种方式界定的。那么根据访谈数据的解释，记录能起什么作用仍存在很多问题。当他们写句话如"受访者所说内容的一种精确理解"的时候，他们似乎是在为米什勒证明他的观点。

似乎波特和赫伯恩确立的基本假设之一是，研究者只有通过参考访谈中的一个纪录片段，才能正常地理解参与者所说的内容。情况是否如此可能是令人质疑的。尽管还有一个基本的假设，对已经说的东西的反应会告诉研究者很多所说的内容，这个假设是以普通会话而非研究访谈为基础的。现在可能的情况是，研究访谈通常是非常有会话性质的，但不一定都是这样。正如其他地方所提到的，检查话语分析者和其他的质性研究者所进行的研究访谈，往往展示给他们一种简单的问答结构——问一个问题，回答一个问题。并且一直重复，直到问题详单问完为止。现在对于记录信息足够好的会话这就足够了，但是对于研究访谈也是如此吗？质性访谈不必须是会话性的，访谈者可能会通过使用探问等方式主动寻求一个更清楚的理解，即在参与者说的时候他试图说的内容是什么。进一步的问题可能会被提出，或者会要求参与者更清楚地解释他们的意思或他们试图说的内容。如果参与者想要表达的意思是明确的，波特和赫伯恩通过记录想要完成的任务就已经实现了。这也就是说，在一个好的访谈中，访谈的互动性质被用来澄清和详尽说明参与者在说什么。出于这种考虑，很难看出杰斐逊转录法在多大程度上深化理解了受访者所说内容的理解。寻求明确性是语言的一个方面，它可以理解上得到改进，至少会像解释杰斐逊式的文本片段一样好。

史密斯（Smith，2005）提出这样的观点，他认为对还是学生的研究者进行更好的训练是解决方案的一部分。波特和赫伯恩（Potter & Hepburn，2005）解释说，只有当训练是基于知道访谈中会发生什么，这才是正确的。这也就表明，这种训练应该建立在有能力去处理在访谈中发现会话类型的那些原则的基础上——换句话说就是，话语分析或者会话分析的某些形式。遗憾的是，波特和赫伯恩并没有给出在研究访谈中任何成功使用他们建议的好例子。反而他们做的是创造出一种基于访谈——作为话语分析研究的一部分——的假想人。他们以声称可以反映典型访谈研究的方式编辑了这种记录方法。因而，很难准确地说，这种记录方法和其他建议哪个对于访谈研究更好。如何通过使用杰斐逊转录方法和话语/会话分析的洞察力来改进任何经典或非经典的访谈研究呢？波特和赫伯恩所说的是有帮助，但是放弃访谈研究可能是不恰当的。可能这就是说，波特和赫伯恩得出结论称"严重关注作为一种互动事件的访谈将会彰显研究自然主义材料的优点"。所以这可能预示着我们终究不会对研究访谈的问题有解决方案。对许多主题来说，没有可用的自然主义数据能够取代访谈法。

波特(Potter，2012)提醒我们他和韦瑟雷尔的教科书——《对话与社会心理学》中提出了实施开放式访谈的一个新方法。特别是他们认为如果这些访谈以可能更对抗性的风格进行的话，它们可能起的作用会更明显。这就为深度访谈中指向中立性的"什么事是徒劳的"这一问题提供了另外的选择。首先，这样的方法会通过鼓励使用更多变化的解释性剧目以及访谈参与者所用的其他资源。波特将这种访谈描述为思想活动的舞台。访谈者和被访谈者在构建访谈的时候都会借鉴他们的思想资源。波特确定了一些研究来论证这种访谈方法，包括韦瑟雷尔和波特(Wetherell & Potter，1992)、比利希(Billig，1992)的话语分析以及奥古斯蒂诺、塔芬和拉普莱(Augoustins，Tuffin & Rapley，1999)的观点。在每一篇使用了深度访谈的报告中是否能够检测出这些新优点是略有不同的。鉴于此，研究话语分析中所采纳的访谈风格是非常有价值的。也就是说，访谈在多大程度上有意或无意地导致了一个"思想的舞台"。

不同于其他研究方法，研究访谈对参与者施加了主观判断。参与者是在某种抽样标准的基础上被招募的，然后访谈者制订了访谈中具体说些什么。这就将一种身份强加给了受访者和访谈者，他们必须承认别人的意志：

因此，研究访谈明显包括了在其他研究方式中不会出现的一种主观判断形式。(Fadyl & Nicholls，2013)

因为没有研究者的卷入，自然发生的文本也会有这样的问题。访谈中会有一种权力关系参与到了话语的产生中。所以我们是首先强调将我们注意力吸引到主题上的相关话语还是权力关系呢？在牺牲强调我们最初的研究问题情况下，我们可能仅仅是在扩展话语，可能简单地将访谈凌驾于文本的其他形式了。

大概我们可以用帕克(Parker，2014)的话，对这些做出最后的评论：

一方面在访谈与"自然发生"的会话之间常常树立起虚假的对立，另一方面又想保证研究那些假定的普通讲话(如 Edwards & Potter，1992)。首先，在一个研究访谈中，我们至少仍然拥有处理心理学家们怎样去构建这种互动的选择权(并且已经有了一些非常好的专用于这种构建的会话分析研究)，将它们包括在所研究的现象之中。相比之下，对日常会话的关注与主流心理学凝视那些假定为非心理学家的他人的活动是殊途同归的。其次，它将现象化降低到了个体水平，并且这种过程既有从社会过程水平向下进行的，也有心理功能水平向上进行的。现如今对人际互动的关注不断增长。即使我们常常对这种互动本身有一个明确的关注，而不是寻求参与个体头脑内部中进行的认知过程，这种对人际互动的关注仍是以牺牲对广泛权力关系的分析为代价的（如 Edwards，1997）。（Parker，2014）

二、 社会建构主义话语分析的发展

理解语言的方法之一可能被称为传统语言学，它主要关心的问题如下：

（1）字音（语音学和音韵学）；

（2）组成词的单位（词语形态学）；

（3）意义（词义学）；

（4）句子中的字词顺序（语法）。

这主要是一种简约主义的语言观，它将语言分解为如句子、单词、甚至只是语音等元素。博格兰德（Beaugrande，1996）否认它是"语言科学"，就是因为它将语言从现实生活中分离了出来。20 世纪中叶，随着将语言视为社会行动的观点出现，这种语言的原子论方法在哲学、历史学、人类学、社会学、沟通理论，以及语言学自身中被迅速取代，成了一种关于语言的社会功能的观点。根据维利希的观点：

语言提供了一组明确的符号用来标定内部状态，并被用来描写外部现实的这种假定开始受到了挑战。（Willig，2008a）

语言不再被视为将内部状态传递到外部世界或是描述现实的手段，而是被视为其本身作为构建多种现实版本的一种方式。关于这样的例子有很多，并且包括维特根斯坦的哲学理论和奥斯汀的言语行动理论。然而心理学在 20 世纪 50 年代、60 年代、70 年代停滞不前了，这是因为人们一直停留在对语言的理解上，即它聚焦于外部世界是如何以语言表征——依照心理学研究社会表征就是日常的序列。20 世纪 70 年代一道新的光芒开始照耀心理学，"社会心理学家开始挑战心理学的认知主义，80 年代，心理学中的'转向语言'获得了重要的稳固地位"（Willig，2008a）。

所以，话语分析紧紧扎根于心理学学科之外更肥沃的土壤之中。《牛津英语语言指南》（*The Oxford Companion to the English Language*）认为话语分析的发端是一个语言学子领域的出现，它所研究的是比单个句子更大的语言单位。

（1）20 世纪 50 年代，泽利希·哈里斯（Zellig Harris，1909—1992）关于语言和语言产生的社会情境之间关系的研究，也许是最早的例子。

（2）人类语言学家戴尔·海姆斯（Dell Hymes，1927—2009）研究了人与人之间的称谓形式——换句话说，就是与社会情境相关的言语。

（3）波特（Potter，2001）曾认为，话语分析的根源可以追溯到 20 世纪的头几十年奥地利籍英国哲学家路德维格·约瑟夫·约翰·维特根斯坦的著作。维特根斯坦关于作为研究工具箱的语言的概念与话语分析有着明确的联系。也就是说，语言比其代表的事物有更大的作用。

（4）言语行动理论是在两位英国语言哲学家影响之下于 20 世纪五六十年代发展起来的，即约翰·兰索·奥斯汀，尤其是他以自己研究编辑成的《如何以言行事》（*How to Do Things with Words*）一书；以及赫伯特·保罗·格赖斯，尤其是他关于会话的准则（Grice，1975）。言语行动理论将语言看作社会行动，而社会行动是话语分析中的一个基础概念。

言语行动理论的贡献在约翰·奥斯汀的作品中可以找到。在发声这个问题上，他使用了有特殊社会影响的表演这个术语。根据奥斯汀的观点，所有的词汇都执行着社会行动。这包括几个不同的方面：

（1）表达式就是简单地说；

（2）表达意图是通过说诸如提问、命令、期望、警告等词汇来完成的；

（3）行为结果是指这些词汇对听者的影响和后果——说者所造成的事。

正如上文已经表明的，保罗·格莱斯的研究与言语行动理论紧密相连，尤其是他关于会话的准则。综上所述，这些准则表明人与人之间交流的方式是由符合会话合作原则的规则所支配的。格莱斯的四项准则如下。

（1）质量：会话内容应该是真实的、真诚的；

（2）数量：在会话过程中应该提供足够信息；

（3）方式：会话内容应该简练、清晰、有序；

（4）关系：会话内容必须是相关的。

如果任何一个准则被违反了，只要合作原则仍然起作用，听者就会倾向于假定这些准则仍在发挥作用。这也就是说，假如会话内容显得没有关联，听者将会设法去把它们作为相关联的去理解。

话语分析这一术语是泽利希·哈里斯（Zellig Harris）在 1952 年发表的一篇论文中首创的——尽管这篇文章当时被 PsycINFO 收录，但是它在心理学文献中被引用得相当地少，这表明哈里斯的研究对心理学产生的直接影响还是不够的。20 世纪六七十年代话语分析研究在广泛的学科基础上迅速而富有成效地增长，但是这种增长只持续到了 20 世纪 80 年代，在它开始实质性地进入心理学学科之前。它进入心理学的路径是通过社会学。乔纳森·波特最初的训练是在心理学和社会学，后来他在英国约克大学的社会学系开展研究。特别是，他和米切尔·马尔凯（Michael Mulkay）一起研究了科学家的社会学。马尔凯和奈杰尔·吉尔伯特（Nigel Gilbert）已经出版了一系列科学会话方面的高影响力研究（如 Gilbert & Mulkay，1984）。他们区分了科学家在科学期刊上发表研究的表述和科学家在日常谈话中所给出的研究的表述。两个情境下科学会话是不同的，并且使用不同的解释性剧目。因此，在正式场合下使用的是实证主义剧目（规范科学的），然而在非正式场合使用了一个完全不同的剧目。后者可能被描述为一种可改变的剧目，因为它高度依赖传记性要素和人格特征。这一点的重要性在于，这样的想法以对话分析中观念的参照为最好的特征。马尔凯成立了一个关于话语分析的学术讨论小组，波特和这一领域的其他杰出人物参与其中。乔纳森·波特和玛格丽特·韦瑟雷尔的《话语与社会心理学：超越态度和行为》于 1987 年出版。这本书被认为是一部经典并且是将话语分析引入心理学中的一个重要传播媒介。作为有影响力的质性研究者的一员，乔纳森·波特在拉夫堡大学工作了很多年，研究了话语、会话、修辞等。波特和韦瑟雷尔建构主义话语分析的起源解释了为什么它有时被称为讲英语者的话语分析。

三、 如何进行社会建构主义话语分析

　　话语分析通常是由专业人士作为一种技术或技能呈现的，而不是从分析中浮现出来的一系列事物。所以，关于如何开展由扎根理论文献提供的话语分析并没有一个详细的一步一步解释的清单。有大量的信息是关于数据收集中所涉及的基本技能（比如，第 3 章中详细说明的访谈）和记录方法（详见第 6 章）。话语分析的分析过程倾向于有点儿被专业人士们神秘化了，并且以比较难的方式呈现出来。从一个新手的观点来看，部分问题在于，话语分析涉及的理论要更多于大多数质性研究方法。你们所需知道的许多内容已经总结在这一章前面的内容中了。深入阅读那些主题，你将会朝着掌握这一领域的方向快速迈进。话语分析有一个复杂的语言概念，这种概念具有高度的独特性并且为任何新的数据分析设置了限制因素。因此，理解研究话语分析法的本质，再加上通过学习话语分析者的研究出版物以了解如何做话语分析是至关重要的。即使对于在这个领域最有经验的专业人士来说也要在这之中花费时间，并且是一个持续的过程。

　　不同风格的话语分析之间没有普遍的通用模式。这就使得通过阅读相关文献使自己熟悉话语分析研究的主要类型更加重要了。这样的阅读提供了对一些话语分析背后微妙思想的理解。人们很快就会意识到，进行话语分析会涉及运用广泛的理论。所有这些就是说，尚无经验的话语分析者仅通过将基本理论运用到他们通读的访谈记录中就可以学到很多东西，如记录的例子，所使用的记录，如何处理对话中的尴尬，所使用的修辞手段的性质，所使用的跑题剧目等。这是所有话语分析的一部分，是在研究中获得某种独创性的起点。

　　因此这可能是很显然的，由于话语分析具有理论复杂性的附加维度，对新手依照理论进行话语分析的期望不应该太高。没有人会期望话语分析新手做出完全独创性和理论创新的研究。因此，最开始会在最好的研究报告中所能看到的与学生所能做到的之间存在严重的不匹配。通常，一个研究新手会严格地遵循给他们留下深刻印象并且接近他们的研究兴趣的话语分析研究的模式。在定量研究中，这些常常被称为重复研究——样本变了，方法学方面可能改变了等——但是总的来说，新的研究是紧密贴近原研究而建立起来的。尽管这可能在创造性方面有所缺乏，但是这样的复制对于他们自身来说可以达到一个有用的目的。当新接触到话语分析时，采用这种方法是一个很好的学习练习，并且学生一旦已经建立起这种经验，他们就会瞄准更高的目标。

　　关于如何进行话语分析的清晰解释是比较少见的。这可能一部分是因为一个研究者所使用的程序反映出了他们独特的研究兴趣，而且可能也因为不同研究者做同样的事情会有不同的风格。此外，人们普遍持一种观点，没有什么基本的程序设置可以保证对数据进行一种令人满意

的分析。波特是这样做的：

　　做话语分析没有什么独门秘诀。不同类型的研究涉及不同的研究程序，有时工作是集中在一份单独的记录单上，其他时间则要利用大的语料库。分析是随技能的不同程度而发展出来的一种技巧。它可以被认为是一种对话语的引发和行动取向的、情境的，以及建构性质的敏感性的形成。不过，有一些要素当它们结合在一起时很可能会产生令人满意的结果。（Potter，2004）

也许更形象的是波特早期对话语分析过程的一个描述：

　　进行话语分析是一个工艺技能，更像骑自行车或者甄别鸡的性别而不是遵照一份食谱做温顺鸡形状的咖喱羊肉。（Potter，1997）

话语分析被其实践者描述为一个"开放式"、循环（迭代）的过程（Taylor，2001）。话语分析者们的任务就是寻找模式，尽管关于这些模式看上去没有任何清晰的观念。泰勒认为在部分研究者身上存在一种"迷信"，他们认为数据的某些方面就是证明研究者对分析予以投入是有道理的内容。根据哪些符合或哪些不符合所构思的探索模式，分析者们反复检查他们的数据。这个检查和反复检查的过程可能包含着时间的投入，这对于按照传统时间作息表工作的研究者，特别是按自己的时间限制工作的学生来说是有困难的，"数据分析是不会在一两段时间内完成的"（Taylor，2001）。此外，对分析的走向以及分析的终点的预期可能是比较困难的。依靠"丰富"的质性数据，新的分析发现可能会浮现，甚至是在分析的可能性似乎快要穷尽的时候。

　　尽管如此，还有很多的可供学习的建议。下面内容是以波特（Potter，2003）进行话语分析时要考虑的简单步骤顺序所提建议为基础的（见图 9-4）。这个建议虽好，但是如同所有的质性研究一样，对话语分析的建议读起来只需要几秒钟，但是付诸实践的确是非常耗时的。

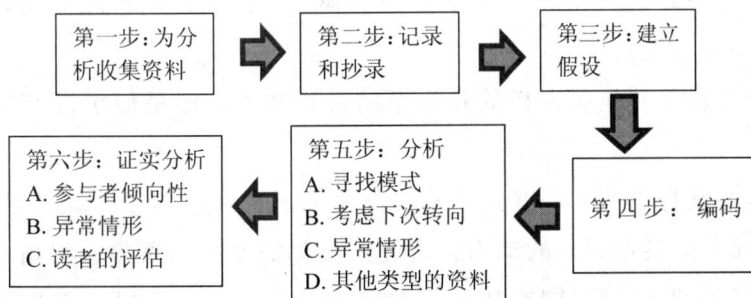

图 9-4　波特（2003）话语分析步骤

（一）为分析收集资料

自然主义会话和访谈（见专栏 9.2）是隶属于话语分析数据的主要类型。不过，来自焦点群体、网络、报纸、电视以及其他广泛来源的数据都可能会碰巧被使用。所有这些数据的共同特征就是它们包括了互动。比如说，访谈和焦点群体在哪里使用，研究者的初步目标是提供被波特所描述的"会话环境"。目的就是创建一个情景，话语实践连同在这些环境中参与者所利用资源的性质都变得明显起来。如果研究者偏爱于使用自然发生的会话，获得它们从实质上来讲可能就会更难。试想一下这些潜在的资源——警察访谈、社会服务访谈、咨询访谈、医学访谈、商务电话诸如此类——很明显，为什么获得它们那么困难。伦理问题显然是重要的，但这些组织可能还有许多其他原因使他们不愿与研究人员分享这些材料。组织以访谈和焦点群体形式的研究在第 3 章和第 4 章中有更多的讨论。

（二）记录和抄录

在话语分析中，没有理由不用录音和抄录的方式来记录数据。尽管一些扎根理论者（如Glaser，1998）已经提出这是耗费时间的，而且研究者在收集新访谈数据以报告他们的分析方面会更轻松一些。在绝大多数质性研究者中这一观点缺少支持。抄录的功能在于便于分析以及与其他研究者沟通。此外，使用杰斐逊方法可以使具体的细节被有效用于分析，而在传统意义上，这些细节被简单地认为是不方便的或是一种麻烦事。哈维·萨克斯（Sacks，1992）意识到会话中作为犹豫、暂停、咳嗽等的这些细节会被进行互动的人们注意到。在第 3 章和第 6 章有更多关于记录和抄录的信息。通常来说，福柯主义话语分析者，相比于遵循波特和韦瑟雷尔建构主义方法的研究者，他们极其有限地使用杰斐逊的转录方法。

（三）建立假设

"假设"这个词没有在一个可检验和可证伪关系的科学意义中被使用。相反，它表明研究者需要形成社会互动中什么正在发生的观点来达到激发和指导他们的研究思路。按照决定要表达什么样的主题，许多的普遍可能性会与研究者的研究相关。研究者通常会想到去收集数据，以形成一些观点、问题，或者是希望他们的研究能够解决一系列广泛的问题。

（1）研究者在一个特定研究情景有一个普遍兴趣——比如说，医患互动，课堂教学等——以及这些情景下互动是怎么发生的；

（2）研究者还会有出于其他研究目的收集来的大量数据，但是似乎没有被分析甚至是被浪费了；

（3）研究者会接受某种邀请来开展关于某一特定主题的研究。

无论是什么引起了对某项研究的动力，研究人员都需要使用聚焦、视角或回顾。这些可能是在研究最初阶段开展的，尽管波特（Potter，2003）认为，抄录阶段是有典型性的，因为这是研究者对他们的数据真正开始工作的阶段。无论什么原因，"话语研究的第一部分通常是形成更为具体的问题、假设，或者是注意到有趣的现象或令人不安的现象。"（Potter，2003）

一个话语分析者可能会做一个分析笔记日志以帮助这个思路产生的过程——很像扎根理论中的备忘录（见第 8 章）。另外，在正式或非正式的讨论会上用某人的数据来说话，同其他同道者们进行分析，可能也是富有成效的。例如，一群研究者可能会见面来讨论一个特殊的数据片段，每个人都为考察提出自己的分析想法。

（四）编码

在这里要注意，因为在大多数质性数据分析的描述中，编码是将大量的抄录分解为许多描述性解释的一种方式，其实质就是概括原始数据。编码的目的在于鼓励我们逐行地熟悉数据，不过，更重要的，它可能是产生分析思路过程的一个起点。然而，对波特的深入阅读表明，关于话语分析中某些事远不同于所做的内容。他写道：

> 编码的主要目的是通过将较大语料库的相关材料进行转换使得分析更为直观……这是便于分析的一个初步工作。通常，它包括为一些有兴趣的现象搜寻资料，以及从档案中复制一些例子。它很可能是一系列来自声音文件和与他们相关抄录件的摘录。（Potter，2003）

换句话说，这个过程就是选取摘录并将它们放在一起的过程，因为无论什么原因它们似乎都有一些共同的东西。很可能是研究者已经形成了对于这些的描述——这就是编码。这并没有一个严格而固定的过程，因为随着分析的进行，这些摘录可能会被移入其他分组之中。还会有一些不太好的摘录需要被以尽可能好的方式去解决。研究者们可能会感到某一个特定摘录不适用于它被归到的分组或者它通常是有问题的。无论这些问题事例在最初是多么令人沮丧，从长远来看，它们倾向于有助于一些新思路和解释的产生。

（五）分析

分析的过程包括归纳和演绎两个方面。例如，通读某个特定摘录可以帮助研究者在头脑中形成摘录过程的思路，这就是归纳法，并且在日常语言中也是比较具有推理性的，因为它不是基于大量数据的。

事情不会在这一步停止，因为这些关于数据中发生了什么的归纳性解释会被其他相关的摘录做出相反的评价。分析来说，这就是一个演绎的过程，它有助于确立解释是否可行，或者解释是否只在特定的情况下起作用，或者说解释完全是一条死胡同。维利希给出了他的如下解释（见图 9-5）。

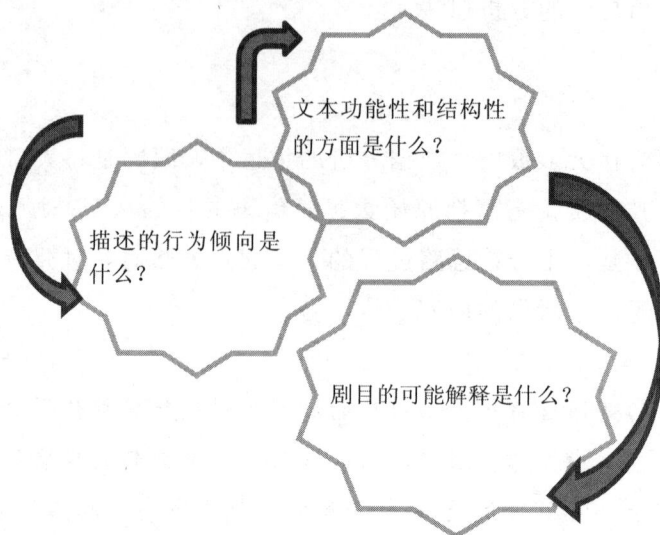

图 9-5　维利希（2008a）对话语分析的解释

文本性数据分析是通过对话语的建构性和功能性维度的密切关注而产生的。为了有助于对这些维度进行系统而持续的探索，研究者需要考虑这些话语解释的文本、可变性和结构。研究人员着眼于文本如何构建其对象和主题，这些结构在不同的话语语境中如何变化，以及它们可能产生什么样的后果。要确认文本中主题和对象的不同结构，我们需要注意在它们的结构（如解释性剧目）中可能被使用的术语、文体和语法特征、讲话中所偏好的隐喻和修辞……不同的剧目能被一个人使用，而在不同的话语语境中也能被同一个说话者用来追求不同社会目标。部分话语分析目的是确认解释的行为取向。为了能做到这些，研究者需要对话语语境花费更多的注意力，在语境中，这些解释如何产生的以及查明对话语参与者的结果。这可能只有在对访谈者和受访者对话中双方贡献予以分析的基础上才能达到令人满意的程度。记住这一点是很重要的，话语分析要求我们在语境中去检查语言。（Willig，2008b）

波特（Potter，2003）讨论了话语分析的四个方面（见图 9-6）。

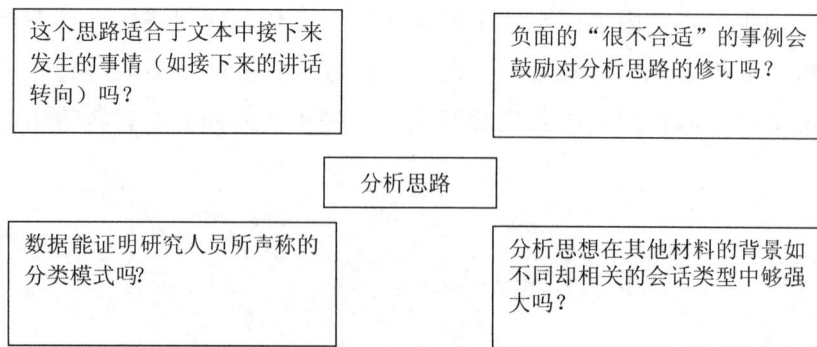

图 9-6　话语分析的四个方面

（1）寻找模式。分析者们会查遍全部的数据，以确立一个特定模式如何有规律地发生。如果一个模式是普遍的，这就会为相应的分析提供有力的支持。当然，该模式可能是具体的，对于需要予以确认的特定环境来说。

（2）考虑下一次转向。在话语分析中，互动的序列有重要的分析意义。在互动中下一步要发生的事情可以为此前发生的事情提供信息。因而，如果我们理解了接下来要发生的事情，我们就会对正在思考的事情有更好的理解。因此，理解接下来说话者的会话转向对于分析者理解文本片段有很强的启示。

（3）关注那些异常情形。异常情形只是会话中的部分内容，在异常情形下看似发生了与分析中似乎出现的正常模式相比非常不同的各种事情。理解这些情形可能会比普通模式的发生带给我们更多分析上的回报。

（4）关注其他种类的材料。有一系列额外的材料能被带入任何一个特定研究之中。如果是一项关于应急机构电话的研究，研究者可能就会发现将他们研究的发现同其他机构电话的研究相比较是有帮助的。同样地，研究者可能会对给应急机构电话与朋友间电话进行比较。这在一定程度上是研究的一个案例，以及其他类型的数据是可用的。

（六）证实分析

根据波特（Potter，2003）的观点，话语分析研究中的分析过程和与证实该分析的过程之间没有严格区别。因此，证实分析时所用的程序与在分析本身这个过程中所用的程序是相似的。

（1）参与者的取向。如果一个特定的摘录片段由分析者给出了一个特定的解释，观察一下该解释是否会被话语中下一个参与者的反应所支持是很重要的。

（2）异常情形。这些可以在分析过程中使用也可以在确证阶段使用。波特（Potter，2003）给出了新闻访谈的例子，在这些例子中，访谈者对访谈中表达的观点不承担任何责任。但是也有一些异常情形，访谈者会被指责或者是要负责任的。我们已经发现这些访谈可能会导致麻烦的互动，会对访谈造成转移注意力的影响。

（3）一致性。新研究的发现是否和那些更早的相似研究一致？如果是，这就是有效性的证据。然而，如果新研究的发现与早期研究的发现不一致，这个研究团队可能就要在处理新研究过程中相当谨慎地进行调整。

（4）读者评价。研究者数据分析的大量指示性、说明性摘录包括在出版物之中，这就将读者们置于通过其他可能研究方法检查研究者分析的位置之上。

在分析过程的最后，无论何时到来，研究者都会面临一个重要但是非常困难的关于分析价值的问题。的确，这可能是研究者究竟是否真的产生了一个分析的问题之一。大量情况下看上去像个分析的东西被报告了出来。然而，这是不是相当于研究者在解释数据或甚至发展新理论观点时的一次严谨尝试呢？安塔基、比利希、爱德华兹和波特（Antaki，Billig，Edwards & Potter，2003）提出了导致数据可能分析不充分的许多方式。

（1）由概括引起的分析不充分。我们说，仅仅对在抄录的特定片段能够看到的主题进行概括可能无法构成一个分析。它可能被研究者声称是如此，但它没有对抄录增加什么内容，只是更简洁了。比起原始数据，这种概括没有将分析上升到一个更高的抽象阶段。事实上，它去掉了一个话语分析所能赖以为基础的细节内容。

（2）由选边站引起的分析不充分。质性研究者们会在很多他们研究的主题中有一个立场，对参与者的观点选边站可能会导致人们对这一观点的关注，而这种关注可能会导致忽视了数据中其他部分发生了什么。因此，这样的数据分析是不完全的。安塔基等人建议研究者要试图在获取而不是分析过程中选择支持参与者观点的摘录。

（3）由过度引用或孤立引用引起的分析不充分。如果研究人员诉诸报告来自文本的大量片段（由于分析本身做出了很少贡献），这并不意味着分析。首先，它把文本和说这句话时的语境分开了。在这种情境下研究者可能会用他或她自己的话给出一个简短的概括，但是这些是描述而不是分析。研究者选择孤立于或提取自语境的一个特定摘录，并且让它"为它自己说话"，这也是有问题的。

（4）由话语与心理结构会话之间的循环发现引起的分析失败。举个例子，分析者可能会确认出大量摘录，他所描述的这些摘录代表着思想意识 X 或者话语 Y。然后，这些思想意识或话语就会被用于"解释"为什么会说些特定事件。不幸的是，我们并不能确定，语言背后的思想意识或话语仅仅是以代表这种思想意识的系列引语为基础的。

（5）由测查引起的分析不充分。例如，分析者可能会注意到，某种形式的话语被某些参与者使用并且似乎可以把它推论到所有相似参与者中。当然，在没有证据可以表明这种推论是可能的情况下，这种过度推论本质上造成对某人数据的完整分析的失败。

（6）由测点定位引起的分析不充分。这基本上意味着，除了确认已被话语分析者确认为社会环境中语言重要方面的过程的数据事例之外，研究者做的工作很少。一个学生把这些作为他们发展的一部分是很好的。然而，这样的"测点定位"就会和确认"小凤头雀鹰"的野鸟观察者或确认某人基因的实验室技术员没有多少不同。根据会话分析，这一类的活动不会构成分析。

布尔曼（Burman，2004）补充了她所感受到的另一个分析缺陷，安塔基等人可能忽视了，因为它太基础以至于对它想当然了——关于数据没有提出一个问题而导致的分析不充分。她认为话语分析最弱的例子会失败的，因为它们没有给出相应的原因，为什么要做这个特定的分析，并且为什么它被认为值得做。

对你分析过程的经验进行一定程度的自我反省将有助于你评估你的分析是否名副其实。

四、 何时使用社会建构主义话语分析

对心理学家来说，话语分析可能是最熟悉的质性研究数据分析方法。当然这似乎是在英国、瑞典等国家出现的情况，尽管美国的情况可能不是这样的。这并不是说心理学家们普遍对于话语分析是关于什么的，以及怎么进行话语分析有一个好的想法。一旦认为话语分析主要是一种基于理论的方法来理解社会中的语言、语言的调节措施及它们对主体性的意义，主流心理学家对把它作为一种数据分析方法的误解就变得明显了。话语分析可能夸大了它们作为理解心理学现象的一种备选方法的说法，如当它被推荐为比心理学认知方法更靠谱的一种备选方法。这不是心理学中每一个研究者所关心的答案。通常来说，会话分析甚至不一定是处理质性数据时研究方法的最佳选择。话语分析擅长它所擅长的内容——即在社会互动中语言如何在做事情中起作用。概括地说，对于一些研究目的，话语分析能起到反作用。波特给出了下列问题：

尝试用一个更传统的术语去问一个构造好的问题（导致携带艾滋病毒的男同性恋者使用避孕套的因素有哪些），然后使用会话分析方法来回答它，这会导致混乱的。(Potter，2004)

那么研究者在哪里有兴趣把语言作为社会行为，话语分析就有了一席之地。要不然，就得重新考虑。话语分析看待事物不同于主流心理学。话语分析用来研究强奸生物学是一个不好的选择，但是在探索研究者如何使用社会生物学来解释为什么男人会强奸或者这些社会生物学解释如何被纳入对强奸的日常理解时就是出色的方法。

当波特被问到"任何心理学的问题会都有一个话语分析答案吗?"他的回答是否定的，因为：

当人们准备进行话语分析时他们有时犯的错误之一是，把话语分析当作一种简单插进预设问题的方法。例如，"我对引起人们吸烟的因素感兴趣：我应该使用观察研究，模拟实验还是话语分析呢?"这里所遗漏的有：第一，话语分析不仅仅是一种方法，而且也是看待和研究社会生活的一种视角；第二，所有的研究方法都包含了一系列理论性假设。(Potter，1996a)

话语分析是否是处理质性数据分析最好的方法，答案是相当明显的。如果研究者掌握了话语分析的理论，这种方法就是合适的，否则其他方法可能更合适。尽管每个质性研究者都是通过作为其数据核心的语言媒介进行操作，但并不是所有质性研究者都感兴趣，或者精细地分析语言是如何在体现话语分析的社会互动中起作用的。因此，解释现象学分析(第 13 章)依赖于语言形式的数据，但是如何处理这些数据是相当不同的。解释现象学分析从语言中摘录出人们经验的现象，如疼痛。不是许多话语分析的理论都会与要理解此类经验特定关联的。当然，一个话语分析可以采取解释现象学分析访谈并将其作为话语进行分析。然而，这可能解决不了任何一个解释现象学分析所感兴趣的问题。

五、 社会建构主义话语分析实例

为了说明各种各样的社会建构主义话语分析，在专栏 9.3、9.4、9.5 中给出了 3 个不同的例子。

(1)第一个例子(专栏 9.3)是社会建构主义话语分析的一个非常典型的例子，关于婚姻的访谈用到了分析之中，用的是杰斐逊转录方法。尽管近年来话语分析转向有点反对访谈，但是我们也可能看到解释性剧目中的关键分析概念在分析中如何发挥了很好的作用。

(2)第二个例子(专栏 9.4)利用大众媒体资料来获取数据。它主要讨论运动员如何谈论让他们的表演有特色的"区域"。这项研究比第一个例子多利用了一些话语分析。首先，它使用杰斐逊转录方法，它是会话分析的同义词。其次，在分析中它使用了"类别授权"的会话分析概念。

(3)第三个例子(专栏 9.5)涉及的一个是对美国总统关于恐怖主义演讲的分析。尽管作者从演讲中引用了大量资料，但是所有的杰斐逊转录方法毫无用处。这项研究很有趣，因为在分析数据之前，就基本上形成了框架。换句话说，它具有传统个案研究的一些特征，在传统研究中数据仅仅是阐述既定观点的一种方式。所进行的分析不太完全也会有些迹象，在一定意义上，根据所呈现的数据他们的一些分析结论会受到挑战。

专栏 9.3   研究示例

话语分析中解释性剧目研究例子：不论好坏

毫不奇怪，在过去的二三十年里出现了各种风格的话语分析。非常普遍的一种是寻找解释性剧目（有时诸如不同的话语或不同的思想观念这样的相似概念会替代来用），它为关于某个特定主题的讲话提供了宽泛的结构。一个很好且令人信服的例子是劳斯（Lawes，1999）的研究，该研究涉及人们谈论婚姻的方式。她指出 21 世纪初和结婚相关的许多问题——结婚的更少了，婚姻失败的更多了，未婚父母生孩子的更多了，诸如此类。她把注意力集中在她定义的"X 一代"——生于 20 世纪 60 年代和 70 年代初的西方白人群体上。劳斯所定义的统计数据表明，这整整一代人都是"婚姻厌恶型的"。

劳斯指出，她的研究采用波特和韦瑟雷尔（Potter & Wetherell，1987）的话语分析方法。她的样本中有 12 个男性和 8 个女性"X 一代"参与者，这 20 个人的样本对这类分析研究来说被劳斯描述为"相当大的样本"。传统的定量研究方法无法对这个样本进行概括，不过，从她所积累讲话的样本中概括出的东西将会表明婚姻是如何被理解的。由于伦理原因，参与者的名字和潜在的识别信息是虚构的。研究者使用了一份传单来招募参与者，但没有提供他们所在地的任何细节。访谈通常在受访者家里进行，通常持续约 90 分钟时间。

这项研究的采访是开放式单人作答的访谈。分析包括了访谈者与受访者的互动。访谈风格允许"研究者完全以相对非正式的会话交流进行参与"。劳斯认为，由于分析的性质，并不严格要求采访者保持中立，而是可以表达一种观点。在宣传单上出现的问题被用来指导该访谈。这些问题包括：

- 婚姻与其他"配偶"有何不同？
- 你对从不结婚有什么感觉？
- 结婚足够好的理由是什么？
- 离婚足够好的理由是什么？
- 你是否经历过来自他人要结婚的压力？

访谈被录音并最终被抄录下来。录音总计约 50 万字，所采用的转录方法被称作杰斐逊转录简化版（第 6 章）。尽管精细的细节并未呈现出来，该文中所用抄录的说明性摘录几乎没有包含多少杰斐逊编码体例的指标，如计时和其他符号。在该文中没有讨论零碎的细节，所形成的说明性摘录很容易作为正常文本来阅读，这本身是一种积极的特点。

劳斯非常生动地描述了她是如何分析她的数据的，我们值得在这里重复她说过的话。

分析话语是一个"忍受"自己数据的冗长过程，阅读、再阅读和追随直觉，直到一个语言使用的模式出现。这通常包括找寻剧目或话语，它们由重复的习语或比喻暗示着并组成了文本。例如，谈话主题的最重要内容之一是"成功"和"失败"的主旨……同时另一个是寻找可能标明[解释性]剧目之间差异的变异性。在这里，主观能动地谈论成功与失败会被宿命论和被动性的谈话所抵消。从这些差异中来看，可靠假设可以是关于[解释性]剧目所起的不同功能的。

劳斯确认了两种解释性剧目（话语或思想意识）：（a）浪漫主义剧目；（b）现实主义剧目。浪漫主义剧目讨论"理论中的婚姻"，它"是作为一种作为真实的或据实描述的婚姻是什么而呈现的婚姻，并无讽刺之意"。找到"正确"的人是一种常见的并有效解释浪漫主义剧目的方式，"很明显，如果你正准备结婚，你就和合适的人在一起了"。承诺也是这一剧目的部分内容，它需要一些事件的形式（如订婚）以及贯穿整个婚姻经营所发生的过程。这种解释剧目可以用来讨论成功的婚姻和不成功的婚姻。

现实主义解释剧目讨论现实世界中的婚姻。婚姻可能会失败，会受到诸如不忠、疾病和债务等因素的影响。它也可以用来描述成功的婚姻和失败的婚姻。婚姻的永久性不被认为是现实的："这是一场赌博，不是吗？我想是的。我认为结婚可能是你曾冒过的最大风险之一。"

劳斯所确定的两种剧目可以共存于一个人的谈话之中。在这种意义上，他们不是能够相互替代的。不存在两组人——浪漫主义者和现实主义者——但是他们的确对婚姻的不同方面会有不同的解释方式。

专栏 9.4　研究示例

运动心理学的话语分析：神秘的"区域"

体育心理学已成为越来越重要的心理学质性研究的子领域。该学科的实践和应用性质意味着优先开展的直接针对问题解决或成绩提高的研究。质性研究也许不能满足这种即时效用的标准而很少出现在运动心理学之中，这种情况持续到了 2000 年前后。现在情况似乎正在改变，虽然不太情愿使用定量方法，但这种方法使用在运动心理学中越来越普遍。洛克（Locke，2008）对运动心理学中普遍使用的概念"区域"提出了一种论述视角。它指的是在杰出运动成绩中非凡的"心理"状态，这种状态可以被描述为毫不费力、自动和成功的。天才运动员曾用它来解释他们的非凡表现。她的研究让我们得以说明话语分析可使用大众媒介作为数据来源的方式。我们举例说明话语分析可以利用大众媒体作为数据的来源。洛克的方法是利用精英运动员运动成绩电视节目的节选。所分析的节目被称为"失去它"，这是一部科学纪录片，记录的是与包括萨利·冈内尔（Sally Gunnell）在内的两位精英运动员一起工作的体育心理学家们。这类媒体数据的问题之一是，这类片段的编辑范围通常是未知的，尽管并不完全是不可知的。编辑工作可以让不同的片段看起来像会话，并且可以改变会话分析的性质。会话分析比话语分析可能有更严重的问题。

该区域指的是"最佳功能区域"，这是哈宁（Hanin，1980）首次讨论的一个观点，他认为一个运动员焦虑程度在一个特定的范围或区域内，会有一个特别理想的成绩状态。只是没有人知道哈宁的理论概念是如何成为运动员们日常用语的一部分——尤其是精英运动员。他们把它当作一种特别而明显的精神状态，而这与最初理论所说的内容大为不同。对于运动员来说，这种状态包括是放松的，完全关注于成绩，而且毫不费力地达到顶尖成绩。但是，在话语分析术语中，区域是运动员解释杰出或顶尖成绩的方式的一部分。因此，如果区域这个概念能通过科学审查，那就无关紧要了。因此，在话语分析的术语中，"区域"并不被认为是真实的东西，而是当运动员在谈论他们运动成绩时，用来达到特定效果的一种资源。

　　在她的分析中，洛克使用了来自会话分析的类别授权概念。简单地说，它指的是谁被认为是适合与之谈论某类内容的人；也就是说，此人在任何主题上能赢得专家地位。这将适于用专业知识谈论"区域"，就像其他任何话题一样多。因此，在节目中运动员萨利·冈内尔被认为有这样的权利。在这项研究中出现的一些游离性主题中，精英运动员在解释他们卓越的运动表现时，"援引"了这种区域，但在某种程度上，他们在自己的成功中否认或减少了他们自己个人动力(行动)的作用。换句话说，运动员经常对自己的成功表现得很"谦虚"。当他们描述自己比赛中的成绩时，似乎必须表现出一定程度的谦虚。能动性在运动员的解释中是以很多方式呈现的。强调很重要的一点是，在运动员的解释中"谦虚行事"是一个很重要的品质。例如，他们倾向于把"区域"呈现为不属于他们控制或他们所做的(或者主观能动性)的东西。围绕着"区域"经验的事件可以被描述为很难记住的或提供相关信息的。虽然其他运动员可能无法证实这些倾向，但冈内尔的解释却用这样参考予以修饰了。仔细阅读下面的摘录，试着找出在哪里使用了主观能动性。

摘录 2：萨利·冈内尔

34　萨利·冈内尔：但是我不(0.8)曾记得(0.8)到来了(.)

35　最后的(1.0)障碍，并且，并且知道她在那里

36　(.)而且这就是所发生的，她实际上是对的

37　在我前面，而且她一路上都在我前面，但是我

38　没有(0.6)记住这些，而且只是我有点儿像

39　战斗，像超越极限，并且(0.8)你知道我

40　站在线上，就像(1.0)我的生命是

41　几乎重新开始(.)它已经几乎被束缚了

42　过去(0.4)你知道52.(.)7秒

　　在节目过程中，冈内尔所说的话里这些最低限度的能动性发生地相当有规律。当她使用诸如"记住"和"回忆"这样的词时，它们不是在任何技术层面上被使用，而是她管理自己描述所发生事情的方式。因此它们提供了对自己成就的责任宣称和责任否认。参照人记忆的有限性，它可以被视为用在对责任进行修辞的一种资源。尽管冈内尔给出了对比赛的描述，她还在声称她不记得发生了什么(第38行)。结果是，发生了什么事情显得有点神秘。使用"生命几乎重新开始"这句话是很有趣的，因为它会软化或弱化她所说内容的含义。通

过软化她的断言，她有效地使得她所说的话不可能被听到她话的人们挑战或质疑，因为这些话已经不是那么特别了。这个手段在第 41 行中使用两次。此外，如果她夸大"区域"的非凡性和神秘性，风险就在于她在某种程度上可能显得"古怪"了。因此，对于冈内尔来说，把自己构建成正常的和理性的是至关重要的。这样做的另一种方式是建议任何人都能有这种体验。访谈者(BM)也使用这种"软化"的手段，他认为这几乎像一种宗教体验。

摘录 4：萨利·冈内尔

70   BM：它几乎像一种宗教体验

71   萨利·冈内尔：是的，你感觉好像有人(.)在帮助你

72   我必须承认仅仅因为它(.)它感觉是那么奇怪

73   (.)有时候(.)你知道我此前说过，它

74   并不是真实的(.)特别感觉像我在外

75   面，并且你几乎进入恍惚状态(.)而且

76   嗯，你感觉好像有人，你知道，我一直说的(.)

77   有人正看着你，而且有点像你知道的那种(.)

78   拉着你绕(.)跑道，而且，而且，而且(0.2)而且

79   让你感到在跑道上流动，是的，是的(.)

80   它是(.)一种惊奇的感觉

专栏 9.5   研究示例

总统演说中对恐怖主义者的道德排斥：类别使用

这是美国使用话语分析研究的一个罕见例子。皮莱茨基、穆罗、哈马克和克莱姆森(Pilecki, Muro, Hammack & Clemsons, 2014)描述了 2011 年在也门使用美国无人机的空袭。其中一次空袭导致了美国公民安瓦尔·阿-奥拉基(Anwar al-Awlaki)的死亡。这算是自美国内战以来，美国政府第一次未对战时敌人审判就进行了处决。其他三个美国公民被无人机杀掉了。根据皮莱茨基等人的说法，只有一个可能被视为一个合法的目标。如果我们将其他行为也归到"反恐战争"之名下，诸如无限期拘留恐怖嫌疑犯，使用像水刑这种先进的审讯技术，显然需要对这些行为做出解释。这些行为与美国普遍接受的理念相去甚远。有什么能解释这样的发现：超过四分之三的美国人相信为了获得信息，折磨恐怖分子是可以接受的。对乔治·布什(George Bush)总统关于恐怖主义的言论有过大量的研究，尽管奥巴马总统在任期内这样的活动仍在持续，但是关于他的研究却相当少。一些反恐怖主义的道德话语解释了这些极端反恐怖主义手段的正当性，这些话语的本质是什么呢？两国总统如何将恐怖主义"设计"成一种特殊的类别，以致他们不值得得到正义和道德待遇？总统们是如何使恐怖分子在道德上如此卑贱，以致他们合法地受到不道德的待遇？反恐怖主义战略如何被设计成对所谓的恐怖主义威胁的正常、合理的和适当的反应呢？

皮莱茨基等人表达了这样的观点，语言对于我们理解概念和社会分类是至关重要的。作为一个描述性术语，"恐怖分子"一词不能确认属于恐怖分子的所有特征。根据皮莱茨基等人所说的，政治领导人塑造了诸如恐怖分子这样的类别如何使用修辞来理解。谁是恐怖分子？他们想要达到什么目标？他们实施恐怖主义行为的原因是什么？总统们将恐怖分子"设计为"一种特殊类别的暴力/危险人物，他们不用保证正义和道德待遇，而谋杀者或酒驾者则会招致正义和道德待遇。

为了证实这一过程，该研究集中在总统的演讲中从而发现其中的道德内容。从话语分析的视角来看，总统的任务是列举恐怖分子。他们必须将他们同违背基本的道德价值观的其他人群区分开来。这样一来，恐怖分子就显得不应受到公正和公平的正常考虑了。在这种情况下，内群体保留了它的道德"权威"，尽管它实施了不道德行为，否认恐怖分子正当的法律程序。这是一项根据泰尔里格(Tileaga，2007)的复杂研究。研究者从白宫网站和新媒体网站上挑选了总统演讲，为了适于研究，抄录了两位总统之一的演讲，以及与反恐战争有关的内容。他们还检索了恐怖词汇以及诸如恐怖主义和反恐怖主义此类的衍生词，共发现了20份这样的演讲，其中11份是布什的。

该分析基本上是话语分析的风格，尽管作者并没有详细阐述太多的细节。总的来说，该分析似乎可归结为研究人员寻找现象的例子。他们以迭代法描述了该分析，他们对所选演讲的文本进行了一系列的仔细阅读。作者集中在他们所描述为道德内容的要素上，这些内容是总统用来谈论恐怖主义的。例如，作者没有提到波特(Potter，2003)提出的以确保分析质量的大量检查和程序。

毫不奇怪，总统们将恐怖主义暴行设计成道德上应受谴责的行为。但更出乎意料的是，它被设计成是无关政治的。换句话说，没有任何东西可以证实恐怖主义暴力的合法性，并且它只是为了自身利益的暴行和破坏。恐怖主义不同于其他形式的政治暴行。恐怖分子麻木地屠杀无辜、正派的公民。除了破坏诸如自由之类共同的道德价值观之外，恐怖主义分子并没有对其政治目标进行详细的描述。总体而言，之所以作为一个类别把恐怖分子放在一起，是他们对美国和世界共同体的一种特别的邪恶和无处不在的威胁。恐怖分子所构成威胁的范围和严重性表明只有一个合理的解决方案。也就是说，反恐怖主义在其范围和严重性方面应该与恐怖主义相匹配。恐怖主义受害者的无罪推论要求对这种形式的伤害进行道德谴责。美国反恐怖主义行动是正当的，因为美国反恐怖主义行动是基于恐怖分子超越了对人类尊严的保护。

恐怖分子暴行的目标是无辜者的假定延伸到了那些按照定义来说非平民的人，"在伊拉克，没有比基地组织更残忍的敌人。他们将自杀式炸弹袭击者送入拥挤的市场；他们斩首无辜的俘虏，杀害无辜的军队"(白宫，新闻秘书办公室，2007)。不总是发生但经常发生的是，恐怖主义暴行被认为是不涉及任何政治目的或目标。仇恨是动机，并扼杀着基本的欲望。恐怖主义暴行不是达到目的的手段，而是其本身构成了目的。恐怖分子让儿童进行自杀炸弹袭击任务，就是为了用他们的暴力统治去征服数百万人。如果提到政治动机的话，这些演讲就会凸显出西方价值观在恐怖主义信条中普遍遭到破坏。例如，布什总统说，在 2008 年"自由的进步遭到恐怖分子和极端分子，还有邪恶的人的反对，这些邪恶的人鄙视自由、鄙视美国人并且目标指向让数百万人受到他们暴力统治"。两位总统之间有些不同，但其基本修辞是相似的。

（本·拉登）是一个大规模屠杀的凶手，他发出了仇恨的信息——主张穆斯林必须拿起武器对抗西方，以及对男人、妇女和儿童的暴力是改变的唯一途径。他拒绝民主和个人权利，支持暴力极端主义；他的议程表上关注的是他能破坏什么，而不是他能建设什么。（白宫，新闻秘书办公室，2011）

奥巴马总统将自由民族共同体与暴力恐怖主义威胁并列在一起。重点是后"9·11"的恐怖分子，这作为新的内容贯穿于总统整个演讲中，是为了证实新反恐战略的必要性。

"9·11"事件后，我们知道我们进入了一个新时代——不遵守任何战争法则的敌人对我们法则的运用提出了新的挑战；政府需要新的工具来保护人民，而且这些工具必须允许我们阻止攻击，而不是简单地起诉那些实施攻击的人。（白宫，新闻秘书办公室，2009）

当然，这意味着在"9·11"事件之前的旧反恐制度是不充分的，因为它允许了"9·11"发生。将来战略要在防范恐怖主义袭击方面变得积极主动，而不仅仅是让法律对那些做错事的人施以惩罚。

总统演讲和"反恐战争"词句将反恐怖主义话语置于战争和军事话语之中。布什认为，得以提升的审讯手段已经提供了信息，它们挽救了无辜者的生命，防止了新的袭击。恐怖分子没有被称为犯罪嫌疑人，而是被定义为拘留者或非法战斗人员。布什在 2004 年说道："美国人永远不会寻求获得一张许可证，以捍卫我们国家的安全（米勒中心，2013b，引自皮莱茨基等人）。"

我们可能会问自己，这是多有效的一项话语分析研究。毫无疑问，该研究是作者在话语分析研究领域所开展的一项研究。它使用了正确的术语，并参照了一些最重要的话语分析出版物，如比利希、爱德华兹、波特和韦瑟雷尔等。因此，至少从表面上看，本文具有话语分析研究的典型特征。然而，研究的所有预期都嵌在引言之中，引言广泛引用了恐怖主义和反恐战争的相关文献。并不是所有或者多数在性质上都是话语分析的，当他们认为话语分析可以带来新的东西的时候，作者似乎在暗示这一点了。因此，分析被引言抢得先机了。这些演讲被反复阅读以确认恐怖主义战争的相关部分。恐怖主义和反恐怖主义被设计的方式在很大程度上变成了分析的内容。从引言中可以清楚地看到，作者希望演讲中包含道德排斥。没有证据表明异常情形构成了分析的一部分。总统们曾经不同地谈到恐怖主义吗？也许没有这样的例子，但如果作者证实他们寻找过，那这会有帮助的。那么当恐怖分子被设计成非政治人员时，这意味着什么？毕竟，外来价值观（如反自由主义）强加在其他国家头上，看上去似乎是一种严重的政治行为。似乎正在发生的事情是，总统们正在避免任何暗示，恐怖分子有合法的政治目的。在设计"恐怖主义"时有不一致的地方，它在不同的非法政治意图之间摆动，而这些政治意图严重违反了西方的价值观，即他们为了杀人本身的原因而成为杀人者。否认合法性或去合法性可能是建构这种设计的另一种方式。

六、 社会建构主义话语分析的评估

话语分析的成就之一就是，它给心理学带来了具有理论一致性的研究方法用于研究精细文本资料，包括深人的访谈和会话录音。其局限性在于对如何理解和解释文本材料的独特观点。除非有人准备购买这套理论体系，否则最终产品将无法被认可是话语分析。例如，对于想要以一种方式在他们的数据中看到参与者生活现实的研究者来说，话语分析很少或根本没有支持——相反更准确地来说，话语分析并不是关于现实的一瞥，而是关于现实是如何建构的。在话语分析中语言没有被视为表征性的。无论话语分析的基本原则是多么地可接受，它就是对社会互动中语言本质的一种视角，而不是运用访谈、焦点小组和其他文本材料来提取个体生活现实的一种方法。其他定量方法可能会提供更好的方式来处理人们在生活中的经验以及他们所讲述的故事。这有一个问题，话语分析不仅批评其他类型的研究，而且它本身也是有问题的，因为它开始将一度位于中心地位的访谈和焦点小组数据边缘化。寻找自然语言来进行分析就限定了那些话语分析所能表达的主题。例如，我们只能就性虐待受害者的童年进行访谈。我们不能指望获得更多自然的数据。如果认为我们有更适合于从现实主义视角看待数据的其他分析方法的话，只会留下这样的疑问，就算真有的话，话语分析如何能告诉我们现实。

兰德里奇(Langdridge)在这方面提出了一个重要观点，它基本上可以归结为这个问题："适合于哲学辩论的东西对心理学总是有益的吗？"

虽然我对来自话语心理学的许多争论有相当的同情，仅仅是因为有一种向大量欧陆哲学中语言的转向——或者，更准确地说，是文本——这并不意味着在心理学中对应的脚步也必须一定要跟上，仿佛欧陆哲学中所有发展都代表着进步(启蒙思想本身)。哲学是一个争论的学科，而且，如果我们认真地采纳了后现代主义者的主张，那么更新的将不会总是更好的或者——也许更有针对性——那些流行的东西并不总是优于那些不流行的东西。我认为，很讽刺的是，一些最具有相对主义的心理学家不假置疑地接受精选过的一群欧陆哲学家(这是一个非常精选的群体)，显然以此试图将一种方法上的霸权强加在自己的学科上(Langdridge，2007)。

这个观点用考试的话语就是"讨论"！当然，兰德里奇的观点是一个基本观点，它反映了本书中不同观点上产生的许多主题。但特别重要的是，质性心理学未来方向的问题。那么，心理学家有多大的自由去做，或者应该发展出质性研究的一个独特的心理学版本呢？在何种程度上，他们应该被其他学科的哲学根源所约束？质性心理学家对哲学的注意力是相当投入的。这是为什么呢？定量心理学家该离他们努力的哲学基础有多远呢？

认为话语分析是一种"怎么都行"或主观的研究方法是对它的一种不公平的批评。它不是一种"把话放进嘴里"的方法。这种风险总是存在的，但这种情况只会发生在"内置"检查由于某些原因而失效的情况下，内置检查本应该是分析程序的一部分。不仅有大量的方法可以评估质性研究的质量(见第16章)，而且还有一些内部检查机制，它们是方法的重要组成部分，就像前面"如何进行话语分析"中所指出的那样。哪里有问题，可能这是为质性研究者的分析提供充分支持的研究出版物可用版面受限的结果。因此，读者可能并不总是处在评估反对数据的那些分析主张的地位上。像书一样长的研究是呈现和讨论最彻底的研究。

也许没有必要指出，一些话语分析研究比其他的更好。就像所有的研究领域一样，你会发现一些声称是话语分析却令人沮丧的例子。以最坏的例子为基础判断整个领域是不明智的。与此相关的警告是，"话语分析"这个词并不是"原产地保护命名"，所以尽管价值可疑的研究跟我们在这一章中所讨论的内容缺乏任何相似之处，但是仍被它们的作者贴上了"话语分析"的标签。

话语分析的两个版本——社会建构主义和福柯主义——并不是完全友好的伙伴。从外部来看，不管它们的有效性如何，它们的争论似乎都有些过头了。然而，福柯主义话语分析对社会建构主义话语分析所说的东西能够对其自身局限性提供一些信息。帕克（Parker，2012）的观点之一是，社会建构主义话语分析采用了相对主义的立场，即没有现实。这样的观点意味着道德和政治立场也没有基石。如果一切都是相对的，争论就会发生，没有理由为一个政治立场而不是另一个而争论。也就是说，一种道德立场是不可能的。与此同时，一些人批评了社会建构主义话语分析，特别是那些与会话分析相关的研究的实证主义立场。帕克（Parker，1990a，b）也不喜欢社会建构主义话语分析的常人方法论特征。尽管他可能会认为波特和韦瑟雷尔关于解释性剧目的概念同帕克在关于福柯主义话语分析的著作中关于话语的所讨论的观点具有相似性，但是这两种方法是分开的。解释性剧目和话语都是从文本中提取或综合而成的，但是没有任何可和解之处。首先，波特和韦瑟雷尔逐渐放弃了解释性剧目而转向了更加基于会话分析的方法。事实上，解释性剧目的概念并不是爱德华兹和波特 1992 年出版的《话语心理学》的重要特征。除此之外，帕克把解释性剧目这个概念视为与行为剧目中的行为主义概念一样令人不安。帕克（Parker，2007）补充道：

> 话语心理学…在其分析的文本的片段上拭去了历史性分析，甚至一些社会背景。人们对某些事情的所说的内容被不断地卖弄地重复着，并且谈话的功能则阐述给了读者。这样的练习常常是毫无意义的，因为它是心脑麻木的，毫无启发性。

这主要是证实了社会建构主义的话语分析并不是对一个人的数据，或者甚至对更广阔社会背景——存在于其中的文本能够被理解——的广泛历史扫描。它并没有尝试去解决这些事情。有些人可能会发现缺乏对这些事情的分析的衔接。然而，研究是有选择的，每个研究人员对做研究都会有不同的选择，如果他们能说明这样做的好处的话。

接下来，波特等人（Potter et al.，1990）认为帕克的方法是不够的，因为他把话语的概念具体化了。也就是说，话语被赋予了做事的能力和改变事物的能力——帕克将能动性灌输到了话语之中。一个人可以将这两种形式的话语分析作为可用资源，在研究者认为合适的时候而加以运用（Bozatzis，2014）。但人们可能会说任何质性分析方法都是如此。它避免了精确判断出不同的方法如何赢和输。它也避免了孰优孰劣的问题。波特、韦瑟雷尔和帕克倾向于将每个人所偏好的方法嘲讽为是他们各自所期望的。当然，这种学术生活中的小冲突是常见的，而且往往是一种障碍而不是一种实质性贡献。但当一个人试图了解两种不同方法的性质时，这种和解并没有太大的帮助。当我们转向福柯主义话语分析(第 11 章)时,这种争论将会继续进行。

七、 小结

尽管话语分析是基于 20 世纪中叶出现的思想,但它(与更普遍意义上的质性分析)对心理学来说是一个新的方面。即便如此,自第一次心理学话语分析研究发表以来,已经很多年了。为了比较目的,如果我们以法医心理学领域为对象,我们会发现作为一个重要心理学领域它的发展几乎是同样的古老。那么也许是时候了,总体上心理学开始欣赏话语分析主要是对一个研究领域概念化的方法,而不是那种不可避免地导向分析结果的操作和程序意义上的一种方法。由于这个原因,在本章中,话语分析理论基础的主要特征与密切关注的程序受到同样的重视,而这些程序正是许多心理学家所希望话语分析关注的。

话语分析文献倾向于将分析过程搞得神秘一点。实际上,把话语分析作为一种手艺或技能来讨论,或许表明它需要在一些话语分析大师的身边学习——如果你喜欢的话,这是一种学徒制。但是,正如我们所看到的,仅仅通过阅读并将所读的东西付诸实践就可以学到很多东西。花些时间学习基本理论,阅读本领域的一些经典著作,以及与自己特定兴趣紧密相关的出版物,再借鉴所有这些来研究你自己的数据。尽管不能保证完美,但你会拿出一项说得过去的分析研究。

本章要点

• 话语分析是基于语言学家和哲学家的早期研究,特别是 20 世纪 50 年代和 60 年代的,这些研究将提出理论认为语言是一组工作资源,使得事情得以实现,而不仅仅是将语言看作事物的表征。这种方法使用更大的言语和文本单位,而不是单词或句子。理论是话语分析的一个重要组成部分,并且除非配之以对相伴随的核心理论来加以理解,否则分析程序是没有价值的。所以,话语分析是关于单词最完全意义上的一种方法而不是一项技术。

• 一般而言,话语分析所采用的程序与质性心理学研究通常所使用的有很多相似之处。然而,按照话语分析中所使用数据种类不同有着不同的偏好。在话语分析中越来越多地使用对自然发生言语的录音,看上去这对大多数环境下的研究访谈都有很多优势。话语分析的中心主题就是将言语视为做事情这一观念——诸如建构和建设意义——并且它引导着分析,以及那些合适的各种数据。

• 社会建构主义话语分析已被证明是现代质性数据分析方法中较具影响力的一种。它的分析程序主要包括在各种文本中对话语工具以及相似语言特征的寻找。许多对研究的激发已经成为对会话分析无限忠诚的结果。由于话语分析的研究和理论已有 50 多年的历史,它能够对日常语言的使用提供除了波特和韦瑟雷尔最初方案之外的更多观念。

拓展资源

Arribas-Ayllon, M., & Walkerdine, V. (2008). Foucauldian discourse analysis. In

C. Willing ＆ W. Stainton-Rogers（Eds.），*The SAGE handbook of qualitative research in psychology*（pp. 91-108）．Los Angeles，CA：Sage.

Coyle，A.（2007）．Discourse analysis. In E. Lyons ＆ A. Coyle（Eds.），*Analysing qualitative data in psychology*（pp. 98-116）．London：Sage.

DAOL，Sheffield Hallam University. Discourse analysis online. Extra. Shu. ac. uk/daol/resources/♯departments（2015 年 3 月 6 日访问）．

Potter，J.（2003）．Discourse analysis and discursive psychology. In P. M. Camic, J. E. Rhodes ＆ L. Yardley（Eds.），*Qualitative research in psychology：Expanding perspectives in methodology and design*（pp. 73-94）．Washington，DC：American Psychological Association.

Slembrouck，S.（2006）．What is meant by "discourse analysis"? www. english. ugen. be/da （2015 年 3 月 6 日访问）．

Walton，C.（2007）．Doing discourse analysis. In E. Lyons ＆ A. Coyle（Eds.），*Analysing qualitative data in psychology*（pp. 117-130）．London：Sage.

Wiggins，S. ＆ Potter，J.（2008）．Discursive psychology. In C. Willig ＆ Stainton-Rogers （Eds.）*The SAGE handbook of qualitative research in psychology*（pp. 73-90）．Los Angeles，CA：Sage.

Willig，C.（2008）．Discourse analysis. In J. A. Smith（Ed.），Qualitative psychology：A practical guide to research methods（2nd ed.，pp. 160-185）London：Sage.

涉及论述分析的两种类型。

Youtube. Discursive Psychology：Loughborough diaries 3 Derek Edwards. https：//www. youtube. com/watch? v＝We8rDiimFmY ＆ feature＝fvwrel（2015 年 3 月 6 日访问）．

Youtube. Loughborough Diaries 2：Jonathan Potter. https：//www. youtube. com/watch? v＝l4wjyFumjn8（2015 年 3 月 6 日访问）．

第 10 章

会话分析

概述

• 会话分析的基础假设是：对于参与者而言，会话的结构和结果是遵循一定规律的，并且存在一定的价值。研究目标是为了确定这些规律的性质。

• 从某种意义上而言，会话分析可以被视作行为主义者，因为这种分析操作是建立在会话记录文本的内容之上，都是可视的。换句话说，会话分析最基本的方法原则是：分析者完全关注于会话过程中发生的能够见到的事实。

• 会话分析者关注于较为自然状态下的交谈，并以这种形式记录下的事件，如会议、心理治疗、电话交流等。

• 会话分析技术是 19 世纪 60 年代由哈维·萨克斯和伊曼纽尔·谢格洛夫（Emanuel Schegloff）发展而来的。会话分析技术中最基本的杰斐逊文本转录是由盖尔·杰斐逊所发明的。

• 对会话分析技术影响最大的是人种志（由哈罗德·加芬克尔首创），两者之间有很多共同的特征。

• 会话分析技术研究的主题包括会话中的话轮，会话开始的结构，会话参与者对于会话过程中出现的错误进行纠正（或重复）的方式。

• 会话分析需要非常集中并且高度细节化地关注会话的细枝末节，对于某个具体的会话分析而言，没有任何内容是无关的、可以排除分析之外的。所以，从参与者的角度来看，哪怕是谈话被打断、中途暂停等信息也是会话内容的基本信息。

• 会话分析并没有吸收心理学的概念，如动机、感觉。如果会话的成员涉及了这些概念，他们在某种程度也是分析的成分，否则他们被视作不可知和不相关的。

一、什么是会话分析

在会话分析中，不管背景如何，人们的交流都可以视为精确组织并且连贯的谈话。每个单词，每句话，每种表达方式甚至交谈过程中发音的细节都存在潜在的意义，因此存在分析的潜在价值。这些细节性问题并不一定需要事先特意规划，不过一旦在交谈过程中听到这些，那么会话分析的参与者就要引起重视，作为一个重要信息来处理（Edwards，1995）。对于会话分析而言，关注交谈过程中的细节是进入这个研究领域的关键。会话分析技术是 19 世纪 60 年代由哈维·萨克斯和伊曼纽尔·谢格洛夫发展而来，这种研究方法的影响力在随后的几十年中很快传播开来。虽然这种方法被视为社会学视角的语言学研究，但是它实际上影响了语言学家、心理学家等许多领域的研究人员。虽然萨克斯一直以会话分析技术奠基人的伟大形象存在，但真正关于会话分析技术第一篇公开发表的研究论文是由伊曼纽尔·谢格洛夫完成的。坦恩·哈弗（1999）认为会话分析技术的精髓在于"强烈突破传统，同时又非常明智地关注于人们互动过程中实际行动的细节性问题"。

路斯，安德森，戴，乔丹以及温盖特（Loos，Anderson，Day，Jordan & Wingate，2009）的著作说明会话分析是研究自然状态下交流的一种方法，尤其是对以下这些问题具有决定性的作用。

（1）被试参与技术；

（2）话轮转换；

（3）通过大量话轮构建语列；

（4）明确并修复的问题；

（5）利用目光及身体动作；

（6）在不同的会话背景下会话是如何进行的。

这个定义不仅说明了"会话分析"做什么，而且还有关于"会话分析"怎么做的诠释。例如，它涉及自然交谈，涉及交谈的参与者在交流过程中的某些特定行为，并且通过置于不同的交流背景下进行比较。这一定义还表明：会话分析不仅是对交谈的研究，而且是对以某种特定方式进行的交谈进行研究。会话分析尤其关注下列问题：参与者在会话中如何产生或获得话轮转换？如何在会话中根据给定的话轮进行表达？如何识别和纠正会话过程中的错误？通过会话分析所揭示的情境进行分析，比以往研究中武断地、纯理论主导的推测更为重要有效（Wooffitt，2001）。因此，这里并不涉及基于长期经验累积的万能理论的假设检验。

另一种理解会话分析的方法是检验它的理论假设。根据威尔金森和基育格（Wilkinson & Kitzinger，2008）的说法，其中相当一部分理论假设似乎是非常重要的。这些基本假设如下（参见图 10-1）。

（1）谈话被认为是一种行为方式。研究人员关注于会话过程中人们谈话的形式，而不仅仅是他们所说的内容。因此，许多会话分析研究所涉及的谈话并不能使用，会话分析的研究范围扩展到更为正式和结构化背景下的谈话，如医生和病人之间的谈话就可以用于分析。

（2）谈话/行为是结构化组织的。由此就引出一个问题：谈话是如何架构和组织的？这些架构和组织规则引导着整个会谈的结构，也规范和促进着社会互动。

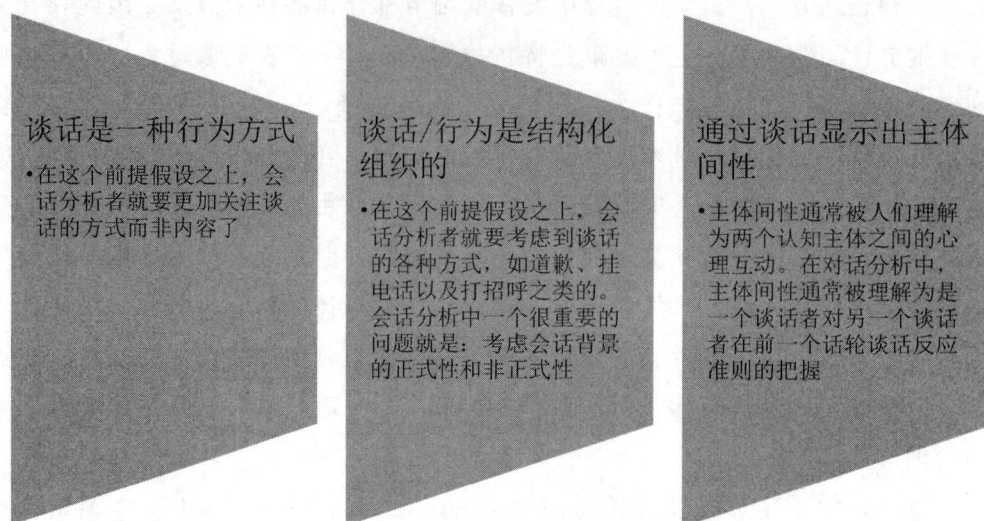

图 10-1　会话分析中的理论假设

（3）谈话是主体间性的一个关键特征和必需成分。这个在会话分析中，并不是什么特别深奥的心理过程，它只是通过两个人在会话中对对方的反应而做出的共同的谈话结构。在这种主体间性的谈话中，几乎很少有能体现出会话者个人的个性特点或性格特征的。威尔金森和基育格就以一个人在讲笑话，另一个人就会在恰好戳中笑点的时候捧腹大笑起来为例。

会话分析有一个和它很相近的研究——话语分析——波特和韦瑟雷尔主要负责研究这个方面。事实上，他们在谈话的细节方面的确有很多相同点。但是，福柯的话语分析（第 11 章）在总体上没有和会话分析里的观点相对应。

在会话分析中最难的却也最基本的是这种分析方法很不喜欢考虑那些隐藏在对话里拐弯抹角的东西。在日常生活中，每当我们听到或者试图弄懂别人说话的其他动机时，都会习惯性地取笑福柯的错误。所以说，动机、态度和其他的内心意图都已经过时，但是仍然有一些社交性的意图，如文化、社会结构、地位和性别。参与者在一个会话中的所见所闻都是会话分析最基本的结构。安塔基通过这种方式来说明这一点。

或许会话分析的主要标志是：它是通过所见所闻来辅助工作的。或者不如说是在现场的参与者们的所见所闻。它以一种很谨慎的方式，通过发现那些被参与者们所隐藏的事情来解释所发生的事情。为什么会话分析不喜欢启发一些诸如人的内在情感以及动机之类的东西，因为这些东西通常都太过于模糊以至于我们不能说清楚它们到底是什么，但这都不重要……如果我和你认识，我们是同事，但我们可能完全不了解各自的私生活。我们唯一可能知道的就是一些表面的日常生活是什么样，换句话说，我们只了解对方日常生活中的言行举止。有时我们会把内在的一些情绪表现出来，但有时也会选择隐藏起来。没人会对"很高兴见到你"这句话太当回事。（Antaki，2009b）

所以，在会话分析中，研究者都会选择尽量避开研究人们在对话过程中的一些能体现谈话者的动机、性格特点等的想法。当然，对谈话者本身而言，他们也会选择尽可能不把一些内心的想法带到互动中去。在会话分析中，谈话间的互动并不能算得上是人的内在认知的外在体现。从这个角度来说，无论谈话者在会话过程中有没有动机、兴趣、目的、个性特点，都和研究者的分析没有关系。在会话分析中最重要的是谈话的整体结构（Wooffitt，2001）。

一个主流的定量分析的心理学家在第一次读到关于会话分析的研究时，更倾向于体验一种"文化冲击"。关于会话分析的报告也经常看起来更像常规的传统版本。当然，如果是站在心理学的背景下写一些文章，尤其是那些在心理学报纸上看到的报道，通常都会展现出更多关于心理学的传统的东西。不管怎么说，一般会话分析的研究很少会和出版的文学作品相关——也就是说，文学方面的报告可能是比较犀利的。选录的细节也可能就只是那些参与到这个研究中的一小部分相关人员的大致名单。而且一般很少会有关于这个会话地点的较大的社会背景。期待的越多反而会丢失会话分析的一些重点。会话分析的重点其实在于会话本身已经足够用来理解发生了什么。而对于超出谈话范围的一些考虑可能会分散你在重要分析任务上的注意力。

西尔弗曼（Silverman，1998）在萨克斯的关于会话分析的一篇文章的基础上叙述了在会话分析中用到的几个方法原则。以下是一些基础的原则中的一部分。

方法原则 1：集中观察数据。会话分析是由数据而不是其他大的理论形成的。对于萨克斯而言，数据很可能不是研究访谈。

方法原则 2：做记录。我们是很难记住谈话中的停顿、犹豫、迟疑、吸气等一些细节性信息的。

方法原则 3：集中精力于会话中的行为举止。这一点主要是强调了会话分析不是分析谈话者脑子里在想些什么，而是观察组内成员的行为举止。比如说，他们可能在说谎，或者是在争论、论述等。想要真正理解一个会话，我们需要的是集中精力在这个会话上。

正如我们之前所讲的，在哈维·萨克斯和伊曼纽尔·谢格洛夫的关于会话的科学如何发展的观点里都有会话分析的起源（详见下一部分）。这也就是说会话分析已经有 50 多年的历史了。

毫无疑问，从 20 世纪 60 年代起，就有数不胜数的理论和调查研究慢慢积累起来了。因此，想要成为会话分析者的研究人员需要对这些理论非常了解，不然他们的研究可能会产生重复，浪费时间。对话语分析，其过程基本上是一样的，不过对主题分析和扎根理论而言，其任务是学习这种方法，而不是在应用这种方法后得到发现和理论。也就是说，主题分析和扎根理论指的不是某种内容的会话分析，而是集中在会话上的。因此，我们不能把会话分析看作一种方式，如一个实验性的设计，不论情况如何都是可以应用的一般资源。掌握好的实验性的设计并不需要太多实验理论。所以，要想成为一个优秀的会话分析者，我们还有很多知识和理论需要学习。幸运的是，现在已经有很多关于会话分析理论的摘要可以方便加快学习的进程（可以参照本章结尾提供的参考文献）。图 10-2 把一些会话分析中主要的理论领域结合在一起。专栏 10.1 提供了在会话分析中的一些核心概念的简介。

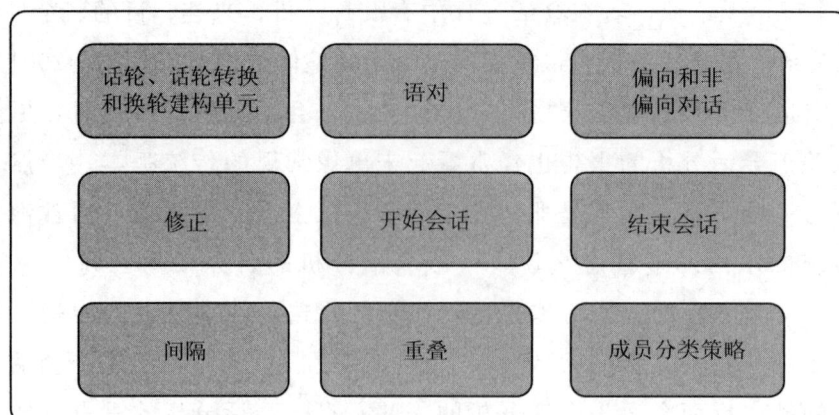

图 10-2　会话分析中主要的理论领域

专栏 10.1　核心概念

对于会话分析概念的简要说明

接下来的内容主要是图 10-2 中会话分析的主要领域。这些话题基本上都源于一些很有深度的书或是公众报道中的研究调查，他们在这只是作为大量的相关理论的开始，换句话说，这些只够引起你对会话分析的兴趣，但如果想要充分满足你对它的了解，是完全不够的。

话轮、话轮转换和换轮建构单元

在会话分析中，会话是由话轮组成的，话轮的意思是换一个人说话或者谈话中的转换。也就是说，一个话轮，就是一个人在另一个人说话之前所说的整个会话。所以，一个话轮可能是很长的一段话也可以是简短的几句话甚至是一声嘟囔。因此，话轮是内容分析里的重点结合。会话分析主要集中精力于毗邻的话轮，从而能够帮助理解第二个话轮是如何被想出来接上上一个话轮的，另外研究者还会去分析会话中后面的话轮。所以，研究的策略就是理解话轮之间是如何衔接在一起的。本质上来说，研究者们和会话参与者们在对话的衔接过程中采用的是相同的结构。与其说话轮是完全的预先指定的产物，不如说它是由于互动而产生的。比如，一个说话者能够预示下一个说话者，该轮到他来说了。而第一个话轮往往决定或者预示了第二个话轮的性质和内容。在这中间可能会有一段空白，尽管在那个时刻说话者可能没必要说什么，另一个人可能就会开始说话了。但是有一个问题就是，这些话轮如何在会话中分散。这个可以有很多直接的方式发生，如下面的例子就是这样。如果你觉得这个例子有点难以理解，可以回顾第 6 章看看当时我们所提到的杰斐逊的转录体系。

1　（3.2）

2　妈妈：我们需要做祷告了，额，卫斯理

3　　　　你能做祷告吗？

4　卫斯理：　　［好的

5　（0.2）

6　卫斯理：神父给予我们感恩的心

7　　感谢阿门

8　（.）

9　Vir：阿门（Schegloff，2007）

在第二句话中，妈妈起初对祷告的要求已经表达得很直接了，所以没有转换到下一个话轮。然后她在第二行的最后和第三行的话中扭转了局面，直接找卫斯理。这种相关性的过渡空间就很清晰明了。在第七行里，还有一处过渡的空间，虽然谢格洛夫没有提到，就是在"阿门"这个词上。

会话分析中还有一个潜在的局限性就是话轮可能不会出现在所有的语言中，不过这同时也是对会话分析理论改进的一个促进因素。比如，"意大利语会话"或者很多人一起发言的情况下的会话就会有这样的问题。最根本的问题是注意力被吸引到这里时，而在有些文化中并不。他们可能会在一起对话，而这种方式在他们看来并没有什么问题。换句话说，有时候意大利人在会话中表现出的是一种由对话者之间的平行的对话而推动着进行下去的。也就是说，在会话分析中，仅靠话轮是不够的。

语对

这个观点是指话轮在根本上是一致的。这两个说话者的话轮形式相同，属于同一种类型。比如，一问一答，互相问候，接受请求等。下面就是一个问答型语对的例子。

1　妈妈：嗨，贝琪。

2　贝琪：等一分钟。

语对虽然看起来很简单，但是他们在对话中是有很大作用的。因为语对通过建立他们自己的预期来带动后面的谈话。以上的这个例子就是妈妈有什么重要的事情要说。如果没有后面的话轮的话，那她就有可能只是在讲一些无关紧要的事情。

偏向和非偏向对话

在会话分析中，话轮的转换一如既往地表明了第一个说话的人其实是对第二个人的说话有某种偏向性的引导，这些是会话性的喜好和偏向而非心理上的。这种偏向是会话结构或者话轮转换中的一部分。因此，一般像"你现在感觉好点了吗"这种问题，人们往往更希望听到肯定的答案。一般如果得到的对方的回答是提问者想要的，这个话轮相对来说就会比较简短。但是如果这个回答不是第一个会话者想要的，可能就会稍微复杂一点。因为他要解释说明具体的原因。在话轮转换中的偏好导向会在本章后面的专栏 10.3 里阐述。

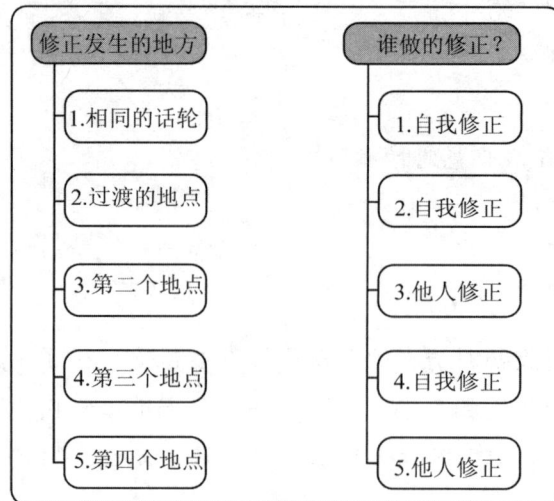

图 10-3　话轮转换中的偏好导向

修正

会话分析的一个关键点是，找到那些在谈话过程中，一些会话者齐心协力一起创造出话题而被不断重复的模式。这种模式里有一种东西叫作修正现象。因为在会话中有可能会出现各种各样的问题。而修正的过程就是由会话者们一起努力纠正这些错误的过程。

会话修正现象中存在着一种喜好趋势：自我修正（不论是自我诱发还是他人诱发）多于他人修正，自我诱发的修正（不论是自我修正还是他人修正）多于他人诱发的修正。在下一个人开始发言之前可能会有片刻沉默，而这种沉默大多可能是由导致这个问题发生或者是试图修正这个问题的人带起来的。这种沉默基本上发生在两个转换之间，所以它也算是转换相关处的一种。但是，很清楚的一点就是，修正在会话分析中的确是一个很复杂的东西。比如，单从修正现象发生的时机来讲，它除了会发生在话轮转换的空隙，还可能发生在很多时候。

所以修正现象可能会受到当时的话轮抑或是之后的话轮的影响。这也就意味着根据不同的语境，修正者可能会有不同的方式来修正对话。这个会在专栏 10.3 里面讲到。

我们可以从下面这个简单的例子中看到一个简单的修正。

1　（3.2）

2　妈妈：我们需要做祷告了，额，卫斯理

3　你能做祷告吗？

这就是一个简单的自我修正，妈妈一开始问的问题，饭桌上的任何人都可以回答，但是后来她很快就改口，直接喊卫斯理的名字修正了这个错误。但是如果我们要把谁引起的修正和谁做的修正区分开来的话就很麻烦了。

开始会话

谢格洛夫于 1968 年第一次出版的关于会话分析的学术报告就是"会话分析中的序列问

题"。这项研究是建立在大约 500 多个甚至包括灾难中心的电话的基础上。在这个学术报告中，谢格洛夫形成了电话上的对话的第一条原则（谁应该第一个说话）。根据这个规则，接电话的那个人应该首先开始讲话。但是也有一些违背了这一原则的反常的例子，下面我们会拿来进一步分析会话的开场策略。比如，在下面的这个电话里，美国的红十字会接到来自警方的电话，理应先说"你好"之类的，但是取而代之的却是一阵沉默，因此警方只好自己先开口试图解决这个问题。

……一秒的沉默

警方：你好。

另一方：这里是美国红十字会。

警方：你好，这里是警察局中心……额，我是斯特拉顿警官。

（Schegloff，1968）。

结束会话

会话不会自己结束，需要有人来终止。说话者会用各种各样的方式来结束对话（Liddicoat，2007）。这些是会话中的一些序列，他们不一定以封闭结束，而是可以选择结束的点。结束序列在电话会话中很常见。

顿：好吗？

菲尔：好。

顿：拜。

菲尔：拜。

在会话分析中，像上面出现的互相说拜拜就是在结束对话。而像"好吗""好的"这类的对话可以看成一种预结束序列。在这种情况下的预结束序列目的是想要试探这个时候是否适合结束会话。很明显在这里，顿问的好吗很有可能就会结束对话。但是有时也不一定，比如下面这个例子。

顿：好吗？

菲尔：只是还有最后一件事要说……

不过这里也存在一个问题就是顿可能在很多种情况下说"好"，也就是说不一定说这句话就代表他是想要结束对话，因此这句话只有在会话已经有了要结束的趋势时才会起作用。而结束语有很多种形式，如"我要走了"，或者是讲一下安排，如"我们周四讲座之后见吧"，或者是总结性的话"所以我们没有邀请雅基"，也可以是赞美之类的话"我非常谢谢你能打电话过来"以及之后的参考"你收到下周的安排计划了吧"。

话轮间沉默

在会话中有的地方可能会出现重复，不过也不一定。这些地方被称为转换相关处。通常情况下，如果一个说话者和另一个说话者转换之间出现了沉默或者是重复的话，对话仍然能够正常地持续下去，但是当然有时也会产生问题。里迪克特的书里是这么写的：

一般人们对于对话转换之间的理解是片刻沉默，也就是说在说话者在话轮转换时没有什么特别的情况发生。但是，也有一些情况下，转换之间的间隙会比一般情况下更长，比如说话轮间沉默，有时相反，则会出现重复的情况，而这两种情况都对于说话者有很大的重要性。(Liddicoat，2007)

在对话中有些话轮间沉默可能是由会话中某个人引起的，但是对于其他人来说，这种责任是不存在的。通常情况下，这些在杰斐逊的稿子里很容易区分，如果这个沉默是集体的责任，它就会出现在一句单独的话语。但如果它是属于某一个人的责任的话，问题很有可能就出现在那个话轮上。但是，一般如果不确定是谁的责任的话，就会选择将它归结于集体的责任，并且在转录方面有很多不同。在下面的例子里，我们可以看到话轮间的沉默是可以被修正的，尽管这段对话最后仍然存在问题，因为在一开始的 0.6 秒的沉默后面紧接着有一个长达 2.5 秒的空白。

D：哈哈，这个一点意思也没有，你觉得呢？

(0.6)

D：当你不得不这么努力时。

M：额。

(2.5)

(ten Have 精简版，1999)

重叠

如果在对话过程中，话轮之间没有沉默或是重叠，那么就说明他们之间都相互理解了。在杰斐逊的转录里面，这种现象被"＝"标记了。话语的重叠现象是由会话中的任意一个说话者造成的。这个现象的出现可能是上一个说话者正在说话还没说完，另一个说话者就开始说话造成的，也可能是因为一开始说话的那个人拖得时间太久了。说话者如果在对话中遇到重叠现象比较早的话，那么它说明在这个话轮里的第二个会话者已经完全懂了整个会话的轨迹(Liddicoat，2007)。当一个学生在课堂上遇到问题，向他的老师提问，而老师在他问题还没说完的时候就开始解释也算是话语重叠。

如果当这两个说话者都自己选择下一个话轮时，重叠就会有问题。

成员分类策略

在我们的语言里，有很多对不同的人群的分类，如爸爸、医生、学生等。我们在介绍某类人的时候，会给会话带来大量信息，这些信息对于整个会话十分重要。比如说，如果你想向大家介绍吉尔是安德里亚的妈妈，其实你就要给大家解释的是关系到整个会话的框架以及相关内容的成员类别。对于这种成员分类的分析，也存在一个问题，就是它严重依赖于研究人员所说的特定类别给对话带来的影响。

成员分类是会话分析的一个特点。成员分类分析可以说起源于会话分析，但是从某种程度上来说，它又独立于会话分析(Butler，2008)。可以在专栏 10.2 中看到更多关于成员分类的东西。

二、 会话分析的发展

大部分人认为，会话分析的产生源于美国心理学家哈维·萨克斯。但是，对会话分析的长期发展中同样重要的还有萨克斯读硕士时候的朋友们：伊曼纽尔·谢格洛夫，曾在这个领域做过很多信息调查工作，还有盖尔·杰斐逊把会话的转录提升到了艺术境界(详见第 6 章)。萨克斯在出车祸去世之前没有出版太多东西，他的一些资料和文献都是在他去世后，由谢格洛夫和杰斐逊一起帮忙组织整理出版成书的。

萨克斯曾经做过律师的培训，所以这可能激发了他对语言以及其他一些对于一般人而言完全不会在意的事情的关注和兴趣。更重要的可能是在社会科学应该如何研究，对萨克斯产生了直接的影响。有两种社会学观点被认为是用于理解他的作品的关键，因此，也就构成了会话分析的知识基础。这些都属于社会交际学，尤其是在社会学家欧文·戈夫曼的作品和哈罗德·加芬克尔的民族学方法论里。

欧文·戈夫曼(1922—1982)，生于加拿大的社会学家，他的主要贡献领域是他对于社会交际的拟剧阐释(如 Goffman，1959)。对戈夫曼来说，社会交际应该是一种社交性的机构，他有自己的规范和道德要求。这一点是不能被简化成在社交中的任意一个成员的心理的——也是会话分析中的一个推想。戈夫曼的书里面讲的很多很复杂的东西里，其实有很多自然而然发生的行为：

> 和戈夫曼一样，萨克斯对于建立空泛的没有数据依据的理论或是研究方法完全不感兴趣，如实验室的研究，甚至是访谈，这些都把人们从日常生活的情境中抽离了出来，因此达不到研究的目的和效果。最重要的是，他们都对于人们用来维持每天特定的表现所用的日常技巧非常惊奇。
>
> 戈夫曼坚持称，社会交往应该被看作一个有自己的规范组织和道德要求的组织。反过来，他也和我们的社交的其他方面息息相关，如人们的尊严、角色和身份。
> (Heritage，2003)

萨克斯想要戈夫曼做他的博士导师，但是戈夫曼拒绝了。主要原因是，戈夫曼并不喜欢会话分析中的对于社会交往里非会话性方面的否定。

关于萨克斯的想法的另一个主要影响是 20 世纪 60 年代美国社会学家哈罗德·加芬克尔研究的民族方法学论。加芬克尔的研究重点是理解现实生活中的社会交往方式和每天的日常生活。

民俗方法学中一个重点就是日常会话。"民俗方法学"这个词暗示了加芬克尔的研究方式，就是主要从普通学者（普通的会话分析者）在进行他们的社会交往时所用的众所周知的"方法学"。在人们之间的社会交往中会出现很多无关紧要的后果。加芬克尔想要研究的就是人们是如何在社会交往中避免问题出现的。

在加芬克尔的观点中一个关键就是他对于人与人之间的交往包括对于意义的追求。不过这一点并不能说明我们每天的日常社交本身都是有意义的，它说明的是在社会交往中的成员把它看作一件有意义的事情，并且试图去理解所发生的事情，这是有意义的。加芬克尔在阐释这个观点时，凭借的是一种"实验性"的研究。在麦克休的研究中（McHugh，1968），学生们参加了一所大学精神学学院的一个"心理咨询"会议。这是一个建构会议，因为学生们并不能直接和咨询师交流，他们从咨询师那里得到的唯一的反馈是"是"或"不是"。因此这是一个完全没有衔接性的，混乱的，无意义的社交情况。但是，学生们并没有这样看待这个情况，并且提出了很多有意义的，很有组织的观点。加芬克尔的任务就是在社会交往中的意义构建或者说是寻找意义的过程。而他所研究的这一重点也影响了哈维·萨克斯。

在会话分析的发展过程中，有一个更深入且更为直接的影响，那就是在20世纪60年代，萨克斯对在洛杉矶一所防止自杀的研究中心（Heritage，1984）里的工作人员的职业经验产生好奇和兴趣。这家防止自杀研究中心主要是负责接听一些想自杀或是由于某种原因而和一个自杀的人有关联的人们打来的电话。这些会话都会按照规定被秘书记录和转述下来，尽管他们可能记得很不详细。萨克斯通过一些新的方法对这些转述进行了研究。这家中心的工作人员之前也被称为打电话的人，因为这样能够让单位记录下它的说明证书，从而成为一个值得公众的经济支持的机构。根据谢格洛夫的一个采访，他把他的问题和以下几个方面联系了起来。

某个人打电话到防止自杀研究中心，但是他没有听清楚接电话的人说的内容，于是，通过给这些人回电话就解决了这个问题（但是，我们在这里不能把它称为修正，因为它仅仅是一种观察）。然后这边往中心里打去电话的人也设法成功隐藏好了自己的身份。

看起来，在萨克斯和伊曼纽尔·谢格洛夫身上，有很多有意思的事情发生了。这就是，如果说在防止自杀研究中心接到的电话里如果有的人从一开始就不愿意透露自己的名字，你在整个的谈话过程中都是无法得到对方的姓名信息的。一般正常的谈话过程都是工作人员在接电话的时候说："你好，我是艾伦·戴维斯，我能为你做些什么呢？"然后打电话的人就回答："你好，我是苏伊·柯林斯。"但是如果打电话的人不这么回答，而是说"不好意思，我没听过您的名字"的话，即使中心的工作人员再重复自我介绍时，对方仍然是不愿意透露自己的名字的，这也就造成了一个问题，就是我们的工作人员对于他们的名字将会始终无从得知。谢格洛夫把这种认识判定为会话分析的起始时刻。通过这个，萨克斯开始疯狂地研究这些通话记录，还有他从研究中心的某位社会学家那里搞来的一组关于青少年心理治疗的录音。从那以后这些东西都在会话分析中占有重要地位。

关于会话分析的特点还有最后值得一提的一点就是：盖尔·杰斐逊对于会话分析所做的贡献。她的主要发展贡献是在当今会话分析工作中被看作很普遍的会话转录。这一点在第6章的转录里进行了深入的探讨。

三、 如何进行会话分析

会话分析的三个重要步骤如下。

(1)获取/制作一个录音。这一步骤得到的可能只是音频，但它可能会逐渐发展为视频。视频之所以比它听起来要复杂一些，是因为它喜欢/坚持会话分析，他们的数据应该来自自然会话。由于会话不清楚，哪种会话的确切参数可以采纳，或许在公开环境下谈话是争论的主要来源。此外，因为剧本和书籍不包含真实的会话，所以研究时通常不采用会话分析。应该指出的是，会话分析的对象不包括真实的电话交谈和心理治疗的记录，毫无疑问，这些是真实的会话。视频录制的出现使会话分析可以将视觉方面的内容融入会话中，如凝视，表明参与者是否正在关注。然而，视频的使用也带来了一些问题，其中包括参与者的身份被认出，西斯和勒夫（Heath & Luff，1993）提供给参与者的最终否决权往往足以动摇他们的想法从而同意被录像。

(2)转录。在会话分析中，录音都有一个转录的过程，如今，这些录音使用杰斐逊转录系统来完成转录。

(3)分析。这一步骤涉及识别转录（或记录）的显著特征，然后发展涉及这些重要特征的会话性质的想法。会话分析不是从会话数据测试的理论概念开始的，相反，分析试图了解人们在日常生活中交谈时所使用的规则的本质，参与者在会话过程中对互动的解释是进行会话分析的基础。

会话分析者的基本策略是有些会话片段会引起他们的兴趣或者被认为比较重要，他们就会对这些地方进行记录。尽管分析人员必须将他们的分析限制在数据中可以观察的内容上，但是有无数的观测值被记录下来作为分析的一部分。因此，他们不会亲自猜测说话者的动机，或者说话者是否试图在会话中获得一些未被揭示的结果。会话分析者的思维方式是，他们在记录中注意到的可能是会话环节中一个无关紧要的细节。会话分析师使用的抄本比较混乱，其中包含代表会话的非语言特征的符号和注释。文字记录试图显示对原始录音的保真度，包括错误的单词开头，单词之间的差距和参与者之间的差距，有时候人们会看到简化的符号，但是有时候这种做法不被认同，因为如果文字记录仅仅包含这些成分，其他删除的内容对于一些读者来说可能是比较重要的部分。

根据德鲁（Drew，1995）的观点，以下是进行会话分析的主要方法论问题。

(1)会话分析旨在确定对话的组织顺序和模式。

(2)参与者的特定贡献被认为是在谈话之前出现的先后顺序上的结果。假设对话的每一回合都应该与上一回合恰当而连贯地配合，换句话说，相邻的回合应该有效地结合在一起。当然，现实情况不总是这样，在这种情况下，会话过程中可能会遇到一些困难。但是分析人员和参与人员在会话中的基本假设是每个话轮对彼此都是有意义的。

(3)会话分析师研究每个话轮的设计或谈话机制。也就是说，如何理解话轮的设计活动在语言结构的细节方面的表现？

(4)参与者是会话中的积极参与者，并在对话中分析他人言语行为，然而，会话分析人员从每个参与者话语的细节中揭示了这些分析的本质。对话的贡献者通过谈话来理解彼此的意图，并将意图归于彼此的谈话。（研究者通过对记录的审查发现了这些意图和意义，他们不提供证据，也不寻求其他证据，如在谈话后采访参与者。）

（5）研究者试图展示对话中模式的递归性和系统性。模式由分析师演示和测试，这涉及正在研究的对话特征的实例集合。如果研究者正在研究访谈者如何结束教程，收集的内容就将是教程的最后部分。

（6）会话分析以其他研究者认同或挑战原研究者所做出研究的方式呈现证据。这涉及给其他研究人员提供整个转录过程，或者提供表明分析的特定特征的摘录（即不仅仅因为它们支持研究者的观点而被选择），这种数据交换发生的程度似乎还没有被记录下来。

（7）这项研究可以通过将他们的分析应用到其他对话领域来进行，这可能涉及从新的和不同的研究地点收集的数据，这些数据使他们的分析在新的环境（或以其他方式）中得以推广。

虽然一般情况下阅读会话分析没有固定的方式，但会话分析有一些相当严格的参数。了解这些应该有助于新手谈话分析师做到"直接和精密"。坦恩·哈弗（Ten Have）提出了一个关于会话分析研究实践的七步骤模型。坦恩·哈弗的步骤被认为是研究过程的理想化描述。精确地描述任何特定会话分析人员的程序对于他们来说不太可能。图10-4总结了这些步骤。

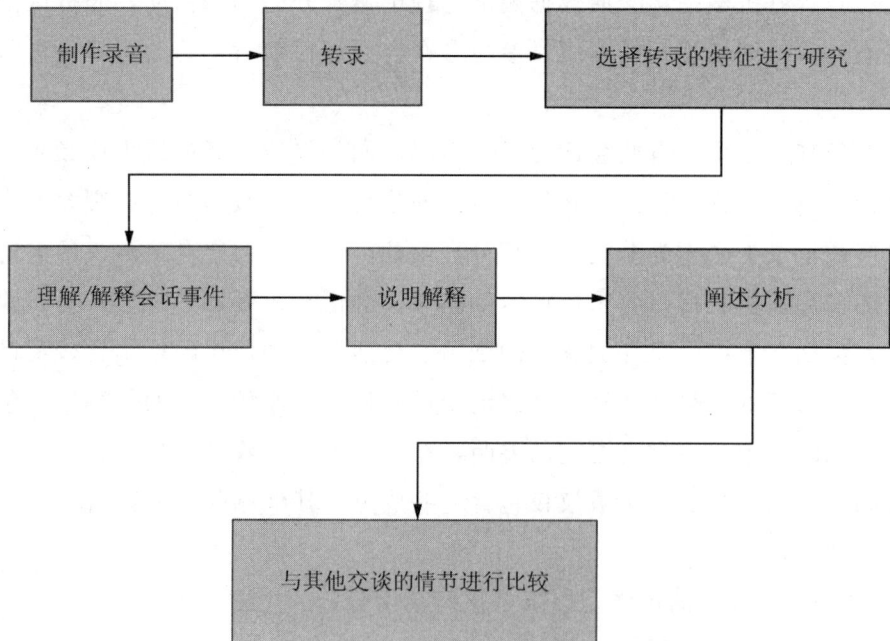

图 10-4　会话分析的步骤

（一）制作录音（要进行分析的材料）

录音在会话分析中是必不可少的。当然，分析者可能宁愿不以自己记录会话的方式来"收集数据"，反而，他们更倾向于使用现存的录音，如以通常由某组织记录的电话录音的形式，则属于传统会话分析的一部分。至于数据，会话分析对于研究者所引发的会话的录音（如定性访谈和焦点小组）的吸引力相对来说较小。因此，会话分析中的精神在于鼓励在可用的情况下选择自然发生的会话。当然，具体什么是自然会话，仍然是一个悬而未决的问题。会话分析者不必在会话现场做笔记，会话是由机器来进行录音，但是对录音的内容以及录音的时间还是由人类决定的。除此之外，录音本身基本上是属于非选择性的，而且所录音的内容也不是会话分析师的问题所产生出来的，并未经过整理的过程。这个原始的录音将作为整个分析以及之后的分析的参考点，这样它将可以起一个检查的作用（Drew，1995），但也有可能用于进行全新的分析，由于访问数据的问题，在心理学上这几乎不可做到。

或许这是一个较为传统或理想化的会话分析数据的观点，因为它强调非干预性数据收集的重要性，即已经为非研究目的录音的二次使用。但他们并未对其他数据的使用进行禁止，反而你会发现使用研究者所选取的数据（焦点小组）用于会话分析的例子。

在研究的大部分方面，都有可供选择的地方，而只要选择与研究者所希望达到的目的是一致的，数据的细节将会是分析的一个重要因素，而不是一种障碍。

（二）转录

本书第 6 章提到了关于"转录"的一些信息。会话分析中需要对会话进行详细的转录。尽管本书中的一些转录所使用的表明语言本身之外的其他语言特征的符号较少，但是我们所使用的例子都来自会话分析发展中的不同时期——因此不适用于现代的一些标准。根据它的定义，转录系统不能够完全捕捉录制的内容，正如录音不完全是对话的确切复制一样。实际上，能够捕获录音的每一个细微差别的转录与原始录音相比未必有任何优势。转录系统在数据上施加了自己的特点，这对于大多数研究目的而言并不困难。由于转录不完整，分析师可能需要将转录与原始记录进行对比，或者将有疑惑的地方进行对比。即使在这些限制之内，对于同一个录音，一个转录员也可能与其他转录员产生的转录有所不同。由于这个原因，在会话分析中研究者应转录他们自己的数据。这可能有助于使得分析师熟悉数据，这也意味着分析师对于录音中可以听到内容也较熟悉——与转录内容相比，分析师能够获得更多的信息。当研究者有了转录，就意味着可以鼓励研究者把注意力集中在谈话的丰富而细微的细节上。

谈话分析研究基于几分钟的交谈也并不少见，尤其是当这个交谈提出了一些特殊问题时（例如，本章后面所提到的专栏 10.3 及 10.4 里的例子）。这其中一个后果是研究报告可以包含分析所依据的所有转录数据。换一种说法，即其他研究人员完全可以使用这些数据来进行"验证"（关于质性研究里的质量见第 16 章）。在大多数形式的质性和定量研究中，这是不常见的。

（三）选择转录的特征进行研究

坦恩·哈弗（Have，2007）建议研究者专注于选择分析会话中的一个特点，即尝试处理整个会话在分析上没有很大的用处，因此有必要选择其中一个特征（或可能有多个特征）来形成分析的起点。当然，从会话分析方法的应用中能预料到的内容都取决于研究者的专长。一个学习基本程序的学生与一个研究重要而新颖的理论问题研究的高级研究者显然在不同的层面上工作。谈话分析的新手不需要选择一个极为原创的研究领域。的确，对于学生而言，重复研究别人的作品也是一种较有益的学习体验。研究者可以选择与特定对话相关的一个完善概念的形式，或在更高级的水平上，即在不同会话环境中重复研究别人已发表过的作品。专栏 10.2 及 10.4 里的例子就反映出这种情况，但还有很多其他的例子。

哈维·萨克斯在会话分析文学中对日常生活中的会话有很大的兴趣。当然，这样一个具有普遍性的兴趣并不适合作为研究领域发展的课题。许多人对会话很感兴趣，但在会话分析方面没有任何贡献。萨克斯所表达的对普通而平凡的会话的偏好并不能立即帮助确定研究课题。的确，读关于世俗的数据如何能够产生有趣的研究成果是有点令人望而生畏的，至少会产生期望过高的现象。当然，有一些原则可以应用于对话，以便确定研究的特征。

(1)会话中似乎不太顺利的地方可能是关注的焦点。这些可以从单词中识别出来，也可以在修正中出现。

(2)一旦会话分析理论得到了一些基本的理解，就可以开始考虑一些问题。例如，在会话分析中经常提出，人们在会话中倾向于允许自我修复错误，而不是由其他人修复。即使如此，但是在所有的会话中都是这样吗？例如，朋友在一起喝酒的地方呢？这是一个错误修复的情况，还是一个以幽默评论或笑声的形式突出显示的情况呢？

(3)会话中或许有的地方研究人员根本无法理解。目前还不清楚涉及哪些会话过程。这样的摘录将构成一种分析挑战。

虽然会话分析倾向于依赖数据中内在的特征来暗示研究者的发展领域，但是它会低估数据本身的外在因素，作为研究思路的动机。例如，研究结果的应用相关性或适用性是研究的一个常见理由。萨克斯本人对谈话分析的可能应用有些不屑一顾。尽管如此，本章对话分析的突出例子(专栏 10.3 和 10.4)都使用外在论证作为他们选择数据的理由。对托瑞恩和基青格(Toerien & Kitzinger，2007)来说，这是通过从外部会话分析中吸取情感工作的概念来实现的，而对安塔基、芬雷和沃尔顿(Antaki，Finlay & Walton，2007)而言，外部刺激是有学习困难的人的帮手。

虽然作为会话分析的训练练习的一部分，它可以简单地挑出一个会话的"值得注意的"特征或者几个会话来进行追踪，但是作为更高级阶段的策略是难以维持的。从某种意义上说，研究中如何确定一个研究课题是一个普遍的问题。豪伊特和克拉默(Howitt & Cramer，2011)对此进行了详细的讨论。简而言之，要求会话分析研究问题的复杂程度需要对研究文献的高水平认识。现在，这是本书描述的绝大多数数据分析方法的典型失败，并且强化了需要理解质性方法应该被视为研究领域而不是研究设计、数据收集和数据分析技术。除了认真细致地阅读研究出版物之外，没有捷径可走。攻读心理学学位的时间紧张的学生可能会有这样的想法。阅读并不能保证好的想法，但是如果没有阅读，想法几乎没有机会出现。任何研究人员的工作都可能是他人工作强有力的衍生物，逐渐形成一种独特的方法和风格。可以肯定的是，任何研究人员都会在会话中发现一个引人注目的未被注意的细节，但这不是这个领域的发展可能会如何展现的。当然，获得特定类型对话的记录可能只是研究人员需要的刺激。人们从来不知道，从研究人员的非研究活动中，可能会产生对他们调查某种自然会话的兴趣和机会。

当然，社会变革可能会带来与会话分析研究相关的变化。例如，带有来电识别的移动电话和普通电话使得萨克斯原来的观察和关于谈话中最初转向的观念不复存在。包括手机和一些固定电话的现代电话告诉正在呼叫的用户，或至少是谁的电话正在呼叫。那么电话交谈的新规则是什么？还是应用了旧的规则，造成了问题呢？会话总是在变化，所以会话分析也不应该改变？

无论多么困难，都应该可以找到会话分析可以帮助回答的问题。例如，一个学生是这样评论会话分析的。

> 我决定在第三年参加会话分析课程，这是对日常对话基本机制的更为技术性的介绍。在开始这个课程的几个星期内，会话分析成为我的激情。我发现自己在日常生活中以新的方式倾听人们的谈话。然后在一节课中，教授简单地提到了交流障碍和心理健康问题的会话分析研究，我马上就知道自己想做什么，我认识了许多家庭，其中包括阿尔茨海默病患者，而且我在阿尔茨海默病患者近一年的工作时间里工作。我希望与阿尔茨海默病患者进行平常的对话，希望阿尔茨海默病能够降低人们的恐惧感。所以这就是我所做的……（引自 Kitzinger，2007）

(四)理解/解释会话事件

研究人员是产生会话事件的文化的一部分。因此，他们可以使用自己的常识性语言来理解这个情节。这是恰当的，因为参与者在交谈中产生和回应时(如在相邻的回合中)实质上是这样做的。通常情况下，分析师可能会问在这样的交流过程中，谈话的哪些方面是成功的，然后可以评估会话的不同方面之间的关系。当然，解释的过程将建立在以下以及更多的内容之上。

(1)详细阅读和反复阅读会话以熟悉会话中发生的事情。

(2)尝试使用会话的内容来访问会话成员如何理解会话的每个转向和其他元素。

(3)研究者作为一个普遍参与会话的人，对会话交流的个人理解。

(4)研究者在会话分析中的研究和理论的一般知识。

(五)阐明解释

会话分析者是他们研究会话的广泛社区的成员。因此，正如我们所看到的那样，研究人员从一次谈话中对某一集中发生的事情的本能或常识的理解是一个重要的资源。然而，作为一个解释，这不足以把这个资源和会话事件的细节联系在一起。也就是说，分析师可能会觉得他们知道会话中发生的事情，但他们需要证明他们的理解如何与会话的细节联系起来。分析人员需要对分析结果与数据的拟合程度敏感，也要对分析和数据不能一起工作的情况做好准备。它也可能涉及修改说明。

(六)阐释分析

一旦一个特定的情节被分析，它必须在会话转录的其余部分中进行设置。这可能使人们对这个事件有更全面的了解，但是整个转录也可能引起对迄今为止分析的充分性的质疑。后来的会话序列可能直接或间接地与最后选择的关键对话情节相关联。这个参考可以帮助分析师理解会话中的人们如何理解原始情节。这样做的后果可能需要重新进行分析，或者用一个更好的拟合分析来完全替代原来的分析。

(七)与其他交谈的情节进行比较

会话分析不必以特定的会话和研究者的分析结束。还有一个问题，是否有其他类似的会话实例支持或偏离分析。这个阶段是非常重要的，因为在会话分析中不考虑个别会话情节是独特的。会话者产生会话情节并由其他会话者理解的机制和方式预计会在不同会话情节中重新出现。一些会话分析研究收集了不同的会话"样本"，以便进行比较，以找出可能有助于完善分析的相似性和差异性。

上述步骤 4 至 7 的区别在实践中并不像理论上那么容易。但是，它们可以被有效地看作查看会话分析中涉及的过程的示意性方式的一部分。并不是说这些不同的步骤构成了每个对话分析都必须进行的必要的和不变的序列。重要的是要记住，这只是对话分析的短期目标，以解释一个对话中的特定事件。会话分析的真正目的是理解日常社交活动方法和结构的基本人口方法学目标。

四、 何时使用会话分析

会话分析是一种理解语言行为的特殊方法，因此它不能被看作质性数据分析的一般方法，如主题分析和扎根理论。它是一种对"方法"一词的全面研究的方法，而不是不能区分收集和分析数据的技术的现代用法，它可以从系统的角度来了解一个特定领域的知识拓展。会话分析是一个完全成熟的，可以帮助我们研究应该如何研究会话的方法。了解会话分析取决于了解会话分析的知识根源，尤其是民族学方法论。很难写出很多关于会话分析在数据收集方面的话——适当数据的实质比起被引用的自然发生的对话记录总是或多或少的。在数据收集技术还没达到一定水平的情况下，这是难以实现的。将之区分的是会话分析处理会话的方式。我们不能忘记群体会话已经被心理学家们用多种方式研究过。

举例来说，群体目标决策、陪审团决策、一些态度和观点等，每一个从根本上都包含了会话。然而从某种程度上来讲，没有一个接近会话是满足会话分析原则的。通过提交一个会话分析调查的这类事情的"议程"似乎更容易解释什么是会话分析。举例来说，巴特勒曾解释道：会话分析的焦点在于研究互动会话实践，检查各种会话实践，包括轮流说话的组织，询问、回答、赞同、评估等行为，以及语篇连贯、"麻烦"和用词如何在会话和互动交谈的产生和理解过程中持续且间接地起作用。(Butler, 2008)

因此，研究者需要考虑会话分析的情况一般是数据以会话形式产生的情况。在这种情况下，会话的分析形式包括会话是如何产生的，会话是如何排序的，参与会话者是如何理解所发生事态的。显而易见，当数据以会话形式呈现而研究问题是以截然不同的顺序列举出来时，研究者不必使用会话分析。举例来说，研究者在回答诸如"男人会用更有帮助的对话""群体会话会产生更多的团队凝聚力吗""陪审团对年轻的证人有偏见吗"的问题是不会使用会话分析。这些都是可以对会话进行提问的有效问题。但是它们都不是会话分析可以回答的问题。

五、　会话分析研究实例

本章的说明研究都可以在专栏 10.2 至 10.4 中找到。为了对会话分析研究的多样性进行说明，接下来将介绍三种不同的研究。

第一个例子（专栏 10.2）介绍了从属分类技巧的概念。这些仅仅是我们在演讲中开始创造或引用人类（通常情况下）的分类方式。这是会话分析的一个人重要领域，并且很值得阅读以更好的理解这方面会话研究的研究和理论。

第二个例子（专栏 10.3）介绍了情绪劳动研究的理论。这仅仅是（在办公室服务的）茶水小姐、美发师、售货员等在履行正常职责时所提供的额外的"举动"。这是不值得的，因为它引出了是否有另一个理论适用于会话分析的问题，是否有可以使用的心理学理论。

第三个例子（专栏 10.4）包含了那些有学习困难的人的群体会话分析。这个研究的有趣之处也在于它和社会政策问题有关联。原创论文也很有阅读的价值，因为它是一篇熟练制作的报告。

专栏 **10.2**　研究示例

属性分类技巧是如何运作的

一开始，我们很难理解会话分析者如何在其社会语境下参与会话分析。对比一下会话分析用区别于其他心理学领域的做法来解决一个问题的做法是值得的。在这之中，一个很好的例子就是在各种各样的机制中的司法心理学（和犯罪学）中犯罪的人试图辩护或试图让自己免罪。他们采用的策略包括否认、指责受害者和小错误。这些通常都是处在会话分析之外的，那么会话分析如何处理类似的问题呢？

斯托克（Stokoe，2010）提供了一个很好的使用属性分类技巧的会话分析概念的例子。她利用大量的警方对涉嫌袭击女性的男子的审讯。大量的英国警方对暴力犯罪嫌疑人的审讯在她的研究中被使用。在她的每一个例子中，男人都否认对女人的攻击。斯托克利用会话分析进一步了解了这些否认在审讯中发生的时间和地点，以及他们对警察审讯产生的反应。警察的审讯（她称它们为询问）都是匿名的，然后用杰斐逊转录系统进行转录，作为会话分析研究的标准练习。这篇文章在其所提供的方法论细节的数量和质量都是具有典型性的，并可以作为质性写作的模型。她指的是"基于否认的范畴"，其中的基本思想是在这类人中的男人一般都不打女人。这样的否认通常会直接对攻击进行直接的质疑，但更重要的是，否认是冗长叙述的一部分，不关注暴力，也不涉及暴力。这些高风险设置的警察的采访中，犯罪嫌疑人有两种身份类别，一种是打或不打女人的男人，一种是会挨打的人（别的男人）或不会挨打的人（女人）。这与顺序分析过程相结合，在萨克斯（Sacks，1992）和各种研究人员关于会员分类的想法中发现了这一点。

斯托克写道："我验证了使用我不会或我不打女人和它的变体等词组的无数的实例，这是当前文章的重点。对于每一个实例，我检查了它在持续进行的互动过程中的位置，它出现的转折点的设计，以及在那个转折中所采取的行为动作。我还研究了警察的反应的设计和行动方向，以及他们是否把范畴内的词本身话题化或对转折点的"主要行为"（Robinson，2004）做出了反应。"

在警方的采访中，"男人"这个类别和"打女人"，就好像它们是同属的，或者是在犯罪嫌疑人的思维中被捆绑在一起的。没有语言或逻辑的理由可以解释这种情况。分类使用的方式可以说是不固定的，在某种程度上是有创造性的。在特定的实例中如何使用类别是不可预测的，因为有许多不同的可能。这些可能性是由一系列的分类技巧组成的。犯罪嫌疑人的否认与语言分类设备有关，并不是完全由他们决定的。然而，类似的语言分类技巧也被发现嵌入在类似的以行动为导向的审讯中。这在一定程度上是因为警方的审讯都有相同的结构等。也就是说，它们在一定程度上是可预测的。

为了阐明这一点，我们可以从斯托克的著作中举一个例子。例子的背景是，这名犯罪嫌疑人因对他的邻居——一对男女夫妇的身体伤害而被逮捕。他发现这对夫妇在夜晚通过他的客厅窗户给他拍照，当时他正赤身裸体地坐在那里暴露在行人的视野中。他们声称收集了这些不雅行为的证据，而犯罪嫌疑人"借口"声称自己的皮肤状况使他穿衣服时感觉不舒服。就像在摘录中看到的那样，犯罪嫌疑人承认他袭击了这名男子，但否认对这名女子有任何侵犯。那个女邻居发表了一份声明，声称他把她踢了下去。以下是采访的一部分，P 代表警官，S 代表犯罪嫌疑人。

```
提取 3：PN-61
 1 P1：哈哈，你记得踢到谁了吗？
 2 S：不，不是她。
 3      (0.9)
 4 S：我确定是这个人，但不是她。
 5      (1.7)
 6 P1：所以你根本没有踢到她。
 7      (0.9)
 8 S：是的。
 9      (2.2)
10 S：随他去吧，别让我管了。
11      (2.4)
12 P1：你记得她摔倒在地上吗？
13 S：哈哈哈。
14      (0.3)
15 S：↑我拉住她。
16    拉住她的胳膊让她依靠我。
17    我就像这样拉她的胳膊，别忘了我一直这样。
18    她倒向我。
19    草地。
20      (1.1)
21 S：→但是这不是踢她。
22 可以这么说
23      ()
24 S：→我不想这么做。
25      (0.8)
26 S：→我没踢过
27    翻纸张的声音
28 P2：→但是你踢了一个家伙的头，三
29 S[0]
30 P2 次
31      (0,3)
32 S：哈哈哈好吧，他是我踢的
33    这家伙让我心烦。
34    就是带着相机的那个
```

斯托克建议以下是对这一摘录分析的关键特征。

在第 2 行，这名犯罪嫌疑人否认将女子踢到地上，尽管他的沉默时间很长，但这并没有得到警察的口头回复。在第 4 行，犯罪嫌疑人又重复了他在第 2 行说过的话。

• 第 4 行之后，警察仍然没有回应。犯罪嫌疑人重复了他早先承认袭击了男人的话。

• 第 6 行之后，审讯的警察"公式化"地总结了犯罪嫌疑人所说的话，"所以你根本没有踢她"。这一构想的产生，就好像它本来就是最初的问题那样，如第 8 行中没有踢女人的声明。

• 在审讯中，第 9 行有一个很长的间隙，那是犯罪嫌疑人打断女人说话的"降级"行为，明显是为了阻止女人继续攻击他。这包括两个独立的转向构建单位。审讯人员继续问犯罪嫌疑人他是否记得这个女人倒在地上，但不提及导致这女人倒在地上的缘由。

• 犯罪嫌疑人承认了这一点，并详细说明了他在第 10 行的声明。他声称是要拉住女人使她依靠他，在此过程中，她掉到了草坪上（第 18 行）。当然，草坪要比地面软。总而言之，他又一次降低了他的行为的严重性。

• 在第 21 行，犯罪嫌疑人进一步解释了他在第 15 行所说的话：但按你说的这方式没有踢到一个个女↓人。(.)我不会那：么做：的。（第 22～24 行）。在这种情况下，这个解释从一个关于人们（男人）对某一特定行为的陈述（不踢女人）的声明中走出来。这样的举动是声明（Edward，1994）的一个普遍特征。犯罪嫌疑人还将这个话题从女性邻居转移到了女性身上。

• 然后，犯罪嫌疑人又重复说他没有踢过那个女人，当他说"如果我那么做是不正：确的(0.2)"的时候。

• 在他接下来的问题中，警官通过陈述可以看到泛化语句的使用，指的是"一个家伙"，而不指这个问题中特指的男人。斯托克指出，这是为了使用普遍的性别类别。在这里，男性和女性是普遍的性别类别。因此，就像犯罪嫌疑人一样，警察也使用了同样的属性分类技巧。

• 在第 32～34 行中，犯罪嫌疑人承认对另一个男人的攻击，但否认攻击了一个女人。通过这种方式，犯罪嫌疑人确定了自己的性别类别，从而使之与他所说的有关。

总的来说，摘录显示，根据斯托克所言，如何通过创建属性的等同分类，（以物理力量和脆弱程度的形式表现的等同性）在某种程度上攻击的行为被描绘的更容易接受或更合理。在另一种情况下，年轻人很可能拒绝攻击老年人，以达到类似的效果。当然，其他的属性分类技巧也可能已经被使用了，如"邻居"。如果在这个案例中他承认对男性的攻击，而不是对女性邻居的攻击，这对他是没有帮助的。

专栏 10.3 研究示例

会话分析：感觉良好和美容院的情绪劳动

情绪劳动是人们做有偿工作的一部分。它是一种概念，它使工作的表面看起来很明显，如掩盖自己的个人情感，支持积极的公司形象，修复同事的自我，避免争吵等。有一种观点认为，这种情绪劳动是没有报酬的，这让女性尤其处于劣势，因为它不被认为是一种技能或才能——仅仅是女性天生就能做的事情。"在高度性别化、低薪的美容医疗中"（Toerien & Kitzinger，2007），员工不仅要为他们提供正式的服务，而且还要做情绪上的宠爱和身体上的娇宠，以确保他们会成为回头客。这包括让客户相信他正在被单独对待，而不是作为生产线的一部分。托瑞恩和基青格指出，虽然之前已有研究讨论了情绪劳动，但对于情绪劳动的运作机制并不清楚。

情绪劳动依赖于美容理疗师必须经常练习的微妙的互动能力；他们不只是为了特殊的、情绪紧张的情况而情绪劳动，比如与愤怒的或悲伤的客户打交道。

情绪劳动不是从会话分析中得到的概念，更多的是从社会学的广义上来讲的。

数据是依据在美容院里的一个互动 6 分半钟的记录，美容理疗师的任务是修除眉毛里的杂毛。通常情况下，这涉及如何使用脱毛的方法——打蜡或拔毛。但这一段是不同的——一个负面的例子——打蜡显然是一种被采用的方法。虽然录音产生了 110 行杰斐逊的转录，但在分析中只讨论了 22 行。

```
01        我通常是
02        拔眉毛，因为有时候
03        当我打蜡时它会发红
04        不仅一天
05        好几天
06 8Th    你非常敏感
07        对它
08 Cli    非常敏感的皮肤
09        ( )
10        而且我今晚有个约会哈哈哈
11 Bth    我们看看如何
12        我看看如何嗯，我是说它并不
13        很热，蜡会让你的
14        我会做一点
15 Cli    嗯？
16 Bth    一点，如果你觉得很烫
17        我们就停下，因为如果你
18        要出门，你不会
19 Cli    可以
20 Bth    想要有红眼睛出门的
21 Cli    呵呵呵
22 Cli    哈哈可以先拔一下或怎样。
```

我们对采访的背景一无所知，除了知道它发生在英国的某个小镇上，没有关于美容理疗师的消息，也没有任何关于客户的消息。

如果我们暂时忽略会话分析，我们可以看到这段节选中涉及的情绪劳动。客户对打蜡有一些顾虑，担心美容可能会留下一个红色的印记，她会在那天晚上约会。美容理疗师为客户提供了一种用蜡进行的试验，她告诉客户，这种蜡并不是很烫。所以在这里她做了一

些情绪工作来处理女性的担忧以及关于那天晚上约会的担忧。但在会话分析中，这些都是如何被看到的呢？

在第 1 行和第 3 行中，客户的转变被构造成一种声明，表明她通常做的眉毛是简单地拔出来的。打蜡表现的潜在问题让她给出了一个不使用脱毛的理由而不告诉她美容理疗师不去打蜡，而是拔毛。当美容理疗师纠正自己（"我的意思是，哈哈"）的时候，她会纠正自己的错误，这似乎表明她将继续进行打蜡（"我会看你会怎样"），通过提高试验的可能性来让自己更加放心（关心客户的情绪）。但是这个转变的方式似乎表明一切都准备好了，治疗和拔毛还没有被计划作为替代。据托瑞恩和基青格所说，在第 12～17 行，美容理疗师的关键之处在于：她出于担忧将自己对客户的反应的方方面面都进行了调整。她的反应是"不死记硬背"。她立即做出反应（第 6～7 行）就是一个很好的例子。注意她是如何避免立即做出决定的，而是表现出自己的决心。朝着适合个人客户的方向努力……这一转变不仅是为了表明她考虑到客户对她皮肤上蜡的反应，而且她也认识到并不是所有的客户都是一样的——某些皮肤类型可能比其他的更容易发红。

在这份报告中，托瑞恩和基青格成功地阐明了通过在美容院的工作中情绪发挥了一些作用（主要是通过将她作为一个个体来对待，让客户感到特别的感觉）是在会话的基础上构建的。它不是作为一个关于情绪劳动和会话的一般观点，而是一个论证——在这种情况下，会话分析的效用。尽管这缺乏情境细节，在心理学研究报告中不常出现，但这也指出，会话分析的焦点在于参与者的话语，因为他们的遗漏突出了他们的话语。实际上，我们很难想象会有更多的细节以分析的形式出现。并不是说这样的细节与其他形式的分析无关，仅仅是它对会话分析没有特别的帮助。顺便提一下，在 20 行中'［想成为红♯眼睛］你♯会有印记吗♯'意思是说中间的单词是用颤抖的声音说话的。

专栏 10.4　研究示例

会话分析：学习障碍和类别

安塔基·芬雷和沃尔顿（Antaki, Finlay & Walton, 2007）在会话分析中有一个共同的主题——会话中的身份——他们调查的是护理人员和居民（有学习困难的人）之间的结构性谈话。他们认为，尽管会话不授权可能会被列入议程，但会话的目的是征求当地居民的意见。安塔基等人并不是说，这种不授权是这种医疗机构的日常生活特征，但它的潜力是存在的——尽管有必要让员工认识到这一点。他们的客户拥有任何其他公民的普通权利。安塔基等人的建议明确地表明：

权力的丧失是最明显的，简单地表现在相互作用的过程中，在这一过程中，会出现转变，标志了问题等。我们看到的是，工作人员将互动引导到特定的陈述，标志了一个居民的话语是一个麻烦的来源并引导居民产生特定类型的陈述。在这一过程中，当地居民的不完整和依赖性的身份如同工作人员学识渊博且有掌控性的身份通过互动中无时无刻的细节体现出来……

然而，安塔基等人的建议是，有一种更微妙、更有分析意义的方式以在谈话中处理身份。在被研究的会话中，参与讨论的工作人员在谈话中把护理人员与包括朋友和家人在内的一组类别联系起来。通过这种方式，居民们被教导应该把谁作为朋友，如朋友、家庭成员和保健工作者。安塔基等人指出，指导某人的事情意味着他们需要指导：

实际上，工作人员对待居民的身份是受到社会歧视的被削弱的力量的。他们被视为无法分辨自己的朋友是谁，需要把看护人员放在他们中间。

这个结论所基于的数据包括如下内容。

119	Mel	你和她是一种什么样的关系
120		（1.9）
121	Nat	好吗
122		（1.0）
123	Mel	呃
124		（0.3）
125	Tim	（咳嗽）
126 →	Nat	她还好
127		（0.2）
128	Mel	她还不错
129	Nat	是的
130 →	=Ann	所以她是朋友

第 130 行是一个被称为"公式"的例子，是一个更一般的邻近配对的例子。这个公式可以总结一些之前的情况，或者，在这个例子中，它可以画出之前的含义。这个公式有一个优先的反应——协议。换句话说，第 130 行是用一种相似的方式构建的（会话首选回应）协议。根据安塔基等人的说法，这些公式实质上在制度会话中更常见，普通的谈话就是典型的平等主义。

这个公式充满了解释，不需要完全与之前的内容一致。毕竟，"好吧"在英国本土语言中并不意味着什么是好的，仅仅是没有特定的问题。因此，纳特（Nat）并没有指出安（Ann）的偏见性解释，一段良好的关系等同于友谊。谈话如下继续进行，安的有偏见的解释由梅尔（Mel）确认。

131	Nat	是（.）"她是朋友"
132	Ann	是
133		（0.5）
134	Nat	斯泰西的一个朋友
135		（2）
136	Mel	对（0.6）所以呃（0.3）……

当然，一些人提出，一个独立的会话案例无论如何有趣，都不能替代有学习障碍的人们频繁被剥夺会话能力的证据。安塔基等人都很清楚，他们的数据只能解释是如何实现这种情况的。

会话分析者不引用性格特征和态度是解释的一种方式，当然如此，但有些人很可能会把安和梅尔与住在养老院的人的互动描述成傲慢无礼。在会话中，这种典型的对人傲慢无礼的观点是否值得解释，这是毫无意义的吗？此外，如果其他员工没有表现出这种模式，我们如何才能仅用会话结构来解释会话，而不是从性格方面来解释呢？学习障碍与会话结构没有任何关系吗？比如，一名大学生准备好将一名讲师归类为他们的朋友，仅仅是因为另一名学生解释了他们的观点，即×教授是"好的"，这意味着×教授是学生的朋友吗？

专栏 10.5　争论

会话分析是政治性的吗

研究人员在研究政治推动力时能在哪种程度上运用会话分析？这是一个通常在质性心理学家之间和一些会话分析支持者中发展中的话题。最根本的问题是，从事政治研究的研究人员能从使用会话分析中获得什么。一种观点是会话分析范围太严格而不允许参与政治事务。会话分析的焦点是谈话的细节，通常很少或根本没有在更广泛的社会背景下被提及。一种假设是我们需要知道的是可以在会话中发现的。此外，由于演讲者的特点，如社会角色、阶级等都不是会话分析的焦点，其次，权势者和无权势者间的关系是不会被处理的。像比利希（Billig，1999）、布霍尔特（Buckoltz，2003）、韦瑟雷尔（Wetherell，1998）这样的批评者可以在他们那些声称中证实这是会话分析的一个弱点。至少从表面上看，他们似乎是有道理的。在会话分析中没有可以处理政治或权力关系的基础理论。在主流心理学中，研究人员主动提及主导地位和权力，但传统上，这不是会话分析中的情况。他们的论点并不是与权力相关的概念被整合，仅仅因为他们省略说明了会话分析的本质，并且广泛地支持批评人士。在谈话过程中，只有最荒唐的关于性别关系的引用或将性别作为谈话中的话题似乎是在谈话分析中缺乏"力量"的例外。

与此相反，我们可以考虑在工作中使用会话分析的女性主义研究者。女性主义者显然是一群研究力量——尤其是与性别有关的力量——这是一个核心和必要的概念。重要的女性主义会话分析是可循的，威尔金森和基青格（Wilkinson & Kinzinger，2008）认为这些例子包括古德温（Goodwin，1990），斯佩尔（Speer，2005），斯托克和韦瑟罗尔（Stokoe & Weatherall，2002），韦斯特（West，1979），以及齐默尔曼和韦斯特（Zimmerman & West，1975）。在这个争论的基础上，一个重要的问题是，任何包括谈话分析在内的研究方法都应该被其发起者的约束所限制。对话分析应该在多大程度上把外部想法和其基本理论整合？可以肯定的是，会话分析之所以具有很大的吸引力，是因为它的激进方式以及它所取得的成就。然而，问题是它能在多大程度上适应并保持它的存在活力和严谨。我们已经看到，谈话分析往往忽略了说话人的性格特征，但同时，研究人员也很容易将其扩展到更正式的场合，如治疗。如果在非正式的和正式的谈话中都可以有不同的权力关系，为什么在研究时直接把权力直接纳入考虑是不合适的呢？那么问题就变了，如果不能接受其他结构方面的因素，如性别和其他说话者的特征，为什么把结构方面（权力）合并在会话分析中是可接受的？所有这些都意味着未来的会话分析可能并不总是严格遵循最纯粹的形式。心理学家们根据自己的需要来调整方法，这似乎是一种很明显的可能性，而这反过来又会导致心理学上的会话分析被认为与社会学的观点完全不同。

六、 会话分析的评估

将会话分析作为质性心理学家工具箱的一般方法是很困难的。它从来没有被发展为对语言数据分析的一般方法。相反，它是一种理论上来理解会话的结构和顺序的嵌入式方法。然而，这并不能减少会话分析方法在应用到会话数据时的权威性。在过去的 40 年或 50 年里，人们对会话分析越来越感兴趣，这证明了其观点的力量。更让人惊讶的是，最近的会话分析对萨克斯最初的会话分析的看法是如此的普遍。这种会话分析是否能被心理学家采纳？许多基本的会话分析想法通过在前面话语分析（第 9 章）中被讨论过的与之密切相关的方法进入了心理学领域。然后，有一个问题是会话分析将开始吸收心理学观点，以及会话分析的最初的心理分析立场，或需要改变心理会话分析的程度（见专栏 10.5）。请记住，会话分析本身明确地反对内部的心理机制，以作为对日常会话的解释。现在有很多这样的心理机制似乎和在一些谈话中发生的事情有关。长期以来的建议是一个很好的例子。暗示性是一种普遍的倾向，它受到尝试言语胁迫的影响——举例来说，有些人在接受警察审讯时比其他人更容易被错误地认罪。为什么心理学家不准备把这些因素包括在会话的解释内，不同于萨克斯所说的说这种事情是不合适的？为什么相比于引用一个心理暗示的概念，把社会学的概念如"情绪劳动"（见专栏 10.3）引用在会话分析中就合适多了呢？在这种背景下，值得注意的是，研究者对会话分析的创始人之一伊曼纽尔·谢格洛夫的作品有如下评论：

> 伊曼纽尔·谢格洛夫经常会对他的分析进行额外的细微分析，以推测会话参与者的动机或意图（例如，菲利斯觉得这个话题无聊，沙恩的礼仪姿态是讽刺的），但只有在会话内容进行了详细的审查之后，才能用证据证明。(Lapadat & Lindsay，1999)

在许多方面，会话分析与心理学研究的许多方式格格不入。西尔弗曼认为：

> 萨克斯的作品呈现出一种悖论。一方面，它处理日常事件，如电话交谈或报纸故事，以及我们都很熟悉的事情。另一方面，萨克斯对这些事情的分析源于一种高度复杂的推理方式，他倾向于一种即使是他的同伴也会觉得有挑战性的细节。(Silverman，1988)

大多数质性数据分析技术都涉及对细节的关注，区别于定量数据分析。然而，当会话分析涉及它需要处理的细节时，它多少有点孤立无援。在很多方面，这是一种刺激，但分析有些枯燥或缺乏灵感时，它也会让人感到沮丧。然而，会话分析带来了新的视角，与众不同且能频繁刷新质性数据分析方法。在最好的情况下，会话分析是一项令人振奋的学科。

我们可以在坦恩·哈弗（Have，2007）中发现一篇有用的关于会话分析一般特性的总结，其中有以下几个问题。

（1）会话分析所假定的会话能力似乎是一种普遍的会话能力，而不是一个相对明确的会话能力。当研究中的会话是相当普通且日常的时候，这是可以的。在这种情况下，分析师可以使用他们自己的日常会话能力来帮助分析对话。但是，这对那些高度专业化的组织的会话又有什么作用呢？在这种情况下，分析师可以使用什么能力？例如，想象一个在一家投资银行的高级经理之间发生的会话。什么样的分析师能分析这个会话？

（2）存在一些与解释和分析的差异性相关的问题。解释倾向于理解一个独立事件，而分析则是一个更广泛的活动术语，在这之中，提出了更能被普遍应用的机制和程序。因此，一些会话分析可能被描述为解释，而不是分析。

七、 小结

在心理学中，会话分析开始提供了一个新的焦点或者说是一套新的分析工具，可能能使一系列应用领域的研究连同在语言学方面一个相对新的（心理学）的观点都受益且重焕生机。然而，会话分析吸收了知识传统，自 20 世纪 50 年代和之后的社会学导论介绍后在心理学领域毫无进展。在发展会话分析时，民族学方法论的影响是最重要的，但心理学研究的核心却没有被采纳。会话分析推翻了许多指导主流心理学研究方法的原则。例如，在关注会话时，几乎不关注会话内容或者会话发生的细节，这似乎推翻了许多心理学领域的良好实践。

本章要点

• 在 20 世纪 60 年代社会学理论发展的背景下，会话分析应运而生。民族学方法论是由加芬克尔开发，并颠覆了当时大规模的社会学理论的方法。民族学方法论把它与普通人对普通生活的日常理解相连接。

• 会话分析是一种逻辑上紧密且一致的方法来理解对话是如何工作的方法。因此，最好将它看作一种语言理论，而不是一种研究方法。当然，会话分析确实有自己独特的工作方式，但这完全是由萨克斯和他的同事们制定的。因此，如果你想掌握这种方法，你也得掌握这个理论。其中的一个推论是，理论和方法是携手并进的。因此，在不了解理论的情况下，是不可能实施该方法的。

• 会话分析需要对谈话的细节进行细致的分析和比较，以此作为一个过程。很少对会话以外的情况进行分析。所以会话分析对很多心理学的观点都没有兴趣，如人格、态度等。从这个意义上说，这是一种通过这些熟悉的心理方法进行研究的另一种方法。

• 对数据的密切分析是会话分析的一个基本特征。特别是杰斐逊的转录系统鼓励研究者仔细检查细节而不是大范围的会话数据。在这种分析者有迹可循的信念中，这种转录被重新解释，并与其本身以及其他相似材料的转录进行比较。

拓展资源

Antaki, C. (n. d.) *An introductory tutorial on conversation analysis* (plus other related tutorials): homepages. lboro. ac. uk; ~sscal/sitemenu. htm, homepages. lboro. ac. uk/~sscal/tthome. htm. homepages. lboro. ac. uk/~scall/home. htm(2015 年 4 月 24 日访问).

Burr, V. (2015). *Social constructionism* (3rd ed.). London: Routledge.

Drew, P. (2008). Conversation analysis. In J. A. Smith(Ed.). *Qualitative psychology: A practical guide to research methods*(2nd ed. , pp. 133-159). London: Sage.

Liddicoat. A. J. (2007). *An introduction to conversation analysis*. London: Continuum.

Stokoe, E. The science of analyzing conversations, second by second. https://www. youtube. com/watch? v=MtOG5 PK8xDA ten Have, P. (2007). Doing conversation analysis: A practical guide. London: Sage.

Wilkinson. S. , & Kitzinger. C. (2008). Conversation analysis. In C. Willig a W. Stainton-Rogers(Eds.). *The SAGE handbook of qualitative psychology*(pp. 54－72). Los Angeles. CA: Sage.

YouTube. Conversation Analysis Loughborough Diaries 1. Charles Antaki. https://www. youtube. com/watch? v=fxTkOF－xcr8(2015 年 4 月 24 日访问).

You Tube. Conversation Analysis: Respecifying Milgram's obedience studies: Matthew Hollander. https://www. youtube. com/watch? v=UqL67ZtTxk4(2015 年 9 月 9 日访问).

YouTube. Conversation Analysis: Doing a thesis-research questions and lit reviews. https://www. youtube. com/watch? v=wV3aTdauH9c(2015 年 4 月 24 日访问).

第 *11* 章
福柯主义话语分析

概述

- 福柯主义话语分析植根于法国哲学家、社会学家和心理学家米歇尔·福柯的开创性著作之中。 毫不意外，福柯的著作是广泛的，他的思想在他的一生中不断发展并且时有变化。 他对精神病医院、药物和监狱的兴趣也许是他研究中最重要的方面：与国家主要机构相关联的那些话语。

- 在福柯主义话语分析中，话语分析的概念与其他形式的话语分析有共同的思想，即语言在进行或者达成某事，而不仅仅是交流。 但福柯主义话语分析中，重点不在会话和文本的细枝末节，而是所运用的更广泛的或更宏观层面上的分析。 在福柯主义话语分析中，话语与专家知识和意识形态的系统更为接近。 相比之下，与福柯主义话语分析的方法相比，社会建构主义话语分析（第 9 章）在其研究方法上更细密、微观一些。

- 历史著作可能是对福柯研究最快捷的描述。 这一术语几乎不适用于心理学史以外的主流心理学。 然而，福柯主义思想已经以多种方式被引入心理学。 在心理学（及其形式）中，最著名的福柯主义话语分析的倡导者是伊恩·帕克。 多年来，他提出了一种相对系统的并且有组织的话语分析方法——我们也许可以从波特和韦瑟雷尔的例子中了解到这一点的重要性。

- 简单地说，福柯主义话语分析包括阅读有关文献或文本，确认它们能证实或部分证实的话语。 文本中提到的物质或社会性质的对象或事物同话语存在关联。 这些对象或事物可以关于任何事物，所以我们无法细数它们。 也就是说，文本中的对象或事物都是名词。 对象或事物被认为是与话语相关的主体。 因此，主体基本上是人。 但是，例如，在某些情况下它们可能是会思考的动物或会说话的树。 对象和主体是由话语的内容所定位或布局的对象或主体以一定方式被界定为在社会中拥有一种特殊的地位，并通过话语与其他的人或物发生联系。 那么在一定程度上，话语讲述了话语是什么的主题。 因为话语是根据权力关系使人（主体）处于不同地位，那么话语也就意味着是控制人的一种方式。 也就是说，话语分析告诉了人们各自的位置是什么。

- 在心理学中，福柯主义话语分析往往被认为与为人熟知的批判心理学这一激进运动相关联。 福柯主义思想可以用于批判心理学，但它们不是完全相同的东西。 尽管如此，伊恩·帕克就心理学无法区别福柯对其他社会机构的批判而专门对心理学进行了批判。

· 批判心理学从本质上是对主流心理学及其与社会权力各方面关联的批判的集合体。它不是心理学像通常的形式那样以批判的方式应用到该学科之外。

· 对一些人来说，关于福柯主义话语分析的著作往往被认为明显是政治性的，而大多数主流心理学都不是这样（这并不意味着心理学没有政治性）。因此，权力、赋权和反抗作为标志性概念会反复地出现。

一、什么是福柯主义话语分析

后现代/后结构主义思维假定知识取决于文化和历史事件。换句话说，知识（尤其是社会知识）必须通过参照它的历史发展以及形成知识的社会/历史背景来加以理解。米歇尔·福柯（1926—1984）的研究就像每个个体的研究一样体现了这一思想。心理学中的福柯主义话语分析可以被视为对福柯思想的一种结构化而非公式化地改编。除了福柯所提出的大量观点之外，福柯主义话语分析往往沉溺于他关于机构、话语和权力的观点。就其政治诉求和激进的元素而言，福柯主义话语分析与社会建构主义话语分析（第9章）是截然不同的（Bozatsis，2014）。它经常被看作摧毁主流心理学大厦的一种工具。确信的是，大部分质性研究方法的目标就是用更好的东西替换掉主流心理学（尽管他们可能无法在何谓好的东西上达成共识）。然而，在很大程度上福柯主义话语分析以一种积极的政治术语看待自己。福柯主义话语分析反复提及某些概念，如压制、反抗和不平等。它们证明了这种分析形式的政治性本质。必须强调的是福柯自己最初是在历史层面而不是心理学层面上进行操作的，我们只能猜测他是否会为心理学的福柯主义话语分析的全部感到高兴。在社会科学及其以外的领域，福柯无疑是极其重要的人物，其研究工作广泛存在于社会科学和人文学科的众多学科之中。但是，它们和心理学上的福柯主义话语分析是否相近尚不清楚。我们将会为形成于心理学之中的方法保留这一术语。有时福柯主义话语分析指的是福柯主义（Foucaultian）话语分析，并且你可能会发现在福柯主义中没有字母"l"。这可能是福柯式这个版本是美语拼写所致，尽管关于为什么有这种差异并没有共识。当然，波特和韦瑟雷尔版本的话语分析（第9章）也寻求类似的激进性，即波特和韦瑟雷尔版本的话语分析与主流社会心理学有根本性的不一致，但是波特和韦瑟雷尔版本的话语分析在传统术语上少了些政治性。

根据帕克等（Parker，1995）的说法：

> 福柯的研究在吸引人们注意力上是不可估量的，使人们注意到语言是围绕不同的意义系统而组织在一起的，这些意义系统为某些类型的人提供了权力位置，并剥夺了其他人的权力。这些意义系统就是话语。在最近心理学内部的争论中，研究权力结构的批判性研究者已经认真对待到底是什么在压迫着人们，即我们说话的方式与特权，有时甚至是与反抗息息相关的……

　　这些论述似乎与人们在关于研究方法的著述中通常读到的信度、效度和三角测量之类的东西相差十万八千里。就这一点而言它们与质性研究方法中的典型写法也是不同的。通常心理学的常识是不将权力问题带入研究前沿。这意味着福柯主义话语分析在与心理学视角的其他方法相协调时可能是最难的一种话语分析方法。但是福柯主义话语分析的关键是它研究与社会机构相关联现象的常见的初步理解，并按照权力和支配性对它们重新表述。这些同样能够运用到心理学家和精神病学家的实践活动之中，如其他一些明显权力性的社会机构。但是，批判心理学家们在他们的著述中主要是批判心理学而不是其他的社会机构。

　　法迪勒和尼科尔斯(Fadyl & Nicholls，2013)用"现在的历史"这一术语来描述米歇尔·福柯的研究。福柯对思想体系(精神病学的知识、科学知识和类似的专业/精英知识)很感兴趣。在他的作品中，他通过破坏甚至颠覆当前所重视的某些真理的不证自明的性质来挑战我们。换句话说，那些不证自明的东西被揭示出并非是不证自明的。被人们珍视的世界知识实际上是不稳定的和偶然的。福柯想知道是什么样的社会条件和环境问题可能导致一种对世界思考的特定方式。话语具有一种发展性轨迹，在这条路径中我们可以将现在看作过去话语的结果。也就是说，关于现在的话语代表了话语中这个历史性变化的揭露或重新表述。要了解现在是如何造成的可能需要理解导致最初话语的出现，并贡献于其后续话语的历史过程。话语历史性地联系在了一起，它们达成了某些事情——它们决定了我们所相信的世界是什么样的，以及我们与之前有什么关系。话语分析中历史的目的在于"使人看见"生活的某个独特特征是如何采用了其当前形式的(Fady & Nicholls，2013)。

　　在福柯主义术语中权力被认为是具有生产性的——例如，生产性权力是一个更具描述性的术语，也许应该被优先使用。它本身并不会真的被视为一个实体。相反，生产性权力是在互动中出现或形成的。也就是说，生产性权力是社会互动的一种功能。在直接或日常生活中，权力将个体进行分类，将个体固定在其身份上，并将他们和其他人从该个体上所认识到的"真相"强加给他身上。换句话说，这是一种特殊类型的权力，它使人成为主体——话语的主体(Foucault，1977)。或者，也许考虑到个体受制或屈从于话语，可能会让它变得更清楚点。这意味着话语是做事情的。

　　正如我们曾指出的那样，伊恩·帕克可能是与福柯主义话语分析相关的最出名的名字，但也有其他的人，如瓦莱丽·沃克丁(Valerie Walkerdine)。帕克于 1991 年与埃丽卡·伯曼(Erica Burman)在曼彻斯特城市大学共同创立了话语小组。尽管完全不可能只用单独一本书名来代表帕克的产出，但是《心理学的革命：异化到解放》(*Revolution in Psychology：Alienation to Emancipation*)这一书能起到类似的作用。不像波特和韦瑟雷尔，帕克和伯曼都不是社会心理学家，所以他们的工作只涉及社会心理学。帕克的心理学背景包括其执业精神分析师的身份，而伯曼可以被描述为一名女性主义发展心理学家和小组分析师。例如，在福柯主义话语分析中，人们无法找到对会话详细分析的水平，这是社会建构主义话语分析的特征。也没有人会煞费苦心地转录基于杰斐逊转录方法的抄件，这些也是波特和韦瑟雷尔所用方法的特征。如果没有对福柯主义话语分析所设定的议题产生反作用的话，这些都将被视为无关紧要。帕克在操作中运用了更宽阔的笔法——会话的细节太微观以至于无法挑战宏观社会视野。不过，帕克（Parker，1992，1994）和维利希（Willig，2013）提供了相对简单的分步说明，指出应该如何进行福柯主义话语分析。在这方面，他们模仿了波特和韦瑟雷尔《话语和社会心理学》所采用的教育/教学方法。福柯主义话语分析的政治方面在一定程度上是对福柯研究的解读，也是包括各种形式的马克思主义在内其他来源的输入或强加。因此，包括福柯在内的福柯主义话语分析者报告了许多对方法的影响。特别是，修正主义马克思主义作家路易斯·皮埃尔·阿尔都塞（Louis Pierre Althusser，1918—1990）。权力的概念都是福柯和阿尔都塞的核心，但是他们思想的版本是不同的。对福柯来说，权力是生产性权力，对马克思来说就是压迫。

因此从根本上来说，心理学福柯主义话语分析是质性研究心理学家批判地面对主流心理学而不妥协的一种要求。在某种意义上，这并不是真的寻求做心理学的其他替代性方法，而是为了解决一种伤害，即心理学看上去正在做的事情。换句话说，根据帕克的观点，福柯主义话语分析将显示权力是如何在当前主题以及大的心理学机构中起作用的。批评是根本的目标。

福柯主义中话语的意义与社会建构主义话语分析中的一样吗？从一个人的角度来看，这并不完全一致。在这两种情况下，在各种文本中都可以找到话语——会话、媒体输出、历史文件、访谈或任何你喜欢的由单词（甚至是符号）组成的东西。在社会建构主义话语分析中，文本被认为充满了话语的特征，以至于很难区分两者。这个文本正在做各种各样的事情——争论、说服、创造身份和创造地位等。虽然话语可以做"大"事情，但话语过程可以被视为在文本的最小碎片中起着作用。所以在这个意义上说，社会建构主义话语分析在它对相当普通及以上的文本的许多话语过程的认知中是非常令人讨厌的。部分由于这个原因，社会建构主义话语分析使用微调，有些人则会说是微观层次的分析。在社会建构主义话语分析中，话语可以从文本中得到充分的体现。然而，福柯主义话语分析中的话语更广泛、更抽象，是分析人员必须从更广泛的角度从文本中解读或揭示出来的东西。在福柯主义话语分析中，话语要从各种类别的文本（历史记录、会话、访谈、广告、媒体输出等）中寻找。在任何一段文本中可能只有话语的片段。所以，福柯主义话语分析者的任务是详细说明更广大的话语的性质是什么。换句话说，福柯主义话语分析者需要能够识别文本中的一个话语。但是，我们需要更深入地了解福柯主义话语分析中话语的本质。当然，我们可以从福柯开始。对于他来说，话语是：

> 成群的符号、言语表达、行为套路，以及一系列的句子或命题……属于一个单独形成系统的一组表述（Foucault，1969/1972，107-108）。

为了与此保持一致，对于帕克来说，话语是"构筑一个对象的表述系统"（Parker，1990a）。所以，话语陈述了什么是帕克定义的一部分。话语的例子有临床话语、经济话语、自然历史话语和精神病学话语。也就是说，话语与精英或专家知识系统相关联。事实上，你可以读一些关于福柯作品的教科书，在这些书中话语的术语是找不到的。当然，话语应该被复数化为不同的话语，因为事物（对象）可以由不同的话语来构筑。例如，精神病学和经济方面尽管不同，但话语都适用于像失业这样的问题。由于话语是在世界上发挥作用的，话语分析的目的就是将谈论事情和写作事情的方式予以系统化。最终，这些应该引导我们更好地理解话语是什么以及它能做什么。

　　不同的话语不需要相互之间清晰地表达，福柯主义话语分析的一部分是识别不同话语之间不同的张力。话语可以重现世界和/或他们可以改变（转换）世界。理解这一点并没有什么大秘密。我们都非常熟悉的非法移民和福利骗取的这些主题完美地说明了这一点。反毒品战争的观念是另一个话语的例子。近来它是看待毒品的一种主要方式，但它带来了它思考和行动的方式。话语形成了社会行动的一种工具。例如，它使对那些涉及非法毒品者的严厉处理合法化了。它还对话语的主体，诸如普通民众和毒品贩子以特定的方式和相互关系进行定位。将关于毒品战争的观念描述为自然的东西没有什么意义，它是一种社会建构的概念，具有强大的后果。还有其他的方式来谈论毒品，如个人选择，使毒品使用者远离罪犯。许多吸毒者根据这一观点以相对没有问题的方式管控自己对毒品的参与，并想过一种相对平静，无社会性困扰的生活。历史也有重要的事情要说。在维多利亚时代末期，鸦片只不过是一种用来抚慰婴儿的药物。不管现在看起来有多离谱，没有处方就能从药房买到一小包便宜的鸦片在那个时期是可能的事情（Howitt，1991）。关于鸦片作为药物的话语很明显地与毒品战争的话语相冲突。话语的历史性是话语分析中很强调的一个特征。不幸的是，这种分析超出了大多数质性研究心理学新手的范围。然而，心理学领域外的许多研究人员已经对各种话语进行了重要的历史分析。这些都可以让人耳目一新（如 Nye，2003）。

　　从某种意义上说，话语将社会世界分类——也就是说，它创造了类别。通过这样做，它所提到的东西对文化的成员来说就变得更明显了。关于环境的话语使环境成为关注的对象，而不考虑个人在这个话语中的主体地位。它们使环境在历史上可能没有出现的情况下显得很明显——如在某个地方订机票。关于移民的话语可以将移民视为威胁，而竞争性话语可能将移民视为经济福音。话语可以相互关联，因此移民话语和经济话语可能是密切相关的。一旦一种话语已经建立起来，即使不是真正现实的事情也被认为是真实的。因此，福柯主义话语分析者的工作并不仅仅（或甚至）是基于会话或其他文本的。智力性工作要先于话语分析的实施。分析者的任务是在任何形式的文本中确认话语。一个人如何知道此时自己已经在文本片段中确认出了一个话语呢？帕克（Parker，1992）罗列了话语的一些重要特征，这将有助于分析者在正在处理的文本中识别出一个话语，以下是一些最重要的特征。

　　（1）要在文本中发现话语。就其本身而言，文本并没有系统地表明话语是什么。因为一个原因，对文本中话语的认识通常只是零碎的。分析者的任务是解释话语的内涵及其在文本的意义。想想你在医院可能会经历到医疗风格的话语。我们都知道一些可以认为是医疗话语的医学知识。在旅行中遇到意外事故和紧急情况时，我们不会经历到所有的医疗话语，但是我们一定会经历这些话语的一些碎片。

　　（2）话语系统地配置它们所涉及的事物（对象）。当分析者进行分析时，他们需要理解这个福柯主义观念（Foucault，1972），他们需要批判性地调查一个文本提及的事物并将它们描述出来。再就是，在医疗话语中所涉及的事物包括病人和医务人员——他们是医学话语的一些主体（思维对象）。但是在话语中也会涉及其他事物，如医学科学甚至是整体医学。通过话语，话语的对象和主体在医疗系统中被赋予了地位或位置。当然，描述和确认医学话语是件大事情。

（3）在话语中，是什么类型的人被谈及。我们可以再多关注一个话语主体的性质，也就是说，话语中包含的主体是谁？话语能够使一特定类别的自我被其纠缠。帕克使用阿尔都塞的概念"意识形态质询"来支持他的观点，即一种话语"讲给"人们（我们都不能避免医疗话语），并将我们置于制度体系内。举个例子，作为病人的主体地位这个简单例子能告诉我们很多东西，我们是谁以及我们在像医院这样的医疗机构里应该做什么。分析者的任务是搞清楚话语中涉及人物的种类。考虑到文本中的话语是不完整和零碎的，分析者需要清清楚楚地将这些话语表述出来。

（4）话语被视为一个意义的关联系统。话语通过使用隐喻、类比和心理图像来代表一个对象。分析者把它们转化为陈述，这些陈述依据文化如何理解话语对象的方面能够得以理解。换句话说，一个话语可能会出现在文本中的一系列伪迹中，话语分析者需要构建一种对话语的描述，使其能够被理解而且有意义。话语不是各个无意义和不相干东西的大杂烩。

（5）同一个对象可能由不同话语迥然不同地构成。话语往往暗示着甚至预设着其他话语。以医学话语为例，很明显医学话语意味着健康话语以及疾病话语。我们还可以将替代药物的话语添加进来。这些话语之间的相互关系毫无疑问是复杂的。而且它们往往很难解决和简单地处理。例如，医学话语可能认为正规医学是科学的——但是关于针灸是科学的这一说法的话语也可能是这样的。因此，话语分析者可能需要确认不同对象被不同话语描绘的方式，以便找出它们相似和不同的方式。

（6）话语将参考关于同一个对象以往的话语。历史变迁带来了对象被构成或构想的新方式。同一个对象在过去可能是由不同话语构成的。这个变化是什么？为什么会发生？为什么这种变化是必要的？分析者的任务是考虑话语是如何以及何时出现的。分析者需要确认导致于此的那些历史变化。例如，当维多利亚时代出现医学职业时，医学发生了不可估量的变化。当然在专业化之前就有医生，但随着专业化，事情发生了明显的变化。

分析者还必须考虑被揭示的话语与更广泛的意识形态框架之间的关系问题。话语对于意识形态意味着什么？反之亦然。当然，意识形态是一种抽象物，不会直接出现在话语中，更不用说在文本中了。权力关系在话语中可能是明显或隐含的。话语允许并参与权力的再产生。医学专业的权力使其在诸如性欲、醉酒等问题上具有很大的发言权和作用（Howitt，1992）。最后，在福柯的著作中，话语与制度相关，在这个意义上，社会制度的研究部分地通过话语得以实现。此外，还有一些特殊的话语可以在源自制度的文本中找到，而在世俗的日常话语中却找不到。

二、 福柯主义话语分析的发展

我们很难知道从哪里开始叙述福柯主义话语分析的发展。没有任何智慧的努力是没有它的先行者的。然而，如果我们专注于福柯这个人，我们就将会很好地了解为什么他和他的工作对于广泛的社会科学家和其他人群是如此有影响力的。最重要的是，我们应该记住，福柯的思想在一系列知识学科中得到广泛的传播。我们必须承认这是理所当然的，因为我们的任务是解释在心理学上他工作的出现。米歇尔·福柯生平中具有一些元素，这些元素能够吸引许多政治导向的、左翼的、激进的心理学家。对福柯进行分类并不容易。"心理学家"这个称号可能合适，因为他为了生活教了几年的心理学。他的工作绝对不是当时的主流心理学。虽然他早期的智力工作是关于心理学历史的，他的著名作品是某些类型的医学和社会科学史。他更有可能被描述为社会理论家、哲学家、观念史家和语言学家，而且他还是一个文学评论家。你也可以把他描述成一个后结构主义者，以及一个后现代主义思想家。但是这样的标签并不是福柯所喜欢的。虽然这里有一些他成为一个权威人物的元素，但在他生命的后半部分，他成为一个政治活动家，在侵犯人权、刑事改革和种族平等方面都采取过直接行动。也就是说，他与左翼运动有关。他早期家庭生活明显是上层中产阶级。资产阶级可能是最好的描述。马克思主义和共产主义是他早期生活中的一小部分，尽管他很快就反抗了法国共产主义中的种族主义元素，但他无疑拒绝了马克思主义的元素。例如，阶级斗争或战争的思想。他早年生活很艰难，是一个自我伤害者，曾在 1948 年首次试图自杀。他的父亲将他送到圣安妮医院的一个精神病学家那里。精神病学家认为自杀企图可能与福柯的同性恋生活方式有关。

从现代学术的观点来看，福柯的学术历程最初似乎并不那么瞩目。像许多杰出的法国哲学家一样，他进入巴黎高等师范学校学习，在学校他对哲学的兴趣在路易斯·阿尔都塞等人的指导下发展起来。20 世纪 50 年代初他在梯也尔基金会（Fondation Thiers，为博士论文写作的年轻人提供的住所——译者注）为心理学哲学方面的博士学位开展研究。大约在同一时间，他在巴黎高等师范学校和法国里尔大学讲授心理学。让·皮亚杰、卡尔·雅斯贝尔斯和西格蒙德·弗洛伊德都对他的研究有影响，但是像弗里德里希·尼采（Friedrich Nietzsche, 1844—1900）这样的哲学家对他有着更为深远的重要影响。福柯的第一本书：《精神疾病与人格》（*Maladie Mentale et Personnalité*）于 1954 年出版。《精神疾病与人格》的基本观点是，疾病具有文化相对性。其重要的讨论涉及了马克思、海德格尔、巴甫洛夫、弗洛伊德、埃米尔·迪尔凯姆和玛格丽特·米德。但是，在他一生中，福柯也明显地受到了戏剧作家和诗人们的影响。他在各个阶段都为文学期刊写稿。但随后，他在返回法国之前担任过瑞典乌普萨拉大学的文化外交官。不久之后，他第一本真正值得注意的书——《疯癫史》（*The History of Madness*）在 1961 年出版了。这项工作影响了欧洲和其他地方 60 年代的反精神病学运动。20 世纪 60 年代初，他获得了克莱蒙费朗大学的教职。在那里，他出版了另外两个重要作品——《临床医学的诞生》（*The Birth of the Clinic*）（1963）和《事物的秩序》（*The Order of Things*）（1966）。渐渐地，他发展了他所谓的"考古学"的组织学方法。这涉及对该机构重要记录——委员会会议记录、出版物、备忘录、信件、向政府提交的意见等——以及任何其他能想到的资源的细致审查。人们公认的一些相当枯燥无味的东西在福柯手上发生了转变。1970 年，他成为法兰西学院的成员。此后，还有其他重要的作品，如《知识考古学》（*The Archeology of Knowledge*）（1969），《规诫与惩罚》（*Discipline and Punish*）（1975）和三卷本的《性史》（*History of Sexuality*）（1978—1986）。

福柯的工作基本上与知识和权力相关联，不是在知识是权力的意义上，而是在相反意义上，即权力控制并定义着什么是知识。因此，"科学知识"被用于社会控制。一个很好的例子就是"癫狂"的这个概念，在 18 世纪和 19 世纪被用来分类和污蔑那些贫穷、无家可归的群体，以及任何其他偏离常态的群体。福柯的兴趣在于现代社会中权力用什么方式达到"主体客体化"。在这些方式中，科学的权威是如何被用来分类关于人口的知识。所谓的关于人性普遍科学的真理并不是这样的。它们只是当时特定社会的道德、伦理和政治投资的表现。福柯的追随者认为权力等级可以通过对话语的分析而暴露出来。这些问题接着可以通过质疑被用于合法化权力结构的知识领域来检验。因此，福柯的工作同批评理论的一些形式相关联。

从某种意义上讲，福柯完全颠覆了知识。精神疾病的观念史可以被解释为一个关于癫狂的启蒙观点出现的故事。癫狂在历史上不是一个固定的范畴，而是为了社会目的通过话语创造出来的。话语随时间而变化。例如，人们通常认为是法国医师菲利普·皮内尔（Phillipe Pinel，1745—1826）将人道引入精神病院病人治疗之中，取代了以前这些机构所特有的野蛮的管理体制。福柯认为这个版本的历史是虚假的。在福柯看来，癫狂是医学疾病（如精神疾病），并且需要治疗的想法不够清楚。简单地说，把这样的人归类为疯子就形成了把他们排除在社会之外的基础。癫狂实际上挑战了资产阶级道德，主要是因为他们不适应资产阶级社会，所以不得不被排除在外。例如，在维多利亚时代，精神病院就是贫民窟。

福柯的工作进入心理学的途径基本上是 20 世纪 80 年代心理学转向话语和质性心理学的一部分。波特和韦瑟雷尔在他们的话语分析版本中引用了福柯在自我的方法方面的工作。在这一种话语分析中，并没有真正地强调福柯。福柯主义的思想在 20 世纪 70 年代首次渗透于英美心理学，尤其是朱利安·亨里克斯（Julian Henriques），温迪·霍尔韦（Wendy Hollway），凯茜·厄温（Cathy Urwin），库兹·维恩（Couze Venn）和瓦莱丽·沃克丁的《改变主题：心理学、社会规范和主观性》（*Changing the Subject：Psychology，Social Regulation，and Subjectirity*）这本书（1984）。在一定程度上，该书展示了福柯的思想是如何应用于一种心理学的视角中的。根据约翰·肖特（John Shotter，1999）的说法："它可以被看作如今被称为批判心理学的心理学探究范围这一议题最早的纲领性表达"。福柯主义思想和批判心理学之间的这种联系不需要刻意表明，波特和韦瑟雷尔版本的话语分析对于广义上批判心理学的主张没有任何利害关系，但它是有的（如 Hepburn，2003）。福柯主义思想对心理学产生影响的其他例子可以在伊恩·帕克的著作中找到，特别是在心理健康领域的两本书：《解构精神病理学》（*Deconstructing Psychopathology*）（Parker et al.，1995）和《解构心理疗法》（*Deconstructing Psychotherapy*）（Parker，1999a）。两种话语分析的相对影响力是难以评估的。但值得注意的是，心理学研究文献中有很多引用波特和韦瑟雷尔的《话语和社会心理学》，而不是亨里克斯等人的《改变主题》这本书。

在心理学上，伊恩·帕克可能是福柯主义话语分析中最有力的支持者，而且可能是为了发起它做得最多的人。在某种程度上，这模仿了波特和韦瑟雷尔的方法所体现的教育学传统，从而导致了社会建构主义话语分析的成功。从一开始，波特和韦瑟雷尔就为话语分析程序提供了清晰的指导，这些程序很容易，而且很容易被学生和成名研究者使用。也许应该说，福柯主义话语分析在某些方面比社会建构主义方法更具有挑战性。如果没有预先了解一些福柯思想的知识，自然很难去吸收福柯主义话语分析。这可能涉及一些具有挑战性的阅读，当然，还有许多描述了福柯思想的教科书，它们加剧了这个进程。像菲林厄姆（Fillingham，1993）和古汀（Gutting，2005）这样的教科书可能对你有帮助。

帕克倾向于把许多不同的想法放进他的著述中，有时候这种做法一开始会让人觉得超负荷。例如，福柯主义话语分析经常被与许多各种各样的批判心理学放在一起进行讨论。的确，在阅读他的作品时，区分福柯主义话语分析、批判心理学和其他激进思想的界限是不容易的。专栏 11.1 讨论了批判心理学。最重要的事情是，批判心理学与福柯的工作有共同之处，即广义的权力概念。批判心理学是一套相当折中的理念和理论，对于来自主流心理学背景的读者而言，并不是特别容易阅读。也许描述这种情况的最好方式是批判心理学是一个涵盖性术语，它围绕福柯主义话语分析以及心理学的其他方面来研究权力。

因此，概括地说，并不难看出福柯对激进的左派心理学家的吸引力。福柯在工作和生活的许多方面都是激进的。他把自己的生活方式中的某些问题人格化，而这些问题都蔓延到他的工作中。他也是一个积极行动者，很难想象还有如此致力于政治事业的心理学家。然而，在他的一生中，他会拒绝别人在他身上看到的不是他的东西。比如，早年间他曾短暂地成了一名共产党员，但他很快就拒绝了这个党。他对共产主义提出了轻蔑的评论，比如"马克思主义存在于19 世纪的思想中就像鱼存在于水中一样，也就是说，在其他任何地方它就会停止呼吸"（Foucault，1994）。在普通的英语中，福柯在很多方面都是神秘的，一些他不会接受也不予理会的观念被安在了他身上。当然，他一生中总是在改变，所以人们需要仔细地确定一个人正在讨论的是哪个阶段的福柯。在心理学中，福柯主义话语分析对福柯的工作提出了一个限制性的方法，这也是一个挑战。

专栏 11.1　核心概念

批判心理学

"批判"这个词来自"批判"的概念，是德国古典哲学的一个基本方面。这就是批判心理学中批判的意义从哪里来的，因此需要理解。对于哲学家伊曼努尔·康德（Immanuel Kant，1724—1804）来说，这相当于探索理论性和实践性推理的界限。它试图精确地划定或确定这些界限。它可以被看作是与教条主义相反的，它假定推理是通过知识进行的，而不用确证出推理适用的界限。问题的一部分是在一个不太合适的标签（批判心理学）下，试图把各种非主流的心理学硬塞进去。

什么是批判心理学？我们并不完全确定。它在 1960 年代激进心理学和反精神病学批判中已经有了一些……它对女性主义比主流心理学更友好。一些质性研究者和话语分析者在它周围徘徊，有时候在他们认为该学科没有注意到他们的时候会在奇怪的时刻寻求它的赞同。当然，批判心理学是广泛的，足够广泛的。比如说，我们都同意"现状"是不好的，"好社会"是好的；而且宽泛得让我们难以就这些术语的具体含义达成共识。（Coodley & Parker，2000）

或者，也许更有趣的是，在伊恩·帕克与哲学家斯拉沃热·齐泽克（Slavoj ZiZek）的对话中，可以看出确定什么是批判心理学的一些问题，哲学家很敏捷地颠倒了过来，这样由帕克来回答，而由齐泽克提出恰当的问题：

齐泽克：这个批判心理学是马克思主义心理学的代名词吗？

伊恩·帕克：对于某些人来说，它是那些事物的一种混合体。我想问你事物的混合体是什么。

齐泽克：它是如何定位自己与精神分析和认知主义的关系？

伊恩·帕克：再说，这看情况而定。

齐泽克：哦，你没有党派路线。我的天哪，这是无政府主义。（Parker，2009）

这相当好地抓住了阅读批判心理学时的有些混乱的本质。

然而，当考虑到更严肃的定义时，对批判心理学清晰认识的缺乏并不会消失。例如，斯坦顿·罗杰斯和斯坦顿·罗杰斯（Stainton Rogers & Stainton Rogers，1997）尽最大努力定义这个领域，并在批判心理学意义的清晰性上迈出了一大步。他们解释说，批判心理学包括"批判性的、扰乱的和激进的思想的大杂烩，可以被贴上这样的标签：女性主义，法国理论，新马克思主义，后结构主义，后现象学，后现代主义和科学知识社会学"。为了节省你时间去查阅它——因为我曾不得不这样——一种17世纪沙拉的大杂烩。那就是大杂烩。

批判心理学家一直互相慷慨地分享自己的工作空间，即使他们发现他们很少有共同之处，或者在另一个时间或另一个地方他们可能会相互争执。但是一些要素将帮助我们理解当试图将某些事物定义为批判心理学时，那是最核心基本的东西。对于一个简短的讨论来说，一个细节应该放在箱子里面还是应该被排除在外可能是一个太大的任务。现在政治和权力会做出总结。

只是为了清楚起见，提醒你一下。现代心理学在19世纪后半叶从其最初的母学科哲学中解放出来。因此，在本书中，我们所指的现代心理学是19世纪70年代随着第一个心理学教学和研究实验室建立而诞生的。威廉·冯特的名字在心理学的历史上永远与以实验室为基础的科学联系在一起。并不是说冯特主张实验室是研究心理学所有方面的场所。特别是，冯特对心理学更社会的方面适合进行实验室处理表示怀疑。他提出民族心理学（作为心理学更社会的方面的术语）应该采用完全不同的方法，而不是基于实验室的方法。冯特这方面的工作没有获得与实验室工作相等的高度，尽管近来心理学家普遍提出把冯特的双重方法论方法应用于心理学。实验心理学和还原主义者的心理学分支很盛行（如果你想要了解更多的话，请见第1章和第2章）。在这本书中，我们把它称为主流心理学，因为它一直主宰着现代心理学，并取得了巨大的权力。从一开始在心理学就建立起了各种分裂。分歧、紧张和冲突是心理学不可或缺的一部分，现在和现代心理学开始的时候比起来，并没有得到更多的解决。有一点讽刺的是，法国哲学家，心理学家乔治斯·波利策（Georges Politzer，1929—1974）在现代心理学早期的几十年就诊断出了这个问题。心理学遭受了实在太多的批评。批评可能已经改变，但泛滥并没有减少。科学心理学批判老式心理学，冯特的追随者批判科学或主流心理学，等等。

那么批判心理学是心理学中批评或者拒绝主流心理学经营自身的方式的那一部分吗？在一定程度上，答案是肯定的。批判心理学把主流心理学视为一种政治体制，而不是一个由毫无瓜葛的人进行中立的、价值无涉的科学事业。批判心理学认为，主流心理学通过政治性运作使某些人享有特权，使其他人处于劣势。心理学已经成功地为包括国家在内的权力机构提供了广泛的服务。这些服务在本质上是地方性地压迫的。所以主流心理学提供了压迫性的技术来控制那些可能挑战社会结构的精神病患者。例如，很难说清楚压迫心理学意味着什么，以及所有主流心理学是否都是压迫性的。能发现比较常见的例子是心理学在战时的作用。例如，士兵的招募和训练，以及 20 世纪初心理学参与了处理移民进入美国的方法。更普遍地是，人们认为心理学有助于遏制那些社会适应不良，它（和精神病学）给一些人贴上了精神病或更坏的标签。质疑这种压迫心理学被认为是适宜的策略。心理学是压迫的观点通常被马克思主义思想的输入所支持。在马克思主义中，就其本质而言，资本主义社会是压迫性的，大部分人都服从于精英阶层的广泛服务。如果心理学为这样的精英服务，它本质上也就是压迫性的。反抗是在批判心理学著作中经常被使用的另一个概念。在马克思主义理论中，被征服的无产阶级可以创造性地、积极地反抗他们的征服。因此，提到反抗既是批判心理学的自然选择，也是对社会是压迫的观点的强化。这也意味着批判心理学可以帮助动员人们去反抗。

批判心理学描绘了心理学的主流如何看待心理学大厦的图景。大家公认，主流心理学认为自己是一个根基扎实的学科，致力于特定类别的具体知识的积累。事业被看作科学的、无党派的、超然的，最重要的是客观的。它在很大程度上也被认为是良性的——借助于大量的心理学知识被吸收和应用来帮助人们。主流心理学以量化研究工作为主线，量化工作被视为是借助其科学的基础来反映基本事实的。在批判心理学著作中，心理学主流的特定人物很少被提及。相反，那些从批判性的角度写作的人们，会用有名有姓的个体的漫长谱系来填充他们的文章。因此，主流心理学被描绘成一个无差别的群体。主流心理学家和批判心理学家之间几乎没有什么联系，所以主流心理学家是否真的会以他们所声称的方式来思考，这并不是绝对清楚的。大多数主流心理学家似乎不太可能在他们的工作中使用一个未经修改的实证主义观点。

在 20 世纪上半叶，心理学变得越来越有用，即使它不是处于不可或缺的地位。那就可以这么说，它开始能维持生计了。心理学技术被作为解决工业社会问题的方案，如劳动力招聘，对教育系统中存在问题的儿童的识别，改进工业产品销售的方式，并通过治疗广泛帮助对社会适应不良的人，等等。当然，与此同时，国家通过各种筹资机制鼓励大学进行更多的心理学研究。并不是所有的学科都能够在这方面与心理学相匹配，但是经济学和犯罪学也同样如此。所以，主流的实证主义心理学占主导地位，因为它将心理学与各种形式社会控制的领域相结合。如果心理学是那些愿意直接或间接付钱的人使用的工具，它就会得到使用。20 世纪早期，美国和其他地方心理学的发展是基于心理学家充当更一般的社会控制机构中的工作人员为基础的。心理学是价值中立的迷思，可以被看作中和主流学科压迫性质的一种方式。为了处理特定群体因为心理学被给予特权并且允许使用社会和公共物品的方式，心理学理论与实践需要转换到社会排斥的弱势群体的利益上。这种动员可以在伊恩·帕克等人倡导的那种行动研究方面看到(Goodley & Parker，2000)。

心理复合这个词在批判心理学文献的某些部分中相当常见。详细来说，它是心理工业的复合体(Rose，1985，1996)。这只是心理学与强大利益联系在一起的观点。心理学通过提供社会控制技术，充当这些利益的事实真相。心理学最开始可能是适度的，但现在它本身相当于一个越来越多地参与到社会各个方面的完整工业。在其影响下的社会问题变得心理化，个体对此负有责任。

一个学科如何才可能把自己看作科学的，借用物理学的科学装备，却被批评为片面的、压迫的和在权力的口袋里的？批判心理学在心理学知识的社会建构本质中看到了这个问题和类似问题的答案。也许绝大多数的批判心理学适合于或采用社会建构主义的观点。而从20世纪60年代开始这在其他学科中已经很普遍。正是由肯尼斯·格根(Gergen，1985a，1991，1995)和约翰·肖特(Shotter，1995b)的工作促成了它跨越学科界限进入心理学。社会建构主义思想的一个强有力的方面就是拒绝了心理学家在发现知识的过程中扮演诚实经纪人角色的观点。知识并不是在矿山中躺着等待被发现的钻石。知识是一种社会创造物。根据社会建构主义，真实的或物质的世界不能由来自某个主观立场以外的其他人来表征。那么，知识就是主观立场的反映——它不等同于外在的现实。客观性与普遍真理作为主流心理学的中流砥柱，它们只是从这些主观立场建构而成的。也就是说，主流心理学的基石不过是一种特定的主观。社会建构主义者普遍认为，有一个由人们组成的客观世界——棘手的问题是获得那种未被扭曲的观点是什么。人们的经验是历史的和文化的特定话语的结果。一个人开始表达一个话语，然后该话语在那种文化中与他人互动的背景下得以发展。

在他们的著作《现实的社会建构》中，伯杰和卢克曼(Berger & Luckman，1966)提出观点，打击了主流心理学以及其他学科常用的假设。他们的基本思想是：理论先行，研究揭示的现实是由这些理论的相似性构筑而成的。那么心理学所做的只不过是从某种意义上重申这些理论。可以说，心理学的功能是对现实的意识形态反映，即心理学实际上建立在服务于一定的社会需求之上。一个简单例子就是行为主义。20世纪早期的工业社会要求工人只从事生产过程的一小部分，把它放在一个基本的形式上。行为主义以这种原子主义的方式构想着人们的行为主义。行为主义研究肯定了自己，并由此在机械的、工业的复合体内将人主体化了。"心理学产生了现实，反过来又为它的再次肯定奠定了基础"(Berger & Luckman，1966)。

所有的质性心理学都可以被视为批判心理学吗？可能不是，因为到现在为止，应该清楚的是，批判心理学倾向于参考一个特定的事物议程，而且在某种程度上批判心理学是不够的。例如，认知心理学从根本上抨击了20世纪中叶一度主流的行为主义心理学。但它仅仅接替了主流而没有改变一些人所认为的心理学的压迫性本质。批判心理学中的声音对某些质性的方法不屑一顾，好像它们已经"卖光了"。事实上，古德曼和帕克(Goodman & Parker，2000)写道："现在心理学中很多"质性"研究已经被纳入主流经验主义和实证主义之中。"无论这是批评还是一种派别之争的形式，都可以在充分的时间里进行判断。批判心理学的政治方面可以被看作最有效和被果断维护的，特别是女权主义心理学。也许批评心理学俱乐部的成员标准需要更加仔细的说明。批判心理学内部进行细分是无止境的。由于它的关于社会权力和社会不平等的中心议题，批判性话语与社会建构主义话语分析是不同的。所以权力通过语言不断得到重申的方式在批判性话语分析中是至关重要的：

批判性话语分析者想要知道文本、谈话、言语互动或沟通事件的结构、策略或其他特征在这些再生产模式中起着什么作用。(van Dijk，2001)

赫伯恩(Hepburn，2003)认为它还包括政治、道德和社会变革的问题，支配地位涉及精英、机构和其他社会群体的权力行使(van Dijk，2001)。这种权力的行使与许多不同形式的社会不平等有关——种族、民族和性别。当然，语言不会只在一个方向上发挥作用，因此它有潜力服务于弱势群体的利益，如"黑人权力"的说辞。这虽然反映了批判心理学的一些广泛的问题，但更多地运用了超出政治心理学而达到广泛政治学的质性研究方法。术语可能会引起混淆，因为它可能指的是不同的事情。因此，例如，人们通常可以看到对批判话语分析的引用，在调查中，这种分析似乎与福柯主义话语分析很少或根本没有区别——但不一定如此！

三、 如何进行福柯主义话语分析

基本上，典型的福柯主义(批判)话语分析将访谈和类似的文本当作"更大图景"的一部分，超出了所说词汇所在的直接语境。例如，这个更大图景可以包括心理健康方面的心理著作的整体。话语"促进和限制，能够说什么和限制说什么(由谁，何时，何地)"(Parker，1992)。此外，话语还有对话语客体的描述。因此，如果分析的是婚姻的话，嵌入婚姻话语的就是对婚姻本质的"描述"。话语也确认出话语的关键主体。例如，在这种情况下，他们可能是夫妻，但也可能包括家庭。随着话语的进行，话语中的每个主体都会有自己的主观经历——这通常被称为主观或主观性。

福柯主义话语分析可以描述为宏观文本，因为它试图在广泛的社会层面上理解话语。这是关于各种文本是如何与社会组织的主要方面相关联的。本书中描述的另一种形式的话语分析，基于波特和韦瑟雷尔(Potter & Wetherell，1987)的解释，可以被描述为微观文本，因为分析倾向于仅仅停留在产生文本的社会互动层面上。

福柯主义话语分析所使用的材料是任何具有意义的材料。因此，如果符合分析目的，福柯主义话语分析可以使用访谈和其他形式的言语互动材料。但是，该方法可以包括书本、教科书、广播、电视节目、电影，甚至图片。它们中的任何一个都可以被视为充满了意义。当然，这些不同类型的材料可能带来非常困难的含义，这应该被视为分析的一部分。

以下是如何做福柯主义话语分析的程式化说明(图 11-1)(Wilig，2008b)。

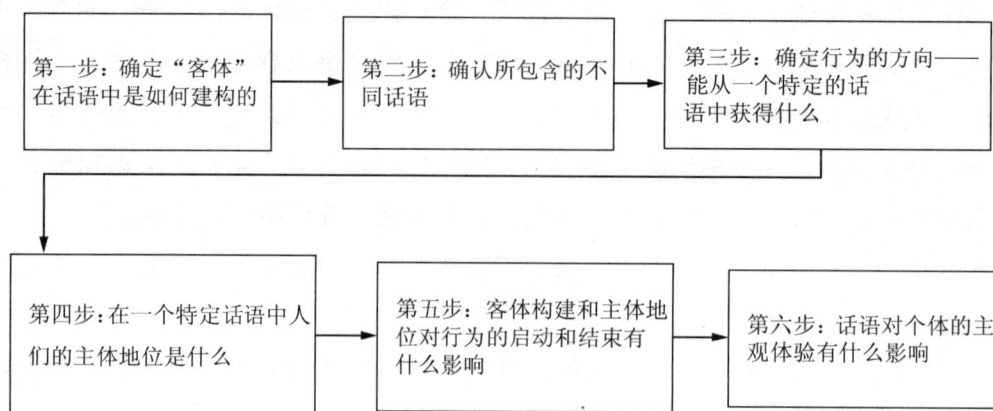

图 11-1　维利希关于福柯主义话语分析的程式化说明

(一)确认"客体"在话语中是如何建构的

福柯式话语分析中的"客体"是正在研究的主题，最初依赖于所表述的研究问题。所以它可能是婚姻、军队、心理学的一个方面，冗余的或没完没了的话题中的任何一个。文本中的客体被视为具有一系列不同的特征，而分析者的任务是确认在所考虑的文本中对象被建构的各种方式，因此分析者需要确定在哪里找到对象的引用(直接或间接)。在某些情况下，客体根本没有被提到名字，但它是被隐含着的。客体可以委婉地或以一系列其他间接的方式来提及。仅仅用荧光笔来强调它们可能有助于定位这些引用和相关材料，它们与理解客体被建构的方式有关。

(二)确认所包含的不同话语

因此，文本中与话语主体有关的部分已经被标记和确认。本质上相同的话语主体可以用相当不同的方式来构建。在专栏 9.3 中，我们看到有两种与众不同的婚姻结构：浪漫剧目和现实主义剧目。因此，现阶段的分析任务是非常仔细地审查材料，以便确认数据中可以找到的不同话语。虽然上面提到的两种婚姻剧目可能看起来相当明显，但是这忽略了一个事实，即可能会有其他一些话语，如宗教话语结婚，而实际上并没有出现——可能是因为这些被采访的年龄组所致。要记得最重要的是，话语不是个体们的一个特征，并且在一个采访过程中，一个人可以参与一个以上的话语。

(三)确定行为的方向——能从一个特定的话语中获得什么

比如，在文本中某一特定点上，提到与其客体相关的特定话语对其会有什么影响，其作用是什么？以及对于文本中的该对话他是如何联系到其他建构的？例如，如果文本中提到关于婚姻的一个浪漫词汇，这就会使得一个已离婚的男人将离婚归咎于他妻子的不浪漫；如果文本中提到的是一个现实主义剧目，那就会使得这个男人解释他的离婚是因为他失业了。用维利希(Willig，2008)的话来说："专注于行动的方向能让我们更清楚地理解文本中所获得的关于客体的多种建构。"

(四)在一个特定话语中人们的主体地位是什么

主体地位指的是一个特定的人通过使用特定话语从而得以被定位于关于权利义务和责任的系统中。他们通过"一个人的说和做使其位置"得以界定(Willig，2008b)，如果该话语是关于浪漫的，这两个人的位置实质上会依此来定义，女人对于浪漫话语的期望不同于男人。因此，尽管这种角色方面不是很严格，但主体地位却能预测出很多，从不同的主体地位可以说什么和做什么。

(五)客体构建和主体地位对于行为的启动和结束有什么影响

也就是说，在实践中，客体构建和主体地位有什么作用？延续婚姻对话的例子，一个宗教性的会话可能会停止导致离婚的行为。就像是对于行为该做出怎么样的选择。

(六)话语对个体的主观体验有什么影响

话语与主观性之间的关系是什么？按照个体看着世界，活在世界，话语建构了个体的社会性和心理性的现实。"我们现在关心的是在各个主体的位置中可以感受到什么，想什么，体验到什么"(Willig，2008b)。所以，举例来说，就浪漫的婚姻话语而言情况可能是这样的，如果妻子因为他失业而离开他，他可能会产生很大的困惑。

对任何读过福柯的人来说，这个话语分析的论述似乎都忽略了他对权力的理解。胡克(Hook，2001)把话语分析的两种版本都归结为语言建设性力量中的权力定位。胡克解释说："福柯的话语概念与其他语言相比，更接近知识、物质性和权力。"。但是，当然，例如，婚姻话语中的权力发生了历史性变化。在 21 世纪，可以看到围绕着婚姻的制度比 19 世纪时弱得多，那时候教会和国家部分性地通过语言行使了更多的权力。因此，19 世纪福柯对婚姻的叙述也许会涉及一些话语，这些话语更多地与各种形式的权力制度联系在一起。也许，现在婚姻的权力更多地存在于语言而不是社会制度之中。

四、 何时进行福柯主义话语分析

福柯主义话语分析最擅长提供人们体验外部世界的那些方式的大图景。它与其他形式的质性分析共用"话语分析"一词，但总的来说，它们仍有很大区别。福柯话语分析并不关心言语或对话的细节。这并不是说达伦(Darren)如何说服贾斯珀(Jasper)这个位置的正确性或去做某件事。这种图景不是更大的，而是比这更大，而且更为广泛，因为福柯话语分析是脚踏实地地根植于历史的一种特定的方法，这在理论上是难以避免的。福柯主义社会世界由各种机构组成，包括国家机构。所以，毫不奇怪，医疗、监狱、教育、治安、教会、福利、工业等机构都有可能通过福柯主义话语分析来解决问题。大体上来说，大多数攻读心理学学位的心理学专业学生并没有熟悉的主题。即使他们是这样，福柯对它们的方法也会与主流方法大不相同。尽管如此，如果你在这种宏观层面上受到社会分析的诱惑，你就将会追随许多研究学科中研究者的脚步，这些研究者已经吸收了福柯的思想并将其应用到了他们感兴趣的领域。当然，福柯话语分析对那些在这些机构中工作的研究人员特别有吸引力。例如，护理学研究和临床心理学是明显的竞争者。当然，一些心理学家在这样的环境下工作，所以一些从这些环境中引发的研究问题可能需要福柯主义来处理。一些心理学领域也是如此，像临床心理学、心理治疗学、教育心理学、商业心理学等，在实践方面都牢牢占据了作为福柯主义话语分析主要目标的医疗、教育和其他机构。毫不奇怪，它们已经被类似的术语评论过。

在确认了福柯主义话语分析的宏观环境是否适合你的情况下，我们还需要进一步考虑用谁的版本。虽然人们可能会期望心理学的福柯主义话语分析与任何其他版本都是标准地一致，但事实并非如此。福柯、帕克或维利希的分步做法不负责任。这些主要集中在用合适的文本来确定话语的过程。他们没有详细说明所需要的更广泛的分析类型。例如，他们没有提供进行历史分析的分步指导，这是福柯分析工作的基础。这似乎大部分时间里是由二手资源提供。当然，还有很好的二手资料来源可能对福柯方法的历史方面有所帮助。许多领域的学者受到他的影响，并进行了这类的分析。这些需要作为你研究过程的一部分进行追踪。无论你是否应该或将能够进行一个完全成熟的福柯主义历史分析，都是为了将雄心壮志向前推进一点。有人可能会建议你应该将自己沉浸在可能在你视野内任何机构的广泛文献之中。这不是狭隘的心理学研究，而是通过社会科学延伸到人文科学的更广泛探索。当然，在研究中你很少孤单，其他人很可能已经从心理学的基础出发走过了这条路。这可以归结为问题的是，你是否合适地将你的福柯主义话语分析立足于福柯的著作中，而不是立足于包括本章在内的其他人所提供方法的综合之类的上面。答案可能存在于福柯一些著作或者是关于福柯书籍的阅读之中。如果这些能保持你的兴趣，这就是适合你的前进方向。但是一些人可能认为这是把一个人的脚趾过早地放在洗澡水里，而一个由手引导的更温和的过程可能更加合适。在这种情况下，帕克或者维利希的分步的方法可能是合适的。在这种情况下，最好是不时地引用福柯的观点，因为困难的概念，很可能需要核对原文。也就是说你可以使用混合方法来兼顾两种资源。

有一件事是将会变得显而易见，那就是帕克的话语分析所采用的激进观念的范围。更明显的是帕克的工作中贯穿着强大的政治。现在这一点的说辞就是，福柯主义话语分析已经回避了批判心理学，尤其是在帕克的作品中。对一位研究新手来说，一些这种文本特别困难，因为需要广泛的批评心理学基础知识去澄清它们。此外，有一种趋势，就是超越当下的讨论，从实质上概括到更大的事件上，诸如政治上的压迫、征服、反抗等广泛的问题。这些议题大多数都是"左倾"的，很难知道，这样赤裸裸的政治在多大程度上会被多数心理学系所接受，更不用说通常的质性心理学家了。从福柯主义话语分析到批判心理学，最后再到政治立场必须要做得很好，才能让它被视为是可接受的。对大多数学生来说，这可能是一项艰巨的任务。

这类分析也存在一种风险，让人感觉与太多的专家捆绑在了一起。也就是说，这种分析是要超越福柯主义话语分析，还是仍停留在福柯主义话语分析呢？对福柯方法的批判最终会导致根本不是福柯主义的东西——尽管那样会更好。当然对于学生工作来说，这不是一个严重的问题，也几乎不算问题。然而获得的结果是，通过演示一个人能将福柯主义思想运用到相对新颖的场景之中，可能展示出他对这种方法的理解。如果你对福柯思想印象深刻，这就可能包括你特别感兴趣的场景。在这样的分析开始失败的情况下，研究人员可能会对福柯进行有力的批评——或者你可能需要在分析中加入你自己的想法以使它发挥作用。有许多出版物运用了福柯的思想，它们也展示了运用的方式。

五、 福柯主义话语分析实例

在专栏 11.2，11.3，11.4 中我们总结了一系列福柯主义话语分析研究。

- 第一个例子(专栏 11.2)是一项关于一种常见性传播疾病医学化的研究。尽管作者并不认为这是心理学意义上的福柯主义话语分析，但它是以福柯广泛风格开展研究的风格很好而简单的例子。

- 第二个例子是伊恩·帕克所做的研究。他选择分析儿童牙膏盒上的文本，以显示福柯主义话语分析的广泛适用性(专栏 11.3)。

- 第三个例子是福柯主义话语分析在环境游客问题上的应用(也许这本身就是一种矛盾修辞法)。特别值得一提的是，研究者在面对有关机构的分析时又回到了福柯的作品(专栏 11.4)。

专栏 11.2　研究示例

福柯主义话语分析：性的医学化

波尔策(Polzer)和克纳布尔(Knable)研究了加拿大新闻媒体的文本、杂志和公共服务出版物来研究接种人乳头状瘤病毒(HPV)疫苗的情况。HPV 是一种性传播感染疾病，能同后期的宫颈癌联系在一起。它可能是世界上最常见的性传播感染。世界上大约有 100 种 HPV 病毒。波尔策和克纳布尔的方法最好总结为女权主义的批判话语分析，但是在性质上是具有福柯主义的。第一个被批准的 HPV 疫苗只对众多 HPV 病毒中的四种提供防御，但重要的是，其中的两种与大约 70% 的宫颈癌病例有关，另外两种与 90% 生殖器疣病有关。这种情况在美国和加拿大成为相当大的比例的公共健康问题。例如，在加拿大，女孩儿在 9～13 岁可以自愿享受一个基于学校的三剂量疫苗接种项目。研究中公认在性关系开始之前接种疫苗是最有效的。

几年前，很少有公众听说过 HPV 病毒，但是根据波尔策和克纳布尔的研究，这一信息增长速度很快，而且以惊人的速度增长。现在公众对 HPV 的关注已经很高了，并且在流行文化中可以找到对它的引用，这在某种程度上是由于制造商对疫苗的积极营销，这种营销作为一个医学突破而被大力推动。在媒体中不接种疫苗的人会受到警告。但是，总体来说，在媒体中鼓励接受疫苗是很常见的。流行的表述中把 HPV 视为一种单一的疾病，尽管包括大量不同的病毒。此外，他们讨论 HPV 感染与宫颈癌，就像它们是同一个事物，它们显然不是这样的。这种混为一谈往往会将对 HPV 常规事实的注意力转移开来。波尔策和克纳布尔将这些总结为：

- HPV 可以在同性之间传播。

- 在性伴侣之间传播 HPV 是很容易的。

- 大多数人的 HPV 是短期的，并且是自发去除的。

- 长期的、持久的、未察觉的以及未经治疗的感染与宫颈癌有关。

然而，营销一直是在预防宫颈癌，而不是作为一种性传播感染的控制方法。此外，报纸也将疫苗称为预防宫颈癌的疫苗。出于比较目的，宫颈癌是女性第 20 种最致命的癌症，约占癌症死亡人数的 1%。肺癌差不多是癌症死亡的 25 倍，而乳腺癌差不多是 15 倍。

HPV 显示了女性的身体和生活是如何被医学化的。这是术语医学化的一种现代用法，过去它通常指的是诸如酗酒和非婚性行为此类社会问题被重新思考为医学问题。这导致了他们的医疗问题，他们被医护人员救治，就好像他们得了疾病或某种形式的病需要按照医疗程序进行治疗。性被认为是一个社会问题。对自慰的严重健康警告和医学治疗说明了这一医学化的路径（Howitt，1991）。最近医学化一词的使用（Nye，2003）涉及不同的利益相关者，他们看待事物好像其本质就是医学的。所以，女性性功能障碍涉及诸如政府部门和机构、医疗制造商、研究资助机构、大学研究人员、泌尿科医生等，还有媒体。生物医学这个术语被用来描述一些方式，通过这些方式，技术已经成为我们对健康和卫生保健概念的不可或缺的一部分。一个与之密切相关的观点是，通过识别和监测个人和人群的健康风险，可以实现健康（Clarke，Mamo，Fasket，Fishman & Shim，2010）。新医学（Batt & Lippman，2010）是指制药公司和其他公司利用未来疾病的风险去创造和发展新市场的方式。一个相当良性的例子就是向普通大众销售血压监测器，所有这些意味着健康正在变成一种商品被推销。通过推广新产品作为选择，然后，作为女性主义核心的赋权和自主的思想以容易接受或察觉不到的方式而被颠覆了。公共卫生的重点越来越强调个人的责任。公众成员被期望通过使用医疗和自我监测来降低他们健康的风险。药物和其他设备可能被视为与这一要求相适应的购买物。处于疾病危险状态本身已经成为一种疾病状态，这使得个体要确保不发生这种情况。人们可能会认为下面这个观念就是如此，即肥胖的人更应该被拒绝接受健康治疗。医学化以各种形式中和了健康不良的政治理由，因为关注的焦点集中到了个体和他们生物学特征上。波尔策和克纳布尔写道：

HPV 可能导致宫颈癌的可能性，以及通过接种疫苗而消除这种风险的可能性，已经对新生女性性行为产生了病态化的影响。

因此，波尔策和克纳布尔认为，HPV 可以有效地将新生女性性行为病态化。这并不是通过性异常或功能障碍的声称来实现的。相反，这是说所谓的正常就是病态的。换句话说，一个典型的生活经验（在此例中就是性关系）关联到感染 HPV 的可能性，并且结果又关联到将来发展成癌症的可能性。

他们的批评话语分析包括加拿大报纸、杂志和小册子中关于 HPV 疫苗接种的英语材料。该样本包括 180 份报纸和 48 篇杂志文章。读者层次性和多样性在选择标准之内。性别中立和性别特定的杂志都被采用了。检索材料的关键词是 HPV。尽管大部分所研究的材料都是出版于 2006—2007 年，但是这个术语最早出现于 1986 年。话语不仅仅反映现实：它们也包括关于某事物的思考和谈论的方式，它为所认为的和所被接受的真理或事实确立了边界——换句话说就是合法性知识。某些思维方式是通过话语启用的，但是其他的却受到了话语的限制。这就是说，它们都是建构性和框架性的知识。许多对其回应看起来也是合理、正当和自然的。其他回应则显得不合逻辑或不合法理。

分析程序包括对定性分析经典文本的多方位精读。意义的阐明以及框架的性质是研究的目标。这些将通过包括隐喻和图像在内的各种修辞和语言策略得以传达。尽管作者很少提供细节，但他们解释称开发出了一个基于文本材料的初始子集的编码模板。然后该模板应用于新数据，并根据需要进一步细化。他们将这个过程描述为一个迭代式的过程，它最终引发对两个主题的确认，两个主题大致概括了媒体的内容：

新生的女性性行为的建构化使得她们被描述为享有特权的方面是在

- HPV 疫苗接种的话语。
- 由这种建构化引起的父母反应。

HPV 所带来的风险表现为一种生产性紧张关系，它涉及对健康状况的去污名化过程，即通过将其描述为极其普遍的情况（如其所是），而同时又依照如其所表现出的风险性予以放大。这种病毒被认为是普遍存在的——类似于普遍的感冒之类的其他健康状况。统计数据为它的普遍性提供了另一个证据来源。有迹象表明，很容易就可以感染上 HPV 病毒需要进一步消除这种病症。感染上它无须插入式性行为，皮肤接触可能就足够了。通过这种方式，一旦性探索被认为是相当无辜的，替而代之的就是这种行为会被称为危险的行为。与此同时，HPV 可能的危险后果在媒体报道被予以强调。HPV 和宫颈癌之间的流行病学关系将其称为值得公众注意的一种严重的疾病和一种性传播感染。宫颈癌被称为是一种致命疾病，并且统计学证据支持这一表述。例如，媒体会声称在加拿大每年约有 1400 名妇女感染宫颈癌，其中 400 人死亡。相反，他们不承认宫颈癌的发病率统计数据正在下降，恢复率正在提升。世界范围内的宫颈癌统计数据比加拿大的数据还要糟糕，但是对世界范围内的统计数据的引用并没有被试图将这一点放进文本之中。使用避孕套并不能完全预防这种疾病，这导致一种观点被表达为就没有什么安全的性行为。年轻人被认为对性传播感染知之甚少，也不进行预防性健康实践。换句话说，青少年是不靠谱的风险管理者。

在该分析中出现的第二个推动力是关于父母的责任。由于实际上没有任何形式的性接触都将年轻女孩儿暴露在 HPV 之下，然后接种疫苗就成了一种合理的、负责任的行为，使得父母得以保护自己的女儿。这种保护责任直接出现在报纸上：

全国每一个 9～13 岁的女孩儿都应该接种疫苗来预防引起宫颈癌的性传播病毒。
（Kirkey，2007）

由于感染与癌症之间的联系，父母对他们的女儿采用疫苗接种的推荐是毫无疑问的。谁不想用这种方式来保护他们的女儿呢？在媒体摘录中它被当成一种正确决定来表述的。其他例子包括在下面来自一位宫颈癌幸存者：

我永远不想，让任何人因为一种愚蠢的小病毒而经历我所经历的事情。我们应该尽我们所能保护人们，包括疫苗接种。"她说道，"如果任何人反对的话，我要带他们去造访一下癌症病房。（Picard，2007）

作者的结论是，一种特定的话语在 HPV 疫苗接种文本中享有特权。这种观点认为，女性的第一次性行为是有风险的。父母们有责任通过 HPV 疫苗接种策略来管理这种风险，并将健康风险信息传达给他们的女儿们。性行为的出现是疾病发生的节点。作者提出了一些问题，这些问题在该文本中被建构成为一个关键争论。例如，药物利益是如何塑造性健康和性健康教育被建构成为使用风险概念的方式。制药工业的这种塑造作用如何影响年轻女性的第一次性经历以及她们想象它们的方式。在父母和女儿之间真正公开的交流过程中是以什么方式来架构父母—女儿关于 HPV 疫苗接种方面的沟通和风险干预的？

专栏 11.3 研究示例

福柯主义话语分析：牙膏包装盒的个案

也许是为了展示话语是如何在最不可能的地方出现，帕克(Parker，1999b)对牙膏盒上印刷的文本内容进行了话语分析。这可能被认为对一项分析来说是一个琐碎的基础，但是这种琐碎却说明了话语渗透的层次。尽管他在这一个过程中提到了 20 个分析步骤，但我们将集中地列出几种重要的基本步骤，就像帕克的期刊文章中出现的步骤一样。一些话语主要用来说明哪些可以被称为治疗性话语。这展示给读者(主体)同文本作者的感觉，以便使得文本发挥其话语性作用。有一些研究文献是关于心理治疗师与来访者治疗关系的，因为篇幅有限在这里不做讨论。关于"可能性条件"的福柯主义思想得到了借鉴。为了进行分析，帕克解释了研究者如何必须"系统地梳理文本，确认对象和主题，关系网络，以及关于世界的不同意象之间的矛盾"。换句话说，找出那些被发现的话语的本质，在这个案例中，这些话语包含了治疗性话语。这一话语是如何构建现实的？

研究所讨论的牙膏品牌("针对儿童的天然牙膏")是针对一个专门的市场。它是美国的一种产品，并且在全食品商店都可以买到。盒子正面是如下面文本样式呈现的(Parker，1999b)：

汤姆的缅因

儿童天然牙膏

含氟

无糖

天然草莓味

盒子的背面包含一份原料清单，它们的目的和来源，以及下面这段内容和其他材料。

是什么让这种牙膏成为自然的呢？所有主要的儿童牙膏品牌都含有糖精、人造色素，味道超甜。我们采用一种简单的方法——使用天然原料，使其味道更好而且效果好。将我们的天然成分与其他品牌做一下比较，再做出你的选择。

6 岁以下的儿童在使用牙膏方面应该接受指导。

牙膏包装盒的一侧上以信件的形式呈现了一则给父母的信息：

我们孩子的天然牙膏的故事

亲爱的父母：

我们认为到了只为孩子们生产一种天然牙膏的时候了。20 多年来我们一直承诺做天然的口腔与身体护理产品。许多成年人都已经信赖我们的天然牙膏，没有糖精或合成香味、防腐剂、染料或动物成分。我们现在提供一种美味并且高效的天然牙膏。它们拥有可感知的成分以及在你们孩子心里所产生的天然水果味道。它没有任何你在其他品牌中看到的线条、"闪亮点"、霓虹灯颜色以及甜泡泡糖味道。我们温和的配方是低腐蚀的，也含有氟化物有助于防止蛀牙。

尝试一下并让我们知道您和您孩子的想法吧。

您的朋友，

凯蒂和汤姆·查普尔

在包装盒另一侧上以孩子涂鸦形式呈现了一则信息：

由卢克·查普尔(8 岁)写给孩子们的话。

关于动物——你喜欢动物吗？在家里我们有一只叫赫尔希的狗，一只叫伊莱的鸟，和一只叫卡罗尔的仓鼠。关于汤姆的缅因，我的妈妈和爸爸确信我们的产品是安全的，而且不用以动物测试它们。如果你有一只可爱的动物，画一幅画寄给我吧。

关于回收利用——在家里我们回收罐子、瓶子、报纸和塑料。汤姆的缅因为我们小镇提供了环保垃圾箱，因此每个家庭都可以分拣并存放他们那些回收利用的东西，直到每周有一辆特殊卡车把他们装走。如果你在家里做回收工作，那就告诉我吧。我正在尝试从各个州得到回收利用的新闻。

帕克指出这些信息是以文字形式存在的，但如果有的话非文字材料也可以用在分析之中。因此，图像材料需要转化为文字，然后这些文字的文化内涵被列在分析之中。帕克对文本的第一个想法是，读者是以一种个人化的方式被对话的。牙膏的自然性似乎与文本作者和读者之间沟通方式的简单性以一定方式联结在了一起。那么牙膏里提到的东西是什么呢？不仅仅有像牙膏这样的物质性东西，还有社会性的东西。你的清单可能与帕克的不同，但他认为主要的东西如下。

• 自然的：这是用作一个形容词，它与牙膏和儿童牙膏，成分，口腔和身体保健产品，以及水果味相联系。它也被认为是"简单的"而"可感觉到的"。

• 味道：尝着超甜的东西和尝着好的东西被认为是对立的。

• 温和的配方：这将无腐蚀性和氟化物的存在合并在了一起。

• 承诺：如声明所示，他们承诺自己致力于天然产品已经 20 多年。

• 信任：以制造商的承诺致力于自然牙膏。

• 合成香味：是那些被帕克描述为转喻性地联结到人造香味、条纹、动物成分、闪亮光、超甜和防腐剂的东西。

• 还有其他的物品，诸如家庭、儿童和特殊卡车。

研究人员需要确定物体之间的相互联系，并开始标记出任何似乎存在的模式。更重要的是事物都是由文本所建构的。这些可能还有其他结构，这要靠研究者超越所讨论文本之外的知识。如果外部因素被引入的话，人们就很容易忽略文本在做什么。也就是说，运用透视所呈现的问题的外部知识并不是帕克分析的一部分。动物在文章中被建构成一种不自然的牙膏的成分，而不是说某些东西需要被尊重或受保护。

读的、说的、写的和听的东西是文本中的主体，帕克建议注意它们的出现，这些主体包括：

• 汤姆（他各个方面看起来像汤姆·查普尔，卢克的爸爸，环保垃圾箱和一种特殊卡车的供应商，还有汤姆的缅因）；

• 孩子（他们是天然牙膏的目标，因为在 6 岁以下需要进行指导，他们由父母所拥有，就像提到你的孩子一样，他们对待动物很有个人情感，等等）；

• 赫尔希，被确认是一只狗；

• 天然的草莓，被标记为一种有人类品质的水果；

• 在牙膏包装盒上还有其他一些明显的例子。

接下来的任务是为那些已确认的话语选择一个描述性标签，尽管一个话语可能看上去隐藏在文本之中，但这不是对分析什么正在发生的最好的看法。阅读文本包括主动解释过程。我们以我们对周围文化的了解以及在文本之外的体验为基础来构建模型。我们重建话语的方式以及我们阅读文本的立场都被看作我们确认话语的方式。当然其他研究人员可能并不认为我们的标签是恰当的。帕克认为在牙膏包装盒的文本中有六种可以被确认的话语，他将其描述如下。

• 以儿童为中心的：从另一个孩子到儿童用户的信息，以及向孩子咨询关于产品情况的邀请是这方面的标志。

• 儿童照管：包括对其他糖果性质牙膏的警告，提醒要监督 6 岁以下儿童的牙膏使用，以及包括一封写给父母们的信。

• 糖果：大多数牙膏品牌被比作有霓虹灯颜色和甜泡泡糖味的糖果。

• 生态的：这些展示在天然成分，再循环材料，特殊的再循环卡车，和环保的箱子。

• 家庭的：写给父母监护人的信件，以及文本中想象的查普尔家庭。

• 健康：关注糖精和合成香料的健康影响，以及氧化物在预防龋齿方面的作用。

帕克认为，文本又出现了一个新的话语，该话语将以儿童为中心的、生态的和家庭的话语联系在了一起。这体现在父母充分使用该文本将其与其他品牌进行比较并做出选择。根据帕克的说法，这是同儿童照管话语中的改变相伴随的，儿童照管话语从传统儿童训练观念转变成自主的、自我驱动性成长的观念。健康话语从一个相当标准的医学话语转变为精神健康与治疗领域的另一个话题。因此，我们可以将另一个话语纳入上述六个之中。

• 治疗的：帕克在评论中看到了这一点的证据，比如是时候了，信任的概念，温和的配方和邀请制造商将自己定位为朋友做出回应。这可能是帕克关于他的分析的论述中最难理解的话语，而且在报告中也没有特别深入的描述。这似乎有点不完整，而且可能还需要重新回到文本以更精确地确立意义是什么。

　　在文本中确认出了话语之后，接下来的分析步骤就是追溯每一种话语出现的历史。这可能有助于说明话语是如何发挥其功能，将主体作为文本通过文化传播开来的。对这些话语更普遍的反应包括讲述他们自己起源故事的方式。通过这样做，话语的历史本质就显而易见了。所以说，关于精神疾病的话语包括了对过去的事情的描述，但同时这也掩盖了话语背后的历史连续性。当然，这样的分析要求研究者都有或能够获得对每个话语的历史性理解。这可能很难，尤其是在相对新的研究领域。这样的历史分析不太容易，而且需要各种技能，它们不同于普通心理学方法课堂上教授的技能。以帕克的糖果话语为例。我们对这一话语的历史知识是什么？有人可能会认为，它很有可能被发现是关于食物和健康的一种话语，而不是关于糖果的特定话语。众所周知，经过了很多年，何谓健康的饮食已经发生了根本性的改变，这可能与糖果话语的观念相关联。在帕克分析中所确认出的这种健康话语是隶属于历史分析的另一种话语。帕克给出的一个简单例子是，从历史上看，健康一直隶属于有点矛盾的医学和神秘概念的混合体。帕克认为在牙膏盒子的文本中可以看到这场争斗。也许自然疗法和医学卫生治疗之间的对立就是他所想的。牙膏被表现成一种天然的东西，并且其价值就存在于这样的表述之中。

　　这篇福柯主义话语分析的最后一个步骤是探询什么体制受到了话语的强化，什么体制又被破坏。让我们来看看牙膏包装盒上文本里的健康话语。因为该文本涉及的是健康的天然产品，所以其话语挑战了拥有科学基础的医学体制。它们被认为是对立于人造产品，人造产品含有各种不好的东西，如肉制品。当然，与此同时该话语强化了自然健康概念以及那些从销售天然产品而受益的公司。就像你可能已经认识到的一样，有大公司还有小企业都从销售"天然"产品中挣到了钱。帕克也认为，每一个话语都反映了能从话语中确认出支配和反抗的那些复杂方式（Foucault，1980）。话语中的矛盾为它们提供了辩论和挑战的可能性。因此，对于以科学为基础的医疗机构来说的健康问题存在挑战，并且对于儿童照管来说，也会对基于服从的传统家庭结构产生一种挑战。

专栏 11.4　研究示例

福柯主义话语分析：伦理主题的案例

　　汉纳（Hanna，2004）描述了他对可持续旅游业质性研究的各个方面。尽管有相关的定量研究，但这个主题并没有或几乎没有受到质性心理学关注。在 20 世纪的大部分时间里，旅游被视为一个比较良性的产业，它能给经济发展带来好处，而不会像制造业那样带来不利的环境影响。这种看法到了 20 世纪 90 年代就发生了改变。世界旅游组织和世界旅行与贸易委员会就此发布了 21 号议程。这对旅游产业有重要的影响。观念改变了，以及现在普遍而又越来越多的人相信全球污染，自然资源耗竭，全球变暖之类的事情，以及野生动物、环境与文化的开发也被部分地归咎于旅游业。可持续旅行是一种全新的理念，它建立一种试图缓解或改变传统旅游负面影响的尝试。主流心理学研究了可持续旅游者的心理特征以及表现出伦理性和利他性态度的个体的类型。根据汉纳的研究来说，这些研究就可持续旅游者经验方面的东西说得很少。从质性视角来看，伦理旅游者被看成是一种固定身份，这可能是有疑问的。在权衡行动的利弊方面他们也被解释成理性决策者。汉纳将其分析描述为借鉴了后结构主义原则，用来确认那些支配性话语，它们能够促成并再生产出可持续旅游观念中的一部分观念。他的目的是研究"我的研究参与者如何通过语言建构并理解他们作为伦理的或可持续性的身份、自我和实践"。为了帮助提供反思性的解释，汉纳用第一人称来称呼他自己。以这种方式，他表明了他对这项研究的影响将会得到彰显。

汉纳的研究强调关于可持续旅游的社会建构和协商性的真理。进一步来说，人类作为个体如何处理这些真理来创造身份？汉纳将其研究定义为两个阶段。首先从互联网上收集数据来帮助了解公众领域是如何看待可持续发展旅游的。假期通常是通过互联网预订的，互联网可以被看作理解事物如何被社会建构的一种好资源。第二阶段包括一系列半结构化的访谈。自我定义的可持续旅游者被用来避免强加上研究者的先入之见。汉纳解释说，通过各种不同的分析透镜反复阅读文本，他为这两类数据找到一种合适的分析方法。其中包括内容分析、批判性扎根理论和比利希意识形态方法(1991，2001)等。汉纳认为，在理解数据中广义社会建构方面，每种阅读材料都会有一些价值。然而，却没有一种对汉纳所描述的"访谈数据中内在的复杂的协商和地位"特别有帮助。

汉纳慢慢发现，福柯主义话语分析很接近自己所要求的。主体地位、主体性和存在方式是通过权力和知识的联系而实现的。在汉纳看来，福柯主义话语分析能够将所阐述的议题的方式直接联系到自己所研究的问题之上。这种逐步分析方法的可用性是很有吸引力的，也是很有帮助的。汉纳选择使用了本章中详细描述的比利希的六步法，而不是专栏11.3中使用的帕克的20步法。比利希的方法被认为更简单，而没有在分析上没有做出任何方式的让步。

分析的第一阶段是对诸如责任、伦理和节日等话语对象被建构方式的确认。所有对这些对象的引用都被识别并且最细微的建构也被找到。例如，访谈中伦理是直接提及的，还是通过不太直接的隐喻和实践提及的？第二阶段是观察这些对象是如何以多种方式建构的。例如，在这个阶段，对象是否一直被不负责任地建构成为责任的二元对立？在这个阶段，可能会看到访谈所使用的不同话语。第三阶段包括对行动倾向的检查，行动倾向建立起一个对象如何同另一个对象的联系。它有利于通过特定的话语来确定获得的是什么。第四阶段是调查由这些更广泛的话语所支撑着的主体地位。那么数据中旅游者、度假公司、主公司和环境如何定位？第五阶段是关于那些被话语开启或停掉的行为。因此，例如，什么样的实践和行为在对可持续旅游者，可持续旅游经营者等可利用的话语中是合法的。最后，第六阶段的问题是话语对个体主观经验的意义。因此，人们可能会被问到，在一则责任的话语中旅游者被赋予地位会有什么样的后果？例如，作为一种结果，他们对产品消费的感受如何？

在这一点上，汉纳开始觉得福柯主义话语分析为主体提供了一种理解，这种主体是由他感到不安的话语所产生的。他觉得使用互联网材料的方法很有效，但是对访谈资料并不合适。福柯话语主义导致了一种分析，当这种分析用于访谈时过于批判但又具有明确的可确定性。他引用布朗和施滕纳(Brown & Stenner，2009)所写的话，"不停歇而又重复的自我批判"。总之对访谈的分析是不够的。汉纳决定给那些开展研究访谈的人们吐露点心声。他认为，没有人承认在福柯主义话语分析中存在什么现实，因为所谓真实的东西一直依赖于话语以及它们广泛的文化参考框架。福柯主义话语分析不能够在一个人身上得到一致性，就像主流心理学无法在一个人身上捕捉到不一致性一样。为什么许多个体一贯地建构自己的经验，和他们对自己的看法，并且以一种方式采取行动，而别人并不以这样的方式？促使这样做的方式之一就是在福柯主义话语分析中没有人类能动性的位置。人们只有被话语设定好的思想和行动，而这种话语是权力机构的代理者。汉纳问道，作为一种话语经济的产品，这种对人类的建构是否符合伦理性。

意识到一种福柯主义话语分析方法将会为我的数据提供一种批判性参与的方式，在这种方式中参与者通过他们自己语言的使用来为自己定位并且束缚自己，这引导着我寻找对于数据更富伦理的方法。不要过度批评我的参与者，我想要承认的是，他们实际上是在从事一些他们认为是合乎伦理的和可持续的事情，而且还有更多的事情要做，而不是股权管理(Edward & Potter，1992)、中产阶级的区别(Bourdieu，1984)、一种新形式的殖民主义或者类似者——参与者在努力做事，然而我和其他学者中的多数人能够批评这一产业或其推动力。

虽然这看起来是对福柯的一种批评，但在一定意义上并非如此，汉纳进一步研读了福柯，试图努力发现关于这个问题福柯到底说了什么内容。这些内容的确说明了通过关注二手资料我们如何得到的仅仅是原始资料的基本内容。汉纳在福柯著作中发现很多对他所关注问题的阐述。福柯《性史》第2、3卷就是有这样价值的资料。福柯发现，对诸如能动性这一概念需要描述成一个过程，人们通过这样一个过程开始转换自我。当人们被视为以多种方式被束缚的时候，这是现代生活的一种特征，而不是历史性的。

因此，举个例子，在福柯的著作中提到了所谓的伦理实体。需要注意的是，这是指一个人认为需要关注的自我部分。例如，汉纳从他的一次访谈中标记出一个片段，他将其视为特定解释性的。汉纳向他的受访者，杰恩(Jayne)，问了一个问题，是什么让她有兴趣参与可持续旅游。她回答了如下内容。

嗯，那么，我想的是很努力地不要在我家里所做的和我出门在外所做的之间有太多的不一致，并且，因为我想到处走走……你知道，是去获得有机的原料或是去集市上购买原料，以及那种东西，所以努力尝试并保持那样做，你知道你实际上正在去原料产地的国家，因此要记住它们是真的。

人们可能会说上述所引内容的话语主体是一种伦理态度，并且杰恩在这个过程中被主体化了。在现代西方社会这种话语可能会被确认是具有伦理性的。因此这种支配性的话语被杰恩复制了出来。但是这似乎没有抓住所引内容的所有方面。特别是，她在家日常生活中所做的与她度假时所做的行为之间的差距，她是根据这种差距的缩小来确定自己努力做什么。在家她去农贸市场购物，买有机食材之类的东西。照此来说，她将自己定位为一个伦理消费者。因此她为自己提出的问题是自己在外时该如何保持这种生活风格。西方对假日的普遍理解，如一个人该小休息一下了，这并不一定与她的假期中道德生活方式的理念相一致。

在汉纳的原始报告中，与此相关的福柯主义思想十分详尽，但这里是一个简短的陈述，并不是原始报告的每个方面都能被具体展开。阅读原始报告可以帮助你深入理解。在汉纳的分析中显得尤为重要的是她对简单应用福柯主义话语分析的标准概念做法的不满是如何处理的。它们不允许干扰重新组织分析的过程。为确保这样，就要更多地阅读福柯的作品，而且可以肯定这将是对开展任何一项福柯主义话语分析都是很重要的。汉纳对其分析进程的叙述是信息丰富的。他解释了他是如何回到福柯的著述寻找思想以推动他的数据分析的。这些著述中的思想是汉纳以前没有注意到的。这使得汉纳在其分析中对该主题的思路得到了扩展。这项研究的经验大概是，人们在话语中是能动性的，或者更通常意义上来说，研究者的责任就是在研究过程中不断推进，而不是仅仅在福柯的足下膜拜，根本不想努力做得更好！

六、福柯主义话语分析的评估

所有的心理学家都会从阅读福柯的思想中受益。无论如何，大多数心理学家在某些机构工作并被视为拥有精英知识的人。这是福柯主义的领域，而且他的很多著述都是关于医院和类似的社会机构。米歇尔·福柯的研究工作太多，太重要，也太有影响力了，在一本关于心理学质性研究方法教科书的一短节中难以对其做出充分的评估。有很多书大篇幅地描述了福柯的思想，并把它们进行了严格的审查（例如，Deleuze，2016）。然而，我们有一个更有限的目标，那就是对心理学取向的福柯主义话语分析进行评估，这是一个更容易管控、解决的目标，尤其是当主要的焦点不是福柯而是他的思想以什么的方式被吸收进了心理学。坦率地说，福柯主义话语分析仅仅是这个人思想的苍白影子吗？如果我们把帕克（Parker，1994）和维利希（Willig，2008b）的著述作为心理学中福柯主义话语分析的一种阐述的话，它就差不多涵盖本章的资料。那么这些心理学方法能否胜任将福柯的思想有效地引入心理学呢？它们能否胜任将新研究者引领到福柯的方法呢？答案可能是"在一定程度上"，但是我们不能装模作样地说心理学的福柯主义话语分析是开展福柯主义话语分析的一种全面的方法。例如，它们有助于为确认文本中的话语提供一种工具，但是在开展这种风格的实质性研究之前研究者可能想系统地学习福柯主义思想。

我们能否将心理学的福柯主义话语分析作为一种福柯方法以学生为导向的版本，也许会成为一个有趣的讨论点。但是我们要讲的是一个学习过程，因此，容易理解相关理论和分析细节可行性的形式是很重要的。正如我们所指出的那样，还有很多这样的讨论可以获得。在讨论福柯主义话语分析时，在心理学中相对缺乏清晰的例子是值得注意的。福柯主义话语分析在一定程度上并没有像波特和韦瑟雷尔的社会建构主义话语分析一样是那么有影响的研究。实际上，对心理学家来说，有一个很好的例子去跨越学科界限，因为在很多学科中都有高质量福柯主义分析。通常这些都摘录在 PsyclNFO 和其他数据库之中，因此以任何方法它们都可以高效地出现在您的文献检索之中。心理学中福柯主义话语分析的确需要一个更大的研究资料库以充分展示其潜能。在一定意义上来说，对福柯的简单引用并不等同于福柯主义分析。转移到诸如授权、反抗、征服这些概念上可以阅读到华丽的散文而不是彻底的分析。尽管它们在研究的同一个领域内并没有真正的竞争，但是这两种话语（社会建构主义和福柯主义）偶尔会在一两个问题上产生知识上的纷争。毋庸置疑，人们需要清楚这两者之间存在一些认识论上重要的差异。社会建构主义话语分析者——波特、爱德华兹和阿什莫（Potter，Edwards & Ashmore，2012）对福柯主义话语分析做了以下评论，特别是对帕克的著述进行了评论。

> 帕克将世界上饱受折磨、受压迫和被谋害的人们招募到他的哲学立场（批判现实主义）上来，好像他们的苦难和死亡为他的看法开具出证明，并且与他（矛盾地，偶尔的）不喜欢的非福柯主义话语分析、会话分析、民族方法学站在了一起……

这是一个很好的修辞，批判现实主义是一个目标，因为帕克（Parker，1992）坚持认为，如果一个人在看待问题上采取政治的/道德的立场，现实主义立场就是至关重要的。他认为社会建构主义话语分析的非政治/非道德特征要为这种观点的缺失负责。当然，波特、爱德华兹和阿什莫说上面是一幅讽刺漫画，当然这很容易被认出。基本上，帕克在他的著述中倾向于把至少三种不同的议程糅合到他的论述之中。当然，对他来说，它们是高度相关的，但从外界来看，他的著述似乎毫不动摇地遵循着一定的规则。这三种议程是福柯话语主义分析、批判心理学以及一种特定类型的政治。在研究术语中它们各自都是一个类型，合在一起难以消化。福柯主义分析应该是这一方法的基石，但政治往往早早到来以限制福柯主义的讨论。这种讨论可以从福柯主义研究到众多的批判心理学方法，一个基于马克思主义的政治伦理，一个试图摧毁主流心理学的呼吁，以及关于中美洲和南美洲的某个地方是如何寻求帮助穷人和弱势群体的自由心理学的描述。当然，在这其中并没有什么本质上的错误——它只是让新手们读起来很困难。

尽管波特和韦瑟雷尔的社会建构主义话语分析看起来非常像一个分析程序的工具包，但福柯主义话语分析根本不是这么回事。除了"话语分析"这几个字眼之外，实际上这两者并没有什么共同之处。它们都包括对这种或那种文本的分析，但是就它们分析的层次来说，它们处于一个频谱上的相反两端，一个是关于社会互动中语言的细节，另一个是宏观层面上关于"某个话语"广泛的、全面的观点。几乎不可能把一个和另一个混淆起来。如果你的愿望是研究日常语言和会话以便了解语言在做什么以及它是如何做的，细致的社会建构主义话语分析的研究肯定就是最好的方法（会话分析对日常对话、对话交谈以及专业咨询之类的过程应进行什么提供了一个相当微观的看法。）福柯主义话语分析为文本中对于分析来说的什么是重要的内容采用了更广阔的图景。研究者的任务是确认文本中话语包含和部分包含。在文本中详细说明其中话语的性质是下一个优先事项。要在各种各样的文本中找到话语的证据，尽管不一定是完整的形式。分析者的任务是尽可能从片段拼凑出关于话语是什么的完整图景——如果喜欢的话，可以详细说明它的特征。接下来的问题就是话语在世界中做了什么。然而，话语并不是事物，它们是在人与人之间的互动中被创造和再创造，生产和再生产的。几乎不需要说，这样的话语一般而言会将人们赋予关于话语的地位。如果人们喜欢的话，就会受到话语的影响，并且会被机构通过话语支配着。

七、 小结

显而易见的是，福柯主义话语分析对大多数第一次接触的学生来说都是一个挑战。这并不奇怪，因为福柯主义话语分析挑战了主流心理学本身，批判心理学也做了同样的事情。因此，学生们可能会发现自己处于学习心理学主流话题的位置，这是他们教育的一部分，同时他们也面临着被分析，这种分析挑战了心理学作为一个机构的存在。另外，本章所讨论的方法质疑了关于主流模式所教授内容的价值问题。学生被教导要批判他们正在学习的学科，当然，这是对任何教育过程的期望。因此批判心理学应该是受欢迎的。当然，它比这更深入一些。一般来说，福柯主义话语分析和批判心理学都是对社会的批判。然而福柯主义话语分析也应该被看作一种更好地了解社会机构以及它们在社会世界中角色的一种方法。当然，这是一种被米歇尔·福柯的利益所限定的方法。因此，福柯主义话语分析永远不会是在关注个体意义上的心理学性质。那不是福柯的方法。福柯主义话语分析可以帮助我们在批判地对待许多心理学家的工作中发挥关键作用。这个名单越来越长——营销、教育、人际关系、健康、社区、警察工作、军事等。这是一种分析的层次，大多数主流心理学训练对学生的培养没有什么帮助。持不同意见的人可以对感兴趣的事情进行阅读和研究。

本章要点
• 福柯主义话语分析可能最好被看作将米歇尔的思想和研究工作转化为有效心理学方法的尝试。也就是说，它提供了一种相当简单的路径来对各种各样的文本进行基本的福柯主义分析。当然，福柯的遗产是深刻而复杂的，精心且细致的研究才能达到真正的掌握。这显然不是通过几个分析步骤就能实现的。

• 福柯思想的根本是，机构（医疗、精神病学、监狱等）以什么方式实现对人们的控制，知识又是通过什么方式被建构出来。话语是一种连贯的思想系统，它能有效地将人们定位在话语中主体的位置上。然后，话语暗示甚至控制了他们应该如何进行自我管理。话语不是有形的东西，它是在社会互动中被再生产的。话语有它的历史，它们表面上可能会发生变化，但最终它们还是会继续控制的。

• 福柯主义话语分析往往与学科中激进的和有些反心理学的运动相联系，尽管这种方法可以被应用得比这更为广泛。这些运动大致可以由批判心理学这个短语来表达。再者，尽管这并不是必须这么做的，但批判心理学倾向于关注主流心理学。主流心理学被认为是一个强大的、有害的机构，为控制人们提供技术。它倾向于使用左翼政治语言，并且从一系列激进的哲学和其他观点广泛而自由地吸收。批判心理学本身往往是难以界定的。

拓展资源

Fillingham，L. A.（1993）. *Foucault For Beginners*. Danbury：For Beginners.

Gutting，G.（2005）. *Foucault：A very short introduction*. Oxford：Oxford University Press.

Hook，D.（2001）. Discourse，knowledge，materiality，history：Foucault and discourse analysis. *Theory and Psychology*，11(4)，521-547.

Parker，I.（Ed.）(2015). *Handbook of critical psychology*. London：Routledge.

Youtube. Professor Fernando González Rey interviews Professor Ian Parker（Psychologist/England）. https://www.youtube.com/watch? v＝fE0k_rSkK7M(访问日期 2015 年 6 月 12 日).

第12章

现象学

概述

- 现象学是在 20 世纪早期开始的主要的哲学运动。 现象学心理学是用现象学的规则进行的对生活经验的心理学研究。

- 现象学的关键是，我们在世界上唯一可靠的知识是意识中的关于世界的经验。 因此，现象学建立在"真正的世界是不可知的"基础之上。

- 现象学心理学的主要任务是提供了特殊现象是怎样被普遍经历的描述。 它不应该只是关于个体经验的，尽管它和个体经验有关联。 现象学心理学在现象的经验中强调特例也强调普遍性。

- 现代现象学心理学致力于描述现象的经验，并且试图对被经历的事物提供意义和理解。

- 现象学第一次进入心理学是通过阿米德·乔治（Amedeo Giorgi）的工作。 他在 20 世纪 60 年代开始系统地进行现象学研究。 他看到了现象学非常广阔的发展前景。

- 现象学的创始人，埃德蒙·胡塞尔，主张要排除其他一切事物来理解现象，所以我们才可以看到、知道、描述现象的最纯真的形式，而不是通过我们的信仰或其他想法来理解现象，这就是方括号法。 尽管这个方法可能被视为通往目标的理论性的方法，但是很少有现象学心理学家认为完全用方括号法是可行的。

- 尽管我们用语言谈论经验，但是现象的经验是我们意识的一部分而不依赖于语言。

- 在心理学中有很多不同的现象学方法。 解释性的现象学分析在心理健康和其他领域正在逐渐变得流行起来。 这在 13 章会详细讲解。 叙述性的心理学跟现象学有很强的联系，也应该被看作现象学心理学。

- 现象学心理学是一个多神教，对方法没有特殊要求。 本章详细讲述了怎样在心理学领域进行现象学研究。

- 现象学心理学为研究人们关于经验的描述提供了广阔的框架并且现象学的结构能在重要的方面为自身提供信息。

一、 什么是现象学

本书中有两章直接涉及了现象学。本章内容侧重于现象学更为经典的形式，而第 13 章则主要讲相对现代的现象学，也就是我们所熟知的解释现象学分析(IPA)。两者有很多的相同点，但是 IPA 是作为一种重要的质性研究方法出现的，这尤其需要我们注意。不管你以怎样的顺序来学习这两章都可以，因为它们都是独立的。

现象心理学是通过现象学哲学适当演变出来的应用。尽管有些人认为这一学科应该被命名为基于现象学的心理学，因为这并非专业术语的原意，也通常被那些支持相似的现象心理学的人所忽略。现象学可以看作人们，如一些普通人、诗人、作家、艺术家或者演员自然而然参与进去的，习惯性的观察自己的日常生活以及生活中的经验。而研究现象学的心理学家们做的工作和上述基本相同，只是他们会更加细节化和系统化。不管怎么说，有一点很重要，那就是在对现象心理学做太多假设之前，把它理解为一种知识概念。现象学是最古老的质性研究方法之一，并有深刻的哲学根源。在现象学的分析中，研究者主要的角色有以下几点。

(1)帮助参与者尽可能有效地描述出他们的经历，并且让他们尽可能地从自己的想法和思考中脱离出来。这样，他们可以如实的反映客观发生的经历，而不是建立在他们的主观感受上的。

(2)确切地表达说明或是理解他们体验的感官世界维度的意义。为此，研究者们必须暂时抛开或是摒弃个人的推测和理解，而是以开放的心态，通过新的方式来理解其他人的经验，才不会被之前的知识和推断所束缚。

现象心理学的实际应用，无论是实际上的还是潜在的，都可以总结为以下三点(Polkinghorne，1989)。

(1)现象学心理学可以提供对于各种不同种类的经验一个有深度的认知(如抑郁或慢性背痛)，了解这些体验可能会使从事健康或是心理领域的从业人员能够理解他们的病人或是客户的感受，从而对他们的工作有所帮助。

(2)现象学心理学探究的是人的意识和体验，也就是说它可以帮助我们对于人性有更加丰富的理解。而这一点，可以帮助研究者更好地理解从主流调查研究中得出的发现。通常这些主流研究的结果都是关于相关性和模式的。无论这个研究的价值是什么，我们都很难完全地理解这种脱离情境的结果和发现，而现象学恰好就提供了掌握它们内涵的方式和方法。

(3)现象学心理学的研究可以帮助有效地出台政策。一般如果不是建立在人民群众的真实的理解和认知情况下的社会干预都不太可能成功。就像你如果不站在一个问题吸毒者的角度上去想象他的生活，又怎么能够真正的帮助到他呢？

毫不意外的是，人们能在健康和心理健康领域找到运用现象学的例子。图 12-1 是芬雷(Finly，2009)对现象学中基础问题的研究。

毋庸置疑，现象学和单词现象是有联系的。现象这个词在心理学领域很常见，但是它起源于哲学，在哲学中是指事物的出现，来自希腊人描述"出场"或者"阳光照射进来"。它适用于任

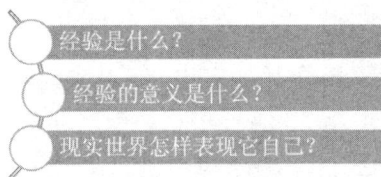

图 12-1　芬雷（2009）对现象学中基础问题的研究

何可被观察到的事物，所以被用来描述出现在人的意识和意识经验中的事物如何被理解。一个现象不只是"真实世界"的事物，还有出现在我们主观世界的事物——意识。随后，在现象学心理学中，人们的经验（来自问题中的现象）就是数据。因此主要关心的是这些经验的本质——现象学的任务就是描述这些现象是怎样发生在人身上的。在现象学中，术语"生活世界"被用来指运用意识体验到的世界，现象心理学研究生活世界怎样被感觉并且被反映。现代现象学心理学把个人视为构建其经历意义的有意识的参与者。我们不能获得意识中的所有东西，有一些经验我们不仅难以获得而且心理上从不会重视。我们仅仅能接触我们的意识经验，并且它们中的一些也已经超出了我们的语言词汇的表达。尽管这些是经验，并且它们可能和非语言的意义联系在一起。通过我们的意识体验到的事物本质上不被看成是语言学的或是词汇的，尽管通常在研究中它们以语言的形式（可能是采访也可能是一些书写形式）被记录下来。意识经验也不被视为语言问题，尽管语言是经验交流的媒介。

现象学是哲学的一个分支，基于胡塞尔最初对现象学的方法（如现象学心理学的发展）的研究。他的基础立场简单来说就是，意识经验是我们人类唯一能准确感知的事物。这看似是很容易得出来的，这样的容易本身也具有迷惑性，但是它不仅在哲学上有高度影响力并且很显然它也构成了现象学心理学的基础。现象学研究的中心点是直接易懂的。现象学研究者研究现象和现象的本质与意义。他们主要关心经验或者意识里的现象是怎样发生的。主要方法是获取能提供经验本质的大量详细的数据。胡塞尔想要返回到现象中，这是另一种方法，就是说，他想按个体日常生活的经验来了解世界。他并不关心现代心理学家关心的问题——人们是怎样看待他们的经验的。我们对自身经历的态度、价值观、信念等这些并不单纯是经验，而是我们关于经验的想法。

现象学心理学想要获取参与者关于自身经验的描述。通过这样的描述，最初现象学心理学家试图从参与者使用的一系列术语或者语言中去获取经验的本质。他们希望的是接近参与者的生活经验。但是在了解人们的经验的路上有很多的障碍。例如，我们对他们经验的理解会受到我们自己头脑中的事物的影响，如信仰、偏见、假设、预设、态度、观念等，随便你怎么称呼它们，我们的头脑中的一些东西会干扰我们对他人经验的理解。为了获取尽可能单纯的他人经验，我们要把这些东西隔离出去。要把这些东西从脑海中抛下并不容易，这是一个几乎不能实现的完全的隔离。研究者想要通过经验发生在参与者身上的方式而不是通过研究者的眼睛看到的经验发生的方式来理解经验。因为显而易见的原因，这一点对胡塞尔来说很重要，所以他建议用方括号法来排除自身想法等的影响，这样我们要理解的他人经验又回到了他们所经历的经验，而不是我们自己看到的他们的经验。这种完美接触他人经验的状态被称为"悬停"，和方括号法紧密联系。胡塞尔提议用这样的方法来达到"悬停"状态，但是可以想象的是，很多人对实现"悬停"的可行性表示怀疑。这些人包括深受胡塞尔影响的重要的哲学家，他们不仅帮助发展了现象学而且大多数也是现象学心理学家。

胡塞尔的哲学观本质上是整体性的，而不是将经验打散成细小的组成部分——在他的术语中没有这样的东西。多雷昂·凯恩斯（Dorion Cairns）——胡塞尔的门徒之一，把现象学带进了北美洲，在他的回忆中有一段可能是对胡塞尔哲学的最好的阐述。在他去世后出版的作品中，凯恩斯（Cairns，2010）惟妙惟肖地回忆了他和胡塞尔的一次讨论：

> 我非常清楚地记得一次关于视觉的争论。我当时一直在坚信这样的信条，只需要严肃地看待观点的出现。最后，胡塞尔看向拿在他手里的火柴盒，他这样打开火柴盒然后眼睛直直地看向我，大声地明确地读到："……我看这个火柴盒……"。（Cairns，2010）

凯恩斯写到，他被这样显而易见的认识所震惊。

从这儿我们可以清楚地了解到，现象学不是关于一些深层次的心理上的、可能隐藏的、灵魂的喃喃细语——这对研究者和其他人来说都是一个很难分享的私人世界。这可能完全是一个误解，因为它意味着心理学现象远离了客观世界或真正的世界或现实世界。所以现象学不是心理分析的不知名变种，在心理分析中为了搞清楚个体的意义，需要理解心理力量的相互作用。我们可以说，胡塞尔的概念比这样要浅显得多。世界上关于现象的意识和经验是普遍存在的，但是获取到的是主观经验，并且也只是一部分。意识是在社会、人际、交互的角度对世界的理解。现象学中对社会这样的理解使它跟书中提到的其他质性心理学方法很像，重点是社会性的东西而不是个体内部的心理。但是一般而言现象学通常是很多质性研究的基础。尤为重要的是，它拒绝把"真实的世界"看作能被了解或研究的东西。它不是拒绝真实世界本身，它拒绝的是真实世界是可知的。需要知道的是，主观世界是建立在现象的意识经验上的。我们假设，表面上经历相同现象方式的数量是没有限制的。

有人可能会把"悬停"看作要达到的理想状态，但是至今它都被认为不可能用完美的形式实现出来。对个人经验的研究几乎肯定是会得到一个不完美的了解。为了研究目的完全从一个人的"自然态度"中脱离出来是不可能的。本然的观点（意思是不从任何角度出发的视角）是不可能的。这就建议现象学心理学家要把他们为了理想化地理解参与者的经验而采取的反身观点应该被排除出去，这一点是重要的。

现象学心理学的中心观点并不都是来自胡塞尔。他有重要的"追随者"，他们不仅为他的观点大声辩论，而且提供了自己的创意性的观点。特别是马丁·海德格尔（Martin Heidegger）对现象学的改进在当时产生了很大的影响。他的关注点是现象学中的理解"事物出现的方式"。但是他强调更多的是关于存在的本质和人类是什么。可能这被称作关于人类本质的哲学。胡塞尔已经从根本上对哲学本质的变化提出了不同的任务。海德格尔的新的关注点是人们体验世界的环境和人们是怎样看待自己经历的世界。一句话说，这包含了关于现实世界并且和现实世界有关的新的重点。生活世界(有时也被称作生活的世界)这个概念出现在胡塞尔晚期的著作之中。然而,对于那些(如存在主义者)关注世界的存在性的人来说,生活世界是更重要的,因为它为描述个体经历的世界提供了一种方法。它跟那种将人对世界的体验和世界分隔开来的观点是完全不同的。海德格尔和其他人争论的是经验必须被理解为涉及具体化和情境化的人,而不是寻找单纯经验。对海德格尔来说不仅仅是描述经验,发展解释的方法也是重要的。解释方法特别是解释性的现象学心理学的形式,也影响了现代现象学心理学家,这会在后面的章节详细介绍。

粗略了解了现象学心理学以后,就不奇怪现象学通常没有标准化的方法和程序。同样现象学心理学的所有形式都没有相同目标。在胡塞尔的观点中有一种统一体的强调,集中在用丰富的细节来描述鲜活的经验,而海德格尔的观点中包括了对理解潜藏在经验之下的意义的强调。不用任何描述性的文字来进行现象学研究是根本不可能的。通常来说,心理学方面的现象学研究采用通常在质性分析中相同的数据收集的方法。数据的主要形式可能是质性采访和关于经验的写作描述。但是任何提供关于个人经验的大量信息的数据形式都能被采用。此外,一些而不是全部的现象学研究者可能会用如诗歌、文学这样的艺术作品。同时,有一些宣称是现象学的研究者致力于心理分析概念的现代视角。有些人可能对现象学内部的状态有疑问,因为重要的理论几乎不是从悬停理念的内涵中得到的。专栏12.1是胡塞尔关于现象学的主要观点的总结。

专栏12.1　核心概念

胡塞尔的现象学的主要观点

在胡塞尔的哲学中有很多核心概念,我们会在本章的主要文本中学到一些。对这些频繁出现在现象学心理学出版物上的胡塞尔的观点,多了解一些是非常值得的。最重要的观点可能就是下面这些。

- 对世界可靠的认识　胡塞尔哲学的基本原则是我们对世界唯一的认识依赖于我们的意识经验。换句话说,质性研究的一个基本原则是,真实的世界是不可知的。胡塞尔的这个观点"我们能认识的只有经验"和更传统的哲学观点"思想和身体是有区别的"形成了明显对照。所以,这一观点站了早期哲学方法的对立面,早期哲学将思维从外部世界隔离,然后就会搞不清楚思维怎样和外部世界互动。现象学心理学基于这样的假设,经验是有效的知识。主流心理学家会用"经验是主观的"原则来反驳,但是只是一个观点不是有意义的批评。

- 意识　意识是需要从思想的其他形式中分离出来的单纯经验的支流。所以它是前反射性的,不是一个想到、考虑到的过程。我们想到我们对现象的单纯经验,但是这些想法不是我们对现象的经验。在胡塞尔的现象学中,要回到体验到的经验,不能跟想到的、估计的、润色过的等经验混为一谈。方括号法就是摆脱受关于现象的经验的想法所影响的过程。

- 现象　现象这个词来自希腊人形容"出现""展示自己""阳光照射进来""把光放进来"，尽管"经验"按意义来讲也是表达此类信息。它实际上指的是任何可观察到的事件。就其本身而言，它已经被广泛应用在主流心理学中，但是不是胡塞尔主张的那样。主流心理学家忽视了胡塞尔的把经验放在个人在现象中的经验前面的主张。如果回到现象学在哲学上的起源，会更好地理解现象学。伊曼努尔·康德（Lmmanuel Kant）［受莱布尼兹（Leibniz）的影响］认为在他的《纯粹理性批判》中将现象学介绍给哲学界是有帮助的，在书中现象学跟本体并置。但是人们不能直接通过他们的经验了解问题中的事物。本体是能在真实的世界中发现的问题中的事物，当然，本体也不是像这样能直接被获得。现象学就是个体体验到的本体。

- 意图性　这是胡塞尔的意识中起决定性作用的特征。这是说，意识总是在某些物体之中——它总是有一个客体。如果我们不再意识到某些物体，我们就失去意识了。这里的某些物体可以是公共汽车、大的低音鼓、人、思想等。可能我们可以用"注意力"这样一个更好的术语来代替意图性，因为意识总是会涉及意识的先决条件。朗格里奇（Langdridge，2008）解释道："现象学家不需要构思一个存在于身体内部的思想，更像意识把它的光照向世界。意识体验到的就是需要去了解的。"

- 鲜活的世界或生活世界　这是胡塞尔的关键概念之一，尽管对一些如海德格尔这样的改革者来说，这一点是更重要的。它也是现象学心理学家使用的一个中心观点。生活世界是我们生活和经历的世界，鲜活的世界。在这个世界中的经验是现象学分析的基础。芬雷（Finly，2009）争论道："这个鲜活的体验到的世界包含两个主要的东西：这个世界充满了我们能够感知到的物体，我们关于自我、身体、所有关系的经验。生活世界允许我们有意义地共同存在于世界上。它是自我和感觉世界发生相互关系的地方。它不像其他质性研究方法关注的语言的世界，而是一个纯粹经验的世界。"我们确实是这样考虑体验到的世界，并且从语言中区分它，但是生活世界存在于语言之前，它是一个前反思的世界。生活世界表明，我们日常生活的世界充满了意义。在这些意义的作用下，我们进行日常的行为和交际。这强调的是，生活世界不完全是只能通过自省才能接触到的个人内心的存在。生活世界这个概念建议研究者需要关注人的生活环境和社会世界。因此，你会发现受它影响，当你阅读现象学的著作时不会看到内在的人。人不可避免是社会的一部分，并且只能通过这些外在的方面来了解自己。

- 方括号法　方括号法是个体和研究者为了体验现象立即直接的形式（没有晦涩的理论、信念、态度和其他形式的影响，参见图 12-2）而将预想和假设先搁置的过程。胡塞尔（Husserl，1913/1931）建议根据不同事物采取方括号法，下面是芬雷对使用方括号法进行研究的建议。

- 悬停的自然科学——在这类研究中要"摒弃"理论、解释、知识，回到对日常生活的世界的前反思的理解。悬停来自希腊语"远离"或"节制"。

- 在现象学心理学还原反应中，对物体现实的信念被对物体意义和经验的感受所取代。

• 胡塞尔的卓越的现象学还原反应——尝试采用一种更彻底的"上帝视角"的悬停状态，尽管现代研究者认为它是不切实际的。

尽管这么说，后果之一是大多数现象学心理学家的基本假设是不可能把研究者从已有的假设中彻底分离。否则假装就会是错误的。然而，这样的结果就是研究者在工作中要一直注意的问题。

• 悬停　这本来是脱离预设的自由状态。这是研究者能尽可能接近个体在现象中的经验的一种状况。现象学的态度是回到"事物发生的时候"。根据朗格里奇（Landridge，2008），研究者要做的包括以下这些。

• 坚持研究的基础任务去获取对现象的描述，而不是寻找解释。仓促进行的阐释，包括因果关系的阐释和使用先前的理论都是不合适的，都应该要避免。

• 水平经验，指的是要平等对待经验的所有特征，直到分析有了实质性的进展。

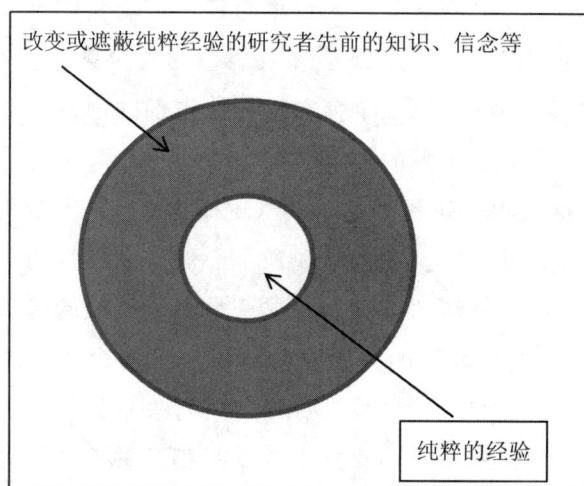

改变或遮蔽纯粹经验的研究者先前的知识、信念等

纯粹的经验

图 12-2　隔离纯粹经验的问题

二、　现象学的发展

现象学的发展是西方哲学近 250 余年以来的一个重要方面。比起任何其他的质性分析方法，现象学心理学有自己的历史根基，不了解这些哲学起源就不能理解现象学。现象学说明我们如何了解世界，它能被描述为纯粹现象的科学或研究。在现象学中它的含义不是明显的，要解释清楚需要一些说明。一个起点是法国哲学家笛卡儿的身体二元论。笛卡儿（Descartes，1596—1650)可能是哲学学科发展中的主要人物。他的思想是，身体能被视为一个机器——因此它有物质的功能，所以它能遵循科学已经探明的自然规律。他宣称，动物没有思维(灵魂)，那是人类独有的特征。笛卡儿认为身体和思维互动的地点是大脑中的松果体。原因是，在当时松果体被认为是统一的或均匀的结构，他也将灵魂或思维看作一个均匀的结构，主要是灵魂控制身体但是也有身体影响思维的情况。当我们有感情地行动时就是身体在影响灵魂。总之，笛

卡儿的观点是物质独立于思维存在——有思维也有物质世界。理解物质世界的研究是科学的范畴，所以笛卡儿的哲学能被视为对科学努力的基础支持。

换句话说，笛卡儿假设思维能了解真实世界或物质世界或外部世界——感官的功能是揭示在外部世界中的思维。当然，这是有问题的。我们怎样知道思维能这样接近物质世界？这是一个不可能证实的推测或预设。就说大脑的物质部分（如松果体）要怎样和非物质的思维或灵魂互动呢？概括说，那是二元论的焦点问题，但是更普遍的是，在了解非物质的思维是怎样接近物质世界的、物质和非物质之间是怎样联系的这两个问题之间的困境。我们可以说，心理现象和物质身体在依存方式上有质的不同。所以这个互动要怎样发生呢？笛卡儿将身体和思维分离，被称作笛卡儿的二元论（见图 12-3）——这已经成为提到笛卡儿的一个标志。当然，他关于思维和物质世界的观点，被大多数质性研究者否定。他们认为在真实的世界中有很多的观点。当然，要解决这个困境有很多的方法。比如，将它们都看作思维的方面或者都看作物质的方面。这样的一元论（反对二元论者）的方法在主流心理学和通常的科学中很常见。比如，在这些领域中思维被看作类似机器的计算机。但是这些其他的方法都没有对胡塞尔的现象学研究产生阻碍。清楚地说，笛卡儿用现代的形式将至今仍围绕在我们身边的问题辨别了出来。在他晚年的作品《第一哲学沉思录》（*Meditations on First Philosophy*）中，笛卡儿对他所有的原始思想都提出了疑问。他想要知道，他能够明确获得的可靠的知识是什么。例如，他可能梦见他的实体的存在，但是他的思维或灵魂不能被梦见，尽管那是他的本质。

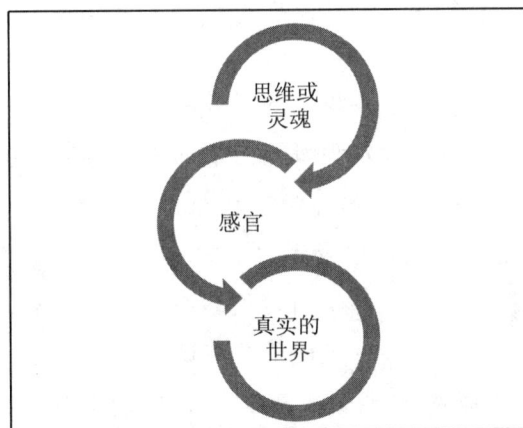

图 12-3   笛卡儿的二元论

在那些质疑思维—身体二元论的人中影响了现象学未来发展的是德国哲学家伊曼努尔·康德和格奥尔格·威廉·弗里德里希·黑格尔（Georg Wilhelm Friedrich Hegel，1770—1831）。他们都不看重关于我们能了解的客观的物质世界的思想。在现象学发展中同样重要的是布伦塔诺（Franz Brentano，1838—1917）。他给现象学提供一些基础思想，包括"意识是意图性的"关键观点——实际上这意味着意识总是关于某些事物的意识。布伦塔诺的重要学生就是胡塞尔——他关心的是我们能了解的关于"物质世界"的可靠知识；他的回答是可以通过意识体验到的就是确定的知识。意识是可靠知识的所在，所以可靠的知识来自对意识经验的了解。我们能通过我们的意识了解到的就是我们所了解的。意识仅仅是人心理过程的一个方面——你了解意识的含义比胡塞尔对它准确定义要容易得多。我们能想到我们的经验但是意识的经验比经验更基础并且缺乏大多数包含认知的思考形式。同样，在现象学中意识不是基于语言的概念。

从表面来看，很少有对现象学发展的解释，但是都能追溯到胡塞尔在维也纳的演讲。当时最初给予秩序感的意识形态和文化约束伴随第一次世界大战而毁灭。科学界对编录事实的"枯燥的"实证主义越来越质疑，当心理学被相同的实证主义和主观主义控制的时候，就什么也做不了了（Eagleton，1983）。胡塞尔说：

> 为什么在这一领域没有发展出对民族和超民族群体的科学的良药……欧洲的民族是病态的，欧洲自己也处于危机之中。（Husserl，1954/1970）

在这样的背景下，胡塞尔的思想被视为在这曾经稳固但是现在无休止崩溃的世界中找到确定性的尝试。胡塞尔反对"我们能在世界上获得关于事物的可靠的信息"这个观点，即在外部世界存在的物体独立于主观世界。然而，我们能确信的是我们在意识中体验事物的方式。在胡塞尔的哲学中，这是现象学的基础和基本原则。然而，这给它带来了一个大问题。为了确切了解经验，即刻经验的外部事物必须被隔离开，就是说它们必须被忽略或排除在外。换句话说，如果我们自己的想法干扰了经验，我们就没有得到纯粹的经验。胡塞尔的现象学有一个具体的目标——按意识体验到的那样了解现象。我们能够获取的唯一的"现实"就是"纯粹的"现象。因此，意识或者意向性的经验总是有意义的。意识不是无中生有的，所以意向性的经验总是有意义的。

胡塞尔的著名学生海德格尔提出了现象学的另外一个关键思想，这就是"存在于世"这一概念，翻译过来就是"在那里"。所以胡塞尔和海德格尔都探索的是人在平凡的世界中经历的生活的世界或生活世界。对海德格尔来说，解释学或者意义的研究是现象学至关重要的先决条件（Shinebourne，2011）。在被意识中的现象发生的方式所隐藏或藏匿的经验有很多意义。这样将现象学和关于文本中被掩盖的意义的解释学清楚地联系在一起（13章对这一点有更多的介绍）。所以对海德格尔来说，现象学不仅仅是关于现象在意识中产生的方式，也是关于在出现方式下隐藏的意义的。所以现象学必须揭示现象出现方式背后隐藏的东西。梅洛·庞蒂（Merleau-Ponty，1968）解释道："发生在经验中的东西有一个不明显的分层——经验的现实。"发现隐藏意义的过程能被视为解释的问题，所以一些IPA理论强调解释。海德格尔说：

> 在谈话中能用解释清楚表达出来的甚至更原始的表达是我们称作"意义"的东西……揭露的方式用语言表达出来。（Heidegger，1962）

但是意义是人类基本的能力，所以人存在于世的重要性被揭示出来。先前经验会对经验产生影响。然后基于我们已经提前了解的经验进行解释。所以解释是基于以前发生的事情——像这样的术语"先有的""前视""先前的概念"被用于现象学心理学文献中。所以经验在很多方面包含了我们对世界的理解。我们开始从这个包含的理解中解释现象的意义。

海德格尔的哲学风格本质上是存在主义的，并且成了让·保罗·萨特(Jean-Paul Sartre，1905—1980)和梅洛·庞蒂(Maurice Merleau-Ponty，1908—1961)的存在主义哲学的基础。在一定程度上，这两个人的工作使得现象学成为第二次世界大战繁荣后 20 多年的学科。然而到1970 年左右，心理学研究难以接受现象学的影响。传统的自然科学方法仍然处于统治地位。

毫无疑问，大多数现象学心理学家忠于胡塞尔和海德格尔。这就引出了一个问题，现象学是怎样成为心理学的一部分的，这个问题很难回答。一是在心理学中研究现象学术语的起源。上面问题的回答是，现象学是在 19 世纪就开始使用的术语。但是这在日期上早于胡塞尔的研究。另一个相关的问题是这些研究是否跟胡塞尔的研究有相似之处，相似的程度是怎样的。乔治(Giorgi，2010)，一位现象学心理学领域的重要人物，给出了心理学中现象学发展的详细历史。但是在他的回顾中我们得到一个清楚的结论：如果不是在大学心理学系短暂的专业化，现象学就只是昙花一现。就是说，乔治指出在现象学被其他东西取代之前一直被教授和研究是由于有一代学院派工作者。所以现象学自身作为学术生活的一部分逐渐建立发展充满了困难。然而，现象学心理学家通常会提及乔治的工作，他是第一个将胡塞尔的现象学带进学术性心理学之中的。然而，有一点需要说清楚，其他的心理学在这之前就已经接受了现象学(参见第 1 章、第 2 章)。

乔治不可避免地从主流心理学中开始了他的职业生涯，但是他对主流心理学越来越批判。在 20 世纪 60 年代，他成为杜肯大学心理学系的一名教授。该校有浓厚的现象学氛围，心理学系也是如此。他广泛地阅读，搜寻主流心理学的替代品，包括胡塞尔、海德格尔和梅洛·庞蒂的作品。乔治最突出的成就就是他发展了一套能被心理学家采用的现象学的练习。也就是，他发展了一个可以被现象学心理学家采用的方法系统。在这个系统中，他向心理学家展示了怎样进行胡塞尔式的现象学心理学研究，而不仅仅是写关于这些研究的东西。(专栏 12.2 就是乔治方法的更多细节)

专栏 12.2　核心概念

乔治的现象学心理学方法

阿米德·乔治进行现象学分析的方法跟胡塞尔的思想是完全吻合的。乔治想要创造一个严格描述性的实证性现象学。这个想法来源于胡塞尔的方法，按照现象在意识中产生的方法来研究现象的本质结构或本质(Giorgi，1985a，1994)。因此他的方法经常性地被认为是对现象学的一种分类似的"描述性的"方法。用这样的方法，研究者的主要目的就和胡塞尔一样，给现象本身提供一种非常详细的描述(Giorgi，1971)。过程是个体描述经历到的现象，而且尽可能跟原始经验保持一致。这些描写是从很多的个体中收集而来的，为了尽可能充分地描述现象而被组合在了一起。他也致力于避免不包括在胡塞尔的术语中的假设以及类似的想法。乔治站在经历过社会和心理现象的人的角度，所以他的第一手数据来源于其他人提供的描述而不是研究者的个人经历。

必要的本质是在一个现象和它的意义中的恒定特征的描述性身份。乔治(1985a，

1994)利用胡塞尔研究现象的基本结构或本质的方法，这个方法将现象作为意识的体验。必要的本质也能被视为本质还原。这是现象学家对现象不变的本质和这些经验的意义的一个共同描述。从一个正在被研究的现象具体案例出发，研究者根据他们的想法对这一现象进行了多次变形。通过这样的研究，研究者希望辨别对个体来说哪些是现象的本质特征和哪些是(意外或偶然)特殊的。这就是富有想象力的变化的过程。

乔治的方法会用到任何手写的文本，但是使用访谈获取数据是常见的。相比之下，诗歌和文学就很稀少。在乔治的现象学方法中，参加者被要求举出具体的描述或者经验的案例。这样会使得对于鲜活经验的本质结构的描述接近经验。然而，这并不是唯一的方法，因为研究者可能从独特的现象出发，但是该方法会帮助研究者发现现象的一般结构或者现象的本质。它不只是基于在个案研究中的一个个体，而是基于大量的参与者才得出的。所以最终结论是对现象这个整体的阐述，需要关心的不再是对现象做出贡献的个体。独特的现象仅仅是最后理解现象整体的一种方法。这种方法也会减少和抑制个人信念的影响，所以研究者能够接近现象本身的经验。乔治(1985b)为用他这种方法进行分析，提供四个关键步骤(参见图 12-4)包括：

- 阅读经验的全部描述。试着去获取对内容的全部的或完整的印象，或者说是，描述中包含的一种感觉。
- 运用一个广泛性的心理学观点，辨别出包含描述的意义单元。
- 用心理学术语来翻译或者转换参与者在描述时使用的日常语言。
- 如果需要，早期可以在经验的范畴内将意义单元转化为对现象结构的本质的陈述。这最开始是为个体做的，然而分析要寻求将所有参与者的经验进行整合。所以，分析要继续通过个体结构性的陈述寻求共同的主题。基于以上而做出的综合陈述本质上就是现象的意义。

专栏 12.3 中会给出乔治使用现象学心理学方法的详细研究案例。

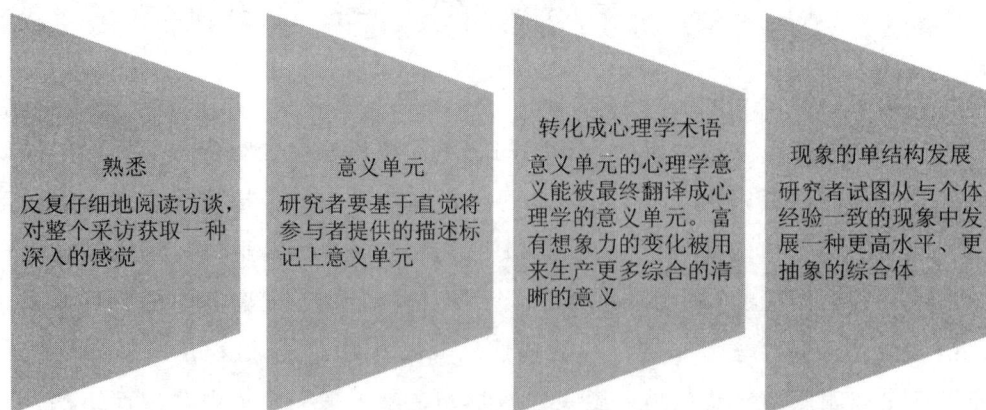

熟悉
反复仔细地阅读访谈，对整个采访获取一种深入的感觉

意义单元
研究者要基于直觉将参与者提供的描述标记上意义单元

转化成心理学术语
意义单元的心理学意义能被最终翻译成心理学的意义单元。富有想象力的变化被用来生产更多综合的清晰的意义

现象的单结构发展
研究者试图从与个体经验一致的现象中发展一种更高水平、更抽象的综合体

图 12-4 乔治的分析阶段

现象学可以说跟心理学紧密相关，尽管它只是其中很小的一部分。在乔治的创新后最重要的发展可能是 IPA。接下来我们会在 13 章中学到更多关于心理学中的现象学的故事。IPA 不是最近在现象学中的唯一成果，但是它在心理学领域吸引了追随者——心理健康、社会心理学、公共心理学等，也包括其他领域，如护理。相关出版物也很多。但是现象学的不断改变和创新赋予了它基础和核心目标——记录人类的经验。基于胡塞尔和海德格尔的现代现象学心理学流派的范围可能会受到质疑。然而，在现象学家的作品中有很多的对这些哲学家的共鸣。了解现象学发展历史中的一些内容，你就会在它们发生的时候识别出来。例如，"正在发生的事情""一般就是这么说""没有内在的人，人在世界上，并且只存在于他了解自己的那个世界"等这些短语，把现象学心理学文献搞得一团乱，然后又重提胡塞尔、海德格尔、梅洛·庞蒂等的言语。图 12-5 是对现象学的重要影响的总结。

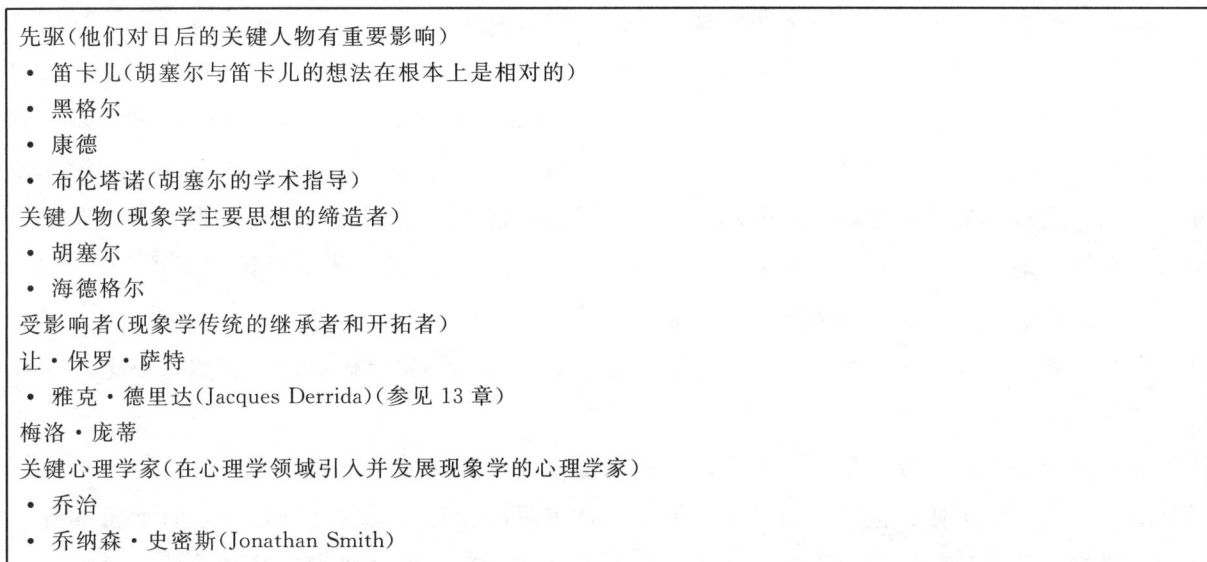

先驱（他们对日后的关键人物有重要影响）
- 笛卡儿（胡塞尔与笛卡儿的想法在根本上是相对的）
- 黑格尔
- 康德
- 布伦塔诺（胡塞尔的学术指导）

关键人物（现象学主要思想的缔造者）
- 胡塞尔
- 海德格尔

受影响者（现象学传统的继承者和开拓者）
让·保罗·萨特
- 雅克·德里达（Jacques Derrida）（参见 13 章）
梅洛·庞蒂

关键心理学家（在心理学领域引入并发展现象学的心理学家）
- 乔治
- 乔纳森·史密斯（Jonathan Smith）

图 12-5 现象学对现代心理学发展的影响

三、 如何进行现象学研究

研究的认识论就是提供给研究者的知识原理，决定了研究者要怎样研究事物。胡塞尔确信现象学心理学中从不缺方法论，但是他没有讲清楚应该怎样进行一项现象学心理学的研究。要怎样利用研究技术来研究一种现象？利用技术就是利用特殊的技术或特征来研究现象。这可能是不恰当的，因为它可能会把现象学心理学家为做现象学研究而采取的适当方法的意愿解释得非常开放。尽管在通常情况下这可能是积极因素，但是这正好是刚开始做现象学研究的人最不愿意听到的——他们可能更加想要的是一个进行现象学研究的单一的、定义明确的方法。但是常被人误解为，现象学研究被研究主题而不是特定的研究方法所限制。人们不需要在现象学心理学研究中探索得太深入就会发现，现象学的方法主要就是提问的方式和处理问题的多种方法，而不是获取和分析数据的特殊方法。所以你能发现很多现象学心理学家用过不同的方法。就像理论上任何一个心理学家利用各种收集数据的技术都能在现象学研究中找到一席之地。在现象学心理学中访谈和写作描述也许是被最频繁使用的。

一些现象学心理学家在自己身上进行现象学研究，这在现象学的历史上是很常见的实践。然而，这些研究优先于参与者的样本数据，被广泛地运用于了解现象的过程中。这样会有很多的优势，包括帮助研究者通过与现象的沟通来发展合适的语言，也可能让研究者对参与者的经验激发出更多的富有感情的理解。这些都是让研究者在参加现象学心理学的研究之前进行自身研究的充分的理由。另一种可能性是，这会帮你在理解参与者所说的内容后产生自己的预设。但是在现象学心理学中没有要求进行这样的预先研究。此外，在关于这样的自身研究是否提供太多关于现象的特殊观点和这些研究是否在排除先前的信念、假设和想法上有帮助上仍然有很多疑问。但是，这并不意味着现象学心理学家在他们的研究中就不能再研究其他人。

在特殊现象学的本质研究和其他质性研究方法的不规律运用上是有一些程序的。刚刚提到的，方括号法可能是最典型的现象学的程序。不论研究者是否完全承认胡塞尔通过方括号法得出的观点，他们都能以"上帝视角"来看其他人的经历。其他的质性研究者为了避免基于分析做出的预设会产生的影响，不用"方括号法"这个术语而是使用其他的方法以避免他们的预先假设对于分析的影响。当经验丰富的理论家重复地处理数据时，就能避免一些简单明显的结论。另外一个在早期被反复讨论过的典型的现象学方法是富有想象力的变化，研究者为了探清现象的范围，系统化地不断改变对现象的理解。在几何学中的一个问题，什么时候圆不再是一个圆，就是这个方法的简单案例。如果这个图形包含一条直边，或者当宽和高不相等的时候，它就不是一个圆。在爱情等其他概念中运用到这个方法，对它的理解就会更清楚了。如果在感情中包含着暴力，它还会是爱情吗？

通常情况下，这个方法值得反复去做，现象学心理学在性质上不是表意的。现象学的目的不是简单地去了解个体在世界上的经验，那是非常主观的。现象学的任务是去了解现象本身的结构。同样，现象学家观察的不再是某一个单一的个体。在现象学研究的最初阶段，对单一个体的经验进行的研究和对他们的经验进行的结构分析，使现象学研究看起来像是表意的。但是在一些人以这种方式研究过所有的可能性以后，就发现那只不过是一个过渡阶段。最后一个阶段是把这些各种各样的结构融合到一起，最终呈现出一个关于问题中的现象是怎样被体验到的综合视角。这样得到的是一个在目的和结论上都不是表意的相当简洁的点——它只是关于现象本身的研究。这应该被加进胡塞尔的观点中，尽管这个观点就是从胡塞尔的观念中发展而来的，所以当你发现那些所谓现象学研究是表意的时候，那是因为他们仅仅关注于一个个体的经验。现象学是一个多教派，在现象学研究中很难找到是什么和不是什么的"规则"。基于胡塞尔和海德格尔此类先驱的观点，能意识到现象学中包含着很多明显不同的研究类型，这是非常重要的。

为了做好现象学研究，可以在了解现象本身的结构之前先获取个体生活的经验，让问题集中在人是怎样经历事物的，这就使现象学区别于其他质性方法。所以现象学是对特定主题进行研究的质性研究方法，而不是像主题分析和扎根理论分析那样进行宽泛研究的质性分析。可能最接近它的方法是叙事性分析（见14章），很多现象学心理学家把叙事性分析也看作一种现象学的分析方法。两者之间的主要不同是，叙事性分析是关于人们生活中的故事的，而现象学心理学是关于人们的经验是怎样发生的。在用叙事性的形式来记录人的经验时总会加入一些加工成分，这样就远离了胡塞尔的想法。其他质性分析方法可能在研究者设法去感受参与者的经验时会有用。的确，主题分析的转换最后会成为 IPA 的一部分(见 13 章)。

本书关于进行现象学研究方法的描述，采用了格罗内瓦尔德(Groenewald)在 2004 年提供的一套框架，该框架在任意场合都适用。格罗内瓦尔德仅仅提供了这样的一套框架，而不是想要给现象学研究规定一条固定的道路。基于格罗内瓦尔德的框架有以下这些步骤。

(一)确保你对现象学研究的本质有一个广泛的理解

现象学的方法只适用于研究目的是世界上的事物是怎样被体验到的。例如，如果你在做个体的生物学研究时，就用不到他们的生活和现象学。这样的研究可能会关注与个体思考自身状况的方式和个体对身边发生的事情的解释。虽然这不是现象学研究，但是会被并不了解胡塞尔和海德格尔思想的心理学家完成。

(二)现象学研究者通常不会相当详细地规划他们的研究问题

那样会使他们的研究暴露出太多结构化的问题，也会因为预知了参与者"行为发生的方式"而对了解参与者的经验产生妨碍。的确，在胡塞尔的现象学基本原理中，不存在对体验到的现象的本质产生期待。

(三)研究中考虑到的现象学本质决定了应该寻找怎样的参与者

然而，在格罗内瓦尔德看来，不应该因为特定的参与者而决定要研究的现象。可能性取样不应该像某些目的性取样一样。然后，研究者需要寻找经历过问题中现象的那些个体，也可以考虑滚雪球式抽样。因为在滚雪球式抽样过程中参与者会推荐他们认识的人中经历过该现象的人。质性抽样允许研究者通过电话咨询和网上研究来找到更多的参与者。例如，如果研究者对配偶虐待感兴趣，就可以找到他们的支持小组去寻求帮助。格罗内瓦尔德认为 2～10 个参与者就可以有效达到"饱和度"。饱和度是指在后续采访中，跟早期的采访相比，没有让人感兴趣的新东西显露出来。因为我们把样本容量控制在十个人以内，除非研究的特殊需要。然而，访谈要做得尽可能长一些，从参与者的经历中提取尽可能多的细节。样本可以包含两个及两个以上的亚组，不同的亚组会因为研究方面的不同而产生不同的结论。格罗内瓦尔德将之视为一种三角测量法：如果一个现象的结构跟这些分组中的任何一个相同，就能被看作一个现象学研究的确认形式。

(四)一些非机构形式的现象学访谈可以作为优先考虑的数据收集方式

访谈最可能的替代品是由经历过现象的参与者提供的写作描述。不管怎样，那些可以激励参与者说出更多关于现象的丰富细节的问题正是现象学需要的。换句话说，都要做很多准备，以确保参与者可以谈论很多细节或者可以写得很多。尽管数据收集的焦点是被经历过的现象，数据收集的边沿经常会超出很多。那是因为任何可能帮助我们了解经验的事都可能成为被收集的数据。你可能希望用你所了解的东西来简明地解释一个采访。当然，这样会让你仅仅对个体关于问题中的现象的经历感兴趣。图 12-6 列出了可能会探索的一些方面。

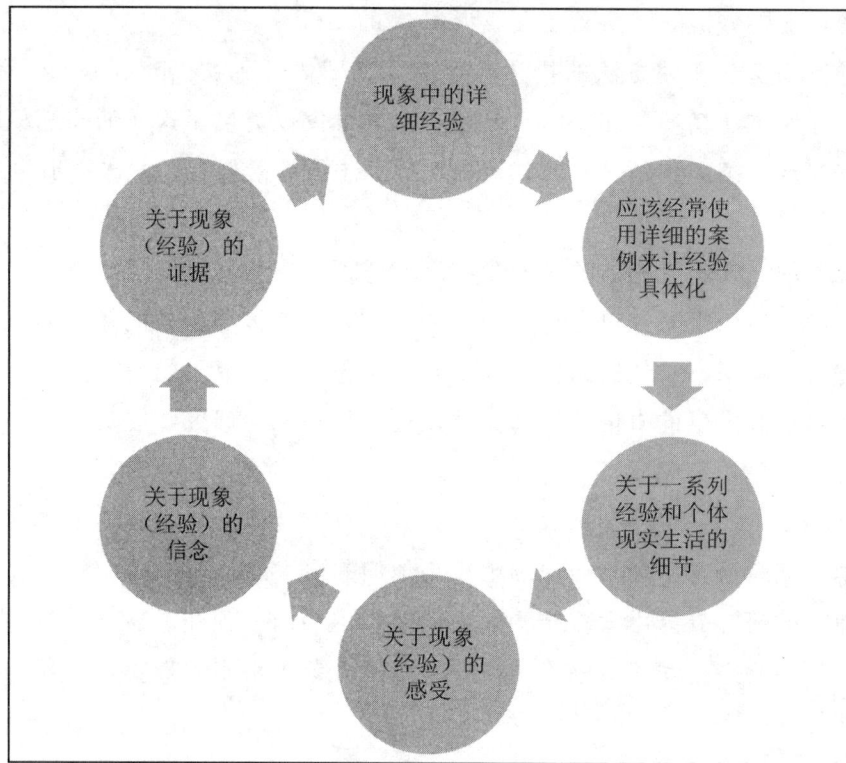

图 12-6   在一个现象学采访中应该涉及的现象的一些方面

通常，关于个体在现象中的经历应该首先被获取，在这之后，研究者应该给参与者介绍更多反映式的方面。所以要用关于现象的直接问题来开场。例如，你是怎样经历裁员的？在采访的过程中，关于经历的具体案例应该被经常提及。宽泛的印象和归纳不是现象学研究中所需要的那类细节。因此，在数据中要把细节和详细的案例特别标注出来。因为这些要求，现象学的采访是相当冗长的。当然，这些采访都要被记录下来。本质上，现象学采访可以采用非正式谈话的形式，这样本质上是双方互相推动谈话发展而不是研究者念出一长串的问题。同时，研究者必须意识到他们在对话结构中所扮演的角色。因此，研究者在特殊的采访中要主动担当推动者的职责。现象学采访的一个方法是安德伯格在 2000 年提出来的"故意表达法"（Anderberg，2000；Sin，2010）。这个技术被用于获取参与者使用概念的意义，然后去证实研究者已经充分理解的这些概念。基本上这些采访都是从与正在研究的现象相关的问题出发。相关的问题被用来帮助研究者表达他们使用的术语和词组的概念意义。所以研究者可能会打断参与者并且询问他们使用的概念的意义是什么，研究者不能断定他们跟参与者对概念的理解是一样的。在他们对现象学采访中的共同解释里，主题展现在了研究者和参与者的眼前。尽量减少研究者的影响是通过一些技术的使用（Sin，2010）。图 12-7 展示的是在现象学采访中故意表达法被用到的主要方面。

> 规则 1：参与者使用的表达和概念的意义不都是对的，研究者要避免对这些意义直接做假设。当然，假设那些特定的意义是简单明了的是有诱惑力的，但是研究者询问相关的问题就是问了从中提取预期的意义
>
> 规则 2：研究者不应该在对话期间引入新的术语。同时，参与者也许用研究者认为是错误的术语，然后研究者不能用自己以为更精确的表达来纠正参与者说的话
>
> 规则 3：研究者的行为应该是认真投入的。一旦他们提出一个问题，研究者必须给参与者时间去反应那件事，然后谈论它，这样给反应和说话都留足了空间。研究者也不能通过面部表情对参与者的回答表示出同意或反对
>
> 规则 4：要避免由研究者来引导问题。为得到特殊回答或者特殊思路的直接的问题是不合适的。研究者反而应该直接问关于现象的问题。例如，抑郁感觉是怎样的？而不是，抑郁和悲伤有什么不同吗？研究者也要避免问引导性的问题。举个例子，被访谈者不会被问到他们是否会认为他们现在从事的工作和在大学学到的不一样。问题应该被以多种方式提问，才能获取大量的数据，得到详细的描述

图 12-7　在现象学采访中使用故意表达法的总结

(五)鼓励参与者试着把单纯的经验从他们脑海中的解释和估计的想法分离开

这是一个适当的策略。参与者被鼓励去排除所有的观点只留下他们对现象的即时体验，这意味着参与者需要尽可能像缺乏智力和社会观念一样使用语言。

(六)研究的目的是了解在现象中的个体经验，然后揭示这些人类经验的内在意义是什么

在现象学研究中研究者要牢记，这一点尤为重要。这一点符合胡塞尔和海德格尔的要求。在分析中应该出现的是，特殊个体对自己经历的事情的描述，并且研究者必须鼓励受访者将个人经验的本质浮出水面。格罗内瓦尔德推荐使用备忘录式的质性手段，就像在其他形式的质性研究(特别是扎根理论)中那样。备忘录就是研究者在数据收集的过程中对所听、所看、所感、所想的现场笔记。在格罗内瓦尔德看来，备忘录应该包含描述性的笔记和更多反映的印象、预感、想法、感受。研究者在研究过程中要对数据保持开放姿态。

(七)用合适的转录方法转录数据

尽管在现象学分析中反复去听和处理原始记录不是必须要做的，但是数据通常应该以一些合适的转录方式被转录。杰斐逊转录法通常会被跳过，除了它跟别的方法相比时间更长并且会在文本中加入一些秘书风格的转录。当然，现象学的重点是采访的内容而不是交流的形式。在分析中可以尝试和参与者一起检查转录。

四、 数据分析

格罗内瓦尔德建议用"数据阐释"这样更好的描述来替代"数据分析"这一术语。原因是他认为前者不具有把数据打乱的内涵。把数据打乱可能造成现象经验的完整性和完全性的丢失。基于海克纳(Hycner，1999)的方法，格罗内瓦尔德推荐了一个五步法，图 12-8 是对这一方法的阐述和详细内容的介绍。

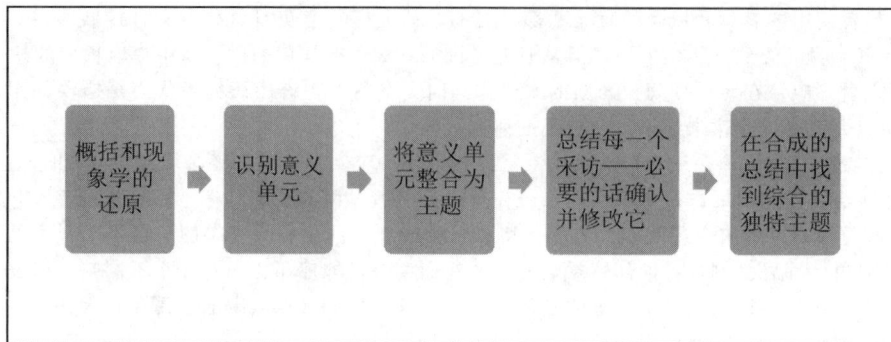

图 12-8　格罗内瓦尔德的五步法

（一）概括和现象学的还原

在本章前几部分已经解释了，现象学的还原是研究者研究有意义的现象的一种方式。它主张不是从一些角度（视角）来观察现象。研究者自己的预感被绝对禁止，参与者的特殊经验不允许被研究者的意义、预感、理论概念干扰。这跟采访阶段适用于参与者的概括不同。研究者被建议应该反复听采访记录直到他们对参与者的文字非常熟悉。这样参与者的经验就能全部被感受到。在格罗内瓦尔德看来，这种对参与者经验的"此时此刻"的感受能够让研究者有一种参与感。

（二）识别意义单元

在参与者提供的陈述和描述中列出最能刻画和阐述他们在现象中的经验的部分。这能从采访的誊抄中复制或者在研究者还没决定誊抄之前被简单地写下来。根据研究者的判断，把意义单元从采访中剥离出来。在胡塞尔的观念中，这一步应该在研究者产生预感的同时做出，否则判断就会变得主观。研究者从每份采访中提取出一系列的意义单元，然后仔细检查，将明显多余的意义单元剔除。为了剔除多余的意义单元，每一个意义单元都应该按照提及特殊意义单元的频率被逐字检查。此外，采访中的意义单元在非语言和前语言的线索中怎样表现出来，应该在判断意义单元的相似性时被考虑。研究者会发现，表面相同的两个意义单元在采访中会因为出现的重要性和参与者描述事情发生的顺序不同，而表现出完全不同的意义。

（三）将意义单元整合为主题

在这一阶段，研究者已经把多余的意义单元剔除出去，得到一份意义单元的列表。在研究者已经充分了解了参与者的语境，研究者要试着在他们之前想到意义单元的基本特征。这个阶段不能描绘出每一个细节，因为它需要洞察力。意识到列表上的意义单元的基本特征也需要判断，但是研究者会发现他们会比初学者更容易体验到。就像质性研究的其他形式一样，这些意义单元也会被分成丛组。所以在对待这些丛组的意义单元时，应该频繁而认真地前后来回播放记录数据的磁带。从这些丛组中，研究者能识别出特别重要的或者有标志性的主题。这些被称作意义单元。这些丛组不需要与别的丛组有完全特别的不同，他们之间会有一些的重叠。不同丛组的本质是可以通过一个中心主题来表达这些丛组的本质。

一些研究者发现遵循阿什沃思（Ashworth，2003）的方法来分析包含很多基本片段的现实世界是有用的。在考虑数据时，研究者需要很简单地轮流考虑每一个部分。图 12-9 给出了这些片段。

谈话：在描述现象时谈话的本质是什么？是经济上的还是道德上的？是务实的还是精神上的？

具体化：参与者关于他们身体的感受是以怎样的方式体现在他们的描述里的？例如，可能包括情绪和性别。

计划：人们在生活中做事情是有计划的，这会怎样影响他们在现象中的经验？个体和他们生活的核心部分都是遵循这样的安排的。

自我：人的自我身份的含义是什么？人的自主感的含义是什么？人的存在感或在环境中的参与感是什么？

社会性：事物在人际关系中是怎样产生影响的？

特性：在人们前往并且在其中活动的地形中，状态是怎样影响人对地形的了解的？

暂时性：个体关于时间、持续、个人传记的感觉是怎样被状态影响的？

图 12-9　阿什沃思所说的分析现实世界的片段

（四）总结每一个采访——必要的话确认并修改它

应该按照参与者关于他们的生活经验的完整语境来总结在采访中浮现出来的主题。需要总结的是参与者体验到的世界。但是需要注意的是，现象学不是特殊规则，所以通过经验之间的特殊关系来重构经验世界是必要的。每个个体都可能有体验时间、空间、物质事物的不同方式，但是为了获取现象的本质，需要用更综合的术语来理解他们。在这个阶段，要实施"正确性检查"。本质上来讲，为了查看是否已经有效地获取到采访的本质要去咨询参与者，可能会进行一些修正。

（五）在合成的总结中找到综合的独特主题

最后一个阶段是研究者在对个体的采访中找到通用的或者非常普遍的主题。同时，研究者也要识别个体和这些普遍主题不同的方面。如果意义显著不同于表示的数据，要避免用普遍性的主题。所以少数的声音应该被带出来，因为它们通常可以和一般显现的东西进行有效的对应。最终，研究者把这些总结在一起写出合成性的总结，并且强调反映这些主题的语境。这样，研究者把参与者的语言转换成一种适合学术性的表达模式。超出数据边界的推测性的探索可能是合适的。

本章专栏 12.4 描述了另外一种现象学心理学分析的方法。

五、　何时进行现象学

现象学和前几章学到的方法不一样，它是由许多特殊内容的研究来定义的，它与 13 章的 IPA 和 14 章的叙事分析都有这个特征。它是关于内容的研究，但是它研究的不是内容中的语言是怎样使用的。既然现象学基本上是关于人们在现实世界的经验的研究，那么现象学就能被看作我们研究人们经验时可以用到的方法。这就带来了一个小问题：这样一个心理学难道不应该叫作存在性心理学吗？可能的线索就在它们名字上的区别。现象学心理学扎根于胡塞尔的研究，当然也包括海德格尔等人的研究。所以如果你计划用现象学时，你就需要将他们的理论知识（可能跟要研究人们对事物的评价而不是研究人们对经验的详细描述的研究相违背）纳入考虑。确实有一些宣称是现象学的研究，但是其实跟胡塞尔的想法并没有关系，我们对此无能为力，但是我们可以对于自己研究的完整性做一些事情。

采取胡塞尔的方法进行研究的要点是什么？首先，提到理论的研究通常比纯粹经验目的的研究有更多的优势。所以，在那些看上去没意思但是论点更清晰的研究中，理论框架通常会很有用。这在现象学的更宽泛的语境中能被视为一个优点。心理学总是在想办法在不了解事物的前提下解释事物，这种行为在现象学中是不可能做到的。此外，现象学对研究者的职责也有限制。研究者处于要怎样通过人的眼睛（不是从研究者的视角）来了解参与者的经验的困境。因此就需要限制这些严肃采用现象学方法的研究者使用一种反思性的态度看待自己的研究。

现象学可以被很多东西替代，尤其是叙事心理学，但是跟现象学相比，叙事心理学会丢失很多东西。看一个很简单的对比——鲜活的生活经验和在叙述中的故事性的生活，它们是不同的，在胡塞尔看来它们非常不同。当然，在现象学研究的数据收集中别的质性研究也有它们的特性——谈话分析和对话分析会被质疑提供的访谈的语境以及会问一些关于人们讨论经验方式的问题。

说句题外话，现象学给那些对人们的生活经验感兴趣的人提供了框架，研究者可以在此框架中将研究升华成吸引人的主题。

六、 现象学分析实例

专栏 12.3 和专栏 12.4 给出了使用现象学的两种不同方法，分别是：

(1)第一个案例（专栏 12.3）是使用乔治的方法进行现象学的研究，与心脏搭桥手术的经验有关；

(2)第二个案例（专栏 12.4）是基于现象学对剽窃行为进行的研究。你能辨认出一些跟你自己或你朋友相同的评论。

专栏 12.3　研究示例

用乔治的方法研究经历心脏搭桥手术的夫妇

惠齐特(Whitsitt)在 2009 年进行的现象学心理学研究是严格遵循乔治的方法进行研究的典型案例，该方法就是描述性的现象学心理学方法。所以你会看到一个应用典型的胡塞尔的分析方法的案例，在这个案例中，研究者关注的是曾经有一方经历过心脏搭桥手术的一对夫妻双方的经历。乔治的方法跟胡塞尔一样，关注于获取非常详细的研究现象中的经验数据。按照图 12-9 的程序进行分析。基于乔治的方法，能获取现象的大概结构同时也能获得大量的描述性材料。

我们都知道，在西方国家冠心病的诊断很常见，同时冠心病也是主要死因。冠心病的标准治疗手段之一就是冠状动脉旁路移植手术（coronary artery bypass graft surgery，CABG），尽管我们也把它称作搭桥手术。这方面的量化研究很多，但是质性研究较少。在研究中发现，心脏病患者的心理压力在手术前和手术后会明显增加。他们的伴侣也会经受矛盾、愤怒、依赖、绝望、怨恨等的折磨。术后的压力是普遍的，这一系列因素导致了一些问题，包括疾病带来的经济负担、适应术后新角色的转变——病人和照顾者，好的伴侣会精心看护患者，他们之间的性生活也会受影响。

作者表明他的研究是突破性的发现。研究的时间期限是从这些夫妇接到手术通知一直到手术后的数个月甚至数年。研究聚焦于夫妇之间的意义共享——不是单独对患者或者其配偶的特殊意义。意义共享意味着他们对一起分享心脏搭桥手术经历的共同信念。这是帮助他们决定应对心脏搭桥手术带来的创伤的关键动力。意义共享最先被拉德利和格林用在这种情况中（Radley & Green, 1986）。

惠齐特于 2009 年的研究就是基于这样的三对夫妇，从现象学研究的标准来看这明显不是小样本。研究的目的是探索有一方经历过心脏手术的夫妇的生活经验。这些夫妇包括已经离婚的和仍然过着夫妻生活的，他们中有一方已经在两年前做过心脏手术，并且对于手术没有表现出特别大的压力。研究是基于对双方共同进行的面对面采访，在现象学的研究中共同采访很少见，但是惠齐特就是要研究经历过心脏搭桥手术的夫妇的共同经验。在每对夫妇的采访中，每个人的采访都会持续超过 1 小时。首先是从他们的经历中获取描述，在采访中惠齐特问了三个宽泛的问题，记录如下。

- 你们夫妇是怎样经历 CABG 的？
- 你们共同应对的第一步是什么？
- 你们把这样的共同经历归因于什么？

为了更深入地探索，研究者仔细研究了这些采访的原始记录。研究者为在这些台词中找到更多详细的采访提供了更多的机会。

惠齐特宣称已经发展出一种通过将受访者的意义单元进行转换，使意义不发生改变的单一结构。这意味着他首先区分了这些意义单元。这一步能在意义单元的转换中简单地完成。随后这些由通俗语言表达的意义单元被转换成心理学的学术性术语。在这个过程中使用了富有想象力的变化，意味着研究者为了完整地理解每一个意义单元尝试着改动这些意义的边界。这跟很多质性分析重新编译意义单元的过程几乎没有不同。这些转换过来的术语构成了继续研究的基础。最终，不再有规则约束，这些意义单元被概括成一系列的主题或者结构。你可以把这样的结构称为对经验的更高水平的描述。这个结构是由现象学采访中详细的部分组成的，并且只留下了这些部分的本质。这个结构随后被概括为处理现象学因素的模型，这些因素组成了关于现象的经验结构（Giorgi, 2003）。在结构中没有那些夫妇的普遍经验而是根据他们的经验标明了要点。

研究最后得出的结论是，关于经历心脏搭桥手术的共同经验的现象有七个相关的部分。

- 最初的体验是焦虑，并且情绪容易产生较大波动。
- 有一方被告知需要进行心脏搭桥手术。
- 夫妻关系因为长期以来的模式和婚姻满意度产生了健康危机。
- 这样的危机会使各自的令人讨厌的恶习、习惯和独特优势显露出来。
- 这样的危机会弥漫到对死亡的恐惧，但是这一点因人而异。
- 独立和健康构成了婚姻关系中的张力。
- 婚姻满意度比较高的夫妻会有更多的协调力、洞察力、从经验中学习的能力。

在某种意义上，这个分析已经结束了，但是在这个结构中还缺乏他们经历的细节。惠齐特的研究报告中大部分，特别是那些夫妻经历的变化，被提炼成一份详细的阐述。那是相当长的，人们更喜欢一份简短的摘录。这是一篇来自惠齐特谈论上面提到的第四个部分的文章，P1 指的是患者，S1 指的是他们的配偶。

在婚姻关系中，心脏搭桥手术扮演了一个突出彼此优点和弱点的催化剂角色。这场危机使他们的行为和态度都变得糟糕，相互之间彼此不信任，导致了消极的结果。比如，P1 忽视自己心脏病的症状，因为他"几乎拒绝接受"这样的消息，直到他不能继续工作，他才会走进医院。甚至，知道事情发生之前 P1 都不会告诉 S1，他不想让她提前察觉。这样只会让 S1 更加愤怒，让她对 P1 的健康更加恐惧和焦虑。P1 也因为对灾难性的结果承担了太多的责任而强迫自己做了很多不健康的事情。在他的第一次 CABG 之前，他在城市外面工作，拼命地挣钱，处理反抗期的孩子，尽力去完成自己的研究生学位。P1"精力耗尽"还经历了心脏病症状，但他仍然在坚持。事实上他宣称"强大的意志力"和抗抑郁剂帮助他完成了他的学业计划。P1 自己做的事情在 S1 看来都是不健康的，她把他看作一个讨厌的患者，因为"他总是在打破每件事的界限"，同时她承认"P1 追求独立是一个帮助他恢复的一个积极因素"。

要强调的是，这是描述中的一段。没有完全理解现象学心理学目标的心理学家可能会发现这样描述太零散了，缺乏一个明确的焦点。这可能是仅仅反映出主流心理学更喜欢关于现象的因果关系的基本描述。

专栏 12.4　研究示例

剽窃——一个可怕的经历

这个现象学研究的案例与专栏 12.3 中的案例相比，较少遵循乔治的方法。然而它用的是阿什沃思的方法，该方法把现实世界区分为七个片段。虽然研究者之前并没有讨论过该方法，但是他们最后把他们对现实世界的理解(经验的结构)按照这七个片段的划分表达了出来。在乔治的方法中，结构是随着分析逐渐浮现出来的，而不是像这样被研究者强加在研究之上的。

阿什沃思、弗里伍德和麦克唐纳(Ashworth, Freewood & MacDonald, 2003)用现象学的观点研究了剽窃。在大学里,剽窃问题引起了广泛关注,研究显示在西方国家的高等教育中剽窃现象逐年增加。自从有利于课程评教的监考方式减少后,评定方法的变化可能跟剽窃有关联。互联网也增加了学生使用"复制粘贴"的机会。此外,小组学习可能导致了对其他学生的剽窃,而不是对在此领域中教授的剽窃。

阿什沃思和他的同伴认为剽窃是在特殊文化和特定历史阶段出现的现象。这一点很重要,因为它强调了现象学是研究社会中出现的现象,而不是在人内心深处的想法。作者的作品或有失去所有权的一天,伦敦文具公司将著作版权视为限制竞争对手的一种方式。我们能在这家公司 1701 年的记录中发现一份关于剽窃的参考。在 18 世纪之前,著作版权就逐渐变为保护著作人的权益,而不是保护公司的权益。其中反复提到,中国的学生觉得不能引用先哲的话是很奇怪的。这些历史和文化的片段都加强了阿什沃恩等人认为剽窃是特殊文化和历史时期的反映的观点。所以,应该从历史和文化的角度来看待剽窃。

阿什沃思等人认为不同的个体对待剽窃有不同的理解,当问到胡塞尔式的问题"剽窃是怎么发生的"时要小心一点。大学学者的观点可能跟学生的观点不同。阿什沃思等人的研究从学生和他们在现实世界中对待剽窃的观念的角度(这本质上是一个现象学概念)出发。基于对 12 名学生的采访,研究者获得了大量的描述,在他们当中只有 3 名学生在期刊上发表过文章。跟大多数现象学研究一样,他们的研究在将这些关于现象体验的数据汇总成一幅更宽阔更概括的画面之前,先分析了个体的独特经验。每一个学生都用不同的方式讨论了剽窃的经历,这表现出大学无法断定学生参与了没有一个清晰定义的剽窃。为了像学习一项制度一样了解大学,学生需要经历一个文化适应的过程。一个学院化的理想就是,一个有创造力的独特的个体应该用自己的名字来发表成果。

这个研究没有遵循为了不同的目的而收集采访的严格的现象学程序,然而,也没有获取更多适合现象学分析的材料。

作者们讨论了在数据收集和数据分析中排除他们学术性观点的重要性。这是胡塞尔的技术,因为这个研究中专门排除了包括很多学者对剽窃持有的道德观念。下列这些预感也被排除了:(1)学生对于剽窃的理解的有效性和准确性;(2)假设学生多对剽窃有一个共同的观点。只有这样做,研究者才能接近学生的现实世界。阿什沃思等人想要用一些浅显的术语来描述剽窃,因为在实践者(学生)的身上找不到潜在的现实。剽窃的现象能被按照事情是怎样发生在意识(在胡塞尔的术语中被称为意识活动)中的和现象是怎样被意识(认识)捕捉到的来详细记载。尽管现实世界没有基本特征并且现实世界充满了人性,但是剽窃不是人类存在的一个方面。

研究者对这 12 名学生的采访做了转录,然后对每个案例中的个体做了个体分析。研究者用下列术语描述过程:"分析需要按照可区分的意义单元来阅读转录,这一点被严格执行了,把意义按照现实世界的片段进行了处理……"你能从关于怎样进行现象学分析的描述中找出这样的术语:"意义单元"和"现实世界的片段"(图 12-8)。这是一种分析方法,但是尽管很多研究者建议使用这样的方法,它也不被要求在现象学研究中使用。

报告的大部分由对学生采访的独特分析组成。阿什沃思等人只列举出了三个采访。这一点应该被强调出来，三个采访构不成一个现象学的分析，现象学分析要有更普遍的关于现象的经验。然而当读者开始区别涉及剽窃的学生的现实生活时，这样的采访总结是关键的步骤。报告中包含的三个学生的采访被总结为以下内容。

• 学生 A：他的体验主要是担心会在工作中被指控涉嫌剽窃，和随之而来的那种羞愧感。他描述说，如果他被指出他的论文材料不是自己的，那种场景难以想象。他不想证明自己的想法是失败的，他按照他的想法勤奋地进行研究，而不是简单地从教材上复制数据。剽窃的想法让他感到害怕，令他意外的是别人没有这样的恐惧也没有想要剽窃。他的谈话中也包含了一些学术技能的观点，并且表达做适当参考的困难。根据作者所说，这个学生把剽窃看成是直接从出版源找到大量的材料，然后将之变为自己的。尽管他很害怕，但是他不确定什么算是剽窃，他很担心在他论文里的那些参考会给他带来关于剽窃的指控。他也意识到复制其他学生的成果也是剽窃，但是那不是他考虑的。

• 学生 B：她把学术发展看作一个在那些受尊敬的作者的影响下逐渐进行但是慢慢独立的过程。她把初学者看作最可能剽窃的人群，而经验丰富的学生在工作中能展现出自主性。根据她自己的经验，她说学生将课本上的观念主观化，所以剽窃成为学生生活的一部分。她回忆道："不只是我，每天我们都在以不同的方式在使用别人创造的短语，我把我的手伸向它们并且对自己的行为表示认同。"尽管大多数学生是年轻的，并且刚刚离开学校，但是这个学生是成熟的并且经验丰富。学生在禁止剽窃的环境里长大，但是教给他们的却不是这样的。缺乏经验的学生把使用别人的作品作为一种学习的途径，他会由于缺乏能力而不会是因为使用了不合理的方法而失败。对她而言，内心的价值观跟责任心、个人荣誉一样重要，这些都是她学到的。她说自我依靠（正如这里提到的一样）将会是毕业后生活的一个特征。

• 学生 C：他的学位包含绘画和艺术史。在绘画领域，使用别人作品的一些元素不是什么问题，然而在艺术史中通常学术界认为用别人的方法要标注引用。在他看来他的专业中关于艺术和学术领域的剽窃是不同的。在绘画中他把自己看作原创者，但是在著作中他更多关心的是好的作品而不是创造性，所以为了完成自己的论文，他在自己的作品中引用了出版物。其他人的作品也被用于此目的，尽管从技术上来看，标注了引用源就不算是剽窃。然而，在他心里面，他还是觉得这个作品不完全是自己的作品。这个想法的目的就是去写一篇更好的文章。按照他的谈话，他意识到这样会是一个道德问题，但是他的观点是那样被误导的。一个人自己的观点是在别人的观点上发展而来的。不承认在引用中使用的别人的作品才是抄袭。绘画和其他的创造性艺术都是在工作室中写作完成的。例如，学生们被鼓励可以复制其他艺术家的作品风格。所以，这个过程包括在创作环境中学习他人的作品，这就意味着关于剽窃的讨论是不恰当的，因为这也是学习的一部分。公然直接复制才是剽窃——那是直接偷取别人的想法。

研究者按照现实世界片段的划分，即谈话、计划、个性、社会性、空间性、暂时性（他们没有讨论尊重的具体化），分析了每一个采访。然而，这些分析是现象学分析的一个过渡阶段。尽管在对个体采访的分析中也有价值，但是现象学的目的不是描述参与者的个人经验而是提供对现象本身的描述。下一步是对这些个体分析的综合，最终得到对现象本身的综合性描述。阿什沃思等人提出了现实世界相同的片段的方法，尽管在这个案例中没有具体化展示出来。分析的这个方面完成了现象学分析，并且被详细展示如下。

- 谈话 在特定谈话中有明显的不足，如理智的诚实。其他很少谈到的相关的谈论包括，对大学评教系统的完整性的担忧，和避免剽窃的科学的谈论，因为科学应该建立在对别人工作的精确引用上。

- 计划 在上述三个例子中，他们的剽窃经验和他们个人的生活安排是有一个清楚关系的。

- 个性 剽窃是怎样体验到的是跟个人身份相关的。所以他们是作为自己领域的专家的身份参与其中。例如，艺术家有与众不同的经历。其中一个学生(学生 A)似乎缺乏构成个性的"存在感"和"发言权"。其他两个学生的明显担保也反映出了他们经历剽窃的方式。

- 社会性 在 12 个采访中，社会性片段是重要的，尽管它不是三个主要采访的特征。社会性包含在"公平"这个术语中，公平是人际交往中的一个重要的因素，这些学生关于允许其他学生使用自己作品的誓言，羞愧和难堪的感受等都是人际交往之间的因素。学生们有时也会因为教授没有认出公然剽窃的案例而感到愤怒。

- 空间性 因为剽窃是只会在特定地点(大学)才有的重要经历，它包含了现实世界的空间性片段。剽窃不是在所有环境中都能经历到的事件。

- 暂时性 剽窃是按时间顺序记载的或者有一个时间的维度。所以在短时间内完成一篇论文是有压力的，可能会剽窃。但是剽窃也被认为是包含着学生所处的学习阶段的。新学生比成熟一点的学生更容易剽窃。

七、 现象学的评估

在主流的心理学家看来，现象学可能没有发展希望。但是这样是没有理解到这门可靠学科的重点。尽管有这么一个问题，几个世纪以来哲学界是混乱的，哲学家经常不能理解甚至研究哲学家的思想基础。如果他们要这么做，那么胡塞尔的论证的重要性就会摆在他们面前。胡塞尔关于我们的经验是关于世界的唯一可靠的知识的基础论断给忽视现象学的主流心理学界提供了一个好方法。现象学致力于人们对现实世界的经验的描述。很多的心理学研究在研究中绕过了描述，所以他们不能理解生活中组成因果关系的那些事情。现象学没有表现出主观性——主观性不支持知识的一个特定来源是我们意识中的经验。这似乎给主流的定量心理学家留下了一个深不可测的难题。

主流的心理学家曾经很难接受现象学，可能是因为他们相信现象的基础难以理解。一些建议是，要理解现象学包含的内容需要大量的努力——要站在意义的层面去理解它。可能就是因为这样，现象学只对主流心理学造成了非常有限的影响(Giorgi，1998)。主流的心理学家可能也很不情愿去学现象学，因为这样的学习可能会对他们的心理学(作为一门科学)研究的思想产生扰乱性的影响。理所当然的想法似乎不再站得住脚。

现象学心理学的价值在于它用研究社群的观点来揭示人们在现实世界中的经验。进行主流心理学难以进行的关于抑郁的深入研究——传统上研究文献不包含来自抑郁个体的声音，而是用研究者和心理健康从业者的声音。哈林(Halling，2002)把精力集中在卡特(Carter，1998)的研究成果上——一份关于女性单相抑郁的调查——将之看作以现象学为基础进行研究的一个案例。他关注于抑郁女性是怎样接触生活并抑郁地扮演失败者的角色。卡特的数据来自 6 个女人，她们讲述了她们的童年记忆、导致抑郁的事件和她们在抑郁中的经历。研究中浮现出的一个发现就是，抑郁不是在经历生活中常见的失败之后才发生的，它就发生一个人体验到未来(能在其中感到安全感，并认为自己在其他人眼中是有价值的)的希望破灭的时候。抑郁伴随着童年缺少关爱的不安全感一起成长。抑郁总是导致她不能获得那些她认为重要的人的认同。对卡特来说，抑郁不是简单地由生物原因造成的生理状态。它可能有生物因素，但是我们也应该站在个人历史和个人行为的角度来了解它。

现象学不像其他的质性研究方法(如话语分析和会话分析)一样有精确的概念。因此现象学会因为忽视了其他方法的洞察力而被指责。但这些特别有助于现象学家的采访。现在现象学的焦点跟其他方法在内容上有明显不同，通常话语分析和会话分析很难处理内容。现象学心理学家似乎在接受这样一个想法，语言有塑造经验的功能(一句话说，就是整体试图通过部分来处理的)和表达经验的作用，但是它们的语言概念有很大不同。金等人(King，Ashworth & Smith，2008)指出梅洛·庞蒂的主张"语言来自经验"。例如，有时现象学心理学家不得不扩展词汇的意义或者描述经验的新词汇的意义。跟意识一样，那就是经验超出语言。金等人写道：

> 研究者发现，当参与者开始挣扎于词汇、多种多样的例子或者开始讲不清楚的时候，这个时候确信的是他们接近所关注的现象的意义了。

意识不是一种语言现象，但是数据收集是语言现象，现象学在数据收集方面有一些漏洞。现象学和谈话分析有截然不同的哲学走向。谈话分析揭示了在叙述中语言是什么或不是什么，这是非常重要的但是有夸张的风险。朗格里奇(Landridge，2008)特别指出波特和赫伯恩(Potter & Hepburn，2005a)的论断(参见专栏 9.1)：

> 迅速制造一个关于支撑研究问题的类别错误——语境(如现象学的焦点)和功能(如各种心理学的焦点)之间的区别，所以夸大了对话的微型分析的重要性。

一些现象学心理学家和谈话分析间的友好冲突可能对二者都有帮助。现象学家需要用语言来做课题，谈话分析需要对他们宣称的语言的首要性设置更清晰的界限——更好地阐释了应该如何看待语言这个概念。语言曾经毫无障碍地谈论经验吗？

现象学心理学在历史上很安静，但是在 20 世纪后 20 年或之后，出现了一批研究现象学的新的一代学者，他们比他们的心理学前辈产生了更深远的影响。当在他们当中的史密斯的 IPA（参见 13 章）获取优势的时候，有趣的是主流的心理学比其他的质性研究对其的态度更友好。也就是说，研究者不需要完全抛弃主流心理学采用的方法。同样，通常现象学心理学要就经验的案例对客观性研究是重要的补充。

八、 小结

现象学和现象学心理学比其他的质性研究方法，如话语分析、会话分析和扎根理论等更早出现在心理学界。然而，现象学在心理学领域发展非常缓慢，直到 20 世纪 90 年代解释性的现象学分析的出现。这有很多原因，但是最重要的是，现象学思想对于主流心理学来说是更奇怪、更难以理解的。其他质性研究方法可能出现得较晚，但是它们通常是关于语言的使用而不是经验的内容。现象学心理学的坚决性的描述方法没有让它在心理学领域获得知名度。无论现象学在心理学中的发展多缓慢，但是当研究者研究的是在现实世界中的现象的经验的时候就需要转向现象学。

现象学心理学的一大发展潜力是可以给许多心理学主题提供另一种理解。传统心理学要给谨慎测量统计的可变因素和它们跟人的经验有什么联系中间的关系找到合理的解释。所以，可以说主流心理学能用现象学方法将主流的发现和个体的经验联系起来，进而从中受益。在心理学中有很多先驱领域需要通过更好地了解客户的生活经验来进行实践。现象学就是被当作那种了解的途径。但它确实需要在某种程度上去适应主流心理学的某些方面，以促进经验作为心理学的一个重要方面，至少使其与理论检验和因果关系的研究处于平等的地位。

本章要点

• 现象学是 20 世纪前半期哲学的产物。它基本关注的是能被体验到的人类经验。胡塞尔的现象学的根本假设是我们能够获取的可靠的知识是我们对我们生活世界的纯粹的意识经验。这并不意味着，现象学是关于这样的经验的因素的还原论分析，而是把经验作为理解我们进入及体验的世界的一部分来整体分析的方法。所以经验在现象学中是社会性的而不是单纯感知的东西。

• 现象学的主要方法论贡献是它坚持通过意识了解人的经验，需要尽可能多地放弃会影响我们解释、评估和描述经验的认知。在现象学心理学中这是一个理想状态，而不是大多数现象学心理学家相信能实现的一种状态。

• 在某种意义上，现象学的主要问题——经验，是被主流心理学忽略的一种存在。在主流的观点中，现象学被错误地看成是主观的，然而在现象学的观点中，它是人类能实现的最客观的主题。现象学（和现象学心理学）的关注点是对现象本身的描述，而不是现象中的个人经验。对个体经验的研究就是实现现象学主题的方式。然而，人们会发现很多现象学的研究偏离了对个体层面的分析。

• 现象学是任何要了解体验到的生活经验的客观知识而进行的心理学研究的起点。现象学研究可以用很多不同的方法来进行，它们并不总是严格忠实于胡塞尔的原始思想。然而，现象学给这样的研究提供了理论性和实践性的背景。

拓展资源

Center for Advanced Research in Phenomenology. Resources. phenornenology-carp. org(访问日期 2015 年 4 月 24 日)。

Dodson，E. Husserl and the Adventure of Phenomenology-In Twelve Minutes. https://www. youtube. com/watch? v＝PjknxUepKA.

Giorgi，A.（2009）. *Descriptive phenomenological method in psychology：A modified Husserlian approach*. Pittsburgh. PA：Duquesne University Press.

Langdridge，D.（2008）. *Phenomenological psychology：Theory. research and method*. Harlow：Pearson Education.

van Manen，M.（2011）. Phenomenology Online：A Resource for Phenomenological Inquiry. www. phenomenologyonline. com/(访问日期 2015 年 4 月 24 日)。

van Manen，M.（n. d.）. Empowering People：Phenomenological Psychology Links. www. empowering people. net/PPlinks. html(访问日期 2015 年 4 月 24 日)。

You Tube. Edmund Husserl's Phenomenology in His Own Words-Rey Ty. https://www. youtube. com/watch? v＝L4cxVEARl)Y ＆ feature＝fvsr(访问日期 2015 年 4 月 24 日)。

YouTube. Merleau-Ponty-The World of Pe「ception and the World of Science(English subtitles). https://www. youtube. com/watch? v＝u f9TtYdxy 3 A ＆ featu re＝「elated(访问日期 2015 年 4 月 24 日)。

You Tube. Phenomenological Psychology-Critical Social Psychology（12/30）. https://www. youtube. com/watch? v ＝ ozQ8t82RSbA＆feature ＝ lisUelated ＆ playnext＝1 ＆ list＝SP528A6A71486796B6(访问日期 2015 年 4 月 24 日)。

第 *13* 章
解释现象学分析

概述

- 解释现象学分析（IPA）起源于 20 世纪 90 年代的健康心理学，是一种用于理解健康议题上的体验（如疼痛问题）的研究方法。 之后这种方法在社会心理学和临床心理学中得到了进一步的发展。

- IPA 主要关注个体如何体验现象以及对这些体验的心理解释。

- IPA 和社会互动论等观点一样，认为人们会试图理解经验（赋予意义）。

- IPA 源自现象学以及解释学和符号互动论。 此外，IPA 强调现象的表意，以及一般规律研究法。 案例研究或者小样本研究是 IPA 常用的研究方法。

- IPA 中使用最广泛的资料收集方法是半结构式访谈。 在访谈中鼓励参与者对其经验进行自由回忆。 问题设计的原则是尽可能获得参与者对现象丰富而详细的体验描述。 如果在方法学上有所要求，也可以使用其他来源的数据资料。

- 对访谈收集到的资料应尽可能做到按本义、一字不差地进行转录。

- 通常情况下，会先深度分析参与者的描述，之后再与其他参与者的描述进行比较。 初始分析得到的主题可能增加到或用于后续分析。 描述间的相似点与不同处都是分析的重要方面。

- 资料熟悉阶段之后，研究者将自己的印象和想法标记在转录稿的左侧空白处。

- 研究者从访谈描述的资料中寻找主题。 尽管主题表达的内容一般更抽象或更具理论性，但主题必须与访谈内容密切联系。 通常情况下，每个主题以简短的描述性的标题表示。 无论主题出现在何处，都要在转录稿右侧的空白处用此标题标注。

- 一旦这些主题被确定，分析者应把它们归入内涵更广的上级主题之中。 分析者根据这些上级和次级主题的重要性对它们进行排序，按重要性依次递减列入表格。 通常选择简短的逐字引文来说明主题和对应的转录稿中的行号，作为查找原稿的一种手段。

- 对关键主题的探讨应依据相关的心理学文献。

- IPA 涉及认知等内部心理过程。因此，它是最明确的基于心理的质性研究方法之一。
- IPA 使用过程中存在多种变量。
- 与其不同，模式分析则以预先存在的心理学概念、思想和理论为基础提出可能的主题。这些主题可能会根据受访者的情况进行修改或增补。

一、 什么是解释现象学分析

史密斯、弗劳尔斯和拉金(Smith，Flowers & Larkin，2009)对 IPA 的定义是"力图考察人们如何理解自己重要的生活经验(的方法)"。与本书中描述的大部分质性研究方法不同，IPA 有其自身的心理学依据。1996 年，乔纳森·史密斯首次描述了 IPA，此后该方法逐渐为人们所熟悉。

从本质上讲，IPA 与个体的经验密切相关，它的基本假设是经历某事的个体是他们经验的专家。揭示个体对于其经验的理解和思考的意义是这种方法的核心。应用 IPA 的多数早期研究主要在健康心理学领域，但临床心理学和社会心理学领域也有所应用。

里德、弗劳尔斯和拉金(Reid，Flowers & Larkin，2005)指出 IPA 对以下领域产生了重要的影响：临终关怀，人类的生育决策(如堕胎和收养)，心理健康，毒品与成瘾，进食障碍，重大疾病之后的生活质量评估，新遗传学(如患者在基因测试之后需要的支持)，慢性病(如长期背痛)，痴呆和其他退行性疾病等，如以下例子。

(1)重新变得"完整"：一项基于神经性厌食症康复女性患者视角的质性研究(Jenkins & Ogden，2012)。

(2)一项对脑损伤患儿的母亲及其亲属的经验研究(Clark，Stedmon & Margison，2008)。

(3)脊髓损伤后的传记中断和丧失体验：一种解释性的现象学分析(Dickson，Allan & O'Carroll，2008)。

然而，健康心理学之外的其他领域，特别是临床心理学和社会心理学，也会使用 IPA 进行研究，如以下非医学领域的研究主题。

(4)通过给受害者的道歉信研究犯罪的需要Ⅱ：治疗后，对虐待儿童的描述的 IPA 分析(Duff，2011)。

(5)日常生活中男性气质的呈现：爱尔兰年轻男性的男性化行为的语境变化(Johnston & Morrison，2007)。

(6)"陷入困境"：男性学习障碍者中发生初始违规行为报告的定性分析(Isherwood，Burns，Naylor & Read，2007)。

这些题目反映了研究问题的广泛性和普遍性。IPA 不是检测假设，而是要了解个人对世界的经验。此外，由于 IPA 在大多数情况下主要处理改变生活的事件，对一些普通的研究而言，IPA 并不是最明显的首选方案，如对领取奖学金的学生进行的研究。

基本上，任何通过受访者自己的观点对一个人的心理体验进行探索的研究，都可以使用

IPA。虽然如果需要处理的材料是来访者对自我经验的言语描述，也许可以使用其他的数据资料，但 IPA 最优先的材料来自深度的质性访谈。然而，IPA 分析最可靠的材料是在精心构建的深度定性访谈中获得的。正如 IPA 名字本身的含义那样，这个方法主要关注由某一独特的个体或小群体对其意识性经验(现象)提供详细的描述或解释，并对此进行的分析(本章中，我们使用现象学中"现象"这个词表达这层意思)。理查森、翁奇、西姆(Richardson，Ong & Sim，2006)提供了一个关于慢性疼痛的 IPA 研究范例。研究的对象是 8 位在小型家庭中患有慢性疼痛的患者。

由于分析的工作量大，小样本是典型的人际现象学研究模式。研究人员通过这个例子发现，可以将参与者的经验归纳为以下类别：①对未来乐观；②对未来悲观；③对未来不确定。其中最后一类占据主导地位。这为 IPA 的基本假设提供了一个范例，即人们试图理解其经验，IPA 的目的是让研究者了解这些经验的意义。因此，在 IPA 研究中，研究者应具备以下特点，这是非常重要的。

(1)为人们的经验提供准确和有效的描述；

(2)提供对这些经历的理解。

换一句话说，就是研究者力图达成对参与者经验解释的理解。在 IPA 的研究中人们认识到，基本上，研究者本身对现象学世界的看法构成了理解现象的基础。这表明研究者永远不能完全理解另一个人的现象学世界，尽管他们或许能有效地接近访问对象的经验。

IPA 与其他形式的质性分析存在联系，特别是主题分析，以及与之相似的叙事分析。图 13-1 显示了 IPA 的一些关键特性，包括里德等人提到的那些特性。明显地，由于 IPA 强调对经验的现象学解释，使其有别于其他质性研究方法。同样，因为 IPA 不仅把参与者看作文本或会话的提供者，而且是会话的理解者，因此 IPA 将更多的人的元素纳入分析中，而非仅仅是典型的会话分析和话语分析。关注对事件的体验(现象)本身是 IPA 分析最明确的定义。本章后面的专栏 13.2 提供了关于 IPA 方法特点的清晰的图示。

归纳的，数据导向的方法	关于个人体验，而非表达事件的语言	参与者是自身经验的专家
鉴别体验的个人方面(独特性)和共享方面(常规性)	研究者对复杂的经验赋予意义	以材料示例为依据，研究者提供可能的解释
强调研究者在解释中发挥的作用，以及与参与者的合作	解释可能包含了避开一些质性研究方法的心理学解释	将参与者完全看作分析中独特的、社会的、文化的存在

图 13-1　解释现象学分析的关键特性

二、解释现象学分析的发展

第 12 章提到的海德格尔，庞蒂和萨特是对现象学具有重要影响的人物，同时也对 IPA 的发展具有同样重要的作用。他们的共同之处是将人类视为在某一文化/历史/社会背景的制约下，存在于世界上的具象化的人，而非一个整体。但这些思想家没有直接提出 IPA。IPA 是 1996 年首次由乔纳森·史密斯提出的。他在发表的文章《超越认知与话语之间的鸿沟：使用健康心理学中的解释现象学分析》(Beyond the Divide between Cognition and Discourse: Using Interpretative Phenomenological Analysis in Health Psychology)中写道：

> 这是一种可以与主流心理学交流的，并获得经验性和质性信息的心理学方法。(Smith, Flowers & Larkin, 2009)

IPA 研究者明确指出，该方法具有深刻的哲学根源：

> IPA 的一个重要的理论来源是现象学，即胡塞尔等人建构的一种意识哲学科学；第二个重要的理论基础是"释义学"——解释学理论；第三个重要的影响来自 20 世纪 30 年代在社会科学领域出现的符号互动论，这是对主导社会科学的实证主义的明显排斥。对符号互动论而言，个体对事件归因的意义是最重要的，这些意义只有通过社会互动和解释的过程才能获得。(Taylor, 2008)

由此，史密斯(Smith, 1996)提出了质性研究方法——IPA。IPA 作为一种获取质性和经验方面的资料的方法，保持着与主流心理学的对话。这种对主流心理学的接纳在近期心理学的定性研究中显得尤为独特。

不言而喻，无论是质性研究还是定量研究，每一种研究方法都有其相应的理论假设。定量心理学反映了对实证主义和假设检验的良好衡量标准(正如第 1 章所言)。IPA 等质性数据分析方法，是从哲学和理论的根源发展而来的，这需要通过理解才能充分了解其方法的本质。IPA 与一般的质性研究方法相比具有特殊的影响性。这一点在 IPA 解释人的经历过程中，接受主流心理学的理论表现得特别显著。这一点并不令人惊讶，因为尽管 IPA 已逐渐在其他研究领域建立了广泛的基础，但它最初是从心理学脱颖而出的，并仍在心理学中占据主导地位。因此，我们会预料，IPA 中可以找到更多一般心理学研究和理论的文献，而话语分析研究的文献可能相对较少。话语分析更可能对心理学的解释持高度的批判态度，因此在对材料的解释中不太可能建设性地使用这一方法。与其他话语分析、谈话分析等质性分析相比，IPA 中对语言的理解要少很多。

图 13-2 将四种哲学对 IPA 的影响归纳在一起。例如，查普曼和史密斯(Chapman & Smith, 2002)等研究者认为 IPA 的哲学根源是现象学和符号互动学。史密斯认为解释学是 IPA 的基础；而夏因伯恩(Shinebourne, 2011)将个人特质研究法作为 IPA 的重要哲学基础。(我们会发现，特殊个案研究法与一般规律研究法相反，它关注具体的个别情况，而不是简单地基于多样本案例来发现一般规律。)

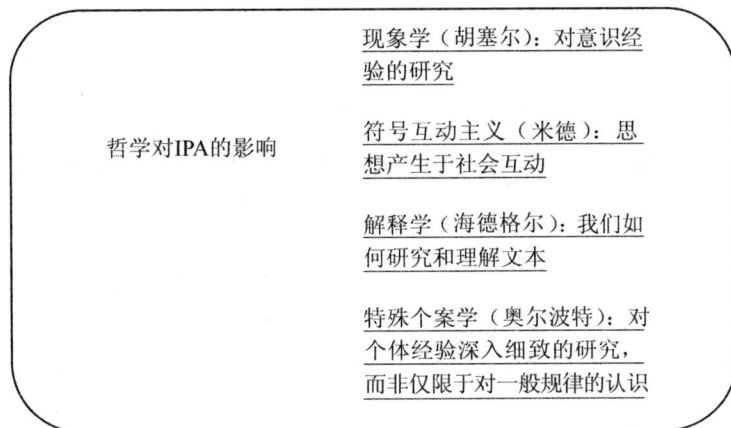

图 13-2　哲学对解释现象分析的影响

（一）现象学

现象学是对意识经验进行的系统研究，属于一般哲学范畴。希腊语"phainomenon"指的是"显现的东西"或者"事物如何出现"。现象学的创始人是奥地利/德国哲学家埃德蒙·胡塞尔。虽然现象学的基本思想是在他的"逻辑研究"（1891）中提出的，但"现象学"这一术语最先出现在"纯粹现象学和想象学哲学的观念"（1913）中。很难把胡塞尔归于哲学家或心理学家，因为在他的写作时期，哲学和心理学之间的区别并不像现在这样明显。总之，胡塞尔受到当时布伦塔诺等心理学家的深刻影响。现象学的基本思想是：人类经验与现实之间并不是相互孤立的。也就是说，现实是由事物和事件组成的，但是在有意识的体验中才得以被感知。因此，可以说现象学以及大多数的质性心理学，都排斥体验中存在客观现实这一观点。基于胡塞尔的想法，体验（意识活动）与经验的性质和习惯（认知）是有差别的。所以可以在想象中体验事物——比如，想象大学毕业的那一天——但是它与一种复杂的经验相关，如你的穿戴，你的感受，在场的人等。现象学中的另一个重要概念是"悬置（或者托架）"，现象学研究者用这一种方式试图避免偏见和预设。偏见和预设在我们理解经验的时候发挥了一定的作用，使得我们将经验体验为它们预期呈现的样子。

IPA 和其他现象学方法是力图从经验者的视角来理解意识体验的方法。IPA 对思想、记忆、社会行为、欲望和意志等普遍的或不太普遍的心理概念进行研究。体验包括意识的意向性——特定的想法和想象。它们有助于建构特定经历的内在意义。在 20 世纪，现象学的蓬勃发展极大作用于当时的学术思想，让-保罗·萨特（1905—1980）等人的存在主义受到了胡塞尔的重大影响。但是，除此之外，美国社会学中的民俗方法学也吸收了现象学的观点（参见第 2 章）。

（二）解释学

从字义上看，在古希腊时解释学指对信息的分析。然而，目前它更多的是指我们学习和理解文本的方式。文本并不仅仅被看作记录下来的东西。正如阿尔及利亚/法国哲学家雅克·德里达（1930—2004）的思想，文本应包括人们在日常生活中所解释的任何东西。当然，这个定义也包括 IPA 关注的体验类型。意义是一种解释学和多数质性研究中的社会文化产物。尽管解释学一开始应用于解释圣经的文本，但应该明确的是，这一方法可以应用于人类活动的诸多方面。在解释学的传统中，通常使用第一人称视角来研究人类活动的意义和重要性。在各种形式的质性数据分析中，常见的是在与整体的比对中，不断在来来回回循环的过程中对文本的各个部分进行研究。

也许我们应该添加些回顾性的内容，虽然有一点离题。"解构"一词起源于解释学。德国哲学家马丁·海德格尔引入了这个概念，尽管今天这个词的含义已发生了变化。海德格尔意识到，文本的解读受到了解读者的影响。也就是说，它不同于文本的本义。这些解释必须通过解构来揭示解读者赋予文本的意义。在一些宗教文本中，解读者完全改变了原文含义，这可以明显看到建构以及之后解构的必要性。例如，对伊斯兰教义，基于相同的原始文本已经发展出不同的解释或建构。

对海德格尔来说，解释学是现象学的前提。解释学主要阐明文本的意义。现象学的核心是揭示意义的过程，这种意义并不像意识中出现的现象那样明显。意义基本上是隐藏的，研究者需要通过一个过程，使隐藏的意义显现出来。现象学研究者所揭示的不是一个新的想法，而是一个已经存在的东西，它是个体存在于世界中的一部分，也就是说，经验现象包含着已有的历史、文化和社会的内容。因此，解释是建立在先于经验存在的事物这一基础之上的。

海德格尔认为，当我们在生活中遇到一种现象时，它已经卷入了我们的世界，可以认为是掺杂了我们对这个世界的理解。从解释中可以发现这种掺入的理解是什么。换句话说，我们对这个世界形成的经验与我们对世界的认识相关联，它来自我们先前的学习。现象的亲历者和研究者都参与解释中，但研究者的任务是理解参与者所描述的经历。由此，史密斯（Smith，2004）提出了"双解释学"这一术语来描述研究者试图理解参与者对个人和社会现象的理解过程。一个人可能会把既往经历作为前概念。研究者试图理解的是，参与者对与前概念的批判和反思有关的经历所进行的描述。当然，在分析过程的开始阶段，这些前概念往往是模糊的，但在解释的过程中会慢慢变得清晰起来。在对经历产生自己的解释的过程中，参与者的前概念往往会被研究者修正。由于前概念并非研究者所知，而是在参与者对其经历的描述中发现的，因此这里会存在误解的风险。研究者的作用是对参与者在现象学访谈中所说的话语进行抽象和概括。研究人员从第一次"阅读"参与者的文字，并产生共鸣。只有到后期才能进行心理方面的推测和猜想，如选择一些可以与参与者对自我经验的描述相联系的心理学理论和过往经验。

受德里达的影响，解构意味着解读者对文本意义的一种批判。最初解构仅指识别不同流派对文本的理解。赫伯恩总结了解构主义在心理学著作中普遍的表现方式。

> 解构与建构相反：它指的是"事物的拆分"——文本假设的分解和层次结构的颠覆。（Hepburn，1999）

赫伯恩（Hepburn，1999）是深入了解德里达在心理学上的解构概念的先驱。目前我们从与 IPA 相关的哲学族谱中越走越远了。

(三)符号互动论

符号互动论认为，精神和自我产生于重要的社会交互作用。这种社会学方法主要针对微观的社会现象，而不是社会的宏大结构。它曾对社会心理学产生过影响，特别是社会学领域的社会心理学。符号互动论始于德国社会学家马克斯·韦伯(Max Weber，1864—1920)和美国心理学家、哲学家乔治·赫伯特·米德(George Herbert Mead，1863—1931)的著作。这两个人都把主观意义和社会互动的问题推向了最前沿。尽管米德被认为是符号互动论的最重要人物之一，但符号互动的定义却是由赫伯特·布卢姆(Herbert Blumer，1900—1987)提出的，他确定了符号互动论的主导地位(Blumer，1969)。

尽管符号互动论本质上是一种社会学理论，但它的概念的出发点是个人，而不是社会结构。与主流的心理学观点不同，对于相互作用的人来说，人们并不是社会化影响的被动接受者。相反，人们能够在社会"之外"主动地产生对这个世界和对自己、他人的理解，以及对两者之间的相互作用的理解。在符号互动论中，一个人不断地调整自己对他人行为的反应。这依赖于人们解释自身和他人行为的能力。换句话说，我们可以象征性地对待其他人的行为，把这些个体当作符号对象。在想象中，我们在做出反应之前制定和演练替代的行动模式。此外，我们有能力把自己和所做的事情视为符号对象。在互动的视角下，人类积极地、创造性地建构着自己的社交世界。当信息发送者与信息接收者对信息的理解一致时，重要的符号就产生了。在此基础上，语言出现了。语言是由交流组成的，也包括使用者重要的交流方式。普通的、日常的人与人之间的互动(而不是社会结构)是社会性的。这意味着社会是不断变化的，并以变化应对这些互动(临时)的结果。

这种过程是如何进行的呢？在人与人之间的社会交往中，自我发展的思想和概念意味着什么？有一点必须记住，社会过程和沟通在个人出生之前就存在了。小孩来到世界前，人们已形成了社会，在此人们在相互作用中构建他们对世界的理解。新生儿来到这个世界后，即使在早期，也能通过手势进行交流。也就是说，他们先通过手势，然后才能通过语言交流。早期的手势并不带有意识的交流意图，但却有这种效果。沟通不是一个人的行为，至少涉及两个人的行为。交流是基本社会机制，其意义是通过学习建立的，这种意义依赖于个体之间的相互作用。在这个过程中存在一个信息发送者、一个信息接收者和一个交流的结果，进而出现对心理和自我的理解。当然，在交际中也会产生意向性，因为个体学会了预测他人对交流的反应，并以此来达到他人所期望的反应。所以自我是有目的的。在交流或社会互动的背景下，意义得以在社会情境中产生。

我们可以从欧文·戈夫曼的戏剧理论方法中找到符号互动论的经典例子。他认为人类社会互动是戏剧化的。从意识到人际交往在创造社会的本质上的重要性，到研究个人在互动中所扮演的角色，这是一个小小的进步。角色扮演是我们学习和理解他人观点的关键机制。《精神病院》(*Asylums*)(1961)是戈夫曼最具影响力的书籍之一。它检验了制度化的过程，认为制度化的过程可以被看作人们对整个体系结构以及交互的反应。在他的《框架分析》(*Frame Analysis*)(1974)一书中，戈夫曼阐述了现象学对他思想形成的影响。民族方法学也植根于符号互动论。

(四)解释现象学分析中个案研究方法的根基

从根本上说，IPA 是一种以个体为理解单位(如任意个案研究)的个案研究方法。IPA 研究者在个案研究中发现其价值，这与胡塞尔的现象学研究方法有所不同。当然，许多研究者会从分析某一特定案例的具体情况开始，但随后会将其他类似的个体研究纳入其中。因此，可以对几项具体的研究进行对照比较，以便根据多个研究结果总结出更一般性的结论。这体现了个案研究方法与一般规律研究方法的显著差别。一般规律研究方法是 20 世纪 30 年代戈登·奥尔波特在心理学中引入的关于对知识的经典分析方法，但德国哲学家威廉·文德尔班(Wilhelm Windelband，1848—1915)才是这种方法的鼻祖。

(1)个体化的理解指个体拥有个人本身的权利，涉及更广泛的独特案例、事物或事件。

(2)一般规律的理解关注对个体群体性的研究。这个群体代表了这类人中的所有个体。因此，在一般规律研究方法中，形成抽象的法则或对人群进行概括是恰当的。

IPA 重视个案或案例研究，可以说是来自胡塞尔式的现象学的影响。这反映了 IPA 在其实际运用中远离其根源的程度。正如我们在第 12 章中所看到的，在现象学心理学中，胡塞尔的方法很好地体现在阿米德·乔治的工作中(Gorgio，1985a，1997)。尽管研究是基于个体，但其目的是阐明现象的一般性而不是个人的经验。个案研究的具体细节也可能被提及，但这更像一种描述现象的方式，而非重视细节本身。其中一个不同之处在于，当今 IPA 操作处于胡塞尔现象学范式的早期阶段(Smith Flowers & Larkin，2009)。这导致了在乔治(胡塞尔)风格的研究中发现的第三方声音与 IPA 研究之间的对比，第三方声音认为现象本身具有普遍性，而"IPA 分析通常采用一种更个体化的解释性的评论，与被试的解释片段交织在一起"。

所以你会在 IPA 的研究报告中找到个别的案例研究。史密斯(Smith，2004)在研究个体时提供的细节有助于研究人员分享人性的重要方面。在研究涉及多个人的情况下也是如此，因为分析从对每个人的详细分析开始，然后继续观察个体之间的相似点和差异点，以阐明他们分享的经验(如背痛的经历)。史密斯等人(Smith，Flowers & Larkin，2009)认为，这种研究为一般规律研究提供了新思路。

(五)如何进行解释现象学分析

使用 IPA 的分析人员并不仅仅依据参与者个人对他们的经历的描述而做出解释，而是拓宽了解释。因此，IPA 涉及史密斯和奥斯本(Smith & Osborn，2003)所称的"质疑诠释学"。他们认为，这涉及他们研究中的一些问题。

> 比如，这个人想要达到什么目的？是否还有其他未表现出来的意图？我是否对这里发生的事情有一种感觉，也许参与者自己没有意识到？(Smith & Osborn，2003)

因此，IPA 是"解释性的"，而不仅仅是描述性的。解释不是针对字面意思，而是对所说内容的系统分析。或许我们可以将其描述为一个重要的解构过程。

史密斯和他的同事们提供了如何实施 IPA 的详细描述(Smith & Eatough，2006；Smith，Flowers & Larkin，2009；Smith & Osborn，2003)。这些对 IPA 程序的描述包括承认一个事实，即 IPA 的实施存在灵活性，研究人员可以选择适应和改变方法，以满足他们自己特定研究的要求。换句话说，IPA 的方法对于研究应该如何进行，并没有太多的规定。IPA 主要有两个方面：

(1)数据收集；

(2)数据分析。

以下各部分分别解决这些问题。图 13-3 总结了分析的主要方面。

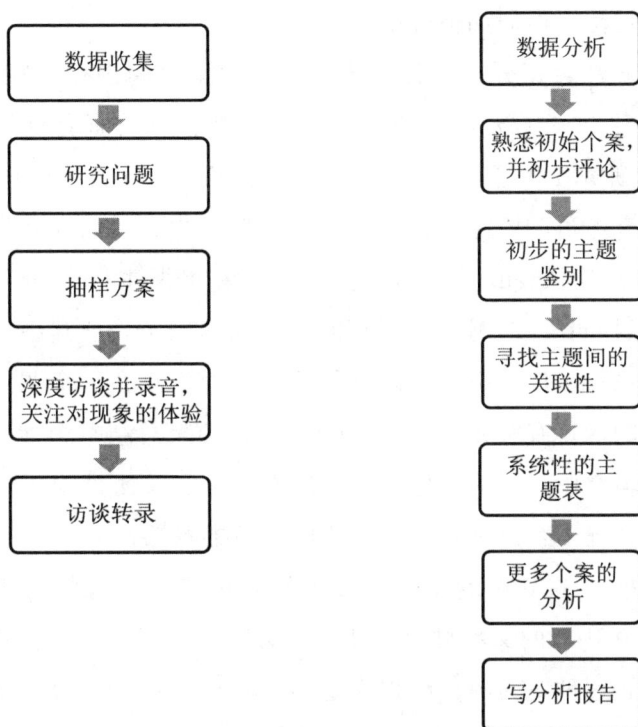

图 13-3　解释现象学分析的主要方面

拉金、瓦特和克利夫顿(Larkin，Watts & Clifton，2006)认为，人们对现象学的本质存在误解。特别是，人们认为现象学是一种纯粹性的描述，这本身就是一个错误概念。然而，这种误解使得 IPA 吸引了一些学生，特别是因为它的方便、灵活和适用。这一切都不应该暗示现象学方法缺乏严谨性。他们认为，IPA 是史密斯在早期所提出的"局内人的观点"。这可能导致 IPA 研究过于侧重将描述作为分析的形式，而不是开发该方法的解释或概念方面。与其他质性方法相比，这种按部就班的方法相当"不值得注意"，但是似乎有很多可变性和灵活性。由于数据资料是由研究人员和参与者一起制作的，因此 IPA 不可能产生真正的第一人称经验。不过，这一尝试的目的是尽可能接近叙述者本人的解释。但是对 IPA 的解释意味着需要一个更明确的概念描述。

在尝试做第一个 IPA 研究之前，我们必须阅读一些使用 IPA 的研究案例。以前有许多研究可以借鉴，同时新的研究正在不断地产生。专栏 13.2 和 13.3 提供了很多例子。一些案例会与你想要研究的话题很接近。因此，这些案例是最好的模仿对象。

三、 数据收集：半结构式访谈

当然，在任何研究中，数据收集都依赖于确定的研究问题。这对 IPA 同样适用。史密斯和奥斯本（Smith & Osborn，2003）详细讨论了 IPA 中的研究问题。IPA 的研究问题并不会导致臆测，因为对任何一个特定研究而言，IPA 的方法是探索性的，并且主要受研究者所关注的经验领域的限制。然而，这有可能产生一个一般性的 IPA 研究问题：个人（或群体）对他们所经历的特定情况（现象）有什么看法，他们如何理解这种经验？

与其他一些形式的质性数据分析一样，IPA 需要大量时间进行材料的收集、转录和分析。因此，在 IPA 研究中接受访谈的人数一般都很少。例如：有的研究仅有一个参与者（Eatough & Smith，2006），也有研究使用了 64 名参与者（Coleman & Cater，2005）。样本量很大程度上取决于研究的目的和研究人员的资源。在学生进行的项目中，时间和其他资源有限，可能只能允许 3～6 人参加（Howitt & Cramer，2011）。史密斯和奥斯本（Smith & Osborn，2003）认为 IPA 样本应该包含相似的（同质）案例，而不是极端不同的例子。这其中的一个含义是，在一项研究中，最好是对那些患有慢性背痛的群体进行研究，而不是在一个调查中研究各种类型的疼痛。如果样本大小允许的话，有必要用一个表（如表 13-1）来总结每个参与者的一些特征。这可以使读者置身于讨论情境之中。当然，包含的内容在很大程度上取决于研究的性质和目的。在质性研究中被试较少的情况下，这是种可以采用的有效的策略。

人们对经历的详细描述是 IPA 的基础。分析的质量取决于这些描述的质量，从而推动对 IPA 的描述和理解。无论 IPA 的文本材料是什么，必须对经历提供非常详细的描述。例如，我们日常关于疼痛的对话，这种对话的详细程度是很少见的，也就是说，基于这个原则，大量的文本资料将被排除在外。在 IPA 中更受欢迎的材料是那些有着丰富的文本资料的材料，这些资料就像在第 3 章中所讨论的，可以在开放式访谈中获取。

表 13-1　总结参与者的表格举例

参与者	性别	年龄	疼痛类型	发病时间（年）
戴比	女	48	交通事故	10
克里斯	男	27	交通事故	14
埃勒	女	22	与工作相关	3
卡伦	女	39	医疗条件	25
杰伊	男	33	与工作相关	12
马丁	男	27	医疗条件	5

当然，访谈者需要通过仔细思考和适当的提问来确保访谈中出现适当的描述。IPA 中涉及一系列开放式问题，旨在帮助参与者用自己的语言进行详尽而全面的描述。为了最大限度地达到目的，访谈需要进行仔细的尝试。因此，IPA 研究人员会先通过对少数参与者探索访谈问题

和技巧，如果参与者能自由而全面地回答问题，研究人员就会有信心继续研究。应该强调的是，为了调查研究的需要，其他关于个人经历的素材，如日记或自传材料都可以作为合适的内容选入。

不过，截至目前，IPA 的调查所使用的半结构化访谈几乎是独有的。运用 IPA 访谈技术也具有灵活性。所以，那些已被纳入计划中的问题，并不是按固定顺序呈现给参与者的。相反，访谈者需要自由地探索(探究)有趣的事情和访谈过程中发生的事情。最重要的是，访谈要由参与者的问题作为引导，而不是由内部人员根据已有的议程进行设定。尽管如此，研究者仍需要大量的前期计划工作。例如，为了确保提供充分详细的信息，除了计划的问题外，研究者还可以做一些预调查。这些调查可以包括在访谈安排中。但是，由于访谈的需要，访谈者在访谈过程中可以自由添加新的问题和必要的询问。

对于访谈问题应如何进行设计，史密斯和奥斯本(Smith & Osborn，2003)提供了很多建议。虽然这些一般都是针对深度访谈的建议(见第 3 章)，但在这里也应提及：

(1)问题应该是中立的，而不是超价的或引导性的。

(2)避免使用专业术语或假设被试具有相应的专业技术能力。

(3)使用开放而非封闭的问题。

史密斯和奥斯本(Smith & Osborn，2003)的访谈风格具有以下的特征。

(4)在访谈过程中需要花费时间建立信任和融洽关系，需要缓慢地转向兴趣领域，这是非常重要的。因为 IPA 研究的主题往往是与个人高度相关的敏感问题，因此，参与者不能快速进入主题。

(5)在有效使用询问和过度询问以至损害材料质量之间是有区别的。过度使用询问会干扰参与者的陈述，从而削弱采访的质量，他们可能会引入一些无用的信息，并导致话题无益的转移。

(6)一次只问一个问题，并提供足够的时间来确保适当完整的回答是很重要的。参与者可能需要思考，此时用另一个问题打断其思考的做法是错误的。

(7)访谈者要对访谈的效果保持敏感。如果出现问题或困难，访谈者可能需要改变对受访者的访谈方式。在这种情况下，有许多不同的方法来处理这些问题，可以通过短暂的休息或一种新的提问方式。

如果研究者对要回答的问题不太熟悉，并且花费大量时间检查问卷，这会妨碍访谈。因此，如果研究人员委托访谈者记住访谈提纲，以便让访谈过程更自然流畅地进行，那就好得多了(当然，应该在有受访者的情况下，检查访谈提纲，看看是否遗漏了什么。受访者会理解这样做的必要性)。在访谈过程中，研究者可以根据参加者的情况，改变访谈的顺序。根据经验，最好是让受访者说出他们想说的话。因此，如果受访者在访谈过程中先说出了后面问题的相关信息，就直接收集，不需要再次向参与者询问相关信息。例如，如果参与者被问到一个关于疼痛的一般性问题，却在回答过程中详细地描述疼痛何时开始，那么关于痛苦如何开始的问题，应该从问题单中删除。

此外，要记住，访谈是以参与者的话为指导的。对于研究者来说，不可能预测所有可能与问题清单相关的内容。特别是在研究开始时，会出现一些情况，受访者可能会提出一些似乎感兴趣和与所涉主题相关的问题，但这些材料并不完全符合访谈计划中的主题清单。每当出现这种情况时，访谈者应设法就这些新问题询问参与者。当然，这意味着访谈者需要有足够的灵活性，才能把这样的即兴问题提出来。当然，下一步要考虑是否在今后的访谈中包括有关这一内容的问题。换句话说，研究人员应该对参与者提供的材料非常敏感，而不应该是精准按照访谈计划的僵化模式。当然，这并不意味着访谈中的任何部分都会因一时兴起而被删除。

在半结构化访谈中，一般从更广泛的层面开始，而后关注细节。因此，IPA中的半结构化访谈通常是从一般问题开始的，后面是具体的问题和询问。例如，如果研究是关于疼痛的，研究者就会在询问有关疼痛的细节或疼痛对日常活动的影响的细节之前，通常会同受访者谈论疼痛。对访谈进行录音，这样可以完整地记录研究人员所说的内容。录音的益处是研究人员可以专注受访者所说的话而不用做笔记。录像虽不常见，但也可以使用。然而，录像的益处不会超过它的缺点。

在IPA中，需要将录音进行转录后做材料分析。查阅转录的记录要比来回翻看访谈中的录音方便得多。当然，你可能需要回到原来的录音中进行确认等。清单也有助于增进研究人员查看材料以及分析材料之间的关系的能力。IPA的转录通常使用文字和秘书式的（剧本）转录模式，即说了什么话，谁说的，这些都是通常所记录的内容。一般来说，杰斐逊风格的转录，其中包括语调的变化、暂停和其他方面的语言特征将不会在IPA中出现（参见第6章）。然而，IPA并没有禁止转录额外的信息，如情感的表达。通常，转录的记录两边都留有空白，以便就任何此类相关要点发表意见。在转录完成之后，研究人员可以自由地表达自己的想法或记录相关的印象。否则这些想法和印象可能会被遗忘。在数据分析阶段，这些笔记可以在预留的左侧空白处和右侧空白处来记录主题。转录时间可能是访谈时间的8倍。此外，在转录数据时，最好不要进行缩写。

（一）数据分析

如上文所述，IPA方法包括4~6个主要步骤。准确的步骤取决于访谈的次数，或者访谈的时长。单一的个案可能更为合适。不必惊讶，这其中的多个步骤在其他形式的质性分析中也可以看到。

1. 初始个案熟悉与初步评论

与任何质性研究一样，研究者需要对他们的数据有高度的熟悉度。这在一定程度上是通过自己收集材料实现的，如果可能的话，也可以通过抄写，最终通过对这些记录进行多次阅读和重新阅读来实现。转录本在左右两边都有空白区域，研究者可以使用左边的空白区域记录他们对数据感兴趣的想法。这有点类似扎根理论的备忘录。没有具体的规定说明要如何记录。例如，无须将转录分解成任何特定大小的单位，也不必为所有的转录内容提供评论。分析师可能会总结或解释访谈中所说的内容。在稍后阶段，这些备注有助于确认、改变或指出访谈内容与对转录内容的总结或解释之间不一致的部分。

2. 初步识别主题

随着对材料进一步的了解，研究者可以开始将转录中的重要主题进行备注。这些主题可以用几个词概括出来，通常是简洁的短语或标题。做这项工作的词汇越多，就越局限。主题应写在相关文本右边的空白处。主题和文本中的内容要相关，但主题应该用更多的理论或抽象的术语进行表达。处于这个阶段的人，请参看扎根理论(第 8 章)中对此提出的建议。

3. 寻找主题间的关联

当然，许多被确定的主题可以组合在一起，形成更广泛或更高级的主题。也就是说，研究人员要检查这些主题的列表，并寻找它们之间的联系。这些高级的主题多是受这些交互联系主题的启发。所以一个高级主题是一个与其他主题相似但又与众不同的主题。看似相似的主题可以列在一起，并给出一个更具包容性的标题。高级主题的发展可按下列方式进行：

(1)复制和粘贴主题名称到文档处理器中，移动它们形成紧密相关的集群。

(2)分析可采用质性分析的计算机程序，如 NVivo 进行。

(3)整合在索引卡片或纸条上写的主题名称。然后，它们可以在桌子或类似桌子的大平面上移动，就易发现主题之间的空间联系。

研究人员需要确保所开发的主题与访谈中所说的确实相关。因此，将主题标题与表面上属于主题的材料进行比较是很重要的。参加者所陈述的节选(包括页码和行在哪里出现)所形成的主题需与上级的主题标题比较，如果有些主题与高级主题不相符，或者是被证明这些主题在材料库中不能有效验证高级主题，这些主题就要舍弃。

在这一阶段，一个技术不娴熟的调查者可能困于分析的过程。可能需要帮助他们将分析向前推进，方法是要有比以前识别主题所需要的更概念化的思维。类别和主题需要被更抽象和高级的分析所代替——这是解释阶段。

毕乃德和汤普森指出：

> 脱离纯粹的描述性分析常常会带来困难，可能是因为……学生先前有一定的实证方法基础……使其在解释时可能会感到不适应……然而，这正是遇到质性方法(包括 IPA)的学生所面临挑战的地方。根据我们的经验，虽然一些学生会遇到这种恐惧，但是这种恐惧在理论和实践两个层面上都是无根据的。(Biggerstaff & Thompson, 2008)

专栏 13.1 讨论了史密斯(Smith，2011)关于特定重要"宝石"文本对分析的影响的见解。

专栏 13.1 核心概念

质性分析中的"宝石"

研究者所面临的质性方法的困难之一就是了解如何进行质性分析。学习重要的分析概念，如"轴向编码""转向"和"悬置"，这些都非常必要。但是当面对一个访谈记录分析时，这些概念并没有什么帮助。你在找什么？在访谈中，一个人如何决定重要的事情是什么？进行质性分析所涉及的许多不安全感会随着经验而消失，但这并不是最简单的过程。史密斯(Smith，2011)讨论了 IPA 分析与其他质性分析相关的一个方面。他认为提取的特定内容只是一些简短的文字，可能与其意义大小完全不成比例。分析的开始是通读文本，以使得研究员熟悉文本并进行一定的分析，在这个过程中，一个特定的段落可能会使研究人员产生兴趣并为之着迷。

当然，相比较采访等一般的文本，宝石很少并且是离得比较远的。

史密斯引述了自己工作中一个"宝石"的例子：

> "我需要小心人类，我有点担心将来会有什么发生在我身上。我们都会被包围，并被带到某处的营地吗？"

这是凯文(Kevin)在一次关于慢性良性腰痛的访谈中所说的话。当史密斯第一次读到凯文的话时，他感到非常不安，他认为这篇文章的内容是"隐晦的"和"难以捉摸的"。凯文设想的是什么样的营地，他为什么在采访中提到这一点。想理解这句话本身的意义是非常困难的，当理解访谈对象的整体信息，包括其他参与者提供的信息，而不仅仅是理解提供分析的重点的"宝石"，这句话的意义才会浮现。

从采访中我们发现，很多被试在回答访谈的问题时表现出了这样的情况，即被威胁的积极自我和另一个消极自我之间存在斗争。他们在访谈中感到羞愧，自我贬低。他们的身体体验基本上拖累了他们想要成为的积极自我。他们的话语暗示了一种外星人接管他们自己的身体。另一位被试，托尼(Tony)，使用了以下词语：我是个废物，他们应该有一个令人印象深刻的人(作为父亲)让自己仰望，但他们怎么能仰望我，我所做的一切都是坏脾气和残废，每隔 10 分钟就得躺下一次。他们看到的只是一个男人。在凯文的陈述中"我们都会被包围，并被带到某处的营地吗"。史密斯认为那些背痛患者害怕"坏"自我会让自己遭受惩罚和报复。

并不是所有的宝石都像上面一样引人注意。史密斯认为，从"闪闪发光"的例子，"暗示"的例子，到"秘密"的例子，有一种宝石的光谱。这些不同程度的研究和不同的被试可以轻易"看到"被认为值得特别注意的文本的意义。图 13-4 显示了所涉及的不同类型。

光亮的，华丽的
- 这种特殊文本的意思是浅显易懂的
- 文本的含义对参加者来说是非常浅显的
- 这不需要调查者付出特殊的专注力来理解文章的意思

暗示的，提示的，影射的
- 这种特殊文本本质上需要一定的注意力
- 调查者需要付出非常认真的、善于分析的专注力来理解文章的意思
- 文本意思的解析只有言语中所描述的那部分人能够理解

秘密的，机密的
- 在看那些文本时，文章某些片段的意思是浅显易懂的
- 如果他们想获得任何一丁点关于文章的意思，调查者都需要付出较强的注意力
- 参加者根本不知道文本的意思

图 13-4　文本"宝石"的不同类型

4. 主题系统表

这是一种可视化的方式，来呈现分析中发展起来的上级主题和次级主题的结构。根据参与者所看到内容的总体重要性，从最重要的上级主题开始，对它们进行排序。该表格可能包含来自参与者的一个简短的短语，以此来说明主题。需要注意的是转录的信息所在的位置。表 13-2 提供了一个说明这一点的通用表格。

5. 进一步的案例分析

如果研究不是单独的案例研究，对其他案例的分析也可以以同样的方式进行。第一个案例的主题也许可以用于接下来的案例，但是也有另一种情况是需要重新检查每一个新案例。考虑到 IPA 中使用的独特而非标准的特殊之处，研究人员需要考虑不同参与者之间的主题的相似之处，以及它们与特定个体的不同和排他性。这给出了在不同情况下不同案例的变化的指示。一旦分析完所有的转录本，就可以生成表格，说明分析中所阐明的主题结构。它将与表 13-2 中的结构类似。

6. 撰写分析报告

撰写——项目报告、学位论文、期刊文章——是分析过程的最后阶段。这是在质性分析中运用的普遍方式。报告中需要包含所有分析过程中重要的主题。每个主题需要进行详细的描述并通过访谈记录进行确切的引用。每个例子需要清晰并足以说明主题。报告的内容是研究者的解释或研究者认为被试说了什么。在撰写报告过程中清楚地理解解释的内涵及其基础十分重要。在研究报告中有两种方法来呈现结果。一种方法是将报告分为两个部分："结果"和"讨论"。"结果"部分需要描述说明主题，而"讨论"部分需要展现出所提出的主题和与研究项目相关的近期文章之间的关联。另一种方法是做单独的"结论和讨论"，每个主题的后面跟着与该主题相关的文献讨论。这两种方法都是可行的。（详见第 15 章，对质性报告写作进行更全面的讨论。）

表13-2　上级说明引文表的结构　主题A：偏执现象

上级主题A 偏执现象	上级主题B	上级主题C
(a)感受伤害："我感觉到周围的人们在讨论我。"维克托1	(a)子范畴 1：引用说明	(a)子范畴 1：引用说明
(b)伤害类型："我感觉陌生人在我背后捅刀。"珍妮特1	(b)子范畴 2：引用说明	(b)子范畴 2：引用说明
(c)伤害的意图："我感觉我被故意迫害了。"诺尔曼2	(c)子范畴 3：引用说明	
(d)信任接受性："这一切的阴谋和电话窃听都是信息系统 在背后策划的。"梅1		

坎贝尔和莫里森(Campbell & Morrison, 2007)将最广泛的主题称为上级主题，将子范畴(如感受伤害)称为主题。

在本章后面的专栏13.3中，我们对案例研究方法中使用IPA的情况进行了说明。

四、何时使用解释现象学分析

IPA与人们的经历有关。因此，如果研究是关于人们是如何亲身经历诸如疼痛或严重疾病等重要现象的，在方法上就可以考虑使用IPA。IPA并非像主题分析和基础理论那样，它是一个处理任何形式质性数据的通用工具。此外，IPA并没有对人们如何谈论他们的经历进行细致的分析。这是一个研究"他们说什么"而不是"他们怎么说"的方法。金等人很形象地说明了这一点：

> 毫无疑问，作为一种质性的方法论，现象心理学与"散漫转向"心理学形成了对比。当然，现象学家的工作通常依赖于语言。受访者能更清楚地表达自己的经历。这些词汇和经验——在现象学和杂乱无章的方法之间有很大的区别。因为，尽管现象学家并不反对语言和离题的体验在基本经验塑造中的作用，但现象学的强有力的立场是，语言是基于经验的。(King, Ashworth & Smith, 2008)

当然，以"经验"为主题的潜在研究课题是巨大的。的确，很难想象人类活动的许多领域是如何被"经验"忽略的。

五、解释现象学分析实例

专栏13.2和13.3涉及IPA分析的三个不同方面。对它们的简要评论如下：

(1)第一个例子(专栏13.2)是关于创伤性脑损伤的经验。它涉及受到永久性损伤的患者从旧身份到新身份的挣扎。

(2)第二个例子(专栏13.3)是一个酗酒女性的案例研究。事实上，因为分析是从数据出发的，所以这是一个真正的 N＝1 的研究。一个案例研究，在其最初的意义上，就是一个根据当前所知而进行的对案例的分析，这完全是另一个概念。

很明显，IPA 研究者所讨论的大多数话题都需要研究者具备高度的敏感性，而学生可能觉得无法领悟。因此，在进入 IPA 研究之前，我们需要进行训练，以免面对研究参与者敏感的情感时举步维艰。这并不意味着 IPA 应该超出学生研究者的范围，只是这可能会消耗他们的人际交往能力，而且需要小心处理。

专栏 13.2　研究示例

来自脑损伤的现象学分析

创伤性脑损伤可能会给个体带来严重的痛苦。由于身体和智力上的损伤带来了自身环境的重大变化。研究人员发现其带来的后果有抑郁、焦虑、强迫症和创伤后应激障碍等。朗德希尔、威廉斯和霍夫斯(Roundhill, Williams & Hughes, 2007)讨论了"丧失"概念(如丧失亲缘关系)和理解创伤性脑损伤的相关性。丧失，从表面上看，可能是描述在创伤性脑损伤中发生了什么的一种好方法。尽管少量的研究已经质性地探索了这种丧失过程的体验，但是越来越多的研究文献已经开始集中在用问卷调查评估丧失。当然，丧失的过程是现象学研究兴趣所在。悲伤的双重过程模型表明，这是一个介于(a)"损失取向"和(b)"恢复取向"之间的"振荡"过程。我们将考虑的这项研究(Roundhill, Williams & Houghes, 2007)试图了解存活后两年的丧失体验。入选标准包括：(a)至少两年以前发生严重创伤性脑损伤；(b)具有洞察力、记忆力、口头表达能力等，以便积极参与研究；(c)在这段时间内，人们没有遭遇任何重要丧失。

在创伤性脑损伤幸存者的慈善组织的帮助下，本研究招募了参与者。一项试点研究中包括一名已经写下并谈论过他的经历的受害者。他也参与了研究人员关于访谈计划的讨论。研究中的受访者包括道路交通事故的 6 名幸存者和 1 名袭击事故的幸存者。报告包括一个简要介绍参与者特征的资料，如他们的虚构名字、性别、年龄、经历的创伤类型，以及受伤以来的年数。

访谈本身是 IPA 典型的半结构式访谈，覆盖的领域包括"丧失、应对、觉察和目前的自我认同"(Roundhill, Williams & Houghes, 2007)。所有的访谈都被录音并进行转录，但没有对转录方法进行描述。据作者称，他们使用 IPA 程序分析了数据(Smith, Jarman & Osborn, 1999)。他们还认为，分析采取了"内省立场"，反思了分析人员在主题的解释和建构中发挥的作用。"内省立场"包括在数据收集和分析阶段保持一本"反思日记"。这更像是扎根理论中的备忘录。在这一点上，分析师努力保持对双过程模型的应用意识，同时对开发不符合悲伤理论的新主题保持开放性(Roundhill, Williams & Houghes, 2007)。

因此，很明显，分析部分是由现有理论引导的，尽管研究对访谈中出现的观点保持开放。研究人员在分析中确定了四个高级主题，但没有从属主题。分析中缺乏从属主题是令人惊讶的,这可能是研究中涉及的数据源数量非常有限的结果。其分析结构如表 13-3 所示。

> 传统观点倾向于把丧失描述为一系列需要"通过"的阶段。然而,这与最近的研究完全不同,因为它被包裹在丧失的双重过程模型中。朗德希尔(Roundhill)等人认为,双过程模型断定个人需要"暴露"他们遭受丧失的痛苦,表明需要从哀悼中解脱出来,并满足其他要求。该模型还能够考虑到在适应丧失过程中一定程度的拒绝带来的好处。这样的取向有利于远离悲伤,不仅具有保护功能,可以对抗被压倒的感觉,还能减轻其他面临的压力,如改变角色、身份和新任务的要求。很显然个体遭受严重脑外伤后,需要承认和适应调整的情况常常是存在显著差异的。

表 13-3　访谈大脑创伤者的分析结构

上级主题:情感焦点	上级主题:进展焦点	上级主题:控制议题	上级主题:创伤后成长
• 比如,我们的大脑很明显是在保护我们的身体和在身体之中的个人……需要了解的东西太多了,大脑还不以去处理这个问题 马丁 • 没有提供次级主题	• 比如,首先,我尝试独立地解决任何遇到的问题。我总是试着这样做,就像我刚刚和你说的,我会用我的记忆和其他经验来帮助我自己……"试试"这个词有点大,虽然它看着只有三个字母(英文 try),但是它可以很长很长 马克 • 没有提供次级主题	• 比如,如果你不做,其他人也不会帮你做。你必须自己完成,你必须给自己一个目标 顿 • 没有提供次级主题	• 比如,我现在完全不一样了,早年的时候我非常鲁莽。现在我已经变安静了,这当然是正向的,否则最终我可能已经进监狱很长时间或者已经死掉了 肯恩 • 没有提供次级主题

朗德希尔等人指出,访谈没有有效支持双重过程模型中"丧失取向"和"恢复取向"之间的振荡过程。也就是说,随着个人对新的情况的适应,悲伤并不会消失。除了双重过程模型的观点之外,创伤性脑损伤的幸存者似乎首先在处理丧失时经常摇摆不定,然后进入恢复过程。他们认为这些不同的过程处于一种动态的平衡,而不是一系列按顺序需要应对和处理的阶段。根据朗德希尔等人的研究,这个过程可以按照图 13-5 所示的阶段来描述。

这里的目的并不是评估朗德希尔等人对理论的贡献,更重要的是如何使用 IPA 促进理论的发展。通过对创伤性脑损伤康复过程中所涉及过程的概念化,研究人员提供了一种直观的思维方式。然而,双重过程模型的假设在创伤性脑损伤受害者的经历中没有得到证实。因此,这可能仅是一个重要的理论贡献。并非所有的 IPA 分析都显示出这样的理论上的影响,但是,作为 IPA 的一个例证,朗德希尔的论文做出了很多贡献,特别是那些认为定性研究仅仅是证实明显事实的人。和许多定性研究报告一样,分析阶段的讨论很有限,对这些研究的扩展将有助于 IPA 新的研究。

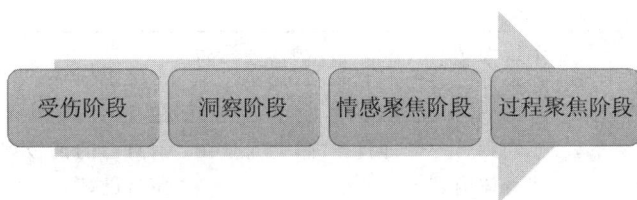

图 13-5 创伤性脑损伤幸存者的丧失过程阶段

专栏 13.3 研究示例

解释现象学分析：酗酒女性、自我及认同

夏因伯恩和史密斯(Shinebourne & Smith，2009)描述了一个利用 IPA 研究酗酒女性成瘾经验及其对自我和认同感的影响的研究。IPA 接受的操作程序是采用单个个体的案例研究方法。所以这项研究是 IPA 常规研究的代表。IPA 的研究人员认为，如果一个人将其经历描述得异常丰富，或者由于其他原因特别引人注目，就适合使用案例研究方法。已有大量对酒精滥用进的定量研究。虽然质性研究并不常见，但有一种观念认为，质性方法可以让研究者更可能接近酗酒者的真实生活。拉德利和张伯伦(Radley & Chamberlain，2001)对案例研究的独特功能进行了论证，认为案例研究可以避免将研究仅限于少数几个变量的解释。

这项研究的参与者是 31 岁的单身女性艾莉森。她是酒精使用问题妇女日中心的成员。研究人员采访了四位妇女，艾莉森的访谈资料非常丰富和详细。研究人员准备了一份灵活的面谈计划。与艾莉森有三次单独的访谈，之后对大约 3 小时的录音材料进行了逐字逐句分析。研究人员对第一次访谈问题进行了仔细的审查，并在第二次访谈中提出了进一步讨论的问题。一些问题在三次访谈中都会被问及。这是个有趣的访谈结构，对于相对缺乏经验的研究人员来说非常有帮助。

分析过程遵循本章概述的初始阶段。因为这是个案研究，所以后期阶段的分析不包括在内。拉德利和张伯伦的分析报告不仅有上级主题，也有次级主题。此外，尽管原始文件为每个主题选择了非常简短的说明性引语，并且记录了从其获取的抄本的行号。主题结构如表 13-4 所示。这个表格中报告了上级主题和次级主题。这个主题表是分析阶段反复进行核对结果，这是大多数质性数据分析方法的一个特征。

表 13-4 夏因伯恩和史密斯(Shinebourne & Smith，2009)对主题的总结，附引语

上级主题 1：自我醉酒体验	上级主题 2：为我自己创造这样的一个性格	上级主题 3：自我感知
酗酒体验的隐喻表达。"大幅度摇晃。"	通过喝酒后自我的改变。"通过喝酒来达到追求自我的目的。"	隐含的表达自我。"水与火的交融。"
更严重的酗酒。"旋转，旋转。"	成为一个自我的过程。"我的身体正在形成一个习惯特征。"	对自己的正面评价。"安静而沉思。"

续表

上级主题1：自我醉酒体验	上级主题2：为我自己创造这样的一个性格	上级主题3：自我感知
酗酒的损伤性体验。"飘飘然，记忆丢失。"	感知到另一个自我。"感觉完全在我身体内。"	对自己的消极评价。"我不能真正的肯定自己。"
饮酒体验的兴奋和低落。"创造性的，充满活力和有趣的。"	多个自我。"当你喝醉的时候，你的精神正在参观你的身体。"	道德的自我评价。"当我做错事时，感到负罪和焦虑。"
矛盾心理和两难处境。"要是没有那么多酒，就好了。"	自我形成的一个过程。"从一天到另一天，我真的在发生转变。"	

据研究人员介绍，第一个主题举例说明了艾莉森如何看待醉酒的体验是"流动、振动和不稳定"；第二个主题主要说当艾莉森醉酒的时候会向另一个人格特质转换；第三个主题阐明艾莉森如何看待自己的许多不同之处以及她对饮酒的矛盾心理。夏因伯恩和史密斯花了相当长的时间讨论每一个上级主题。有趣的是，在原文中，作者如何将不同部分的最后主题与一般心理学文献中的分离经验联系起来。他们在此借鉴了塞利格曼和柯梅尔（Seligman & Kirmayer，2008）的工作：

> 他们认为分离的经验和创伤之间的联系主要是从欧美概念产生的，是一种精神病学角度的概念。与此相反，许多社会文化背景下，分离体验与另类自我或身份的表达有关，但这似乎不存在于创伤的背景下。（Shinebourne & Smith，2009）

当然，艾莉森的经历提供了完全不同的观点。

六、 解释现象学分析的评估

对许多心理学家来说，IPA是从心理学传统中发展起来的一种质性分析方法。所以当一篇论文使用了IPA这一方法时，人们就会产生非常强烈的印象，认为这是牢牢扎根于心理学的。心理学的质性研究和定量研究都是如此。IPA并不与主流心理学的一些质性的方法对立。例如，在对IPA进行的话语分析中，很难发现其对认知心理学的反感。

同时，IPA作为一种方法，与其他一些质性分析方法相比还没有得到高度发展。IPA与其他数据分析方法的比较，可能缺乏方法论上激烈的争论。也许是早期IPA程序还没有时间得到发展。IPA是一种广泛适用于数据收集和分析的方法，关注的是人们对重大生活事件的体验这一特殊领域研究的发展。因此，IPA似乎不像其他质性方法那样深入其理论基础，发展出一套连贯的理论体系。夏因伯恩（Shinebourne，2011）一个普遍的观点认为IPA缺乏坚实的理论基础。她认为学生觉得IPA很容易做，是因为缺乏哲学背景并没有任何妨碍（Willig，2008b）。这种说法可能是不公平的，但乔治（2010）认为，IPA并没有显示出它的方法如何与哲学现象学有关。苏泽(Sousa,2008)甚至指出,IPA 的基本理论仅需两页纸就能说清楚。这可能有些道理,不过这一点在史密斯等人的著作中得到了根本的纠正。此外,夏因伯恩(Shinebourne,2011)驳斥了这些说法,认为 IPA 的理论基础是存在主义现象学理论背景,更重要的是,努力建立了现象学研究与心理学的研究之间的联结。

任何对质性研究和对 IPA 研究的新成员,其数据收集方法可能会比分析过程遇到更少困扰。一个研究者是如何在一个访谈过程中,以一种超越文字字面意思的方式来进行解释,并指向其心理含义的?无论一种描述多么接近于对分析过程的全面描述,在阐明是如何得到一个解释时,仍然存在一个难以处理的空白。当然,以前的理论可能是一个起点,但在 IPA 它不是一个必要的出发点。史密斯对这个与解释学分析有关的问题进行了广泛的讨论:

> 我感到这其中仍然存在鸿沟。然而,当我试图理解这个人说这件事的时候,究竟发生了什么?解释是一个谜,它唤起了一种惊奇感,但我不确定解释学理论已经接近于解释,或说出关于这个神秘过程的全部内容。部分原因是解释学所遇到的类型不同,当涉及阐明一个人试图理解另一个人所说的事情时,我认为仍有许多未知的东西。(Smith,2007)

令人遗憾的是,即使专家也面临着其他人所面临的同样问题。但至少这是一种共同的挫折感。同样,阅读相关方法的出版物越多,人们不仅越早认识到困难,也越早体验到研究人员提出的各种分析解决的方案。

您将在专栏 13.4 中找到模板分析的讨论。这与 IPA 有许多相似之处,但在主题确定的方式上可能更为多样。迈耶、博伊文和迈耶(Meier,Boivin & Meier,2008)把讨论的过程称为主题分析,第 7 章已经讨论了主题分析的诸多特点。然而,就像 IPA 一样,主题分析是建立在现象心理学方法的基础上的。他们详细介绍了主题分析的方法,这种方法既有质性成分,也有定量成分。具体来说,这是一种处理心理治疗过程中发生变化的方法。

专栏 13.4 核心概念

模板分析

IPA 并不是分析质性数据生成主题的唯一途径。模板分析的重点在于生成一个编码方案(模板),用于确定研究人员分析中所开发数据中的主题,并以有意义且富有成效的方式进行组织。在模板分析中,主题按等级方式排列,包含范围最广的分类位于层次结构的顶部,主题分类最窄的分类位于层次结构底部。主题可以通过事先数据分析获得。想法的来源可能是存在于理论中,或来自研究人员的洞察力,或者依赖于直接测量的数据。不管主题的来源如何,它们必须与实际数据相对应。主题基本上反映了参与者的看法和经验。

与扎根理论不同,模板分析中的编码仅仅是根据数据资料,识别可以指示特定主题的数据资料位置,并在其旁边标示标签或代码,以核定模板主题。一旦在某些数据基础上发展了令人满意的模板，就可以对所有的数据进行应用和评估，并可能根据这些数据进行修改。

参见金(King，1998)以及克拉布特里和米勒(Crabtree & Miller，1999)对模板的讨论。

七、小结

与话语分析(第9章)相比，IPA似乎更多地以内容为导向。也就是说，尽管IPA通过研究者的分析进行解释，但它是立足于个人经验的现象。虽然它起源于社会和健康心理学领域，但人类的经验是许多心理学领域的重要方面。因此，IPA最终可能在整个学科中占有一席之地。由于IPA建立在人类经验理论(特别是现象学和解释学)的基础之上，所以不会与涉及语言理论的质性的主要方法(如会话分析和话语分析)产生竞争。尽管研究人员有潜力探索语言在IPA中的作用，但这并不容易，因为IPA认为，人们所说的话语是有一定核心主旨的，并有着自己的解释和分析，不完全符合其他质性方法的主观主义/相对主义立场。

认知心理学经常受到话语分析者的批评——也许更好的说法是，话语分析并不认同认知心理学，而IPA并不这样。IPA认同认知心理学理论中的内部心理状态和认知。IPA研究的是心理现象，其语言和行为的理论根本不会试图与体验相结合。关于经验在多大程度上是通过语言调解的，可能会有广泛的争论，但底线是IPA理论家不采取强硬立场，他们只用适当的方法来发展关于经验的理论就行。

简而言之，IPA与本书中许多质性数据分析方法有着截然不同的历史渊源。它对传统的心理学方法保持开放，坚持人类经验的重要性，使研究人员更坚定地致力于主流心理学。人们在理解被IPA吸引的人时，不必放弃主流心理学已经取得了重大进展这一信念。

本章要点

• 在20世纪90年代，健康心理学家在其作品中发展了解释现象学分析。其历史根源主要是现象学和解释学的哲学，受社会学(尤其是符号互动论)和一般的心理学的影响也很明显。

• IPA被认为是心理学和现象学在哲学方面的衍生物，与传统现象学有着明显的区别，因为这并不是调查研究者的经验。相反，经历过重大生活经历的人们提供了他们对经验的描述。研究者用各种心理学概念和理论描述来解释这些经验。

• IPA与其他定性方法共享许多技术。特别是分析的主要目的是确定参与者在谈论他们经历时所说的主题。分析的主要过程包括对访谈内容的逐字转录，然后进行处理，以产生可以汇集数据各方面的主题。除此之外，在分析过程中，研究人员可能会识别包含若干主题的上级(或主要)主题。

• IPA理论包含许多不同类型的一般心理学理论，这一点与扎根理论排斥某些心理理论的特点不同。在许多方面，IPA与主题分析相当接近，二者的方法相似。然而，主题分析缺乏

IPA 特有的内容特殊性和理论基础。

拓展资源

Birkbeck College，University of London(2009)．Interpretative Phenomenological Analysis. www. ipa. bbk. ac. uk/references(访问日期 2015 年 4 月 24 日).

Eatough，V.，& Smith，J. A. (2008)．Interpretative phenomenological analysis. In C. Willig and W. Stainton-Rogers(Eds.)，*The SACE handbook of qualitative psychology*(pp. 179-195) Los Angeles：Sage.

Larkin，M. （n. d.）．Interpretative Phenomenological Analysis：This is a place to find，post and discuss materials and resources for the support of IPA learning and research. ipacommunity. tumblr. com/(访问日期 2015 年 4 月 24 日).

School of Human & Health Sciences，University of Huddersfield（2011）．Template Analysis. www. hud. ac. uk/hhs/research/template analysis/(访问日期 2015 年 4 月 24 日).

Smith，J. A.，& Eatough，V. (2006)．Interpretative phenomenological analysis. In G. M. Breakwell，S. Hammond，C. Fife-Shaw & J. A. Smith(Eds.)，*Research methods in psychology*(3rd ed.，pp. 322-341). London：Sage.

Smith，J. A.，& Osborn，M. (2008)．Interpretative phenomenological analysis. In J. A. Smith(Ed.)，*Qualitative psychology*：*A practical gulde to research methods*(2nd ed. pp. 53-80). London：Sage.

Smith，J. A.，Larkin，M.，& Flowers，P. (2009)．*Interpretative phenomenological analysis*：*Theory*，*method and research*. London：Sage.

Storey，L. (2007)．Doing interpretative phenomenological analysis. In E. Lyons & A. Coyle(Eds.)，*Analysing qualitative data in psychology*(pp. 51-64). London：Sage.

第*14*章
叙事分析

概述

• 叙事是一个按时间顺序将事件连接起来的故事。叙事是在人和人的社会交往中产生的，包括我们以及别人在这个过程中做了什么。叙事包括道德、评价，以及那些对于理解个体和事件如何联系有重要意义的主题。

• 叙事心理学自20世纪80年代以来一直在研究人们的"故事"自我。叙事心理学指人们会按照叙事结构来思考、感知、想象和行动。叙事心理学关注我们为了解释那些发生在自己身上的事情所创造的故事内容、结构和功能。

• 叙事分析是一种以叙事心理学思想为基础的质性分析方法。它强调叙事是个性的隐喻。叙事可以用广泛的质性方法进行分析。然而，"叙事分析"这个词是基于叙事心理学理论的分析而不是话语心理学。

• 叙事也许会在一段时间内发生变化，这些变化涉及许多不同的特点和某种形式的行动。"情节化"一词用来描述是如何将叙事组合在一起的，包括各种情节和子情节。

• 实际上叙事可以用任何一种质性的研究方法进行。例如，叙事的社会建构的方法关注如何在社会交往中产生叙事。然而，这种建构主义的观点不关注基于叙事心理学的叙事分析。叙事心理学有时会给叙事提供一种"现实主义"的解释，它假定叙事可以帮助研究者了解一个人在其生活的重大和持续方面的思考和感受。

• 叙事心理学的根源可以在威廉·冯特、西格蒙德·弗洛伊德、约翰·多拉德、夏洛特·布勒（Charlotte Buhler）和戈登·奥尔波特的著作中看到。对人们生活故事或生活史感兴趣是叙事心理学出现的基础。然而，西奥多·萨宾（Theodore Sarbin）和杰罗姆·布鲁纳（Jerome Bruner）20世纪后期的作品直接推动了叙事心理学的发展。

• 叙事访谈可以采取多种形式。最为系统的方式是由麦克亚当斯建立的，它有助于被访谈者对他们生活中的重要事件进行叙事性的描述。这些访谈是进行叙事分析最常见的材料。

• 叙事分析可以通过很多不同的方式进行。本章讨论了叙事分析的主要方法。

一、什么是叙事分析

叙事讨论中出现了"故事自我"的概念。这是指我们用叙述和故事来创造我们"自我"的方式，用来解释发生了什么或发生在我们身上的事情。

> 叙事心理学关注的是在社会交往中，我们彼此讲述的故事结构、内容、功能。它承认我们生活在一个故事的世界，我们通过交换故事来解释自己和他人的行为。通过叙事，我们不仅可以主动塑造世界和自己，而且世界也为我们塑造自己。（Murray，2003）

那些经历过某种创伤的人们为我们提供了一些例子。他们经常尝试通过创造故事或叙述来解释他们所经历的事件。叙事本质上是以书面或口头叙述的形式，将时间维度上关联的事件表述出来。这是一个故事，且以故事的形式呈现。然而，这个定义不能说明我们的叙事与社会交往和身份认同等有多大关系。叙述更接近于生活中的一个阶段（生活史），而不是具体发生的事情。按照叙事分析的目标来说，比如，昨晚我们出去了。你在电话里告诉你的朋友你昨晚出去看电影，吃了一个冰激凌，这并不等于一个有意义的叙事。萨宾认为：

> 故事都有开始、中间和结束。故事是由可识别的事件模式组合而成的。情节结构的中心是人类的困境和进行尝试的决心。（Sarbin，1986）

在这一章中，我们将叙事分析视为叙事心理学基本概念分析的一个系统。然而，来自其他学科（有时还是心理学领域）的研究者对叙事分析的观点可能会大相径庭。在本章的过程中，我们将看到类似的情况。叙事的建构似乎是人类的一种倾向，它通过给人们带来一种秩序的状态来帮助人们处理混乱无序的世界。最常见的是与疾病有关的叙事，因为疾病破坏了日常生活的秩序而导致紊乱。已经发现很多疾病与叙事有关联——以至于有人把它看作建立叙述或讲述他们疾病故事的证据。死于癌症的阿纳托尔·布罗雅德（Anatole Broyard，1992）写道："讲故事似乎是对疾病的自然反应。人们的故事像流动的血液……"然而，按照默里（Murray，2000）的说法，叙事并不像血液一样源源不断地流动，而是根据环境而形成结构和各种形式。叙事研究者的任务是理解这一问题的本质。

二、将叙事分析作为一个研究领域的难点

叙事分析是一个使用非常广泛的术语，但并不总是专门用于质性研究（Garson，2013）。抛去定量分析不提，理解叙事有几种不同的方法，其中有一些起源于语言学和社会学，但是其他

的起源来自心理学家的作品。虽然由于叙事主题在多个领域展开，很难对叙事主题界限进行划分。可将叙事心理学的起点定义为：在 20 世纪 70 年代，特别是 20 世纪 80 年代，在杰罗姆·布鲁纳、西奥多·萨宾、肯尼斯·格根和玛丽·格根等心理学家的影响。鉴于对叙事的这种广泛的学科兴趣，人们发现各种方法并不能归结为单一的核心方法就不足为奇了。图 14-1 简要介绍了其他学科对叙事的影响，叙事心理学史上的重要事件，以及叙事分析的一些方面，也出现了一些基于叙事的疗法（White & Epston，1990）。当然，在治疗中，能够通过叙事方法来研究人的个性是十分重要的。最重要的是，叙事分析是叙事这个研究领域的一部分，其他学科都有自己的方法研究这个主题。叙事分析是由许多不同的东西组成的，正如我们将看到的，很难具体说明它的边界是什么。叙事分析在心理学中可能是一个太年轻的领域，因为人们对它到底是什么以及如何完成的问题很难达成完全一致的看法。

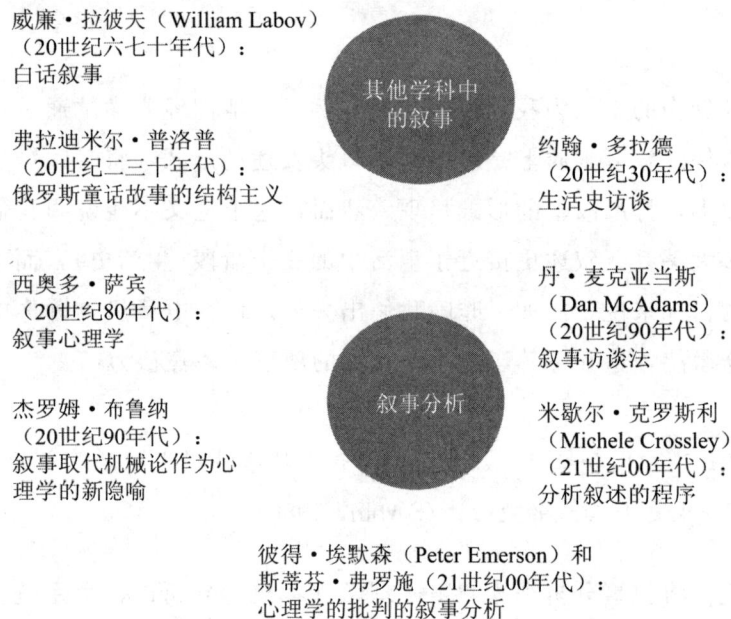

威廉·拉彼夫（William Labov）
（20世纪六七十年代）：
白话叙事

弗拉迪米尔·普洛普
（20世纪二三十年代）：
俄罗斯童话故事的结构主义

其他学科中
的叙事

约翰·多拉德
（20世纪30年代）：
生活史访谈

西奥多·萨宾
（20世纪80年代）：
叙事心理学

丹·麦克亚当斯
（Dan McAdams）
（20世纪90年代）：
叙事访谈法

杰罗姆·布鲁纳
（20世纪90年代）：
叙事取代机械论作为心
理学的新隐喻

叙事分析

米歇尔·克罗斯利
（Michele Crossley）
（21世纪00年代）：
分析叙述的程序

彼得·埃默森（Peter Emerson）和
斯蒂芬·弗罗施（21世纪00年代）：
心理学的批判的叙事分析

图 14-1　叙事的不同方面

叙事分析通常不涉及细化的逐行分析，即一些话语分析和所有对话分析的特征（第 9 章和第 10 章）。当然，如果研究者希望研究一个人如何构建他们自己的，如通过叙述形式的语言和对话，话语分析和对话分析可能就是合适的选择。这样叙事中一个基本的社会建构（专栏 1.2）的位置是由肯尼斯·格根和玛丽·格根所倡导的一种理解叙事的方式。然而，本章讨论的叙事分析认为，人们建构自我、身份认同、态度等的方式与社会建构的语境不同。尽管如此，它也认为叙事传达的东西是人们生活的现实。换句话说，一种观点是把叙述看作讲述他们生活真实经历的人（Crossley，2000）。

"叙事分析"是一个用来指各种不同风格的工作的称呼。所以，它可以被看作一个总称，而不是一个特定风格的精确研究。叙事分析的新手有时会对什么是叙事分析以及什么不是叙事分析感到困惑。有经验的研究者可能习惯于对叙事治疗用法的性质有更整合的把握。霍顿-萨尔维（Horton-Salway，2001）认为，有三大类型的叙事分析——现实主义、认知主义和互动主义的方法。这些在图 14-2 中有更详细的介绍。这是一个质性研究者从假设（现实主义）到文本分析（互动主义）的大致描述。他们都是探索叙事的"有效"方法，但也有一些所需要的其他质性方法的技巧。默里（Murray，2000）通过提出不同层次的叙事分析，扩展了对这个问题的讨论。他特别关注健康心理学，但他的观点比这更广泛。默里认为叙事至少有四个不同的层面，如图 14-3 所示。默里所提出的不同的层面与霍顿·萨尔维的观点有相近的地方。需要强调的是，默里分析方式是叙事的不同层面而不是现实中叙事的不同种类。

图 14-2　霍顿·萨尔维的三大类型的叙事分析

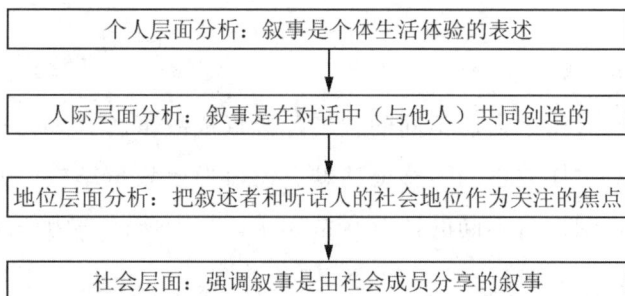

图 14-3　叙事的不同层面分析

三、什么是叙事

据默里（Murray，2003）的定义，叙事具有为混乱提供秩序的功能。换句话说，叙事者试图把组织性带到本质上因无组织而缺乏意义的事件中。由于个人、经济、健康或其他问题而对生活造成的破坏时，叙事则有助于恢复秩序和意义。因此，叙事心理学经常出现在临床和健康心理学这些处理压力的领域中。

麦克亚当斯（McAdams，2008）认为，关于个人叙事（与书本里的叙事相对），可以从叙事心理学中得出六个一致的原则。个人叙事在叙事心理学的文献中有时被称为自我叙述。公认的原则如下。

原则 1：自我是故事的自我。

原则 2：叙事整合生活并提供条理清晰的叙述。

原则 3：叙事是在社会关系中形成的。

原则 4：叙事是不断变化的。

原则 5：叙事是文化的反映，也反映了个体在不同文化中形成不同的叙事。

原则 6：有些叙事比其他叙事要好，因为叙事本质上与道德交织在一起，这些叙事反映了心理上更健康的自我。

当然，这些原则在很大程度上是不言而喻的，代表了主流心理学方面的另一种选择。

从广义上说，叙事心理学关注的是我们讲述自己的故事，以及这些故事对理解我们生活的意义。这是自发的互动，即使在没有被要求的情况下人们也会进行叙事。叙事往往指向对于个体具有意义的一点，如道德。叙事分析是叙事心理学概念在理解个体叙事中的应用。在叙事学分析中，研究人员专注于故事叙事的具体实例——故事由人制作的方式，以及这些故事是如何被用来理解世界的。叙事分析的视角主要是故事的讲述者的视角，而不是故事接受者的视角。听者（研究者）进行分析和解释，但重点是提供叙述的人。研究人员的任务之一是引出合适的数据进行分析，并且有一些特殊的质性面谈技巧，鼓励产生恰当的叙事信息。

那么叙事就是人们向他人公开表达他们的自我和社会世界的一部分。叙事的主要特征如下：

(1)叙事涉及随着时间的推移发生的某种转变；

(2)存在某种行为；

(3)存在各种各样的性格。

"情节编制"这个词有时用来描述不同的叙事片段形成故事的方式，这一过程包括了主要的情节、一些次要情节和对主体故事的转移或离题。情节形成叙事结构，并将故事的首尾联系起来。但是，更重要的是，剧情将不同的情节联系起来，从而将故事组织为整体。注意，下面并不是对某人生活的叙事：

> 我16岁离开学校，一段时间内干过各种各样的工作。不过，我20岁时上了大学。我在那时和克里斯订婚了，3年后我们结婚了。我们有3个孩子。我是一个律师，我的搭档是个会计。

上段话不是叙事不仅仅是因为它简短，更因为它像由一串事件构成（Dollard，1935），缺乏真实的个人信息，以及这些信息作为反映生活文化的方式的功能。看看下面的故事，显现了丰富的叙事风格。

> 我父亲在我11岁的时候去世了，虽然我们受到很好的照顾但是家里经济拮据。因此当我16岁的时候离开了学校去赚钱。我记得有一段时间，我有3份工作，在经济上我给予了妈妈帮助。然而，20岁的时候，我上了大学，因为妈妈再婚了，她不那么需要我了。我的生活没有方向，直到我遇到了我的伴侣克里斯。
> 结婚3年后，当一切更安定的时候，我们有了第1个孩子爱玛。克里斯的父亲在

他的法律事务所给我提供了工作。克里斯觉得事业所带来的安全感是很重要的，自从孩子们长大一点后，她就一直当会计。

当然，研究者的任务是通过引发生成丰富的叙事来进行研究。否则，可能不会有叙事。当然，质性访谈是获取材料的一种方式，也适合研究需要。因此，质性访谈是叙事分析中的典型材料。

叙事在社交活动中具有一系列功能：

(1)在谈话中保持别人的注意力——一旦个体开始讲故事，被他人打断的机会就减少了。

(2)叙事能够给个体提供如何面对问题的视角。叙事可以用来把错误归咎于他人或生活环境，以解决个人的问题。

(3)叙事可以用来表明个人对事件的评价。例如，不是简单地表达对邻居的厌恶或偏见，而是将观点放入个人经历的故事中，这会使观点更易被接受。

四、　社会建构主义与叙事

当然，叙事是如何被建构的是受到谁是叙述者，谁是听众以及社会情境的影响。但它也可以被看作更真实的东西——代表人们生活的实质。因此，在质性心理学中，叙事是一个小问题，因为在社会建构主义的背景下，它可以被看作一种社会产物。其结果是，叙述应该被视为脱离其产生的背景而出现，并且会相应地发生变化。这显然是肯尼斯·格根和玛丽·格根(Gergen & Gergen，1983)的叙事理论的基础。相反，许多叙事理论学家趋向于将叙事视为人种论。威廉·拉波夫(1927—)是语言学家，研究母语叙事，认为叙事的本质是真实的(Labov，1972)。后现代心理学的一个重要特征是否定质性心理学中对"自我"或"同一性"进行如同他们是物理对象一样的概念化。社会建构主义的观点认为自我和同一性是紧密的不可分割的，与语言和语言实践相联系的，是我们生活和社会交往的一部分。因此，后现代主义的观点认为，对典型性的自我理解是不能脱离社会交互作用和解释的。根据克罗斯利的观点(Crossley，2007)，如果没有本质性的自发或自我的描述，我们就必须"一个"自我，或"拥有""持有"自我这一概念。

通常情况下，社会建构研究心理有一定的困难。这是由于人们在使用语言时所发生的问题——当他们使用会话时人们内部发生了什么，话语分析人员和会话分析人员的关注点等。当然，人们可以反思语言的产生。例如，它是如何工作的？通过关注语言和会话中可以观察到的内容，话语分析和会话分析仅仅是对重要心理问题的一个侧面的分析。这被称为主体性的丧失。如果叙事心理学是为了避免社会建构主义者对主体的丧失，那么叙事允许建构各种主观立场的观念，没有哪个立场是必须被取代的。叙事心理学提供了即使在主体缺失情况下也可以进行研究的方法。主题元素包括"基本的个体性、一致性、保守性"(Crossley，2007)。个体对发生在自己身上的事件的思考方式和感受是具有心理真实性的。这并不否认人们在不同环境中的建构存在相互矛盾、零碎、多样和多变的特点。这仅仅说明个体的话语和对自我的体验存在一致性或联系。所以，叙事心理学采用了克罗斯利的潜在的现实主义认识论（尽管并不是所有的叙事心理学家都会赞同这一点，就像我们所看到的那样），这个想法是指人具有自我意识经验的事实，这些事实是由研究者发现和了解的，而这些事实的发现和认识是叙事心理学的任务。

这不是反对相对主义的观点，而意味着在某处有可用的"某物"。相反，建构主义的话语分析将这视为基本的问题，并反对通过语言去分析个体对自我片段的体验。相反，语篇分析者会研究叙事或叙事访谈中自我建构的各种方式。克罗斯利实质上是提出了批判现实主义的观点，虽然她并没有意识到这一点。

叙事通常比话语分析要长。语篇分析任务可以用相对短的文本来完成，而不是通过叙事分析来完成。如果我们理所当然地认为心理叙事分析具有探索自我和识别自我的核心任务，就需要进行实质性的叙事。此外，叙事心理学家专注于叙事的实际内容，而不是其话语特征。叙事将涉及人生命中的一些重大事件或创伤。这些事件是叙事最初产生的原因。可以用叙事分析有效研究的主题是分娩、怀孕、死产和流产的经验。当然，这些也是解释现象学分析（第 13 章）可以研究的主题。

五、 叙事分析的发展

20 世纪初期的一些心理学家是生活史的追随者，本质上是将叙述性的研究作为了解人们重要生活方面的手段。默里（Murray，2003）指出对叙事心理学的研究追溯到威廉·冯特的民族心理学。他强调了神话对人们生活的重要性。也有人认为西格蒙德·弗洛伊德通过倾听病人在治疗中的叙述建立的精神分析理论是叙事心理学的开端。出生于德国的心理学家约翰·多拉德（第 2 章讨论）和夏洛特·布勒（1893—1974）发展了人本主义心理学并对个体的毕生发展的兴趣（Buhler，1933）。例如，布勒进行了一些研究，探索青少年的日记。约翰·多拉德的工作多种多样，其中包括著名的挫折—攻击假说。20 世纪 30 年代（第 2 章），他对"南方城市"进行研究时，最初计划对黑人的个性进行访谈。他使用了探索生活史的多元化访谈，对此的定义是：

> 我们将对生活史提出一个初步的常识定义，以此来界定一个人在文化环境中的成长，并对其做出理论上的认识。它可能包括传记和自传文件。它不仅是一种生活事件的描述，更像一连串珠子……如果那样的话，所有的人都能成为心理学家了，因为每个人能够提供给我们同类的材料。除此之外，我们必须从系统的观点把握材料。（Dollard，1935）

尽管这与叙事不完全相同（但这是一个更广泛的方法），但接近叙事，因为它包括了一种文化环境中的人，其中包括口头叙事等。在他写的关于《生活史的标准》（*Lriteria for the Life History*）一书中，还包括了其他诸如家庭在文化传播中的作用，指明区分社会情境的重要性，以及把个人作为文化的一部分来对待的重要性的观点。

戈登·奥尔波特在叙事心理学的发展中也常被提及。他毕生的兴趣在于人格研究，他发展了一种特质理论来解释人的差异。然而，他早期的工作包括对纳粹德国难民的生活史研究（Allport，Bruner & Jandorf，1941）。值得注意的是，本报告的作者之一杰罗姆·布鲁纳将在近半个世纪后写出一些关于叙事心理学的极具影响力的作品。

　　20 世纪 20 年代的语言作品也开始确立叙事的原则。弗拉迪米尔·普洛普（1895—1970）出生于俄罗斯，从事民俗学领域的工作。他的著名著作是《民间故事的形态学》（*Morphology of the Folktale*），尽管它出版于 1928 的俄罗斯，但直到 20 世纪下半叶才在西方流传。他将民俗故事分解成小叙事单元，这些小叙事单元被称为"叙事主题"。他总共发现了 31 个民俗故事的基本结构，包括三类：①缺失，这涉及家庭成员离开安全的家庭环境，在故事中产生紧张气氛；②禁止，英雄被警告不能做某事；③违反禁令，这基本上导致了故事中的反派角色的进入。普洛普提出了进入不同的故事的结构元素。然而，尽管对书面语言的研究如此重要，但语言并不是研究者们包括心理学家在内唯一感兴趣的。20 世纪 60 年代，拉波夫倡导脱离书面语言学习的人作为社会成员所说的语言。他还明确指出，多拉德也在一直关注这一方面。也就是说，这种叙述是社会性的，但却是通过个人获得的：

> 我们研究个人是因为他们提供了描述社会的材料，但个人并不是真正的语言单位。在这一观点上，许多社会语言学家反对我的观点，他们认为事实在于个体，而我的立场恰恰与他们相反，没有个体从语言学的视角出发。（引自 Gordon，2006）

　　20 世纪 60 年代至 70 年代拉波夫证实了在现实生活中的对话特征与人们在研究环境下出现的对话特征是很不同的。除此之外报告者在研究环境中使用的叙事似乎与他们在普通日常对话中的叙事非常相似：

> 观察者悖论——观察报告者在未被观察时如何叙事。为了部分解决这个困境，在面对面访谈中，对个人经历的叙事进行启发这个方法被证明是最有效的。（Labov，1997）

　　对拉波夫来说，叙事结构是基于最短的两个从句之间的时间结构。如果颠倒这两个从句就会改变对顺序的解释，那么这些就成了叙事从句。拉波夫（Labov，1972；Labov & Waletzky，1967）所做的主要事情之一就是为语言学家和叙事心理学家提供理解口头叙事表示的连续过程的一般结构。口头叙事的结构包括：

　　(1)定语部分（例如，"我和刚刚与男朋友分手的萨利一起在街上走"）；

　　(2)拉波夫的术语中的随意总结或抽象概念（例如，"她的前男友当众大吵大闹"）；

　　(3)一连串的叙事从句（例如，"我们在街对面看到他，并且我们试图不让他知道我们见过他"）；

　　(4)使事件变得不寻常的复杂行为（例如，"他走过来，并且开始威胁我"）；

　　(5)一个决定（例如，"我让她沿着街道离开，而我留下来应付他，但他的态度很快就软了

下来了");

(6)一个可选的结尾/结束部分(例如,"他有一个麻烦制造者的名声,并且他一有机会就想摆脱这个名声");

(7)叙事者的观点得到明确的评估,尽管它可能发生在叙事中各种观点的任何一个地方(例如,"我想我和萨莉交谈就是自寻烦恼")。

在人格理论中,叙事的影响在20世纪70年代和80年代开始被关注。特别是苏利文·汤姆金斯(Silvan Tomkins,1911—1991)提出了人格理论的脚本理论。在这里,个人创造了一个他们的情感生活的脚本,其中展现了他们生活中的重要场景。这些不同的脚本和情感场景构成了人们之间重要的个人差异,因为他们是独一无二的(Tomkins,1979)。麦克亚当开发了一个人生故事的身份模型,他认为:

> 从青春期晚期和成年早期开始,人们为了给生命提供某种统一性和目的性,将自己的生活解构为重建的过去和想象(误认为)的未来,整合成不断发展的故事……人与人之间最重要的区别是由他们的叙事特征组成的故事主题的差异,表现在故事中的背景、情节、人物、地点、图景和主题。(McAdams,2006)

人格叙事理论的观点认为叙事是从内部产生的,并且显示出一个人的行为和经历是如何受到"变幻莫测的外部环境"的影响的(McAdams,2006)。

然而,现代叙事心理学基础来自萨宾和布鲁纳。萨宾(1911—2005)提出,应该以叙事为基础的隐喻替代以心理学为基础的机械隐喻传统。在主流心理学中,行为主义的许多特征仍被认为是人类思维的方式。也就是说,他们被视为一种像刺激引起反应这样的机制。因此,心理学的基本隐喻就是一台机器。而萨宾提出了他所谓的叙事原则:

> 人类根据叙事结构来思考、认识、想象和做出道德选择。向一个人呈现两张或三张图片或描述性短语,他或她会将它们连接成一个以某种图式为主,将图片或短语的意思联系起来构成故事。在反思中,我们发现图片或意义是通过隐含或明确地使用情节来保持一致的。(Sarbin,1986)

当然,心理学的基础隐喻从一台机器到一个故事的转变是一个彻底的决定性的转变。这是对人格研究产生了重要意义的理论。从人格特质到个人故事的集中变化,既是从人格特质到个性化的变化,也是随着时间的推移(而非此刻)对人的理解的转变。杰罗姆·布鲁纳关于叙事的观点可以在他的著作"真实的头脑、可能的世界"(Bruner,1986)和"意义的行为"(Bruner,1990)中找到。布鲁纳区分了两种思维形式:①范式——本质上是一种科学方法,涉及分析和分类;②叙事方法,它涉及我们如何形成以故事的形式表达我们对世界的日常解释。对布鲁纳来说,叙事最明确的特征如下。

(1)它处理人,就像他们是人物或演员在一个独特的故事中发生的事情。

（2）叙事不一定是真实的，所以它可以是虚构的。

（3）叙述涉及故事中的特殊事件与普通事件之间的关系。前者只能从后者的角度来理解为非同寻常。

在社会心理学中，肯尼斯·格根和玛丽·格根对叙事观点的争论是牢固地嵌入社会建构主义思想中的（Gergen & Gergen，1983，1986）。这与普洛普关于童话故事的概念化和拉波夫关于白话故事叙述的概念化有所不同，后者认为从叙事学的研究中可以得到一些真实的东西。个人（或自我）的叙事不可避免地涉及叙事者的身份。格根和格根认为，身份是社会建构的，而且，自我的社会建构是通过叙事来实现的。格根说：

> 在很大程度上我们是通过话语实现了具有特殊属性和自我参照能力的个性化的自我感觉。可以肯定的是，除了话语之外，还有很多东西通过语言解释进入了文化生活的实践中。以身份认同的话语建构为前提，其中重要的方式是通过叙事来塑造身份。
> （Gergen，1998）

我们已经知道，叙事性质的社会建构说使得研究者在提出现实问题时处于困难的境地。在社会建构主义思想中有一种假设是叙事是互动和语境的产物。它是可以改变的，另一个交互或另一个对话将产生不同的叙事。因此，社会建构主义观点在接受部分基本论证的叙事分析中占主导地位，但并不接受全部。它们认为仍然存在一些实质——一些事实——可以从叙事中了解一个人。在这方面，肯尼斯·格根和玛丽·格根的方法在这个领域是一个局外人的观点。

六、　如何进行叙事分析

任何包含个人叙事的材料都可能适合分析。海尔斯和瑟马克（Hiles & Cermak，2008）列出了以下叙事类型：

（1）口头和书面叙事；

（2）虚构与历史/个人叙事；

（3）生活故事叙事与孤立的事件叙事；

（4）精心编排的自发叙事；

（5）公众和私人叙事。

默里（Murray，2003）认为，在研究背景下，面试是收集叙事材料最可行的方式。他建议采用生活史访谈和情景访谈两种形式。生活史访谈（传记访谈）要求参与者告诉访谈者他们从出生到目前为止的生命故事。访谈者可以在适当的地方插入一些问题，以便让叙事过程更好地展开。情景互动更侧重于生活历史中的特定的主题，并寻求对这些主题的深入了解。当然，主题的潜在范围是巨大的，可以包括诸如大学里的第一个星期、亲人去世、住院等。

克罗斯利的叙事分析方法（Crossley，2000，2007）通常使用访谈的材料，但也不一定局限于此。她在访谈叙事分析时所使用的访谈是基于麦克亚当斯（McAdams，1993）的程序的。虽然

第3章中出现的大部分内容涉及质性访问的基础知识，但麦克亚当斯的方法却截然不同，这是一种具体而非通用的应用程序，因此将单独介绍这部分。图14-4提供了克罗斯利的叙事分析方法的概述，包括数据收集的初步阶段的额外注意事项。

虽然可以使用麦克亚当斯的研究计划对叙事进行叙事性分析，但如果你打算收集新的材料进行叙事性分析，使用麦克亚当斯的方法就可能会更明智一点。重要的是，在叙事的过程中你希望你的参与者叙事尽可能多，而相对地你的叙事尽可能少。还有其他形式的叙事收集办法（如Mishler，1986），但新手可以使用麦克亚当斯的方法。如果你遵循麦克亚当斯的建议，应该覆盖以下方面或使用他的精确的问题（见图14-5）。

第1节：生活章节。受访者应将自己的生活想象成一本书，其中包含许多个不同部分（最多约8个），并确定两个或三个主要章节。访谈的这一部分时间可能很长，所以把它限制在半小时左右。受访者被要求为每一章节命名，描述本章的概括内容，说明每一章节之间是如何连接的。

第2节：关键事件。应该问及被采访者8个关键事件——麦克亚当斯称之为核心事件。这可能涉及一些具体的事件，一个危机事件，一个高峰体验，一个低水平的经验，一个转折点或一个早期的记忆。8个关键事件是：

(1)他们生活的高峰体验或最高点；

(2)他们生命中最糟糕的体验或最低点；

(3)他们生活中的一个转折点——这是一个他们在回顾过去的时候所想起的转折点，而不是当这个转折点发生的时候；

(4)他们在生活中的最早的记忆与细节，如当时谁在场，当时的情况和感觉/想法；

(5)非常重要的童年记忆——好或坏——瞬间跳进脑海的记忆；

(6)青春期的一个重要记忆——好或坏；

(7)成年后的重要记忆——21岁以后——可能好或坏；

(8)在生活中任何阶段的一个重要记忆。

第3节：重要的人。要求受访者说出自己的名字、人际关系，并说出对他们的生活产生影响的4个人。这4个人名单没有限制，从父母到恋人到教师等。

第4节：未来的剧本。到此为止，受访者将谈论他们的过去和现在，然后谈论他们的计划和未来的梦想。这个计划将如何帮助他们在未来发挥创造力，为他人的生活做出贡献。

第5节：压力和问题。我们在生活中的某个阶段都会有压力和问题。要求被访者描述两个被这样的冲突和压力影响到的生活领域。

第6节：个人思想。访谈的这一部分通过询问他们的宗教信仰和政治信仰来考虑他们的基本信念和价值观。内容涵盖以下领域。

(1)询问参与者是否相信某种上帝或神或统治力量；

(2)要求参与者简单地说明他们的宗教信仰；

(3)要求参与者解释他们的信仰与他们所知道的大多数人的信仰有什么不同；

(4)要求参与者描述他们的宗教信仰在他们的生活中有什么影响，他们有没有快速变化；

（5）要求参与者描述他们的政治方向；

（6）要求参与者解释他们活着的最重要的意义；

（7）要求参与者谈谈还可以告诉研究人员哪些有助于研究人员了解面试的基本信念和对生活和世界的价值观的没被提到的事项。

第 7 节：生活核心主题。采访结束后，受访者回顾自己的生活故事，并确定贯穿他们一生的核心生活主题。

根据克罗斯利（Crossley，2000）的观点，叙事分析的访谈应该被录音，以便访谈者可以自由地专注于受访者的叙述。由于转录的速度以及保证避免转录时被不必要的细节影响，转录一般分为剧本类型或秘书类型。并且保持转录容易阅读，而不会有不必要的细节混乱。当然，如果由于某种原因因研究问题需要，也可以使用杰斐逊转录的方法（第 6 章）。克罗斯利表示，1小时的采访大约需要 4 小时来整理成一个基本的文字记录，该记录应该每一行都有编号，且留出一定的页边距，就像解释现象学分析一样。然而值得注意的是，海尔斯和瑟马克（Hiles & Cermark，2008）认为，如大多数转录方法，文字记录应该被分解成有意义的片段，而不是孤零零的行。在这种方法中，应该对段而不是行编号。

（一）阅读和熟悉

像许多质性数据分析方法一样，分析的第一步是仔细阅读采访的文字记录（或其他叙事材料），以达到熟悉的程度，同时也要考虑有关于主题的一些描述性材料。克罗斯利（Crossley，2007）认为，阅读 6 遍比较合适。

（二）识别要查找的重要概念

这涉及试图去确定叙事的主要内容。基于麦克亚当斯（MacAdams，1993）提出的观点，这里有三个方面值得我们去探索和体会。

（1）叙事语气。概括地说，叙事的语气可以从个体的故事内容和叙事的方式或形式进行评估。例如，因为故事中发生了好的事，一个乐观的故事可以具有这种叙事语气；或者，即使故事中发生了不好的事情，但因为结果是积极的，也可以有一种乐观的叙事语气。

（2）意象。每个人都会使用独特的意象形式来讲述故事，这是他们的特征。当个体描述"他们的生活叙事和生活的关键事件"时，使用了什么样的意象？这可能暗示了"个人意义的意象、符号和隐喻"（Crossley，2007）。下一个问题是这些意象、符号和隐喻来自哪里？家庭背景或在武装部队工作的时间可能对这些情况产生重大影响。同样，文化的来源也可能更广阔。

（3）主题。叙事中哪些主题占主导地位。

（三）识别叙事语气

叙事语气应该根据叙事的内容、叙事的方式和风格来评估。这比在第二步中更详细。虽然这本质上不是很困难，但这基本上是一个判断问题。

(四)识别叙事主题和意象

克罗斯利(Crossley，2007)认为，研究者应该同时寻找叙事主题和意象。这是因为在主题和意象方面可能会有很大部分的重叠。专栏 14.1 讨论了可应用于叙事分析的 6 种视角。

(五)将全部内容编织成一个连贯的故事

这些主题和意象现已确定，但需要放入一个新故事形式中，即质性分析报告的故事形式。

(六)撰写研究报告

质性研究中的分析与写作难以分离，所以将两者分开的行为稍显武断，这是对质性研究实践的共同评价。有关质性研究的细节，请参阅第 15 章。

本章后面的专栏 14.2 描述了癌症患者的叙事分析。

专栏 14.1　　实践建议

可应用于叙事分析的 6 种解释视角

海尔斯和瑟马克(Hiles & Cermark，2008)提出了他们称为叙事导向查询的模型。尽管他们方法中的大多数步骤与克罗斯利(Crossley，2000，2007)的步骤相似，但是他们提出了 6 种不同的叙事分析解释视角(图 14-4)。

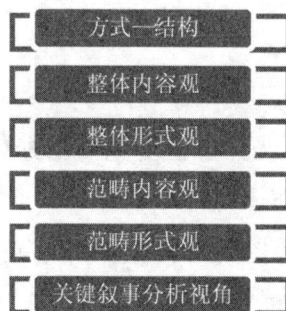

图 14-4　心理叙事分析的解释视角

- 分析视角 1：方式—结构

这是指区分(a)在叙事中叙事事件的结构和(b)在叙事者的叙事中的叙事方式。给叙事方式加下划线是材料记录中的一个惯例。叙事方式对叙事虽不是必需的，但它对叙事的讲述方式却至关重要。因此，分析人员会仔细阅读文字记录，强调单词、短语，甚至整个片段，包括"强调""反思""旁白""打断""评论"以及各种表达，这些表达代表着故事中所涉及的事件的顺序/因果关系/意义(Hiles & Cermark，2008)。当然，结构与方式区分开是没有问题的，只是有时会不清楚这两个属于叙事的哪一部分。为了解决这个问题，请尝试阅读非划线的故事内容，尽管这样做可能缺乏表现力，但是所阅读的内容应该是一个可以理解的事件。下划线的材料是关于叙事者对事件的定位。

- 分析视角 2：整体内容观

这主要是关于叙事中事件，但也并非完全如此。这部分涉及确定故事中的模式，将叙事的关键方面与所呈现的全貌联系起来（即整体叙事的最佳方式）。换言之，即叙事的主要内容是什么，以及它们与整个叙事之间的关系是什么？通过反复阅读叙事，不同的主题将显现出来，其中一些主题会在不同的地方重复出现。这些重现的主题是很重要的。同时，在分析的过程中，分析人员需要确定叙事的核心——有意义的叙事，即在重要性方面脱颖而出，并贯穿叙事的始终。那么主题是如何与主要叙事相联系的呢？

- 分析视角 3：整体形式观

这集中于叙事形式，而非内容上。故事的情节是什么？海尔斯和瑟马克提到了叙事四大类：(a)浪漫，这意味着重视社会秩序，而不是与爱有关；(b)喜剧，涉及破坏社会秩序；(c)悲剧，涉及丧失社会秩序；(d)讽刺，这涉及对社会秩序愤世嫉俗的挑战。但这些都能有效地描述整个情节吗？

- 分析视角 4：范畴内容观

这相当于一种内容分析。研究人员通过他们的研究问题，确定了贯穿叙事的主题。这些主题在质性分析中，是以材料为基础而不是由研究人员控制的。

- 分析视角 5：范畴形式观

这涉及选择叙事的某些方面，是一个特别的特征。例如，在叙事过程中哭泣可能再次发生。这与叙事的一般形式有什么联系呢？只要它是关于叙事的形式而不是内容的，任何特征都可以被选择。

- 分析视角 6：关键叙事分析视角

这是埃默森和弗罗施(Emerson & Frosh, 2004)在心理学中关键叙事分析中提到的叙事分析法。在许多方面，这种方法可以被看作典型的社会建构主义，因为它集中探讨观点的建立，创建的意义等相关的建构主义主题。此外，他们所提出的方法是基于对文本数据的详细阅读，这种话语分析并不罕见，是一种常规特征。他们提到的基于访谈材料的对性虐待男孩的研究，认为这种方法为他们提供了一种叙述。

> (a)提供更多种类的文本材料，这有助于用他们的语言，从他们的观点出发，来解释自己和行为的意义。(b)说明可能组成和支持这些说法的社会话语、信念和假设。因此，有人认为，个人叙事可以为性别认同的社会建构过程提供一个关键的方法。在性虐待方面，有两个明显相互矛盾的功能。一方面，他们忍受着男性暴力的垄断；但另一方面，他们也可能通过抗拒或选择男孩表达虐待男性气质的迹象或资源。(Emerson & Frosh, 2004)

埃默森和弗罗施在这方面暗示了"批判"的含义，因为他们正在关注男性的力量，这个话题是任何典型心理学的一部分。

七、 何时使用叙事分析

根据定义,叙事分析适用于符合叙事标准的材料。本质上,这就意味着任何具有类似故事质量的材料,可能是由个人或与其他人(包括研究人员)的交互作用产生的。它将描述一系列生活事件,但不仅仅是对这些事做一个时间顺序的叙事。因此,该叙事是丰富详细的材料,其中经常穿插一系列更个人化的评论。许多材料符合这些标准,但更多的心理学家更倾向于从叙事性访谈中获得材料。进行叙事访谈的方法很多,但是麦克亚当斯(MacAdams,1993)开发的程序为叙事分析和深入访谈提供了更为合理的方式。这些访谈的风格不尽相同,但他们的主要目的都是从受访者那里获得详细的叙事,所以,如果你想使用其他形式的叙事资料(日记、自传等)也是可以的。

叙事分析这一术语往往指的是叙事材料分析的各种方法。分析可以集中于叙事的结构属性,对叙事的话语或话语性质进行分析,通过叙事的方式来建构自我或同一性。在这本书中,我们是基于叙事心理学原理分析材料的方法来进行叙事分析。换句话说,对叙事分析(源于叙事心理学)和一般所说的叙事分析之间进行区分,涵盖了几种不同的方法。在进行叙事分析中有多种选择,这种选择在某种程度上取决于叙事的性质和研究者的兴趣。大多数形式的叙事可以使用主题分析(第 7 章),扎根理论(第 8 章)和话语分析(第 9 章)进行分析。如果叙事的起源是会话的话,那么会话分析(第 10 章)可能是合适的。此外,使用解释现象学分析(第 13 章)也可以分析数据,因为对重要经验的描述可能具有许多叙事特征。叙事分析和解释现象学分析之间有许多相似之处。然而,尽管叙事性分析在某种程度上是一种现象学的方法,但与解释现象学分析有很大不同,需要特别对待。叙事分析指的是与叙事有关的概念,如自我和身份。解释现象学分析将更多地集中在叙事中的事件是如何经历的,而不是叙事中关于身份的叙事。

需要注意的是,所有这些都是分析叙事的方法,但是否有助于所有的叙事分析还是值得考虑的。换句话说,对叙事的分析最好不要与叙事分析混淆。在这本书中,"叙事分析"这一术语被用来作为一种分析形式,它依赖于叙事心理学的概念。到目前为止,潜在的混乱可能是不言而喻的。图 14-5 详细说明了质性叙事分析的一些方法。

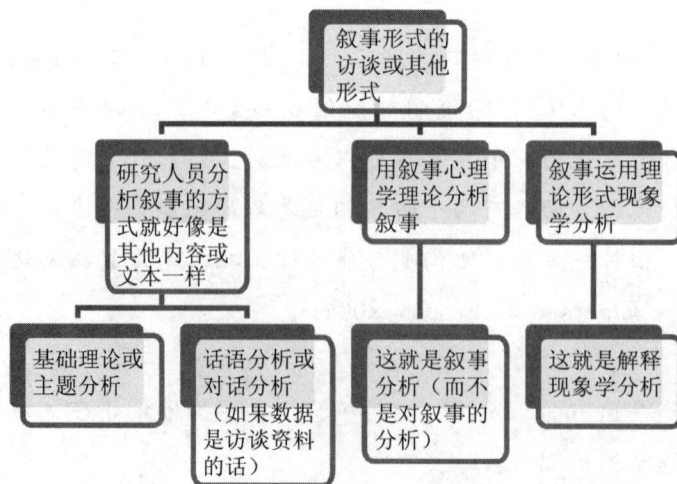

图 14-5 质性叙事分析的方法

　　本章所描述的叙事分析方法主要是以丰富而完整的形式来理解人格，包括自我和身份等。这并不排除结构性叙事方法，如调查叙事结构及功能。

八、 叙事分析实例

　　本章只有一个例子。但可以说，这是一个吸引人的例子。我们难以找到易于总结的叙事分析，可能其他人比我更容易找到。此外，没有明确的工作体系将叙事分析与其他形式的质性分析区分开来。所以专栏 14.2 是我们的单一研究以呈现深度。

专栏 **14.2**　研究示例

叙事性分析：著名的癌症患者

　　克罗斯利(Crossley，2003)采用她所描述的案例研究方法对叙利亚记者约翰·戴蒙德(John Diamond)的著作进行了叙事分析。约翰·戴蒙德于 2001 年死于口腔癌。如果及早发现，口腔癌是可治疗的，但它通常被人们忽视，导致约四分之一的患者死亡。著名电视制作人尼格拉·劳森(Nigella Lawson)是约翰·戴蒙德的妻子，写了一本常规报纸日记，记录了他在生病期间的经历。这些内容最终以一本书的形式出版，同时还在另一本书中加上了自传的叙事进行出版。这些日记内容是克罗斯利分析的基础。

　　据克罗斯利说，严重疾病最根本的后果之一是它打破了我们对生活发展和随时间变化的看法。人们把自己的生活看作对未来的憧憬。重病会彻底改变这个生命时期，因为对未来的生命预测出现了怀疑；严重疾病的开始会使生命"停止"。研究人员发现，在这种情况下，人们面临的主要问题是为生活找到新的或修改的意义。叙事和讲故事是重拾生命意义的重要方式。"命运"一词描述了通过叙事使生活有意义的过程。当然，其他人也会影响这些叙述——家庭、朋友和医疗人员。德尔·维齐奥·古德等人(Del Vecchio Good，Munakata，Kobayashi et al.，1994)描述了他们所谓的"治疗性应用"，指临床访谈中发生的解释性活动。在这个过程中，医生和病人"在临床时间内创造和协商一个情节结构，把治疗行动放在更大的治疗故事中"(Del Vecchio Good，Munakata，Kobayashi et al.，1994)。克罗斯利在约翰·戴蒙德的日记中看到了这个"治疗方案"的插图。日记记录了1996—2001 年的情况。

　　根据克罗斯利的说法，约翰·戴蒙德的日记有 6 个主要阶段，如图 14-6 所示。日记给出每个阶段的大致持续时间，因为日记的一个重要特征是时间进程较慢。克罗斯利解释说，这些阶段来自事后的立场(知道结果)。在原始日记中可以找到的"提供更完整和更连贯的"过程。克罗斯利在每个阶段提到的一些主要思想：认为这是不正确的。所以他描述了他如何想象他被诊断为患有癌症的想法。他在头脑中练习写关于"癌症"词，并问自己应该说什么。

　　克罗斯利表示，就像迷信一样，说出并把它们写下来就会让它们不真实。他认为"确定性测试"表明，他脖子上的肿块是一种不寻常的囊肿。令人痛心的是，约翰·戴蒙德的一名医生打来电话说他确实患有癌症。当然这给他留下了一个难题，是否应该在他的专栏中处理这个问题。克罗斯利的论文中最长的部分是："治疗方案"中学习生活的部分。这部分，约翰·戴蒙德的日记主要是对各种治疗及其作用的描述。他的研究很少超越治疗，他的重点是恢复的结果。日记似乎成为应对疾病的一种方式，并且试图说服自己和他的读者，事情会变好。

他在写作中制造乐观。他周围的人告诉他，他会"很好"，虽然他们可能不相信他们所说的。他写到，医生介绍他的癌症的消息，好像这两个月的痛苦是由于放射治疗不良导致晒伤而产生的。

他坚信每个人的积极的预测。他写到，长期的病情缺乏很多的情节，有一种乏味的感觉。

他在镜子里看到的不是他。

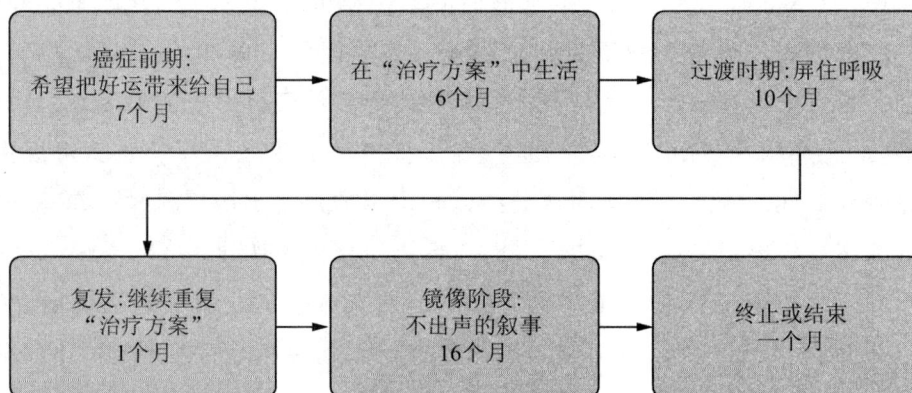

图 14-6　约翰·戴蒙德的日记阶段

- 癌症前期：茫然阶段

约翰·戴蒙德接受了手术和放射治疗。"治疗性的清洁设置"强调治疗过程的速度，以某种"确定性"结束。然而，在这一切之后，约翰·戴蒙德不知道他是否被治愈了，而且之后的几个星期甚至几年都不会知道这一点。这种不确定性令人难以忍受。据克罗斯利说，其他处于类似情况的人也记录了这种体会。

- 复发：继续重复治疗方案

治愈一年后，癌症复发，或者像约翰·戴蒙德所说，它就没有消失过。这就像"平常工作一样"，他将面对更多的手术来恢复舌头的功能。他寻找希望并发现这是癌症的复发，而不是新的癌症。他希望能够更好地说话，并且仍然有机会治愈。

- 镜像阶段：无声的叙事

在此期间，约翰·戴蒙德开始不相信现代医学了。他甚至表示自己是所谓信心满满的医疗欺骗的受害者，他已经不相信外科医生的话。他在 9 个月的时间里写了关于化疗的经历，他不能睡觉或吃饭，并称之为"该死的地狱"。在被告知之还能活多久后，约翰·戴蒙德离开了医生办公室。在他的治疗过程中已经听到了二十多次坏消息。然而，他被告知病情正在缓解，化疗似乎奏效了。虽然处于怀疑阶段，但是几个月后，他的脖子肿胀，癌细胞已经蔓延到他的肺部。

- 终止或结束

在癌症首次出现四年后，他开始写癌症的新鲜感是如何消失的，他认为这是"大新闻"。自从癌症复发以来，他的癌症就变得"平凡"了——对他来说，那是癌症的本质。在这个阶段，医生告诉约翰·戴蒙德，他们将不得不重新开始治疗。他在日记中开玩笑地写到，化疗以及他将必须戴上像儿童白血病患者那样"滑稽"的棒球帽。但大约一周后，戴蒙德被紧急送往医院。第二天他就死了。

治疗性的情节设置的概念是让人们可以看到癌症医生是如何为病人的生命提供一个情节结构的。在这个故事中，治疗被表达在一个"希望"的故事中——一种相信病人会被治愈的信念。

根据克罗斯利（Crossley，2003）指出约翰·戴蒙德在日记中记录学会在"治疗方案"中生活，很好地说明了这点。当然，还有其他叙事与治疗方法，如有时会出现的不确定性和恐惧感。在约翰·戴蒙德"镜像阶段：无声的叙事"的阶段中可以看出。克罗斯利（Crossley，2003）的论文使用的材料与那些可能出现在癌症患者的叙事视角中的材料有些不同。特别是，它不是基于某一特定时间点收集的材料，而是有很长的时间跨度。因此，它非常清楚地表明，在疾病过程中，主要的叙事是如何发生显著变化的。研究人员通常无法获得这类材料。这项研究确实提供了在令人信服的材料基础上的理解，这些材料都是关于癌症患者的生活经历的。虽然这通常不是心理学的东西，但对于那些对健康和疾病有临床或咨询兴趣的人来说，这是非常宝贵的。

九、 叙事分析的评估

如本书所提到的，叙事分析是关于叙事在个人生活中作用的理论。叙事隐喻作为心理学中其他隐喻的一种替代方法，一直受到人们的强烈推崇。因此，它是机械隐喻的替代物，在机械隐喻中人被认为是机器。实证主义心理学，尤其是将行为分解为刺激反应单元的心理学，是机器隐喻的一个很好的例子。心理学家也提供了其他的隐喻。例如，凯利个人建构理论将人作为科学家的隐喻。通过叙事隐喻，个体被看作一系列生活事件的复杂解释者。换句话说，叙事隐喻让人们在社会和文化背景下试图理解自己和自己的生活。叙事不仅仅是对过去的解释，还是一种情节的展开。叙事不可避免地将个体描绘为道德存在，因为叙事与道德是交织在一起的。因此，叙事分析的评价必然涉及对叙事心理学的一般评价。然而，这可能会显得有些苛刻，叙事心理学相对较新，在采取的方法上各不相同，而且还缺乏一个强有力的综合。换句话说，在新加入的人看来，这是一组有点混乱的想法。在叙事心理学方面有一些明显的成就——有一些基于叙事的治疗方法，如摩根（Morgan，2000）。然而，给人的印象是，一个领域显然正在扩大，但尚未完全集中——它正在等待找到其重点。这种印象似乎也适用于叙事分析。叙事分析过程的尝试没有其他质性方法那么成熟。此外，与其他质性分析方法相比，叙事分析的使用频率相对较低。这可能有几个原因。当然，一个原因是，叙事心理学作为一个研究领域还太年轻，还没有达到一个完全确立其方法的阶段。另一个原因是，叙事心理学还没有形成一套与话语分析和会话分析相类似的理论体系。在这方面，值得注意的是，叙事心理学的一些支持者直到职业生涯后期才正式讨论这一问题。在研究中，这是不寻常的，人们通常会期望创新来自渴望建立自己的职业生涯的年轻人。由于模型更难得到，理论更难澄清，因此，任何试图进行叙事分析的人，与前几章描述的大多数质性数据分析方法的使用者相比，可能会感到有些不知所措。但是，任何对叙事分析感兴趣的人都有兴趣解读我们在日常生活中讲述的故事。尽管其他一些方法经常涉及诸如身份等主题，但这种方法更关乎自我和身份，这一点远远超出了本书中的任何其他方法。正如本章所描述的，叙事分析与人格研究的联系要比语言的研究紧密得多。这一切归结为，作为研究人员，对什么问题感兴趣。叙事心理学的魅力之一在于，它是非还原主义者，其目的是寻求将个体视为一个整体的社会环境中的一个人。

十、 小结

在进行叙事分析时，你正在走入叙事心理学的世界。与本书中的其他方法不同，这种方法保留了一种广泛的质性精神。这意味着，例如，熟悉语篇分析方法的研究者在进行叙事分析时依旧有很多要学习的地方。它们不是完全相互兼容的方法。他们可能不会在每个方面，甚至大多数方面，都有相同的认识论假设。但毫不奇怪的是，对语言研究有高度了解的心理学家（即话语分析学家）对一种更接近人格的方法而不是对语言理论的理解的接纳会有一些困难。这适用于本书的其他一些质性方法，但在叙事分析方面，这种对比似乎更真实。当然，学术研究的通常规律适用于此——一个人对一个主题的阅读越多，他的想法就越复杂。这是不可避免的，这一点在本书中已经多次提出。当然，一些信息来源比其他的更好，而在某些时候，一些信息来源在一项研究中要比其他研究更好。因此，广泛的综述，如本章中的概述，在研究开始时是非常有用的，而当你更积极地参与研究时，观察（3 位研究者已经进行了他们的研究并报告了他们的发现）就将变得更加重要。

最后，叙事分析的定位问题可能需要重新审视。叙事并不是任何特定认识论研究的范畴。我们已经看到，来自不同认识论立场的研究人员都对叙事主题有某种兴趣。然而，这就引出了一个问题，即对叙事的任何分析是否能够或应该进行叙事分析。我们可以以本位主义本韦尔和斯托克（Benwell & Stokoe，2006）的观点为例，他们认为叙事分析有许多不同的版本。当然，这在一定程度上取决于蛋糕被认为是什么，以及切片的方式。在叙事分析的不同"来源"中包括以下内容：

（1）结构主义方法（包括拉波夫）将诸如种族、阶级和性别等事物与那些直接、绝对的告知方式以及结构联系起来。

（2）真实经验的现象学领域。他们将克罗斯利（Crossley，2003）的方法描述为"一个奇怪的，对语言进行建构以及对语言进行推论理解的混合体，其中语言是心灵/经验和身份建构的窗口"。无论这是否公平，克罗斯利在实践反思中的立场，似乎在很大程度上是社会建构主义立场，同时提倡叙事现实主义的立场（Schwandt，2001）。

（3）无意识的精神动力领域。

（4）叙事分析是一种社会建构主义的方法，从叙事采访中获得的数据，被采访者和叙述者共同建构。

（5）访谈是纯粹的社会互动，故事的讲述和访谈中身份建构的过程是叙事产生的结果。

（6）会话分析人员和话语分析人员认为叙事是有意义的，因为这是他们宣称的分析日常语言的目的的一部分。

这强化了先前的观点，即有许多不同的分析方法来分析叙事。但是，许多分析会话和分析话语的方式有很多的不同，但是会话分析和语篇分析不是描述这些对话的最佳方式。如果叙事者说的太散、太飘、太宽泛，术语会失去意义。出于这一原因，我们建议叙事分析是一个最好保留的术语，用于叙述使用叙事心理思想和概念的叙述。

叙事心理学是以"叙事"的隐喻来理解人格的一种心理学形式。因此，它是心理学的一个发展领域，不同于其他形式的质性研究，因为它根植于这一普遍的人格研究方法之中。叙事分析是一个最适合于叙事的分析术语，它建立在叙事心理学的规则之上，而不是话语心理学或现象学。叙事心理学以自我和身份认同为中心主题。时间会告诉我们，这个或其他一些特定的意义是否会占上风。

叙事分析通常是基于某种形式的叙事访谈。这是任何一种半结构化采访的方法，目的是最大限度地利用材料的叙事内容。叙事是指我们讲述的关于我们生活的故事，这些故事结合了各种事件，包括评估材料、评论等，这些事件在故事中描述了我们生活的发展。叙事分析是本书中质性分析的方法中没有标准化的方法。与其他形式的质性分析相比，如何进行叙事分析的叙述比较少，但有大量关于"如何做"的基础理论。

本章要点

• 叙事心理学是一种以理解人格为研究目的而采用"叙事"隐喻方式的心理学。就其自身而言，它是心理学中正在发展的一个领域，因其被纳入人格的一般方法中而区别于其他质性研究方法。叙事分析这一术语，最适用于描述基于叙事心理学原则对叙事进行的分析，而非其他心理学原则，如话语心理学或现象学。叙事心理学将自我和认同作为核心主题。时间会证明这个或其他特定的意义是否会占上风。

• 叙事分析是以某种形式的叙事访谈为基础的。这是任何一种能进行半结构化访谈的方式，旨在最大化数据的叙事内容。叙事是指我们讲述我们生活的故事，这些故事在评价材料、评论等语境中将所发生的事情联系在一起。这些事情都是关于我们生活发展的信息，正如我们故事中所描述的那样。

• 叙事分析是本书中最不规范的质性数据分析方法。相对于其他形式的质性分析，如基于扎根理论的质性研究存在大量"如何做"的文献，而如何进行叙事分析的叙述相对较少。

拓展资源

Crossley，M. （2000）. *Introducing narrative psychology：Self-trauma and the construction of meaning*. Buckingham：Open University Press.

Garson，G. D. （2013）. *Narrative analysis*. Statistical Associates Blue Book Series 42，Kindle edition.

Hiles，D. ，& Cermak，I. （2008）. Narrative psychology. In C. Willig & W. Stainton-Rogers（Eds. ），*The SACE handbook of qualitative research in psychology*（pp. 147-164）. London：Sage.

Holstein，J. A. ，& Gubrium，J. F. （2012）. *Varieties of narrative analysis*. Los Angeles：Sage.

Mishler，E. G. （1986）. The analysis of interview-narratives. In T. R. Sarbin （Ed. ），*Narrative psychology：The storied nature of human conduct*（pp. 233-255）. New York：Praeger.

Murray，M. （2008）. Narrative psychology. In J. A. Smith （Ed. ），*Qualitative psychology：A practical guide to research methods*（2nd ed. ，pp. 111-132）. London：Sage.

第四部分 **计划和撰写质性研究报告**

|模块内容|

第15章   撰写质性研究报告

第16章   确保质性研究的质量

第17章   质性研究中的伦理与数据管理

第18章   质性研究报告撰写范例：了解
          优缺点

　　本书的最后一部分聚焦于计划和撰写质性研究论文可能遇到的实际问题，主要涉及质性研究报告的撰写、评价以及研究伦理。当开始计划做研究的时候，你就需要马上考虑这里的每一个方面，虽然这很困难，但在研究的每一个步骤中尽可能深思熟虑不可或缺。换言之，完成研究报告需要一个有序的蓝图。遗憾的是，撰写研究报告总是最后完成的一件工作，也是研究的终点，这就是你现在正全力以赴的事情。在研究的过程中，你需要为每个部分打下草稿，不但为研究提供系统框架，也为如何展开论证以可行的证据支撑。无论你是专家或者学生，最终的报告都将作为被评估的依据。如果研究报告支离破碎或者语无伦次，你的访谈技巧再好也无济于事。在头脑中建构关于最终研究成果的设想，将有助于你提出一些问题，诸如"我的文献综述需要多大规模？""我可以花多少时间从事田野调查？""我从分析中获取足够多的数据了吗？"确保思想集中于研究宏图，将有助于我们迅速解决问题。

　　第15章重点介绍如何撰写一篇质性研究报告。严格地说，质性研究报告的结构标准与定量研究报告有所不同。当然，适合每一个质性研究的万能结构也是不存在的。一般来说，当必要的时候，也会使用和修正某一特定的定量研究报告结构。这样具有一个很大的优势，因为对选择不同研究风格的心理学家而言，这些内容都很熟悉。他们阅读采用定量研究基本规范撰写的论文倍感亲切。一个好处是，读者将会知晓报告中会读到什么（如摘要、方法、分析），在哪里可以找到它，后者甚至更显重要。须知，心理学这门学科对论证、清晰性和准确性具有很高的标准。有人可能会认为心理学的质性研究报告应该有其独特的结构和特点。然而，这种独特的质性研究心理学结构是什么样的并无权威规定。这并不意味着质性研究的研究报告与传统的定量研究大致相同。尽管二者结构大同小异，但是内容迥异，所反映的质性思路也有所差别。质性和定量心理学研究在"分开发展"上的对立立场并没有反映在如何撰写质性研究报告的建议上。如果质性研究方法成为所有心理学家可资利用的资源，这一点或许备受期待。

　　第16章是关于质性研究的质量。这是一个不仅在质性研究心理学家和定量研究心理学家之间，而且在质性心理学家的不同派别之间均引起激烈辩论的领域。除了大量的统计和实践课程，所有心理学专业的学生还被灌输信度和效度的概念。信度和效度不能解决定量心理学的所有质量问题。此外，对于否认"对世界只有一个视角"主张的质性研究来说，它们肯定也是不合时宜的。争论非常复杂，但理解质量标准对质性研究和定量研究来说都同等重要。对于心理学研究者而言，学习第16章中的内容时，超越信度和效度的议题相当多。实际上，这一章超越了一般心理学方法教科书通常试图建立的评估研究标准。本章试图通过提供一些可以被学生在多个层面上进行操作的质性研究基本标准，这些标准也是专业级质性研究所期待的。第16章应该说服即便是最持怀疑态度的定量研究者，纠正他们认为质性研究在方法论上并不成熟的想法，也让他们觉得在质性研究的"床上"休息并不容易。质性研究的根本误解是将其等同于缺乏严谨性。典型的质性心理学研究者可能比典型的定量研究者更担心研究方法的问题。当然，质性和定量研究的质量常常变化——并不是每项研究都是好的。

　　第 17 章关注质性心理学的伦理和数据管理问题。如果没有得到正式的伦理许可，心理学中开展的任何研究实际上都是不被允许的。有研究者认为，质性研究存在伦理问题。这是不正确的，因为典型的质性研究在某种程度上来说比定量研究还要注重道德优先。和典型的定量研究者相比，质性研究人员与参与者之间的关系有所不同，一些质性研究者更多地卷入了被研究者的生活。研究人员与被研究者（具备质性研究关注特征）之间的合作研究活动，以及质性研究中所产生的大量数据，显然都是共同构建的产物。第 17 章呈现给我们的是支撑所有心理学研究的基础伦理原则。其中的一些现在已成惯例——知情同意、从研究中退出的自由、保密。这些仅仅是与质性研究有关伦理因素的开始。本章描述的有关伦理问题可能因为存在于质性研究中而得以进一步发展，有时是因为研究人员与研究者之间的关系，有时是因为质性研究数据更加透明。关于这个问题的好例子是如何处理好源自群体中彼此相识的人那里收集的数据。如果一个研究者与具有潜在关系的两个合作者进行深度访谈，就可能步入道德雷区。

　　本书的最后一章是试图帮助进行质性研究的新手理解在撰写质性报告时如何做得更好。虽然心理学中的质性报告多多少少需要参照定量研究的标准结构，但是通常这个标准结构需要进行一定程度的修改以确保特定的质性研究有效。因此，大多数读者在撰写质性研究时可能对心理学报告的基本要素很熟悉，这一结构在第 15 章进行了深入讨论。不过，质性研究和定量研究报告共享的结构与两者内容上的差异关系不大。需要注意的是，质性研究有不同的类型，每一种质性研究方法通常共享一般的质性思路，但同时也具备一些独有的特征和假设。因此，撰写质性报告需要认识论差异的敏感性，这种认识论差异存在于不同的质性研究方法之间，以及质性研究与定量研究的方法之间。为了使读者更具质性研究报告中所需的敏感性，第 18 章不仅给出了撰写质性报告所需要的一些建议，而且包含了三个基于不同质性研究方法的例子。虽然这些报告受到了已经发表论文的启发，但是还是与原始文献在很多方面有所不同。原始文献都是可以仿效的佳作，第 18 章中的例子却难称完美。仔细阅读每一个例子，找出你认为需要解决的问题。这些问题（和示范性的东西）可能存在于文中的任何地方，其中一些问题已经被识别出来了，并且在文后进行了讨论。文本中的数字大致揭示了它们在文本中的位置，以便为读者提供线索。但是，你也可以看看其他没有被发现的东西，毫无疑问，你总会找到的。

第15章
撰写质性研究报告

概述

· 像其他心理学报告一样，撰写一份质性研究报告并不容易，需要时间和经验才可能更为娴熟。

· 参照已发表的报告是大有裨益的，这些报告最好尽可能地接近你所从事的研究以及想撰写的内容。它可以为你的工作提供了一个完善的框架，使报告的细节更容易被检查。

· 无论质性研究还是定量研究，好的报告有很多相同的特征。特别是论据的新意、勤奋和细致、描述内容的提问方式，都是一份好的报告被普遍预期的。

· 质性研究以完整和丰富的数据为基础，这些数据大多以开放式的方法收集。研究者所进行的分析也应该是充分的、丰富的和透明的，因为研究者需要仔细、彻底地考虑分析的一致性和非一致性，并试图解决每个问题而不是忽视它们。

· 虽然质性研究报告的结构彼此之间差异较大，但最好以心理学中定量研究报告结构为参照。虽然我们可以适当地予以调整，但是，建议将标准的心理学报告结构作为质性研究报告撰写的起点。

· 质性研究与传统研究报告结构的最大不同可能体现在报告方法论方面。特别是，将大量的空间用于分析方法是很重要的。这在定性报告写作中有时被忽略，但如果不这样做就是一个根本错误。

· 选择适当的数据（文本）来支持质性研究分析需要深思熟虑。系统呈现如表格或统计量表，放在适当的位置，可以让其显出明显的不同。

· 和定量报告一样，质性研究报告也需要重视引文与参考文献列表。

一、 质性研究报告有何不同

毋庸置疑，论文写作的目的就是与其他人交流研究活动，但又不仅仅是分享。在撰写研究报告的过程中，我们可以学习到大量与所关注主题相关的领域。这样，我们在写作时就可以拓展作者独立思考所难以企及的思想成果。因此，论文撰写不仅仅被视为交流观点，也是拥有思想的一种途径。这就可以解释为什么撰写研究报告这么难——同时把交流和思考都梳理清晰难度很大。撰写一篇优秀的研究报告，就算不是一项令人极其厌烦的任务，也称得上是非常复杂的工作，它不仅需要像杂要一样把大量不同的成分按照正确顺序加以组合的娴熟技能，也需要琢磨包含什么以及哪些内容的疑难问题。毫无疑问，对一些学生而言，开始写论文就已经超出了他们的舒适区。良好的写作技巧让人大受裨益，但还有大量需要学习的东西：格式、内容和结构。这些伴随时间和实践而获得的经验更显轻松，但是写作并不容易，因为质量提升是通过以专业研究的标准为目的的学习而实现的。

　　和生活中的许多事情一样，跟着例子学习可以使任务更加简单明了。你会发现，以专家如何表述他们的研究为例是非常有帮助的。已经出版的研究报告读得越多，就越清楚自己该怎样操作。当然，你得甄别哪些出版物可以使用——有些对于新手而言更易理解。以前，大学或者其他高校图书馆（我的办公室也是如此）将一排排书架上的心理学期刊按照名称集中存放。而现在，对大多数常见期刊而言，印刷格式已经被电子版所取代。对多数大学图书馆订阅的同一种杂志来说，电子版更加便捷。期刊论文可以直接下载到电脑并打印出来，这使学习更加简单，如果谈不上有趣的话。

　　在撰写研究报告时，有许多需要注意的地方。一个好的建议是，在书桌上放一篇相关杂志论文来作为自己写作的模板。这将有助于你应对一些简单的问题。比如，研究报告应该有的结构是什么、标题怎么写、怎么样的副标题是恰当的。此外，它们还会帮助你处理复杂而重要的格式问题。每一篇论文都不尽相同，你需要一篇范文来解决研究中的相似问题，尤其是借鉴相似的方法论和理论观点。自然，选择范文也有一些风险，如质量不佳，毫无帮助，或者极度困难。但是，总体而言，收益也是巨大的。

　　(1)为你的研究报告寻找到适宜结构作为导引；

　　(2)理解诸如怎么写致谢和参考文献以及它们的格式是怎样的；

　　(3)使学术交流变得更加可接受、更加有效；

　　(4)形成一种将细节置于研究报告中的适当方式；

　　(5)学习一些心理学知识。

　　最后，没有人能确保创造杰出研究报告的灵丹妙药。尽管如此，模仿优秀的范例将使你在写作开端胜人一筹。

　　尽管期刊的论文有这样的功能，不可否认，在质量上也可能良莠不齐。幸运的是，大多数期刊都有着不同程度的质量控制。其中最为人所熟知的就是"同行评审"，即向期刊投稿并可能发表的论文被研究领域中的专家审读评阅。几乎没有哪个期刊论文没有经历后期返工就被杂志接受，文章可能会被要求修改、以某种方式纠正或完善。尽管这一制度并非永远正确，一些质量不佳的论文也成了漏网之鱼，然而，总的来说，它确保了已经发表的论文符合在内容质量方面可接受的标准，且与公认的结构一致。和其他期刊相比，有的期刊在学术界享有声望，因此在这一过程中的标准更为严格。通常，由心理学家专业团队管理的期刊，如英国心理学协会和美国心理学会，都有相应的高标准。

在写作过程中，期刊论文比专业书籍具有更好的指导性。虽然质性研究和定量研究也通常会以书本或者其中的章节形式出现，但它们一般都没有期刊所要求的风格那么正式，所以对写作时的帮助就会小很多。更何况，书本是以出版者的排字形式（而不是严格的格式规范）所制作出来的。比如，很多书的参考文献都与美国心理学会在其杂志上的体例有所不同。

记住，与期刊论文相比，学生在学习不同阶段所撰写的研究报告服务于不同的功能，其目的更多地侧重于教育发展与评价。因此，可能一些诸如文字要求的事情与之关系更明显，报告内容则稍显次之。学生写出相对简洁的报告，是心理学实践课堂的一个部分。一般这些短文都会要求在 1000～2000 字，最后一年的学位论文要求内容更充实，字数在 5000～20 000 字。研究生阶段的学位论文，如博士学位论文，字数要求大大增加，通常会达到 80 000 字，在英国甚至还会更多。当然，不同机构的字数要求是不同的，这里不可能给读者一个明确的字数限制，需要因地制宜，视情况而定。

作为一项粗略而简单的方法规则，似乎质性研究报告的字数比定量研究的更多一些，其原因是：

(1)一些质性研究报告引用大量的说明性文本材料以论证所分析的特征；

(2)一些质性研究报告包含了诸如访谈或者电话之类的记录副本；

(3)质性研究寻求对资料更为丰富的描述风格，即所谓的"深描"，不可避免地会占用更多的篇幅。

显然，这些特征使得质性研究很难将文字压缩至传统研究报告的长度。可见，质性研究报告是否有字数限制或者额外规定，这是需要作者确认的一个要点。一种途径是在为质性研究报告计算字数时从被分析的材料中适当省略例证和引证。通常，诸如内容摘要（或者概要）和引言的字数并无额外"特许"，如果你的讲师或者导师没有足够清晰地设定这些规则的话，最好还是先从他们那里获得清晰的信息。

二、 目标导向： 优秀质性研究报告的总体特征

任何研究报告都需要在各方面达到高的学术标准，其中一些在质性报告中比在定量报告更为重要。在我们比较质性研究与定量研究报告差异之前，先来看看二者所具备的一些共同特征。乔多瑞，格劳瑟和佩雷格（Choudhuri, Glauser & Peregoy, 2004）认为，一篇高质量的研究报告需要满足以下的标准：

(1)它应该包含对研究目的的清晰陈述；

(2)所提出的研究问题在报告中的论证合乎逻辑；

(3)数据收集方法应予以清晰说明和证明；

(4)数据分析方法应予以清晰说明和证明；

(5)研究报告应该包含与数据及分析有逻辑关联的结论。

虽然很难精确界定完美质性研究报告的要素是什么，但它们应该包括以下几个方面。

（1）报告的整体结构自始至终一致，从逻辑上讲，从头至尾都是连贯一致的。

（2）报告揭示出研究人员对所选择方法的性质和假设有充分的理解，并认识到每种方法都有其他方法所没有的独特性。

（3）读者可以充分了解研究的过程，据此对该研究做出满意或不满意的评价。

（4）研究报告最好能够展示出作者的创造力（如与之相关研究思想的发展或研究分析方面）。这不单是为了证明与已有研究的不同，更重要的是体现该成果正在推动本领域的研究向重要方向前进。

（5）同时，报告应当表明，其作者为了研究活动（如文献综述）、数据分析和撰写报告等做了精心的准备，付出了辛勤的劳动。

（6）研究报告应当表明，作者应当充分且准确地理解了关键概念和研究结果，总是正确而谨慎地使用概念。

（7）研究报告有不同的目标读者，应该与他们联系紧密、沟通良好。因此，一份专门为学术团体撰写的报告将不同于为政府部门提交的报告。

（8）研究报告各个部分都应清楚、开放，不要试图通过含糊或隐晦的方式来掩饰问题或不确定，应避免给读者造成不必要的困惑。

（9）与定量研究报告相比，质性研究报告的结构可能有更多不同。然而，无论最终的结构如何，研究报告都应上下衔接连贯，易于读者理解。尽管在心理质性研究人员中不太明显，但在其他更早采用质性研究的学科中，采用广泛差异性的视角来研究信息传播。在基恩和托德雷斯（Keen & Todres，2007）的论文中很好地说明了这一点。常见的书面报告和会议论文规范都有各种各样的创造性偏差，质性研究者更容易从规范中"创造性"地偏离。基恩和托德雷斯开始寻找在期刊和会议之外传播质性研究结果的方法。差异性帮助其他学科的质性研究人员更好地处理研究内容及其信息传播。基恩和托德雷斯解释说，信息传播可以通过舞蹈、诗歌、戏剧、视频、唤起性写作、网络应用等方式进行，而论文也可以采用戏剧性作品的细节展示。为什么这样的交流方法会有助于研究成果的信息传播，这可能不需要有所解释，毕竟这些研究成果都是建立在丰富的文本分析及深入描述的基础之上的。

（10）质性研究报告应与质性研究理念产生共鸣。质性研究视角包含了研究人员的观点、主观性、研究主题的历史和文化背景，以及数据的丰富性等内容，它们催生了质性研究报告，而质性研究报告又反映着这些内容。

（11）对自己的观点、论点和数据进行自我质疑是学术研究重要且必需的特征，也可以参照这种方式对其他研究人员的工作保持相似而相当的质疑。

（12）注意细节，如语法、拼写、分段等，因为它们是任何研究报告形成整体印象的一部分。虽然像微软 Word 这样的文字处理软件对拼写有很大的帮助，但分段这种事情还是只能靠自己。与定量研究相比，良好的写作风格在质性研究中更为重要。这可能是因为，质性研究的起源有更多的社会文化传统，而不是产生定量心理学的自然科学。诸如语法、拼写等技巧使用糟糕，不可避免地会破坏对论文的印象。

三、 质性的理念

"质性方法"一词涵盖了各种不同的方法，并不是所有的方法都能与其他方法一并协调作用。和定量研究一样，质性研究人员之间也往往有着激烈的争论。然而，大多数质性研究人员都共享一种"质性"的文化，这决定了质性研究人员在学术上所享有的共同点多于他们与定量研究人员的共同点。在撰写质性研究报告前，对质性研究方法独特特征的理解可以说是一种必要的准备。虽然在本书的各个阶段都讨论了这些特性，但质性研究的一些共同特征都在下文予以归纳呈现。当然，并不是说所有的质性研究者对各点的描述都采用了相同的方式。

(1)数据收集方法是开放式的，而非被作答时缺乏灵活性的高度结构化问题所制约。

(2)数据分析同样是开放式的，分析的任务是充分理解与解释数据，而不仅仅是用数据来回答具体的研究问题或假设。

(3)数据采集旨在获取非常完整、丰富的数据，它们通常具有口头或文本的性质。

(4)研究者应该"定位"研究样本，提供关于研究样本的详细资料（Elliott，Fischer & Rennie，1999）。它包含了与研究主题相关的关键特征。通常，研究者会描述样本的人口学特征，但这对于质性研究而言是远远不够的，因为人口学特征可能忽略心理的以及其他因素，这些因素可能与理解该研究关系密切。尽管如此，对人口学特征的描述仍然非常重要，因为它们提供了说明研究结果是否与其他人群或社会背景有关的线索。

(5)数据分析的目的在于挖掘数据的丰富性。

(6)数据分析一般是探索性的，而不是验证性的。

(7)数据描述和数据分析各有重要作用，这需要作者自己进行平衡。没有分析的数据描述是无法令人满意的。

(8)条理性指研究报告基于一种可以理解的框架，以一种综合的方式呈现分析结果的程度。例如，仅仅给出分析中发现的主题列表，然后描述它们，这种方式就不够好，也不能提供必要的条理性。另外，研究者应该展示这些主题之间的关系是什么，这些关系可以在图中直观地加以说明；或者，主题也可以通过一个故事或叙述来呈现，以此增进读者对主题的理解。

(9)理论与方法有密切的联系。许多质性研究方法都非常有影响力，因为它们都具有广泛而独特的理论和认识论基础。

(10)分析应该是透明的，这意味着研究人员需要清楚表明，分析是如何通过引用大量数据的图解和例证解释与数据主体相联系的。质性研究人员通过提供翔实的例子，以说明所涉及的分析过程和所得到的成果。分析过程的充分细节应该被提供出来，这样才可以让读者理解分析过程背后的逻辑。选择研究者所提供的例子有助于阐述论证，说明通过分析所建立的主题是如何相互关联的，也能表明主题的饱和程度（如主题是如何在数据中被构建起来的）。

(11)对研究者和读者而言，分析过程应该是合理、可靠、有意义的。

(12)质性研究者需要将个人观点融入自己的研究报告中，这体现了研究的自反性（见专栏15.1），即主观和偏见的可能性得到承认和吸纳。研究报告体现出对作者个人主张或参考框架的深刻理解，这对质性研究者来说是非常常见的(Elliott，Fischer & Rennie，1999)。例如，研究者可以把自己的理论取向引入研究中。或者，研究者可以解释他们在研究选题上的自我卷入——研究者与研究主题相关的价值观、期望和经历究竟是什么?

　　(13)质性研究应该确认数据收集的情境及其对数据分析的影响。

　　(14)研究报告的目标受众可能会寻找到与内容相关的某种个人联系。埃利奥特等人(Elliott，Fischer & Rennie，1999)将此称为"与读者共鸣"。读者易于认可研究的相关性:研究的确对他们产生了影响。

专栏 15.1　核心概念

什么是自反性

　　自反性的概念在社会科学中具有多种内涵，尽管它在主流心理学写作中并不是特别重要，但是在某些质性研究中会经常提到它。它是塔尔科特·帕森斯(Talcott Parsons，1901—1979)引入社会学的一个概念，用以说明现代社会中人们意识到自己行为的能力。行为主义将行为作为刺激和奖励系统的产物，如果你认为它在主流心理学中居于统治地位，帕森斯自反性概念的重要性就不言而喻了。类似的概念也可以在最近的社会学研究中找到，如英国社会学家安东尼·吉登斯(Anthony Giddens)的著作(O'Brien，1999)。但它们与质性心理学中的自反性有所不同。从广义上讲，质性心理学中的自反性指研究者对研究数据和研究成果产生不同影响的方式。尽管自反性在定量研究中也有所体现，但定量研究人员往往将其视为一种讨厌的东西而忽略它，认为只有它的影响被消除了，才能得到更好的研究。在定量研究中排除自反性的方法有很多。例如，学生撰写定量研究报告时通常会得到这样的建议:不要使用第一人称(我、我的等)。这就相当于表明，研究人员的研究经验与研究结果无关。这根本就是无稽之谈，但心理学家们已经陆陆续续奉行了数十年。有些读者可能在质性心理学中还没有读得足够深入，以至于否认个人参照的普遍性。根据奈廷格尔和克龙比(Nightingale & Cromby)的主张，自反性包括:

　　　　研究者通过研究过程促成意义建构的意识，并承认在进行研究时不可能处于这一主题之外。自反性促使我们"探索研究人员的卷入以何种方式影响、执行和报告特定研究"。(Nightingale & Cromby，1999)

　　换句话说，自反性促使心理学家彻底地重新思考如何在研究中发挥自己的作用。

　　根据维利希(Willig，2008b)的研究，质性研究中所涉及的自反性主要有两种:

　　· 个人自反性。它含有这样的认识:作为研究者的我们如何影响和引导研究? 这涉及很多因素，包括我们的生活经历、政治观、偏见、态度和信仰。这些在我们开展研究时扮演了怎样的角色呢? 显然，不仅我们的特征对研究有所影响，研究也在影响着我们。

　　· 认识论的自反性。作为研究基础的假设有助于研究者斟酌他们的研究及其研究结果，认识论的自反性体现了研究者对研究假设的反思。认识论的自反性聚焦于研究本身的问题及其对研究中所出现状况的影响，关注研究方法是如何影响研究结果的。

伯尔也发现了自反性的两种含义，但它们与维利希的上述观点并不完全相同。他认为，自反性两个含义中的第一个是：

> 它使人注意到这样的事实，当人们对某一事件给出解释时，受到交流的本质特征影响，解释同时包含着对事件的描述，并且是事件的一个组成部分。（Burr，2003）

换言之，在定量研究中，研究者作为权威专家而一锤定音，但是这一地位在质性研究中难以为继，因为它允许有多种声音，也就谈不上有最可靠的解释。因此，质性研究对权力和权威的讨论是开放的。在实践中，质性研究者比典型的定量研究者更愿意把研究过程反馈给参与者。（当然，这可能是在描述定量研究的不良实践，因为所有人类参与的研究都伴随着"事后报告"这一阶段。从这一点出发，参与者的声音假定已经被倾听了。）

伯尔的第二个的自反性含义是：

> 自反性指的是，建构主义本身并不能从基于它而影响其他理论的批判立场中排除。作为理论与实践主体的社会建构主义，必须认识到自己与其他叙述方式一样，也不过是社会建构的一种。（Burr，2003）

实际上，伯尔给出了一个更具一般性的自反性论题——理论应用于理论本身和研究者。

最后，自反性的这些版本可以归结为一些相当重要的东西——质性研究报告的内容风格与典型的定量报告存在根本不同。质性研究报告更多地包含一些以研究者的行动、想法和观点为参照的内容。当然，诀窍就是保持某种平衡。学生研究者可能会觉得，把这些努力放在明面是合适的，因为除非仔细考虑，否则他们会显得很琐碎。在心理学中，研究报告写作的传统是强大的，在常见的指标上最好保持一致。在此基础上，任何一个质性研究报告都很欢迎有洞察力的自反性视角。

研究报告的写作风格在所有这些方面都很重要，所以写作应该是流畅和清晰的。此外，作者必须提供细节和证据，使读者相信研究结果以及研究者所提供解释的可靠性。然而，值得注意的是，虽然没有普遍认同的规范，但一些作者提到了一个好的质性研究应具备的其他特征（见图 15-1）。

这里的某些特征并不适用于在假设检验、信度和效度等方面都追求卓越的主流心理学研究。质性研究的这些一般特征有助于为研究者提供导引，为质性研究报告的完善提供强烈的启发。即便如此，你也需要适应质性分析中各种各样的方法。它们具有一般质性研究方法一样的特征，有着相当独特的个性和期望。

所有权角度：研究者对报告中的观点负责，包括对可能涉及的任何主观和偏见的评论

连接理论—方法：报告描述、建构和解释了所涉及的理论与数据收集和分析方法之间的关系

意义是分析的焦点：质性研究方法更多地关注意义而不是因果。因此，意义在质性报告中占主导地位

语境至关重要：质性研究者应该对情境敏感，并将其纳入数据分析与解释之中

数据收集和分析的开放性：数据收集不受方法约束的限制，通常会一直持续到没有新的数据收集为止。同样，数据分析过程也取决于研究者是否持续分析的意愿

丰富的数据：质性研究人员寻找的数据具有丰富性，详尽、广泛，不受限制，且有意义

描述与解释的平衡：质性研究基于对数据的描述和解释，二者缺其一就会导致质性研究的不平衡

分析透明度：研究者应该以具有独特分析立场的数据为证据(例子)，以使读者增加分析的可理解性

合理/可靠的分析：一个有用的分析对其他人而言应该是有意义的

解释的独特性：在研究报告中，应该清晰呈现解释的与众不同

能激发共鸣且可理解的结论：研究人员得到的结论应该与读者产生有意义的共鸣，是可理解的或可用的

图 15-1 好的质性研究应具备的特征

尽管质性研究的这些准则明显地与质性研究的基本需求一致，但满足这些规则时可能存在以下问题。

(1)有时收集到的数据无法满足内容"丰富性"的要求。其主要原因是，新手缺乏相应的访谈技巧，从参与者那里引发广泛而详尽的回应。笨拙的提问或令人困惑的问题，与被访谈者不融洽的关系和对沉默的无所适从等都可能对数据的丰富性产生负面影响。如果没有深度访谈的经验，在时间难以得到保障的情况下进行某些类型的数据收集是有风险的。这时，如果可能的话，采用焦点小组法采集数据可能更为安全，它对研究者的技巧要求不是那么高。强调一点，质性数据收集需要高水平的访谈技巧，而类似的技巧需要经过培训或者经验积累，并不是与生俱来的。

(2)周密的质性分析需要投入大量的时间和精力。不可避免的是，如果分析中不够用心，就不可避免地使研究成为平庸之作。比如，想象的"分析"就很缺少对数据有趣的引证，而且数据应该被一系列评论串联起来而不仅仅是指出不同的人提及了不同的事。否则，就会被阐述成这样的一种形式："他是这样说的……然而她是那样说的……但是他们有其他不同的说法……"如果不提供对数据图表的深入讨论，无论在定量分析还是质性数据分析中都是不合时宜的。

质性研究鼓励把定量研究报告中很少甚至不被接受的内容纳入其中。例如，由于研究者的基本主张及其对质性研究分析的影响都非常重要，质性研究报告通常会包括来自个人的以及自反性的视角。但是，这在定量研究中闻所未闻，毕竟主观性与定量研究方法所注重的客观性是背道而驰的。在质性研究报告中提及"我"和"我们"是完全可以接受的，但是简单地像这种陈述："我做了这个，然后我们做了那个"，就显得笨拙而且迷失了重点。在质性研究报告中，当视角、偏见、主观性之类的问题喧宾夺主，研究者就会成为讨论的主题。

四、 质性研究报告的结构

主流心理学中研究报告的传统结构包含了表 15-1 中所示的几个要件，它们在定量研究中历经检验，成效卓著。这些要件构成了一个简洁而有序的序列，尽管并不完美，但很好地展示了定量研究的主要特征。它特别适用于报告实验室实验，原因是这些实验均建立在许多假设之上。最为重要的是，研究按照理论构建和假设检验的有序进程行进。这就有助于理解先前的研究是怎样开展的、理论是怎样通过可观测的实证数据得以发展的。基于此，研究者得出检验理论的新假说，从而使这一相对明确的假设能被研究者以某种方式加以检验。这就导致"研究结果"与"研究讨论"相隔离。易于出现这种情况的原因是，结果部分仅简单陈述假设检验的结果，而对结果的解释放到了后面的"讨论"中进行。在某些情况下，这种结构甚至会对那些定量方法坚定支持者带来阻碍。例如，那些包含不同问题或者手段开展调查的人可能会发现，对结果和结果解释的严格区分显得相当呆板，最后的研究报告也不能令人满意。对于质性研究者来说，这种结构甚至会带来更为严重的问题。

表 15-1 主流心理学中研究报告的传统结构

传统的定量研究报告	质性研究报告
标题	标题
摘要	摘要
引言	引言
方法	方法
结果	结果与讨论（也可以是发现与讨论或分析与讨论）
讨论	
结论（可选，或有时把"讨论"作为"讨论与结论"）	结论（可选）
参考文献列表	参考文献列表
附录	附录

这一问题在于，传统的结构基于如何开展心理学研究的独特视角，包含的假设为研究进展并非由质性研究者所推动。在质性研究中，数据分析及其解释是密不可分的。比如，在主题分析中所衍生出来的"主题"并非预设的，它伴随研究者反复分析数据而逐渐趋于完善。主题论证、主题自身以及主题的意义不可能被清晰地划分为彼此分离的序列。因此，在某种程度上来说，定量研究报告的传统结构严重地歪曲了质性研究的本质。

同样，需要注意的是，即使在数据收集前文献综述的观点也会影响到如何开展调查的独特视野，如组织起来的文献综述应该关注什么，相关的资料是什么，如何解释它们。如果研究者进行回避，基于数据主导的分析会是什么样子的呢？这个设想属实的话，数据分析之前的文献综述将毫无价值可言。例如，纯粹版的扎根理论和对话分析都可以有意避开分析前的文献综述了。换句话说，传统研究报告的结构在涉及研究实质时也有自身无法承担之重。

尽管如此，已达成共识的是，质性研究报告结构应该是传统实验报告结构的改良版。这种变化并不大，因为它仅仅将结果和讨论部分耦合在了一起。有时，它还可以被称为"发现"而不是"结果与讨论"。这种改良的明显优势在于：

(1)用于生成定量报告的技能可以很容易地迁移到撰写质性研究报告上来；

(2)这一熟悉的结构为所有心理学家使用；

(3)使用相同的报告结构，可以使撰写质性和定量的报告之间的差异降至最低。

除了这些优势，该结构的一个很大缺点是——它很容易使我们忘记，质性研究报告的某些方面与定量研究有着根本区别。因此，质性报告的各个部分都应该包含许多不一样的东西。传统的结构是可以被采纳的，但是应该根据质性研究的要求不断地加以改造，使二者相得益彰。

表 15-2 清楚地阐明了在质性研究报告中每个标题下的更多细节。这些小部分包括了那些在定量报告中被简单视为不适当的成分。即使在那些看起来相同的地方，实际上也可能存在非常大的差异。质性研究报告包含表格并不罕见，但它们更可能是主题列表或者引用，而不是以别的任何方式加以量化。例如，质性研究中的表格可以用来列出参与者并描述他们的某些特征。通过这种方式，所有参与者中每个成员的细节都被呈现了出来。在定量研究中，这些特征更有可能以样本均值和标准差的方式来表示。

表 15-2　质性研究报告的详细结构

质性研究报告的主要组成部分	一些适当的小部分——包括可能的小标题	常见错误
标题	应该是关于报告总体内容的提示信息，通常使用标题和副标题	没有提供关于报告内容的提示信息
摘要	(a)对研究原因的小结 (b)对研究方法的小结 (c)对研究成果的小结 (d)对结论的小结	未能总结报告的所有主要部分 特别常见的是，没有概述质性研究的发现和结论
引言	(a)引入段落 (b)对研究目的的解释和清晰陈述 (c)适当的文献综述 (d)在文献综述中发现了什么，从而影响了你所开展的研究？ (e)解释为什么选择了一个特定的质性研究方法。避免为选择质性而不是定量研究方法写一些笼统的理由。质性研究方法也有很多种，要阐明选择某一方法的依据 (f)在研究中希望解决的特定问题的陈述。提出假设在质性研究方法论上而言是非常不恰当的	聚焦于研究的材料不够，或者说太宽泛，浪费了读者的时间 材料尤其是文献综述的结构缺乏条理性，使用副标题可能会相当有帮助 由于没有阅读原始出处而导致材料含糊不清、缺乏细节

质性研究报告的主要组成部分	一些适当的小部分——包括可能的小标题	常见错误
方法	(a)研究方法的原理阐述(如果没有适当的位置就放在引言中) (b)研究设计包括访谈、焦点小组等 (c)程序、访谈和其他数据收集方法 (d)研究参与者的基本信息 (e)伦理规范 (f)数据的转录 (g)数据分析策略 (h)评估分析信度和效度的程序	未能提供所使用数据收集方法(如焦点小组或深度访谈)的详细信息,会影响到对数据的解释 对质性分析的细节进行掩饰是很常见的错误,读者会质疑你究竟做了什么,甚至是否真的是质性分析
结果(发现)与讨论	(a)文本材料的分析 (b)引用说明分析的各个方面或详细讨论 (c)可能以简单的量化来表明分析的不同特征的影响 (d)表格(对主题的例证或者对比来自不同样本的例证) (e)对方法和分析的反思 (f)分析的主要特征 (g)研究发现如何与本领域的其他研究结果相关联 (h)试图证实分析的描述,如与最初的参与者讨论 (i)对研究结果有制约的方法问题 (j)研究结果对本领域取得进一步成果的深度影响	未能进行全面、系统地分析。相反,某些主题的界定和举例说明并未试图涵盖所有的数据,或者形成拟合更佳的主题或种类。这是没有认识到质性研究方法具有严密性所致 自相矛盾的分析
结论(可选)	当前,很多研究没有结论这一部分是较为常见的。这种情况下,结论部分通常融入讨论中,而且不会以小标题呈现 受质性研究性质的影响,通常不会以少数的几个结论做结论	常见的错误是,研究报告所陈述的结论与前面撰写的内容不一致
参考文献列表	遵循现有的规范,它可能由 APA(American Psychological Association)、你所学习的院校系部或者其他权威所设定。保持参考文献的一致性是最重要的要求	这个部分可能有很多错误。明确你所遵循的规范和使用恰当的模板,就可以最大限度地避免这些问题。否则,就可能出现不一致
附录	转录文本 任何其他的材料	撰写的研究报告类型影响着附录的使用。在篇幅有限的情况下,附录就不得不精简或者省略。在其他研究报告(如博士论文)中,准确性和完整性比对篇幅的字斟句酌更重要,附录的使用就可能超出通常的规格和数量

五、 质性研究报告的细节

毫无疑问，学习如何撰写质性研究报告的最好方法之一就是，研读该领域中与自己研究内容相近者的文章。其中，学术期刊论文是用以效仿范本的最佳来源。这是因为学术期刊论文对内容有特定的标准，但书籍的章节中一般不需要这种标准。不要忘了，学校教师的心理学培训中大多把学术期刊论文作为心目中的完美典范。因此，采用发表质性研究报告的心理学学术期刊（如 *Qualitative Research in Psychology*）的规范，可能是最好的办法。要使你的研究更为深入，你就需要阅读更多的这类论文作为基础，并使之成为你文献综述的一部分。如前所述，在你面前放几篇相关论文作为范本是一个很好的主意，毕竟我们中没几个人能记住关于如何撰写期刊论文的每一个复杂细节。质性研究者的文献综述可能会超出心理学的范畴，我们就更要留心其他学科研究报告写作规范与心理学的差异。请注意，某些质性研究者的目的就是否认定量研究的所有方面，与定量研究写作风格格格不入的状况时有发生。这一般发生在层次较低的期刊上。

定量研究过分强调从现实中萃取知识的客观性，与之相比，质性研究思潮更倾向于接纳研究者在知识生成过程中的地位，走向了知识建构主观性的另一个极端。这样的观点虽然夸张，但也揭示出二者的一些不同。这些差异的一个后果是，正如前面所阐述的，质性研究报告自始至终都趋向于纳入更多包含研究者主观印象的讨论。换言之，尽管可以省略，但是文章最好写清楚研究者如何开展访谈的、先前经验如何影响当前的研究、研究发现如何冲击研究者的态度和信仰诸如此类的内容。

接下来，我们将逐一分析质性研究报告的每个部分。我们要强调研究报告各组成部分的重要性，尤其是那些看起来很简单或者很琐碎的内容，如题目和摘要。对读者而言，这是认识你研究的起点，内容越清晰、信息越丰富，读者的第一印象就会越好。它们可以让读者了解报告要讲什么、正在阅读的文本主体结构是什么。虽然像准确引用出处以及参考文献列表这类细节看起来很烦琐，对研究报告的质量也没什么贡献，但是和草率随意的学生相比，一丝不苟的学生显然可以使自己的作品得到更好的评价。

(一)写一个好标题

研究报告不是日记或者研究者所做事情的时间表，而是以一种相关的结构和可理解的形式讲故事。读者对研究报告感兴趣，通常首先是因为标题，其次是内容摘要。发表的研究报告内容会被收录在诸如 PsycINFO 等出版数据库中，题目和摘要构成收录的基本信息，和作者提供的、用以检索论文的其他术语一起，极大地影响着研究报告是被阅读还是被忽视。因此，论文题目需要对研究的内容加以简洁陈述。标题通常很短（一般限制在 20 个单词以内），这意味着研究者必须惜墨如金。多余的短语，如"关于……的研究""对……的调查""关于……的实验"几乎难以寻觅。此外，在单词上生搬硬套或者要小聪明应尽量避免，因为它们往往与研究报告的内容没有什么直接联系。虽然小说的题目可能与内容只有一点点关联，而且往往卓有成效，但它并不能作为研究报告的例证。

下面这些标题源自 PsycINFO，其检索词是：会话分析（conversation analysis，CA）、话语分析（discourse analysis，DA）、扎根理论（grounded theory，GT）、解释现象学分析（interpretative phenomenological analysis，IPA）、叙事分析（narrative analysis，NA）、现象学（phenomenology，Ph）和主题分析（thematic analysis，TA）。

- 孤独自闭症儿童被发现具有交际能力（Stiegler，2007），CA。
- 当梅（May）叫我回家：阿兹海默病患者与家庭电话交流的接通时刻（Kitzinger & Jones，2007），CA。
- 基于短信（SMS）的互动：社会亲密与互惠的实践（Spagnolli & Gamberni，2007），CA。
- 网络空间的身份建构：以进食障碍为例（Giles，2006），DA。
- "我甚至还没有给医生打电话"：药剂师在给 80 岁及以上病人药物审查会诊中的咨询角色（Salter，Holland & Henwood，2007），DA。
- 澳大利亚国会在寻求避难者辩论中的种族主义构建（Every & Augoustinos，2007），DA。
- 获得意义永无止境：新确诊癌症患者信息寻求行为的实体论（McMaughan & McKenna，2007），GT。
- 解释亚组分析扩展了扎根理论在肿瘤音乐疗法中的研究发现（O'Callaghan & Hiscock，2007），GT。
- 英国中学的同伴低估：基于群体与基于个体的青少年欺负行为比较（O'Brien，2007），GT。
- 女性对其流产经历的反思：情绪反应如何以及为什么随着时间而改变的探究（Goodain & Ogden，2007），GT。
- 老年人应对失智症方法的调查：一份质性研究（Preston，Marshall & Bucks，2007），IPA。
- 临终关怀护理员工的心理弹性与主观幸福感：临终关怀护士工作经历的质性研究（Ablett & Jones，2007），IPA。
- 解密种族灭绝：大屠杀中营救者、旁观者以及纳粹人的道德心理（Monroe，2008），NA。
- 探究年轻女性对困难发展的理解力：叙事传记分析（Brooks & Dallos，2009），NA。
- "你知道我的意思吗"：多元叙事分析方法在会话诠释中的应用（Frost，2009），NA。
- 严重心理疾病的叙述、认同和康复：一个跑步者的传记（Carless，2008），NA。
- 心理治疗中来访者确定关键时刻经历的现象学分析（Giorgi，2001），Ph。
- 患有无法治愈的食道癌：对病人故事的现象学诠释学解读（Missel & Birkelund，2001），Ph。
- 在剧烈起伏的生活中关心自己：躁郁症康复的自反性合作探索（Veseth，Binder，Borg & Davidson，2012），Ph。
- 越南老兵妻子的替代成长：对数十年"活着"经历的现象学调查（McCormack，Hagger &

Joseph，2011），Ph。

· 肾脏移植患者坚持服药影响因素的病患知觉（Orr，Orr，Willis，Holmes & Britton，2007），TA。

· "为什么因为简单的背部问题导致他们什么都不能做？"：对腰痛治疗和结果预期的质性检查（Campbell & Guy，2007），TA。

· 行为科学健康从业者眼中循证实践的阻碍者与促进者（Pagoto，Spring，Coups et al.，2007），TA。

由于它们符合被接纳的标准，这些文章因而均在专业期刊上发表。不难发现，这里的每个标题都不同程度地告诉我们关于该论文的大量信息，虽然一些标题比其他的要好。然而，一些标题引人注目，比如"为什么因为简单的背部问题导致他们什么都不能做""我甚至还没有给医生打电话"，它们自身并没有非常丰富的信息，就算被忽略，所传递给我们的内容也没有产生很多或者任何损失。在质性研究的某些领域中，将参与者的日常语言嵌入标题已经成为一种传统。因此，一些参与者的声音由于对研究具有特别重要的意义而备受"追捧"，尽管这些话本身可能非常尖酸。在我们的例子中，引人注目的原因可能在于这些标题实在太长了——有个例子有 25 个单词，大大超过了通常一个标题 12 个单词的最大限度。使用它们的时候，意味着往一个已经非常清晰的标题加入了很重要的内容，不能简单地将其视为晦涩难解。怎样选择一个典型的质性研究报告标题，目前还不得而知。不过，通常采用两部分的"标题：副标题"形式，其结构是一个标题后跟着一个冒号，其后再一个副标题。在定量研究报告中，它也并不罕见。

有趣的是，单独的标题也为读者提供了足够的信息，使读者能够很好地了解研究报告所采用的质性分析类型。上面 CA 和 IPA 就是这样的例子。当然，标题创建的印象可以通过检查相关的摘要来确认。

(二)摘要的内容是什么

摘要是对研究报告的简短梗概或总结。它的字数限制通常非常严格，通常学术期刊将其限定在 100 或 150 个单词以内。学生的研究报告可能有一个更长的摘要，但是冗长并不是报告撰写中这个部分的意图。摘要的任务是，在有限的空间中尽可能地覆盖报告的内容，以便为读者决定这篇报告是否与自己相关提供便利。或者，以学生的论文报告为例，摘要可以帮助教师理解接下来报告的主体是什么，并对这份报告的优劣做出初步判断。当然，写一份完美的摘要不是一件容易的事情。针对同一份报告，不同的研究者会写出完全不同的摘要。这种差异主要源于研究者对研究报告内容选择的取舍。

写一份令人满意的摘要，关键在于确保研究报告的主要部分被概括，这些主要部分有：①引言；②研究方法；③结果；④讨论或者结论部分（见图 15-2），遗漏任何一个部分都是不对的。摘要撰写最常见的错误是，过分关注引言和研究方法部分，很少或者根本就没有对结果和结论进行概括。这种现象在质性研究报告中屡见不鲜。

一些学术期刊，但绝不是大多数，要求一份结构化的摘要，小标题要与研究报告所包括的主要部分对应起来。这就需要作者对研究报告全部加以整理。按照图 15-2 给出的研究报告组成部分确定小标题，这个小窍门是很实用的。如果这个部分的小标题的目的仅仅在于确保所有的主要部分已经被摘要覆盖，必要的话，这些小标题随后是可以被删掉的。

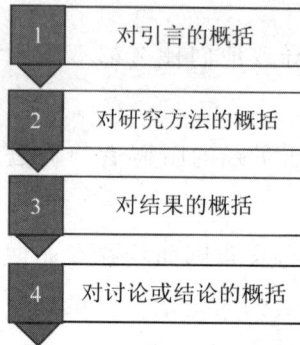

图 15-2　摘要的内容

(三)引言的内容是什么

引言陈述了报告的研究目的、理由和背景。换句话说，它涉及这项研究的基本原理阐述。图 15-3 列出了引言的某些关键成分，如果需要，也可以视具体情况予以补充完善。

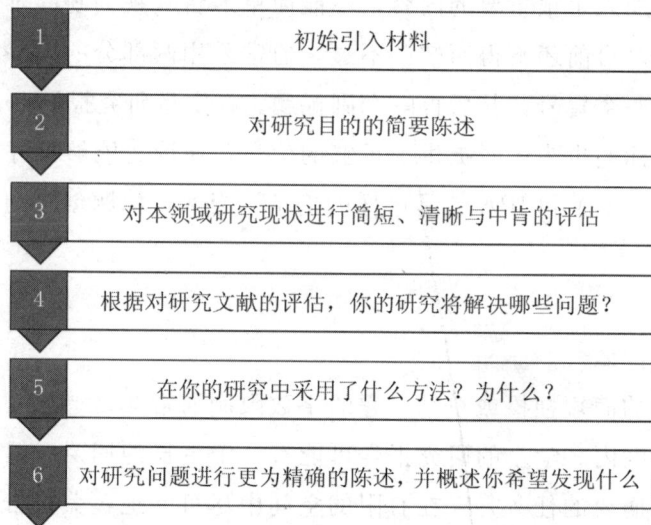

图 15-3　引言的内容

1. 初始引入材料

这个部分使用几个简短的句子或段落将读者引入你所研究的广阔领域。当你开始介绍研究背景和原因时，最初的段落或者一两个引入材料极其重要。如果这些引文没有清晰地发挥它的功用，读者就可能不理解下文究竟要写什么，甚至会对读者产生误导。对于初学者而言，总觉得开篇的那一两个自然段极为概括化，对于研究报告的主旨影响甚微或者可以忽略不计，毕竟题目和摘要就已经揭示文章的内涵了。引言段落的关键是务必迅速吸引读者对研究的注意。当然，如何撰写初始段落有很多方法，要给出一个特定的规则殊为不易。归根结底，一开始就进行强烈而适切的阐述尤为必要。

2. 对研究目的的简要陈述

研究试图达到什么目的？众所周知，科学研究被视为一个达成某些目的的意向性活动。所以，将你的研究目的以问题的形式呈现是很有必要的，当然，用问题简化你研究的目的是有必要的，不可能提供一个对质性研究所有类型而言放之四海而皆准的万能陈述。下面是部分可能的陈述，权作抛砖引玉。

(1)本研究的目的是识别患癌经历焦点小组讨论中的主题。

(2)本研究的目的在于探究大学生离家入学后如何使用文本信息来维持友谊。

(3)本研究主要聚焦于，与陌生人相比，朋友之间的交流错误是如何被修正的。

3. 对本领域研究现状进行简短、清晰与中肯的评估

短篇报告没有必要回顾本领域的所有文献。但是，篇幅较长的报告(如博士论文)需要涉及的内容就要广阔得多。所撰写研究回顾的详细程度部分地取决于相关研究成果的广泛性。如果不够广泛，那么就需要从现有文献中挖掘出更多的素材来。尤其是对于会话分析和扎根理论而言，有观点认为，对已有研究发现的分析应该是"洁白无瑕"的，你不要指望检讨前人的会话分析或者扎根理论分析，因为它们可能导致你自己的分析不恰当。然而，讨论与你研究主题而言相关文献的其他方面还是比较适宜的。而且，回溯过往的文献综述也是允许研究者将它们的新分析与其他文献加以比较的。

质性研究报告中的文献综述通常是质性和定量研究的综合。由于心理学质性研究的历史相对较短，对于某些研究主题而言，寻找到相关的质性研究非常困难或者几乎不可能。这使得研究报告的作者有责任明确他们所参考的文献实质——它们是质性的还是定量的呢？当然，从文风而言，要注意不要太多地影响到文章的流畅性。如果在讨论研究结论时没有透露关于研究方法的一些细节，明辨文献的实质显得尤其重要。同时使用质性和定量研究的文献来源并没有什么错或不恰当(虽然不是每个人都会同意这一点)，但当他们这么做的时候，很多质性研究人员还是会焦虑地指出使用定量资源的匮乏或局限。

4. 根据对研究文献的评估，你的研究将解决哪些问题

如果要理解心理学研究报告的撰写，要记住，研究通常被视为在"产生结果"之前历经诸多步骤的过程。其中的一个步骤便是文献综述。内嵌于研究报告中的文献综述并非包罗万象、面面俱到，也不是研究者阅读过所有内容的大杂烩。文献综述报告了研究文献的范围，这有助于研究者识别以往研究中出现的一些重要问题。诸如：

(1)可见，医患互动的研究在探讨医生最初的问候如何影响与患者后期的互动方面还存在不足。

(2)显然，从文献综述来看，关于邻里之间如何结束争端的话题至今尚未得到研究人员的广泛讨论。因此，对涉及的过程进行深入研究显得尤为必要。

(3)似乎公众对年轻人涉及犯罪的担忧需要相应的研究来阐明这种关注的本质。

5. 在你的研究中采用了什么方法

在质性研究中，许多心理学家对其主要方法并不完全熟悉，因为他们更擅长于定量研究。

因此在一定程度上，质性研究报告往往需要对其使用的分析方法和技术进行广泛讨论，尤其是经常会呈现这些分析方法的理论与概念背景。当然，很难确定究竟应该包括多少这样的材料，毕竟所涉及的因素千差万别。如果文章篇幅特别短，显然就没有什么空间用来做这件事。把核查文字长度当作一件要事，以确保你能符合其要求——也要避免把什么内容都写得太短了。作为一个学生，你最好还是能提供一些与自己的质性分析类型相应的背景，尽管这可能给文字长度带来一定的压力。

6. 对研究问题进行更为精确的陈述，并概述你希望发现什么

绝大多数质性研究，就其本质而言，都在探索诸如对话中的话轮转换、个人生活史、人们如何谈论成为犯罪受害者的主题等。质性研究中，几乎不对特定的研究假设进行检验，对于许多质性研究人员来说，这样的尝试似乎相当陌生。

(四)研究方法的内容是什么

以下内容应该包含在研究报告的方法中。它们不可能适合每一个质性报告，但将它们纳入考虑之中总是有帮助的(图 15-4)。

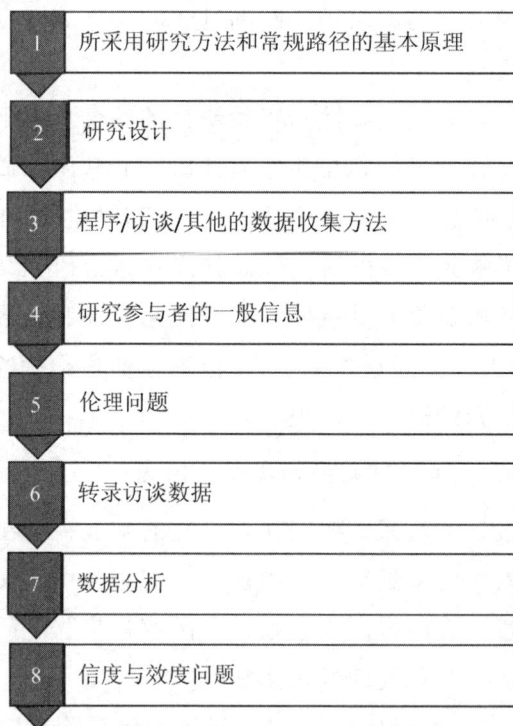

图 15-4　研究方法的内容

1. 所采用研究方法和常规路径的基本原理

在研究方法部分，应该对所使用研究方法提供更为详尽的基本原理和更为丰富的描述。有时，引言也可能提供一些相关信息，但精准的技术方法需要更多的阐释。例如，你可能决定使用焦点小组方法而不是访谈，或者你可能会让参与者撰写生活史，而不是深度访谈。这样，解

释你的选择就非常重要了。当然，并不存在那种一目了然的、最好的单一数据收集方法，因而你需要解释是什么影响了你的决策、你的这一选择哪里恰当、缺点是什么。

2. 研究设计

你需要对研究中选择的参与者（或可用的文本材料）进行解释，说明为什么他们对你的研究是合适的。某种特定参与者群体为什么适合采用质性研究方法，可能有着特殊的原因；为什么这种数据收集方法比别的更好，也需要阐明理由。你可能会选择非结构化的访谈，而不是更常见的开放式提问，理由何在？换句话说，在研究设计部分，你应该提供关于获得参与者以及从中获取数据的方法的详细信息。通常，你的选择并非那样显而易见，只有在阐述分析后，每个人才能更好地理解你的研究。

3. 程序/访谈/其他的数据收集方法

例如，如果你在文中说采用了开放式提问，所能告诉读者的就只不过是所进行访谈形式的有限信息，并没有涉及情境（如物理环境等），也没有揭示访谈者和被访谈者之间互动的实质。比如，采取了哪些步骤确保被访谈者与访谈者之间具有融洽的关系而轻松、毫无保留的交流？访谈问题的框架是什么？在一个诸如"采用了开放式访谈方法"这样的简单陈述中是很难得到上述信息的。此外，这种简单表述也没有透露访谈者的性格、经验以及能力等信息，它们是可能影响到访谈进程的。因此，这个部分应该包括有益于数据收集方法的大量细节。当然，这并不局限于访谈，也与其他的数据采集方法相关。例如，如果要使用档案材料，就需要有大量的内容来解释是怎么做的——材料是如何获得的、选择的、准备的，等等。

4. 研究参与者的一般信息

这个部分为读者提供必要的信息，使之了解你"取样"的性质和范围。在定量研究中，通常用定量的术语来描述参与者，如年龄分布、性别和其他对研究而言重要的特征。显然，质性研究中也必须有选择性地总结相应的信息。刚才提到的那些基本人口学信息可能是适宜的。比如，参与者是如何被招募的？他们是从什么组织中得到的？

在定量报告中，至少应该提供以下信息，至于质性研究为什么不应模仿并超越这些内容，并没有什么明显的理由。

(1)参与者的总数。

(2)不同类别参与者的数量。例如，在一项关于咨询研究中涉及的咨询师和来访者数量。

(3)参与者的性别特征。

(4)研究中典型参与者的指标及其年龄分布的指标。

(5)参与者或参与小组的主要特征。他们通常是大学生，但其他研究可能有不同的参与者，如学龄前儿童、健康农场的游客等。它们可以用频数在数据表格中显示。

(6)确保你已经列出了可能影响数据的参与者的所有特征。

(7)呈现拒绝率和退出率的指标，这样很好但不常见。拒绝率是被邀请参与研究的人表示了拒绝的指标，退出率是最初参与研究的人由于某种原因没有经历所有阶段的指标。有时，它们也被称为"流失率"或"被试流失"。

(8)对参与者给予的奖赏和奖励。例如，说明给予的金钱奖励或课程学分。

和定量研究报告相比，质性研究可能要报告更多的参与者个人背景。请记住，质性研究中参与者的数量并不多，提供汇总表列出每个参与者的一些特征就成了可能。这样，读者可以获得对每个参与者的大致描绘，而不是像定量研究中通常只是参与者群体的平均数。在某些情况下，也可以采用另外一种策略，即提供参与研究的所有人或者关键参与者的简要传记。虽然有时这样做并不那么合适，如在话语分析或会话分析中，传记材料可能被认为是多余的，但它可以充实我们对质性分析某些内容的理解。

5. 伦理问题(参见第 17 章)

在这个部分，你应该：①简要描述工作中正式的制度安排；②描述向召集的参与者呈现的伦理协定；③识别令人特别感兴趣或者困惑的、与研究相关的伦理事项。

大多数大学(如果不是全部的话)都有伦理委员会来监管以人作为参与者的研究。因此，你可能不得不以某种方式申请伦理许可，或者你已经在其他方面证明自己的工作符合伦理标准。当然，可能有针对研究的一般伦理许可，那些没有什么潜在问题的研究也可以通过快捷方法获得许可。

不管一般的伦理协定是什么，它都是你和研究参与者之间某种形式的伦理"契约"。有时研究人员会提供一份关于伦理程序的书面声明，参与者需要签名以确认他们对这些协议的理解。典型的这类协定包括知情同意书(如参与者知晓研究的关键细节以及程序)、参与者可以随时退出并撤回其数据的协议，以及尊重参与者的匿名性和保密性的协议等。

那些与研究有关的具体伦理事项可能无法被心理学研究者使用的典型或者通用伦理协定所涵盖。例如，案例研究的撰写可能存在一些特定问题，个人在某些情况下很容易被识别出来，尤其是参与者处于某组织中的独特位置，其他人没有与之相同的角色。

第 17 章论述了质性研究中的一般伦理问题。

6. 转录访谈数据

转录是处理质性数据的一个重要阶段。在几种不同的转录方法(见第 6 章)中，每一种在不同研究方式中都有其特殊目的。访谈或焦点小组的简单文字转录不需要抄录者拥有太专业的知识，但倾听和语言过程的技巧则不然。杰斐逊转录包含了焦点小组中或者访谈者之间社会互动的更多信息。这是一个更有技巧的任务，需要对转录的基本策略有很好的理解。你应该描述所使用转录方法的更多细节，如与标准方法的差异、谁做的转录等。在质性分析中，转录过程通常被认为是分析数据的重要部分，经历这个阶段后，研究人员已经充分熟悉了访谈内容。每一个转录都需要耗费数小时，但在这个过程中，数据分析的初步设想会随之出现。因此，读者需要明确，研究人员是自己转录的数据，还是委派给了助手来完成的。

7. 数据分析

研究人员分析质性数据的过程常常在研究报告中被忽略。这不是一件好事，因为它是质性报告撰写中一个至关重要的方面。关于质性分析，这里有很多需要说明的内容，以确保读者知晓质性分析的分析框架是什么，包括以下内容。

（1）熟悉数据的过程是什么？例如，分析人员是否亲自转录了数据或者开展了访谈等。

（2）用了什么方法来组织数据分析？例如，如果计算机以某种方式参与其中，所使用的程序是什么？如果这些程序并不常见，对其进行评估是必不可少的。当然，有可能以其他方式来组织数据分析。例如，转录过程中做了什么？它们是否被分成了几个部分，并为了便于比较建立了索引卡片？

（3）研究人员使用了什么数据编码策略？是否采用日记/笔记的形式来记录？最初的编码在什么水平进行的？譬如，最初的编码是逐行的吗？用什么方法把大量初始编码整合到更广泛的类别中？用什么程序检查编码是否与数据吻合？显然，这里需要提供大量信息。一个好的质性研究项目会花费大量的时间来处理这个过程，如果没有包含这样的信息，易于使人怀疑没有使用适当的步骤，最起码会导致读者对数据分析的谨慎与努力一无所知。

（4）尤其值得注意的是，如果所采用的数据分析方法与别的研究者所采用的常规路径有所不同，应该详细指出来。

8. 信度和效度

须知，质性研究形式多样。因此，在决定采用什么方法准确评估信度和效度时，研究者要斟酌不同质性研究方法的客观性问题。研究人员在何种程度上对数据分类编码达成共识——质性研究没有必要假设不同研究者必然采取相同的方法分析类似的材料。当然，定量研究并非如此，因为每一位定量研究者大致而言都会用相同的方法进行复杂数据的分析。质性研究的信度与效度问题和质性研究的"质量"等复杂问题将在 16 章继续介绍。

(五)结果与讨论/发现的内容是什么

通常与定量研究不同，质性研究不可能对数据分析结果和讨论进行严格的区分。所以，最好是将这两个部分整合起来，研究者称之为"结果与讨论"或者"发现"。毕竟，在质性研究中通常很难清晰地将分析的结果与研究人员对数据的阐述绝对分开。如何认识"发现"部分？它有两个核心要素（见图 15-5）。

（1）源于分析的发现；

（2）选择支撑分析的数据——所引述的数据用以帮助读者理解你的分析，并在某种程度上评估分析是否充分。

陈述研究结果应按照学术规范尽量客观细致，这是做研究的核心要求。

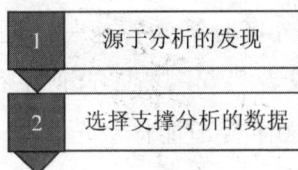

图 15-5　发现部分的内容

1. 源于分析的发现

质性研究中的发现应尽量清晰明了，如何得到发现的过程应尽可能地详细描述。当然，也应该允许对那些研究者不认可的观点进行讨论。对研究报告中的内容持保留态度也不是什么错误的行为。

2. 选择支撑分析的数据

质性研究应尽可能接近最高的学术标准。也就是说，一个观点应该被诸如逻辑连贯、可能的经验数据等标准加以评估。基于此，选择数据以论证分析须仔细斟酌。并不是说仅仅引用了一些数据或者资料就好像是在论证分析了，揭示分析适配数据的程度也非常重要。换句话说，仅仅筛选与分析过程相吻合的经验数据还不够，其中还有一些隐含的问题需要注意。以下几个方面与引述关系尤为密切。

（1）质性研究人员应保证研究报告中所引用的数据确实能为结论提供支撑说明，尽管这是基本的要求，但通常学生并不大喜欢引述相关的数据来支撑分析论点。其中的原因有很多，最可能的原因是他们没有去解释在分析中试图阐述的那些内容，因而不能清晰地把握样本。此外，还可能是因为他们基于数据所开展的分析一开始就不恰当。

（2）如何呈现引述？读者如果只看到一个支撑分析的引述，就无法简单地判断其他可能的引述与数据的吻合程度。更何况，读者由于没有机会接触到数据的全部转录资料而感受到更多的困惑。解决它的办法有很多，比较简单的一种方法是，尽可能多地将说明数据某一方面特点的引述放置在便于读者认真审视的图表（详见第13章中的IPA）中。它对于小型研究有所裨益，当所有的相关引述都被包含时最有说服力。对于研究者而言，还可以讨论与分析侧重点以及与数据可能揭示的突出问题密切相关的那些材料范围。比如，如果研究者试图分析数据中的某一主题，可以选择与之有关的任何数据。采用图表呈现引述的一个明显优势还在于可能对参与者的不同群体进行比较。性别差异通过一个表格就可以很直观地展示出来——呈现两列引述，一列是男性参与者，另一列是女性参与者。此外，图表的使用还可以降低篇幅长度的一些压力。

（4）质性分析也存在量化的一面。当读到诸如"大多数访谈对象都提到'悲痛'一词"的阐述时多少会令人心生疑窦，在质性研究中报告精确的百分数并没有什么问题。像"大多数"这样的词语可以指范围从有点多到几乎全部的任何事物。采用一些简单而精准的量化术语，比如"我们研究的电子邮件中90%都包含了'友好问候'的主题"，不仅包含更多的信息，而且在某种程度上表明，研究人员根据掌握的实际数据充分核查了他的分析类型。

（5）"引述"如何与分析的主体部分区分开来？这一问题饱受争议。通常，"引述"用斜体字标注以示强调，写引述时缩进字符或者另起一行。这似乎很有道理，但将引述区分出来以后，读者更倾向于在阅读时跳过它们，这样就不能体会分析的细微差别，无法监控作者论述的质量。关于这个问题，研究者似乎所做有限。比如，我们不可能伪装杰斐逊转录文本的摘录，因为它与别的大多数文本相比风格迥异，而且访谈过程中访谈者和被访谈者的交流也有所不同。

（6）尽管某些质性研究方法对数据转录的精确度要求极其严苛，对于有些质性研究而言，即使数据再精确，也没有什么实质性的帮助。随之而来的问题便是，有用的引述是什么？比如，当所引述的话充斥着俚语方言时真的有用吗？当叙事者采用一种不常用的语言（如英语）表达不够流畅时，也会出现类似的问题。引述可以将方言语词和结构所揭示的内涵补充出来吗？这虽然跟原始引文相比有失忠实，但是可能会帮助读者从引述中有所得，而不是陷于自己不熟悉的语言结构中一头雾水。与此类似的是，如何处理那些在质性研究之前就翻译成英语的引述材料？对研究目的有意义吗？如果有意义，如何判断翻译是准确的？一种可以采纳的技术是"回译"，即将翻译得到的内容由别的译者再翻译回初始语言，比较两个版本的相似程度。这些都很重要，但其影响因研究具有不同的理论导向而有所不同。话语分析者或扎根理论学者似乎不大可能心甘情愿地去分析翻译文本，因为它们对初始文本的还原度并不高，原始语言的很多细节及韵味在翻译时已经丢失或者根本就不可译。如何使一篇杰斐逊的转录文本在翻译成一种句法结构、拼写规则都迥异于英语的语言时也具有意义，这是一件很困难的事情。另外，如果一个研究者对英国移民工人的经历感兴趣，就会发现翻译能够满足他们研究的目的。就像质性分析的出版有时需要翻译，原因仅仅因为参与者采用了另外一种语言来写作。通常，原始文本复制在一行，给出的译文在下一行。在会话分析及某些形式的话语分析中，原始文本和翻译文本都会给出杰斐逊转录符号。

（7）引用的材料来自何处通常需要加以标识。每一种引述的识别码都简单表明了引述的来源。由于采用引述出作者的真实名字多少有些不符合学术道德，所以通常会使用一个虚构的名字。另外，采用可以提供参与者某些信息的识别编码可能更为有效。比如，F1 可用来表示一名女性参与者，M1 则用来指代一名男性参与者。当然，我们也可以采用精心设计的方案来代替。其弊端在于，编码中出现的信息会将参与者的身份透露给读者，因而必须将潜在积累的风险平衡下来。当参与者为数不多时，这种风险就越大。识别编码的一个突出优势在于，如果研究报告中使用了大量的引述，它可以使人很便捷地知晓哪些引述具有相同的出处。假使引述不多，且都来自少数几个参与者，说明研究者没有为论证准备充分的数据资料。

（8）最重要的是，质性研究中的引述不仅仅是为了阐明某个观点。作为一种非正式的信度和效度评价手段，它在分析中具有至关重要的作用，毕竟一些质性研究人员觉得信效度还是非常有用的。

对分析研究中的"有效性"及"可靠性"的非正式但有着重要意义的评估尤其重要，其他一些质性研究人员也认为引述非常重要。但在质性研究中，这些术语具有与定量分析不尽相同的内涵（参见第 16 章），通常表明为了读者的推敲提供了足够的证据。若没有引述提供足够的范例，基于所提供的有限摘选，读者可能无法理性且充分地评价分析对自己的价值。

（9）所有转录都可能辗转到对此感兴趣的任何人手中，需要顾及其途径是什么。尽管对增加流通形式有很多需求，但互联网还是使之方便了很多。

(六)结论部分的内容是什么

很多质性研究都被赋予了探索的性质，以简短的方式写出既不拙劣又使人舒畅的结论，几乎难以企及。某些定量研究也是如此，结论有时作为研究报告中分离出来的"标题"会被省略。当然，它们对于以检验假说为目的的定量研究无疑非常重要，却不大可能成为当代质性研究的策略。当考虑保留结论部分时，可能会发现它对于质性研究而言有点格格不入。因为质性研究更多地在于发展分析性的论点，而不是去检验它们是否正确，因此，在研究中以一种看起来非常简洁或者简略的方式呈现结论列表，显得极为困难。在没有硬性规定的情况下，深思熟虑之后概括这个部分是唯一的选择。但若结论部分明显影响到了整个研究报告的质量，则不如省略掉。

当然，这并不是说可以草率地结束研究报告。"结果与结论"（或者"发现"）需要以一种有效的最后陈述来为论文画上圆满的句号。

(七)参考文献

参考文献列表是所有学术论文都具备的显著特征。一般来讲，参考文献列表被放置在研究报告的最后部分，单独成页（置于附录之前）。若篇幅有限，参考文献列表可以直接紧跟在研究报告主体的最后一个部分后面（如果有的话，在下结论之后）。参考文献列表的关键作用在于，利用以往的文献，为支持研究报告中的论点提供证据来源。只要有人愿意，参考文献就可以为他提供核实文中观点的基点。为使论述的精确性和细节经得起读者的推敲，作者应该标明引用信息的出处。简单地说"研究人员已经发现……"或"很明显……"显得学术水平很低。研究人员应尽可能精确地标明支撑其观点的资料来源，做到这一点，涉及以下两个要素。

(1)引文：研究报告中应注明资料来源，如"（Donovan & Jenkins，2003）"中的"Donovan & Jenkins"给出了作者的名字，"2003"是作品发表（传播）的时间，呈现引用的格式有很多，但心理学上一般采用"作者—日期"的格式。它作为哈佛体系广为人知，但该体系有许多版本，我们采用的是美国心理学会（APA）格式，全世界其他心理协会也都是以这个版本为基础的。

(2)参考文献是以第一作者姓氏首字母为序排列的，这是参考文献列表的标准格式，当然它会基于参考资料是否为书籍、期刊论文，或者网络资源等有所不同。参考文献蕴含着丰富的信息，有益于读者追踪文献，在大多数情况下，可以帮助他们获得原始文献的副本。

以我们的经验而言，有时参考文献不能如想象的那样为观点提供支撑，这并非个案。这种做法非常不好，应尽量避免。

(八)引文

研究报告中的引文一般都很直接，需注意以下两点。

(1)引文应紧挨着所要支撑的观点。如果引文放置在句末，而整个句子包含了多种观点，就很容易引发困扰。因此，要仔细考虑引文在文章中的位置，毕竟在句子中放置在最近的地方总不是什么坏事儿。

(2)引文应出自使用信息的真实来源，而不是你正在使用的书籍或报告中的转引。比如，如果你阅读了阿罗史密斯（Arrowsmith，2009）的内容，就可以将其作为文献出处加以引用。但是，这篇文献也可能是一个涉及现象学资料的重要二手文献。即使学生有强烈的动机，也往往没有足够的时间和资源去研读初始文献，从中汲取有用的信息。所以，他们的研究报告当中经常会出现这样的引文——（Dominic，1999，引自 Arrowsmith，2009），不过这在专业学术报告写作中是不大常见的。这种表明最终观点的引文格式也可以被认可，但是务必如实注明其来源。否则，本来是阿罗史密斯的思想观点却让读者误以为是多米尼克的主张，这就容易造成混淆，误导读者。在参考文献列表中，准确的做法应该是列出阿罗史密斯（Arrowsmith，2009）和多米尼克（Dominic，1999）。详见专栏 15.2。

专栏 15.2　实践建议

教你如何处理二手文献

撰写引文的原则是它们真的对研究工作有意义，你确实研读过，而不是道听途说。如果你读过麦当娜（Madonna）的作品，并且在文本中加以引用，除了在文中以夹注准确列出作者名和年份，还需要在参考文献列表中完整呈现相应的信息。不幸的是，这给那些仅仅在二手文献（如教材）中读到过麦当娜的学生带来麻烦。在这种情况下，应该如何处理呢？如果只是引用了所得教材中的一段话，其问题就在于似乎教材的作者，如多纳休（Donahue，2010）看起来就成了这一观点的首倡者，这当然不是那么回事。下面有三种解决方法可供学生参考，每一种多多少少都差不多可以被认可。

- 在文本主体部分首先给出原始出处，再以"转引自"给出二手文献来源，如（Modana，2007，转引自 Donahue，2010）。然后在参考文献列表中按照常规方式将 Donahue(2010)的信息补充完整。这种方法的优点是简化参考文献列表。

- 在文本主体部分给出原始出处（Madonna，2007），在参考文献列表中插入：

Madonna, S. (2007). Reflexivity in pop lyrics. *Journal of Psychological Music Research*, 5(3), 361-372. 转引自 Donahue. M. (2010). *Introduction to modern psychology*. Hereford：Quickbuck Press.

此种方法能让读者很容易注意到原始文献和二手文献的完整信息。

- 在文本主体部分给出原始文献出处（Madonna，2007），在参考文献列表中插入：

Madonna, S. (2007). 转引自 Donahue. M. (2010). *Introduction to modern psychology*. Hereford：Quickbuck Press.

方法 2、3 基本相同，只是方法 2 传达了关于原始文献和二手文献的更多细节。课堂上不同的教师可能对不同版本有不同的偏好，所以学生需了解以上三个版本以免混淆。不论如何，研究报告中只允许采用一种版本，不能将几个版本同时混淆。

（3）根据 APA 指南，引文中如果同时包括两个作者，可以这样写：Abbotsbury and Pilkington(2007)或（Abbotsbury & Pilkington，2007）。若涉及多位作者，标注起来就更加复杂。如果涉及 3~5 位作者，在第一次出现相关引用时需要全部列举出来，然后写成 Brownlow et al.（2010）就可以了（使用"et al."，除了第一位需要列出外，其余作者都省略了）。如果引文作者有 6 位及以上，那么从第一次开始引用就以 Brownlow et al.（2010）来表示。

（4）从文体上讲，学生很容易陷入一个误区，即所写的文献综述不像一篇概述，更像一张清单。下面杜撰的示例列出了这类主要问题。

汤姆森（Thomson，2004）首次指出儿童与成年人之间话轮转换机制的差异。贝禹尔森（Berelson，2005）将其研究对象扩展到了青少年。之后，阿博斯伯里和皮尔金顿（Abbotsbury & Pilkington，2007）发现儿童与大人和儿童与儿童进行对话的话轮转换机制完全不同。

上面例子的句式结构非常单调，每个句子都以夹注开始，给人的感觉是所提到的人比他们的研究成果或研究思想更加重要。只有尽早摒弃这种习惯，所撰写的研究报告才会看起来更加流畅、更加专业。如果在写作中重点关注观点和研究，引文注释只是起辅助作用的手段，文章的整体效果将会好很多。因此，上面的例子可重写为：

早期有关会话中的话轮转换机制研究发现儿童（Thomson，2004）和青少年（Berelson，2005）与成人间的话轮机制不一样。同时，儿童和儿童之间谈话时所采用的话轮转换机制可能与儿童和成人之间的谈话也不一样。（Abbotsbury & Pilkington，2007）

这种表述更好，因为它聚焦于观点，而不是相关领域的权威人物。如果重点突出，那么观点就更清晰了。

（1）当同时引用几个不同的出处时，如（Brownlow，2015；Perkins & Ottaway，2016；Singh，2014，2016），应以字母顺序排列（如有必要，再按时间顺序排列）。

（2）当某一作者在某一年同时发表了好几篇相关的文章，需要采取一些特殊的办法加以区分。如果克里·布朗洛（Kerry Brownlow）于2015年发表了两篇文章，可以通过在年份后以字母进行区别，Brownlow（2015a）和Brownlow（2015b）就清楚地表示了不同的文献。在参考文献列表中，也应以字母加以区分。参考文献列表按字母顺序排列，这一规则决定了哪一篇文献是"a"，哪一篇文献是"b"。如果两篇文章同时被引用，可以采用压缩的办法，如写成这种格式（Brownlow，2015 a，b）。在你的个人文件/笔记中尽可能将同一作者发表的不同文章区分开来，其好处是，重读文章时可以节约大量的时间来区分这些文献。

（3）列举引文时应尽可能诚实。可能有人会偏好新近文献，经不起诱惑引用一些实际上并没有用到的文献出处。尽量不要这样做，你的指导老师可不喜欢在引文上被愚弄。专栏15.2阐述了如何诚实地撰写引文。证明自己阅读过最新版本的文献资料是一件非常重要的事情。

长期使用参考文献和引文管理的计算机软件如Endnote或Refworks需要付费，而且学习如何使用它们还得花很多时间。在论文撰写时，会使用一些常见的文字处理软件。所有这些程序都允许使用者进入参考文献的某种（或几种）标准模板，进而使用这些标准模板完成特定格式的引文和参考文献列表。你只需要将作者、出版物的标题等诸如此类的细节输入参考文献/引文程序中，输出格式根据使用者的选择而有所不同，通常学术出版物常见的一般格式都可以被涵盖。这些程序往往价格不菲，这些程序需要付费，那些诚心诚意使用它们的学生有时可以以较低的折扣价格购买完全版或者学生版。但在付费之前，最好确认所在大学或者学院是否有权限使用这类文献目录软件。打算攻读博士或者从事学术工作的学生最好考虑使用它们。每个人都需要权衡利弊，因为花很多时间学习这类软件有可能完全感受不到它所带来的种种优势。和博士课程相比，作为一项介绍性工作的参考文献撰写不是一个机械重复的过程，因为学生论文之类的大多具有不同的主题、使用不同的文献来源。因此，只有到了后期撰写参考文献需要大量时间来为不同的出版物处理不同的研究报告时，这些软件才会起到明显的作用。

（九）参考文献列表

在研究报告的最后，参考文献在一个主标题下呈现出来。注意：不要将"参考文献列表"和"参考书目"相互混淆。只有在你给出了参考书目，才会使用相应的术语。参考文献列表仅包括研究报告主体部分所引用的文献出处，而参考书目包含了所有为撰写研究报告进行准备的所有内容。这就导致参考书目列表比参考文献列表要长许多，因为它涵盖了研究报告中没有被引用的资料。通常来讲，学术研究更加倾向于使用参考文献。哈佛体系并没有限制参考文献的数量，只是要求按照作者姓氏的字母顺序加以排列。

参考文献列表的一个问题是，每条参考文献的结构随其来源类型而有所差别。比如，书目的结构就与期刊论文的结构不同，而互联网资源又与它们差别明显。尚未出版的资料来源会采用另一种结构。因此，有大量与引文和参考文献指南的出版物供全世界专业研究人员使用。值得庆幸的是，参考文献的格式只有那么几种标准。当然，出版社的标准与其他略有不同。找几篇期刊论文的参考文献列表作为模板不失为一个有效的方法，毕竟它们与被认可的标准是一致的，本身就可以被视为一种紧凑型的格式指引。

格式规范随着时间而发生变化，你需要对此保持警觉，以便与时俱进。曾经期刊名称和书名以下划线标识，现在需要将其调整为斜体。在 APA 格式中，研究报告中这部分内容就是以斜体出现，而不是下划线。这样，使得文章看起来更加整齐、美观。由于下划线会增加阅读难度，使用斜体也为阅读困难者带来了福音。

下面介绍几种不同资源的参考文献。

（1）书目：书目参考文献的结构如下。作者的姓——作者全名每个单词的大写首字母（字母之间以"."间隔）——出版日期（加上圆括号，括号外另起一个分隔号"."）——书名（第一个单词的首字母大写），分隔号"."——出版地点（后加冒号），出版社名字。

例如：Silverman, D. (2001). *Interpreting qualitative data: Methods for analyzing talk, text and interaction*. London: Sage.

Glaser, B. , & Strauss, A. L. (1967). *The discovery of grounded theory: Strategies for qualitative research*. Chicago: Aldine.

（2）编辑书目：作者的姓——作者全名每个单词的大写首字母（字母之间以"."间隔）——(Eds. 或 Ed.)—分隔号"."—出版日期（加上圆括号，括号外另起一个分隔号"."）——书名（第一个单词的首字母大写），分隔号"．"——出版地点（后加冒号），出版社名字。

例如：Willig, C., & Staintion-Rogers, W. (Eds.). (2008). *The Sage handbook of qualitative research in psychology*. London：Sage.

(3)书本中的章节：作者的姓——作者全名每个单词的大写首字母（字母之间以"．"间隔）——出版日期（加上圆括号，括号外另起一个分隔号"．"）——章节标题（第一个单词的首字母大写）——编辑全名每个单词的大写首字母（字母之间以"．"间隔）——编辑的姓—(Ed.)——书名（第一个单词的首字母大写）(pp. 章节页码)分隔号"．"——出版地点（后加冒号），出版社名字，分隔号"．"。

例如：Charmaz, K. (2008). Grounded theory. In J. A. Smith (Ed.), *Qualitative psychology：A practical guide to research methods*. London：Sage.

(4)期刊论文：作者的姓——作者全名每个单词的大写首字母（字母之间以"．"间隔）——出版日期（加上圆括号，括号外另起一个分隔号"．"）——期刊论文名称（第一个单词的首字母大写，其余的均小写）——分隔号"．"——用斜体或横线标注的期刊名称，每个单词首字母大写——逗号"，"——标明出自卷号或期号——逗号"，"—期刊页码。

例如：Potter, J. (2005). Making psychology relevant. *Discourse & Discovery*, 16, 739-747.

(5)网络资源：网络出版物或多或少沿用了上述格式，其 http 网址表示了文献从何处下载而来。在线期刊文章的参考文献可以参照以下格式：

Burman, E. (2004). Discourse analysis means analyzing discourse：some comments on Antaki, Billig, Edwards and Potter's 'Discourse analysis means doing analysis：a critique of six analytic shortcomings.' *Discourse Analysis Online*, 1. doi：10. 1136/bmjopen-2012-602515.

(6)互联网上的文章：此类型文章以网址为基础，其格式为：

Garson, D. (n. d). *Narrative analysis*. Retrieved 20 August 2009, from North Carolina State University. Website：http://faculty. Chass. ncsu. edu/garson/PA765/narrative. htm.

参考文献的格式规范还有许多，但上述格式覆盖了绝大多数情况。本章结尾部分推荐了更多的信息资源。大体来说，最简单的捷径就是从最新的 APA 期刊获得参考文献列表并将其作为模板进行参照。

(十)附录

由于篇幅所限，附录并不是每篇期刊论文都具备的。对于初学者而言，情况有所不同。附录具有很多有用的功能。在质性研究中，附录可能包括访谈文本以及以样例呈现的编码过程详细信息，这有助于读者构建论文工作的整体把握。当然，对一些研究而言，可能只提供了例证性的文本以及编码，毕竟篇幅有限。

六、 小结

　　显然，完成一篇成功的质性研究报告是一件要求颇高的工作，需要用到很多技巧。由于过程复杂，知识和技能匮乏，初次撰写研究报告可能会感到步履维艰。借鉴标准的写作方案，如本章内容，通过系统的方法步骤可以解决其中一些基础性问题。需要注意的是，对学生而言，写研究报告呈现自己的研究成果是为了对其进行评估。这就意味着研究报告必须有助于交流，否则就显得思维混乱。正如我们所经历的那样，撰写研究报告固然是一项艰巨的任务，但是一些基本要求还是简单明确的。参考文献列表和引文夹注可能在操作时会感到枯燥乏味，但其中要遵循的规则却非常简单。掌握其中的体系规则越快，在工作中按部就班以保证正确也就可能越容易。

　　研究报告其他方面对于有效交流而言非常重要。报告的标题和内容摘要亦是如此。标题是读者了解研究内容的首要信息，信息性越强，读者也就可能越快理解研究报告。因此，所选标题要能够直截了当地说明研究的核心内容。同样，内容摘要呈现了可以使读者对研究报告保持全神贯注的"路标"，摘要写得越好，读者就可能越容易去关注研究报告的主体内容。如果读者阅读了摘要后还不清楚研究报告在讲什么，就可能产生各种误解，对研究报告总的印象混乱不堪。如前所述，一篇好的摘要需要系统呈现论文的主要内容。

　　报告中所用的标题与副标题体现了文章的结构，以使读者理解材料内容。因此，对于作者而言，每个标题和小标题下面的内容逻辑要清晰，放到准确的位置上。标题和小标题的作用之一是，指引作者该部分应该写什么内容。这些部分如不加以系统化梳理，就会使读者很难理解作者想要表达什么，自然也就不能留下好印象。

本章要点

　　• 在撰写质性研究报告时，掌握定量研究的写作规范大有裨益。这种写作规范提供了一种大部分心理学家都很熟悉的论文结构。然而，在质性研究报告中要把结果部分和讨论部分分离出来却非常困难。因此，研究者可以将这两部分融合在一起，称之为"发现部分"或者"结果与探讨"部分。随着写作技巧的进步，到后期调整写作结构就可能驾轻就熟了。

　　• 想要写出一篇成功的研究报告，须仔细注意报告中的每一方面。比如，正确插入引文夹注在学术写作报告中可能十分枯燥，但如果方法错误，读者就会很容易发现，一篇原本优秀的研究报告可能因此大打折扣。掌握这些技巧，是研究者的应有之义。

　　• 在所使用的研究方法以及分析过程中，每一个重要的细节都不要有所遗漏。在质性研究报告写作中，很常见的错误是没有详细解释说明分析是如何进行的。这可是基础性的错误。

拓展资源

　　American Psychological Association（APA）.（2010）. *The Publication Manual of the American Psychological Association*（6th ed.）. Washington，DC：American Psychological

Association.

American Psychological Association. (n. d.). Basics of APA Style Tutorial. flash1r. apa. org/apastyle/basics/index. htm? _utma=185732729. 1241987810. 1333572867. 1_utmb=185732729. 8. 10. 1333572867_utmc=185732729_utmx=一(访问日期 2015 年 4 月 25 日).

APA Style Resources. (n. d.). www. psychwww. com/resource/apacrib. htm(访问日期 2015 年 4 月 25 日).

Bibby, P. (n. d.). How to Write a Laboratory Report. School of Psychology University of Nottingham. www. psychology. nottingham. ac. uk/staff/dmr/c81mpr/HOW％ 20TO％ 20LABORATORY％20REPORT. pdf(访问日期 2015 年 4 月 25 日).

Centre for Writing Studies. (2008). Writer Workshop：Writer resources. University of Illinois at Urbana-Champaign. http：//www. cws. illinois. edu/workshop/writers/citation/apa(访问日期 2015 年 4 月 25 日).

Dr Paper Software. (n. d.)APA Style Basics. http：//www. thewritedirection. net/apaguide. net/apaguide. pdf(访问日期 2015 年 4 月 25 日).

Univiersity of Sussex. (n. d.). A Quick Guide to Writing a Psychology Lab-Report. www. sussex. ac. uk/users/grahamh/RM1web/How％20to％20write％20a％20report. pdf(访问日期 2015 年 4 月 25 日).

第16章
确保质性研究的质量

概述

- 评估质性研究质量的公认标准非常重要，其原因有很多。 新手研究人员需要能够自我监控自己的工作，这是他们学习过程的一部分。 举例来说，在开始研究工作以及论文发表之前，专业研究人员的研究计划都需要得以评估。

- 在一定程度上，质量标准取决于研究是现实主义立场还是相对主义立场。 现实主义者相信研究者们能挖掘事实。 相对主义者认为，即便没有捕捉到事实，研究者也可以通过许多角度来对事实进行观察。 现实主义者认为的质量标准更倾向于接近常见的定量研究标准。

- 尽管如此，各个派别的研究者分享了一些广泛的质量标准。 例如，研究的独创性、探寻研究问题的重要性、研究成果的可信度。

- 质性研究的初学者应该考虑很多因素，如投入时间和精力到数据转录和分析中，为什么这些正在分析的办法与研究有关，以及对数据分析的拟合性和彻底性。 质性研究需要认真努力和严谨推敲，以确保得到满意的质量水平。

- 质性研究的信度和效度，与定量研究的有所不同。 在许多情况下，质性研究中强调二者似乎毫无意义。 因为它假设看待世界的角度是多样的，信度并不是质性研究的重要特征。 同样，效度被质性研究人员视为基于真实世界的参数建构，如自然情境中对话的录音。 对质性研究结果的验证也是效度的一个方面，但它很少发生在定量研究中。

- 三角测量是构建质性研究质量的一种方式，通常使用两个或更多的数据收集方法进行。 当然，在分析中需要将不同类别的数据整合起来，那些数据合成方法就显得至关重要了。

- 评估专业质性研究的标准是复杂的，其方案需要加以详细说明。

一、 怎样评估质性研究

研究人员需要能够评估自己的工作质量，同时学会对他人的工作进行批判性和建设性的评价。怎样打造一个好的质性研究？鉴别质性研究优劣的最好标准是什么？这些问题可以促进新手研究者发展和改进研究技巧，因而对于任何领域来说都非常重要。如何来评判一个人的工作？其标准何在？正如我们将看到的那样，许多质量标准都是可用的，其中许多标准特别适用于质性研究，但是在何处和何时应用它们并不那么显而易见。其难度在于，一些质量标准并不适合于某些类型的研究，盲目使用可能会引起争议。在规划研究时就有质量意识非常重要——仅仅将它们应用于"成品"将会错失良机。

当然，当学生最初撰写质性研究项目的时候，具有评估其工作是否优秀的恰当标准是最基本的要求。对于已经完成研究成果以备出版或正在寻求资金支持的专业研究人员而言，这些标准同样适用且可能更加严格。例如，由政府和其他委员会制定的给研究拨款的质量标准就非常严格。他们需要以资助机构的标准来鉴别研究方案，以确定拨款的优先顺序。此外，质量标准还可以用来评估已完成研究的报告文稿，用以指导和强化修订建议。

自从质性研究出现许多不同类型之后，质量标准就不能放之四海而皆准了。因此，在能恰当运用质量标准之前，需要理解每一种研究方法的认识论基础。质性研究的初学者很快就能意识到，质性研究涉及多种令人困惑的不同观点，几乎没有被所有的质性研究人员所普遍接受的。我们在第1章和第2章以及整本书中都可以看到，质性研究是如何从种种历史学、哲学和经验传统中产生的。由于它们各不相同，缺乏兼容，只能被宽泛地标记为"质性研究"。例如，话语分析和会话分析在现象学、解释性现象学分析和叙事分析中的相似性比较少，定量分析也是如此。正如学过心理学研究方法的人都知道，实验室和田野考察在根本上是有冲突的。对更倾向于挑战重建真实环境的定量研究者而言，实验主义者的方法论可能不切实际且毫无用处。因此，定量研究者尽管有自己特定的偏好，却能适应几乎所有的质性研究。同样，质性研究者似乎更关注认识论问题，可能是因为他们的研究领域不如主流定量方法那么成熟。一般而言，健康但偶尔激烈的辩论有助于质性研究者的思考。

总的来说，质性研究的评估标准必然会产生一系列的分歧和论战。关于合适的标准一直没有达成共识（Seale，1999）。一些质性研究者接受了如信度和效度这类被经常使用于定量研究中的概念，认为它们可以在质性研究中占有一席之地，尽管其他人认为应该建立有区分的标准。但是，一些人对源于定量研究的质量标准是否适用于质性研究深感怀疑。其中的一个担忧是，使用基于定量研究的标准会扼杀质性研究的活力。也就是说，只有和定量研究不一致的质性研究才会被认为是有价值的。以下是三个相左的关于质性研究方法的评估的观点（Mays & Pose，2000）。

（1）极端相对论者。该群体拒绝质性研究的所有质量标准，理由是尽管质性研究不同于其他方法，但不同的质性研究方法是独特的，并且是有效的。因此，"这个定位意味着研究很难得出任何与行动相关的明确见解"。

（2）反现实主义立场。支持这一观点的人建议，质性研究应建立一个独特的研究范式。因此，传统的标准，如信度、效度、普适性等都不能简单地加以运用。这一观点否定了现实主义观：社会现实是唯一的。取而代之的是：世界是多元视角的，它们作为研究人员活动的一部分而被建构。质性研究也有自己的质量标准（例如，无论对研究报告的读者还是研究的参与者而言，分析都应该具有可信度），但是它们与传统的方法有所不同。

（3）敏锐的现实主义立场。他们认为，研究的过程具有主观性，不同质性研究方法在现实中会产生不同的观点。尽管如此，他们都认可，存在一个可供研究的基本现实，虽然可能这个过程困难重重。敏锐的现实主义者还发现，研究的目的就是试图表现现实（而不是准确地识别真相）。因此，不同种类的研究方法是可以比较其差异性的。敏锐的现实主义立场允许采用定量研究的质量标准评估质性研究的价值。

以上分歧的结果就是质性研究者必须就使方法论处于"坏名声的危险"（Seale，1999）的冲突立场进行协商！西尔声称自己是一个敏锐的现实主义者，主张质性研究的可信性，这似乎是其坚持下述哲学的结果：

> 哲学常常被视为支撑社会研究的工具，是一个尝试为判断达到或偏离真相宣言提供基础的舞台，如今的观点看起来很现代，矛盾的是，这也包括将自身视作社会研究哲学基础的反基础主义。我认为，对于社会研究者而言，认识这一悖论正当其时。他们可以在研究实践中摆脱履行哲学范式的义务，同时保留哲学价值和政治反思的意识作为基本的技能。（Seale，1999）

很清楚，反基础主义者也有哲学立场，宣称所有有效的调查或者访谈形式都没有什么特定的准则。西尔认为，反基础主义把自己当作质性调查的基本准则。这种意义下是矛盾的——就好像那个自相矛盾的建议"第一条规则就是没有规则"一样。重要的是，因为它质疑依附于某一特定质性研究方法中的哲学基础，这对于判断研究价值具有重要的启发意义。毕竟，定量研究人员很少将自己与所使用方法的哲学基础结合起来。例如，这些专门在心理实验室工作的定量研究者，几乎不认可心理科学的逻辑实证主义学派的影响力，当评价他们的研究时会经常回避在工作中捕获到的实证主义。为什么质性研究者在这方面与定量研究者不同？不过，由于各种哲学基础的不同，质性研究方法和各式各样哲学基础之间的不相容是不能否认的，尤其是发展的现阶段。

乍看起来，一个好的范本可能根本不会出现哲学问题，其实不然。如果一个研究者希望在研究中使用扎根理论（第 8 章）的程序，就会发现"文献综述"存在一定的问题。一个信奉最初由格拉泽和斯特劳斯制定的扎根理论的扎根理论家，可能被一种观点所迷惑：不应该存在传统的文献综述。原因在于，如果分析与数据联系过于紧密，诸如先前研究结论等外部影响可能会影响自己的构思。也就是说，在这一领域，某一分析高度受这一领域的前期研究结果的暗示。这就可以很好地解释，为什么扎根理论在很多方面都颠覆了传统研究的原则，而质性研究的其他方法难以做到。但是，如果一个研究者运用了扎根理论的方法又冒失开展了文献综述又会怎么样呢？那会毁了他的研究工作吗？由于许多扎根理论分析也涉及文献回顾，所以只能假设研究人员在实践中没有发现这是什么大问题。

尽管关于质性研究和定量研究的不同评估标准存在分歧，但是信度、效度和可复制性，还有普适性问题，在讨论这一主题时仍然占主导地位。似乎可以接受的是，虽然它们可能有用，但可能其他质量标准对质性研究人员的特定需求更敏感。也就是说，一个质性研究，虽然可靠、有效并且可以在传统意义上重复，但可能无法满足定量研究中其他重要但尚未提及的质量标准。

二、 定量研究的质量标准

应该应用什么样的质量标准于定量研究呢？它们对于评估质性研究有用吗？下面列出了一些可能性。

(1)这项研究有独创性和创新性吗？

(2)这项研究有解决理论上、实践上或者是社会上的研究问题吗？

(3)研究者所声称的内容可信度高吗？

(4)这项研究建立了新方法来解决研究问题吗？

(5)这项研究是否能解决先前在这一领域占主导地位、重要且不确定的问题？

总的来说，这些标准似乎同样适用于质性和定量研究。那么，一些研究人员试图确定适用的普遍质量标准，而不考虑研究类型，也就不足为奇了。例如，登斯库姆（Denscombe，2002）总结了以下标准，与刚刚提到的有所重叠。

(1)新知识的建立。

(2)使用精确有效的数据。

(3)以正当的方式收集和使用数据。

(4)得到的研究结果可以被推广。

随着这些标准日益成为常识，很明显诸如此类的质量标准涉及解释和判断。例如，短语"新知识"和"准确、有效的数据"的原意是什么呢？是不是并非所有的研究都对知识有新的贡献，即使该研究几乎没有重复先前的研究？一项研究数据中的"准确、有效"是怎样的？它们是如何使研究有价值和意义的？并且我们又该怎样评估准确度和有效性呢？总之，这表明质量标准取决于解释。那么，在此观点下，你可能会想问对于学生的研究会有哪些与此相关的标准。无疑的是，学生的研究目的不是赶超世界前沿发现成果。专栏16.1简要呈现了一些学生可以用于其研究的标准。

专栏 16.1　实践建议

针对新手的质量标准

这一章包含了许多关于评估质性研究质量的方法。但是它们中的大部分应用于研究本身而不是研究者。新手研究者应该做什么来尽可能有效地确保其质性研究被认可呢？本章中的许多标准在质性研究报告中不常被讨论，尽管它们在质性研究方法的一般性讨论中会有所提及。当质性研究的基本要求尚不完善，不像定量研究中所呈现出的显著性检查、可信度和有效性等基本的质量指标那么成熟，因而这些讨论经常无法满足质性研究新手的迫切需求。以下的一些新看法可能会对新接触质性研究的人有所帮助，有助于确保他们质性研究的质量。

- 你做了哪些准备工作？沉浸在质性研究文献中，接受质性研究方面的专门培训是重要的步骤。你很难明白你的质性研究走到了哪一步，除非你非常了解这个研究的所有阶段。

- 是否有足够有效的理由来决定做一个质性研究而不是定量分析？消极的原因，如避免使用统计数据的愿望，这将不足以证明公正化质性研究方法的使用。有时现有的定量分析会比一个质性研究方法更合适。

- 你正在使用何种特定的质性研究方法？为什么这种方法适用于你的研究呢？质性研究不是用单一的一般化的方法来研究，而是由一系列有自己的原理、特征和价值的相互关联的方法组成。所以，为什么你打算运用话语分析而不是扎根理论呢？

- 你为你的质性数据收集和分析准备了哪些资料呢？由于质性数据收集和数据分析方法的性质，研究人员需要相当多的个人技能。质性研究不是分发问卷、测试，或者是其他的测量仪器的问题，而是要求一些技能，如优秀的采访技巧，良好的个人管理和快速思考能力。深度访谈是一种技能，有助于促成焦点小组。质性研究者需要投入相当多的时间去实践，如进行转录访谈以及有一定程度地了解他们所选择的质性研究方法。质性研究要求个人和时间两种资源。如果二者缺一，就会导致你的质性研究质量受到限制。

- 你的数据被编码或分类得有多彻底？这在分析数据的程度上有很多选择性。可能有一些好理由让你选择这样做，但你有什么有力的理由来解释为什么这样做吗？如果你仅仅选择分类或者编码一小部分你的数据，那你正冒着无法优化你开始制定的类别的风险。很难知道你的分类或者是编码是否有效，除非你把它们应用于全部数据（或者是一个系统的选择）。不幸的是，由于分析过程报告很少完整，所以当你只不过选择一部分数据分析时，读者可能错误地假定你的分析建立在整个数据之上。

- 你有经历提炼分类或编码这个步骤吗？分析过程的初始步骤（编码和分类）由对数据的检查与再检查过程等所精炼，这是质性研究的一个很重要的特征。这样做的目的在于同时提升编码和分类对数据的适配度，以及重新定义编码和分类。

- 你的数据的哪些方面适用于你所建立发展的编码和分类？

在何种程度上的编码或分类适用于你的研究对象？避免使用一些注释，如"大多数参与者""频繁地"和"极少地"，因为这些词无法反映你的分析应用于整个研究被试组的程度。请你写出你的分析的特定方面所适应的精确被试数量。

- 你的质性研究容易实施吗？当研究者继续挑战他们在每个阶段取得的分析，并试图发现更有用的东西时，质性分析并不像计划中那样容易。质性研究的质量不会那么容易达到。

三、评估质性研究的质量

正如全书所谈论的那样，质性数据收集方法（如深入的访谈、参与观察、焦点小组等）和质性数据分析方法(如话语分析、扎根理论和会话分析)之间存在很重要的区别。意识到这个区别会解决一些与评估质性研究的质量相关的困惑。很简单,研究者选择使用质性数据收集方法,可能是因为研究是探究性的,或者是因为丰富的数据吸引着他们,但是,尽管如此,为了分析数据,他们仍更偏好使用定量的方法。当然在这些情况下,质量标准的差异性要大过研究人员使用相同的质性研究方法收集数据但同时使用质性数据分析方法来分析数据的情况。"丰富的"数据不会决定数据分析方法的适用性。换句话说,判断一个质性研究的价值与研究者试图完成的东西有关,而不要把一系列不经选择的标准简单地应用于所有条件中。

四、 研究的一般理论依据和特点

有一个学派主张认为,评价质性研究课题的标准与所有学术工作中普遍采用的标准相同。因此,它们应该适用于质性和定量的研究,但也适用于历史、文学、化学等。从本质上讲,这种观点认为,理智的超然态度和质疑的态度,以及对问题的有组织和系统的处理,对质量来说是至关重要的。这基本上是泰勒(Taylor,2001)写的质性研究质量的基础看法。泰勒的标准有以下几点。

(1)已有研究对这个问题开展到什么程度?

(2)论点在多大程度上基于理性的说服力而不是源于情感?

(3)报告在多大程度上是基于数据系统解释的分析而不是让数据"自说自话"?

(4)这项研究能否富有成效?

(5)研究是怎样与社会问题或政治事件相关联的?

(6)如何应用研究成果?

让我们更仔细地审视这些标准。

(一)已有研究对这个问题开展到什么程度

学术研究是一个累积的过程,由研究发现、新概念和新理论逐渐建立起来的。对个体研究者而言,这个过程经常被看作基于有关领域的已有研究综述。文献回顾不仅能够了解有关某一研究领域的知识,而且还可以让研究人员确定哪些未能解决的问题需要进一步考虑。之后研究人员进行新的研究,收集新的数据,分析这些数据并试图根据他们自己的研究成果和其他研究的结果综合分析。很多的质性研究采取这一模式,但并非所有都如此。正如我们所见,一些质性研究者,他们避开了早期的文献综述,并从他们希望分析的数据开始分析,并继续进行着他们的分析。当需要用到评估自己的分析方法是否适合类似数据分析的方法时,他们才会转向先前的研究记录。当然,质性研究中的变异性通常被认为比从定量的角度更积极,因为研究结果中的变异性被归结为负面的东西,如研究设计和数据收集方法方面的问题。质性传统的变异性不仅是可以预期的,而且也被认为是一个更积极的特征。总而言之,质性研究没有一个通用标准。

(二)论点在多大程度上基于理性的说服力而不是源于情感

研究报告不仅仅是报告所研究的数据。优秀的研究报告涉及研究思路的呈现，以及对数据和论据的清晰论证。学术论证是由清晰的思路所主导的理性论证过程。学术论证倾向于选用理性方式进行阐述，避免用感性方式来表达。此外，夸大的论证也是需要避免的。建议用理性的表达方式进行研究报告，不是说学术性的写作是冷漠的或偏离研究的主题，而是强调理性的表述方式对研究报告的重要性。许多优秀的心理学著作来自作者对研究结果信度的保证。虽然，学术研究的假设是重要的，但控制和权衡整个实验要高于对结论的假设。学术研究中最关键的，是获得明确的数据和逻辑严密的论证。学术研究的方法最重要的是作者进行一个事实的阐述，而不是仅仅在表达没有理论依据的个人观点。因此，该标准能够被应用于所有的质性研究。

(三)报告在多大程度上是基于数据系统解释的分析而不是让数据"自说自话"

质性数据分析如果想要研究假设成立，则几乎都会进行大量的数据分析。在数据中没有任何隐含的内容可以与分析等同。分析数据是一件复杂的事情。它基于数据本身但又高于数据，需要将数据与方法论和理论相结合。简而言之，一份优秀的质性研究报告包括有意义的数据分析。关于这一点的影响很难从抽象层面去理解。那么，没有包括有意义的数据分析的研究报告是什么样呢？比如，研究者从访谈中得到了很有深度的数据，但数据分析过程中只选取了一小部分句子组合在一起构成研究结论，这样的报告便是未进行有意义的数据分析，没有达到质性研究的数据分析水平。需要区分的是，记者可以做类似的访谈，但这并不是质性研究，这种访谈也许只是考虑怎么使用有趣的引用句，而这些不能够对整体的数据分析提供帮助。数据分析是指将原始数据通过整合提炼，得到抽象概括的表达形式。分析方法要和数据保持一致性。有观点认为，数据代表分析内容本身，这是一种错误的认识。将大量的文本数据组合在一起并不能帮助理解。毕竟，小说是一种娱乐，它并不能当作质性研究。在质性研究中，研究者从提供的数据和想法中开发出与整体契合的编码种类。由此可知，分析出的数据是原始数据通过创造或者整合得到的，而非原始数据本身。数据分析的本质是质性研究分析的应用。数据引用无法用于分析，但它们可以说明并赋予分析意义。因此，数据分析是质性研究中一个普遍的保证研究质量的标准。

(四)这项研究能否富有成效

完整的研究可以由新颖的观点、概念、理论、研究问题等构成。和具备丰硕成果的优秀研究相比，我们可能更容易把不完整的普通研究区分出来。普通的研究会让读者感觉没有延展性且少有启发，因为它们没有一个能够使读者受到积极启发的新观点。当然，普通研究的丰富性可能是一个长期性的问题。比如，重要的研究通常是那些通过引导和刺激新的调查和创新研究路径而造成长期影响的研究。各个领域的经典研究往往都准确地达到了这一点——这可以使我们得出一个结论：丰富性是质性研究中质量的普遍标准。

(五)研究是怎样与社会问题或政治事件相关联的

一些心理学质性研究者表明他们对政治和社会问题感兴趣。这种情况尤其是指那些把他们自己定义为批评型心理学家或者是批判社会的心理学家。研究应该和社会相联系，这是早有的观点。1936 年成立的社会问题的心理学研究协会，为从事于社会和行为研究的科学家提供了机会，使他们可以将其知识和见解运用于当今世界具有争议性的问题上（RadPsyNet，2009）。心理学家想通过他们的学科特点来解决大萧条时期的社会问题和经济问题，这个心理学研究协会就是由此愿望而产生的。有趣的是，直到 1951 年社会学家才建立了类似致力于对社会问题研究的组织。经过多年的潜心研究，定量心理学形成了一条与社会因素相关的系统研究脉络，这表示与社会关联的因素已不再只限于质性研究了。值得注意的是，一些主要的质性研究者，如帕克（Parker，1989）将很多质性研究指责为失败的研究，因为它们无法对社会概念和政治概念进行有效处理，甚至还会混淆这两个概念，特别是权利的概念。另外，这种指责不能被运用于主要以质性研究为方向的心理学分支。女性主义心理学作为心理学的一个分支，主要以质性研究为主，但是建立在社会和政治观念之上。当然，基于真实数据的研究（几乎大多数质性研究都是）和带有社会及政治目的的研究之间是有很大差距的。因此，在质性研究领域里，与社会和政治相关的问题不是一个通用的质量标准，这一点应当引起研究者的重视。

(六)如何应用研究成果

纯粹的学术研究方法会强调其主要功能在于提供知识和理解这个世界。尽管一些研究者摒弃了这种"象牙塔"式的方法，因为短期内的潜在适应性问题，也很少有研究被设计出来。对许多心理学家而言，理解研究的主题就是研究的主要目的，而研究的适用性可能只是额外的加分点而非必需的。历史上，心理学界，由于应用型研究极少被重视和缺乏纯粹学术研究方法应有的尊重，应用型研究趋向被摒弃。与具有深厚理论背景的研究比较，应用型研究再普通不过了。但是应用型理论的二分法是错误的，这里也存在着理论丰富的应用型研究的优秀例子。例如，鉴于对哈维·萨克斯所做的早期研究所进行的思考，那些研究最终产生了会话分析（参考第10 章）。在哈维·萨克斯的研究里，他研究如何打电话给急救服务时可能会"出错"，导致重要信息没有成功获取或电话突然中断。当然，从主流心理学在各个领域的适用性来看，如临床心理学、教育心理学、法医心理学和组织心理学都是与最高学术和理论标准密切相关的。简而言之，有效性和应用性构成的质性标准，既不能应用于所有的质性研究，也不是质性研究所特有的。

总的来说，不能称泰勒标准仅适用于质性研究，因为它们与在评估定量研究中被证实有效的标准紧密呼应。此外，泰勒的标准并不等同于应用于所有质性研究的质量控制表。它们有助于澄清对于不同的研究方法而言哪个标准更加适合，从这个意义上说，它们为评估质性研究提供了一个起点。

五、　质性研究的普适性

在定量研究中体现普适性的概念有许多不同的方式，如将一个研究的结果推广到不同的样本、不同的情境，或者不同的历史时期。定量研究者总是倾向于寻求普遍的适用性，但是对质性研究而言无此必要。不得不说，质性研究者对于是否把普适性看得很重要存在分歧，有人将普适性视作与质性研究所依据的基本原则不相容或者不适切。如果有很多的方式看世界，何必在乎是不是多了一种呢？其他的质性研究者可能更倾向于让他们的研究成果在某种程度上具有普遍适用性。然而，一些质性研究者往往对研究的具体情境更感兴趣，那么为什么要关注他们的研究是否在特定情境中也普适呢？毫无疑问，质性研究具有不同的类型，形成一个单一而明确的普适性视角是不可能的。然而，尤其对于话语分析和会话分析来说，洞察比仅仅发现了什么更重要，这也是普适性的一种形式。重要的是，无论这些见解不适用于其他语境的原因是什么，都不是抛弃这一概念的理由。事实上，定量研究者对于研究结果的不一致能够泰然处之，并不打算放弃这样的想法，但这只是实践性的而非理论性的定量研究方法。但在这里我们主要关注的是质性研究。

古德曼（Goodman，2008）提出了一个与话语分析普适性有关的非常有用的讨论。他的观点是，我们更可能从话语分析中发现结果，而不是看起来反映其他研究的结论。换句话说，根据他的观点，如果给定的话语策略在不同情境中得到同样的"交互作用结果"的话，发现的结果可能是普适性的。在这个意义上，在一个研究中特定的话语策略如果适用于其他研究，其原因在于策略的执行是相同的。这样，必然使用已经存在偏见的话语装置去证明另一个偏见。关于这一点，一个很好的例子是，基于男同性恋和女同性恋父母需要为他们的孩子可能经历的欺凌负责这一前提，人们会表达反对同性恋父母的偏见。同性恋者不能有孩子，因为他们的孩子们会受苦。古德曼从克拉克（Clarke，2001）那里引用了一个例子，依据育儿专家的论调来说明自己的观点。

> 我真的强烈地认为同性恋者收养孩子是不合时宜的……试想一下，孩子在学校，其他的孩子可能让他感到很痛苦，甚至在背后说三道四："你是异类，你有两个妈妈或两个爸爸……"我想我们正在增加孩子们所面临情境的复杂性，这让我很是担忧。

下面的摘录来自维库伊藤（Verkuyten，2005），可以再次表明是如何用偏见去证实偏见的。

1. 采访者：你认为外国人可能再次受到歧视吗？
2. 戴维：当然。
3. 采访者：嗯，那是为什么？
4. 戴维：呃，顺便说一下，我也受到歧视，我认为应该再区别下。
5. 外国人也是和我们一样受到歧视，这很正常。
6. 如果他们告诉我我找不到工作，一个女人在哪里都是这样。

7. 首先，我认为这很让人抓狂，所以如果我正在受到歧视，那是为什么。

8. 一个外国人就不应该受到歧视？说实话。

9. 外国人做得比我们更过分。比如，土耳其人和库尔德人。

10. 呃，是的，土耳其人和摩洛哥人。我认为他们互相歧视。

11. 更糟糕的是，安的列斯人和苏里南人也是这样。他们做得有点过了。

12. 最重要的是，他们习惯互相歧视，是否我们也该这样做呢？

13. 我们得立即惩罚类似的事情。

14. 从比例上看，一般认为荷兰人或白人，歧视没有那么糟。

15. 比他们中的很多人都做得好。

古德曼的观点似乎很好地得到了证明。但他进一步指出，话语策略可以被认为是普适性的，如果：

(1)一种话语策略在研究中出现了特定的修辞效果；

(2)可以证明，这种特殊的话语策略被用于更广泛的会话中，以达到同样的修辞效果；

(3)如果有证据表明，修辞策略可以成功地带来某种特定的修辞效果；

(4)如果一组演讲者在不同的语境中使用这种修辞策略都能达到同样的效果。

(5)研究者可能开始认识到修辞策略如何在话语中成功地去反驳他人。

六、 质性研究的效度

在传统定量研究中，效度概念通常被定义为"效度就是测量所要测量事物的程度"。这与它在个性测试、智力测量等传统的心理测量中的使用有关。通常，这可以被称为结构效度。很简单，这实际上是要评估一个心理测量在多大程度上与假定的理论概念（建构）相一致。当然，定量研究人员所涉及的效度还有其他形式。例如，研究方法是否有效地反映了现实生活？这是一个与传统实验室实验价值取向相关的常见议题：很多实验都被认为对"真实生活"而言太过虚无缥缈。生态效度这个术语应运而生，用以体现一项研究反映现实或真实生活的程度。并不存在一种统计方法来判断一项研究是否具有生态意义，判断起来很麻烦。很明显，许多实验室实验脱离实际，缺乏生态效度。但是，这又很容易忽略那些在自然情境中的实验。于是产生了另外一个效度的概念——外部效度。有时它与生态效度相混淆，其不同之处在于，外部效度是研究结果从研究情境推广到其他情境的程度。

这些传统类型的效度与质性研究有什么关联？一些质性研究人员默认了生态效度，但这取决于数据收集的方法。许多质性研究都以自然发生的文本为中心，如对话。例如，就像萨克斯（Sacks，1992）所做的对急救电话的会话分析，似乎就已经建立起了生态效度，因为它体现的是处理日常真实世界中所发生的事情。这些对话通常是由应急服务部门为了自己的目的而记录的，但这些数据对质性研究人员而言也非常适合。同样，有理由假定，对真实新闻视频的分析同样具有生态效度。但是，不要以为所有的质性数据收集方法都具有相同的生态效度。例如，深度心理访谈研究可能与其他研究一样受到生态效度的困扰。研究访谈与日常生活中的对话不同，它受到多种规则所约束（例如，受访者没有质询访谈者的平等权利）。当研究人员的真实身份已知时，对于焦点小组数据或者观察所得数据，是否具有生态效度也是一个问题。

当然，在定量研究中使用传统的效度概念并不是没有问题，当应用于质性研究的时候尤其如此。经典的效度定义是"测量到所要测量的事物的程度"，说明在现实世界中独立存在某种东西，其实质是固定的，研究者试图对它加以探讨。因此，智力测量的效度是指测验所能测出为智力的程度。当然，最后几句话可能不被许多质性研究人员所认可，特别是那些不坚持现实主义立场的人。

质性研究人员所讨论的效度在很多地方与定量研究者不同，如以下几项。

（1）在质性研究中，效度问题通常被解释为分析合适数据的程度（通常是文本），因此分析的效度并非聚焦于所用量表或测量的客观效度。效度分析更适合数据型。

（2）有种说法认为质性研究本质上比定量研究更有效。一般来说，由于质性研究方法被认为是获得理解现实社会和心理世界的一种有效路径，它的效度毋庸置疑。即使这对于一般的质性研究来说是正确的，也需要对每一个质性研究加以评估。

（3）对原始资料的转录保真度（如会话）可以看作转录效度的标志。使用转录的质性研究者应该根据记录核对转录，确保转录在任何时候都是恰当的。

波特（Potter，1998）使用措辞"分析的正当性"而非"有效性"。在质性研究中，这是一种看待效度的有效方法，因为准确描述了质性研究人员使用的一个重要概念。根据波特的说法，有一整套的方法可以评估质性研究的质量。虽然这取决于质性研究的类型，但质性研究的重点往往在于分析而非数据。然而，你会发现，一些质性研究者与定量研究者一样对取样的有效性很关注。

梅斯和波普（Mays & Pope，2000）指出，正如已知其他研究人员所建议的那样，质性研究的效度涉及以下标准。

（1）三角测量法：这一方法基于这样的观点：如果使用不同方法收集数据能得到可比较的结果，则被认为是"有效的"。例如，在质性研究中，三角测量包含了几种不同来源的数据，它们可能来自不同群体的成员。这些不同来源的数据产生的结果应该是一致的。一个重要的基本假设是，一个信息来源的缺陷可以由另一个信息来源加以弥补。例如，研究者可能希望比较治疗师、他们的客户以及合作伙伴的访谈。如果从三个群体的分析中能得出相同的结果，那么有人会认为这就是效度的证据。然而，梅斯和波普认为，三角测量法被看作能够确保数据收集和分析的全面性、促进更高水平分析思考的最好方法（关于三角测量的扩展讨论，另见专栏 16.2）。

专栏 16.2 核心概念

三角测量法

举个例子，在尝试识别非法电台的位置时，可以使用三角测量法。科学仪器通过各种定位天线来指出电台的方向。然而，非法电台可能在该方向的任何地方——10 千米或 1000 千米，通过在不同位置的两台检测装置，可以找到非法电台方向，并且这个交叉点可以精确地指出电台从哪里广播的。除非非法电台一直移动，否则当局都能准确地找到其位置并将其关闭。

三角测量的概念既用于质性研究，也用于定量研究，但两者不完全一样。尤其是在定量研究中，三角测量意味着使用多种方法测量。例如，使用教师评分和学生的纸笔测试来测量智力，如果这些测试有一定的效度，则两种智力测量方法相互关联。在坎贝尔和菲斯克(Campbell & Fiske, 1959)的多特质—多方法矩阵中包括了对多个概念的测量，并对其进行扩展。例如，研究人员在研究创造力和智力时，用了几种不同的方法进行施测。智力测验之间的相关应该高于智力与创造力之间的相关，反之亦然。这种方式既可以评估测量方法的价值，也可以评估被测概念的真实程度。

但是这些并不能在质性研究中得到很好的转化，三角测量的使用产生了一些问题，因为不同的质性研究其认识论假设也有所不同。举个简单的例子，研究人员对员工如何谈论工作场所的氛围很感兴趣，他可以选择不同级别中的少数员工进行访谈。但是，将各个级别中的员工进行分组并形成焦点小组是不是更好呢？很少有人会质疑在分析"三角"数据时，研究人员的假设是什么。一些人采用现实主义的假设，将访谈研究的结果与焦点小组研究的结果进行比较，期望能揭示图 16-1 的含义。

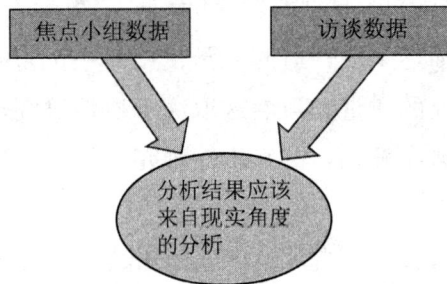

图 16-1　三角测量方法

那是我们所期望的吗？我们是否期望一个涉及不同级别员工的焦点小组不会受到小组中各种工作状态的影响？例如，你真的可以在老板面前说些什么？如果你的老板不在场，你可能很乐意在匿名的访谈中向研究人员说这些话。换句话说，收集数据时的背景信息可能会对数据和分析产生很大的影响，这在前面如反现实主义者和极端相对论者等情景主义者讨论过。如图 16-2 所示，数据的两个来源不可能完全相同，也不可能完全不同，很明显这些都是极端的可能性，但在完全相同和完全不同的极端之间总会有特殊情况。

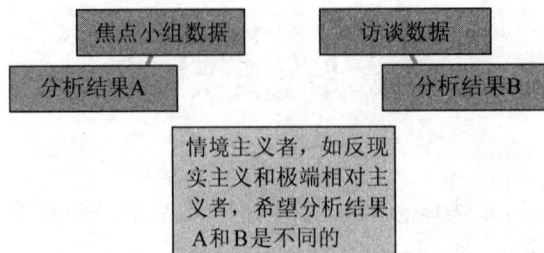

图 16-2　基于焦点和访谈数据的三角测量法

有必要区分混合法和三角测量法。

使用三角测量必然涉及混合方法，但使用混合法并不一定意味着会使用三角测量。混合方法是指在研究中使用多种研究方法。莫兰·埃利斯等人（Moran-Ellis et al.，2006a）规定这些不同的研究方法应该基于不同的元理论视角。他们认为，这可以是定量和质性成分的混合，也可以是许多不同类型的质性数据的混合，如实证、解释、现象学和视觉学。混合方法的使用倾向于与质性研究的某些领域联系在一起，特别是在健康和教育领域，研究的实际意义也许是最明显的，通过使用混合方法来加强研究成果的优势。采用混合方法进行理论研究或以学术为导向的质性研究较少见。对于采用混合方法进行理论或学术取向的质性研究的情况较少见，重点是可以采用不同的方法研究差异很大的事物，并且三角测量所需的方法之间的比较不是研究的一部分。

> 认识论主张三角测量法，即当两个或多个方法产生的数据结果汇集在一起的时候，能对一个现象有更多的了解。（Moran-Ellis et al.，2006a）

换句话说，三角测量法能帮助我们增加对各种方法的理解。

在这方面要注意什么呢？

增加三角测量的效度　定量研究人员特别强调，使用两种测量方法可以使研究人员知道是否进行了精确测量（Campbell & Fiske，1959）。如果两个测量不相关，这一个或两个度量工具就是不完善的。然而，即使它们都相互关联，也不应该忽视两个测量可能具有相同缺陷。例如，两种不同的智力测量分数之间似乎是相互关联的，但实际上是由两种测量工具共同做出的结果。

不同的视角——互补　这种关于三角测量的前瞻性观点认为，使用多种方法为研究人员提供了关于所研究现象的多重视角，这与现象本身多方面的观点相一致。虽然这种三角测量的含义与概念的起源大不相同，但它有效地对多种方法的使用采取了明显的质性立场。

在分析中，研究中采用的不同方法是如何结合起来的？用多种方法的研究人员并不会总是使用三角测量。有时，在研究中使用混合方法是出于完全不同的目的。

一种方法可以用来表示另一种研究方法。例如，如果研究人员进行焦点小组的研究作为以后的问卷调查研究产生想法的一种途径，这种研究方法就被视为对另一种研究方法有帮助。

可以使用混合法来增加所收集数据的深度。例如，研究人员可能会发现，结合采访结果对处理特定问题的媒体报道是有帮助的，如公众如何看待移民的研究。

有时研究人员可能会在研究中使用混合方法来节省数据收集过程。所以，举例来说，研究者从一个单一的被试样本中获得了各种不同类型的信息，但是数据的不同方面是被完全分开报道的。

那么当一个研究者试图在同一分析中用不同的方法收集数据时，会发生什么？根据莫兰·埃利斯等人的发现，研究人员需要对所涉及的不同方法、不同的数据和不同的视角产生一个"有形的联系"，因此不能只强调差异性。如果要实现集成，则需要好好分析以显示不同的数据收集方法是如何相互关联的。例如，与管理者深度访谈的数据如何与观察所得的数据相关？

研究者真的希望整合混合的质性研究方法，但整合混合的质性研究方法模型并不多。由莫兰·埃利斯等人（Moran-Ellis, Alexander, Cronin, et al., 2006b）提出的后一种方法叫作"线程"。这需要分别对每个不同的数据集进行分析。然后，每个不同的数据集都要进行相关的分析，以确定关键的主题和问题，以便进行后续的分析。因此，从初始数据集到其他数据集都遵循主题原则。因此，当线程在主要数据集中被开发时，则会以更集中的方式在其他数据集中进行探索。当然，分析将在每个数据集中出现多次。

（2）响应验证或成员检查。这仅仅是对研究人员与参与者（或与被试相比较的新个体）对应程度的一种检查。假设是，如果参与者愿意接受研究者的调查分析，这就构成了其效度的依据。当然，困难在于研究者的想法也应该与参与者分享。现在的问题是，在什么情况下可以实现这种关系？如果我们记住，心理学质性研究的实质性部分至少有一些与民族计量学有关，其一致性就会被视为一个重要的指标。民族计量学试图理解普通人所看到的社会。在各种质性研究中，常见的是与研究参与者进行访谈，研究人员介绍研究成果，目的是促进对研究结果的讨论，并允许参与者对此提出疑问。当然，量化的研究人员可能会认为这种"内部"研究有内在偏见或党派偏见，因为研究者并不是真正独立的个体，而是来自不同的群体。

（3）对所涉及的数据收集和分析方法有清晰的描述和解释。在优秀的质性报告中，数据收集和分析的过程都应该清晰地展示出来。有关数据收集方式的信息可能对数据解释有重要影响。这些信息还可以帮助解决其他复杂的问题。例如，在定量研究中超越特定数据的分析代表性问题。一般来说，质性研究涉及的分析过程既耗时长，又细节多，要求高。这是生成精确数据分析的唯一方法。如果不向读者说明数据收集与分析的质量，就无法得到高水平的研究。

（4）反思性。这是质性研究中的大问题。本质上，它指的是研究人员对其如何影响收集到的数据和分析的敏感性或意识。例如，研究者先前的假设和个人偏见会产生不可逆转的影响。因此，研究者的个人经验、态度、价值观和其他可能带有偏见的因素都有可能对分析结果产生影响。例如，研究者与被试的心理或社会距离是质性研究的重要方面。质性研究人员比定量研究人员与被试的距离更近，他们的关系已经在质性研究中被广泛讨论。

（5）注意消极或异常案例。在质性研究中，消极案例或异常案例的作用有很大不同。在定量研究中，对数据趋势的分析包括最小相关、关联或者差异——只要它们符合统计显著性检验。定量研究极少出现完美关系，这意味着异常案例在定量数据中很常见。在定量研究中的关联性越小，这些偏差的影响就越大。尽管如此，定量研究人员没有对异常现象给予足够的重视，相反，它们在很大程度上被忽略了，因为它们被认为是"随机性"或"噪声"（即测量误差）的结果，似乎异常值彼此无关。另外，在许多质性研究中，偏差案例被认为是分析的重要组成部分。质性研究中的细节通常提供了这样的证据，某一特定个体或者数据不正常，因为与当时所进行的整体分析不相符。质性研究人员应将异常现象纳入分析中，而不是遮遮掩掩。

泰勒(Taylor，2001)和波特(Potter，1998)进一步改进标准。前面两条来自泰勒，后面三条来自波特。

(1)丰富数据和分析的细节。质性分析的重点是建立适合数据的描述性类别。因此，衡量研究质量的标准之一是数据处理和分析的详细程度。质性分析需要对大量的数据细节进行处理。如果研究人员只提供了几个宽泛的范畴和几个广泛的描述，说明什么样的材料适合这种分类，这似乎就不是一个好的质性研究。当然，细节的丰富性难以量化，多少细节才能构成丰富性这一问题被回避了。细节的丰富性可以根据单词数量、不同来源的信息、语言数据的复杂性来评估吗？怎样评定？分析中细节的丰富性，同样面临这样的问题。这意味着什么呢？这是分析的复杂性问题吗？为什么要把复杂的分析看作一种优点呢？相反，在定量研究中，如果数据利用比较好，简单的分析就会被认为具有价值。生成与数据适配良好的编码类别说起来非常容易——如果有众多的编码系统，所有的数据看起来就都适合进行分析。然而，每一种类别仅仅适用于数据中的很少一部分，这意味着编码方案并不完善。

(2)适当的情况下采用定量技术。关于这一点众说纷纭，但有一部分质性研究人员乐意在某些情况下将定量技术纳入其质性研究中。例如，一些质性研究人员能够接受采用系统抽样的方法，实际上多种抽样方法都已被其认可。

(3)开放性评估。在定量研究报告中，读者总会对数据产生一定的距离感。所报告的数据通常都是总结性的统计，如表格、图，描述性统计如平均数，以及对研究结果的推断统计如 t 检验。多数定量研究报告都没有呈现数据的独立性检验。相反，在质性研究报告中提供了大量重要的原始数据用以支持分析结果。因此，可以认为，质性研究比其他形式的研究更加开放，有利于读者的评估、挑战和质疑。客观地说，许多质性研究报告只运用了极少量的数据——只有少数例子能够说明所得观点，这对于质疑分析而言远远不够。当然，以原始数据完整提供转录资料对分析开放性带来的挑战毋庸置疑。波特(Potter，1998)指出，质性研究者声称的大量东西都必须可信。这一点可以通过使数据文件更易获得来实现，如通过互联网。另一个问题是，质性研究报告的读者如何真正质疑特定的分析？质疑一项分析意味着什么？一些在线质性研究期刊通过紧随文章的辩论来解决这个问题。

(4)与以往研究相一致。众所周知，在定量研究中，非常相似的研究可能产生不同、甚至完全不一致的结果。然而，与以往研究的一致性已作为一项质性研究是否令人信服的标准。如果与前人研究结果不同，这项质性研究更有可能受到质疑。这可以被视为与可重复性相关的问题，不仅将以往的研究与新研究结合起来，可以使新研究和已有研究的力度更强(定量研究也如此)。但这个准则有一定的问题，如果新的质性研究分析思想与以往的研究一样，就很有可能会得到相同的结果。

(5)被试自己对数据的理解。质性研究分析效度的另一特殊之处，如叙事者需要解释前一个说话者已经说了什么。这样一来，新的说话者对之前内容的理解也被纳入数据之中。如果说话者迅速改变了谈话的主题，这就表明他已经理解了此前的内容。这可能表明，先前的发言者可能做了某些需要隐藏的不当行为。换句话说，对细致的分析师来说，数据具有自检功能，可以确认或否认以往的分析师先前的分析。专栏 16.3 描述了一种对质性研究质量评估的新方案。

七、 质性研究的信度

信度和效度是质性研究中质量控制的基本议题。本章讨论了多种用于质性研究以确保有效性的方法。什么是质性研究的信度？和效度相比，信度很少被质性研究人员讨论。其原因很多，最主要的是当涉及信度时，不同的质性研究方法有不同的认识论立场。

专栏 16.3　实践建议

质性研究的先进质量评估方案

政府在各类社会研究中耗资巨大，质性研究所涉及的范围日渐扩大，包括健康、福利和缓刑等领域。这些研究怎样才能被系统评估变得难以回避。就算不是研究者，明确统一的标准及其应用对于公众而言也非常重要。鉴于社会质性研究缺乏公认的标准，斯宾塞等人(Spencer, Ritchie, Lewis et al. , 2003)受邀对政府资助的研究制定质量标准。他们致力于：

- 回顾已出版文献中现有的标准。
- 访谈那些指导和管理研究的关键人物。

斯宾塞等专家制定的质量标准对于质性研究而言非常重要，尽管并未具有普遍适用性。他们发现，不同的领域对质量评估的关注有所不同(图 16-3)。对质性研究可以考察的各个层面，斯宾塞等人提供了一个(有时候是五个)"评价问题"的最低标准。这些评估问题对质量指标来说至关重要。质量指标表明，结构中的每一个指标都可以通过示例加以说明。

以下内容很好地说明了评估问题，并结合可能的质量指标举例说明，读者可以下载完整的评估文件(请参阅本章末尾的其他参考资料)。值得注意的是，在某些情况下，它们的质量标准与一些质性研究人员的观点相冲突。斯宾塞等人给出了评估问题，并对每一个问题提出了描述性质量指标。

(a)设计	(b)样本	(c)数据收集
(d)伦理	(e)分析	(f)发现
(g)报告	(h)审核	(i)反思性和中立性

图 16-3　质量评估的内容

(a)设计

评估问题 1　"怎样表明研究设计的合理性？"

描述性质量指标：

1a)你的报告如何讨论整体的研究策略和研究目标这两者的关系？

1b)报告如何有效地讨论研究设计的局限性，特别是研究中所使用证据的价值？

(b)样本

评估问题 2 "案例/文件的样本设计/预算选择如何得到很好的保护？"

描述性质量指标：

2a)研究是否仔细地描述了被调查的人群，并展示了所选择的样本与人群之间的关系？例如，样本的选择是否具有典型性和多样性。

2b)研究是否解释了选择样本的理由、研究背景或分析中涉及的文件？

评估问题 3 "样本组成/案例——如何描述代表性程度？"

描述性质量指标：

3a)这个研究是否解释了为什么研究中的某些方法没有被纳入，以及由于所采用的程序而没有列入哪类案件？（例如，没有接受转换的人群是否能够参与研究）

3b)报告是否解释了获得的样本数量，以及获取样本的方法？这些可能会影响研究的参与度。

(c)数据收集

评估问题 4 "数据是如何收集的？"

描述性质量指标：

4a)报告是否描述了谁收集的数据、收集数据的程序和材料，以及用于收集关于最初和权威支撑信息的资料？

4b)报告是否描述了工作现场的重要特征，如进行记录时的惯例、讨论可能会影响数据收集的现场的情况和方法。

(d)伦理

评估问题 5 "哪些证据以表明注重了伦理道德？"

描述性质量指标：

5a)报告是否描述了道德考虑的程序、提供给被试的信息、数据的保密和匿名安排以及被试的身份、研究后提供的服务信息和同意程序？

5b)研究是否讨论了研究中可能出现的相反的结果，并且这样的结果如何避免。

(e)分析

评估问题 6 "方法、概念化和分析的覆盖面如何？"

描述性质量指标：

6a)报告是否清晰指明是如何研究不同种类的。比如，研究如何创造和部署的？

6b)原始数据是否被描述？（如文献，采访记录和文件）

评估问题 7 "观点的多样性如何，内容被探究的程度如何？"

描述性质量指标：

7a)报告是否讨论了否定案例或不寻常案例的相关性？

7b)报告是否系统地试图对数据中的变化进行分类或解释？

评估问题 8 "数据细节、程度和复杂度的表达程度如何？"

描述性质量指标：

8a)报告是否引用了数据中有助于理解数据的引文或意见？

8b)报告是否鉴定和讨论了数据模型、联结和联合？

评估问题 9 "数据来源——如何保持和描述？"

描述性质量指标：

9a)研究是否详细地描述了设计研究的相关细节，如研究设计的历史、背景以及特征？

9b)数据的管理是否保留了与个案相关的背景资料？

(f)发现

评估问题 10 "结果的信度如何？"

描述性质量指标：

10a)结果是否有意义，是否展示了一个连贯的逻辑？

10b)结果是否与其他来源的已知信息一致？

评估问题 11 "是否通过研究来拓展知识和深化理解？"

描述性质量指标：

11a)报告是否清楚和可信地讨论了研究对知识和理解的贡献？

11b)研究的目的和设计是否以目前所知和理解的内容为背景？

评估问题 12 "如何评估最初的目标和目的？"

描述性质量指标：

12a)研究目的和结果之间是否有清晰的关系？

12b)报告是否解释和讨论了对于研究目标而言的局限性？

评估问题 13 "做更广范围的推论——如何解释？"

描述性质量指标：

13a)对研究结果的概括程度是否可以推广到比研究样本更广泛的群体？

13b)报告是否详细说明了研究的背景，以便评估研究结果在其他情况下的适用性？

评估问题 14 "对评价方案进行评估的基础是否清晰？"(这个可能会首先被应用到评估一个社会、政策或者体制的质性研究中)

描述性质量指标：

14a)报告是否指出了每一个评估判断的来源。比如，谁的判断包含在其中，以及这一判断是如何得到的？

14b)报告是否讨论了研究假设之外的结果以及是什么导致了这样的结果？

(g)报告

评估问题 15 "数据、解释以及结论等之间的联系是否清晰，得出结论的路径是否明确？"

描述性质量指标：

15a)报告是否阐明了分析与概念性原始数据的联系？不要用相似的描述性术语来重复数据。

15b)报告是否描述了由于不在分析范围内而可能不一致的反例？另外，报告应尝试说明如何将反例纳入主要的分析框架。

评估问题 16　"报告的清晰度和一致性怎么样？"

描述性质量指标：

16a)报告是否清晰地以适合目标受众的方式突出或总结要点？

16b)报告的结构是否可以通过清晰的小标题等方式帮助读者？

(h)审核

评估问题 17　"研究过程涉及的文献是否充分？"

描述性质量指标：

17a)报告中所使用的主要文献是否在报告中呈现？这可能包括组织和个人的信件、调查问卷、数据管理说明等。

17b)报告是否讨论了所使用的方法和数据源的优点等？

(i)反思性和中立性

评估问题 18　"是否清晰呈现形成评估形式和结果的假设/理论视角/价值观？"

描述性质量指标：

18a)报告是否表明或讨论了研究人员的视角和价值观？这可能会影响报告的方法论或主旨。

18b)在报告中是否有证据表明，研究人员足够开放，在研究过程中根据其经历来调整概念、理论和假设？

在定量研究中，信度的概念被研究人员应用到实验中。这个概念有两个主要的用法。

(1)"测试—再测试"的信度(即重测信度)用来表示，在不同时间点上"数值"是否稳定或一致。在一般情况下，一个测验不管在什么情况下都应该保持稳定，这才能称得上质量过关。因此，重测信度的考查重点是，何种因素即使在时间的影响下仍然保持稳定。如果我们测量的事物本身就不稳定，就不要期望有好的"测试—再测试"信度。人们的心情是瞬息万变的，所以，一个好的情绪测量应该不随时间而改变。当然，在定量心理学研究中，那些被认为具有持久和稳定特征的对象通常会被测量，如智力和反应时等。

(2)定量研究中信度的另一个含义是一种度量的内部一致性。定量研究中广泛采用的测量通常由一系列的项目(问题、频率)按一定的方式组合起来，内部一致性(所有的项目在一定程度上都在测量相同的东西)被认为是测量的质量指标。

上述两个信度指标对质性研究都没有太大影响。质性研究人员由于各种原因而避免使用量表，特别是因为它违反了大多数质性研究秉持的数据丰富性原则。此外，许多质性研究人员不认同这样的观点，即个体的特征是固定的、可测量的。这样，刚才讨论的信度就与质性研究显得毫无关联。质性研究人员更倾向于认为研究数据是情境的联结，他们从不指望从相同情境的个体中获得资料。例如，他们觉得，不同研究者可以采用不同的研究视角从相同的访谈对象那里获得数据。

信度的概念仅可能与质性研究的少数几个方面有关。例如，访谈和其他数据的转录被认为是质性研究原则的一部分。转录者采用相同方法进行转录越一致越好。对不同的评估人而言，这就是确保转录信度的体现。

八、 小结

心理学家在定量研究中使用的传统标准很少直接应用于质性研究。质性和定量研究缺乏相同的理论基础，并且在很多方面都存在差异。事实上，如果传统的评价标准可以应用于质性研究，这种研究就很可能是建立在实证精神的基础上的。当前，有许多标准用以评估质性研究，但是这些标准都过多地关注编码或者质性分析的分类过程。它可以作为评估质性研究质量的指标，而不是用以证明质量。这与定量和统计研究形成鲜明对比，在这些研究中，有一些程序可以用来决定研究的价值。显著性检验就是一个很明显的例子，它常被用来检验数据是否与抽样变异一致。信度的内部一致性测量，如克伦巴赫 α 系数，同样有这类临界规则。所以，质性研究新手评估研究就变得非常困难。

最后，为了强调对质性研究的评估和评价有多么困难，有必要提及狄克逊·伍兹等人（Dixon-woods，Allan，O'Caroll et al.，2007）的研究，他们以三种不同方法评估质性研究。第一个在专栏 16.3 中，第二个涉及另一种体系，第三个是专家采用非特定图式得到的意见，研究设计包括了用不同的方法对 12 个研究报告进行评估。狄克逊·伍兹等人指出：

> 我们的质性和定量数据表明，使用结构化方法似乎可以使评论者对研究实践的各个方面保持敏感。然而，它似乎不太可能在评论者之间或内部产生更高层次的一致意见；事实上，最高层次的一致（可以说）是在不使用结构化方法的情况下实现的。同样可以认为，采用结构化方法做出的判断过于详细，误差倾向于研究实践的程序方面。（Dixon-Woods，Allan，O'Caroll et al.，2007）

本章要点
- 质性研究与定量研究有不同的目标和假设。因此，质性研究的评价标准是非常重要的。质性研究中没有质量评价的通用标准，在定量研究中同样也没有。例如，评价调查的标准与评价一个实验研究的标准是不同的。
- 质性和定量研究质量标准的适用性在一定程度上是重合的。也就是说，有些标准是可以同时用来评价两类研究。一些标准，如讲究质量、说服力、研究者论点的一致性、与以前出版研究的关系、研究结果的归纳总结等，对于质性和定量研究来说同样重要。
- 其他的标准对于质性研究来说都具有一定的排斥性（或者说质性研究不适合用这些标准）。这些标准被包含在质性研究中，如使用的分析对于研究被试的适合度以及数据的详细度。
- 专业质性研究的评估标准可能有所不同，对质性研究新手的要求更高。这是因为，纯粹学术研究与那些接受政府资金委托的研究在要求上大不相同。这并不是说新手不能从更苛刻的标准中受益，而只是这些标准对于新手而言难度非常大。

　　• 质性研究包括各种不同的方法，这些方法可能有具备哲学和实用的假设，也可能没有。因此，对不同评价标准保持敏感性是至关重要的。将本章讨论的评估标准适用于所有质性研究是没有意义的。

拓展资源

Seale，C. (1999). Quality in qualitative research. *Qualitative inquiry*，(4)，465-478.

Spencer，L.，Ritchie，J.，Lewis，& Dillon，L. (2003). Quality in Qualitative Evaluation：A framework for assessing research evidence. A Quality Framework. Cabinet Office：Government Chief Social Researcher's Office，Strategy Unit. www. civilservice. gov. uk/wp-content/uploads/2011/09/a_quality framewvrk_tcm6－38740. pdf(访问日期 2015 年 4 月 24 日).

Willig，C. (2013). *Introducing qualitative research in psychology*(3rd ed.，chapter 9). Maidenhead：Open University Press.

Yardley，L. (2008). Demonstrating validity in qualitative psychology. In. J. A. Smith (Ed.)，*Qualitative psychology：A practical guide to research methods*(2nd ed.，pp. 235-251). London：Sage.

第 17 章
质性研究中的伦理与数据管理

概述

- 心理学中的伦理是指导心理学家各方面工作（包括研究）的基本道德原则。

- 不应该假定质性研究在伦理上是没有问题的。虽然质性研究避免了一些有时甚至是量化研究的最严重的道德违规行为，但是质性研究有其自身的伦理问题，且并非所有的伦理问题都被现有的准则所涵盖。产生这种情形的部分原因是质性研究学者收集数据的方式，以及在研究中他们与参与者有相当不同的关系。例如，本章探讨了一个采访者在交互背景下对夫妻进行访谈的研究中会出现的伦理问题。

- 当前研究伦理学的历史起源是在纳粹德国发生的令人不安的医学实验。此外，对心理学研究本身使用欺骗的担忧也发挥了作用。

- 心理学专业机构，如美国心理学会和英国心理学会已经颁布了详细的伦理准则。虽然两者基本上是相似的，但本章以更全面的美国心理学会的伦理准则为基础。例如，美国心理学会的伦理原则涵盖了研究成果的出版中出现一些的问题，如剽窃和编造数据等。

- 欺骗、知情同意和保密已经成为伦理学中最重要的概念之一，尽管有关伦理学的议题要远远地多于这几个概念。研究者需要明确的是，他们需要从他们自身工作的机构和他们开展研究所在的机构这两个方面取得伦理同意。

- 对于个人身份识别数据的管理有其法律上和伦理上的要求。一旦数据被匿名，则这些要求都将不适用。建议研究者向参与者提供有关研究重要特征的书面信息，并获得他们参与的书面同意书。

一、 质性研究是否需要伦理

质性研究的伦理要求也许被认为是和量化研究中的伦理要求几乎相同的。然后，质性研究学者通常与他们研究的主题——人，定位得截然不同。其中最明显的差异是研究的参与者在质性研究中被观察、解释及处理的方式。作为量化研究的一个主要例子，实验室实验忽视了参与者的所有信息而只关注相当有限的一些行为特征（此时没有丰富的数据收集）。重要的是，实验室研究人员仔细操纵研究参与者的行为。由此，这些研究参与者被称为被试也并非巧合，因为这个术语说明研究者和参与者之间的权力关系——这是一个强大的人（研究者）与一个下属（被试）的权力关系。这类研究明显忽视参与者是完整的个体——此时参与者被简化为几个变量。在典型的田野研究中，问卷分发给参与者，此时参与者的功能是勾选框，而不是表达他们思维的丰富性和复杂性。这可能只是量化研究的夸张说法，却揭示了其本质。其结果是量化研究人员和他们的研究参与者之间的稍微有点疏远的关系。一般而言，质性研究人员似乎对他们的研究参与者更感兴趣，将其视作完整的人来维护他们的人格尊严。

与研究参与者的关系不同，一些质性研究者会认为他们的质性研究在伦理或道德上要优于量化心理学家的研究。正如布林克曼和柯韦尔（Brinkmann & Kvale，2005）所指出的："质性研究的蓬勃伴随着质性研究者将质性视为天然道德的，或者至少比量化研究更符合伦理。"与此密切相关的是有关质性伦理学的观点（Hammersley，1999）。这就是质性研究人员会首先从伦理方面来看待他们的研究，就好像实现伦理目标是其研究目的一样。研究参与者和研究人员之间在质性研究中的亲密关系可能在人类层面上更有价值，但我们也将会看到这使得某些伦理问题更加突显和有问题。质性研究者与其参与者之间的关系独特或许在很大程度上是由于质性研究者寻求丰富而详细的数据的结果。这样的数据通常需要在部分参与者身上更大的投入以及研究者和参与者之间的更紧密、合作和支持性关系。监管量化研究的伦理准则在某种程度上不足以处理此类特殊的但却是质性研究要求的特征。

心理学家和许多其他职业一样，按照"伦理"的道德原则行事。美国心理学会可能有最广泛的伦理规范，但其他的如英国心理学会有其自身的版本。质性研究者的伦理问题可能与量化研究者尽管存在一些明显的重叠研究领域，但面临的问题有很大的不同。对伦理的简化观点是将其视为心理学实践者和研究者工作的集合、规则或规定，但这有些不充分。没有任何规则体系是自我解释的，所以即使我们认为我们有一个好的规则，那么"我们仍然需要知道何时以及如何应用规则"（Brinkmann & Kvale，2005）。研究者经常面临解释是因为研究背景的细节和研究主题的重要性等因素会对研究伦理学的应用产生重大影响。换言之，用一个老例子，我们不应该杀人——这是一个道德准则，但如果杀死一个极端的独裁者可以挽救成千上万的生命呢？然后会怎样呢？关于不杀的原则是否仍然适用，还是有其他原则此时应该优先被考虑？研究伦理也是如此，也就是说，伦理原则在特定情况下是否应该优先考虑，可能也取决于伦理原则本身的性质。例如，参与者提供给研究人员的信息的保密性是普遍的伦理准则。但是如果在访谈过程中参与者威胁要杀死一个与他吵架过的邻居呢？这个信息应该保密吗？假设这个人后来真的杀死了他的邻居，此时，研究人员是否因为遵守了保密原则而不能够被指责呢？

心理学研究者有时在他们的工作中面临同样的两难情境。应该如何解决呢？因此，心理学家们的伦理原则就是从总体上对开展研究的研究者和整个心理团体的伦理标准进行监控，这可能包括：①研究人员在可能存在伦理问题时寻求其他心理学家的建议和帮助；②整个心理学共同体在非正式层面上监督不同心理学领域的伦理标准。

　　有时在法律上或特定的组织允许开展某些研究，但这些研究在道德上是要冒风险的，此时伦理准则可以打破法律和组织上的允许。这显然是伦理与法律之间存在冲突的情况，有些人可能认为这是对法律质疑的理由，而非无视伦理的理由。伦理不是简单的组织机构问题，同时也是个人问题。个人道德意味着一个人不会做不被允许的行为——在研究中使用欺骗的研究者选择欺骗，虽然他们不是必须要这样做。当然，在有些领域，法律比伦理原则的限制性更少。例如，法律通常不惩罚那些与成年客户发生性行为的心理学家，尽管这违反了伦理原则。

　　质性心理研究越来越广泛的研究范围要求研究者敏感地面对各种各样的伦理问题。在诸如健康心理学、临床心理学、咨询和心理治疗、教育心理学、工作和组织心理学以及社区心理学等各领域的质性研究有了大幅度的增长（Willig & Stainton-Rogers，2008）。它们本身的性质决定了它们是极为敏感的研究领域。因此，质性研究者面临着一个复杂和严格的伦理环境。

　　如图 17-1 所示，在质性研究的各个阶段，伦理都很重要。尽管在现阶段需要在大学和其他机构寻求伦理批准，但把伦理学视为仅仅在设计阶段才要被处理的观点是错误的（Shaw，2008）。质性研究中的伦理学尤其不能被视为数据收集开始前要处理的障碍。质性研究过程在许多情况下是不可预测的，这意味着需要对处理质性研究中任何阶段可能出现的伦理问题保持警惕。

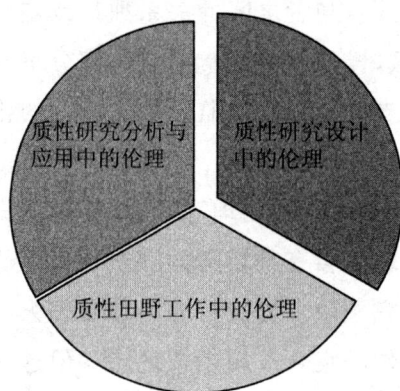

图 17-1　质性研究中各阶段的伦理概貌

二、 心理伦理学的发展

　　伦理是现代心理和社会科学研究的重要组成部分。目前的道德规范可以追溯到为监管医学研究而开发的纽伦堡法典。纳粹德国医学界有着令人震惊的对人类的不必要和不人道的医学实验记录。其中最臭名昭著的是约瑟夫·门格尔（Josef Mengele）博士。在一项对耐受力水平的研究中，他对集中营的女性囚犯给予了极高电压的电击。1947 年，这些纳粹医生被受审时，法官不但对他们做出判决，而且对什么样的医学研究是合适的提出了准则。其中六项原则是从其他地方采用的，另外四项是由法院提供的，这些原则统称为纽伦堡法典。任何一位具有心理伦理基础知识的人都应该熟悉这些原则。例如：

（1）个体同意参与研究是完全自愿的，且该个体应当具备民事行为能力。该个体应该对研究具有足够的了解，从而以知情的方式予以同意。

（2）研究的参与者有权利结束研究——但与现代版本的伦理原则不同的是，只有在精神上或身体上不能继续研究时才能结束。

纽伦堡法典的其他方面似乎和现代的伦理规范没有确切的相似之处。例如，纽伦堡法典指出，一个实验应该提供对社会有益的发现，避免不必要的研究。

遵循纽伦堡法典，美国心理学会在 1953 年制定了一整套伦理原则，这些原则影响和引导了心理学，同时也引导了整个社会科学研究对伦理的思考（Blodgett, Boyer & Turk，2005）。心理研究的伦理学从此开始越来越受到关注，特别是 20 世纪 50 年代到 70 年代间以社会心理学为主的实验室实验。虽然这些实验凝结了实验者的智慧，是极具创造性和创新性的，但要获得成功，往往需要误导参与者或不告诉参与者研究的真实意图（Korn，1997）。心理学中的欺骗行为可追溯到 1897 年，当利昂·所罗门斯（Leon Solomons）在感觉辨别研究中告诉参与者，有一个点或两个点在触碰他们，而有时他告知参与者的这个信息是不真实的。参与者被告知的信息影响了他们的感知。科恩（Korn，1997）发现，在第二次世界大战后的 30 年间，欺骗在社会心理研究中的应用大大增加。社会心理学家的许多经典研究都曾使用某种形式的欺骗手段，有时这种欺骗是非常极端的。欺骗研究开始引起相当多的批评，特别是从 20 世纪 60 年代后期开始——斯坦利·米尔格（Stanley Milgram，1933—1984）的工作是一个特别的聚焦点（Milgram，1974）。在他的著名研究中，作为学习研究的一部分，他引导参与者相信，他们正在对另一个人实施极高的电击。实际上，这个研究关注的是主试者在实验指令的鼓励式服从中产生的影响。

近年来，相当多的伦理审查已经在研究人类的研究者中得到应用（以及动物研究者，但这并不是质性研究人员面临的问题，因此本章未涉及）。大学、健康服务和监狱部门等机构已经引入了伦理委员会来监管在其范围内进行的研究。这种监管涉及两个层面：

（1）机构负责监督为该机构工作的研究人员的研究；

（2）机构负责监督由外部研究人员在其机构内进行的研究。

除此之外，还有研究者学科的伦理原则。图 17-2 说明了伦理监控的复杂性。为了预防可能的伦理问题，可以对违反伦理要求的人实施制裁。这个制裁可能由研究人员专业团体发起的，也可能是由他们所在机构发起的。最后，当研究不遵循准则时，参与者可能会在法庭上起诉研究者和他们的雇主。

伦理准则有助于保护研究人员以及研究参与者，除此之外还有更多作用。研究人员严重违反伦理规范的行为不仅侵犯了个体，也极大地损坏了心理学界的声誉，这对所有研究人员都有潜在但严重的负面影响。组织和个体通过应用明确和公认的伦理原则来获得自主性。鉴于政府可能对研究如何开展进行过多的立法，自律通常被认为是有益的。自主是许多成功的专业如医药和法律的特征。他们并不完全脱离政府的立法管辖，但在某种程度上它们又是独立运作的。医学等专业在 19 世纪成为强大的独立机构（Howitt，1992），自主意味着他们保留了对行业活动主要方面的控制权。伦理是行业管理自身和避免外部（政治）控制的重要机制。

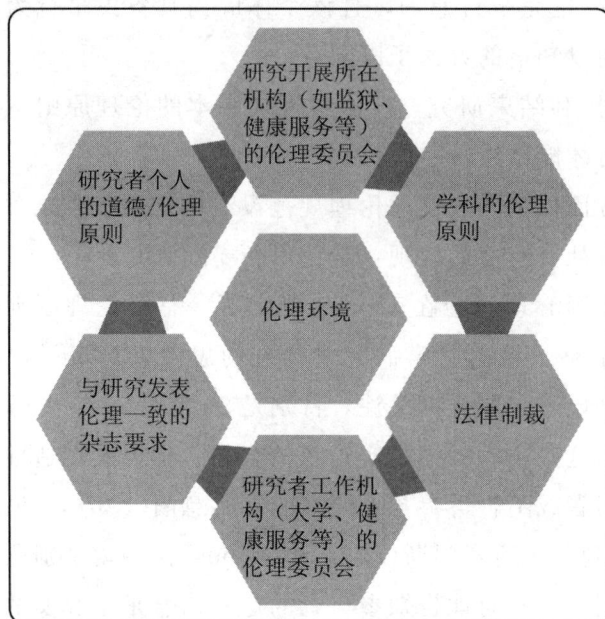

图 17-2　伦理监控的复杂性

　　心理学的质性研究与产生最早的伦理准则的医学研究有很大不同。多年来，伦理以纽伦堡法典的法官所无法预见的方式日益成熟。可以说，美国心理学会的伦理规范是直接适用于心理学的最复杂的规范。由于其高要求和综合性，本章采用此规范。最近版本的美国心理学会的伦理手册于 2002 年首次被采用，并于 2003 年 6 月 1 日生效（美国心理学会，2002 年）。这一伦理守则是基于概念的，因此提供了理解伦理问题的一种明确的系统思路。它涵盖了心理学家的全部专业活动，包括他们作为教育者、从业者以及研究者的角色。例如，守则要求心理学教学应该忠于学科目前的知识状态。

　　质性研究者和其他研究人员应该牢记两个要点：

　　(1)美国心理学会指南不仅适用于心理学领域的专业人士，也适用于隶属于组织内的学生。

　　(2)心理学家被默认为应该知道适用于其工作的相关伦理标准，美国心理学会拒绝以不知道这些标准作为借口。

　　研究者经常表达这样的观点，即当代研究伦理更多的是控制机构，而非保护参与者。官僚程序展示了大学管理层是如何对研究者进行控制的。与这一观点一致的是，约翰逊和阿塞德(Johnson & Altheide，2002)提出在讨论研究伦理时应该考虑五个不同的层面(见图 17-3)。范围包含了从研究者的对研究如何实施私人原则到机构的伦理准则。尽管个人伦理与其他伦理领域有重叠，但是法人或机构层面的伦理主要是为了合法性和避免法律问题。也就是说，它们有助于捍卫大学和其他研究提供者避免困境和批评。然而，约翰逊和阿塞德认为职业伦理是会遇到最多困难的领域，因为它们如同"雨林中竹子"一般生长。因为质性研究者与其研究参与者之间的独特关系，职业伦理与质性研究者之间的关联尤其突出。

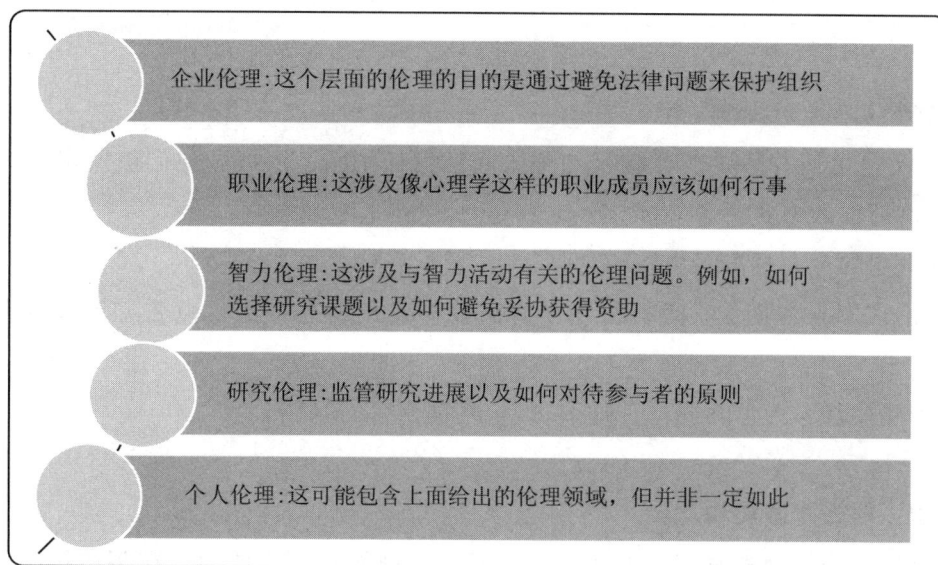

图 17-3　约翰逊和阿塞德(2002)提出的伦理层面

三、 质性研究中的基本伦理原则

美国心理学会认为伦理应该基于五个不同的整合性原则(图 17-4)。这些原则同样适用于质性研究。

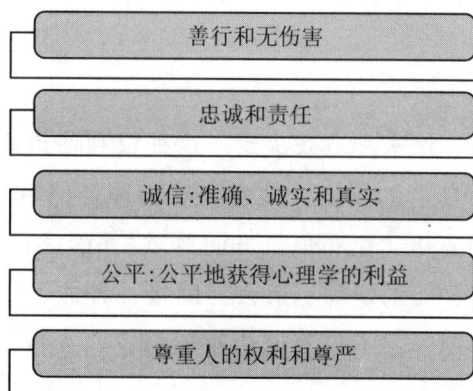

图 17-4　美国心理学会基本伦理原则

(一)善行和无伤害

据此,心理学家应被看作为其从事专业服务的人士带来利益。也就是说,心理工作被广泛认为是为让来访者受益。同样,心理学家应该设法避免伤害到他们的来访者和研究参与者。这似乎是一个很合理的原则,但在某些情况下其适用性可能会被质疑。例如,如果研究涉及对囚犯的访谈,他们向研究者透露他们犯过当局不知道的罪行呢?此时是否善行原则仍适用,研究者是否应该拒绝将这类新的信息传递给当局?如果监狱方面提出这种揭露行为作为合作的前提要求呢？

(二)忠诚和责任

基本上，专业心理学家的工作涉及与他人间的信任关系。因此，他们被期望：

(1)对他们所做的事负责；

(2)依据既定的专业标准行事；

(3)明确伦理规范在其专业活动的各个方面发挥作用，并将这一点告知当事人和其他相关人士。

他们有责任监督心理学共同体其他成员(包括同事)的道德行为。

(三)诚信：准确、诚实和真实

诚信应该贯穿于心理学家职业生涯的方方面面。例如，一般认为，在某些情况下，如果从研究中获得的利益明显超过风险，欺骗可能是可以的。尽管如此，心理学家仍应该纠正任何有害的后果。

(四)公平：公平地获得心理学的利益

例如，在工作中，心理学家应意识到其自身实际的和潜在的个人偏见，以便所有人都能从中受到公正和公平的对待。对于质性研究人员来说，这可以视为研究过程的反省性方向的一部分。此外，心理学家既不应纵容也不应从事不正义的操作，并对可能涉及不公正的方法警惕。

(五)尊重人的权利和尊严

人们享有以下权利：隐私、保密和自我决定。这种权利使得心理学家需要理解为什么有些人可能是脆弱的，且无法做出自主的决定。儿童、智力障碍者和一些老年人是最直观的例子。这个原则也意味着心理学家需要从文化和角色方面尊重(并能够认同)不同的人群。这意味着残疾、文化、年龄、种族、性别、性别认同、语言、国籍、种族、宗教和社会经济地位等特征都是需要考虑和尊重的事项。心理学家不仅要设法避免对这些人群的偏见，而且要对其他未达到预期标准的人进行判断。

本章末尾的专栏17.8指出了在特性质性研究中一些伦理的复杂性。

四、 质性研究中的伦理程序

质性心理学家的基本伦理要求也适用于任何其他形式的有人类参与者的心理学研究。正如我们将要看到的，质性研究人员还有一些特殊的问题以及特殊的困难。但是，以下内容对于研究者可能是某种问题，却也正是关键所在。

(一)机构许可

心理学研究的很大一部分是在学校、医院和监狱等机构，当然还有在大学里进行的。在允许研究在机构内部开展之前，或是允许其工作人员在这里那里进行研究之前，许多机构需要正式批准。一般而言（但并非总是），授权的责任在于伦理委员会（有时批准研究的权力可能由一个学校里单独的个体，如学校校长决定）。程序看起来很麻烦（例如，要完成冗长的表格），尽管有时委员会有一个快速程序，可以用于不涉及任何伦理问题研究。质性研究人员与其他任何研究者一样有相同的义务，从自身工作机构和任何希望开展研究的机构获得伦理许可。例如，希望在监狱进行研究的大学研究人员可能需要同时遵循两个机构的程序。尽管质性研究似乎涉及相对良性的数据收集方法，但质性研究者不应该认为这是理所当然的。质性研究人员的一些工作特点可能不需要伦理审查，如研究涉及档案资料和其他形式的文献资料（如报纸和杂志）。

然而，几乎在所有其他情况下，研究人员有义务获得必要的伦理批准。

任何伦理批准的申请应该公开和诚实，不要试图隐藏问题。因此，申请程序应该：

（1）展现透明度，精准而明确地反映研究的真实性；

（2）准确，须依据所提供的信息；

（3）应该清楚地说明所提议研究的内容；

（4）避免任何方式的误导，如说谎、只提供部分事实或遗漏；

（5）按照实际执行的模板或协议操作——如果有变化，则可能有必要寻求进一步的批准同意。

大部分的学生研究都是在大学里进行的，所以大学的伦理审查程序对那些计划进行质性研究的人来说很有意义。虽然不一定如此，但可能有专门的针对学生研究的审查程序。伦理委员会可能是一个通用委员会，可以处理涉及人类参与者的所有研究，而不管研究的学科背景是什么。因此，它会处理来自社会学、商业研究、生物学等学科的研究。

接下来介绍一种方法，涉及一个两阶的伦理申请过程：

（1）第一阶段涉及不存在问题的研究，即符合基本伦理标准的、不涉及伦理困难的研究。这种研究可以使用基本的筛选问卷来确定。

（2）第二阶段是针对不符合基本伦理标准的研究，需要由伦理委员会详细审查。研究可能会被批准，或是通过附加条件批准，或被伦理审查拒绝，这意味着研究无法开展。

当然，很多类型的研究都不太可能有伦理问题。因此，可能会对这些符合适当伦理标准的研究设定一个普遍的审批程序。这种"一篮子式"的审批可以加快伦理审批的进程。（不用多说也可以得知，学生研究通常面临严峻的时间压力。）

筛选提问可以相当有效地澄清无争议研究的申请。以下是筛选问卷可能涉及的问题种类列表。它们与质性研究明显不相关，不需要考虑侵入式生理或生物技术的问题。如果您正着手开展一项研究，请对以下每一项陈述进行真假判断，这是依据一所英国大学使用的伦理学筛选问卷设计的。请诚实地回答每个问题。

1. 参与研究的研究者在本研究使用方法方面有先前经验和/或有适当的培训经验。真/假

2. 经验的工作人员将直接监督学生研究者和初级研究者。真/假

3. 研究人员的职位不对参与者有直接的权力（例如，大学教师招聘他的学生参与研究）。真/假

4. 参与者不是弱势群体的成员（即 18 岁以下的儿童、65 岁以上的老年人、怀孕期间的妇女、精神病患者、囚犯或其他被拘留者或任何其他弱势群体）。真/假

5. 研究流程不会造成身体、社交、情绪或心理上的困扰。真/假

6. 研究流程对参与者无过多的身体上或心理上的要求。真/假

7. 研究不会使参与者面临比其正常生活方式中可能遇到的风险和痛苦更大的风险或困扰。真/假

8. 如果研究包括对参与者的观察或记录，他们将被提前告知。真/假

9. 参与者有权选择是否参与而不会受到任何压力，并且这基于知情同意。真/假

10. 研究开始前，参与者将充分了解研究的目标和细节程序，如果此类信息可能使研究失效，则参与者在研究结束后将完全获知这些信息。真/假

11. 研究中不使用欺骗手段，即通过向参与者隐瞒信息，或以可能伤害或引起剥削的方式误导参与者。真/假

12. 在提出欺骗手段申请时，须考虑到这是研究目标所必需的。真/假

13. 如果使用欺骗手段，参与者将在完成后即时获知研究的真实目的。真/假

14. 应该考虑到参与者对被隐瞒或蓄意欺骗的信息会如何反应。真/假

15. 告知参与者他们可以在任何阶段退出研究，并要求将其数据（如磁带、笔记）销毁。真/假

16. 除非事先达成一致，否则参与者在研究中的信息应该是被保密且是不能被辨认的。真/假

17. 视频和录音将保存在安全的地方，不允许被第三方使用。真/假

18. 参与者的录音将在调查结束后六年内销毁。真/假

19. 研究人员没有被第三方机构诱导而进行研究（除合同约定的工资或费用外）。真/假

20. 除了参与研究的基本费用外，参与者不得接受诱惑。真/假

根据上述内容您如何判定您的研究是否没有伦理问题？除非您对所有与您的研究有关的陈述都回答"是"，否则您的研究可能存在伦理问题。这意味着您将不得不提交一份详细的提案供委员会批准。当然，不同机构的伦理要求可能有所不同，所以您需要检查您正在工作或学习的场所的相关程序。尽管如此，上述信息应该显示出了应该涉及的内容。以下将提供更多此类伦理筛选项目的信息。

正如您可能已经意识到的那样，为您的研究取得伦理准许可能涉及很多官僚作风和填写大量的表格。

（二）招募研究参与者时的知情同意

知情同意是参与者同意自由地参与研究，并知晓研究相关信息的原则。这意味着参与者：

　　（1）无须承受参与研究的压力（例如，不应该强迫他们参加研究，也无须担心不参与研究的后果）；

　　（2）应该准确理解参与研究的内容。

　　关键是，除非条件满足，个体可能会同意参与研究，否则，如果对研究的真实性已经清楚了解后，他们可能会拒绝参与。知情同意适用于全面的心理活动，如评估、治疗和咨询，其在研究中的作用至关重要。参与者在同意之前应该知道他们即将要同意的内容。那些没有能力理解他们被请求同意的人（如儿童）需要得到特别的保护。知情同意原则意味着研究者不应该去欺骗可能参与研究的人，而应该以恰当的语言清楚地解释研究的内容。显而易见的是，向大学生解释信息的方式可能与老年人有所不同。知情同意不是绝对必要的，有时候伦理准则允许例外。例如，法律可能允许在没有知情同意的情况下进行研究，如军事背景。此种情况下，研究人员的个人伦理更能确保潜在参与者能充分认识研究本身。

　　以下内容一般足以充分表明知情同意的主张：

　　（1）向可能的参与者告知研究目的、程序和大致持续时间的准确信息。

　　（2）参与者明白他们有权不参与研究，并可以在任何阶段退出研究。研究人员通常接受这种退出的自由，包括撤回提供的数据。磁带可能会提供给退出的参与者，或记录单可能被粉碎等。

　　（3）参与者需要知道不参与研究会产生什么后果。大多数情况下不会有任何后果，但情况并非总是如此。例如，我曾在一个对实施性虐待的男性进行治疗的机构开展研究，在他们的治疗合约中规定，这些男性要求必须参与研究。因此，如果某男性拒绝参与研究就无法履行合约，并被视为不配合，进而得不到进一步的治疗。

　　（4）可能的研究参与者应该被告知研究的特点，这可能影响他们是否参与。研究人员应该考虑潜在的风险、不适和负向结果，并将此传达给参与者。可能需要传达的内容的一个例子是，如果有资助的话，可以交代资助研究的机构身份。例如，如果得到慈善机构的资助，有些参与者可能愿意参与研究，但如果这是由大企业提供资助的话，参与者可能会拒绝。

　　（5）如果研究具有某些特定的潜在利益，那么参与者可能会同意参与，否则不然。一般社区、学术界或参与者个体可能会得益于这些好处。除非向参与者解释，否则对于他们来说，这一更全面的信息可能并不明显。

　　（6）应该向潜在参与者解释保密的限度。匿名通常在研究中得到保证。尽管如此，对于每一项具体的研究来说并非都如此。例如，当局和研究人员之间可能存在法律约束或合同协议，某些信息必须披露，如未知的犯罪信息。如专栏 17.1 所示，质性研究中的保密问题可能非常复杂。

　　重要的是需要强调质性研究可能难以满足所有上述要求。质性研究人员只能后知后觉地知道在研究过程中会发生什么，以及可能的影响。质性研究人员需要对数据收集策略做出反应和适应，这无疑意味着他们可能会碰到事先没有预料到的事情——仅仅是因为他们领先于参与者。

专栏 17.1　实践建议

质性研究中的保密问题

与大多数量化研究不同，参与者通过个人化的研究程序参与研究，正如我们所了解到的，质性研究的数据有时是从一组个体收集而来的。焦点小组正是如此。研究人员不能保证焦点小组所说的事情的机密性，因为其他小组成员也可以获知这些信息。如果焦点小组由陌生人组成，这就可能会减少这一问题的明显性。但是，如果是焦点小组成员彼此认识的情况呢？在小组中所说的事情可能会在后来"泄漏"出来，从而引起参与者的尴尬。处理这个问题的方法之一就是告诉潜在的参与者他们可能会认识这个团体中的其他成员，从而让其有机会在问题变得明显时退出。当然，此类问题可能会损害数据的质量，如果成员们发现这些阻碍性的情况，可能会避免提及某些事情。

另一个保密性问题来自质性研究人员作为其研究的一部分而获得的详细信息。质性报告中的细节越怪异，特定个体识别的可能性就越大。当然，质性研究报告的绝大多数读者可能不知道实际涉及的个体，但并不一定是普遍适用的。在特定的组织环境中进行的研究可能对研究界而言其身份不是明晰的，但对那些在同一工作环境中的人而言可能是显而易见的。基于这个原因，组织机构有时需要在该组织进行研究的出版物上拥有否决权，以防止公布一些关键信息。

在研究之前，需要向潜在参与者明确参与研究的激励或奖励。虽然普遍认为，最好避免给参与者付费或其他报酬，如果要给予报酬，则应事先明确说明。此处有几个原因，包括参与者可能会对现金支付或其他形式的奖励感到冒犯。他们的参与动机可能更利他，付款会损害他们的善意。

通常会提供第三方的姓名和联系方式，他可以接触到研究人员的诚意、研究的细节和作为参与者的权利。

举例而言，开展研究的学生会提供监督他们研究的人员的详细信息。如果这个人在大学工作，这会有助于确认研究者是可以信任的。

然而，知情同意的问题可能会被质性研究人员所采用的程序混淆。其主要原因在于"联盟错觉"（Stacey，1988），这是指质性研究中可能涉及的"亲密"关系。这种亲密关系可以鼓励参与者比传统的心理学研究表达更多的信息。在这方面，当研究人员正在实际上收集数据时以及当他们在实验任务间隙休息时，情况会更加明显。因为在质性研究方面这个标准相对较弱，所以非自愿披露信息的风险变得更加严重。肖（Shaw，2008）指出，关于这一情况的另一种说法是暗示这一背景下的研究者已经成为隐蔽的研究者，此类研究在伦理上是非常有问题的。

如专栏 17.2 所述，考虑视频互动时还有其他问题。

专栏 17.2　实践建议

获取录音和摄影图像的知情同意书

质性研究人员经常录音采访，并越来越多地对会谈录制视频，所以他们尤其需要知道类似的录音是在知情同意条件下进行的。但是，美国心理学会伦理准则确实允许在某些情况下有所例外。

在自然的公共场合进行录音或摄影通常不需要知情同意。当然，如果背景实际上并不是一个自然情境，如研究人员扔掉一枚硬币，从而去观察路人是否试图将其归还给失主，还是自己留下，这确实会对毫无戒心的参与者导致个人识别，甚至被录音或摄影伤害的风险。问题的一部分是这些案例中的研究者将无意的参与者置于危险之中。在完全自然情境中，如果被拍摄或录制的人做了或说出了非法或不当的东西，但研究人员并没有鼓励这些行为。

美国心理学会守则提议，如果研究需要欺骗，且这种欺骗行为本身就是符合伦理的，在研究之后的通过任务汇报会获得使用相关记录的同意就是合适的。在汇报会上，研究者应向参与者提供研究信息且回答相关问题。

有些情况下，参与者并非必须要获得知情同意。当然，这样的研究中要求不会对个体造成压力和伤害——对个体的声誉损害是一种需要被监管的明显的风险。未经事先同意就可以进行研究的主要情况如下。

(1)这项研究是基于自然情境下进行的匿名调查问卷或观察。尽管如此，维持保密性仍很重要。

(2)研究涉及使用档案资料而不是新的数据收集。保密的要求也适用于此。

(3)研究涉及工作或类似的组织层面问题，但研究并未对参与者构成任何与其就业相关的危险。同样地，研究者需再次提醒保密。

(4)这项研究是在教育机构中进行的"正常教育实践、课程或课堂管理方法"。

(5)如果法律或机构条例允许在没有知情同意的情况下进行研究，在这些情况下进行研究就是合乎伦理的。

当地伦理委员会可能需要对上述情况进行伦理批准，因此研究者需要检查。

上述几种情况与质性研究特别相关。需要提及的是，以上列表是以美国心理学会的伦理规范为基础的。这可能并不是您所在大学的伦理委员会的规范。

当前人们普遍认可，研究者需将研究所需要的详细信息以及参与者可以在不引发任何问题的条件下自由退出等其他信息告知参与者，并正式获得其参与研究的同意。这样做有诸多益处。当然，最重要的益处是研究者有证据表明参与者的同意。一般来说，同意书的作用在此，但会谈过程中的口头协议在某些情境下是明显的、可行的方法。同意书的另一个重要优势是，通常要求研究者详细说明其事先可能没有考虑到的伦理相关内容。通常，同意书由两部分组成：

(1)一页左右的研究描述，这是信息表或研究说明。

(2)单页表格，这是参与者与研究者之间"伦理契约"的细节，这是同意书本身。

那么应该如何做呢？没有放之四海而皆准的同意书，虽然你极容易地在网上查到很多。然而，你所在的大学或其他机构可能有其自身的同意程序，包括同意书模板。你自己的部门可能有自己喜欢的程序，你也应该遵循。然而，每一份同意书都必须针对具体的研究问题进行调整。请谨记，在某些情况下，可能需要从第三方获得同意，如涉及儿童的研究。信息表和同意书副本应发给每位参与者，以供他们保留。不过，下面的内容应该从总体上会有所帮助。

(三)信息表/研究描述

信息表或研究描述应以与研究参与者的语言能力相当的日常语言编写。研究者需要提供相关信息，详细说明他们参与研究的细节以及由此引起的潜在风险。信息表包括以下内容。

(1)项目的内容是什么——即研究需要达成怎样的目标。

(2)参与者需要在研究中做什么，以及研究需要参与者的时间承诺上的细节。

(3)数据保密的协议是什么？

(4)个人资料的隐私协议是什么？

(5)数据安全性的协议是什么？

(6)谁可以访问这些数据？

(7)数据使用的目的。

(8)参与者在出版物中的可识别程度。

(9)参与研究的自愿本质。

(10)参与者有权退出研究(包括撤回他们的数据)，且不必为此给出理由或解释。如果合适的话，需要有一份声明来保证退出研究不会产生一些可能引发的后果，如撤回医疗服务。

(11)研究可能给参与者带来什么好处。

(12)研究可能给参与者带来什么样的风险或潜在的危害。

(13)如果研究者打算在另一个时间开展进一步研究(如追踪访谈)，或者有可能这样做，则需要小心。研究者必须获得参与者的许可才能在将来与他们进一步联系。未能获得这个许可，研究者不能再次联系参与者。英国的"数据保护法"阻止这种未经同意的追踪研究。请参阅"数据保护法"的后面部分。

(14)学生研究中的研究团队或导师的联系方式，可用于获取更进一步的信息。

(15)伦理委员会的详细联系信息，如果出现问题，且研究人员或导师无法适当处理时。

(四)同意书表格

典型的同意书表格包括针对项目的各种陈述以及参与者签署表示同意研究的伦理安排。由此，同意书应包括以下内容，可以适当修改以适用于正在计划的特定研究项目。

(1)研究项目的标题。

(2)我(参与者)已被告知和了解研究的性质。

(3)我可能遇到的任何问题都已得到满意的回答。

(4)我明白我随时可以自由地从研究中退出并撤回自己的数据,且这样做对我来说不会有不良后果。

(5)关于我的信息将不会以可能识别出我的方式发表。

(6)我的数据,以匿名的形式,可能被其他研究人员使用。

(7)我同意参加研究并在信息表中列出内容。

(8)参与者签名处,全名和签订协议的日期。

建议研究者参照上述内容来编写自己的信息表和同意书。这不是毫无必要地增加研究者的麻烦,而是鼓励积极地将质性研究的伦理地位考虑在内。质性研究人员收集数据的不同方法需要完全不同的伦理要求。例如,在进行深入访谈时,通过匿名等方式保证数据机密性是相对容易的,但对焦点小组数据而言,这可能会很有问题,由于伦理准则在这里无法有效地约束被试的数量,隐私性和机密性也无法得到保证。此外,如果研究人员进行参与者观察,许多上述考虑可能就并不总是适用。因此,人们普遍认为公共场所的观察研究可能不需要那些在公共场所进行的常规活动的观察者的同意。然而,这是一个复杂的领域,因此与当地的研究伦理委员会进行核对是非常重要的。问题在于,"一劳永逸"的方式来获得同意可能是不合适的。

考虑从质性研究中获得的数据可以做些什么是重要的。研究者需要获得参与者的许可,让数据可以被其他研究人员使用。不这样做可能会出问题,原因在于:①质性研究强调让其他研究人员验证数据有效性的重要性;②它可能是研究资助机构的要求,数据被存档并提供给其他研究人员。英国数据档案有共享数据的伦理和实践必要性的细节。

(五)数据的法律和伦理管理

质性心理学家收集来的数据的管理不仅仅是研究伦理委员会的事情,而且可能是数据保护法的要求。因此,上一节讨论的信息表和同意书中包含的许多内容都既涉及数据保护法也与研究伦理有关。"透明度"的概念被用于数据保护,是指对数据提供者的研究开放性。在西方国家类似的立法很普遍,当然,立法的细节会因国而异。在英国,相关立法是"数据保护法"(1998年)。尽管它适用于所有形式的个人数据——而不仅仅是通过研究获得的数据,这一立法在现代社会中参与者的隐私权和研究价值之间建立了一种平衡。大学和其他组织有机构和部门的数据保护管理人员。其工作是确保数据处理程序符合国家立法。如果对如何针对你的特定研究实施立法有疑问,应该咨询他们。

任何从事涉及收集或使用个人信息的研究者,都必须遵守数据保护法规。这种数据(质性或量化的)以数字、电子形式或者以硬盘拷贝、手册形式存储都是非常重要的。这些基本要求应当表明,质性研究人员收集的丰富而详细的数据非常坚定和果断地落入数据保护法领域。唯一例外的是已经公开的数据,如选举登记册等。

个人信息多多少少可以被认定是任何可以识别出特定个体的信息。一旦个人身份标识从数据中删除,数据保护立法就不再适用。通过采用一些程序,如不使用参与者真实姓名或研究中提到的其他任何人的名字，并删除有关地点的识别材料等，立法不再适用。

然而，有人认为，在某些情况下，处理质性材料的方式是不能令人满意的。例如，内斯普（Nespor，2000)提出对开展研究场所的辨别特征的匿名化问题。如果研究人员删除类似的情境信息，其结果是读者无法获取数据有价值的信息。如果提供完整的情境，对数据的理解可能会很不同。删除这些情境，有些重要内容就丢失了。最后一点，请记住，依据"数据保护法案"，存储在您计算机上的录音将被视为数据，因此，您必须确保匿名程序就像应用于数据的任何转录一样被处理（与匿名相关的问题在专栏 17.3 和 17.4 中讨论）。

专栏 17.3　实践建议

匿名对质性研究是否真的可行

质性研究人员需要比心理学中的一般情况更细致地考虑各种各样的伦理问题。对量化研究人员而言一般不会有任何问题的伦理标准但可能会出现在质性研究中。当代研究实践可能会对研究伦理提出自身的要求。尽管传统上学术研究就涉及与同行开展有效交流，但当前越来越多的研究人员需要积极传播研究成果。这可能会对经典的匿名伦理原则产生影响。蒂利和伍德索普（Tilley & Woodthorpe，2011)从其个人视角探讨了希望追求学术界成功事业的早期质性研究者的匿名问题。他们很不客气地指出，在这种情况下，"出版"或"灭亡"是个问题。正如我们所了解的，匿名的伦理原则起源于生物医学研究。例如，有人患有性传播疾病，他可能不希望世人知道这一点，世人也没有理由知道他有这种疾病。此种情况下，包括主流心理学在内的匿名原则运行良好，易于实施和形成常规。机密性与匿名性不同，因为它是这样一种假设，即研究中揭示的信息不会以不利于提供信息者的方式传达给其他人。可能有时匿名是一种帮助保密的工具，但它们不是一回事。

伦理原则和质性研究之间有一种交互作用，这使得在其他类型的研究中不存在问题的、例行的伦理要求，应用到质性研究中却是另一种紧迫的景象。例如，蒂利和伍德索普对需要识别研究场所或研究参与者的情况下的匿名性质进行讨论。研究参与者有时候（不经常的）实际上希望他们的身份被公布，事情会变得更加复杂。例如，当他们觉得自己是不公正的受害者时，就会发生这种情况，他们还寄希望于能在研究中纠正这种不公平。一个很好的例子是豪伊特（1992)对那些声称被错误地指控虐待儿童的父母进行的研究。其中一些父母表示希望被确认。最后，父母是匿名的，即使他们可能从报纸上被认出。然而，此种情况下，匿名决定更多依赖于涉及儿童的法院案件的律法限制，而不是伦理本身。在某些情境下，研究人员认为确定研究地点是非常重要的。同样豪伊特（1992)在研究中发现一个家庭报告的弗兰克·贝克（Frank Beck)的性虐待行为，在这件事成为国家丑闻之前，他从一个护理院转去了当地政府。在这种情况下，明确是哪个护理院和哪个地方政府会不会更好？有时，出于某种原因，研究地点自身是希望被识别出来的——也许他们对他们所做的感到特别自豪或者认为公众对他们感兴趣。

蒂利和伍德索普承认，在许多情况下，匿名应该优先被考虑。他们特别提到与儿童有关的研究，对高度敏感话题的研究，以及较难获得知情同意的研究等，如参与者是学习困难者。不过，他们也提及，一些情况下，匿名是不可取的。比如下面的两个例子。

- 组织之间的知识转移的研究是重要的。如果研究地点被明确，则其他组织可以学习更多。另外，研究人员可能有义务对研究的资助者负责。如果一个研究地点在某些方面看起来特别具有创新性或新异性，那么不明确具体的研究地点将是一个错误的决定。

- 匿名化网站或对参与者进行匿名化处理会阻碍研究的目标。常见的例子是研究的潜在动机是解放——如反歧视或女权主义。研究也能以研究团队和有问题的团体的共享式参与作为特色。研究可以让有问题的社区参与研究团队。

并非所有形式的质性研究都同样受到这些压力。例如，针对一些人种志的研究，不匿名的愿望可能会更大，因为如果研究地点被掩饰，会丢失大量信息。强有力的证据表明，可以让参与者选择是否匿名，这样参与者在研究过程中可以被视为活化剂。

实践往往会破坏质性研究中的匿名原则。研究人员可能需要通过报纸、杂志、广播和电视等方式广泛地向更多公众传播他们的研究成果——这些媒体与大多数学术研究发表的学术刊物极为不同。即使使用匿名，使用互联网搜索引擎也可能识别出可能的研究地点，从而识别出个人。例如，研究网站可能在其网页上提到他们正在帮助某教授进行研究。研究资助者的身份可能是确定研究场所的强有力的线索。

与此同时，研究人员可能会面临越来越大的使用匿名化的压力。学术期刊编辑可能基于各种原因要求匿名。这可能是因为英国数据保护法案假设研究参与者的匿名性。因此，该杂志可能会坚持让研究场所变得模糊，且个人以匿名方式呈现。

专栏 17.4　实践建议

如何匿名数据

安塔金(Antaki，2009 a)列出匿名数据的十个不同指导方针。尽管其中一些主要适用于会话分析，但确实为您的研究中的参与者选择替代名称提供了合理的建议。在做这件事之前，您真的需要确定在转录文本中使用的每一个名字以及任何缩写的名字(如将"萨曼莎"缩写为"萨姆")。如果您不这样做，则很有可能会浪费时间，因为您可能会一开始就选择一个没有适当缩短版本的名称。

- 尝试使用与真实姓名相同数量的音节名称，并将重音放在同一个地方。这将使它们更好地适应杰斐逊转录。

- 保持新名称的性别与原始名称相同。

- 如果转录有需要的话，请确保新名称具有适当的缩写或小写版本。

- 当种族是转录过程中的重要信息或对您正要进行的分析很重要时，选择一个新的名字时最好保持名字中的种族特征。

- 依据其使用情况采用与原始名字类似的新名称。例如，"约翰"替代"彼得"就看起来很好，但"约翰"对"佩里格林"就显然违反了这一建议。
- 尽可能有效地保持原有名称所代表的年龄、阶级和地域规范。
- 通常国家名称应留下，除非这将更容易在转录中识别此人。
- 留下一个城市的名字是没有问题的，如果这样做不能识别转录文档中的个人。例如，改变城市名称可能会导致种种困难，像伦敦这样的城市不能有效地被巴斯或奥尔德肖特来取代。
- 如果有识别参与者的风险，村镇的名字可以用长度相似的名称来代替。
- 机构名称(如特定大学的名称)如果有泄露参与者身份的风险，则需要更换。

威金斯和波特(Wiggins & Potter，2008)对使用 Adobe Audition 和 Adobe Premier 等计算机软件来对数字录制的录音或视频的参与者的匿名提出了一些建议。例如，Adobe Premier 可以用来模糊焦点小组成员的面孔，而 Adobe Audition 可能会使声音变形，使得说话者在录音中无法被识别。使用 Adobe Audition，可以用录音中数字化反转的名称替换原名称。这样做的好处是，字长和语调保持不变。虽然这确实允许公开地呈现真实的录制内容和视频，但问题仍然是：这是否已足够匿名化了——例如，可以使用相同的程序来反转名称从而使名称被识别。威金斯和波特提出了一个重要问题，但他们解决方案的充分性仍需进行讨论。

这给我们带来的一个问题是，如果研究数据没有变成匿名形式，数据保护法就会生效。相当多的情况都遵循这一原则。其中一个就是"数据保护法"实际上要求数据只在为提供数据者解释的目的时需要得以保留。由此，研究人员在研究完成后，如果数据不是匿名化的，则可以在适当的阶段摧毁数据。

如果数据符合数据保护法，您就还应考虑到对它们的妥善保管。在哪里存储硬盘复制——谁可以访问这一形式的数据？同样地，将数据存储在计算机的情况下，谁可以访问计算机？换言之，必须确定相关程序以确保个人数据只提供给与参与者签订的合同中规定的人员。

(六)当可能使用欺骗行为

大多数情况下，研究参与者的欺骗在心理学研究中被认为是不可接受的。一些心理学家甚至建议禁止欺骗(如 Baumrind，1985)。此处有很多原因。系统研究证据总结如下：

> 现有证据表明，欺骗的直接经验和对欺骗的怀疑对重大的认知情绪以及行为反应有潜在的挑衅。如果这些反应必然导致数据中的系统误差变化，就会损害并可能破坏实验控制。鉴于这种危险……我们认为禁止欺骗是一个明智之举……(Ortmann & Hertwig，2002)

这影响了质性研究人员的工作。研究者和参与者之间的质性研究需要建立起更加信任的关系。只有这样才能满足对丰富深入的访谈数据或参与者观察数据的需求。鲍恩总结如下：

> 从伦理角度来看，质性研究的风险和关注点比量化研究更大。这主要是因为研究人员与研究过程及其对参与者的密切卷入。质性研究者往往沉浸在受访者的生活中。伦理问题的产生也是因为质性研究为研究者提供了相当大的解释空间，整体而言，数据充满了个人的观点和感受。（Bowen，2005）

如果预期可能会引起身体疼痛或情绪困扰，则不应使用欺骗手段。那么，什么情况下欺骗可能是合法的呢？伦理准则指出，当研究可能具有"科学的、教育的或应用的价值"时，就可以考虑使用欺骗行为。这意味着研究者应该通过其他方法建立开展研究的可信度。只有在似乎没有其他有效的替代方法的情况下，才考虑欺骗手段。为确认研究可能产生的痛苦和困扰应该进行风险评估，除此之外还需更多评估。提出涉及欺骗研究的研究者不太可能冷静地评估替代方法的可行性及研究可能引起的痛苦或困扰的强度。因此，与心理学界其他成员就此问题进行磋商是很重要的，因为，在这种情况下，他人可能处于更好的位置从而提供一个公平的评估。

欺骗的使用带来了自身的责任。最重要的是，研究者有责任尽快揭露和解释欺骗，建议从参与者那里收集到数据后立即这样做。有时可能有理由推迟揭露欺骗，直到从所有参与者那里都收集到数据为止。无论欺骗发生在哪个阶段，应该有充分的条件允许参与者有权从研究中撤回他的数据。此外，需要指出的是，英国心理学会（2010）的伦理学区分了故意欺骗和省略与研究性质有关的重要细节。遗漏的谎言可能与被委托的谎言一样不可接受。英国心理学会指出，对遗漏信息是否是不良的检测可以通过当参与者被告知被欺骗时（即在听取任务完成之后的汇报时）的反应来发现。如果参与者的反应是消极的（如愤怒、不适），那就清楚地表明，这种情况下的欺骗是不可接受的，由此应进行审查。英国心理学会没有指出接下来要发生的事，显而易见的，其结果是需要放弃或修改研究。

（七）对下属和那些相对弱势者进行研究

与参与者相比，研究人员经常处于相对强势的地位。这可能是不可避免的，因为为了接触参与者，研究人员经常得到组织机构重要成员的信任，如学校、医院、和慈善机构。

进而，人们只要想到经常提及的心理学研究主要是在大学生中进行，就能看到这里的权力关系——大学学术研究者对学生研究参与者。拒绝参与往往不是此种潜在参与者的权利。鉴于此类权力关系在研究背景之外有其基础，如果学生拒绝参与研究，可能会产生不利后果。同样，此类情境下，他们可能会感到压力从而不退出让他们感到不满的研究。当然，当研究者也是参与者的老师，并且参与研究有奖励，或者如果课程本身要求学生参与一些研究作为其学位课程的一部分，上述上下级差异的影响可能会有所不同。解决这个伦理问题的一个方法是为学生提供其他途径来获得不涉及参与研究的课程学分。在专栏 17.5 中讨论的质性访谈中，权力是一个特别重要的问题。

专栏 17.5 核心概念

质性访谈中的权力关系

尽管大多数心理学家不会将这些问题视为伦理问题，但是质性研究者尤其应该了解他们访谈中存在的权力关系。这些与质性研究者如何解释他们与研究参与者之间的关系以及与质性研究者进行研究的方式有关。它们破坏了一些质性研究人员的普遍主张，即他们与参与者之间的关系比定量研究人员更为民主或平等。质性研究中的权力差异更微妙一些，但是权力关系的存在事实应该让我们质疑质性研究者有效处理伦理的程度。

根据布林克曼和柯韦尔（Brinkmann & Kvale, 2005）的研究，质性研究者倾向于忽视质性访谈的以下权利特征。

- **访谈权力关系是不对称的** 研究者开启并定义访谈的性质。通过询问问题以及结束访谈过程来决定将涵盖哪些主题。研究人员在这种关系中占主导地位。

- **访谈主要是单向的对话** 提问只发生在一个方向——从研究者到参与者。参与者不可以提问，这样做会破坏访谈而使得访谈无法按规则进行。参与者只能回答。

- **访谈的工具性** 当正常访谈本身通常是目标明确的，没有其他目的或联合活动时，研究访谈是为了满足研究者的需求。在访谈之后，质性研究人员主要获得为了实现其研究兴趣而使用的文本、叙述等。参与者从参与中的获益通常不太清楚。

- **访谈中包含的操纵性对话** 依据布林克曼和柯韦尔（2005）的说法，在访谈中，研究者通常遵循很大的隐藏计划。他们建议访谈者想要获得信息，就不要向参与者透露他们想要知道什么。

- **研究者垄断解释权** 最终，研究人员负责解释访谈提供的数据。受访者提供分析或解释的材料，但除非研究涉及受访者确认，没有其他任何内容参与到分析过程中。

五、 鼓励参与的奖励

作为参与研究的激励和奖励，对潜在参与者提供经济上的奖励和其他激励措施的行为，已经受到很多的伦理考量。这些包括以下内容。

（1）对研究参与者的金钱或礼物的奖励应该很小。报酬的大小不能使得参与者轻易放弃时间，如果报酬太多，结果可能是强制性的。大额奖励可能使一个无力的参与者几乎不可能说不。尽管一些机构可能会设定限制，但研究指南并没有规定什么是合理的奖励。一个合适的奖励方式可能是报销前往研究地点的公共交通或火车票费用，加上以小时计的少许的金钱，来弥补参与者在时间上的投入。一般来说，研究人员倾向于不向参与者支付报酬，但有时可能会有支付报酬的情况。经常获得报酬的参与者可能会设定一个总是应该支付的预期。如果研究人员没有相关资助而无力支付费用，这种风气会给研究造成困难。当然，学生研究人员可能没有资金来向参与者支付报酬。

（2）虽然这种情况可能并不常见，但专业心理咨询服务的引入往往是鼓励研究参与的一种方式。当然，这是假设服务提供者应该有能力提供类似服务。所以这不适用于学生研究者，因为他们缺乏提供此类服务的能力。此种服务的一个例子就是咨询。如果提供服务，伦理准则强调应向潜在参与者提供服务的确切性质和提供这些服务的限制（如提供咨询的次数）。此外，任何与心理服务有关的风险都应该被澄清。

专栏 17.6 探讨了一些与在质性研究中使用奖励的实际细节。

专栏 17.6　实践建议

质性研究中的诱导问题

尽管按照惯例来说，研究中的奖励问题似乎是研究者鼓励人们参与研究，但还有另一面却经常被忽略，即参与研究的人可能无意地依据得到的费用对研究的期望值有所不同，研究人员却无法达到他们的期望。例如，在豪伊特（Howitt，1992）的研究中，有时参与者同意接受访谈，是因为他们期望研究人员能够帮助他们对研究所涉及的虐待儿童的诬告来做一些事情。

有些参与者的印象是，研究人员在这方面处于一定的权力地位。但研究人员并不是。当然，让参与此类研究的志愿者产生会有此类回报的期望是错误的。从他的案例研究来看，这个问题的另一个版本是，明确承认对孩子性虐待的父母，他们期望从参与研究中得到一些有关他们做了什么的辩护。这又是参与者的一种动机，这个动机并没有受到研究人员的鼓励，研究人员也无法串通。

六、 作为伦理和方法论的任务汇报

无论研究的性质如何，在最后阶段，应该对参与者的任务进行汇报。理想情况下的汇报应该包括研究人员和研究参与者尽可能地相互讨论研究的性质、研究结果和研究结论。显而易见地，可能在任何明确的研究结论出来之前就已进行任务汇报。解决这一问题的策略之一，是在稍后阶段为参与者准备一份研究报告和研究结果汇总。在任务汇报会期间，研究人员应该设法辨别和纠正参与者可能就研究的各个方面发展所产生的任何误解。有时，可能会有科学、学术或人道主义等方面的原因来隐藏某些信息或者推迟主要情况介绍，以便在更合适的时机公布。

两阶段任务汇报过程可能还有其他原因——例如，研究可能涉及两个或两个以上数据收集阶段，相隔很长一段时间。第一阶段结束时太多的信息可能会对参与者在后期研究阶段所贡献的数据产生不适当的影响。

如果有人把任务汇报作为一种处理伦理问题的方法，这就是忽视任务汇报的其他重要功能。任务汇报是研究者从参与者的角度了解研究的阶段。准确地说，报告阶段应该包括详细的记录，因为从某种意义而言，这也仍然是数据——对强调数据丰富性的质性研究来说，尤其如此。任务汇报可以丰富对任何类型研究中主要数据的解释，并应被视为研究的重要组成部分。

　　当然，任务汇报过程中可能会显露一些问题，表明欺骗（或该研究的其他特点）对研究参与者造成的伤害。研究人员应该做出合理的努力来处理在报告过程中发现的任何此类伤害。研究人员，特别是学生研究人员，没有适当的咨询技能来处理重大的困难。因此，研究人员应该为参与者提供合适的行动方案，以便他们可以联系有能力处理此类问题的相关专业人员。当困难是由涉及诸如堕胎、毒品和心理健康问题等访谈主题而引起的时候，热线和其他设施可能是合适之选。例如，当电视中出现情感主题的节目时，媒体通常会提供类似的帮助热线的细节信息。对任务汇报的有效性进行的以往研究（例如，Epley & Huff，1998；Smith & Richardson，1983），似乎很明确地表明，任务汇报可能不足以处理欺骗的影响。

七、　撰写研究报告和出版的伦理

　　研究的伦理问题并没有随着数据收集之后对参与者的任务汇报而结束，应注意发表数据方面出现的一些伦理问题。

(一)研究报告中的伦理标准

　　捏造数据在伦理上是错误的，这同时适用于学生和专业研究人员。在某些情况下，研究人员会意识到他们已经发表的期刊文章中的数据分析错误，可以在首次发表该研究的期刊中刊登更正信息或撤稿。偶尔会有恶意的情况。很多年前，我雇用了某个访谈员的团队成员之一。过了一段时间，这位访谈员的一个朋友告诉我，有些访谈是捏造的。幸运的是，研究小组已经发现，这位访谈员的数据与其他人的数据有显著不同，并将其排除在分析之外，当然，我们无法证明这些数据是捏造的。因此，研究过程的不同阶段可能会出现篡改。

(二)剽窃

　　剽窃是指某人在没有正确认识其来源的情况下窃取另一人的工作，并让他人认为这就是他自己的工作。心理学家不应该剽窃，心理学的学生也应该如此。在大量其他人的工作被复制的情况下，仅仅引用材料的来源是不足以避免抄袭的。直接引用的材料应使用引号标识，当然也可以引用引文中的引用页面。

　　在学生工作中，剽窃可能会导致由其所在大学的严格的纪律处分，如果情节严重或持续时间很长，可能剥夺学生的学位。同样，在专业层面，剽窃案件可能会造成严重的后果。英国一位著名的电视精神病学家拉乔·佩索德（Raj Persaud）因为在他的出版物中剽窃别人的作品（MailonLine，2008），被医学界暂停其工作，因为他的不诚实行为破坏了公众对其职业的信任。

(三)使数据可以有效被验证

数据一经发表,那么有能力检查这些数据的人应该能够获取它。这不是为了让其他人有机会采用您的数据并以其他形式发表。要做到这一点将需要得到您的同意。检验数据的有效性是允许初始研究人员的观点得到验证的一种方法。想要检查这些数据的人员可能需要以可验证的形式提供这些数据。当然,如果这样做的话,数据来源的机密性(即匿名性)可能会受到影响,此时就不可以提供数据。另外,此类情况也会发生在被资助的研究上,因为第三方对数据拥有所有权,那么其他研究人员可能不会获得这些数据。

值得注意的是,典型的质性研究论文比仅提供总结表和其他结论的典型的定量研究论文提供了更多获取数据的方式。请谨记,需要参与者签署同意书,才能将数据发布给其他的研究机构。

(四)出版物署名权的合理分配

心理学家不应该在出版中为对研究没有实质贡献的人争取署名权。出版物的作者应该从对出版物贡献最大的个体开始,并以最少但仍然足够重要的人结束。一个研究机构的高级成员本身并不能保证被列入作者名单——这是由个人为研究和撰写而承担的责任所决定的。那些做出小贡献的人可能会在脚注中得到承认,在作者名单中不占有一席之地。出自学位论文的出版物通常应该把学生作为第一(主要)作者。

(五)重复发表同一批数据

在几个出版物中发布相同的数据是不合适的。如果由于某种原因已经这样做了,最初发表在其他地方的事实就应该在后来的出版物中得到承认。

互联网引发的特定问题在专栏 17.7 进行了探讨。

专栏 17.7　实践建议

互联网上的伦理与质性研究

互联网吸引着质性研究人员,它是一种极轻易就可获取丰富文本资源的电子媒介。例如,电子邮件不仅是现代通信的丰富来源,而且还受其自身文体规则的制约。这带来了与主流研究不同的伦理问题。目前已有有效的在互联网上进行研究的伦理。英国心理学会有专门针对互联网研究的指导方针。

www. bps. org. uk /sites /default /files /documents /conduct_re5earch_on_the_internet-guidelines_ for_ethical_practice_in_psychological_research_online. pdf

虽然这些并不是质性研究所特有的,但肖(Shaw, 2008)从质性研究者的角度来关注其中一些重要的伦理问题。

验证参与者的身份

在互联网上验证参与者的身份显然存在问题。例如，聊天室和讨论论坛只能知道对方的网络昵称而无法获悉对方的身份。又如，互联网上的身份似乎是一个孩子，但实际上，这是一个恋童癖假扮成一个儿童，目的是满足某种幻想或者引诱别的儿童。研究人员将如何合法使用这些数据？互联网可以用来和某个个体取得联系，以便获得一些人口统计信息，但是，这些信息本身是无法进一步验证的。从互联网收集的其他形式的数据（如在线调查问卷）可能也有完全一样的限制。在互联网上掩盖个人身份的文化可能会增加伪造身份被使用的可能性，尽管它们可能是真实的。当然，其他形式的研究也有这些可能性，但是面对面接触降低了此类误导信息的风险。然而，由于身份越来越不被视为是一个固定特征，而是视具体情境而变化的（如一个人在工作上的身份可能与他在家庭中的身份会有很大不同）。因为虚拟身份与日常身份是不同的，所以此类问题显得并不重要。尽管两者之间的相互作用是有意义的，但还是没有理由表明为什么一个质性研究者本身不应该对互联网的行为感兴趣，因为它没有反映出个体身份的其他方面。

互联网：公众还是个体空间

尽管很多情景下，互联网被其用户视为公共空间，且他们期望其自身的贡献能够在没有多少限制的情况下得到传播，但有时，互联网用户可能会认为他们的交流是私人的，且不能被发表。肖认为，这样的用户数量很少，因为大多数人都清楚他们的贡献将被传播的可能性。有几个问题需要被提及，包括：

- 从互联网上获得的所有信息能否被合适地视为公共信息？
- 如果研究者参与聊天室活动，知情同意的问题如何适用于以这种方式获得的材料？

保密性

研究人员对互联网和电子邮件信息保密的能力可能有限制。原因之一是源网站可能会存储有关其成员的信息，并将其链接到不安全的电子邮件。同样地，需要注意不要将研究中使用的材料与个人的登录 ID 相关联，因为可能在研究人员不经意的情况下这些信息已被允许使用搜索引擎进行追踪。

知情同意

肖指出，互联网研究人员有可能会根据研究目的设立被密码保护的专门的聊天室，参与者也表达了允许研究者使用聊天材料的意愿。他们甚至可以在做出正式的知情同意之前在非正式同意上提出有关研究的问题。不幸的是，这不是大多数质性研究者所喜欢的自然数据。那么研究人员是否可以使用在互联网惯常公开的材料进行研究呢？对肖来说，这基本上不成问题，因为她说这些人已经同意他们的贡献被出版了。然而，是否就可以认为这些个体很乐意让其言辞受到心理学式的解释然后还要拿去被发表在研究杂志上呢？

任务汇报程序与互联网

当然，向基本匿名的互联网参与者进行任务汇报，这与上述身份问题一样困难。但是，当研究人员使用在线调查问卷时，情况又不一样。在这些情况下，自动任务汇报应纳入研究人员问卷设计。一旦参与者提交完成的问卷，并且已很清楚在问卷完全填写之前可以终止其参与，这个任务汇报可以出现在屏幕上。具体内容可以包括标准任务汇报的相关信息，如数据如何被撤回、联系信息是否必要、数据处理的解释、关于对研究是什么的充分解释，等等。

八、小结

伦理原则应该适用于研究的每个阶段。对真实度的要求也包括文献综述，就像数据处理的要求一样。伦理原则是宽泛的工具，不可能涵盖所有类型研究的每一个细节。它们是需要谨慎和敏感地使用的原则。伦理学超越了方法论，它与更广泛的研究背景相联系，对研究界施加了严肃认真、彻底、深思的责任。研究伦理不是对单独的个体研究者，而是涉及所有心理学界和活跃研究者的同事。除了最简单的情况之外，我们有充分的理由向同事、讲师和教授寻求伦理建议。绝大多数学生的研究计划都不会面临太大的伦理问题，但这并不意味着伦理问题不会出现。学生需要密切关注主要领域的特点，如保密性和数据存储安全等相对常规的问题。他们的老师和导师应该积极关注其研究的伦理方面。在研究开始之前，并不是所有的伦理问题都是显而易见的，为了确定在研究过程中出现的问题，研究者需要提高警惕。

伦理原则涉及对日常研究中的判断。任何想看到硬性规定的学生都未能完全理解伦理的本质。在质性研究中可能会出现一种相当普遍的情况，在这种情况下，参与者可能需要回答研究者提出的各种各样的问题，或者会提到一些在研究之外不会被提到的问题。虽然大多数情况，研究中引起困境是要避免的，但是根据伦理原则，有时会有参与者同意参与研究，知道研究的性质，然后谈论让他们感到不安的事情。例如，在充分了解研究人员将要询问的问题种类后，有不适当行为的恋童癖者可能会很自由地同意参与研究访谈。犯罪者会因为他们无法控制他们的侵犯行为而感到悲伤。仅仅因为犯罪者的失落情绪，并不会使得研究变得不道德。如果研究具有潜在的社会效益或由于某些其他原因而很重要，则大多数心理学家都可以接受这种情形。

当然，某些情况下，删去微不足道的研究目标等因素会让产生类似程度的痛苦变得不可接受。例如，如果某个研究的目的仅仅是研究访谈风格是如何影响访谈产生的信息量的，就要对一个参与者进行其儿童性虐待行为的访谈是错误的。此种情境下，手段是不合理的。

针对质性心理学研究的伦理尚未完全列出。质性研究人员与其研究参与者之间的复杂关系可能意味着出现新的伦理问题，这些问题与量化研究相关的问题并不相同。小组访谈和小组观察方法为研究提出了与量化工作不一样的伦理挑战。

本章要点

- 在对参与研究人员的定位上，质性研究与量化研究有诸多不同。质性研究将人视为一个整体。因此，质性研究中出现的伦理问题可能与量化研究中出现的伦理问题有很大不同。其中有些问题从标准的研究伦理来看并不明显，需要研究者的积极警惕。

- 研究发生的道德环境是复杂的，包括官僚因素。研究人员不再仅仅是需要了解他们作为学科成员所期望的伦理标准。一般来说，正式寻求伦理同意是任何研究项目的关键部分。伦理规范并不是事后考虑的，而是有效研究计划的组成部分。

- 心理伦理是基于广泛的原则，而不是既定的行为。因此，对研究伦理方面的考虑是其计划的积极部分。

- 根据研究过程中发生的情况，可能需要重新审视伦理问题。由于质性方法本质上是多变的，质性研究者需要格外警惕，且避免自满情绪的出现。

专栏 17.8　研究示例

质性研究中的微观伦理学：被研究参与者所困

研究伦理倾向于关注研究者与参与者之间的关系，但质性研究方法的研究模型可能要求更高一些。研究人员在夫妻双方均参与的研究中的情况又如何呢？这会造成什么问题？福尔巴特和亨德森(Forbat & Henderson, 2003)报道了他们的研究中如何采访了一对"虚构"夫妇，即安迪(Andy)和贝拉(Bella)对他们的关系的访谈。贝拉有健康问题，安迪是她的照顾者。当一方正在接受采访时，另一位会回避，反之亦然。这种照顾关系正在发生问题，访问者担心可能会涉及暴力。安迪告诉访问者一段两人关系中特别紧张的情节。访问者面临的困境是：是否与贝拉一起提起这个事件。这种伦理是有些不确定的，因为在这种情况下，保密的含义是什么？例如，在贝拉的版本旁边发表安迪有关真相的版本是否正确？

在刚刚描述的内容中，存在着许多伦理困境：

利益冲突　安迪和贝拉可能对研究内容有不同的期望。对于安迪来说，可能是传达照顾关系的不容易，而贝拉则可能是传达关系中爱的本质。同样，研究人员的研究兴趣可能是完全不同的目的。

不平衡　在这种情况下，研究人员可能会偏好某个特定的观点。鉴于贝拉代表的是一群在社会上很少有"声音"的人，那么研究者可能更倾向于从关系中最无权力的人的角度呈现信息。福尔巴特和亨德森认为，在这种情况下可能会出现偏见，这需要在写作中予以确认。不这样做就是陷入权力关系，这是大量量化研究的特征。如果质性研究人员希望采用更平等的方法，研究参与者与研究人员在研究过程中是"伙伴"，他认识到这种偏见就是很重要的。

分站两边　研究人员可能会被期待站在安迪和贝拉的两边。然而避免这样做很重要，这意味着来自与其中一人的会谈信息不得与另一人的会谈相混淆。例如，是否有分享记录的过程？这显然需要研究者和被采访的夫妇之间进行一些讨论，讨论如何管理和控制这个问题。

入侵　对两个参与者的研究可能会比仅涉及一个参与者的研究更加侵入他们的关系。一个合理的原则是"不披露"，但这需要所有相关人员的同意。如果研究开始让人不舒服，其中一人退出研究就可以了。但是，在一段关系中，退出可能不像刚开始时看起来那么容易。那么导致对方退出的情况是怎么回事呢？他们有隐瞒的东西吗？删去如何向合作伙伴解释呢？所以此种情况下，退出自由会受到限制。

影响　在二人关系研究中，提出特定问题的第一个受访者对事情的发展产生了不合比例的影响。其中一人可能会引入特定的主题，并期望与另一个受访者一起提出这个问题，甚至希望研究人员能够支持这个问题。因此，是否提出其他受访者提出的问题会是一个问题。

传播结果　在出版方面有许多伦理问题。首先，如果有多个参与者被采访，保密性会变得更加严重，因为有额外的信息可能使参与者更容易被他人识别。还有另一个问题——如果在出版物中双方都提供了引语，每个参与者都会发现，识别另一人在访谈过程中所说的内容就是非常容易的。

拓展资源

Brinkmann, S., & Kvale, S. (2008). Ethics in qualitative psychological research. In C. Willig & W. Stainton-Rogers (Eds.), *The SACE handbook of qualitative research in psychology* (pp. 263-279). London: Sage.

Brown, L. S. (1997). Ethics in psychology: cui bono? In D. Fox and I. Prilleltensky (Eds.), *Critical psychology: An introduction* (pp. 51-67). London: Sage.

Economic and Social Research Council, (n. d.). Research Ethics Framework, http://www.esrc.ac.uk/about-esrc/information/framework for research-ethics/index.aspx(访问日期 2015 年 9 月 12 日).

This contains a number of case studies useful for qualitative researchers as well as an ethical checklist. It may be of greatest interest to PhD students since their work may well be supported by the ESRC.

Mauthner, M., & Birch, M. (2002). *Ethics in qualitative research*. London: Sage.

Roth, W.-M. (2004). Qualitative research and ethics. *Forum: Qualitative Social Research*, 5(2), Article 7. www.qualitative-research.net/index.php/fqs/article/view/614/1331(访问日期 2015 年 9 月 12 日). 本文讨论了基于研究者和参与者之间的密切关系而引起的质性研究中的伦理问题。

第18章
质性研究报告撰写范例： 了解优缺点

概述

• 本章介绍了不同质性研究方法的写作方式，作为帮助提高质性报告撰写能力的一种方法。

• 本章鼓励读者思考质性报告写作的一般特性，熟悉他们所选择方法的特定认识论。 除适当情况外都应避免正向假设，核实当地对报告的要求（如篇幅长短等），注意说明性的例子确实能解释观点，并且以良好和适当的质性报告的形式来阅读和建模其工作。

• 本章列举了质性报告的三个例子，分别基于会话分析、解释现象学分析和主题分析中的分析方法。

• 报告以上标形式呈现数字，这是指每章末尾的重要评论清单（有正面的和负面的）。

• 起码可以从报告中提到的优点、错误和其他不理想的材料中学到很多。

一、 引言

　　写作本身并不容易，每个人在撰写报告时都需要帮助。对量化报告来说，情况确实是这样，对质性报告而言更是如此。特别是问题部分是为引用和参考文献设立的严格标准。不得不设立字数限制也不是最直接的困难。要包括哪个，以及要排除哪个？大多数学生可能会用量化方法完成作业，因此应该对以下所涉及的技术有一个合理的想法——摘要应该是什么样子的？如何引用支持你论点的出版物？如何列出参考文献清单？以及在引言、方法和讨论部分中加入哪些内容。第一次和后续的质性任务是实现你以前学到的技能并将其应用到新的情境中。在这方面你得到了概括的帮助，即如果没有完美的共识，心理学的质性报告应该尽可能地遵循量化报告的结构。它可能需要稍微改变，但一般很少。这一点非常重要，因为其他学科的质性报告各有不同的风格，缺乏标准的结构对学生没有帮助。尽管修改标准的心理学报告结构可能是完全可以接受的，但不管多么灵活，当与标准分离时，都可能感觉有点可怕。毕竟，其中一人就得走出其舒适区域。

相比较于量化报告，质性报告的撰写也许要求更高质量的写作技巧。这部分是因为当你书写质性心理学的许多部分时，需要小心和精确。例如，提供访谈过程中发生事情的解释可能需要以能评估出我们语言技能的精巧描述。毕竟，一些想法很难用言语表达。我们也需要非常精确地表达我们自身的意思。不仅如此，许多质性论文在初读时的理解都有挑战性，并且可能会使用不尽清晰的语言。新词语和概念的数量也可能要求很高。你不应该效仿这些，应该尽可能地清楚。由于报告是你主要受评估的内容，所以将大量时间用于撰写报告是有意义的。对大多数人来说，这将涉及重复写草稿和修改草稿的过程。也希望你有时间慢慢地一字一字地阅读你的文字。很容易地，你会发现一个句子甚至是一个段落都很乱，包括中断读者流畅性的多余句子，这会让你的想法难以理解。在慢速阅读中，你记录下已经写好的内容，并确保以后不再重复，那么你应该就能应付大部分问题，这样也可以确保观点的表达是连续的。

本章并不是要总结本书其他章节给出的所有建议。不过，需要强调的是，编写好质性报告往往涉及更高质量的写作技巧。这并不奇怪，因为你正在处理复杂的想法，并不是每个人（如果有话）都能很容易地抓住这些想法的。但实践会使之改善。不足为奇的是，不同的人将从不同的写作能力水平开始。所以，有些人需要时间才能赶上最好的。这会发生，但并不容易。仅仅是简单地换一种方式写出研究参与者对您说的主要内容——也就是表达出他们评论的要点，这就已是为什么更好的写作技巧是有帮助的一个例子。质性方法往往起源于人类科学背景，通常采用比科学写作更复杂的写作风格。所以练习、修改和检查得越多，你的质性写作就越好。

以下是编写质性报告时的一些要点。

(1)你需要记住质性研究特别是你的特定质性方法的一般特点。质性方法并不完全相同。有些方法是密切相关的，但有些则相距甚远，所以你需要了解你选择的分析方法的认识论基础。例如，如何将你所选择的质性方法与量化研究的结果相结合？采用解释现象学分析、主题分析和扎根理论等方法的研究者对研究贡献特别开放。其他的，如话语分析、叙事分析和会话分析，会对这种意义有更多的质疑。你还要考虑其他事情，如文献综述何时开始。这没有硬性规定，但并不是所有方法都假定研究思路是由研究综述开始，并在研究中进行检验的。例如，对于扎根理论和会话分析，有研究者建议在数据分析完成后进行文献综述，这样主要可以防止先前研究的指导分析。

(2)相比较于编写量化报告，你可能需要多写一些针对你所选的质性方法的基本原则。原因之一是有些读者可能不完全熟悉你选择的方法，所以你需要提供一些背景知识。很难说这种情况在未来将持续多久，但现在，你可能需要腾出空间专门用来描述你所选择的方法。这可能包括解释你为什么选择这种质性方法，而不是另一种。另一个原因是可以应对，在量化定位更为明显的人看来，质性方法存在程序上的古怪的问题。例如，抽样在质性研究中确实需要仔细解释，因为抽样可能意味着与量化研究中截然不同的东西。质性研究很少采用"代表性"抽样。某种程度而言，抽样更可能是关于不同的位置而不是不同量表的均值。同样，在某种程度上，抽样更可能是关于参与者的多样性而不是测验的平均值。质性研究通常是有目的的，应该解释特定抽样的目的。您对抽样的描述应该尽可能精确，并且包括匿名的参与你研究的每个人的"口袋式"描述。与量化研究相比，在质性研究中样本量也有不同的应用。例如，"理论饱和"这个概念告诉质性研究者何时停止收集数据。这一从扎根理论而来的概念指出，这个时间点是指没有任何新的想法或与研究主题相关的深入说明已经在数据中得出时。因此，样本量并不是质性研究中的统计估计问题——这点应该不会令人吃惊。

（3）当然，你会期望在质性写作中避免正向假设，确保避免"不恰当"的语言。关于自变量、因变量、因果关系、刺激与反应、干预变量等的使用都是值得质疑的：这些要么在质性研究中没有意义，要么具有如此特殊的含义，以至于它们应该被避免或者以更细致的方式加以讨论。质性方法的以往文献确实涉及对这些概念使用的相关讨论，而诸如扎根理论之类的一些质性方法可能涉及将过去的量化方法作为其理论发展的一部分。但这并不意味着所有质性方法都这样，所以应仔细检查上述概念的使用。

（4）频率、百分比等的使用不应该自动排除在质性写作之外。但是，如果要这样做，就应该谨慎。原因显而易见，因为量化不是质性研究的主要目标。质性分析中最频繁发生的事情可能并不是分析的最重要方面。数据的不寻常方面可能在分析上更有趣。似乎不符合分析的广泛趋势的内容却可能有很多需要描述的，以说明理论和概念的发展。在现象学分析、叙事分析、会话分析和话语分析中很难看到量化的作用，但在某些情况下，量化可能与主题分析和其他方法有关。这是因为如果研究人员能够确定"主题"，就要询问这些主题可以在多大程度上在数据中找到。此时，分析的深度很重要。一个肤浅的质性分析可能指的是主题A的例子很多，主题B很少，等等。然而，更复杂的分析可能会集中在与理论上或概念上有关的部分。例如，如果你进行主题分析，并发现你正在写一些句子，如"大多数访谈包括了脆弱的主题"或"一些报纸文章中提到的癌症风险"，你就是在暗示数量化。那么，谈及数量的时候会出现什么错误呢？另外，如果你对研究中出现的想法更感兴趣，你就不太可能以任何形式提及数量。相反，这些有趣的想法可能是不寻常的特征或例外，一般分析似乎过于简化了，因此可能要更深入地探究。

（5）检查质性报告的规则是什么。这些并不总是好消息，但它们确实成为你的报告以哪种方式被评估的基础的一部分。其中一个规则可能涉及质性数据如何计入被允许的字数中。质性数据通常是"字数化的"，所以如果报告中包含的数据被计为字数的一部分，写作就变得困难了。类似地，附录可能是包括广泛的质性数据而不影响字数的一种方式。您需要检查是否可以这样使用，是否有其限制。如果这样的问题在文档中并不清楚，如由负责该模块的教授发布的问题，你需要要求他澄清此类问题，确保你明白需要遵守哪些规则。例如，是否有摘要的长度限制？

（6）通常在质性报告中，不可能给出超过几个数据分析的直陈式样本。这是因为即使这些数据不包括在字数限制中，有关数据分析的描述也可能用尽字数。这些说明性的例子在质性报告中是很常见的，但你需要非常小心，以确保你的解释性例子是必需的。例如，依据你的视角，很容易采用某一解释性例子来表征数据中的一个主题，但对读者而言，可能并非如此。当然，原因可能是你的分析存在问题，但是不要在选择解释性材料时增加你的问题。解决这个问题可能很容易——例如，你可能需要更好地描述主题，但要非常小心。

（7）阅读并模仿适当的质性报告。如果你从来没有看过电影，你不会直接期望好莱坞大片。我们都向别人学习。依据你的质性研究来查找已发表的报告，可以为撰写自己的研究提供指导。当然，我们不是在说抄袭，这会让你陷入一堆麻烦。我们是指从已发表研究的风格、结构和普遍水准中学习。很多时候，这样的模仿也可以用来检查如何引用文本中的参考文献并将其显示在文献列表中。基本上，这意味着你阅读的内容要比你预期的要广泛很多。不能太过强调基本的学术方法始于他人的工作。专业研究人员将会热心地阅读相关材料，这是前提。从长远来看，撰写研究报告没有任何捷径，越早地开始阅读，你的工作就会得到更多的改善。

（8）在撰写报告时，几乎可以肯定的是，你会收到的有效字数比你所需要的要少。因此必须做出选择，确保你的材料已很强大。如果你不得不缩短篇幅，且不能通过谨慎的重写来达成这一目的，那就要优先考虑论点中较为重要的部分等，并把任何微弱的、普通的或平凡的文本降到最低。

二、 质性研究报告写作的例子

你将在本章找到几种或多或少适合学生作业风格编写的质性研究报告。因为有一系列不同的质性技术，其要求各有不同，所以我们不可能给出一个单一的、通用的质性写法的例子。相反，本章提供了几种不同的质性方法的例子。这些写作不是完美的，而且既有可疑的段落又有更多的典范。例如，你可能会注意到一系列印刷和标点错误，这些错误在学生工作中很常见。为节省空间，参考文献被省略，但是应该在报告结尾处给出。你会在报告中的不同地方看到上标形式的数字。在每次写作之后，都有一个优点和缺点的列表。每个点都用相应的数字上标标识。总的策略是越早准备报告越好，以便在阅读本章时有进一步地发现其不足之处。每个例子在大多数方面都是虚构的。每一个例子都与已发表研究有不同程度的联系。很可能大部分的优点都归原作者所有。我的工作是故意编造缺点。你也会发现一些优点和一些我不认同的缺点。撰写报告不是一门科学，而是一门艺术或技巧，涉及许多要做出判断的要点。当然，如有必要，报告的字数可以上下变动。

（一）示例 1：撰写主题分析

这个例子是基于索希尔，斯帕克斯和布朗（Sawkhill, Sparkes & Brown，2012）的关于"体重增加的原因的主题分析：一个女性减肥者的角度"。其引言、方法、分析和讨论的特点已经一起并入修改的内容及其他材料。与健康有关的问题是许多质性研究的主要议题。了解人们如何看待体重增加的感知可能会影响健康领域中体重问题的治疗。仔细阅读报告（寻找优点和缺点），然后比较您所注意到的与最后提出的批评。您的想法可能同样有效。

质性研究报告的举例说明

个体体重增加的解释：一个对减肥者的半结构式访谈的主题分析[1]

安纳贝尔·霍普金斯(Annabelle Hopkins)

摘要

作为健康心理学的问题之一，超重与各种理论上重要的方法有关联，其中包括女权主义、福柯理论和医学化。在现代医学思维中，依据肥胖方式定义的超重是癌症、心脏病、过早死等疾病的确定性危险因素。尽管肥胖本身并不是一种疾病状态，但它被视为不良的危险状况。肥胖被认为是个人的责任，减少风险也是如此。当然，其他的描述也适用，如年轻和有吸引力。在美国，消费者每年在减肥帮助方面的支出达到 330 亿美元，2008 年每年减肥服务达 550 亿美元。超重和肥胖分别对应的是日常和医学术语。肥胖症是通过体重指数等各种手段在医学术语中定义的一个技术性概念。尽管胃部手术形式的医学治疗是可行的，但更多的日常营养和运动是个体可以选择的补救措施。在减肥课程中很常见的是不能长期维持成功的减肥效果。我们很少对个体如何理解体重增加进行研究。现有的研究几乎完全是量化的。本研究提供了一个探索性的质性方法来提升我们对体重增加的理解。研究共进行了 10 次女性成人减肥班成员的半结构访谈，问题包括可能与体重增加有关的各种方面。[2]

引言

体重过轻一直是各种心理研究的主要问题——神经性厌食症、神经性贪食症和已经被广泛研究的类似情况[3]——不那么超重。对人体的某些概念化倾向于支配现代人的思维，另一些则往往被忽略。有一种倾向认为与人体有关的问题是医疗问题。医疗化即类似的术语。然而，重要的是，需要注意到，自从它被首次引入以来，其在现代应用中的含义已经有所改变。最初这个术语是指通过医学视角来解释看上去的社会问题，如毒品和酒精依赖就好像它们是疾病状态(Howitt，1992)。最近使用这个术语是指在我们生活的许多方面，医学有着普遍和日益增长的作用，以及由此提出的更广泛的医学观点(Nye，2003)。虽然本身不是一种疾病，但肥胖的危险使得人们将其视作一种待治疗的疾病。在现代医学模式中，个人应当应对这种风险。当讨论超重时，很难避免使用肥胖症的医学术语以及由此而引发的后续结果，而非肥胖或丰满。我们将考虑依据临床上的体重比来定义肥胖，并指在适当情况下优先考虑超重。

肥胖不仅对个人构成风险，而且对健康服务本身也是如此，它们将可能无法负担。卫生统计显示，24%的英国成年人符合肥胖标准(英国国家卫生服务信息中心，2010)。戏剧化的是，儿童肥胖显著上升，然后肥胖的孩子成长为肥胖的成年人。看似惊人的经济后果与肥胖有关，包括经济的和其他方面的卫生服务成本(Fullfact，2011)。全球范围内肥胖对健康的威胁越来越大(世界卫生组织，2006)。当前研究中一个重要考虑因素是从医学角度来看待体重增加的程度。[4]

如果我们更多地了解人们如何看待体重增加，就可能会对体重管理服务做有效指导

(Butland et al.，2007)。纠正能量不平衡是目前大多数有效的体重管理项目的重点。如果个体的精神和信仰体系之间发生冲突，他可能会受害。例如，如果个体从小就相信浪费食物是邪恶的，少吃也许就不那么容易了。疾病会影响人们的生活，当试图理解和解释这些疾病时，人们会试图找出其原因(Brogan & Levy，2009)。根据所讨论的特定疾病，多达 95% 的人会归咎于信仰。即使是个体的应对过程，也会受到其信仰的影响，这也影响了随后的行为(Warmsteker et al.，2005)。他们也有关于病情如何得到治愈/治疗的信念，以及这些因素之间的联系和归因于病情的原因等方面的信念(Ogden & Flanagan，2008)。这是一个相当复杂的过程，没有普遍适用的简单的机械关系——一致性和不一致性都可以被看到。有人相信体重增加的医疗原因可能会将这与医疗解决方案关联，如胃袋。尽管如此，有人认为自己要为自己的体重增加负责也将是某种形式的医疗干预解决方案(Ogden，2007)。

罗丁等人(Rodin et al.，1977)认为，体重增加的归因实际上预测了体重减轻及维持。减肥者自我决定的减肥目标与他们对体重增加的起源和原因的认识有关。沃姆斯特科尔等人(Warmsteker et al.，2005)的研究表明，将体重增加归因于身体的原因的人将比将体重增加归因为行为原因的人重量减轻更少些。重要的是，奥格登(Ogden，2000)研究表明，设法维持体重减轻的瘦身者可能不太认同超重的医学原因。尽管如此，布罗根和赫维(Brogan & Hevey，2009)的研究指出，有证据将体重增加与行为主题联系起来。在他们的研究中，各种被动行为，如舒适饮食、较低水平的身体活动和过度饮食倾向于相关。[5]

更具推测性的是，比较于从遗传学和简单地缺乏自我控制的表面上解释，研究文献建议一个更加社会的或心理方面的体重增加观点。儿童肥胖的增长速度很快，这与儿童时期与饮食问题有关的不安全依恋(Ward, Ramsay & Treasure，2000)以及成人暴饮暴食的情绪(Buckroyd & Rother，2008)有关。有证据表明，有些家长以对孩子进行行为控制的方式使用食物(Goodspeed-Grant & Boersma，2005)。其他可能在肥胖中起作用的童年因素是鼓励过度进食、缺乏运动、创伤和对感知到的体重控制压力的抵抗等。

尽管上述研究结果意义非凡[6]，但对体重增加的认识还没有广泛的研究文集。上述研究的优势是，其本质是量化的。质性研究可以为这一领域研究提供更多的探索性方向。一些质性的方法可能被认为是适合于此类研究的，包括解释现象学分析、叙事分析、社会建构主义的话语分析和会话分析，这些方法都将从范围和重点方面提供不同的内容。例如，在会话分析/话语分析中，有一种对家庭用餐时间时的互动进行研究的传统，这可能是相关的(如 Wiggins，2013)。然而，当前研究更关心瘦身者对增重概念化的各种方式。主题分析被认为是合适的策略，因为它与研究中收集的访谈数据的性质没有认识论上的紧张关系。因此，本研究旨在通过半结构式访谈来评估苗条者对体重增加的态度[7]。本研究旨在帮助进一步理解可能影响体重增加管理的问题。这项研究计划是为了拓展我们对体重增加的影响的理解。它可能对体重管理的未来研究和实际应用提供基础。

材料和方法[8]

参与者

参与者由参加纽尼顿大学(University of Nuneaton)附近的瘦身俱乐部的成年女性所构成。

瘦身俱乐部成员可以被看作一个有体重控制困难的自选组。一些瘦身俱乐部的组织者同意帮助招募参与者。他们提供了一个向成员解释研究目标的机会，并提供了书面说明。[9]瘦身俱乐部的成员被要求自愿参加，随后将研究的书面细节提供给那些表示感兴趣的人，并告知研究者所在大学的电话号码，她们可以打电话了解更多信息。那些打电话的人获得了更多的细节，他们的问题也得以回答。此后，研究人员与他们讨论了可能的访谈安排。他们可以在大学的私人办公室或瘦身俱乐部的办公室进行访谈。同意访谈的人在访谈前两天被电话三次，以确认安排。尽管如此，还是有很多人没有参加访谈（N＝9）。有一位志愿者在这一阶段就退出了，因为她认为体重增加的原因太私人化了，不便与访谈者讨论。总共有 10 位年龄在 31～63 岁的女性参与了这项研究。大部分有专业职业或从此类职业中退休（N＝6），其余人的职业是文职或手工职业（N＝4）。没有参与者从事无偿工作。在达到理论饱和的时候终止了招募参与者（Glaser & Strauss，1967）。本质而言，这是指研究者发现通过更多的数据收集已不可能有任何可以达成概念上/分析上新的东西的阶段。所有的数据都是由研究人员着手获得，所以相对容易识别理论饱和度。参加者的详细资料见表 18-1。

程序

所有的访谈都是由作者在一对一的基础上进行的，以此确保整个分析过程中对材料最大限度地熟悉。每次访谈都是使用高品质的录音机进行录音。每次录音都使用两个麦克风。采访的地点各不相同，努力确保录音质量清晰，易于转录。访谈的时间长度为 35～67 分钟。鼓励参与者在研究的各个阶段自由发表意见，研究人员以友好和支持的方式进行访谈，当有必要时会要求澄清要点，并偶尔进行简短的书面记录。半结构式访谈包括以下几个方面，这是基于现有的研究文献以及研究人员和她的导师在讨论中产生的其他观点：日常生活方式；快餐连锁店、媒体和超市的作用；生物/医学因素；以及与肥胖有关的生活经历。[11]

表 18-1　参与者细节汇总表[10]

参与者	性别	年龄	婚姻关系	孩子	职业
丽莎	女	31	是	2	手工
珍	女	42	否	1	文员
佩妮	女	58	否	2	专业
特雷西	女	67	是	2	专业退休
珍	女	35	是	0	专业
帕特	女	45	是	0	文员
纳撒莉	女	39	否	3	专业
希拉里	女	61	是	2	专业退休
修	女	46	是	2	手工
诺玛	女	42	是	0	专业

伦理和数据保护

在知情同意的基础上，所有参与者同意参加。在会谈开始之前，每位参与者阅读详细说明研究的目的和程序的书面信息表格。访谈者进一步解释，参与者可以随时在任何阶段结束会谈，并可以选择是否立即损毁数据。然后他们被要求签署书面同意书。在访谈过程中未提到参与者的姓名。使用代码编号进行录音识别。那就很难通过会谈录音或成绩单来识别参与者。录音资料被存储在一个被锁住的文件柜的 CD 中。只有研究者及其导师才能访问这些信息。转录被检查通过且任何其余的名字均伪装假名。转录中的所有名字也是虚构的。在研究报告提交评估和评估之后，录音将被销毁。

每次访谈后都会立即进行总结汇报，让研究者和参与者有机会讨论访谈中出现的问题，澄清程序，并表示感谢。这需要 5～25 分钟。

此外，作者和导师根据英国心理学会的伦理准则(2010)，有更广泛的内容的美国心理学会的伦理准则(2002)，以及数据保护法，对伦理和数据保护的安排进行讨论。讨论结果即上述程序。此外，研究也按照纽尼顿大学研究伦理委员会的要求进行。在导师同意下，研究人员完成了备案，并通过大学内部网络提交给大学伦理委员会。由于研究不涉及弱势群体，没有特别敏感的话题，没有生理或类似的程序，也不涉及任何欺骗或隐瞒信息，因此研究符合大学伦理要求。[12]

分析程序

主题分析既可以是质性的，也可以是探索性的或量化的，使用预先确定的、强加的编码类别。布劳恩和克拉克(Braun & Clarke, 2006)研究中采用归纳式主题分析的方法，对如何进行质性的主题分析进行了最清晰和最正式的陈述。这是由其他形式的质性分析所启发，如话语分析、扎根理论、会话分析等。基本过程强调对数据的熟悉程度，突出显示文本中明显的特征和模式，发展出代表数据重要方面的类别，并重复检查数据类别的适合性。这个过程可以被描述为迭代的，因为它包含重复的相似过程，直到研究者推导出最好的主题类别为止。本研究的访谈都是由研究者逐字转录的。考虑到主题分析的目的，通常不会采用像杰斐逊(Jefferson, 2004)那样的更正式的语音转录方法。尽管如此，重要的语气拐点，如长时间的停顿、悄悄地说话的段落等在转录中被标注。最后，此类信息对主题分析没有任何意义。不同于布劳恩和克拉克的程序，研究者在每次面谈完成后尽快进行分析说明。每一次，这些笔记都是在同一天完成的。[13]

分析

分析结果提供了四个主题，图 18-1[14]显示了这些主题。重要的是，需要指出，尽管每个主题都是分别提出和拓展的，但在不同程度上它们并不相互排斥和相互关联。为本研究目的引用的摘录仅仅包括参与者陈述的一个典型例子。[15]

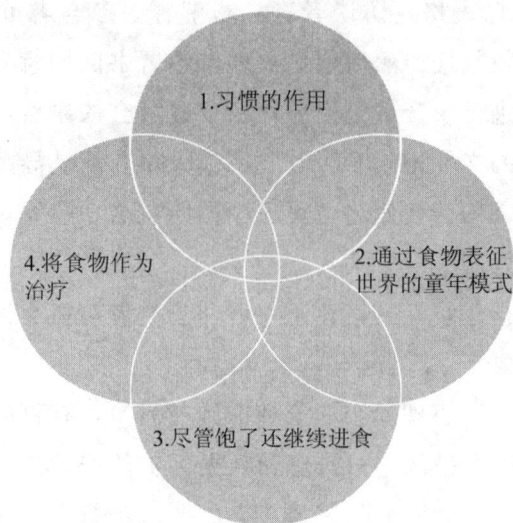

图 18-1　各个主题及其间关系

主题 1：习惯的作用

这被认为是体重增加的原因的各种习惯性的或自动化的行为模式。他们在访谈中被非常普遍地提到。在这个广泛的主题范围内，有三种不同的习惯行为模式。由于它们的独立性和独特性，它们被标记为主题 1 的独立的子主题。接下来仅允许提供解释性/典型的例子。

子主题 1：引发习惯改变的因素

个人环境的变化通常被认为与体重增加有关。个人易受伤害或个人环境发生变化时间点应为体重增加负责。例如，失败的婚姻会感觉不好，可能是通过采用吃零食等不良饮食模式来解决的。一名参与者用以下方式解释她的体重增加：

"我失去了一个姐妹，然后因为背部受伤而只能在家里不能做事。吃饭成了一种习惯，过了不久，我发现我有多喜欢饱腹感。"（珍）

子主题 2：时间限制导致的不良习惯

忙碌的现代生活方式被视为妨碍积极健康的生活方式。时间短缺被认为是良好的饮食和其他与健康有关的习惯的障碍。饮食本身受到影响，且食物的使用和体验也是如此。现代生活施加了时间压力，阻止了积极的健康习惯的形成：

"通常早上八点左右将孩子们送到学校，而我经常在开车的时候吃烤面包或其他之类的东西，因为一切都是如此急促。家务事和工作一样多。我在电脑边午餐，通常我不会停下来去享受适当的午餐时间。这或多或少是种常规。"（佩妮）

子主题 3：被动进食模式和行为之间的关联

参与者经常会谈论吃饭看电视，而不是在餐桌上。这种模式被视为另一种增重机制。一个象征性元素即桌子与食物间的联系，似乎与现代生活不再有关系。然而，从事社交活动等生活的其他方面也鼓励习惯性的和不健康的饮食模式。例如：

"就像你去看电影的时候一样，你必须有一些东西，一大杯饮料或爆米花或糖果。有人会建议你得到一些东西。只要这部电影不是马上开始然后就结束，那么有人就会得到人们想要的。"（纳撒莉）

主题 2：通过食物表征世界的童年模式

人们普遍认为，成年人的饮食行为是儿时经历的结果。有些被访者会简单地直接把两者联系起来，但其他人则负责任地以各种不同方式看待情感。例如，一个家庭可能通过食物表达爱。一位参与者说：

"孩子自主饮食是不被鼓励的，这是由母亲带领的。鼓励吃东西是一件好事，它会让妈妈满意，您知道的'为妈妈再吃一勺'。我们过度喂养孩子，他们长大后以为会吃是一件好事。"（修）

另有人提及：

"我和女儿之间有关食物存在一种权力斗争，您可以把它描述为与爱有关。毕竟，当我做了一顿饭，我已经把爱放进去，所以她得以营养充足地长大。如果她不吃，那我觉得我被拒绝了。最后我自己将东西吃完来处理这个问题。"（纳撒莉）[16]

用看起来很简单的方式，童年期经历创造了持久的信念。比如说，在从桌子边站起来之前，吃掉盘子里的所有东西。这当中植入的想法是，一直到成年后，做一个好人或坏人到底是什么。例如，清理盘子可能会被回应"好女孩"，而不吃东西被视为邪恶的浪费，是正在剥夺饥饿的孩子远离食物。从童年期开始，食物与特定意义联系，然后这一直持续到成年后，产生负面结果。

主题 3：尽管感觉饱了还继续进食

当消耗足够的食物时，身体不会简单地关掉进食开关，我们也会自觉地感到饱腹。一些参与者提出他们在这种情况下还会继续吃东西。有时候，饱腹感被认为是一种感受爱或感情或其他一些不能满足的情绪饥饿：

"这对您来说可能没有什么意义，但是我的暴饮暴食是通过物质的东西来填饱饥饿。因此，即使我吃饱了，我也不满意，只是继续吃东西。"（珍）

上述表达与主题间有明显的联系。

主题 4：将食物作为治疗

食物可以作为一种奖励和惩罚，这可以是一种处理令人困扰的或产生内部冲突的个人问题的方式。这种方式下，食物是帮助处理我们情绪的工具。在某些情况下，它似乎工作得很好，以至于变得自动化，成为我们行为的习惯，但同时从长远来看这个过程是破坏性的，作为摆脱不想要感觉的一种方式：

"在脑海中总有一些令人沮丧的想法，尽管我们不去试图处理，或者问自己为什么有这些想法。相反，我们只是吃东西，而不是思考这些问题。第二天，当然，这些想法和感觉又回来了，我们处于一种恶性循环。"（特雷西）

更普遍的是，经过一段时间的艰苦工作后，一些参与者会以食物进行自我奖励：

"当我做完家务后，会让我自己在电视机前坐下，喝杯茶，吃一些巧克力。我已做好家务了，因此，让我坐下来，吃一块巧克力，喝一杯茶，看会儿电视。"（丽莎）

讨论

本研究的主要目的是更好地告知体重管理研究有关普通人对体重增加的解释方式。随着肥胖率的增加和肥胖治疗的长期效果的较少成功，这一点变得更加紧迫（Ogden & Flanagan，2008）。通过对数据的主题分析产生了四大主题。值得注意的是，这些主题主要反映了体重增加的行为原因。体重增加的生物学、遗传学或医学解释在分析中不明显。也就是说，在参与者论述中没有医学化证据[17]。一个可能的解释是这与超重原因和解决方案之间的对应关系是一致的（Ogden & Flanagan，2008）。在一致性观念的基础上，不足为奇的是，那些相信体重增加的行为解释的人既可以参加基于行为的体重管理计划，也可以相信体重增加是由行为因素引起的。[18]

本研究结果显示，主题1反映了与看电视有关的消极生活方式，这也与以往研究一致。有研究显示，看电视的时长和肥胖的风险之间有关系（Marshall，Biddle，Gorely et al.，2004）。能量消耗可能会降低。尽管如此，电视广告也让观众接触到能量丰富的食物（Medical Research Council，2007），并可能鼓励他们消费。主题2（通过食物表征世界的童年模式）也与先前研究相关。涉及的机制包括利用食物来传达亲情和内化的与食物有关的好或坏的信念。主题3涉及超越饱腹感的饮食。这可能意味着对于饱腹感的线索的敏感度降低，尽管这在访谈中并不清楚，因为女性表达了对于饱腹感线索的意识，然而尽管有这种意识但仍然继续吃饭。有些人的敏感性较低，这是有生物学基础的（Wardle，2009）。因此，可能需要加入行为解释，如基于早期的经验，必须在饱腹时仍吃完盘子里的食物。有些参与者似乎享受饱腹感，这可能类似于情绪相关状态。饱腹时不是感觉不舒服，而是体验到一种情绪上的舒适感。对于这类人来说，认为是饱腹感的线索的敏感度降低的解释似乎是不正确的。主题4是将食物作为疗法，表现为食物帮助女性应付日常生活中的压力和生活中的困难环境。食物可以用来奖励或惩罚，且是一种自我延续的过程。情绪被解释为在身体体验上是饥饿的。如果有情绪性饥饿，那么节食可能是失败的。

国家卫生服务部门的肥胖症治疗指南中列出了健康饮食、身体运动、药物治疗和共病因素管理等。这些原因中归结了包括甲状腺机能减退在内的生物医学视角。全科医生只有3%的肥胖病人病例转诊为接受行为治疗，而转诊给营养师的可能性是其他病人的6倍（18%）。所有这一切都意味着一种医学观点，但在当前访谈中并没有表现出来。没有任何迹象表明女性不了解饮食问题、在控制不良饮食习惯方面存在问题等。有证据表明，卫生专业人员和普通民众对肥胖的原因和解决办法是不一致的（Ogden & Flanagan，2008）。对个人体重问题进行更多的个人检查会增加健康专家的麻烦，但会让专业人士和公众之间更好地匹配。听取总结汇报时有几名女性表示，参加访谈使他们更多地思考这一问题，此类自我探索可能会对处理体重增加有影响。

本研究有重要的局限性。[19]本研究没有对主题进行独立的验证。虽然这是此类研究的典型问题，但应该问，总体结论多少程度下依赖于每个类别的具体界定。有人可能会认为，本研究的重要发现体现在访谈中及随后主题中的体重增加的行为取向。通过从减肥俱乐部的抽样，希望能给参与者对体重问题有一些相当的思考。这在所有访谈中并不明显。程序可能有错误，因为在访谈之前，参与者没有机会知道访谈的覆盖面。也就是说，他们以前没有机会考虑他们的答复。通过在研究过程中尽早提供会谈安排表，可以很容易纠正这一问题，尽管这可能会带来其他不可预见的结果。例如，参与者可能不会参加访谈，因为他们认为这些问题太难以回答。没有独立的证据表明女性体重超重的程度或其超重的历史。目前或过去的任何阶段，这些女性是否被医学分类界定为肥胖，都可能会影响研究结果的价值。因此，聚焦于减肥俱乐部可以随之反映本研究所确定主题的本质。使用更多、更多元化的参与者来复制当前研究显然是一种情况。接受药物治疗的医学肥胖者将成为一个特别突出的群体。为看到这项研究结果的适用性如何，包括没有任何体重问题的成年人也可以是有趣的研究对象。通过这种方式可能出现额外的或需要修改的主题。谈论体重增加的敏感性可能在研究中有很强的特征。特别是，除了那位退出的潜在参与者之外，似乎也可以看出一些人不太愿意参与这项研究。如果个人敏感性是一个更一般的因素，这就等于是一个重要的设计缺陷。不过，在总结汇报会上并没有这方面的证据。如果有的话，这些女性表示，从思考和谈论增重问题的机会中获得了积极的回报，尽管其中一些问题可能带有一些情绪。

这项研究的广泛意义在于强调为体重减轻制订行为相关策略的潜在需求。[20]管理体重减轻和维持的解决方案可能需要额外的行为策略，以支持减少能量摄入和增加能量消耗的治疗模式[21]。

关键评估

[1]标题似乎很简洁地总结了主要研究和方法。"感知"可能比"解释"更好。或者，标题"对体重增加原因的个人感知的主题分析"似乎也总结得很好，标题应尽可能地提供信息。

[2]从表面上看，这是一个很好的组成摘要的外观，似乎是一个很好的总结。但是，有一件事可能已经触动您。摘要总结了一些根本没有出现在正文中的材料。例如，女性主义和福柯被提及，但在文本中没有对此进行讨论，所以在摘要中提到这些对报告的内容会有一些误导。当然，这可能是，这些内容在较早的草稿中是有的，但最后一稿删掉了。摘要是报告的简短总结——不是您有机会写的报告。或许摘要的统计细节太多了，其中一些内容没有适当给出引用。还有一个更大的问题：作者没有提供有关研究分析结果的任何信息。为了保持摘要的简洁而将缺少的部分排除在外。摘要应该包括研究报告的主要部分。缺少的部分可能如下：

研究确定了四个主要的主题，所有这些主题都有广泛的行为特质：①习惯的作用；②通过食物表征世界的童年期相关模型；③尽管饱了，还要继续进食；④食物作为治疗。在访谈过程中几乎没有证据显示超重的医学方法。相比之下，现代生活方式和个人情况的变化代表了体重增加的原因。行为因素在体重增加中的重要性应该是未来研究的重点，具有潜在的理论和实践意义。

所以，附加材料的摘要现在超过了 500 个单词。通常，缩短摘要很容易。您可以尝试下面的示例 3 中的结构化摘要，因为这有助于减少文字，通过减少写作中的连接性材料。或者，以下是全面的摘要的非常短版本，但如果有必要，它可以更短：

依据现代医学观点，超重往往是以肥胖来定义的。尽管肥胖本身并不是一种疾病状态，但它被视为不良的风险状况。一个人肥胖被认为是减轻其风险的个人责任。肥胖是根据身体质量指数在医学上定义的技术概念。在减肥课程中很常见的是，无法保持任何成功的减肥效果。关于人们如何理解体重增加的研究很少。当前研究提供了以探索性质性方法来探讨体重增加感知。研究者对 10 位女性成人减肥班的参加者进行了半结构式访谈。分析发现了四个主要的行为主题：①习惯的作用；②通过食物表征世界的童年期相关模型；③尽管饱了，但还要进食；④食物作为治疗。访谈中没有医学主题的证据。现代生活方式和个人情况的变化代表了增加体重的原因。体重增加的行为因素应该是未来此类研究的重点。

您对摘要的努力带来了回报，因为它给人留下了良好印象，也构成了对整个报告的阅读。

[3]这个声明和下一句话似乎需要引用。质性研究既不鼓励也不宽容与报告书写基本技能相关的粗心，如文献回顾。

[4]数量和其他量化研究在许多质性报告中占有一席之地。您可能希望以批判的/评估的方式对这些数据产生怀疑，但包括相关主要研究成果可以大大提升报告。

[5]作者在这段文字中已经有了一些修辞手段，且句子也有相同的结构——这些内容以作者的名字开始，并对他们的发现进行一些说明。阅读起来有点烦琐。不能对研究成果进行有效陈述会有不利影响。这些内容看起来更像一系列无关的事件。这样的写作在学生工作中很常见，但最好避免。一般来说很容易重写，以更好地表达写作。例如，你可以很容易地将引用移动到句子结尾，你会发现它更好读。确保你尽可能清楚地讲述研究的故事。学生采用这种重复性风格的一个原因是，他们依赖来自二手资料的非常简短的信息片段。它们所包含的信息太少，他根本无法用自己的文字来写。要么采用更详细的二手资源，要么回到原文。你会发现以这种方式收集到的额外信息可以让你采用更好的写作风格，并以更可读的方式讲述故事。

[6]在质性写作中你必须学会的一件事是避免使用量化的术语。"发现"就是此类术语的一个很好的例子——它意味着分析仅仅是一个检测过程，即等待在现实世界（量化概念）被发现。通常地，质性分析是一个更加建构的过程，需要与通常量化研究中使用的语言有所不同。这并不意味着量化研究仅仅揭示等待被揭露的事物，而是意味着，量化研究人员很乐意以这种方式来表达他们的研究活动。基于此，"发现"是否合适将留给读者思考。但是，要注意不可知的未来的复发状况。最后需要提及的是，不同的质性方法有不同的认识论基础，所以上述评论可能并不普遍正确。

[7]哦，亲爱的，通过使用术语"态度"，这已经下降到正向语言了。此外，本研究并不是关于主流心理学中定义的"态度"，而是体重增加的感知或体验。

[8]不是那么重要，但是不是"方法"单独在这里做什么？这个标题看起来像从一些老套的主流

研究中来的。

⁹这类内容应该放在附录中，因为它与方法有关。唯一可能出现的问题是，您的研究要求将附录包括在字数中，此外的大多数情况都不是这样做的。这是使用附录的普遍要求，适用于本章给出的所有报告。附录能使您对研究的各个方面更加明晰。附录可能包括数据，甚至是详细的分析过程，但是请检查本地附录的使用规则。

¹⁰在这里使用参与者及其细节的表格非常好，这在质性报告中几乎总是看起来不错。质性研究的样本可能相当不明确。参与者的相关表格向读者提供了关于参与者的有用细节的快速总结。它可以为您节省字数空间。如果表格中的人员通过名称/代码编号链接到文本中的引用/注释的来源，则效果会更好。除非是非常罕见的如这种表格太大了的情况，否则应该考虑包括一个。读者喜欢简单的表格，因为觉得很有帮助。不要忘记，质性研究被认为是以人/参与者为导向的。所以此类表格可能会让您的参与者比量化研究中的有更多人性。当然，这样的表格难以包含大样本。读者可以从一致的参与者命名或编号中受益，因为这可以将转录链接到一个人，并帮助其更好地了解样本。但是，更普遍的是，它为写作增加一份门面。请注意：太多的细节可能使参与者可以识别，所以仔细考虑要包含的细节的数量。

¹¹访谈安排表的更多细节可能会更有帮助。给出问题的附录等是合适的。这是所有报告的共同点。您会期待一位量化研究人员包括此类内容的全部细节，这在质性报告中同样重要。

¹²在质性研究中，伦理考虑是非常重要的。这是对研究伦理的彻底考虑，涉及数据保护，这是一个重要的伦理问题。在这项研究中似乎没有任何特别困难的伦理问题，伦理部分的写作在很大程度上证实了研究走过伦理道路的阶段。可能值得为那些决定不参加的女性增加更多的内容，因为她认为体重增加的原因太私人了，不方便讨论。这类事情偶尔会在研究中发生，且难以预料。大学的伦理委员会似乎没有预料到这种可能性，或者认为它是次要的。但据我们所知，鉴于有女性决定不参加，这个伦理安排的保障措施已经起作用了。本研究中伦理部分涵盖了许多必要的基础内容，可以作为适用于任何质性报告的模型。研究的伦理意义与其学生导师的讨论是特别好的。伦理不仅仅是官僚程序的问题。一定要意识到质性研究可能会有一些特殊的伦理问题，而这些问题在量化研究中可能并不相似。

¹³学生做了一份可接受的工作来描述产生主题任务的机制。这是以一种日常化工作方式呈现的，好像简单应用程序就会产生分析的结果。在这个过程中似乎没有问题或停顿。研究者如果提到她在创作主题方面遇到的困难会更好。特别是，从参与者提供的体重增加的解释来看，这四个主题是否是详尽的。读者无法评估这点，除非学生在报告中这样说。有一两个不适合分析主题的奇怪的原因不会成为太大的问题。也许人们可能会期望有一两个参与者提到不符合确定主题的东西。对这一情况进行解释不会损害报告的优点。恰恰相反，交代不适合的材料会增加读者对分析的信心。缺乏"短暂的小停顿"，可能会给人留下这样的印象：报告已经过度流畅，可能分析太过了。

¹⁴这个图表的使用值得称赞，它确实表明这些主题是相互关联的。虽然图 18-1 本身是有用的，但如果稍微不同点地进行表达的话，可能会更有帮助些。就目前来看，这个图表只是指出了不同的主题，表明它们在各个方面都有重叠。如果相反地，按图 18-2（在下面的例 3 中）进行

修改之后，那么不仅可以给出主题，还可以给出子主题。此外，应该可以从数据中包含更多的说明性引用，但是采用表格形式，这通常不会计入字数（聪明）。正如报告所述，这些主题的说明材料在基础上略显单薄。

¹⁵这是否真的是一个不可能包含所有相关文本的情况？我们不知道，但怀疑此处可能有一个可管理的数据量。当然，我们习惯于只包括解释性的摘录的质性报告，我们认为这是理所当然的。尽管如此，如果可行的话，最好还是把所有类别的材料都包括在内。数据/分析的呈现越完整，研究过程变得越透明。附录的创造性使用可能是前进的方向，也可能是包含所有例子的主题表格也能起作用。后者可能有点偏大，但却可见于期刊文章。此处的基本观点是例子/摘录在这篇文章中似乎很少。至少，研究人员更好地解释为什么不能提供更多的材料是很好的。她的确提到了篇幅限制是问题，但这是假设质性报告不允许有额外的空间来包含数据。即便如此，这也可能是研究者忽略不舒服的材料。

¹⁶此处有可能分析不足。主题二是关于童年对成人饮食习惯的影响。然而，第二个例子是对这一主题和摘录这两者进行分割，这不是用来解释增重的童年。相反，体重增加是由于母亲吃掉了孩子剩下的食物。所以问题是这个摘录是否可以支持这个主题。有可能是分析不足，也可能是一个必要的子主题或一个全新的主题。数据表征和质性分析之间不应该有分歧。应尽可能详细地介绍两者，以便充分了解所涉及的过程。所以，为了增加读者对正确分析的感知，强调和分析他们自己分析的问题方面可能是学生的兴趣。

¹⁷引进医疗主题是本报告的一个很好的策略。医学化是社会建构主义分析的一个很好的例子，且在当前研究背景下有效。本研究收集的数据没有超重的医学记录，这确实有些令人费解。原因可能就像作者解释的那样。但可能还有其他原因。例如，研究中的女性可能只是有点超重而不是接近肥胖。我们需要更多地了解这类女性对相关内容的判断。此外，似乎有必要进行一个更彻底的文献综述来探讨个人体重作为一个医学问题的讨论。此种研究是否已经开展是另一个问题。文献综述似乎认为需要进一步推动才能找出答案是否存在。

¹⁸在学生报告中，这是相当让人印象深刻的，因为这是一个理论命题。然而，感觉这个讨论真的还不够。好像这项研究需要跟进来调查人们何时开始将体重增加视为医疗问题，而不是当前研究认为的行为问题。也就是说，当研究开始提出正确问题时，可能有不止一个层次的解释。如果学生提出了这样一个未来研究，这将展开非常有效的讨论，并向世界展示，这里是一个学生对研究如何进行的理解。

¹⁹报告中突出的事情是样本的有偏性。所有这些女性都从事或从有偿职业中退休。这似乎有点不寻常，可能是一个需要讨论或解释的样本特征。尽管在报告中是良好的评价材料，令人好奇的是此处被省略了，但可能读者会注意到。学生开始对报告进行值得赞扬的自我批评。通常这样的批评应该经常包括在任何研究报告中。没有研究是完美的，学生能够表达主要（但又没那么主要）的缺陷是很好的。该问题通常是为了这些论述避免平庸。例如，仅仅说样本量可能更大，并不能表明您是多么深思熟虑的学生。在量化研究中，根据您获得的方差水平，估计研究中样本的大小对产生显著结果的影响可能是有用的。但是，假设大样本量就自动地认为更好，这并不显示有多精妙。大样本量是非常浪费时间（和财务）的。质性研究中，仅仅增加样本

量可能没什么好处。常常采用理论抽样标准（如第 8 章中的扎根理论所解释的）。理论饱和度不一定是分析的终点。它可以简单地作为研究人员改变抽样策略的标志。这种变化可能会支持或挑战他们的理论上的/概念上的理解。也就是说，通过选择一个新的样本，可能会导致一个分析僵局，或者其他需要解决的分析困难，研究人员可以以此来使得其分析工作变得困难。但在当前研究中，不是提及样本量的问题，所要提及的是缺少第二位分析者来检验主题。但也许这需要更多的讨论。这个想法涉及量化研究的可靠性概念，但这是一个质性研究。那么，同样的考虑是否适用？如果他们这样做，将如何应用第二个质性分析者的录入呢？主题分析可能是任何质性分析方法中质性程度最低的，但是简单地将量化的可靠性概念不加讨论就可能浪费一个机会。在质性分析中有许多关于质量标准的讨论可以在第 16 章中找到，将对此有所帮助。

[20]学生写的是体重增加的行为原因，但是，就目前来看，远未清楚这是什么意思。有些主题有争议地认为其本质上是行为的，但这似乎是捕捉数据中发生事情的一种非常不充分的方式。数据包括一些可能形容为情感为基础的内容，但没有任何解释，一般都被分析者归为是行为的描述。鉴于质性研究涉及基于数据的仔细阅读过程以及对数据和发展出的类别间的持续比较，令人惊讶的是，这些都一点没有提及或检验。这强化了分析没有被推到足够程度的观点。

[21]这是对研究结果的真正公正的描述吗？毕竟，这项研究已经询问了瘦身者对增加体重的原因的感知。有趣的是，鉴于肥胖是医学概念，但所有的解释都不能被描述为医疗性质。对比医学的和行为的是研究者选择的解释，但是使用"行为"这个词是一个问题，因为分析结果显示了体重增加的情绪性解释。此处分析有些不够清晰或不足，应该加以解决，但作者并没有这样做。将体重减轻的相关策略方面与体重增加的感知进行对比，可能有更好的论点。但即便如此，支持这种联系的证据在报告中并不明显。毫无疑问，没有一个参与者表达了与体重问题的医学相关的想法。当然，这可能是抽样的结果，但还有其他的可能性。这是一个已完成了量化研究的主题，当提出质性假设时需要加倍努力的很好例子。

(二)示例 2：撰写会话分析

形成一个研究想法是最难的事情之一。这远远不是学生的专属问题。好的研究想法可能需要时间。阅读可以提供帮助，特别是当你有一些自身感兴趣去做的研究的相关概念时。示例 2 的背景故事是学生在老人护理之家工作的一些经验。她认为这方面有研究的潜力。她也对会话分析感兴趣，并且也参加了由她的质性方法老师进行的一系列精彩讲座。她能做些什么来把这些联系在一起？她使用会话分析、关怀、弱势等关键词进行初步的文献检索。这项研究开启于安塔基，芬利和沃尔顿(Antaki, Finlay & Walton, 2007)提出的一个关于智力障碍照顾之家的"选择"问题的研究报告。在仔细阅读本文时，她认为安塔基等人的许多想法可以用于老年人照顾之家。她发现难以获得复制安塔基等人研究的机会，于是采用为护理人员提供服务的、描述的护理人员和老年人之间互动的培训视频为替代。接下来的写作虽然受到安塔基等人文章的启发，但出于教学目的完全是虚构的。请仔细与批判性地阅读此报告——记住，你不只是在寻找缺点。然后把你的批评与报告后面给出的观点相比较。

质性研究报告的例证

照顾之家老年居民的选择实践：培训教材中与护理人员的日常互动的对话分析[1]

海迪·尼科尔斯（Heidi Nichols）

摘要

在机构环境中为弱势群体提供自主行为的机会可能会非常受限。在安塔基，芬利和沃尔顿（Antaki，Finlay & Walton，2007）对智力障碍护理人员的"选择"的研究成果上，本研究探讨如何将"选择"用于老年护理人员的"家庭之家"培训视频。在政府层面的官方政策文件中，很常见的是，在组织结构内，应该尽可能多地提供被护理的弱势群体的独立性。虽然并未正式被定义，但"选择"是表达这一观点的常用手段。政策文件和机构使命声明中缺乏在日常工作中"选择"这一概念意味着什么的工作细节。正如，什么才是有选择的，且如何提供选择？护理之家是对工作人员要求苛刻的工作环境，这些工作人员在时间和工作负荷方面都面临很大压力。基于作为护理人员的亲身经历，研究者对实施"选择"的困难有第一手的认识。在日常生活中，"选择"可能有不同的方式，包括洗澡时间、起床时间、就寝时间、用餐时间、娱乐喜好、电视节目等。选择可以由居民发起或由护理人员发起。然而，在日常的人种志术语中，"选择"必须通过请求、提议和要求交互式地被协商。当然，这些都是以对话为基础的，可能会与人员配置等机构需求相冲突。本研究旨在探讨如何在护理人员的培训视频中呈现"选择"。一系列真实的日常互动培训影片为研究提供了数据。这些视频处理的是护理之家的不同方面，包括接待、社交活动、用餐时间、就寝时间等。涉及"选择"的互动采用会话分析来解释。尽管有许多迹象表明工作人员的关心和善意，但是"选择"是以符合机构管理目标的方式进行谈判的。也就是说，护理之家的日常经验未能在护理环境中实施更广泛的居民选择政策。此外，在更理论化的层面上，研究也提出了一些关于会话分析在这一背景下的适用性的尴尬问题。[2]

引言

关怀弱势群体的观念在护理工作的文件中很常见，包括智障人士和护理老人。这意味着这些团体的护理人员在日常实践中通常需要解释。尊严的一个方面是自我决定和选择的自由。亚伯拉罕·马斯洛的人类需要模型也许是有助于我们理解这一点的少数心理学理论之一。他构想了一个以生存/生物为基本需要（例如，对食物的需求）的人类需求的层次结构，而层次结构的顶层则是自我实现和人的高峰体验。满足生物需求的人可以自由地以最人性化的方式进行自我实现。例如，创造性、宗教信仰和人类个性的脑部方面。充分实现自我的自由是人类最崇高的成就。马斯洛的工作受到了许多批评，但他的观点仍是心理学中较有影响力的观点之一。这也是本报告中提到的一种衡量人尊严的标准。两者之间并不存在精确的方程式，而是一个人的行为的自我决定让我们接近某种尊严，尤其是在这种背景下"选择"是有意义的。需求层次包括生物需求和安全需求、爱和归属的需求、自尊和自我实现，以及马斯洛后来补充的称之为"自我超越"的附加水平。[3]

安塔基，芬利和沃尔顿（Antaki，Finlay & Walton，2007）的研究为本研究提供了一些概念性的基础。他们研究了智障人士在住宿方面的选择问题。研究指出，国家政府层面的政策是智力缺陷者[4]应该对自己的生活有更大的控制——个人选择是重要的。2001 年，卫生部提出了"重要人物"这一问题，安塔基等人认为这已成为某种宣言。"智力能力法"（2005 年）将让"智障人士"对其生活"发言"的原则纳入法律。这一律法的基本原则已经渗透到个人服务中，包括护理之家。安塔基等人的结论是，在各级出版物的陈述中都应该包含选择权和个人控制权。例如，它们在护理之家的小册子中表现为"无处不在"的愿望。然而，在此类讨论中缺乏清晰度的问题似乎很普遍了。例如，安塔基等人的报告指出，官方文件如"独立、健康和选择"在文本中提到了 50 次"选择"，给人以类似印象的，其他文本中也有超过 50 次。但实际日常生活中，对"选择"的定义是缺失的。安塔基等人写道：

> 选择是一种为文化成员所熟悉的人种志方法论意义上的概念，在特定情境中，它的使用比其哲学上的微妙之处更为紧迫。正如它使用于这些文件那样，普遍意义上的"选择"的含义是如此强大，以致没人会怀疑有关机构看到 ID（智力困难者）缺乏或被剥夺了人格尊严的重要组成部分，应该给予更多的支持，因此，官方机构赞同这样的观点，即智力困难者应该给予一种更全面和更自由的生活。

使用"选择"这一术语时很少有关于其用法的细节。安塔基等人写下了"封面行为"，即象征性的陈述——如下列有关"重要人物"中的摘录（2001）：

> 像其他人一样，（智力）残疾者对他们的居住地方，应该做什么工作，谁照顾他们等方面，要求真实的发言权。

虽然不是对"选择"概念的澄清，但这确实意味着官方文件中的门槛是相当高的。也就是说，这些不是基本的选择，在日常生活中我们几乎不会注意到这些（如吃什么，今晚是否去看电影）。像选择工作这样的事情比这些任务要复杂得多。然而，选择如何实施，究竟是谁可能实施呢？简而言之，安塔基等人提出了"选择"在实践中如何运作的问题。当然，政策研究可以解决决策者意图的问题，但这是否能充分说明问题是不能保证的。另一种方法是安塔基等人用过的。这就是要问：在护理人员和其客户在日常互动中如何处理这个问题。这本身并不意味着在这些互动中进行选择假设，而仅仅是互动可能是选择之一。在他们的研究中采用了会话分析。本研究以此研究模型为基础，试图在培训背景下解决安塔基等人的基本问题。

研究者在她成年时曾经在护理之家参与过实质性工作。这段时间里，她和老人有很大的联系，这包括一些在受照顾之前或之后遭受过中风的人。除了年龄之外，老年人和智障人士都有作为弱势群体的相似之处。如果不与中风相关，那么某种智力障碍往往也会经常发生。当我在护理之家工作时，安塔基等人的工作是有揭示的和新颖的，他们描述了我很熟悉的情况。[5]

基于个人经验，对护理人员的培训往往相当少。许多护理人员在开始工作或工作之前，几乎没有接受任何正式的培训。培训是在工作场所进行的。因此，专门针对护理人员的一系列新的培训视频引起了相当大的兴趣。这个系列的"家庭之家"由 12 个系列的半小时视频组成，依据的是照顾之家的生活情况。这些视频按照广泛的主题进行安排：用餐时间、娱乐、就寝时间、成员放松情况以及与同事关系。视频材料看起来很实在，制作公司证实了这一点，并解释说，拍摄使用的远程操作相机分散安装在照顾之家的公共场所。这里有培训手册，以配合系列视频和公司（现代护理理念）制作的视频，还为护理之家服务行业提供培训包。我回顾了一系列"选择"实例的视频，寻求实例来看看他们是否推广了"选择"这个概念，或者安塔基等人的结论，即在这种情况下盛行低水平的、稀有的选择。正如安塔基等人所做的那样，这项研究采用了会话分析。[6]

方法

本研究的目标是评估"家庭之家"培训视频中所表征的"选择"的本质，根据安塔基等人对"选择"的讨论，我们仔细审查了视频包的潜在的实例。我们共进行了三次审查，因为在这种情况下，"选择"似乎以非常微妙的方式运作，没有任何居民启动选择的例子，但有几个是一位居民似乎提供了一次选择。在这一阶段，我们找到了 9 个例子，然后将这些例子从视频中编辑出来，并单独保存为计算机文件，然后与我的导师共同检查这些文件，讨论后同意 7 个例子是明确的选择情况。也就是说，视频片段需要包括完整的对话部分才能进行会话分析，最后的 7 个例子都符合这个标准。选择会话分析作为分析方法的原因，一部分是尽可能遵循安塔基等人的程序，也是因为数据本身是自然发生的对话。然而，一般来说，这些摘录很短，并没有包含可能促使采用另一种形式的质性分析的材料。对话是零碎的，如通过现象学或叙事性的材料，没有或很少包含任何内容。因此，内容分析、扎根理论、解释现象学分析、叙事分析和任何类型的话语分析都是不恰当的，因为缺乏详细的叙述。会话分析的原则构成了分析护理人员和护理之家居民间这些互动的基础。在会话分析中使用的主要参考文献是哈维（Have，1999）和哈奇博与伍菲特（Hvttchby & Wooffitt，1998）的详细论述。会话分析的主要焦点在于话语导致下一个话语的方式。这是一对邻接配对，它有助于我们理解在对话中某种社会行为如何实现。有些话语可以被视为预期/意外的、足够/不足的和暂定的/最终的（Antaki Finlay & Walton，2007）。次序分析方法使会话分析对日常会话的详细分析显得非常宝贵。[7]

数据

数据由总共 6 小时的视频中的 7 个短片组成。这反映了相对缺乏的涉及任何形式的包含选择的互动情节。鉴于这些是培训视频，可以期待重要的培训问题将成为重点。这显然不是选择的情况。一些选择情境类型似乎没有出现在视频中。例如，居民启动的选择几乎被排除在外，几乎完全是居民获得选择的例子。有些情境本身似乎天生就是选择的情况。例如，护理人员在居民周围提供下午茶的时候，这里的选择包括饮料和不同的三明治。穿着可能包括服装的选择。娱乐可以包括居民是否想玩宾果游戏，以及他们是否想要同时玩超过一张牌，或者如果他们赢了之后，想要什么糖果、饼干等。指定潜在的选择情况与实际提供选择的情况略有不同。

摘录的选择是务实的，选择情况过度包含是错误的，铭记这些。即使不同地点在视频记录中也列出，标识情景片段的拍摄地点也是不可能的。同样，在摘录中也不可能给出各方面的确切特征。所给出的任何信息，如年龄等是从视频估计的，可能会准确，也可能不准确。制作公司也证实，这些录像中没有一部涉及与任何一家照顾之家一起进行或表演拍摄的。也就是说，这些交流是自然主义的对话，这也是会话分析研究的必要条件。

为方便起见，将视频中显示的选定对话复制到单独的视频文件中，以便精确测量沉默的间隔。研究者通过反复观看编辑出来的序列来熟悉这些资料。转录前总共只有 9 分钟的资料。所有摘录均使用杰斐逊系统进行编码，这是会话分析的标准做法。特别重要的是，在符号中是使用括号(3.0)或(.5)的时间来表示以秒或秒的部分为单位的静默时间。对于非常短的间隙，通常使用符号(.)，这意味着一个刚刚可觉察到的差距。重叠的语音在相邻的线上用方括号标记。[8]

参与者

参与者是视频节目中的护理之家的工作人员和居民。几乎所有的工作人员和居民都是女性。任何选定的互动中都只有一名男性居民。估计居民的年龄为 70 岁到 90 多岁。护理人员都是女性，看起来年龄为 20～60 岁。当然，所涉及的样本在这项研究中并不是重要问题，因为本研究被认为关注培训视频中所描绘的选择。总的来说，我们并不直接关注护理之家内的选择。[9]

分析

在可用的空间里，并不是所有的摘录都可以被讨论。所以我们选择三个例子进行详细讨论，因为它们似乎更为重要。[10]安塔基等人建议，从他们的分析中，确定了五种选择提供的类型：

(1)对组织而言重要事项的选择；

(2)作为一种连续评论形式的选择；

(3)作为反应失误的选择；

(4)作为拒绝明示偏好形式的选择；

(5)摘要的、不熟悉的或不明确的选择。

然而，目前的数据集无法确定其中大部分的例子。只有第一类似乎能被代表。根据这一类别的特点，安塔基等人提出，要注意对管理层而非对居民而言更重要的事项。[11]我们将会看到，厕所是一个明显的例子，在安塔基等人的研究和当前研究中都出现过。

摘录 1

以下视频摘录发生在有许多居民就座的居民休息室，有 3 名护理人员在准备每周的宾果游戏。虽然护理人员 1 在第 1 行与第 2 行是在关照房间里的一般居民，但她的注意力主要集中在似乎不太专心的马文斯(Mavis)身上。护理人员 1 三十多岁，护理人员 2 五十多岁，马维斯 85 岁左右。

(1)c/w l 我们↑开始(.)宾果(.)接下来

(2)谁想去厕::所？(3.0)

(3)嘿，想去厕所吗？马维斯甜心？

(4)马维斯(2.0)[(噪声听不清)]

(5)c/wl 呀，想去厕所，对吗？

(6)马维斯(1.5)[(听不清)]

(7)c/wl 帮我起来[马维斯　站起来]

(8)c/w2[yea]

通过摘录可以看出，护理人员1在困难的对话环境中正在进行熟练(可能经常重复)的对话表演。成年人通常不会问其他成年人是否想上厕所。如果他们这样做了，也不太可能在周围坐着其他成年人的公共场合询问。人们无法想象，在会议开始之前，某一委员会的主席问某个特定的委员会成员是否想上厕所。因此，我们可以将护理人员1所做的解释为，相对而言，没有问题的处理尴尬情况的方法。首先，每个人都被要求，这比要求一个特定的个人更容易些。避免关于厕所的辩论或争论可以被视作是将尴尬保持在合理范围。

这个例子和安塔基等人举例说明了第一选择类别有一些相似之处。两者都涉及厕所。尿失禁是护理之家中常见的问题。尿失禁事件对护理人员是破坏性的，并且涉及护理人员的相当大的工作——给居民换衣、洗涤/洗澡、清理公共区域的垃圾等。因此，尽管没在居民心中，预测厕所需求仍符合工作人员的利益。护理人员首先询问居民是否在宾果游戏开始前想要去洗手间(第1行和第2行)。然后，针对马维斯提了这个问题，询问她是否要去厕所(第3和第5行)。轮换之间有很长的差距，此时还不清楚马维斯是否同意(第4行)。她所说的话在录音中是听不清的，且由于环境噪声的影响，护理人员很可能没听到她的回答。护理人员在次序或请求方面没有形式化。护理人员明确提供是否要上厕所的选择。依据我的经验，"您想要吗"的提法是在护理之家中选择的常见形式。这些选择是隐含的而非表达的。这些选择包括：上厕所从而不要打扰宾果游戏、在宾果游戏期间上厕所从而打乱游戏、或等到宾果游戏结束后再上厕所。可以这么说，这是一个授权的选择，但是，这不是那类问题，即，对一个超过一定年龄的孩子提问的问题。如此矛盾的是，它可以被看作一个权力下放的问题。它将老年居民定位为受抚养人，几乎被视为做出选择的儿童。提供选择意味着居民可以不用立刻或马上考虑诸如如厕等事宜。对护理人员来说，这个问题可能是一个先发制人的行动，以确保宾果游戏顺利进行。安塔基等人建议通过首先提出选择，这种谈话实际上使该机构对居民享有特权。

所以第3行内容是直接对马维斯问的，她没有以任何方式回应护理人员的问题，第4行是听不清的。这一行是有选择意义的问题的形式。目前还不知道马维斯是否有因为想要中途上厕所而破坏宾果游戏的经历。注意，这也有可能是因为她有尿失禁问题。不过在第5行马维斯的听不清的讲话被认为是表示接受。然而，在第5行，护理人员检查这是马维斯的意图。第6行涉及马维斯的另一个听不清的回应。无论马维斯如何回应，第7行都表明，护理人员的回答好像是马维斯在第6行中同意了。第7行找来了另一个护理人员的协助。第二个护理人员迅速响应此请求，从视频出现并已经积极的站着帮马维斯上厕所。很明显，这一部分涉及第一个护理人员的选择。她把如厕作为一个问题，可以通过明显的是或否的方式来回答，是一种选择。马维斯在两次回答中的不均匀的/听不清的回应并不能阻止她的声音被解释为对其想上厕所的肯定。护理人员可能听到的马维斯的回答更加清晰，这听起来像一个咕噜咕噜的声音，并且表示马维斯没有足够的警觉性来回答这个或那个有意义的问题。换句话说，根据谈话中不直接明显的考虑可以观察出选择。这强化了安塔基等人的观点，即选择可以被看作服从于组织的优先权而非由居民驱动的。

我与安塔基等人的分析有所不同，聚焦于是否在这种交换中真正表现出选择的问题。在第3行中作为一个选择，第4行和第6行似乎采取了不同的含义。想象一下，如果马维斯清楚地、高高兴兴地表示"不"作为她的回答时，那么会谈是否与马维斯给出的不明确性答复的交谈时这样，以同样的方式进行呢？我们假设居民表示同意的唯一原因是护理人员发起促使马维斯上厕所的行动。她的回答的不清晰性可能提供了一个机会，确保马维斯在那个时间点上厕所。争取另一名护理人员的帮助可能保证马维斯不太可能抵抗这一行动。这确实是推测性的，但与后面讨论中对其他摘录的分析产生一致。

安塔基等人的研究背景与构成我研究基础的培训资料之间有很大的差异。安塔基等人研究了在护理之家中的智障人士小组。就身体而言，他们可能比护理之家的老年人更积极。根据我的经验，护理之家中的居民，特别是中风患者，往往是久坐不动的，而且很多人在白天都会长时间地打盹。活动主要集中在用餐时间。白天，电视往往是雷打不变的伴奏，虽然一般不会引起太多的关注。安塔基等人的样本通过举行会议来讨论护理之家中的相关生活问题，更有组织性。据我所知，这在老人护理之家是罕见的或未知的。这可以部分解释两组数据之间没有找到更接近的相似点的原因。

摘录2

时间压力可能意味着一些护理之家的工作人员没有时间单独与居民在一起。有许多困难可以加剧此类时间压力。一些简单的事情，如耳聋、打盹、缺乏空间、高空电视和注意力不集中可以使简单的任务（如下午茶）变得困难。此外，下午茶等日常任务是员工与居民互动的难得机会。拒绝食物在护理之家里并不少见，当然这不是护理人员喜欢的事。例如，他们知道最初拒绝的食物可能稍后就会被吃掉。拒绝食物通常会记录在厨房的日常报告中，这是另一个压力。所以，确保居民下午的吃喝是符合工作人员利益的。

摘录2涉及此种情况，在休息室里，推着一辆装着食物的手推车，让居民从他面前的小桌子上的托盘吃饭。具体情境是，一个护理人员提供了汤、三明治和糖等不同食物让居民来选择。这个环境又是一个居民休息室，但很安静，这很大程度上是因为没有电视噪音。护理人员依次向每位居民发送问候。在这个例子中，居民是埃德娜。埃德娜约90岁，护理人员大概30岁。

（1）c/w下午好埃德娜。您今天好吗，亲爱的？

（2）我呃唷唷吃东西　嘿嘿(.5)蘑菇或鸡蛋三明治(1.0)火腿(.8)

（3）好奶酪(1.2)今天的酸奶和水果蛋糕(1)就是这样(.2)

(4)我喜欢您的衬衫(1.2)以前没见过(.5)

(5)颜色适合您

(6)居民(1.5)我只是想喝一杯茶·

(7)c/w(.3)现在我正在为您倒它,亲爱的(.)

(8)但是为我准备一个三明治(2.0)

(9)您今天想吃奶酪吗?

(10)居民只要一半(1.9)我喜欢好茶(1.0)这里的好茶

(11)c/w 如果我给您半个奶酪半个火腿,适合吗?

(12)居民,您做最好的茶

(13)c/w 谢谢您,亲爱的。再来点蛋糕?我这里会把它留给您[12]

第6行提出了一个有关选择的有趣问题,居民被邀请选择她想要的食物。这段摘录的其中一个问题是第2至第5行是否构成一个会话分析的邀请。通常在谈话中的邀请需要相当多的话来拒绝,而不是被接受。拒绝邀请往往是困难的。如果我们认为提供选择是可以做出选择的一个邀请,我们可以预期第6行是相当复杂的,因为各种食品基本上都被拒绝了。第6行开始有延迟,但其余部分或多或少是直截了当的。有迹象表明如"我只是想",食品的拒收率略微降低,但这不像一些提议被拒绝的复杂方式。所以很难确定到底第6行发生了什么情况。也许第12行是食品最初衰落的一部分,因为它表达了对护理人员的恭维,可以解释为处理之前可能引起的任何不安。埃德娜把谈话视为朋友之间的对话,而不是作为不同角色的个体——居民和照顾者。另外,照顾者只是在进行另一版本的一种例行机构交换,在这种情况下,此类轻微的拒绝是常见的,且没有问题。另一种可能性是,埃德娜没有被提供在吃东西或不吃东西之间的选择。因此,护理人员的反应实际上可以简单地被看作避免对抗的方式来修复对话。

护理人员的有些谈话是相当程序化的。整个摘录中,她描绘了一种温暖、关爱的人格形式,这可以在第1、4和5行中看到,在第13行也有一些。在第12行居民表示了直接的赞扬。第2行和第3行在结构上很复杂,有些难以理解。在第2行的开始,开玩笑的提到啜饮(喷喷地喝)而非喝汤,可能会增加混乱,特别是如果居民有听力问题的话。那么这段对话不仅是长时间的,而且也是混淆地呈现出来了。著名的三部分列表当然没在这里使用(Potter,1996b)。第4行和第5行进行了对手头任务的转移。总之,这可能导致了第6行的一杯茶的要求,而不是居民试图记住哪些被提供和需要做出选择。也就是说,从第2行到第5行找到了问题。依据安塔基等人的观点,这当然是一种选择情境,因为居民被要求做出选择。居民没有在合适的选择范围内做出回应,而是要求喝杯茶。这可以看作居民发起自己的选择,或者作为一种避免当前食物问题的方式。护理人员不否认这种选择(第7行),但稍加说服,让居民接受"只为我"(第8行)的食物。护理人员似乎在等待埃德娜的回复(第8行),但是在护理人员再次说话之前没有得到答复。所以,在这个阶段,似乎是真正地提供了选择。但是,没有得到答复,此时,另外一个提议被提出("您今天想吃奶酪吗?")(第9行)。这一次,埃德娜做了回复,在第10行中,她表示会吃上半个三明治。然而,埃德娜的选择在某种程度上被护理人员拒绝了,她建议半个奶酪三明治和半个火腿三明治,这是一个完整的三明治,而非埃德娜希望的半个。换言之,在没有任何对抗的情况下，护理人员已经达成了机构的首选结果，同时又没有给埃德娜带来任何困难。谈话实际上依赖于一些普遍的对话规则，以便在这种微观情况下达成机构想要的结果。在谈话方面，已知拒绝个人邀请比接受更困难和复杂。接受邀请只涉及几句话，拒绝邀请需要以借口的形式进行复杂的解释。

摘录 3

最后一个例子涉及面对事情时的选择情境。但是，再次依据我的个人经验，对于由中风结果而产生的听力受损或严重受损的居民，这是一种普遍存在的情境。会话在这种情况下可能会很困难，因为会话的正常过程有点难以完成。尽管如此，还是存在一种交流形式，这在很大程度上可能是为了护理人员而非居民的利益。因此，重要的是在生活中的会话，如果不说话，很简单的任务也很难完成。例如，从扶手椅上帮助居民，调整他们的舒适位置等总是伴随着谈话。对于卧病在床、似乎并没有意识到身边发生事情的居民，这一点显得特别辛酸。从关怀的角度来看，从身体上帮助弱势居民但在此过程中并不与他们交谈，这似乎是不自然的。这种交谈是重要的，是护理的一部分。这甚至也可以应用在亲子情境中，此时，当要移动儿童时，与其谈话是常见/普遍的。这是第三个例子的重要背景。

例子 3：[13]

(1) c/w 这样我不可能舒服

(2) [(提升居民和重新安排坐垫)]

(3) 您儿子今天来吗？

(4) [(居民耸耸肩)]

(5) 他平时不是经常周末来吗？与孙子。

(6) [(居民微笑)]

(7) 您想要[您的水吗?]

(8) 居民[冷][(自己拉着围巾披肩)]

(9) c/w 您必须记得喝水，否则会再次感染 (.4)

(10) 啊？[(护理人员将饮料杯放到居民的嘴唇上)]

这里的谈话似乎只是一份独白。从对话分析来看，有一些转折机会，如第 1、3、6、7、9 和 10 行等。第 4 行的耸肩是居民似乎对转折机会做出适当反应的唯一阶段。即使如此，该问题还远不清楚。这是建立在对问题的理解/听见的基础上，而不是，比如说，不能听到/理解护理人员说了什么，因此耸耸肩。任何护理人员都可能熟悉这种情况。他们也会意识到，脆弱的居民可以有好日子和坏日子，如清醒甚至是听力方面。这或许可以解释为什么尽管居民的反应很小，但护理人员仍然进行交换式交流。这只能是推测，因为仅有一个涉及居民和护理人员的摘录。这不是一个正常的日常交谈，但是，一些谈话规则似乎也被应用。但是，我们应该了解有一种可能，即在护理之家有其特殊的谈话规则。也就是说，不管老年人如何回答，当与其进行实际交往时，护理人员总是与居民进行类似对话的活动。在日常谈话中，缺乏反应很有可能会导致谈话迅速终止，如果没有回应，则说明发言者因缺乏答复而感到被冒犯。尽管有前面的几行，第 7 行出现了一个对居民提供的选择——喝水或不喝。然而，当我们认为第 9 行表面上给出了老年居民应该喝水的理由时，这是否应该作为一种选择提供是有争议的。另一种观察摘录的方式是，这几乎完全由自说自话或自我对话组成，而不是针对或打算涉及真正的选择情况。[14]如果真的有选择的话，老年居民是没有机会做出选择的，当护理人员自行处理并将水放在居民的嘴唇上，这样他们几乎可以肯定只能喝水。也就是说，此种情况下提及选择是令人好奇的，因为护理人员会尽可能地取得最佳结果。[15]

讨论

这份报告提供了护理人员培训录像中的"选择"的例子。本研究受安塔基等人的研究启发，他们探讨了如何在护理之家中为智障人士实际实施"选择"（国家政策层面的重要概念之一）。[16]这两项研究就一个主要结论——即这些选择发生在相对比较琐碎的事情上，而不是涉及这些机构外大多数人经常做的那种重要的生活方式的选择。此类情境中的选择倾向于为了达成管理层的首选结果，这些选择往往会被"管理"，所以他们没有任何意义上的自由选择。除此之外，这两项研究的结果在细节上没有密切联系。安塔基等人预测，在他们的背景下，国家层面地倡导选择的水平并不明显。这个水平包括关于婚姻、就业和居住地的选择。事实上是试图通过对话来对日常事件进行选择，且这往往倾向于管理层的理想结果。这些选择并不是居民提出的，他们似乎对选择毫无兴趣。选择被纳入每天的一般议程，如上厕所，而不是针对更重要的生活选择，如去哪里购物。当前研究与安塔基等人的结论有所偏离，在安塔基等人智力障碍者之家中提供的大部分地点/场合都没有被复制。现有的信息无法进一步说明其中原因。

这一结果并不令人奇怪，因为本研究聚焦于家庭护理培训视频中的选择，这可能会大大限制可用的选择类型和选择情境。当然，相比安塔基等人研究中更年轻的样本，护理之家的老年居民更可能久坐。另外，护理之家的老年人的精神往往不如安塔基等人研究中描述的那样民主。本研究包含选择在内的会话往往仅包含人们可以在会话分析方面期望的很少的几个特征。转换的概念似乎往往并不适用，因为不管老年居民是否已经回答了有意义的和适当的回应，会话已发生。会话分析理论对此的解释有些困难。老年人的贡献往往非常小，留给研究者的工作很少。护理人员的贡献似乎大部分是预设的脚本，而非交流的产物。这使得我们很难从谈话的细节而只能是从上下文的角度来理解摘录。这不是会话分析的思维。

居民的选择倾向于增加护理人员的额外压力，需要时间来提供选择、获得答复、并采取行动。面对体弱和弱势的居民，其参与时间会延长。事实上，正如上文讨论的例子中明确指出的那样，实施选择或许是不可能的。因此，时间紧迫的护理人员基本上可以绕开拖延的时间，从有点沉默的老年居民那里获得明确的选择，这一点就不足为奇了。不过，这只是另一种暗示，即坚持选择的政策在基层没有得到有效执行。这与安塔基等人研究发现一样。老年人护理之家的选择实施比安塔基等人研究中的更不稳定。可以肯定的是，在护理之家，有很多例子可以表明居民受到如同与其他任何成年人一样的待遇。不过，在我们的摘录中，可以看到有些护理之家的居民并非完全自由地做出选择。在护理之家的日常生活的微观互动中，达成管理目标要求的必要性似乎是被优先考虑的。因此，涉及"选择"的摘录似乎更多的是缺乏选择。如同为大多数其他成年人和小孩提供选择一样，对老年居民提供选择似乎也是一件正确之事。然而，在摘录中并未出现任何证据，表明居民正在做出有意义的选择，并由护理人员做出回应。

所以，从这方面讲，培训视频没有有效地推广选择的理念。公平而言，这可能不是电影制片人的目标之一。他们更关心的是如何让新员工了解护理之家中生活是如何的。为此，可以认为视频是有用的。他们提供了良好的照顾工作的有用指南。然而，本研究的目的并不是评估这一点。这些视频几乎没有任何支持有意义的选择的想法。选择作为一种工具而非一种过程起作用，不这样做的困难不应当被低估。安塔基等人这样说：

> 但是，我们的研究结果显示了一些鲜明的差别。一方面，对官方使命水平的政治建议的字面理解；另一方面，员工的现实生活，即必须在其工作日程的需求（让居民上车、洗车、乘公交等）和要求他们给出选择的"软要求"间挣扎。工作人员必须首先解决更重要的基本问题，即将居民的生活重建想象为"选择"和"个人控制"才是现实的愿望。深思熟虑的语言上的选择并不总是与实际生活的突发事件一致。[17]（Antaki Finlay & Walton，2007）

本研究和安塔基等人的研究是从不同的起点出发的，但在更广泛的结论上却仍然有关系。相反，在理论层面上，两个研究关于会话分析理论的含义可能有所不同。本研究在会话分析理论方面提出了一些尴尬的问题，更不用说政府政策的执行了。

也许有理由问，依据任何传统的会话分析意义，本研究使用的所有摘录实际上是否足够成为对话。吉布森（Gibson，2013）让我们知道确定谈话的两个事实：

> 首先是谈话是受统治的，谁说话和他们说些什么都遵守规则，确保基本的秩序和可理解性。缺乏这样的规则，作为一个可识别的现象，谈话将不存在；相反，每一次相遇都是混乱的，且是一种独特方式的混乱，如同在场人物的具体情况，他们相互之间的关系，以及他们的物质环境的关系。

例如，这些摘录几乎没有表现出轮换的规则，但这些摘录却有条不紊地进行着。然而，会话转折之间的可理解性至少与摘录的内部结构一样依赖于外部语境概念的引入。如果不遵守规则，也不会像人们所认为的那样遭遇混乱。出于这一原因，我们有权询问这些摘录是否一般都是对话。可以看出，护理人员对秩序的贡献比居民的投入更多。也许在这种情况下，护理人员施加某种会话结构不能有效地转化为会话分析的原则。

吉布森继续建议：

> 我们所知道的第二件事是，并不是每个人都能得到同样的发言权的，依据说话和回应的机会，以及每个人都希望说点什么，作为发言者说话与听取他们的意见。换句话说，对话就是一个区分人的地点，也许不一定……沿着一个由包容万象的体制结构

中的属性、个性或职位所建立的界线。

看起来这些摘录正是吉布森所描述的，摘录显然是浅显的对话。没有护理人员强加的（通常是单方面的）秩序，我们可能会处于混乱状态。有序性的确取决于护理人员和居民在这些摘录中的角色区分。这不是平等的对话，虽然政府的政策在选择方面的预期是如此。事实上，在涉及选择的地方，个人的意愿应该先于其他考虑。鉴于有些老人的依赖程度很高，这些结论并不令人感到意外。这种差异可以被认为是吉布森所说的"在一个包容万象的体制结构中的地位"的结果。[18]

结论

最后，戈登、艾莉丝·希尔和阿什伯恩（Gordon, Ellis-Hill & Ashburn，2009）的会话分析工作是切题的。他们研究中风患者与中风专科病房的护士的交流。他们指出，护理人员控制会话。他们放出话题，控制会话的进程。也就是说，会话显然是不对称的。来自弱势居民的投入是微不足道的——他们的投入很短，且往往勉强，或不一致。护士也采用封闭式询问。有趣的是，这不是我们摘录的显著特点。例如，会话中，几乎没有包括任何病人对未来计划的焦虑。总之，有人可能认为，本研究、安塔基等人的研究和戈登等人的研究开始汇合，以突出一个有趣的未来研究领域。显然有必要进一步拓展对这些基本上是"单方面"对话的理解。它们可能会影响我们对正常对话中断情况的理解。将其当作"与宝宝交谈"的一个版本可能是一个起点（尽管这似乎是一个有点冒犯性的语言选择）。显然需要涉及更广泛的弱势群体的进一步研究。[19]

关键评估

[1]标题是对即将阅读的内容的总结。一般而言，两部分结构在会话分析标题和质性标题中是常见的。一个可能的、引人注目的标题选择可以是"您想要上厕所吗，亲爱的马维斯？护理之家实践中的选择的对话分析"。这不像当前标题那么有信息量，但它很快直达研究核心。

[2]摘要总的来说是一个很好的总结。有人可能会质疑"虽然有迹象表明，工作人员是关心和善意的"这一陈述，因为研究没有明确评估这些事情。这是一个很好的总结小点。但350多字的摘要可能太长，以至于不能满足特定地方对摘要的具体要求。以下是本报告的缩写版本，虽然它不是被截取的，因为它试图覆盖研究的所有方面，但它确实小于150字的字数：

　　面向弱势老年人之家的自主活动机会可能受到限制——弱势群体的机构背景可能受到很大限制。本研究探讨了培训视频中"选择"是如何表现出来的。对于工作人员来说，护理之家工作环境是高要求的，他们经历较严重的时间和工作负荷压力。选择在日常工作中可以有许多不同的方式，如用餐选择和洗澡的时间。然而，在日常的人种志术语中，"选择"必须通过请求、提议和要求交互式地被协商。当然这些都以谈话为基础，并且可能会与人员配置等的机构需求相冲突。"选择"中的交互作用是通过会话分析来解释的。选择是以符合制度化管理目标，与国家政策相吻合的方式进行谈判的。此外，研究结果也提出了一些在类似背景下会话分析的适用性的尴尬问题。

在质性报告中是否适合使用"发现"这些词汇是值得考虑的。

[3]对马斯洛工作的讨论是一份混合式优势。这表明一个人可以从大学学习中获得想法，并与其他领域建立联系，这是一件非常好的事情。学生借鉴理论进一步考虑研究中的一个关键概念是什么意思（选择），也是一件好事。但是，从某种程度而言，这有些表面化。研究所提供的一个引用有些陈旧，如果有更多关于马斯洛思想的最新资料就很不错了。例如，用关键词"马斯洛"和"选择"进行文献检索，会出现什么结果呢？您是否用这种方式进行了相关讨论？引进更新的材料将强化一个好学生的印象：她准备挖掘一点资料来源。

[4]智力残疾者比智力缺陷者是更适合的语言。质性研究人员往往因为对参与研究的人采取更人性化的方法感到自豪。你要非常小心地使用语言，因为类似的错误会导致攻击。

[5]一般应鼓励在质性报告中使用个人经验。当然，在这种情况下，研究者在护理之家工作的时间是相关的，并且对数据的解释有积极贡献。它提供了一种帮助理解摘录的上下文形式。然而，在这种情况下，我们可能会问自己，研究者是否将自己的个人经验作为"权威"，在报告中的各种陈述做得太过分了。举例来说，是否没有其他资料显示护理人员在相当长的时间内受到压力？换句话说，需要注意确保个人经验得到恰当的使用，而不是让它取代了奖学金。关于照顾之家的研究文献中的这些断言，是否可能得到支持呢？

[6]这个阶段，你可能会觉得你已经相当多地读过关于安塔基等人（Antaki Finlay & Walton，2007）的文章了。同样引人关注的是，学生总共引用了很少的论文。为公平起见，安塔基等人的研究中也只引用了11项研究，会话分析研究中有很短的参考文献并不少见。但是，这是一个用于评估的报告，似乎文献综述本身是相当有限的或薄弱的。这有很多可能的原因。学生可能根本没有打算进行文献回顾，或者可能很少有相关文献可供审阅，或者学生可能已经认为她找到的文献可能根本就不适合。不幸的是，大部分阅读报告的人很少或根本不了解实际应用的内容。如果学生对此情况进行解释，那将是最好的。也许她可以添加一个类似的简短段落：

> 文献检索使用各种检索词单独或组合地进行了检索。其中包括关键词的选择有：护理之家、老年人谈话、机构对话、请求和提供等。有些有大量的文献命中，但另一些没有。进行组合时，文献命中减少许多。至少，对相关研究的摘要进行了阅读。很少有（如果有的话）与当前主题直接相关的材料。这恰恰支持了安塔基等人给出的印象，即认为这是一个需要更多研究关注的新兴研究领域。

当然，如果学生没有费心去做文献综述，她应该受到惩罚。考虑到可以通过电子方式下载出版物的现代便利性，几天之内就应该可以进行这样的文献综述了。

[7]并不是所有的读者都熟悉会话分析的程序，尤其是杰斐逊转录，用一个附录来详细说明杰斐逊编码在应用于数据时的主要特征可能会很有帮助。

[8]对会话分析规则进行描述是好的，但在描述数据时却不一样。这些信息放在附录中将会

更加适当。

⁹本报告没有关于伦理或数据保护的讨论。据我所知，当前数据是一种档案资料（媒体），通常被认为不适用于心理伦理、大学伦理或数据保护等。尽管如此，学生可能会考虑对这类研究的伦理做一个简短的评论。例如，如果研究人员为了研究的目的而拍摄了类似的内容，那么伦理审批和数据保护将适用。

¹⁰如果有7个摘录可用，但只有3个被报告，研究人员应该解释为什么做出这个决定。此外，额外的4个摘录可能会对读者有所帮助，可以作为分析的一部分，以支持所提出的声明。质性分析的各个阶段的透明度是重要的，尽可能多地包含数据会提高这一点。

¹¹现阶段的报告似乎有点遗忘了读者的需求。虽然安塔基等人（Antoki et al.，2007）的研究结果是否适用于学生学习是一个合理的分析策略，但读者将不得不停下来阅读安塔基等人的论文，开始理解这里写的是什么。学生需要提供有关安塔基等人分析的必要信息，并解释为什么它不符合当前的数据。这将需要更多的文字。学生可能需要决定是否省略这部分内容。这样做的原因是，学生报告的这一部分对于主要论点并不是必需的。但这是一个艰难的选择，最好的策略是无痕。

¹²转录需要多关注一点。尤其是，它们在风格上完全不一致，且与杰斐逊转录方法似乎并不完全一致。再整理一下将会使工作看起来更专业些。

¹³转录的摘录之间的差异似乎是暂停等计时方式的使用。第三段摘录内容较少，鉴于谈话的流畅性，有些片段似乎没有出现。当然，在任何转录系统中都有很多的自由裁量权，不同的转录者会有不同的风格。但是，这不是一个转录者不一致的理由。同样值得注意的是，在不同的摘录中，对动作的描述有不同的处理方式。

¹⁴有趣的是，第8行可以被认为是遵循第7行中护理人员的评论的适当的转变。没有这个观察，居民本来可能提到水了。我们不知道护理人员是否注意到她把披肩拉到身上，第9行和第10行中没有任何迹象表明她有。所以，摘录3比研究者看起来更有对话性。第4行和第6行中居民的非语言反应可能表明她不记得（因此第4行耸耸肩），而她在第6行中的笑容可能表明她听到了提及的孙子，但没有想到任何事情因为她不记得他们的访问是否是今天。

¹⁵这些摘录很难通过或没有会话分析的帮助进行分析。所以值得注意的是，学生研究者没有提到寻求她的导师或其他人的帮助进行分析。可能多一点专业知识将有助于在分析上可以更明确地阅读。鉴于结论可能引起争议的本质，寻求帮助和建议似乎也是一个明智的预防措施。无论如何，质性研究人员并不是一个在工作室里专心致志但独自工作的艺术家。包括质性研究在内的研究被认为是从他人的输入和个人输入中获益的集体努力。质性研究的发表要求研究者清晰明确的观点。和别人谈论您在各个阶段的研究能帮助您更好地表达事情。如果与您讨论的人不喜欢您的分析，您应该接受他们的意见，以进一步发展你的分析观点。

¹⁶这里使用的语言在当代写作中是不可接受的。应该避免使用这种老式的语言，尤其是在可能引起冒犯的情况下。在质性研究中，研究者有义务有尊严地对待所有的研究参与者，并将其视为有自己的权利。询问参与者如何引用他们是很有用的。这不是政治上的正确，而是把人视为积极地参与研究，而不是把他们视作过去主流心理学中被认为的被动的"主体"。

[17]使用引用时，请确保您正在以某种方式讨论引用，并确保它与您所陈述的内容绝对适切。在这个特殊的案例中，我认为学生已经引用了这句话并正在使用安塔基等人来支持她的观点，这有些不必要，因为这只增添了一些文字，对她的论点几乎没什么用处。为了引用，中断了一个很好的论点。

[18]总的来说，这似乎是一个很好的、相当强大的讨论以结束学生的报告。报告中还有一些瑕疵——例如，吉布森语录的使用似乎没有经过深思熟虑，对于什么构成会话以及如何通过会话分析识别出会话有一些误解。这个学生在讨论中似乎受到了一些阻碍，使得一些与整体报告无关的观点变得不切实际。然而，她确实认识到，对智力有限制性的人群的非常有限的会话进行分析，对未来的会话分析研究而言，可能是一个具有挑战性的但却很有刺激性的领域。借鉴了几个不同的参与者群体(智障人士护理、最脆弱和最虚弱的老人和中风受害者)之间的相似之处，她在该领域缺乏专业知识阻碍了她做出合理的论证，但却也证明她明白了对不平衡的谈话进行分析的困难。

[19]从很多方面来说，这个结论都是学生的一项非常好的工作。这表明，她甚至准备质疑对话分析的基础，并强调了一个发展中的研究领域。她的摘录中的谈话实际上构成了会话分析中的谈话吗？这是一个有趣的问题。此外，将她的研究分析与对护士——中风患者对话的研究联系起来也是惊人的。该学生清楚地表现出依照学术方法提问的能力。她可能忽略了一些东西，如相关的论文，这并没有削弱其能力，而且这个学生几乎肯定会因为她的努力而获得好成绩。

(三)示例 3

有一点应该清楚的是，不同质性方法的书写预期是不一样的。也就是说，会话分析研究的写作与解释现象学分析研究的写作不完全相同。虽然总体策略在写作结构上是一致的，但不同方法间有明显差异。处理文本的细节并深入地讨论摘录细节，这在会话分析报告中是常见的。解释现象学分析以更一般的术语来报告分析过程。下面的例子是基于范吉利和韦斯特(Vangeli & West，2012)的工作。尽管从范吉利和韦斯特的研究中借鉴了很多内容，但总体来说，这个例子大大简化了他们的工作。之前很少或根本没有质性研究与当前研究相关，这在质性研究中自然不少见。事实上，研究人员的以往研究是量化的。一般而言，解释现象学分析对量化研究和研究结果是开放的。扎根理论对非质性研究同样开放，尤其是在其最初的表述中。在一个解释现象学分析报告中，来自主流质性心理学的发现和理论常常与质性数据的解释混在一起。

质性研究报告的例证

身份作为决定戒烟的原因：利用非吸烟者身份的效应[1]

露辛达·波普尔顿(Lucinda Poppleton)

摘要

目标：人们认为长期戒烟需要形成"不吸烟者"身份。本研究试图了解身份在从吸烟者到非吸烟者的转变过程中的作用。

设计：采用解释现象学分析来研究长期戒烟样本的身份形成和变化的经历。参与者是一所大学卫生服务机构"戒烟"项目的新入人员，他们对实践性指导及团体工作都有所涉及。

方法：采用目的性抽样方式，共招募8名一年的戒烟者，所有人都参与了之前一个大学健康服务的戒烟小组。采用半结构化方法进行访谈。研究中的录音被转录并进行解释现象学分析。另外，每个参与者完成了关于其戒烟前的行为和其他事项的问卷。

结果：一个显著的个体成就伴随着暂时的"团体戒烟者"身份。然而，参与者对吸烟保持着一定程度的兴趣，这意味着不完全的身份变化。不管他们已到达身份转换过程中的哪个阶段，戒烟者将自己定义为不吸烟者。为达到长期戒烟的目的，并不一定需要完全连贯一致的、不受困扰的非吸烟者身份。[2]

引言

因为强烈的、基于生理的驱动力，吸烟者的吸烟动机普遍很高。这些驱力部分是中枢神经系统试图调整尼古丁缺乏的结果（West，2009）。尼古丁依赖也有社会和心理方面的原因。多年来，这些习惯和联想学习都会强化个体主动地吸烟。关于吸烟的成瘾本质还有很多需要进一步了解的方面。例如，尽管我们知道心理复发预防计划适用于其他成瘾，但缺乏证据表明预防复吸将有助于吸烟者的治疗（Hajek，Stead，West et al.，2009）。为帮助人们更有效地戒烟，填补这些研究和知识空白似乎很重要。[3]

近期的研究已经强调了吸烟行为的动机[4]和身份（West，2006，2009）。其中一个假设是身份改变对戒烟过程至关重要。身份的概念和自我的概念以各种方式联系在一起。依据讨论的方式，它们有时很难被区分。"自我"的特征中包括身份特征。尽管这些年研究者对自我和身份等主题进行了大量的研究，但威廉·詹姆斯（1890）对主体我和客体我的区分仍然很重要。前者主体我是进行经验解释的个体的自我组织方面。客体我就是当进行自我思考时我们所看到的自我，是一般在身份理论中被提及的东西，由许多身份所构成。也就是说，我们都有多个自我认知的身份。自我随着我们经验的变化而改变。斯特赖克和伯克（Stryker & Burke，2000）提出，我们对自身的每个职位或关系（如兄弟，雇员）有不同的身份。针对每个不同的角色都有或多或少规定的某些行为，我们预期这些行为将由他人来履行。按照角色规定的方式行事，不仅能验证一个人的角色状态，而且在自我评估方面也是一件积极的事。[5]

以一种不一样的方式，泰弗尔（Tajfel）等人（1974）的社会认同理论假设一个人的自我概念来自他们所属的社会类别。这种社会类别的例子包括学生、苏格兰人等。

斯特沃特-诺克斯（Stewart-Knox）等人（2005）讨论了与启动吸烟行为有关的社会解释，即身份是如何参与从吸烟者变成非吸烟者的过程的。

如果涉及身份认同，身份变化的相关理论将是特别相关的。身份转换理论（Kearney & O'Sullivan，2003）适用于上瘾，是行为变化中身份变化的一种方法。

价值冲突是由我们的行为和这些行为带给我们的痛苦而产生的。例如，我们吸烟，尽管几个月前父母死于癌症。痛苦的心情导致行为的改变，如果成功的话，会导致身份的改变。[6]

就吸烟而言，这种新的身份将是"不吸烟者"。这个新的身份可能有助于保护个人不会回到吸烟状态。[7]对成人身份和戒烟的量化研究探讨了个体自我概念在吸烟和不吸烟自我概念中的作用。自我概念可以预测戒烟意图和戒烟尝试的开始（Moan & Rise，2005；Van Den Putte，Yzer，Willemsen & de Bruijn，2009）。自我概念发生变化得越多，开始戒烟的时间就越长（Shadel，Mermelstein & Borrelli，1996）。身份变化通常是在戒烟六个月后发生的。这些前吸烟者对典型的吸烟者变得更加消极，尽管家人和朋友（也是吸烟者）阻止这种情况的发生（Gibbons & Eggleston，1996）。[8]

对中止成瘾行为的质性研究普遍支持上述调查结果。他们认为身份变化涉及从酒精和阿片成瘾中的恢复，能观察到显著的身份变化（例如，Biernacki，1983；McIntosh & McKeganey，2000）。虽然情况似乎相似，但吸烟者和戒烟者的质性研究并不多。汉尼嫩（Hanninen）和科斯基-詹尼斯（Koski-Jannes）（1999）发现，戒烟者的自尊增加有微妙变化。另一项研究发现，与之前的吸烟自我相比，非吸烟自我有更积极地自我尊重（Brown，1996）。[9]

因此，似乎毫无疑问，成功戒烟与身份变化的过程有关。保持节制似乎导致了身份的改变。[10]然而，这些研究有些片面，且以量化方法为主。有必要更好地了解戒烟身份变化的过程。例如，个人身份的变化与群体身份的变化是否有区别？本研究试图了解戒烟者如何理解戒烟过程中的身份变化。[11]所选择的方法是史密斯、弗劳尔斯和拉金提出的解释现象学分析。在此，个人被认为是重要人生经历的意义建构者，它很容易解决变化和身份的相关问题（Dickson，Knussen & Flowers，2008；Osborn & Smith，2006）。

方法参与者

本研究招募了 8 名大学工作人员和学生，共有 5 名女性和 3 名男性。他们参加过中央大学亚伯丁健康服务部的戒烟计划。除了一名参与者外，其他人都是英国白人，黑人男性是个例外。该大学允许员工的直系亲属免费参加课程，就像学生一样。任何在大学注册的学生或在工作人员地址居住的人都有资格。研究者是其中一个小组的不成功成员，并有小组其他人的联系方式。其他参与者则通过口头问询、海报、学生广播电台，以及在大学学生会网站上发帖等方式招募。重要的选择标准是参与者必须至少戒烟 12 个月，而且还在戒烟中。戒烟项目涉及一个持续 6 周的有组织的封闭式计划。基本策略是基于海杰克（Hajek，1994）的戒断治疗方法，提供了有关戒烟的效果和有用的药理学辅助手段（如尼古丁贴剂）的建议。这个方法包括鼓励小组成员之间的联系和相互支持。本研究并没有作为戒烟计划的评估研究，探讨戒烟过程中的身份变化是研究的唯一目标。[12]

程序

同意参加研究的人接受了研究者的访谈。访谈开始时，研究者解释了研究目的，向参与者提供了有关研究的信息表。之后参与者给出了参与研究的知情同意，并且完成了一个简要的背景调查问卷。[13]访谈被数字化记录，一般持续约 60 分钟。每个参与者都被分配了一个匿名、用于识别访谈的录音和转录。访谈在各种不同的、基本上是临时设置的场景进行，如心理系的餐厅、公共休息室和教室等。访谈者介绍自己是一名为一个评估项目进行研究的学生。她解释说，对大体上戒烟的经验进行的研究很少，她对戒烟成功的经验很感兴趣。参与者被要求尽可能详细地描述他们已经成功的戒烟过程。每次访谈都由研究人员转录从而提供口头语言记录。但是，并没有试图将访谈中的非言语方面进行转录，如杰斐逊转录中所做的。对于解释现象学分析来说，这通常不被认为是必要的，且这种分析对于对话或话语如何工作几乎没有兴趣。研究者的主要目标是了解参与者的生活经历。这些信息不需要超出口头层面的转录。

会谈计划表

半结构式访谈以一种允许参与者介绍他们自己最关心和最突出的领域的方式进行。如果研究者感兴趣的领域没有被自发地讨论，就向参与者提出。这些问题包括对吸烟的渴望、对吸烟与戒烟的体验及信念，以及身份认同。这在解释现象学分析和其他地方被称为漏斗。漏斗问题使研究能够处理广泛的参与者经验，同时避免过度指导会谈（Smith，Flowers & Larkin，2009）。一个关于身份的具体问题是：相比于以前抽烟的时候您对自己的看法，现在已经不吸烟，您对自己的看法有什么不同吗?[14]

分析

数据分析的相关要求是一种能够对人们的经验进行系统分类和理解的方法。选择解释现象学分析的原因是因为它在现象学和符号互动论中的认识论根源（Smith，Flowers & Larkin，2009）。[15]解释现象学分析试图捕捉个体在社会世界中的生活经历。不仅个体对自己经历的理解是重要的，而且研究者的角色是积极地解释或建构参与者的解释。也就是说，这是一种双重解释过程。还有其他的归纳质性方法，如主题分析和扎根理论，但解释现象学分析的双重解释最接近研究的分析要求及其认识论基础。

分析过程包括熟悉访谈内容，然后仔细比较和再比较，从而发展主题，这些主题解释了参与者在访谈中所陈述内容的主要方面。[16]研究者的主要聚焦点是与身份概念有关的材料。这是一个归纳的过程，涉及大量的笔记和试图形成主题。访谈者即研究者，这一事实有助于熟悉度。每次访谈结束后，访谈者尽快进行转录。在任何情况下，不会超过四天，一般是第二天。转录完成后，分析开始正式进行。研究者自己进行转录工作，这也促进了熟悉度。假设与发展主题过程进行了多次调整。这些主题与转录进行了反复核对，并重新拟定主题。与研究者导师定期讨论进展情况，其导师近年来已发表了许多解释现象学分析的相关文章。分析中纳入了导师的反馈意见，特别是一些主题的解释框架。理想情况下，多一些采访可能有助于完善分析。然而，招募参与者是一个缓慢而费时的过程，最后期限的压力意味着这是不可能的。尽管如此，所形成的分析是与访谈内容紧密结合的。[17]

附录 A　［由于本书的空间原因而被忽略］提供了每个访谈的全部内容。[18,19]

表 18-2　主题和说明性摘录

主题 1：形成戒烟者团队的临时身份	主题 2：向非吸烟者身份过渡	主题 3：吸烟的残余吸引力
如果我们不在一起，我就不会戒烟，就不会这样做的。我会放弃。我会去参加第一次会议，思考着这是什么垃圾，而不会强迫自己又去了。 正如我所说，我无法忍受让我的兄弟失望。他正在为我的利益而戒烟。所以我不得不坚持下去，最后支持他。	人们对吸烟者感到愤怒，并开始摇着手臂抱怨。作为一个吸烟者，您看着他们，心里想着"让我一个人待着"之类的事。但是当您戒烟的时候，您会明白吸烟是多么令人讨厌和不愉快，如臭味和健康结果。您(笑)也成了那只摇着的手臂。 采访者：与吸烟时相比，当您现在戒烟的时候，您是否以不同的方式看待自己？	吸烟是一个很好的放松的感觉。即使现在我仍然可以记住这种感觉。如果您有这种冲动，您只需要做一些事情来分散您的注意力。 一年后，我不认为您完全戒烟了。您可以说我已达到 90％了，但总会有意想不到的脆弱时刻或糟糕的情况可能会占据自己。直到现在，我也不认为一年之后您已经完全戒烟了。我会说我 95％戒了。我一直认为，一个脆弱的时刻可能会让你又吸烟。我真的认为，尽管我刚刚做了一个非吸烟者。
在这个小组里，一个人不抽烟会是一件更大意义的事。您已经得到了自己不吸烟，但也促成了其他人戒烟。这是一种真正的成就感。	保罗：嗯，我想是的。我成为不抽烟的优秀人物之一。再次被社会所接纳。(笑声)…… 采访者：您想念吸烟吗？ 约翰：很难解释。有人曾经在其中一次会议上说过，戒烟就像丧亲之痛，就像失去一个朋友或者父母一样——失去您自己的一部分，只要您能记得。	认真地说，我不希望又吸烟，但您永远不知道什么时候生活会抛出一个弯曲的球。真的，我无法解释它。事情可能会发生，突然您的嘴里有一根烟。

结果

在访谈中，有三个主题与当前研究中的戒烟身份认同有关。[20]这些主题被标记为：①形成"戒烟者团体"的临时身份；②向"非吸烟者"身份过渡；③吸烟的残余吸引力。分析中没有出现有用的分主题。任何被考虑的事项都仅限于非常少数的会谈，因此范围太有限，不能包括在内。表 18-2 总结了访谈中的三个身份主题，并给出了一些有代表性的摘录来说明这个主题的范围。关于每个主题的更一般的讨论如下。[21]

主题 1：形成"戒烟者团体"的临时身份

团队合作的概念成为当前戒烟样本的重要主题。除一个例外之外，所有访谈都包含属于这一类主题的材料。作为群体中一分子的戒烟，似乎增强了与朋友或家人出席的成员的原有身份。那些单独参加戒烟团体的人似乎也与小组中的其他人建立了新的认同。所以，戒烟在社会上被解释为一个集体的团队事业。对其他小组成员的依恋是或已成为戒烟的强烈动机。三位受访者提到这个小组是一个"团队"，由此产生了第一个主题的标题。团队建设有很多种方式。有两个朋友参加了这个项目，共同打赌，看看谁可以戒烟。这似乎是友好的竞争，有希望的结果是这两个朋友将成为成功的戒烟者。一个人加入了戒烟小组，因为他知道有其他人参加了这个项目。另一个人出席并不是因为她真的想戒烟，而是因为她想帮助一个朋友戒烟。[22]但是除了这些已经存在的关系外，这类团体一般似乎都在树立一种决心，从而坚持到底。产生团队精神的团队成员间建立起了社会联结和关系。一位受访者解释她的小组成员如何在学生会酒吧组织不吸烟社交晚会。团队之所以重要，原因之一是它鼓励人们认为自己的行为有助于其他团队成员的成功：

> 从我的观点来看，团体治疗让事情变得更好。因为您认为，如果我，您不想下个星期去，说对不起，我已经有一根烟了。您知道，这很尴尬，感觉就像我会让每个人都失望一样。我觉得也许会摧毁别人。

主题 2：向"非吸烟者"身份过渡

访谈中，对过去的自己，所有参与者都以吸烟者为自我标签，他们大都把现在的自己称为非吸烟者。他们说，好像有两个不同的社会群体——少数不受欢迎的、社会等级较低的吸烟者，和占绝大多数的非吸烟者。吸烟者被描述为流浪者、外人、寡不敌众的。此类表述是被社交排除在外的吸烟者。一位参与者，马西娅（Marcia）明确地说：

> 说起来这不是很糟糕，但您知道我相当鄙视那些抽烟的人（笑）。

这种群体内与群体外模式在身份变化过程中很常见，戒烟者从一个"下层"的群体转移到"上层"的非吸烟者群体。并不是每个人都表现出这种模式，其中一个案例没有。约翰感受强烈地要求经常吸烟，对他来说，戒烟正变得越来越困难。他原本以为自己的认同感会变成不吸烟者，但这并未令他失望。

> 我对自己洗脑：有些时候想抽烟将会全部消失，它会消失，就是这样；我是一个快乐的非吸烟者。但它似乎不是那样的。它一直在嘲笑，认为我经历了一年的挣扎。说实话，这是超越我的。

约翰用洗脑的比喻来描述他的经验，从某种意义上说，他一直在强迫自己成为一个不吸烟的人。他意识到自己的失败，他的陈述暗示他妄想会发生永久的变化。尽管如此，和大多数其他参与者一样，他仍然把自己称为非吸烟者，但看起来这个标签并不完全符合他的认同感。

主题 3：吸烟的残余吸引力

没有一个参与者完全放弃吸烟的吸引力。吸烟仍然被认为是可取的，尤其是它所感知到的镇定作用。表 18-2 中主题 3 的第一个例子表明了这一点。发表的陈述表明有可能复发是很常见的。这里有各种各样的表达，布赖恩（Brian）的陈述与表 18-2 其他人的陈述一致：

> 我确实（感到我会复发）很容易，很容易，但是我坚决不这样做，因为我走了这么
> 远，但是我走出了一条很细的分界线。我知道这一点。

几乎所有的访谈都显示出重新吸烟的可能性，尽管他们普遍认为他们会抵制。换句话说，对吸烟的吸引力是普遍的，有会回到吸烟的脆弱感，虽然他们一般也不认为自己会再吸烟。安（Ann）这样说：

> 我认为，一年之后您没有完全戒烟。我得说我 95% 戒了。我一直认为，一个脆弱
> 的机会可能就会复发。呃，但我想现在已在那里了，我真的这样做了。

讨论

访谈中的认同感通常是一种流动的东西，几乎每天都可能发生变化。[23]也就是说，尽管同时存在固定身份的感觉，但也暗示了这种固定存在是脆弱的。当然，团队戒烟者身份在某种意义上也是暂时的。然而，在大多数参与者的解释中，身份确实从"吸烟者"转变为"非吸烟者"，最初的过程是通过短暂获得的"团队戒烟者"的身份的帮助。非吸烟者类别有临时语调。无论是否将吸烟的剩余吸引力视为非吸烟者身份的一个组成部分，或是吸烟者身份的一个组成部分，或是会转到非吸烟者身份的吸烟者身份的一个组成部分，以目前阶段我们对吸烟及戒烟有关的认同过程的知识，这也许是一个理论选择问题。[24]

当前数据的一个重要特征是形成团队戒烟者身份。但是，可以认为，这种认同只是戒烟策略的一种假象。所有的参与者都是小组工作的一部分，为期 6 周，小组成员之间的联结是该项目策略的一部分。这也可以被认为是一种以戒烟为团体规范的社会认同（Tajfel，1974）。与自己认识的人一起戒烟可能可以提高团体进程对戒烟的有效性，因为尝试自己戒烟并不那么有效（Bauld，Bell，McCullough，et al.，2010；McEwen，West ＆ McRobbie，2006）。[25]

吸烟禁令可能导致吸烟者认为自己不像非吸烟者那样，在社会上是一个不太被接受的群体。这一不同的感知是当前研究的意外发现，我们常常被认为吸烟广告倾向于美化吸烟（至少在过去）。魅力假设曾经代表了吸烟的社会背景，那么很难确切地找出是什么因素导致了变化，这变化在这些戒烟者的访谈中是如此明显。还有一个问题，就是这些自我概念反映了什么。[26]可以认为，至少有两个不同的认同层次——表层水平和深层水平。表层水平也许不过是反映行为的标签。更深层次似乎要复杂得多。它涉及自己作为不吸烟者的一系列想法和感受，以及参与者试图假定的不吸烟身份的要素。

范吉利、斯泰普尔顿和韦斯特报告了对大样本戒烟者的横断面调查的相关结果。研究表明，随着时间的推移，对吸烟的残余吸引力以及作为吸烟者的自我标签会减少。然而，即使戒烟者戒断已经两年以上，这种吸引力仍然很常见（Vangeli ＆ West，2010）。一种可能性是非吸

烟者自我和吸烟者自我在一定程度上保持流动。戒烟者可能会认识到自己的脆弱性，同时强烈抵制吸烟。一个长期戒烟但最终失败的戒烟者如何形成认同感只能是未来研究的一个方向。另一个问题是，对吸烟而言，不同的吸烟史是否应该区别对待。具有 45 年吸烟历史的 60 岁的老人可能很难完全放弃吸烟者的身份。然而，一名有 2 年吸烟史的 20 岁的年轻人可能会发现很容易获得一个毫不妥协的非吸烟者身份。我们再次不清楚，只能把它列入未来研究考虑的议程。

结论

以前很少有关于认同和吸烟这个话题的质性研究。因此，本研究帮助我们理解长期戒烟者的认同变化过程向前迈进了一步。虽然看起来很明显，戒烟小组有助于戒烟行为，但这在受访者关于戒烟的谈话中并未建立。从概念上而言，在项目进行过程中，吸烟者对从吸烟身份转向不吸烟身份的观念有一些质疑。这似乎太简单了。虽然参与者谈论吸烟身份和不吸烟身份，但这个描述忽略了它揭示的尽可能多的内容。如果不是一组戒烟者，非吸烟身份似乎包含了很容易被划分为吸烟者身份的元素。也许理解非吸烟者身份的更好方法是将其视为成功的戒烟者身份。我们没有数据来比较这个戒烟者身份和可能终生不吸烟者所描述的非吸烟者身份。[27]

未来对其他类型参与者群体的身份研究将会有很大收获。鉴于目前研究的分析，这些都是相当明显的。无论是参加小组活动还是单独放弃的失败的戒烟者都是明确的目标群体。失败如何影响这些团体中的身份形成？是否有一个有意义的戒烟失败者身份？理解终生不吸烟者的视角也可能具有一定的重要性。例如，他们是否像戒烟成功者一样表现出非吸烟者的身份，或者他们是否有独特形式的非吸烟者身份？当然，终身不吸烟者可能不会将此纳入自我概念中。在本研究的一些意想不到的因素的基础上，当前情境下最好不要推断身份是如何起作用的。

关键评估

[1]这个标题并不符合质性报告。它似乎沉浸在量化的对原因参考的传统中。这也是不准确的，因为这项研究不是关于戒烟的决定，而是关于身份在戒烟组织中对成为非吸烟者的作用。或许一个更好的、更符合一般的质性研究工作的标题是"如何体验向非吸烟者身份转折：一个对戒烟团体的解释现象学分析"。

[2]这篇摘要在 200 字以内总结了研究及其成果。结构化的摘要的使用是很好的，有助于保证字数。删除标题，它仍然是一个很好的精练总结。

[3]这一段对研究的论点来说不是必不可少的，如果篇幅不长，可以省略。虽然它没有损害，但违反字数限制可以导致处罚。

[4]在这份报告中似乎没有详细的动机讨论，所以在这里提到它只是误导读者对研究目的的了解。

[5]这种关于身份和自我的讨论的观点并不清楚。研究者打算添加什么呢？自我和身份是重叠的概念吗？如果是这样，认识这个如何有助于理解研究呢？在这段讨论中有一种填充的感觉。关于身份的质性研究有很多，放在这里讨论可能会更合适。我们有很多身份的建议本身就是非常后现代的，也许可以成为讨论的中心。

⁶此处和前三段很短。目前的段落难以阅读理解。它们可以被整合在一起，再形成一个更实质性的段落。这样，它们会给出更多有意义的信息模块来阅读。由于我们将一段文字作为完整的信息来阅读，因此很短的段落难以被理解。编写段落没有简单的规则，但要检查你的作品中是否有很短的段落，或者很长的段落，如三分之一以上的印刷页面。你可能想合并短段或对长段分段。

⁷没有证据表明这一点。

⁸自我概念是否与身份相同？这个报告是关于身份的，这里对自我概念的讨论有点奇怪。如果它们是同样的事情，研究人员应该解释这一点。

⁹当前研究表面上是关于吸烟和身份的少数质性研究。因此，他们可能需要更多的细节和/或讨论。人们想知道是否因为预期了研究的大部分重要方面而有些内容被低估了。如果是这样的话，他们真的应该对当前的数据分析施加压力，从而开发新的东西。

¹⁰本段的第一句话本身就足够了。第二句话读起来有强烈的积极主流方式。在引言中很难找到这个观点的证据。这是否意味着吸烟者将他们的身份改回到吸烟者身上，结果开始吸烟？当然不是！那么究竟是什么意图？这一切都增加了普遍的感受，即学生正在努力摆脱量化的思考，不时回到质性报告中。

¹¹那么报告中的这个内容在哪里，即参与者关于身份变化过程的意义建构过程的材料？作者的一个要素是谈论这个话题，但并没有使用解释现象学分析进行质性报告。

¹²在这里戒烟班的描述并不是必要的。这不是本研究程序的一部分，因此任何细节都与方法部分无关。如果学生觉得有必要为读者提供详细信息，可以将其作为附录。

¹³那么这些材料在哪里？

¹⁴这里介绍访谈策略的一些细节是有用的。

¹⁵这种方法论应该被选择，因为它适用于解决研究问题。

¹⁶该段落以一个长句开始，理想情况应该将其分开。

¹⁷在这方面"紧密结合"是什么意思？是指数据和解释现象学分析之间的关系是紧密联系在一起吗？

¹⁸如果地方规则允许这样报告，这是可取的。首先，它让读者有机会检查你的分析程序。其次，它通常允许读者把你的摘录放在上下文中。最后，它提醒你所做的辛勤工作。

¹⁹反思到现阶段的报告，值得注意的是，我们没有"参与者作为人"的意识。没有提供每个参与者细节的表格，因此关于摘录的更全面描述是很难形成的。

²⁰这是一个非常现实的陈述，因为它假设数据中存在这些主题。研究者最好采取更加建构主义的立场，写成"分析过程中出现的三个主题"或"通过分析发展出来的三个主题"。

²¹这样的表格是节省文字的好方法，并且可以更全面地分析结果——把更多的摘录放进去是否可行？

²²报告清楚地说明了给出各种评论的参与者人数。虽然你在专业报告中经常看到这一点，但是像"有些""最多"和"一些"这样的评论是模糊的，理想情况下应该避免这样。研究者发现量化困难的原因之一是他们的主题没有很好的说明，这使得很难确切地知道有多少个体参与，所

以他们通过给予量的模糊含义而避免了问题真相。但是，他们确实认为量化是相当重要的。

[23]这可能是如此，但在数据分析中显示的位置并不清楚。它看起来像一个需要被证明的断言。

[24]这是一个非常长的句子——大约40个字加上一个冗长的引文。它需要分开，因为它比可理解的理想句子长度要长得多。许多读者会很难理解这句话。检查句子的单词长度应该是你的常规工作。可能最好瞄准大约15个字的短句。孤立的长句可能并不重要，但如果使用太多，你的报告将变得非常难以阅读。好吧，你可能会在你的阅读清单上发现一些经常使用很长句子结构的内容——但是你可能会发现这些非常困难。即使某教授被奉为上师，如果你效仿的话，也会因为不清晰而被指责。把最长的句子变成几个更简短的句子是很容易的。

[25]这是一句非常长的句子，理应缩短。

[26]这是否意味着身份和自我概念是相同的？

[27]这表明作者愿意将分析推向一个更为抽象的层面。这是一个令人向往的描写。

三、 小结

形成一个好的报告书写技术的问题之一是发表的报告质量不一。有些报告的质量很好，有些则有缺点。当然，在报告中通常不会被识别出这些问题。所以，想要提高自己编写质性报告技能的学生，在决定自己阅读的期刊文章是好还是不好时，可能会陷入困境。本章给出了三个不同的学生风格的报告，并进行了部分评估。换句话说，本章对报道的一些优缺点进行了解释。这应该是有帮助的，尽管你需要了解更多的意见，比如排印和语法错误，或者关于你可能已经注意到的其他缺失内容。所以，作为读者，对某一章没有评论的事，你可能会有自己的想法。这并不令人惊讶，因为没有任何规则可以让每个人都以相同的方式阅读和评估资料。不同的观点本身并不是一个问题，因此，让其他人对您撰写的任何报告草稿提出看法总是有用的。当你这样做的时候，需要克服任何尴尬的感觉。所以，如果你发现有一些对本章没有确定的内容要进行评论，这是一件非常好的事情。这表明你正在努力思考。同样，你可能不同意本章中出现的一些意见。这种分歧并不意味着你错了，而只是说有不同的观点，所有这些观点都可能有一定的效力。如果你能更有效地表达你分歧的意见的基础，你就越有可能进步。

本章要点
- 质性报告应该以所采用的质性研究方法一致的方式编写，否则写作可能显得有点幼稚。为了达到这个标准，重要的是研究者要有研究问题的方法的认识论基础，理想的是，研究其他质性方法的基础。虽然质性方法有许多共同之处，但这并不是普遍的。
- 阅读如何撰写研究报告就足以确保你的初始尝试具有最高质量，这是值得怀疑的。使用专业研究人员的报告作为你自己工作的模型总是一个好主意。否则，每个学生在处理他们第一份准确的报告时都会"重新发明轮子"。理想情况下，模型应该是关于你自己的研究课题，但是，如果没有这个，那么采用相同方法的研究报告将是有帮助的。显然，这个想法不是要复制某一篇文章，而是用它来指导写作风格、表达和内容。

- 在撰写质性研究时，你以前学过的量化技能应该是有价值的。心理学家通常对两者都使用相同的结构。有时你需要对结构进行修改，但通常这些修改是次要的。

- 本章鼓励你对自己的写作有一个批判性的看法。为了做到这一点，在完成"最终"草案和修改提交之间你需要一些"空间"。留出足够的时间对学生来说总是很困难的，因为时间压力。在研究过程中尽快开始写作是一个好主意，因为这可以帮助你最大限度地利用写作过程的时间。

拓展资源

Fox，N. (2013). How to write and structure a qualitative paper，www. academia. edu/3073153/How_to_write_and_structure_a_qualitative. paper_Powerpoint_2013(访问日期 2015 年 9 月 13 日).

Sullivan，C.，Gibson，S.，& Riley，S. C. E. (2012). *Doing your qualitative psychology project*. London：Sage.

词汇表

以下是本书中出现的专业词汇，也是质性研究领域中的重要专业词汇。

摘要（Abstract）：研究论文的摘要，对论文的总结与概括。

解释（Account）：对活动的解释与说明。

行动（Action）：与行为不同，行为是指简单的无意义的反应。Action 是指对他人有意义的活动，来源于乔治·赫伯特·米德的符号互动理论，他认为语言作为一种表意符号，为人与人之间的交流和社会心理互动提供了机制。

行动导向（Action Orientated）：在质性研究中，从语言分析角度描述语言的主要特征，指的是语言中的核心概念。

行动研究（Action research）：通过实验等方法探究特定的社会问题的研究。是社会问题引导的研究，不是研究者的兴趣引导的。可通过社会干预来试验实验的目的。由库尔特·勒温（Kurt Lewin）第一次引入心理学领域。

代理（Agency）：指出于自愿的，有能力计划和实现个人活动的人。反义词为人们所做的活动都是由于外界的原因，不是出于自愿的。

备忘录（Aide-memoire）：指一系列的事情和问题，在质性访谈中会用到。

方差分析（Analysis of variance）：一种统计方法，可通过复杂的实验设计研究 2 种或 3 种因素的作用。

归纳推理（Analytic generalisation）：从特殊到一般理论的过程。

匿名化（Anonymisation）：在记录、转录和报告中改变名字、位置等处理过程，否则可能会对参与者产生偏见。

反基础主义（Antifoundationalism）：哲学上的观点认为没有原则巩固所有类型研究的调查和探究。

反自然主义（Antinaturalism）：该观点认为社会现象不能用自然科学的方法进行有效研究。这和社会科学应该尝试理解而不是寻找因果解释这一看法相关。

反现实主义(Anti-realist)：拒绝现实主义立场，认为不只是单一的现实需要研究。

流失(Attrition)：由于没有参加面试等失败事件导致的研究人员的流失。

研究的真实性(Authenticity)：该观点认为定性研究的本质和方法是对研究对象经验的真实理解。

行为主义(Behaviourism)：认为科学应该研究可测量、可观察事物的心理学学派。该学派的研究者通常把行为分解为"刺激—反应"的单元，研究在何种条件下一个刺激引发特定的反应。所以这种学派通常持有决定论和还原论的观点。

偏差(Bias)：研究被研究者预先存在的主观判断等影响引发的对研究结果的不利影响。

身体(Body)：在身心二元论中，身体指的是实体的那一部分，和情绪等有关。

方括号法(在现象学部分)[Bracketing(in phenomenology)]：方括号法是现象学的一个术语(与埃德蒙德·胡塞尔有关)，指的是研究者搁置基于对世界的日常理解形成的规范性判断的立场。因而，如果能完全做到，就不需要预设现象反映的是真实世界的某些现实(即不需要做现实主义的预设)，而可以直接地感知"现象"(现象学意义上的客体)。通过这种方式，被感知和记忆的事物的现象学本质就能被研究了。

生涯(Career)：在特定社会环境的成长进步的过程。

案例(Case)：在质性研究中，案例指的是属于被研究对象的特定个案。在质性研究中，一个案例通常指一个人，但也可以指分析单元意义上的一个个案(一个家庭、一个组织等)。

案例研究(Case study)：基于一个分析单元的调查研究——对于一个人、一个工厂、一则消息的研究等。

类别(Categories)：不同种类或事物的不同部分。

因果关系(Causation)：某种事物的变化是另外一种事物变化的原因。

封闭式问题(Closed ended question)：封闭性问题只给受访者提供有限范围的、可供选择的答案。它和心理学中的定量方法有关。由于它便于量化和分析，多数心理量表和心理测验都采用这种方法。

编码(Coding)：将数据的相同方面进行归类并赋予同一语言标签(如对于未来的焦虑，金钱担忧，无应激期或者任何其他的适当表达)。编码是一个灵活的过程并且可能根据经验改变数据的类别。在量化研究中类别可能是被研究者预先指定的，然而在质性研究中类别一般是基于研究者对于数据的参与程度。

认知(Cognition)：思维的内部过程。

认知心理学(Cognitive psychology)：研究包括语言、记忆、问题解决等内部思维过程的心理学分支。认知心理学本质上在很大程度上是量化的，因此频繁地被质性心理学家批评为话语心理学。

认知主义(Cognitivism)：研究者假设的内在心理状态有助于理解心理现象的信念。

计算机辅助的质性数据分析软件(Computer-aided qualitative data analysis software)：经常提到的，如CAQDAS，指的是能够帮助质性研究者对于质性数据进组织、编码和重新编码的计算机程序，如 NVivo。许多研究者并不认为它的用途是必要的，因为在一个好的文字处理程序上切割粘贴等可以使其具有同样的灵活性。它在扎根理论分析中很常用。

概念（Concept）：从具体实例当中产生的一般抽象的观点。

保密性（Confidentiality）：保护研究中参与者的匿名性。

持续比较（Constant comparison）：检查数据的一个方面并对数据的其他方面进行分析的过程。

建构主义（Constructivism）：人们具有创造他们自己知识和经验的功能。

内容分析（Content analisis）：一个非常普遍的术语，指的是对文本数据进行分类以允许对数据的不同方面进行对比和对数据的内容进行描述的方法。

会话分析（Conversation analysis）：一种研究语言的方法，其基础是假设对话受到成员所能理解的"规则"的支配。

核心类别（Core category）：根据扎根理论，这是一个非常关键的、经常使用的、并且在分析中与其他类别产生联系的分析类别。

隐蔽研究（Covert research）：参与者观察研究或民族志研究的一种形式，其中观察者不被研究对象识别为研究者。

创世神话（Creation myth）：描述了一种文化的创造，这种文化被其成员广泛接受，但是实质上是神话。此外，创造神话的想法已被用于涵盖学科的起源等。

危机（Crisis）：根据目前的研究结果和新的看待事物的方式，早期研究范式难以继续被使用。质性研究人员经常用它来表明目前的定量方法是失败的。

批判性话语分析（Critical discourse analysis）：一种话语分析形式，主要注重分析社会力量的产生、维持和消除。

批判心理学（Critical psychology）：一种心理学研究方法，认为权力对人们产生重大影响，研究该学科如何对社会不平等做出贡献。

批判现实主义（Critical realism）：将对客观、外部世界（即实证视角）的接纳，与我们只能通过思想和观念的媒介才能认识世界的观点相结合的学说。核心问题是对两者之间关系的解释。

文化人类学（Cultural anthropology）：人类学的一个分支，使用民族志、语言学和其他方法和数据来研究人类文化。

澄清（Debriefing）：当被试完成研究后，告诉被试此次研究的目的，以及解释他们在研究中的反应。

解构（Deconstruction）：在进行文本分析中，为了将潜藏在表面意义中的矛盾以及意识形态的假说确定和揭露出来所用的结束，这是基于雅克·德里达（Jacques Derrida）的理论。

推论的（Deductive）：是典型的定量研究的方法，一种根据指导此研究的理论的假设来做研究的方法。

描述性的（Descriptive）：聚焦于确定事物的特点以及特征，而不是去影响或解释。

描述性的现象学（Descriptive phenomenology）：是埃德蒙得·胡塞尔的先验现象学的另一种说法。

决定论（Determinism）：这是一个哲学理念，指的是人类以及人类的社会生活中的一切事物，都是由先前的有序的事物所决定的。因此，行为主义中的刺激反应理论可以被看作一种决定论。

异常案例（Deviant cases）：指的是在分析中，不符合分析标准的案例。在质性研究中，异常案例并不认为是很糟糕的东西，反而可以引出一个更完善的访谈。

日记（Diary）：出于研究者的要求或者是自己的意愿，将个人的事件进行记录。它可以为质性研究提供一些合适的文本。

叙述（Discourse）：可以简单理解为人们在交流之间出现的语言交换，也可以理解为在建构某些事物时所用的一个特定的想法、图像、隐喻系统，即我们思考和说话的方式。

话语建构（Discursive construction）：指人们社会性地通过对话、语言以及说话来建构一个现象的过程。

话语实践（Discursive practice）：人们在对话活动中所用到的创造意义以及理解意义的活动。

话语心理学（Descursive psychology）：基于社会建构论话语分析原则的各种心理学。它认为心理和社会概念是社会互动的一种建构。例如，记忆不是存在于人类大脑的某处，而是可以通过互动（如家庭相册）来构建的。

文献（Documentation）：属于参与者的任何形式的记录，不涉及研究者的干预。所以照片、剪报、官方文件等都可能在某些形式的定性研究中有用（尤其是人种学/参与者观察）。

双重解释（Double hermeneutics）：一些解释现象分析研究人员用它来描述研究人员从事使意义建构过程有意义的过程的情况。

新兴理论（Emergent theory）：一个待探索的概念，它意味着理论在某种意义上是固有的数据，并在分析中出现。

经验主义（Empiricism）：相信知识的有效性来自观察。

授权（Empowerment）：这是指在自我和社会、精神的发展方面可以实现个人和社区力量的过程。通常是指列入以前被排除在外的人的决策过程。例如，它是女性主义心理学和福柯话语分析中使用的一个概念。

认识论假设（Epistemological assumptions）：基于特定的认知论位置的特定假设。

认识论（Epistemology）：哲学的一个重要领域，主要关注知识的不同层面，如自然和来源。因此可以说定量和质性心理学有不同的认识论基础或假设。

伦理学（Ethics）：在研究中恰当地执行准则。

人种志研究（Ethnography）：那些研究者亲自融入某社会环境中直接观察事件的研究。民族志也可以指民族志研究的产物。

人种学（Ethnomethodology）：关于文化及其社会结构研究的分支，等价于社会（文化）人类学。

存在主义现象学（Existential phenomenology）：基于哲学家马丁·海德格尔著作的现象学的一个版本。

极端相对论者（Extreme relativist）：那些假定不同质性调查方法能为看待世界提供一个独特但有效视角的人。

真实性（Facticity）：一个认为存在的物体有真实特征的信念。在现象学中，这个信念由事物在意识中存在这一观点代替。

女性主义(Feminism)：旨在论述男女平等的一种形式。性别差异和女性权利有关的问题是至关重要的。

现场记录(Field notes)：参与观察者或民族志学者的记录，该记录涉及被观测事物的各个方面，其中包括研究者的评注。

田野调查(Fieldwork)：在实际研究地点进行数据收集的方法。

拟合(Fit)：类别和数据之间的匹配程度。

焦点小组(Focus group)：由研究人员(引导人或主试)进行的小组访谈形式，旨在激发小组互动而不是个人意见。

立足点(Footing)：来自欧文·戈夫曼的理论，在会话分析中很常见。这是指在言语互动中使用的框架。立足点的改变是该框架的一个变化。

表述(Formulation)：在会话分析中，总结了以前的主要内容。

福柯话语分析(Foucauldian discourse analysis)：一种来源于米歇尔·福柯的作品的对话分析形式，旨在确定各种文本材料中的言语。

框架(Frame)：来自欧文·戈夫曼的理论，但常见于会话分析，是指决定我们行为方式的心理结构，我们行为的好坏结果等。框架决定了我们看待世界的方式。对谈话的解释是由听众理解的框架决定的。

漏斗(Funnelling)：从最普遍的问题到最具体的问题来构建问题顺序。

看门人(Gatekeeper)：在社交环境中"开门"的人，从而使研究得以实施。

谱系(Genealogy)：米歇尔·福柯提出的概念，描述了他如何确定重要想法的方法。

格式塔心理学(Gestalt psychology)：术语格式塔意味着形状或图形。这是一种理论，它坚持以整体的方式运作，并以自组织的方式运作。格式塔心理学对社会心理学有影响。

拟合度(Goodness of fit)：见拟合。

大理论(Grand theory)：涉及对社会或心理现象的非常广泛和普遍的解释，任何理论都可以。通常在20世纪60年代之前用扎根理论来表示社会学理论。

扎根理论(Grounded theory)：一种分析形式(数据收集程度较低)，其中包括多种生成与数据拟合的理论/分析的方法。

小组讨论(Group discussion)：数据收集程序，其中参与者为了研究人员的利益而讨论一些问题。没有假设说将由焦点小组的主持人领导。

硬数据(Hard data)：基于自然科学方法进行研究的数据——"客观"数据，类似于定量数据。

霍桑研究(Hawthorne studies)：一项涉及访谈、参与观察等方法的重要工业研究。霍桑效应表明，无论干预的性质如何，在研究和其他干预措施后，工业生产的趋势都会得到改善。

霸权(Hegemony)：任何群体对其他群体的统治。

解释学(Hermeneutics)：一般来说这指的是对文本诠释的研究，但是现代用法会将其延伸到任何需要解释的对象。

整体论(Holism)：整体大于各部分相加的思想。

整体(论)的(Holistic)：整体大于部分总和的思想。所以通过分解成各成分的方式并不能有效地对该对象进行研究。

整体观(Holistic view)：整体分析的视角。

同质性抽样(Homogeneous sampling)：在抽样或者招募参与者的过程中要确保他们相对同质而非异质。一些焦点小组的专家推荐进行同质性采样，以此保证参与者可以自由地进行互动。

平行分析(Horizonalisation)：这是现象学分析过程中的一个步骤。它涉及该主题相关参与者的重要陈述的识别。所有这些陈述都被认为具有平等的地位和价值。

人本主义(Humanism)：一个一般化的概念，可运用于哲学、方法和信仰方面，把人放在中心，与神学正好相反。一个定义非常宽松的想法。

人本主义心理学(Humanistic psychology)：基于人本主义的心理学。

身份(Identity)：个人特征，个体感或社会自我感。

意识形态(Ideology)：一套广泛的信念，形成了对世界的相对一致的观点以及事物应该是怎样的。意识形态是一种信条。

杰斐逊转录(Jefferson transcription)：是一种将记录转换成书面文本的方法，包括附加的非词汇特征，如停顿、重叠、音量等。

生活史访谈(Life-history interview)：一种旨在收集个体长期的传记信息和描述的半结构式访谈。

成员检查(Member checking)：研究者用不同的方法获得被试的反馈来评价实验情况，简单的如实验是否准确，复杂的如实验的信度。有时候用反馈效度来代替。

备忘录(Memo)：包含研究者关于分析实验的想法和思考的一本详细的"日记"或记录。这是扎根理论的源头。

隐喻(Metaphor)：在发言或其他形式的文本中所使用的一种象征手法。

方法论(Methodology)：是在某个特定研究领域中关于获取知识的规则、过程、方法的学问。谈话分析有它自己特定的方法论。当然，在心理学领域中，它代表着数据收集方法，如问卷调查、焦点小组等，也被称为方法。

混合方法(Mixed method)：在研究中混合使用质性和定量的方法(或其他大类的方法)。

现代心理学(Modern psychology)：心理学是一个古老的知识领域。本书中的现代心理学是指19世纪70年代第一个心理学实验室在德国和美国建立之后发展的心理学。

朴素实在论(Naive realism)：毫无疑问，对于研究人员，"实在"可以被探究。批判性现实主义者及其他人可能持有这一基本信念，但接受研究揭示了各种现实或关于现实的观点。

叙述(Narrative)：可以被用来指任何口头或书面材料，但通常指的是以故事形式呈现的材料。

叙事分析(Narrative analysis)：可以是对叙事进行任何形式的分析，尽管在心理学中，它可能最适合从叙事心理学的角度，基于概念等进行叙事分析。

叙事研究(Narrative inquiry)：是叙事跨学科研究的广阔领域。

叙事心理学(Narrative psychology)：研究的是人类经验的性质及基于故事对经验的解释，其为一种通过生活且以故事和叙事的方式理解个性的发展的心理学研究方法。

自然主义(Naturalistic)：在真实生活中进行研究，涉及很少或没有研究者施加控制。

意识活动(Noema)：这是一个由埃德蒙德·胡塞尔提出的，用于描述客体现象学思想的概念。例如，一种现象(如想法或知觉)的内容。

认识(Noesis)：体验的本质或方式，而不是体验到的东西，来自现象学。

名义小组(Norminal group)：一个决策小组。组中成员提出问题解决方案，并将不同的方案列出，最后小组成员们依据偏好对这些不同方案排序。

一般规律(Nomothetic)：像普遍原理一样的基于大量案例的定律。通常以研究人员的测量为基础。

假设检验(Null hypothesis testing)：推理统计学中的方法，在这个方法中，目的是接受或拒绝零假设。这是所有心理学专业学生学习的基本方法。

分析程序 Nvivo(NVivo)：一种常见的计算机辅助定性数据分析软件。

客观(Objective)：不受个人特征的影响，包括动机和价值观。

客观主义(Objectivism)：一种哲学观点，认为社会现象及其意义不依赖于社会行动者。亦即存在着可知的现实，该现实不依赖于卷入其中的人对它的理解。

本体论(Ontology)：形而上学的一个方面，研究焦点在于存在和存在物的本质。

开放式编码(Open coding)：在扎根理论中，这是基于所考虑的数据进行数据类别开发的过程。它涉及将代码分配到文本的行等。它是编码开发的第一个分析阶段，在这之后编码开发变得越来越概念化。

开放式访谈(Open interview)：非结构化访谈的另一名称。

开放式问题(Open-ended question)：没有固定可选答案限制的、被采访者可以自由回答的问题。

操作性定义(Operational definition)：根据某一概念的测量程序来对这一概念进行定义。

起源神话(Origin myth)：关于事物起源的描述(如心理学)，这种描述是象征性的，并非事实。

范式(Paradigm)：这个概念来自托马斯·科恩所著的《科学革命的结构》一书。范式是构思和理解一个特定研究领域的一种广阔的方法。有时候它会遭遇危机，因为它难以解决研究中出现的新知识，不过这种危机会促使人们以一种相当不同的方式来看待以往的范式，从而革新范式。然而，范式是一个使用相对松散的概念，通常指示我们用一个特定的、独一无二的方式来看待一个研究分支。质性心理学有时候被认为与主流心理学具有不同的范式。

参与者观察(Participant as observer)：这是一种研究者亲眼观察正在发生的事情的实地研究。它起源于文化人类学。

现象学心理学(Phenomenological psychology)：基于现象学的思想建立的一类心理学。

现象学(Phenomenology)：对每天有意识的体验的仔细描述，它与埃德蒙德·胡塞尔的超验主义现象学和让-保罗·萨特的存在主义等许多不同种类的哲学相联系。

预访谈(Pilot interview)：预访谈的目的是评价访谈的某些关键方面，以便处理在正式访谈时可能遇到的预料之外的问题。

预实验(Pilot study)：预实验是一项初步研究，目的是评价研究的可行性和大样本研究的价值。

定位(Positioning)：在一段篇章中建立某个人的位置，也有可能建立另一个人的位置。

实证主义(Positivism)：实证主义是由奥古斯特·孔德最初提出的哲学概念，他认为有效的知识是基于可以被感官知觉到的，或实证发现的。更一般地说，它是使用自然科学的方法来研究心理学或社会科学问题。

后现代(Postmodern)：现代是指一个科学统治思考，科学被视为解决所有问题的方法的时代，而后现代就是现代之后的时代，与后现代相连的哲学思想不同于实证主义。

后现代主义(Postmodernism)：与后现代时期相关的思想和哲学。它们准确的特点很难具体说明，但质性研究者阐述了一系列后现代的原则。

后结构主义(Poststructuralism)：被包括于后现代主义中，但不完全相同。它主要是指20世纪70年代法国出现的对结构主义的思想抨击。影响人物包括米歇尔·福柯。结构主义中观念是稳定的这一思想尤其被后结构主义者所攻击，后结构主义者认为观念是不断变化的。它适用于可以被学术界所解释的范畴。

原始数据(Primary data)：最初收集的数据。

初级研究(Primary research)：研究者收集数据后继续实施分析的研究。次级研究可以指之后由其他研究者对数据重新分析，也可以指由数据收集的研究人员随后进行的未预料的分析。

质性内容分析(Qualitative content analysis)：利用数据产生的类别对文本进行分析，与主题分析完全不同。

质性研究(Qualitative research)：基于丰富的文本而不是数值数据的研究。

定量研究(Quantitative research)：对以数字、准数字形式或其他方式收集的数据进行数量分析的研究。这是主流心理学所用的典型方法。

还原论(Reductionism)：相信整体是各个部分的总和。因此，人类活动的复杂性可以通过将其分解成各个组成部分来加以研究。与整体论相对立。

自反性(Reflexivity)：研究中具有的态度，即研究人员会根据数据收集的程序、研究者的偏见以及他们在实验情境中的存在来考虑他们创造的知识的意义。

信度(Reliability)：量化研究的观点认为，测量应该具有跨时间的稳定性和内部各部分的一致性。

修复(Repair)：尝试修复或以其他方式处理对话中的"尴尬"。

重写(Rewriting)：这是在扎根理论分析中创建一般理论的一种方法。字面上说它指的是对扎根理论的分析结果进行重写，以试图产生更广泛适用的理论。例如，通过用较少的具体术语来简写一个理论从而达到一般化的效果。

修辞心理学(Rhetorical psychology)：研究修辞药术的心理学学科。

基础隐喻(Root metaphor)：研究一特定学科的不同方法，采用不同的喻隐来暗示研究内容的大概性质。根隐喻后来指的是研究中人们被构想的基本方法。这个述语来自叙事心理学，其基本喻隐是人们为说故事的人。

取样(Sampling)：虽然它在定量研究中是指选取一群参加者以代表总体的过程，但是它在质性研究中有不同的含义。最普遍的用法是用于理论取样，即通过选取对理论发展最有贡献的个案来作为后续实例。

饱和(Saturation)：是指当新的参加者或数据不再促进分析的改进的时候，即使再做数据收集也不会获得新的信息。它能用以判定什么时候不需要再招募参加者，但同时它也能指示什么时候某特定的分析阶段完成。

科学方法(Scientific method)：通常用作实证主义的同义词。

半结构化访谈(Semi-structured interview)：或称为深入或质性访谈，受访者被鼓励进行深入交谈或对话题进行相当详细的阐述。访谈者通常只有问题框架。换句话说，半结构化访谈的结构与结构化访谈的结构相比是宽松的，与无先前准备问题框架的非结构化访谈的结构相比是相对严格的。半结构化访谈一般为质性研究者所选。

意义建构(Sense making)：赋予事件意义的过程。

敏感性(Sensitivity)：参见理论敏感性。

符号(Sign)：记号学述语，是指表示迹象或其含义的符号或表现。

社会建构(Social construction)：由人们互动或进行互动的过程而创建的某方面的知识。

社会建构论(Social constructionism)：主张知识是在人们的互动与交流中被建构出来的。

社会建构主义话语分析(Social constructionist discourse analysis)：与乔纳森·波特和玛格利特·韦瑟雷尔特别相关的话语分析的形式。它与福柯话语分析相对。

社会表征(Social representation)：最早源于莫斯科维奇提出的概念。它涉及文化中成员集体共享社会客体本质的建构性理解的方式。它一度是社会心理学领域极具影响力的理论，但是最终被社会建构论中完全不同的观点所取代。

社会语言学(Sociolinguistics)：对语言社会和文化方面的研究。

软数据(Soft data)：以非客观自然科学的方法收集的数据，可能与质性类似。

言语行为理论(Speech act theory)：与 J.L. 奥斯汀特别相关的言语理论，这一理论强调分析的前沿应该是关注如何通过文字或言语等行为达成社会交互。

故事(Story)：按年代顺序结构呈现的一系列有意义的事件。

结构主义(Structuralism)：与世界背后不可观察到的结构有关的理论化世界的方法。因为这些结构不能被观察到，所以他们必须被推论。心理结构常常在心理学中被提及。然而，结构主义才是现代时期心理学的第一大主要学派。皮亚杰在他的儿童发展理论中采纳吸收了结构主义的形式。然而，最有可能的是，在质性心理学研究中，结构主义涉及的是紧跟着当前后现代(后结构主义)时期的社会思维。

结构化访谈(Structured interviews)：是一种在数据收集之前所有问题就已经标准化的访谈。这类访谈几乎没有变异性，对受访者来说只能从有限的范围中选取回答。

主体地位(Subject position)：在话语分析中，这指的是个体在他们参与的谈话中的位置。所以举例来说，就是公民在法律秩序话语中的权利、义务和责任。

主观主义(Subjectivism)：认为所有事物包含解释等除了反映出个人的观点外不能反映其他什么了。另一个与此接近的词汇是相对主义。对这一术语的替代性使用显示主观主义实际上是我们所涉足的现实。后者的用法来自现象学。

主观性(Subjectivity)：不同的个体有不同的关于世界的生活经验。因此，这里使用了主观性的复数形式。

实质理论(Substantive theory)：在扎根理论中，这是在形式理论发展之前的理论阶段，是扎根理论的结果。

敏锐的现实主义立场(Subtle realist position)：接受了不同研究方法会有不同的主观性，因此会对现实有不同视角的观点。研究基本现实的想法是可以接受的，尽管它是有问题的。研究的任务是要表达现实的可能性。

上级主题(Superordinate theme)：一个或一组主题(子主题)与某些方面相关，并给予描述性标记。

模板分析(Template analysis)：一种预先指定分析中使用的众多类别的分析形式。

文本(Text)：任何充满含义的数据。它们不一定是单词或其他形式的口头数据，但通常是单词或者其他形式的口头数据。

主题分析(Thematic analysis)：这是一种质性分析形式，旨在"研究"或确定所研究文本数据的主要领域(主题)。

主题(Theme)：在某些文本中定义的"话题"。

理论抽样(Theoretical sampling)：一个最初来自扎根理论的术语，它描述了选择新案例甚至研究地点的过程，这是基于它们运用迄今为止已经完成的分析的能力。

理论敏感性(Theoretical sensitivity)：在扎根理论中，这是指研究人员能够开发出良好扎根理论的个人素质。它取决于先前经验、兴趣领域中的阅读、理解数据的能力和洞察力等因素。

转录(Transcription)：在文字数据中加入采访、谈话、电话和焦点小组互动等口头形式的数据。它几乎总是涉及现代质性研究中的音频(有时是视频)记录。

透明度(Transparency)：研究者的研究成果(包括分析)的对检视和评论的开放程度。

三角测量(Triangulation)：使用三种(或更多)不同的信息来帮助确定研究人员推论的合理性。三角测量可能包括不同的数据源、研究人员、方法等。用这种方法来评估结论有不止一个好处。一般而言，这意味着能够对不同方法得到的结论进行收敛，这些方法可能不是质性方法的保证含义。

话轮(Turn)：在谈话分析中，一个人在由其他发言人分隔开的谈话中的有界贡献(或者是在谈话的开始或是结束)。

话轮转换(Trun-taking)：在谈话分析的观点中，每个人轮流成为演讲者。

分析单位(Unit of analysis)：在研究中被考察的主要单位。在心理学中，这是单个的人。但这个概念也可以指神经元、群体、机构、文化等。例如，在质性研究中，分析单位可以是文本的一个特定方面。

非结构化访谈(Unstructured interview)：没有预先规划结构的访谈。有时被用作半结构化访谈的同义词。然而，半结构式访谈有一个访谈指南，可以在一定程度上预先设定访谈结构。

效度(Validity)：量化认识论中的质量标准。但在质性研究中它的价值是有疑问的。

变量(Variable)：可以命名和测量的事物。它是定量心理学中一个流行的常用术语，但在质性写作中却很少见。

诠释学（Verstehen）：来自德语，这个词的意思是"理解"。这个概念有些难理解，因为它在社会科学中有着许多相关的含义。德国哲学家威廉·狄尔泰首先用这个词来区分自然科学和其他科学。前者寻求一般规律，而人文科学寻求理解意义。马克思·韦伯（Max Weber）用它来表示研究人员使用另一种文化或亚文化的视角/观点而不是研究本身来接近这种文化或亚文化。

书面话语（Written discourse）：语言的书面形式。

参考文献

Ablett, J. R., & Jones, R. S. (2007). Resilience and well-being in palliative care staff: A qualitative study of hospice nurses' experience of work. *Psycho-Oncology, 16* (8), 733–740.

Adams, W. A. (2000). Introspectionism reconsidered. Presented at 'Towards a Science of Consciousness'. *Consciousness and Cognition, 15* (4), 634–654.

Allport, G. W. (1940). The psychologist's frame of reference. *Psychological Bulletin, 37,* 1–28.

Allport, G. W. (1942). *The use of personal documents in psychological science.* New York, NY: Social Science Research Council.

Allport, G. W., Bruner, J., & Jandorf, E. (1941). Personality under social catastrophe: An analysis of 90 German refugee life histories. *Character and Personality, 10,* 1–22.

Altheide, D. L. (1996). Qualitative media analysis. *Qualitative Research Methods* Vol. 38. Thousand Oaks, CA: Sage.

American Psychological Association. (2002). Ethical Principles of Psychologists and Code of Conduct. www.apa.org/ethics/code2002.html (accessed 24 April 2012).

American Psychological Association. (2009). PsycINFO: Your Source for Psychological Abstracts. www.apa.org/psycinfo/ (accessed 5 July 2009).

American Psychological Association. (2011). American Psychological Association's PsycINFO® Database Surpasses 3 Million Records. www.apa.org/news/press/releases/2011/01/database.aspx (accessed 11 April 2012).

Anderberg, E. (2000). Word meaning and conceptions. An empirical study of relationships between students' thinking and use of language when reasoning about a problem. *Instructional Science, 28,* 89–113.

Antaki, C. (2007). Mental-health practitioners' use of idiomatic expressions in summarising clients' accounts. *Journal of Pragmatics, 39,* 527–541.

Antaki, C. (2009a). Anonymising Data: Ten Guidelines for Changing Names in Transcripts. www-staff.lboro.ac.uk/~ssca1/pseudos2.htm (accessed 24 April 2012).

Antaki, C. (2009b). What Counts as Conversation Analysis – And What Doesn't. www-staff.lboro.ac.uk/~ssca1/analysisintro.htm (accessed 24 April 2012).

Antaki, C., Billig, M., Edwards, D., & Potter, J. (2003). Discourse analysis means doing analysis: A critique of six analytic shortcomings. *Discourse Analysis Online, 1* (1). www-staff.lboro.ac.uk/~ssca1/DAOLpaper.pdf (accessed 24 April 2012).

Antaki, C., Finlay, W. M. L., & Walton, C. (2007). The staff are your friends: Intellectually disabled identities in official discourse and interactional practice. *British Journal of Social Psychology, 46,* 1–18.

Ashmore, M., & Reed, D. (2000). Innocence and nostalgia in conversation analysis: The dynamic relations of tape and transcript. *Forum: Qualitative Social Research, 1,* (3). qualitative-research.net/fqs-texte/3–00/3–00ashmorereed-e.htm (accessed 24 April 2012).

Ashworth, P. (2008). Conceptual foundations of qualitative psychology. In J. A. Smith (Ed.), *Qualitative psychology: A practical guide to research methods* (2nd ed., pp. 4–25). London: Sage.

Ashworth, P., Freewood, M., & MacDonald, R. (2003). The student lifeworld and the meanings of plagiarism. *Journal of Phenomenological Psychology, 34* (2), 257–278.

Ashworth, P. D. (2003). An approach to phenomenological psychology: The primacy of the lifeworld. *Journal of Phenomenological Psychology*, 34 (2), 145–156.

Atkinson, J. M., & Heritage, J. (1984). Transcript notation. In J. M. Atkinson & J. Heritage (Eds.), *Structures of social action: Studies in conversation analysis* (pp. iv–xvi). Cambridge: Cambridge University Press.

Atkinson, M. (2008). Max Atkinson Blog. Gordon Brown's Gaffe Shows what Gail Jefferson Meant by a 'Sound Formed Error'. maxatkinson.blogspot.com/2008/12/gordon-browns-gaffe-shows-what-gail.html (accessed 24 April 2012).

Augoustinos, M., & Tileaga, C. (2012). Twenty five years of discursive psychology. *British Journal of Social Psychology*, 51, 405–412.

Augoustinos, M., Tuffin, K., & Rapley, M. (1999). Genocide or a failure to gel? Racism, history and nationalism in Australian talk. *Discourse & Society*, 10, 351–378.

Austin, J. L. (1962). *How to do things with words: The William James Lectures delivered at Harvard University in 1955*. J. O. Urmson (Ed.). Oxford: Clarendon.

Austin, J. L. (1975). *How to do things with words*. Cambridge, MA: Harvard University Press.

Baars, B. J. (1986). *The cognitive revolution in psychology*. New York: The Guilford Press.

Bailey, L. F. (2014). The origin and success of qualitative research. *International Journal of Market Research*, 56 (2), 167–184.

Barbour, R. (2007). *Doing focus groups*. Los Angeles, CA: Sage.

Barker, R. G. (1968). *Ecological psychology*. Stanford, CA: Stanford University Press.

Barker, R., & Wright, H. (1951). *One boy's day. A specimen record of behavior*. New York: Harper and Brothers.

Barlow, D. H., & Hersen, M. (1984). *Single case experimental designs: Strategies for studying behavior change* (2nd ed.). New York: Pergamon Press.

Bartlett, F. (1932). *Remembering*. Cambridge: Cambridge University Press.

Batt, S., & Lippman, A. (2010). Preventing disease: Are pills the answer? In A. Rochon Ford & D. Saibil (Eds.). *The push to prescribe: Women and Canadian drug policy* (pp. 47–66). Toronto: Women's Press.

Baumrind, D. (1985). Research using intentional deception: Ethical issues revisited. *American Psychologist*, 40, 165–174.

Beaugrande, R. de (1996). The story of discourse analysis. In T. van Dijk (Ed.), *Introduction to discourse analysis* (pp. 35–62). London: Sage.

Becker, H. S., & Geer, B. (1982). Participant observation: The analysis of qualitative field data. In R. G. Burgess (Ed.), *Field research: A sourcebook and field manual* (pp. 239–250). London: George Allen and Unwin.

Benneworth, K. (2006). Repertoires of paedophilia: Conflicting descriptions of adult–child sexual relationships in the investigative interview. *The International Journal of Speech, Language and the Law*, 13 (2), 190–211.

Benwell, B. M., & Stokoe, E. (2006). *Discourse and identity*. Edinburgh: Edinburgh University Press.

Berelson, B. (1952). *Content analysis in communication research*. Glencoe: Free Press.

Berger, P. L., & Luckmann, T. (1966). *The social construction of reality: A treatise in the sociology of knowledge*. Garden City, NY: Anchor.

Berman, R. C. (2011). Critical reflection on the use of translators/interpreters in a qualitative cross language research project. *International Journal of Qualitative Methods*, 10 (2). ejournals.library.ualberta.ca/index.php/IJQM/article/view/8222 (accessed 17 April 2012).

Bevis, J. C. (1949). Interviewing with tape recorders. *Public Opinion Quarterly*, 13, 629–634.

Biggerstaff, D., & Thompson, A. R. (2008). Interpretative phenomenological analysis (IPA): A qualitative methodology of choice in healthcare research. *Qualitative Research in Psychology, 5* (3), 214–224.

Billig, M. (1987). *Arguing and thinking*. Cambridge: Cambridge University Press.

Billig, M. (1991). *Ideology and opinions: Studies in rhetorical psychology*. London: Sage.

Billig, M. (1992). *Talking of the royal family*. London: Routledge.

Billig, M. (1996). *Arguing and thinking: A rhetorical approach to social psychology*, (2nd ed.). Cambridge: Cambridge University Press.

Billig, M. (1997). Rhetorical and discursive analysis: how families talk about the royal family. In N. Hayes (Ed.), *Doing qualitative analysis in psychology* (pp. 39–54). Hove: Psychology Press.

Billig, M. (1999). Whose terms? Whose ordinariness? Rhetoric and ideology in conversation analysis. *Discourse & Society, 10,* 543–558.

Billig, M. (2001). Discursive, rhetorical and ideological messages. In M. Wetherell, S. Taylor & S. J. Yates (Eds.), *Discourse theory and practice: A reader* (pp. 210–221). London: Sage.

Billig, M. (2008). *The hidden roots of critical psychology: Understanding the impact of Locke, Shaftesbury and Reid*. London: Sage.

Billig, M. (2012). Undisciplined beginnings, academic success, and discursive psychology. *British Journal of Social Psychology, 51* (3), 413–424.

Blodgett, L. J., Boyer, W., & Turk, E. (2005). 'No thank you, not today': Supporting ethical and professional relationships in large qualitative studies. *Forum: Qualitative Social Research, 6* (3), www.qualitative-research.net/index.php/fqs/article/viewArticle/31 (accessed 24 April 2012).

Blumer, H. (1969). *Symbolic interactionism: Perspective and method*. Englewood Cliffs, NJ: Prentice Hall.

Bogardus, E. S. (1926). The groups interview. *Journal of Applied Sociology, 10,* 372–382.

Bourdieu, P. (1984). *Distinction: A social critique of the judgement of taste*. London: Routledge.

Bowen, G. A. (2005). Preparing a qualitative research-based dissertation: Lessons learned. *The Qualitative Report, 10* (2), 208–222.

Bozatzis, N. (2014). The discursive turn in social psychology: Four nodal debates. In N. Bozatzis & T. Dragonas (Eds.), *The Discursive turn in social psychology* (pp. 25–50). Chagrin Falls, OH: Taos Institute Publications.

Braun, V., & Clarke, V. (2006). Using thematic analysis in psychology. *Qualitative Research in Psychology, 3,* 77–101.

Brink, E., Karlson, B. W., & Hallberg, L. R.-M. (2002). To be stricken with acute myocardial infarction: A grounded theory study of symptom perception and care-seeking behavior. *Journal of Health Psychology, 7* (5), 533–543.

Brinkmann, S., & Kvale, S. (2005). Confronting the ethics of qualitative research. *Journal of Constructivist Psychology, 18* (2), 157–181.

British Psychological Society. (2010). Ethical Principles for Conducting Research with Human Participants. www.bps.org.uk/sites/default/files/documents/code_of_human_research_ethics.pdf (accessed 24 April 2012).

Brooks, E., & Dallos, R. (2009). Exploring young women's understandings of the development of difficulties: A narrative biographical analysis. *Clinical Child Psychology and Psychiatry, 14* (1), 101–115.

Brower, D. (1949). The problem of quantification in psychological science. *Psychological Review, 56* (6), 325–333.

Brown, S., & Stenner, P. (2009). *Psychology without foundations: History, philosophy and psychosocial theory*. London: Sage.

Broyard, A. (1992). *Intoxicated by my illness*. New York: Random House.

Bruner, J. (1986). *Actual minds, possible worlds*. Cambridge, MA: Harvard University Press.

Bruner, J. (1990). *Acts of meaning*. Cambridge, MA: Harvard University Press.

Bryant, A. (2002). Re-grounding grounded theory. *Journal of Information Technology Theory and Application, 4*, 25–42.

Bryant, A., & Charmaz, K. (2007). *The Sage handbook of grounded theory*. London: Sage.

Bryman, A. (1988). *Quantity and quality in social research*. London: Routledge.

Bryman, A. (2004). *Social research methods* (2nd ed.). Oxford University Press.

Bryman, A., & Bell, E. (2003). *Business research methods*. Oxford: Oxford University Press.

Bucholtz, M. (2000). The politics of transcription. *Journal of Pragmatics, 32*, 1439–1465.

Bucholtz, M. (2003). Theories of discourse as theories of gender. In J. Holmes & M. Meyerhoff (Eds.), *The handbook of language and gender* (pp. 43–68). Oxford, UK: Blackwell.

Bühler, C. (1933). *Der Menschliche Lebenslauf als Psychologisches Problem*. [The Human Course of Life as a Psychological Problem.] Leipzig: Hirzel.

Bulmer, M. (1984). *The Chicago School of Sociology*. Chicago, IL: University of Chicago Press.

Burgess, R. G. (1982). Styles of data analysis: Approaches and implications. In R. G. Burgess (Ed.), *Field research: A sourcebook and field manual* (pp. 235–238). London: George Allen and Unwin.

Burgess, R. G. (1984). *In the field: An introduction to field research*. London: Allen and Unwin.

Burman, E. (2004). Discourse analysis means analysing discourse: Some comments on Antaki, Billig, Edwards and Potter's 'Discourse analysis means doing analysis: A critique of six analytic shortcomings'. *Discourse Analysis Online*. extra.shu.ac.uk/daol/articles/open/2003/003/burman2003003-t.html (accessed 24 April 2012).

Burman, E., & Parker, I. (Eds.) (1993). *Discourse analytic research: Repertoires and readings of texts in action*. London: Routledge.

Burr, V. (2003). *Social constructionism* (2nd ed.). London: Routledge.

Butler, C. W. (2008). *Talk and social interaction in the playground*. Aldershot: Ashgate.

Cairns, D. (2010). Nine fragments on psychological phenomenology. *Journal of Phenomenological Psychology, 41*, 1–27.

Calder, B. (1977). Focus groups and the nature of qualitative marketing research. *Journal of Marketing Research, 14* (3), 353–364.

Campbell, C., & Guy, A. (2007). 'Why can't they do anything for a simple back problem?': A qualitative examination of expectations for low back pain treatment and outcome. *Journal of Health Psychology, 12* (4), 641–652.

Campbell, D. T., & Fiske, D. W. (1959). Convergent and discriminant validation by the multitrait–multimethod matrix. *Psychological Bulletin, 56*, 81–105.

Campbell, M. L. C., & Morrison, A. P. (2007). The subjective experience of paranoia: Comparing the experiences of patients with psychosis and individuals with no psychiatric history. *Clinical Psychology and Psychotherapy, 14* (1), 63–77.

Canter, D. (1983). The potential of facet theory for applied social psychology. *Quality and Quantity, 17*, 35–67.

Carless, D. (2008). Narrative, identity, and recovery from serious mental illness: A life history of a runner. *Qualitative Research in Psychology, 5*, 233–248.

Carter, S. S. (1988). Unipolar clinical depression: An empirical-phenomenological study. Unpublished doctoral dissertation, Duquesne University, Pittsburgh, PA.

Chapman, E., & Smith, J. A. (2002). Interpretative phenomenological analysis and the new genetics. *Journal of Health Psychology, 7* (2), 125–130.

Charmaz, K. (1995). Grounded theory. In J. A. Smith, R. Harré and L. V. Langenhove (Eds.), *Rethinking methods in psychology* (pp. 27–49). London: Sage.

Charmaz, K. (2000). Grounded theory: Objectivist and constructivist methods. In N. K. Denzin and Y. S. E. Lincoln (Eds.), *Handbook of qualitative research* (2nd ed., pp. 503–535). Thousand Oaks, CA: Sage.

Charmaz, K. (2006). *Constructing grounded theory: A practical guide through qualitative analysis*. Thousand Oaks, CA: Sage.

Chomsky, N. (1973). Psychology and ideology. *Cognition, 1*, 11–46.

Choudhuri, D., Glauser, A., & Peregoy, J. (2004). Guidelines for writing a qualitative manuscript for the *Journal of Counseling & Development. Journal of Counseling and Development, 82* (4), 443–446.

Ciclitira, K. (2004). Pornography, women and feminism: Between pleasure and politics. *Sexualities, 7*, 3, 281–301.

Clark, A., Stedmon, J., & Margison, S. (2008). An exploration of the experience of mothers whose children sustain traumatic brain injury (TBI) and their families. *Clinical Child Psychology and Psychiatry, 13* (4), 565–583.

Clarke, A., Mamo, L., Fosket, J., Fishman, J., & Shim, J. (2010). *Biomedicalization: Technoscience, health and illness in the U.S.* Durham, NC: Duke University Press.

Clarke, V. (2001). What about the children? Arguments against lesbian and gay parenting. *Women's Studies International Forum, 24* (5), 555–570.

Clarke, V., Burns, M., & Burgoyne, C. (2008). Who would take whose name? *Journal of Community and Applied Social Psychology, 18* (5), 420–439.

Clay, R. (2005). Too few in quantitative psychology. *APA Monitor on Psychology, 36* (8). www.apa.org/monitor/sep05/quantitative.html (accessed 24 April 2012).

Cloonan, T. F. (1995). The early history of phenomenological psychological research in America. *Journal of Phenomenological Psychology, 26* (1), 46–126.

Cmerjrkova, S., & Prevignano, C. L. (2003). On conversation analysis: An interview with Emanuel Schegloff. In C. L. Prevignano and P. J. Thibault (Eds.), *Discussing conversation analysis: The work of Emanuel Schegloff* (pp. 11–55). Amsterdam: John Benjamins.

Coates, J., & Thornborrow, J. (1999). Myths, lies and audiotapes: Some thoughts on data transcripts. *Discourse and Society, 10* (4), 594–597.

Cohen, D. (1977). On psychology: Noam Chomsky interviewed by David Cohen. Excerpted from *Psychologists on Psychology: Modern Innovators Talk About Their Work*, Taplinger, 1977. www.chomsky.info/interviews/1977--.htm (accessed 24 April 2012).

Coleman, L. M., & Cater, S. M. (2005). A qualitative study of the relationship between alcohol consumption and risky sex in adolescents. *Archives of Sexual Behavior, 34*, 649–661.

Comte, A. (1975). *Auguste Comte and Positivism: The essential writings.* G. Lenzzer (Ed.). Chicago, IL: University of Illinois Press.

Cowles, E. (1888). Insistent and fixed ideas. *American Journal of Psychology, 1* (2), 222–270.

Coyle, A. (2007). Discourse analysis. In E. Lyons and A. Coyle (Eds.), *Analysing qualitative data in psychology* (pp. 98–116). London: Sage.

Crabtree, B. F., & Miller, W. L. (1999). Using codes and code manuals: A template organizing style of interpretation. In B. F. Crabtree & W. L. Miller (Eds.), *Doing qualitative research* (2nd ed., pp. 163–177). Newbury Park, CA: Sage.

Crossley, M. (2000). *Introducing narrative psychology: Self-trauma and the construction of meaning.* Buckingham: Open University Press.

Crossley, M. L. (2003). Let me 'explain': Narrative emplotment and one patient's experience of oral cancer. *Social Science and Medicine, 56*, 439–448.

Crossley, M. L. (2007). Narrative analysis. In E. Lyons and A. Coyle (Eds.), *Analysing qualitative data in psychology* (pp. 131–144). London: Sage.

Danziger, K. (1997). The varieties of social construction. *Theory and Psychology, 7* (3), 399–416.

Danziger, K., & Dzinas, K. (1997). How psychology got its variables. *Canadian Psychology, 38,* 43–48.

Davidson, J. (1984). Subsequent versions of invitations, offers, requests, and proposals dealing with potential or actual rejection. In J. M. Atkinson & J. Heritage (Eds.), *Structures of social action: Studies in conversation analysis* (pp. 102–128). Cambridge: Cambridge University Press.

Dearborn, G. V. N. (1920). Review of the Lia-speaking peoples of Northern Rhodesia. *Journal of Abnormal Psychology, 15* (4), 283–288.

Del Vecchio Good, M., Munakata, T., Kobayashi, Y., Mattingly, C., & Good, B. (1994). Oncology and narrative time. *Social Science and Medicine, 38,* 855–862.

Deleuze, G. (2006). *Foucault.* London: Continuum.

Denscombe, M. (2002). *Ground rules for good research: A 10 point guide for social researchers.* Buckingham: Open University Press.

Denzin, N. K., & Lincoln, Y. S. E. (2000). Introduction: The discipline and practice of qualitative research. In N. K. Denzin & Y. S. E. Lincoln (Eds.), *Handbook of qualitative research* (2nd ed., pp. 1–28). Thousand Oaks, CA: Sage.

Dereshiwsky, M. (1999). The Five Dimensions of Participant Observations. jan.ucc.nau .edu/~mid/edr725/class/observation/fivedimensions/reading3–2-1.html (accessed 24 April 2012).

Dickson, A., Allan, D., & O'Carroll, R. (2008). Biographical disruption and the experience of loss following a spinal cord injury: An interpretative phenomenological analysis. *Psychology and Health, 23* (4), 407–425.

Dixon-Woods, M., Sutton, A., Shaw, R., Miller, T., Smith, J., Young, B., Bonas, S., Booth, A., & Jones, D. (2007). Appraising qualitative research for inclusion in systematic reviews: A quantitative and qualitative comparison of three methods. *Journal of Health Service Research Policy, 12* (1), 42–47.

Dollard, J. (1935). *Criteria for the life history.* New Haven, CT: Yale University Press.

Dollard, J. (1937). *Caste and class in a southern town.* Garden City, NY: Doubleday.

Drew, P. (1995). Conversation analysis. In J. A. Smith, R. Harré & L. V. Langenhove (Eds.), *Rethinking methods in psychology* (pp. 64–79). London: Sage.

Du Bois, J. W., Schuetze-Coburn, S., Cumming, S., & Paolino, D. (1993). Outline of discourse transcription. In J. A. Edwards & M. D. Lampert (Eds.), *Talking data: Transcription and coding in discourse research* (pp. 45–89). Hillsdale, NJ: Erlbaum.

Du Bois, W. E. B. (1899). *The Philadelphia Negro: A social study.* Philadelphia: University of Pennsylvania.

Duff, S. (2011). Exploring criminogenic need through victim apology letters II: An IPA analysis of post-treatment accounts of offending against children. *Journal of Aggression, Conflict and Peace Research, 3* (4), 230–242.

Eagleton, T. (1983). *Literary theory: An introduction.* Oxford: Basil Blackwell.

Eatough, V., & Smith, J. A. (2006). 'I feel like a scrambled egg in my head': An idiographic case study of meaning, making and anger using interpretative phenomenological analysis. *Psychology and Psychotherapy: Theory, Research and Practice, 79,* 115–135.

Edley, N. (2001). Analysing masculinity: Interpretative repertoires, ideological dilemmas and subject positions. In M. Wetherell, S. Taylor & S. J. E. Yates (Eds.), *Discourse as data: A guide for analysis* (pp. 189–228). London: Sage.

Edwards, D. (1994). 'Script formulations: A study of event descriptions in conversation'. *Journal of Language and Social Psychology, 13* (3), 211–247.

Edwards, D. (1995). Sacks and psychology. *Theory and Psychology, 5* (3), 579–597.

Edwards, D. (1997). *Discourse and cognition.* London: Sage.

Edwards, D. (2012). Discursive and scientific psychology. *British Journal of Social Psychology, 51* (3), 425–435.

Edwards, D., & Potter, J. (1992). *Discursive psychology.* London: Sage.

Edwards, D., & Middleton, D. (1988). Conversational remembering and family relationships: How children learn to remember. *Journal of Social and Personal Relationships, 5,* 3–25.

Ehlich, K. (1993). HIAT: A transcription system for discourse data. In J. A. Edwards & M. D. Lampert (Eds.), *Talking data: Transcription and coding in discourse research* (pp. 123–148). Hillsdale, NJ: Erlbaum.

Elliott, R., Fischer, C. T., & Rennie, D. L. (1999). Evolving guidelines for publication of qualitative research studies in psychology and related fields. *British Journal of Clinical Psychology, 38,* 215–229.

Ellis, D., & Cromby, J. (2012). Emotional inhibition: A discourse analysis of disclosure. *Psychology and Health, 27* (5), 515–532.

Emerson, P., & Frosh, S. (2004). *Critical narrative analysis in psychology: A guide to practice.* Basingstoke: Palgrave Macmillan.

Epley, N., & Huff, C. (1998). Suspicion, affective response, and educational benefit as a result of deception in psychology research. *Personality and Social Psychology Bulletin, 24,* 759–768.

Every, D., & Augoustinos, M. (2007). Constructions of racism in the Australian parliamentary debates on asylum seekers. *Discourse and Society, 18* (4), 411–436.

Fadyl, J. K., & Nicholls, D. A. (2013). Foucault, the subject and the research interview: A critique of methods. *Nursing Inquiry, 20* (1), 23–29.

Fairclough, N. (1993). *Discourse and social change.* Cambridge: Polity Press.

Festervand, T. A. (1984–1985). An introduction and application of focus group research to the health care industry. *Health Marketing Quarterly.* Special Issue: Marketing ambulatory care services, 2 (2–3), 199–209.

Festinger, L., Riecken, H. W., & Schachter, S. (1956). *When prophecy fails: A social and psychological study of a modern group that predicted the destruction of the world.* New York: Harper Torchbooks.

Fillingham, L. A. (1993). *Foucault for beginners.* Danbury, CT: For Beginners.

Finkelhor, D., Mitchell, K. J., & Wolak, J. (2000). *Online victimization: A report on the nation's youth.* Alexandria, VA: National Center for Missing and Exploited Children.

Finlay, L. (2009). Debating phenomenological research methods. *Phenomenology & Practice, 3,* 6–25.

Fish, S. (1989). *Doing what comes naturally: Change, rhetoric and the practice of theory in literary and legal studies.* Oxford: Oxford University Press.

Flick, U. (2002). *An introduction to qualitative research* (2nd ed.). London: Sage.

Flyvbjerg, B. (2006). Five misunderstandings about case-study research. *Qualitative Inquiry, 12* (2), 219–245.

Fontana, A., & Frey, J. H. (2000). The interview: from structured questions to negotiated text. In N. K. Denzin & Y. S. Lincoln (Eds.), *Handbook of qualitative research* (2nd ed., pp. 645–672). Thousand Oaks, CA: Sage.

Forbat, L., & Henderson, J. (2003). 'Stuck in the middle with you': The ethics and process of qualitative research with two people in an intimate relationship. *Qualitative Health Research, 13,* 1453–1462.

Foucault, M. (1954/1976). *Mental illness and personality.* New York: Harper and Row.

Foucault, M. (1961/1965). *The history of madness (a history of insanity in the age of reason)*. New York: Random House.

Foucault, M. (1963/1973). *The birth of the clinic*. New York: Pantheon.

Foucault, M. (1966/1970). *The order of things*. New York: Pantheon.

Foucault, M. (1969/1972). *The archeology of knowledge*. New York: Pantheon.

Foucault, M. (1975/1977). *Discipline and punish*. New York: Pantheon.

Foucault M. (1977). *Discipline and punish: The birth of the prison* (trans. A Sheridan). London: Penguin.

Foucault, M. (1978). *The history of sexuality: Volume 1, An introduction: The will to knowledge* (trans. R. Hurley). London: Penguin.

Foucault, M. (1980). *Power/knowledge: Selected interviews and other writings 1972–1977*. Hassocks, Sussex: Harvester Press.

Foucault, M. (1985). *The history of sexuality: Volume 2, The use of pleasure. Volume 2* (trans R. Hurley). New York: Pantheon.

Foucault, M. (1986). *The history of sexuality: Volume 3, The care of the self* (trans. R. Hurley). New York: Pantheon.

Foucault, M. (1994). *The order of things: An archaeology of the human sciences*. New York, NY: Vintage Books.

Freud, S. (1909). *Analysis of a phobia of a five-year-old boy* (Vol. 8 *Case Histories*). London: Pelican Freud Library.

Freud, S. (1918). *Totem and taboo*. Translated by A. A. Brill. New York: Moffat, Yard Co.

Frith, H., & Gleeson, K. (2008). Dressing the body: The role of clothing in sustaining body pride and managing body distress. *Qualitative Research in Psychology*, 5 (4), 249–264.

Frost, N. (2009). 'Do you know what I mean?': The use of a pluralistic narrative analysis approach in the interpretation of an interview. *Qualitative Research*, 9 (1), 9–29.

Fullfact. (2011). How much does obesity cost the NHS? https://fullfact.org/factchecks/NHS_reforms_David_Cameron_speech_obesity_costs_foresight_Department_of_Health-2732 (accessed 11 June 2015).

Garson, G. D. (2013). *Narrative analysis*. Statistical Associates Blue Book Series 42, Kindle edition.

Gee, D., Ward, T., & Eccleston, L. (2003). The function of sexual fantasies for sexual offenders: A preliminary model. *Behaviour Change*, 20, 44–60.

Gergen, K. J. (1973). Social psychology as history. *Journal of Personality and Social Psychology*, 26 (2), 309–320.

Gergen, K. J. (1985a). The social constructionist movement in modern psychology. *American Psychologist*, 40, 266–275.

Gergen, K. J. (1985b). Social constructionist inquiry: Context and implications. In K. J. Gergen & K. E. Davis (Eds.), *The social construction of the person* (pp. 3–18). New York: Springer-Verlag.

Gergen, K. J. (1991). The saturated self: Dilemmas of identity in contemporary life. New York: Basic Books.

Gergen, K. J. (1985). The social constructionist movement in modern psychology. *American Psychologist*, 40 (3), 266–275.

Gergen, K. J. (1998). Narrative, moral identity and historical consciousness: A social constructionist account. Draft copy appearing as 'Erzahlung, moralische Identiat und historisches Bewusstsein. Eine sozialkonstructionistische Darstelung.' In J. Straub (Ed.), *Identitat und historishces Bewusstsein*. Frankfurt: Suhrkamp. www.swarthmore.edu/Documents/faculty/gergen/Narrative_Moral_Identity_and_Historical_Consciousness.pdf (accessed 24 April 2012).

Gergen, K. J. (1999). *An invitation to social construction*. London: Sage.

Gergen, K. J., & Gergen, M. (1983). Narratives of the self. In T. R. Sarbin & K. Scheibe (Eds.), *Studies in social identity* (pp. 54–74). New York: Praeger.

Gergen, K. J., & Gergen, M. M. (1986). Narrative form and the construction of psychological science. In T. R. Sarbin (Ed.), *Narrative psychology: The storied nature of human conduct* (pp. 22–44). New York: Praeger.

Gergen, K. J., and Graumann, C. F. (1996). *Psychological discourse in historical perspective*. New York: Cambridge University Press.

Gergen, M. (2008). Qualitative methods in feminist psychology. In C. Willig & W. Stainton-Rogers (Eds.), *The SAGE handbook of qualitative research in psychology* (pp. 280–295). London: Sage.

Gibbs, A. (1997). Focus groups. *Social Research Update*, 19 sru.soc.surrey.ac.uk/SRU19.html (accessed 12 February 2009).

Gibson, S. (2013). Milgram's obedience experiments: A rhetorical analysis. *British Journal of Social Psychology*, 52, 290–309.

Gibson, S. (2014). Discourse, defiance, and rationality: 'Knowledge work' in the 'Obedience' experiments. *Journal of Social Issues*, 70 (3), 424–438.

Gilbert, G. N., & Mulkay, M. (1984). *Opening Pandora's Box: A sociological analysis of scientists' discourse*. Cambridge: Cambridge University Press.

Giles, D. (2006). Constructing identities in cyberspace: The case of eating disorders. *British Journal of Social Psychology*, 45 (3), 463–477.

Giorgi, A. (1971). A phenomenological approach to the problem of meaning and serial learning. In A. Giorgi, W. Fischer & R. von Eckartsberg (Eds.), *Duquesne Studies in Phenomenological Psychology*, Volume 1 (pp. 88–100). Pittsburgh: Duquesne University Press.

Giorgi, A. (1985a). Sketch of a psychological phenomenological method. In A. Giorgi (Ed.), *Phenomenology and psychological research* (pp. 8–22). Pittsburgh, PA: Duquesne University Press.

Giorgi, A. (Ed.) (1985b). *Phenomenological and psychological research*. Pittsburgh, PA: Duquesne University Press.

Giorgi, A. (1994). A phenomenological perspective on certain qualitative research methods. *Journal of Phenomenological Psychology*, 25, 190–220.

Giorgi, A. (1997). The theory, practice, and evaluation of the phenomenological method as a qualitative research procedure. *Journal of Phenomenological Psychology*, 28, 235–260.

Giorgi, A. (1998). The origins of the *Journal of Phenomenological Psychology* and some difficulties in introducing phenomenology into scientific psychology. *Journal of Phenomenological Psychology*, 29 (2), 161–176.

Giorgi, A. (2000). *The descriptive phenomenological method* (Learning Guide, Course RES3130). San Francisco: Saybrook Graduate School and Research Center.

Giorgi, A. (2003). The descriptive phenomenological psychological method. In P. M. Camic, J. E. Rhodes & L. Yardley (Eds.), *Qualitative research in psychology: Expanding perspectives in methodology and design perspectives in methodology and design* (pp. 243–273). Washington, DC: American Psychological Association.

Giorgi, A. (2010). Phenomenological psychology: A brief history and its challenges. *Journal of Phenomenological Psychology*, 41, 145–179.

Giorgi, B. (2011). A phenomenological analysis of the experience of pivotal moments in therapy as defined by clients. *Journal of Phenomenological Psychology*, 42 (1), 61–106.

Glaser, B. G. (1978). *Theoretical sensitivity: Advances in the methodology of grounded theory*. Mill Valley, CA: Sociology Press.

Glaser, B. G. (1982). Generating formal theory. In R. G. Burgess (Ed.), *Field research: A sourcebook and field manual* (pp. 225–232). London: George Allen and Unwin.

Glaser, B. G. (1992). *Basics of grounded theory analysis. Emergence vs forcing*. Mill Valley, CA: Sociology Press.

Glaser, B. G. (1998). *Doing grounded theory: Issues and discussions*. Mill Valley, CA: Sociology Press.

Glaser, B. G., & Strauss, A. L. (1965). *Awareness of dying*. Chicago, IL: Aldine.

Glaser, B. G., & Strauss, A. L. (1967). *The discovery of grounded theory: Strategies for qualitative research*. New York: Aldine de Gruyter.

Goffman, E. (1959). *The presentation of self in everyday life*. Garden City, NY: Doubleday.

Goffman, E. (1961). *Asylums: Essays on the social situation of mental patients and other inmates*. Garden City, New York: Anchor.

Goffman, E. (1974). *Frame analysis: An essay on the organization of experience*. London: Harper and Row.

Goodley, D., & Parker, I. (2000). Critical psychology and action research. *Annual Review of Critical Psychology, 2*, 3–16.

Goodman, S. (2008). The generalizability of discursive research. *Qualitative Research in Psychology, 5* (4), 265–275.

Goodwin, M. H. (1990). *He-said-she-said: Talk as social organization among Black children*. Bloomington, IA: Indiana University Press.

Goodwin, P., & Ogden, J. (2007). Women's reflections upon their past abortions: An exploration of how and why emotional reactions change over time. *Psychology and Health, 22* (2), 231–248.

Gordon, M. J. (2006). Interview with William Labov. *Journal of English Linguistics, 34*, 332–351.

Goulding, C. (2002). *Grounded theory: A practical guide for management, business and market researchers*. London: Sage.

Grbich, C. (2007). *Qualitative data analysis*. London: Sage.

Grice, H. P. (1975). Logic and conversation. In P. Cole & J. Morgan (Eds.), *Syntax and semantics 3: Speech acts* (pp. 41–58). New York: Academic Press.

Groenewald, T. (2004). A phenomenological research design illustrated. *International Journal of Qualitative Methods, 3* (1), www.ualberta.ca/~iiqm/backissues/3_1/html/groenewald.html (accessed 17 April 2012).

Gumperz, J. J., & Berenz, N. (1993). Transcribing conversational exchange. In J. A. Edwards & M. D. Lampert (Eds.), *Talking data: Transcription and coding in discourse research* (pp. 91–122). Hillsdale, NJ: Erlbaum.

Gutting, G. ((2005). *Foucault: A very short introduction*. Oxford: Oxford University Press.

Halling, S. (2002). Making phenomenology accessible to a wider audience. *Journal of Phenomenological Psychology, 33* (1), 19–38.

Hammersley, M. (1996). The relationship between qualitative and quantitative research: Paradigm loyalty versus methodological eclecticism. In J. T. E. Richardson (Ed.), *Handbook of qualitative research methods for psychology and the social sciences* (pp. 159–174). Leicester: BPS Books.

Hammersley, M. (1999). Some reflections on the current state of qualitative research. *Research Intelligence, 70*, 16–18.

Hammersley, M. (2010). Reproducing or constructing? Some questions about transcription in social research. *Qualitative Research, 10*, 553–569.

Hanin, Y. L. (1980). A study of anxiety in sports. In W. F. Straub (Ed.), *Sport psychology: An analysis of athletic behavior*. New York: Movement Publications.

Hanna, P. (2009). Conceptualising sustainable tourism – ethics, inequalities and colonialism. *Enquire, 2*, 1–22.

Hanna, P. (2014). Foucauldian discourse analysis in psychology: Reflecting on a hybrid reading of Foucault when researching 'ethical subjects'. *Qualitative Research in Psychology, 11* (2), 142–159.

Harré, R., & Gillett, G. (1994). *The discursive mind*. London: Sage.

Harris, Z. (1952). Discourse analysis. *Language, 29* (1), 1–30.

Hayes, N. (2000). *Doing psychological research gathering and analysing data*. Buckingham: OU Press.

Heath, C., & Luff, P. (1993). Explicating face-to-face interaction. In N. Gilbert (Ed.), *Researching social life* (pp. 306–327). London: Sage.

Heidegger, M. (1962). *Being and time* (trans. J. Macquarrie & E. Robinson). New York: Harper & Row.

Henriques, J., Hollway, W., Urwin, C., Venn, C., & Walkerdine, V. (1984). *Changing the subject: Psychology, social regulation and subjectivity*. London: Methuen.

Henwood, K., & Pidgeon, M. (1994). Beyond the qualitative paradigm: A framework for introducing diversity within qualitative psychology. *Journal of Community and Applied Social Psychology, 4*, 225–238.

Hepburn, A. (1999). Derrida and psychology. *Theory and Psychology, 9* (5), 639–667.

Hepburn, A. (2003). *An introduction to critical social psychology*. London: Sage.

Hepburn, A. (2004). Crying: Notes on description, transcription, and interaction. *Research on Language and Social Interaction, 3* (3), 251–290.

Heritage, J. (1984). *Garfinkel and ethnomethodology*. London: Polity.

Heritage, J. (2003). Presenting Emanuel A. Schegloff. In C. L. Prevignano & P. J. Thibault (Eds.), *Discussing conversation analysis: The work of Emanuel A. Schegloff* (pp. 1–10). Amsterdam: John Benjamins.

Hiles, D., & Čermák, I. (2008). Narrative psychology. In C. Willig & W. Stainton-Rogers (Eds.), *The SAGE handbook of qualitative research in psychology* (pp. 147–164). London: Sage.

Hollway, W. (2005). Commentary on 'Qualitative interviews in psychology'. *Qualitative Research in Psychology, 2*, 312–314.

Holmberg, R., & Larsson, M. (2006). Fatal attractions on the road to an ethnography of organizing. Presentation at Symposium on Current Developments in Ethnographic Research in the Social and Management Sciences. University of Liverpool, Management School. 13–14 September 2006.

Hook, D. (2001). Discourse, knowledge, materiality, history: Foucault and discourse analysis. *Theory and Psychology, 11*, 521–547.

Horton-Salway, M. (2001). Narrative identities and the management of personal accountability in talk about M.E.: A discursive approach to illness narrative. *Journal of Health Psychology, 6* (2), 261–273.

Howitt, D. (1991). *Concerning psychology*. Milton Keynes: Open University Press.

Howitt, D. (1992). *Child abuse errors*. London: Harvester Wheatsheaf.

Howitt, D. (1995). *Paedophiles and sexual offences against children*. Chichester: John Wiley.

Howitt, D. (2012). *Introduction to forensic and criminal psychology* (4th ed.). Harlow: Pearson Education.

Howitt, D., & Cramer, D. (2011). *Introduction to research methods in psychology*. Harlow: Pearson.

Howitt, D., & Cramer, D. (2014). *Introduction to research methods in psychology* (4th ed.). Harlow: Pearson.

Howitt, D., & Cumberbatch, G. (1990). *Pornography: Impacts and influences*. London: Home Office Research Unit.

Howitt, D., & Owusu-Bempah, J. (1994). *The racism of psychology*. London: Harvester Wheatsheaf.

Husserl, E. (1892). *Philosophie der Arithmetik. Psychologische und logische Untersuchungen*. Halle: Pfeffer.

Husserl, E. (1913/1931). *Ideas: General introduction to pure phenomenology [Ideen zu einer reinen Phänomenologie und phänomenologischen Philosophie. Erstes Buch: Allgemeine Einführung in die reine Phänomenologie]* (trans. W. R. Boyce Gibson). London: George, Allen and Unwin.

Husserl, E. (1954/1970). *The crisis of human sciences and transcendental phenomenology.* Trans. by David Carr. Evanston, IL: Northwestern University Press.

Hutchby, I., & Wooffitt, R. (1998). *Conversation analysis: Principles, practices and applications.* Cambridge: Polity Press.

Hutchinson, A., Johnston, L., & Breckon, J. (2011). Grounded theory-based research within exercise psychology: A critical review. *Qualitative Research in Psychology, 8,* 247–272.

Hycner, R. H. (1999). Some guidelines for the phenomenological analysis of interview data. In A. Bryman & R. G. Burgess (Eds.), *Qualitative research 3* (pp. 143–164). London: Sage.

Isherwood, T., Burns, M., Naylor, M., & Read, S. (2007). 'Getting into trouble': A qualitative analysis of the onset of offending in the accounts of men with learning disabilities. *Journal of Forensic Psychiatry and Psychology, 18* (2), 221–234.

Itzin, C. (Ed.). (1993). *Pornography: Women, violence and civil liberties.* Oxford: Oxford University Press.

Jahoda, M., Lazarsfeld, P. F., & Zeisel, H. (1933). *Die Arbeitslosen von Marienthal.* Leipzig: S. Hirzel.

Jahoda, M., Lazarsfeld, P. F., & Zeisel, H. (2002). *Marienthal: The sociography of an unemployed community.* Edison, NJ: Transaction Books.

James, W. (1902/1985). *The varieties of religious experience.* Cambridge, MA: Harvard University Press.

Jefferson, G. (1996). On the poetics of ordinary talk. *Text and Performance Quarterly, 16* (1), 1–61.

Jefferson, G. (2004). Glossary of transcript symbols with an introduction. In G. H. Lerner (Ed.), *Conversation analysis: Studies from the first generation* (pp. 13–23). Philadelphia: John Benjamins.

Jenkins, J., & Ogden, J. (2012). Becoming 'whole' again: A qualitative study of women's views of recovering from anorexia nervosa. *European Eating Disorders Review, 20* (1), 23–31.

Johnson, B. E. (2011). The speed and accuracy of voice recognition software-assisted transcription versus the listen-and-type method: A research note. *Qualitative Research, 11,* 91–97.

Johnson, J., & Altheide, D. L. (2002). Reflections on professional ethics. In W. I. C. van den Hoonaard (Ed.), *Walking the tightrope: Ethical issues for qualitative researchers* (pp. 59–69). Toronto: University of Toronto Press.

Johnston, C. A. B., & Morrison, T. G. (2007). The presentation of masculinity in everyday life: Contextual variations in the masculine behavior of young Irish men. *Sex Roles, 57,* 661–674.

Jones, D., & Elcock, J. (2001). *History and theories of psychology: A critical perspective.* London: Arnold.

Josselson, R. (2014). Editorial: Introduction to qualitative psychology. *Qualitative Psychology, 1* (1), 1–3.

Kant, I. (2007). *Critique of pure reason* (trans. M. Weigelt). London: Penguin.

Keen, S., & Todres, L. (2007). Strategies for disseminating qualitative research findings: Three exemplars. *Forum: Qualitative Social Research, 8* (3), Art 17. nbn-resolving.de/urn:nbn:de:0114-fqs0703174 (accessed 4 April 2012).

Kelly, G. A. (1955a). *The psychology of personal constructs. Volume 1: A theory of personality*. New York: Norton.

Kelly, G. A. (1955b). *The psychology of personal constructs. Volume 2: Clinical diagnosis and psychotherapy*. New York: Norton.

Kidder, L. H., & Fine, M. (1997). Qualitative inquiry in psychology: A radical tradition. In D. Fox & I. Prilleltensky (Eds.), *Critical psychology: An introduction* (pp. 34–50). London: Sage.

King, N. (1998). Template analysis. In G. Symon & C. Cassell (Eds.), *Qualitative methods and analysis in organizational research* (pp. 118–134). London: Sage.

King, N., Finlay, L., Ashworth, P., Smith, J. A., Langdridge, D., & Butt, T. (2008). 'Can't really trust that, so what can I trust?': A polyvocal, qualitative analysis of the psychology of mistrust. *Qualitative Research in Psychology*, 5, 80–102.

Kirkey, S. (2007). Young girls require HPV vaccine, panel says: Virus spread through sex causes cervical cancer. *National Post*, 31 January, A1.

Kitzinger, C. (2007). Editor's Introduction: The promise of conversation analysis for feminist research. *Feminism and Psychology*, 17 (2), 133–148.

Kitzinger, C., & Jones, D. (2007). When May calls home: The opening moments of family telephone conversations with an Alzheimer's patient. *Feminism and Psychology*, 17 (2), 184–202.

Kitzinger, C., & Willmott, J. (2002). 'The thief of womanhood': Women's experience of polycystic ovarian syndrome. *Social Science and Medicine*, 54 (3), 349–361.

Klein, L. (2001). Obituary: Professor Marie Jahoda *The Independent*, 8 May www.independent.co.uk/news/obituaries/professor-marie-jahoda-729096.html [no longer available for access].

Kohlbacher, F. (2006). The use of qualitative content analysis in case study research. *Qualitative Social Research*, 7 (1). www.qualitative-research.net/index.php/fqs/article/view/75/154 (accessed 25 June 2009).

Korn, J. H. (1997). *Illusions of reality: A history of deception in social psychology*. New York: State University of New York Press.

Kracauer, S. (1952). The challenge of qualitative content analysis. *Public Opinion Quarterly*, 16, 631–642.

Krueger, R. A., & Casey, M. A. (2000). *Focus groups. A practical guide for applied research* (3rd ed.). Thousand Oaks, CA: Sage.

Kuhn, T. (1962). *The structure of scientific revolutions*. Chicago, IL: University of Chicago Press.

Kvale, S. (1996). *Interviews*. Thousand Oaks, CA: Sage.

Kvale, S. (2007). *Doing interviews*. Los Angeles, CA: Sage.

Labov, W. (1972). *Sociolinguistic patterns*. Philadelphia: University of Pennsylvania Press.

Labov, W. (1997). Some further steps in narrative analysis. *The Journal of Narrative and Life History*, 7, 395–415.

Labov, W., & Waletzky, J. (1967). Narrative analysis. In J. Helm (Ed.), *Essays on the verbal and visual arts* (pp. 12–44). Seattle: University of Washington Press.

Lambert, S., & O'Halloran, E. (2008). Deductive thematic analysis of a female paedophilia website. *Psychiatry, Psychology and Law*, 15 (2), 284–300.

Langdridge, D. (2007). *Phenomenological psychology: Theory, research and method*. Harlow: Pearson Education.

Langdridge, D. (2008). Phenomenology and critical social psychology: Directions and debates in theory and research. *Social and Personality Psychology Compass*, 2/3, 1126–1142.

Langford, D. (1994). *Analysing talk*. London: Macmillan.

Lapadat, J. C., & Lindsay, A. C. (1999). Transcription in research and practice: From standardization of technique to interpretive positionings. *Qualitative Inquiry, 5*, 64. qix. sagepub.com/cgi/content/abstract/5/1/64 (accessed 27 August 2009).

Larkin, M., Watts, S., & Clifton, E. (2006). Giving voice and making sense in interpretative phenomenological analysis. *Qualitative Research in Psychology, 3* (2), 102–120.

Lawes, R. (1999). Marriage: An analysis of discourse. *British Journal of Social Psychology, 38*, 1–20.

Leary, D. E. (2014). Overcoming blindness: Some historical reflections on qualitative psychology. *Qualitative Psychology, 1* (1), 17–33.

Lester, J. N. (2014). Negotiating abnormality/normality in therapy talk: A discursive psychology approach to the study of therapeutic interactions and children with autism. *Qualitative Psychology, 1* (2), 178–192.

Levitt, H. M. (2015). Qualitative psychotherapy research: The journey so far and future directions. *Psychotherapy, 52* (1), 31–37.

Liddicoat, A. (2007). *Introduction to conversation analysis*. London: Continuum.

Locke, A. (2008). Managing agency for athletic performance: A discursive approach to the zone. *Qualitative Research in Psychology, 5* (2), 103–126.

Locke, A., & Edwards, D. (2003). Bill and Monica: Memory, emotion and normativity in Clinton's Grand Jury testimony. *British Journal of Social Psychology, 42* (2), 239–256.

Loos, E. E., Anderson, S., Day, D. H., Jordan, P. C., & Wingate, J. D. (2009). Glossary of Linguistic Terms. www.sil.org/LINGUISTICS/GlossaryOfLinguisticTerms/WhatIsConversationAnalysis.htm (accessed 25 June 2009).

Lunt, P., & Livingstone, S. (1996). Rethinking the focus group in media and communications research. *Journal of Communication, 46* (2), 79–98.

Luria, A. R., & Bruner, J. (1987). *The mind of a mnemonist: A little book about a vast memory*. Cambridge, MA: Harvard University Press.

Lynd, R. S., & Lynd, H. M. (1929). *Middletown: A study in contemporary American culture*. New York: Harcourt, Brace, and Company.

Lynd, R. S., & Lynd, H. M. (1937). *Middletown in transition: A study in cultural conflicts*. New York: Harcourt, Brace, and Company.

MacLean, L. M., Meyer, M., & Estable, A. (2004). Improving accuracy of transcripts in qualitative research. *Qualitative Health Research, 14*, 113–123.

MacMillan, K., & Edwards, D. (1999). Who killed the princess? Description and blame in the British press. *Discourse Studies, 1* (2), 151–174.

MacWhinney, B. (1995). *The CHILDES Project: Tools for analyzing talk* (2nd ed.). Hillsdale, NJ: Erlbaum.

MailonLine (2008). 'Dishonest' TV psychiatrist Dr Raj Persaud suspended after admitting plagiarism. www.dailymail.co.uk/news/article-1027762/Dishonest-TV-psychiatrist-Dr-Raj-Persaud-suspended-admitting-plagiarism.html (accessed 3 July 2009).

Marchel, C., & Owens, S. (2007). Qualitative research in psychology: Could William James get a job? *History of Psychology, 10* (4), 301–324.

Marsh, P., Rosser, E., & Harré, R. (1978). *The rules of disorder*. London: Routledge & Kegan Paul.

Marshall, M. N. (1996). Sampling for qualitative research. *Family Practice, 13*, 522–525.

Matheson, J. L. (2008). The voice transcription technique: Use of voice recognition software to transcribe digital interview data in qualitative research. *The Qualitative Report, 12* (4), 547–560.

Mayo, E. (1949). *Hawthorne and the Western Electric Company: The social problems of an industrial civilisation*. London: Routledge.

Mays, N., & Pope, C. (2000). Assessing quality in qualitative research. *British Medical Journal*, 320, 50–52.

McAdams, D. P. (1985). *Power, intimacy, and the life story: Personological inquiries into identity*. New York: Guilford Press.

McAdams, D. P. (1993). *The stories we live by: Personal myths and the making of the self*. New York: William C. Morrow and Co.

McAdams, D. P. (2006). The role of narrative in personality psychology today. *Narrative Inquiry*, 16 (1), 11–18.

McAdams, D. P. (2008). Personal narratives and the life story. In O. John, R. Robins & L. A. Pervin, *Handbook of personality: Theory and research* (pp. 241–261). New York: Guilford Press.

McArthur, T. (1992). *The Oxford companion to the English language*. Oxford: Oxford University Press.

McBain, W. N. (1956). The use of magnetized tape recording in psychological laboratories. *American Psychologist*, 11 (4), 202–203.

McCaughan, E., & McKenna, H. (2007). Never-ending making sense: Towards a substantive theory of the information-seeking behaviour of newly diagnosed cancer patients. *Journal of Clinical Nursing*, 16 (11), 2096–2104.

McCormack, L., Hagger, M. S., & Joseph, S. (2011). Vicarious growth in wives of Vietnam veterans: A phenomenological investigation into decades of 'lived' experience. *Journal of Humanistic Psychology*, 51 (3), 273–290.

McHugh, P. (1968). *Defining the situation: The organization of meaning*. Evanston, IL: Bobbs-Merrill.

Medical Research Council. (2007). The Healthy Living and Social Marketing Literature. A Review of the Evidence. webarchive.nationalarchives.gov.uk/20080814090217/dh.gov.uk/en/Publicationsandstatistics/Publications/PublicationsPolicyAndGuidance/DH_073044

Meier, A., Boivin, M., & Meier, M. (2008). Theme-analysis: Procedures and application for psychotherapy research. *Qualitative Research in Psychology*, 5, 289–310.

Merleau-Ponty, M. (1945/1962). *Phenomenologie de la Perception*. Trans. C. Smith, *Phenomenology of perception*. London: Routledge & Kegan Paul.

Merleau-Ponty, M. (1968). *The visible and the invisible, followed by working notes*. Trans. by A. Lingis. Evanston: Northwestern University Press.

Merton, R. K. (1949). *Social theory and social structure*. New York: Free Press.

Merton, R. K. (1987). The focussed interview and focus groups: Continuities and discontinuities. *Public Opinion Quarterly*, 51 (4), 550–566.

Merton, R. K., & Kendall, P. L. (1946). The focused interview. *American Journal of Sociology*, 51, 541–547.

Merton, R. K., Fiske, M., & Kendall, P. L. (1956). *The focused interview: A manual of problems and procedures*. Glencoe, IL: The Free Press.

Michell, J. (2003). The quantitative imperative: Positivism, naïve realism and the place of qualitative methods in psychology. *Theory and Psychology*, 13 (1), 5–31.

Milgram, S. (1974). *Obedience to authority: An experimental view*. New York: Harper and Row.

Miller, P. J., Hengst, J. A., & Wang, S-H. (2003). Ethnographic methods: Applications from developmental cultural psychology. In P. M. Camic, J. Rhodes & L. Yardley (Eds.), *Qualitative research in psychology: Expanding perspectives in methodology and design* (pp. 219–242). Washington, DC: American Psychological Association.

Miller Center. (2013a). Farewell Address to the Nation (January 15, 2009) George W. Bush. Charlottesville, VA: University of Virginia. millercenter.org/president/speeches/speech-4454

Miller Center. (2013b). State of the Union Address (January 20, 2004) George W. Bush. Charlottesville, VA: University of Virginia. millercenter.org/president/gwbush/speeches/speech-4542

Mishler, E. G. (1986). The analysis of interview-narratives. In T. R. Sarbin (Ed.), *Narrative psychology: The storied nature of human conduct* (pp. 233–255). New York: Praeger.

Mishler, E. G. (2005). Commentary on 'Qualitative interviews in psychology', *Qualitative Research in Psychology*, 2, 315–318.

Missel, M., & Birkelund, R. (2011). Living with incurable oesophageal cancer: A phenome-nological hermeneutical interpretation of patient stories. *European Journal of Oncology Nursing*, 15 (4), 296–301.

Monroe, K. R. (2008). Cracking the code of genocide: The moral psychology of rescuers, bystanders, and Nazis during the Holocaust. *Political Psychology*, 29 (5), 699–736.

Moran-Ellis, J., Alexander, V. D., Cronin, A., Dickinson, M., Fielding, J., Sleny, J., & Thomas, H. (2006a). Triangulation and integration: Process, claims and implications. *Qualitative Research*, 6 (45), 49–55.

Moran-Ellis, J., Alexander, V. D., Cronin, A., Fielding, J., & Thomas, H. (2006b). Analytic integration and multiple qualitative data sets. *Qualitative Researcher*, 2, 2–4.

Morgan, A. (2000). What is Narrative Therapy? www.dulwichcentre.com.au/alicearticle.html (accessed 2 September 2009).

Morrison, D. E. (1998). *The search for a method: Focus groups and the development of mass communication research*. Luton: University of Luton Press.

Muehlenhard, C. L., & Kimes, L. A. (1999). The social construction of violence: The case of sexual and domestic violence. *Personality and Social Psychology Review*, 3, 234–245.

Murray, M. (2000). Levels of narrative analysis in health psychology. *Journal of Health Psychology*, 5, 337–347.

Murray, M. (2003). Narrative psychology. In J. A. Smith (Ed.), *Qualitative psychology: A practical guide to research methods* (pp. 111–131). London: Sage.

Natanson, M. (1973). *Edmund Husserl: Philosopher of infinite tasks*. Evanston, IL: Northwestern University Press.

National Health Service Information Centre. (2010). Statistics on Obesity, Physical Activity and Diet: England 2010. www.ic.nhs/stats (accessed 6 June 2010).

Nespor, J. (2000). Anonymity and place in qualitative inquiry. *Qualitative Inquiry*, 6, 546. qix.sagepub.com/cgi/content/abstract/6/4/546 (accessed 26 August 2009).

Nightingale, D., & Cromby, J. (Eds.). (1999). *Social constructionist psychology*. Buckingham: Open University Press.

Nikander, P. (2008). Working with transcripts and translated data. *Qualitative Research in Psychology*, 5, 225–231.

Norris, S. (2002). The implication of visual research for discourse analysis: Transcription beyond language. *Visual Communication*, 1 (1), 97–121.

Nye, R. A. (2003). The evolution of the concept of medicalization in the late twentieth century. *Journal of History of the Behavioral Sciences*, 39 (2), 115–129.

O'Brien, C. (2007). Peer devaluation in British secondary schools: Young people's compari-sons of group-based and individual-based bullying. *Educational Research*, 49, 297–324.

O'Brien, M. (1999). Theorising modernity: Reflexity, environment and identity in Giddens' social theory. In M. O'Brien, S. Penna & C. Hay (Eds.), *Theorising modernity: Reflexity, environment and identity in Giddens' social theory* (pp. 17–38). London: Longman.

O'Callaghan, C., & Hiscock, R. (2007). Interpretive subgroup analysis extends modi-fied grounded theory research findings in oncologic music therapy. *Journal of Music Therapy*, 44 (3), 256–281.

Ochs, E. (1979). Transcription as theory. In E. Ochs & B. B Schiefflin (Eds.), *Developmental pragmatics* (pp. 43–72). New York: Academic.

O'Connell, D. C., & Kowal, S. (1995). Basic principles of transcription. In J. A. Smith, R. Harré & L. Van Langenhove (Eds.), *Rethinking methods in psychology* (pp. 93–105). London: Sage.

O'Connell, D. C., & Kowal, S. (1999). Transcription and the issue of standardization. *Journal of Psycholinguistic Research, 28* (2), 103–120.

Ogden, J. (2000). The correlates of long-term weight loss: A group comparison study of obesity. *International Journal of Obesity and Related Metabolic Disorders, 24,* 1018–1025.

Oliver, D. G., Serovich, J. M., & Mason, T. L. (2005). Constraints and opportunities with interview transcription: Towards reflection in qualitative research. *Social Forces, 84* (2), 1273–1289.

Onions, P. E. W. (n.d.). Grounded Theory Applications in Reviewing Knowledge Management Literature. www.bmu.ac.uk/research/postgradconf/papers/patrick_Onions_paper.pdf (accessed 10 October 2009).

O'Rourke, B. K., & Pitt, M. (2007). Using the technology of the confessional as an analytical resource: Four analytical stances towards research interviews in discourse analysis. *FQS: Forum: Qualitative Social Research, 8* (2), Art. 3, www.qualitative–research.net/index.php/fqs/article/view/224 (accessed 27 June 2012).

Orr, A., Orr, D., Willis, S., Holmes, M., & Britton, P. (2007). Patient perceptions of factors influencing adherence to medication following kidney transplant. *Psychology, Health and Medicine, 12* (4), 509–517.

Ortmann, A., & Hertwig, R. (2002). The costs of deception: Evidence from psychology. *Experimental Economics, 5* (23), 111–131.

Owusu-Bempah, J., & Howitt, D. (2000). *Psychology beyond Western perspectives.* Leicester: BPS Books.

Pagoto, S. L., Spring, B., Coups, E. J., Mulvaney, S., Coutu, M.-F., & Ozakinci, G. (2007). Barriers and facilitators of evidence-based practice perceived by behavioral science health professionals. *Journal of Clinical Psychology, 63* (7), 695–705.

Parker, I. (1989). *The crisis in modern social psychology.* London: Routledge.

Parker, I. (1990a). Discourse: Definitions and contradictions. *Philosophical Psychology, 3* (2), 189–205.

Parker, I. (1990b). Real things: Discourse, context and practice. *Philosophical Psychology, 3* (2), 227–233.

Parker, I. (1992). *Discourse dynamics: Critical analysis for social and individual psychology.* London: Routledge.

Parker, I. (1994). Discourse analysis. In P. Banister, E. Burman, I. Parker, M. Taylor & C. Tindall (Eds.), *Qualitative methods in psychology: A research guide* (pp. 92–107). Milton Keynes: Open University Press.

Parker, I. (Ed.). (1999a). *Deconstructing psychotherapy.* London: Sage.

Parker, I. (1999b). Tracing therapeutic discourse in material culture. *British Journal of Medical Psychology, 72,* 577–587.

Parker, I. (2002). *Critical discursive psychology.* London: Palgrave.

Parker, I. (2005). *Qualitative psychology: Introducing radical research.* Maidenhead: Open University Press.

Parker, I. (2007). *Revolution in psychology: Alienation to emancipation.* London: Pluto.

Parker, I. (2009). Critical psychology: A conversation with Slavoj Žižek. Annual Review of Critical Psychology, 7, pp. 355–373. www.discourseunit.com/arcp/7.htm

Parker, I. (2012). Discursive psychology now. *British Journal of Social Psychology, 51,* 471–477.

Parker, I. (2014). Critical discursive practice in social psychology. In N. Bozatzis & T. Dragonas (Eds.), *The discursive turn in social psychology* (pp. 190–204). Chagrin Falls, OH: Taos Institute Publications.

Parker, I., Georgaca, E., Harper, D., McLaughlin, T., & Stowell-Smith, M. (1995). *Deconstructing psychopathology*. London: Sage.

Passmore, J. (1967). Logical positivism. In P. Edwards (Ed.), *The encyclopedia of philosophy*, Vol. 5 (pp. 52–57). New York: Macmillan.

Patton, M. Q. (1986). *How to use qualitative methods in evaluation*. Newbury Park, CA: Sage.

Picard, A. (2007). Scientific breakthrough or unproven fix? *The Globe and Mail*, 26 March, A11.

Pilecki, A., Muro, J. M., Hammack, P. L., & Clemons, C. M. (2014). Moral exclusion and the justification of U.S. counterterrorism strategy: Bush, Obama, and the terrorist enemy figure. *Peace and Conflict: Journal of Peace Psychology, 20* (3), 285–299.

Pole, C., & Lampard, R. (2002). *Practical social investigation: Qualitative and quantitative methods in social research*. Harlow: Pearson Education.

Polkinghorne, D. (1989). Phenomenological research methods. In R. Valle & S. Halling (Eds.), *Existential-phenomenological perspectives in psychology* (pp. 41–60). New York: Plenum.

Polzer, J., & Knabe, S. (2012). From desire to disease: Human papillomavirus (HPV) and the medicalization of nascent female sexuality. *Journal of Sex Research, 49* (4), 344–352.

Potter, J. (1996a). Discourse analysis and constructionist approaches: Theoretical background. In J. E. Richardson (Ed.), *Handbook of qualitative research methods for psychology and the social sciences* (pp. 125–140). Leicester: British Psychological Society.

Potter, J. (1996b). *Representing reality: Discourse, rhetoric and social construction*. London: Sage.

Potter, J. (1997). Discourse analysis as a way of analysing naturally occurring talk. In D. Silverman (Ed.), *Qualitative research: Theory, methods and practice* (pp. 144–160). London: Sage.

Potter, J. (1998). Qualitative and discourse analysis. In A. S. Bellack & M. Hersen (Eds.), *Comprehensive clinical psychology*, Vol. 3 (pp. 117–144). Oxford: Pergamon.

Potter, J. (2001). 'Wittgenstein and Austin'. In M. Wetherell, S. Taylor & S. J. Yates (Eds.), *Discourse theory and practice: A reader* (pp. 39–56). London: Sage.

Potter, J. (2002). Two kinds of natural. *Discourse Studies, 4* (4), 539–542.

Potter, J. (2003). Discourse analysis and discursive psychology. In P. M. Camic, J. E. D. Rhodes & L. Yardley (Eds.), *Qualitative research in psychology: Expanding perspectives in methodology and design* (pp. 73–94). Washington, DC: American Psychological Association.

Potter, J. (2004). Discourse analysis. In M. Hardy & A. Bryman (Eds.), *Handbook of data analysis* (pp. 607–624). London: Sage.

Potter, J. (2012). Re-reading discourse and social psychology: Transforming social psychology. *British Journal of Social Psychology, 51*, 436–455.

Potter, J., & Edwards, D. (1990). Nigel Lawson's tent: Discourse analysis, attribution theory and the social psychology of fact. *European Journal of Social Psychology, 20*, 405–424.

Potter, J., Edwards, D., & Ashmore, M. (2002). Regulating criticism: Some comments on an argumentative complex. In I. Parker (Ed.), *Critical discursive psychology* (pp. 73–81). Basingstoke: Palgrave Macmillan.

Potter, J., & Hepburn, A. (2005a). Qualitative interviews in psychology: Problems and possibilities. *Qualitative Research in Psychology, 2* (4), 281–307.

Potter, J., & Hepburn, A. (2005b). Action, interaction and interviews: Some responses to Hollway, Mishler and Smith. *Qualitative Research in Psychology, 2* (4), 319–325.

Potter, J., & Hepburn, A. (2009). Transcription. www-staff.lboro.ac.uk/~ssjap/transcription/transcription.htm (accessed 17 June 2009).

Potter, J., & Wetherell, M. (1987). *Discourse and social psychology: Beyond attitudes and behaviour*. London: Sage.

Potter, J., & Wetherell, M. (1995). Discourse analysis. In J. A. Smith, R. Harré & L. V. Langenhove (Eds.), *Rethinking methods in psychology* (pp. 88–92). London: Sage.

Potter, J., Wetherell, M., Gill, R., & Edwards, D. (1990). Discourse: Noun, verb or social practice? *Philosophical Psychology*, 3, 205–217.

Povee, K., & Roberts, L. D. (2014). Qualitative research in psychology: Attitudes of psychology students and academic staff. *Australian Journal of Psychology*, 66, 28–37.

Preston, L., Marshall, A., & Bucks, R. (2007). Investigating the ways that older people cope with dementia: A qualitative study. *Aging and Mental Health*, 11 (2), 131–143.

Prevignano, C. L., & Thibault, E. A. (2003). Continuing the interview with Emanuel Schegloff. In C. L. Prevignano & P. J. Thibault (Eds.), *Discussing conversation analysis: The work of Emanuel Schegloff* (pp. 165–172). Amsterdam: John Benjamins.

Propp, V. (1927/1968). *Morphology of the folktale* (trans. L. Scott, 2nd ed.). Austin, TX: University of Texas Press.

Prus, R. C. (1996). *Symbolic interaction and ethnographic research: Inter-subjecitivity and the study of human lived experience*. Albany, NY: State University of New York Press.

Psathas, G., & Anderson, T. (1990). The 'practices' of transcription in conversation analysis. *Semiotica*, 78, 75–99.

Puchta, C., & Potter., J. (2004). *Focus group practice*. London: Sage.

Radley, A., & Chamberlain, K. (2001). Health psychology and the study of the case: From method to analytic concern. *Social Science and Medicine*, 53, 321–332.

Radley, A., & Green, R. (1986). Bearing illness: Study of couples where the husband awaits coronary graft surgery. *Social Science & Medicine*, 23 (6), 577–585.

RadPsyNet (2009). Society for the Psychological Study of Social Issues (SPSSI). www .radpsynet.org/notices/orgs.html#spssi (accessed 8 August 2009).

Rapley, T. J. (2001). The art(fullness) of open-ended interviewing: Some considerations on analyzing interviews. *Qualitative Research*, 1 (3), 303–323.

Reeves, C. (2010). A difficult negotiation: Fieldwork relations with gatekeepers. *Qualitative Research*, 10 (3), 315–331.

Reid, K., Flowers, P., & Larkin, M. (2005). Exploring lived experience. *The Psychologist*, 18 (1), 20–23.

Rennie, D. L., Watson, K. D., & Monteiro, A. M. (2002). The rise of qualitative psychology. *Canadian Psychology*, 43, 179–189.

Richardson, J. C., Ong, B. N., & Sim, J. (2006). Remaking the future: Contemplating a life with chronic widespread pain. *Chronic Illness*, 2 (3), 209–218.

Roberts, C. (2007). Qualitative Research Methods and Transcription. www.kcl.ac.uk/ schools/sspp/education/research/projects/dataqual.html (accessed 14 October 2009).

Roberts, J. M. (2014). Critical realism, dialectics, and qualitative research methods. *Journal for the Theory of Social Behaviour*, 44 (11), 1–23.

Robinson, J. D. (2004). The sequential organization of 'explicit' apologies in naturally occurring English. *Research on Language and Social Interaction*, 37 (3), 291–330.

Rose, N. S. (1985). *The psychological complex: Psychology, politics and society in England*. New York: Cambridge University Press.

Rose, N. S. (1996). *Inventing our selves: Psychology, power, and personhood*. Cambridge: Cambridge University Press.

Roundhill, S. J., Williams, W. H., & Hughes, J. M. (2007). The experience of loss following traumatic brain injury: Applying a bereavement model to the process of adjustment. *Qualitative Research in Psychology*, 4, 241–257.

Sacks, H. (1992). Lecture 1: Rules of conversational sequence. In E. Jefferson (Ed.), *H. Y. Sacks Lectures on Conversation; Vol. 1* (3rd ed.). Oxford: Blackwell.

Sacks, H. (1995). Lectures on conversation Volume ll. In G. Jefferson (Ed.), *Harvey Sacks, Lectures on conversation*, Volumes l & ll (pp. 1–131). Oxford: Basil Blackwell.

Sacks, O. W. (1985). *The man who mistook his wife for a hat*. London: Picador.

Salter, C., Holland, R., Harvey, I., & Henwood, K. (2007). 'I haven't even phoned my doctor yet.' The advice-giving role of the pharmacist during consultations for medication review with patients aged 80 or more: Qualitative discourse analysis. *British Medical Journal, 334*, 1101.

Sarbin, T. R. (1986). The narrative as a root metaphor for psychology. In T. R. Sarbin (Ed.), *Narrative psychology: The storied nature of human conduct* (pp. 3–21). New York: Praeger.

Sawkhill, S., Sparkes, E., & Brown, B. (2012). A thematic analysis of causes attributed to weight gain: A female slimmer's perspective. *Journal of Human Nutrition and Dietetics, 26* (1), 78–84.

Schegloff, E. A. (1968). Sequencing in conversational openings. *American Anthropologist, 70*, 1075–1095.

Schegloff, E. A. (2007). *Sequence organization in interaction: A primer in conversation analysis*, Volume 1. Cambridge: Cambridge University Press.

Schwandt, T. A. (2001). *Dictionary of qualitative inquiry* (2nd ed.). Thousand Oaks, CA: Sage.

Scott, M. M. (2005). A powerful theory and a paradox: Ecological psychologists after Barker. *Environment and Behavior, 37*, 295–329.

Seale, C. (Ed.) (1998). *Researching society and culture*. London: Sage.

Seale, C. (1999). Quality in qualitative research. *Qualitative Inquiry, 5* (4), 465–478.

Seligman, R., & Kirmayer, L. (2008). Dissociative experience and cultural neuro-science: Narrative, metaphor and mechanism. *Culture, Medicine and Psychiatry, 32*, 31–64.

Settles, I. H., Pratt-Hyatt, J. S., & Buchanan, N. T. (2008). Through the lens of race: Black and white women's perceptions of womanhood. *Psychology of Women Quarterly, 32*, 454–468.

Shaw, I. (2008). Ethics and the practice of qualitative research. *Qualitative Social Work, 7*, 400–414.

Shaw, R. L. (2008). The Society's Guidelines for Ethical Practice in Psychological Research on the Internet: What do we make of them? *Qualitative Methods in Psychology Newsletter, 5* May, 7–9.

Sheldon, K., & Howitt, D. (2007). *Sex offenders and the Internet*. Chichester: Wiley.

Shinebourne, P. (2011). The theoretical underpinnings of interpretative phenomenological analysis. *Existential Analysis, 22* (1), 16–31.

Shinebourne, P., & Smith, J. A. (2009). Alcohol and the self: An interpretative phenomenological analysis of the experience of addiction and its impact on the sense of self and identity. *Addiction Research and Theory, 17* (2), 152–167.

Shotter, J. (1995a). Dialogical psychology. In J. A. Smith, R. Harré & L. Van Langenhove (Eds.), *Rethinking psychology* (pp. 160–178). London: Sage.

Shotter, J. (1995b). In dialogue social constructionism and radical constructivism. In L. Steffe & J. Gale (Eds.), *Constructivism in education*. Hillsdale, NJ: Lawrence Erlbaum Associates Publishers, pp. 41–56.

Shotter, J. (1999). The social construction of subjectivity: Can it be theorized? Review of Julian Henriques, Wendy Holloway, Cathy Urwin, Couze Venn, and Valerie Walkerdine: Changing the subject: Psychology, social regulation and subjectivity. *Contemporary Psychology, 44*, 482–483. pubpages.unh.edu/~jds/CP_99.htm (accessed 7 August 2008).

Shye, S., & Elizur, D. (1994). *Introduction to facet theory: Content design and intrinsic data analysis in behavioural research*. Thousand Oaks, CA: Sage.

Silverman, D. (1997). The logics of qualitative research. In G. Miller & R. Dingwall (Eds.), *Context and method in qualitative research* (pp. 12–25). London: Sage.

Silverman, D. (1998). *Harvey Sacks: Social science and conversation analysis*. Cambridge: Polity Press.

Sin, S. (2010). Considerations of quality in phenomenographic research. *International Journal of Qualitative Methods*, 9 (4), 305–319.

Smith, J. A. (1996). Beyond the divide between cognition and discourse: Using interpretative phenomenological analysis in health psychology. *Psychology & Health*, 11 (2), 261–271.

Smith, J. A. (2004). Reflecting on the development of interpretative phenomenological analysis and its contribution to qualitative research in psychology. *Qualitative Research in Psychology*, 1, 39–54.

Smith, J. A. (2005). Advocating pluralism. *Qualitative Research in Psychology*, 2, 309–11.

Smith, J. A. (2007). Hermeneutics, human sciences and health: Linking theory and practice. *International Journal of Qualitative Studies on Health and Well-being*, 2, 3–11.

Smith, J. A. (2008). Introduction. In J. Smith (Ed.) *Qualitative psychology: A practical guide to research methods* (2nd ed., pp. 1–3). London: Sage.

Smith, J. A. (2011). 'We could be diving for pearls': The value of the gem in experiential qualitative psychology. *QMiP Bulletin*, 12, 6–15.

Smith, J. A. (n.d.). Interpretative Phenomenological Analysis (IPA): What is It? www.ccsr. ac.uk/methods/festival/programme/wiwa/smith.doc (accessed 24 April 2012).

Smith, J. A., & Eatough, V. (2006). Interpretative phenomenological analysis. In G. M. Breakwell, S. Hammond, C. Fife-Schaw & J. A. Smith (Eds.), *Research methods in psychology* (3rd ed., pp. 322–341). London: Sage.

Smith, J. A., Flowers, P., & Larkin, M. (2009). *Interpretive phenomenological analysis: Theory, method, and research*. London: Sage.

Smith, J. A., Jarman, M., & Osborn, M. (1999). Doing interpretative phenomenological analysis. In M. Murray & K. Chamberlain (Eds.), *Qualitative health psychology: Theories and methods* (pp. 218–241). London: Sage.

Smith, J. A., & Osborn, M. (2003). Interpretative phenomenological analysis. In J. A. Smith (Ed.), *Qualitative psychology: A practical guide to research methods* (2nd ed., pp. 57–80). London: Sage.

Smith, S. S., & Richardson, D. (1983). Amelioration of deception and harm in psychological research: The important role of debriefing. *Journal of Personality and Social Psychology*, 44, 1075–1082.

Sousa, D. (2008). From Monet's paintings to Margaret's ducks. *Existential Analysis*, 19 (1), 143–155.

Spagnolli, A., & Gamberini, L. (2007). Interacting via SMS: Practices of social closeness and reciprocation. *British Journal of Social Psychology*, 46 (2), 343–364.

Speer, S. A. (2005). *Gender talk: Feminism, discourse and conversation analysis*. London: Routledge.

Spencer, L., Ritchie, J., Lewis, J., & Dillon, L. (2003). *Quality in qualitative evaluation: A framework for assessing research evidence. A quality framework*. Cabinet Office: Government Chief Social Researcher's Office, Strategy Unit. www.civilservice.gov.uk/wp-content/uploads/2011/09/a_quality_framework_tcm6-7314.pdf (accessed 24 April 2012).

Spradley, J. P. (1980). *Participant observation*. New York: Rinehart and Winston.

Ssasz, T. (1986). The case against suicide prevention. *American Psychologist*, 41 (7), 806–812.

St Louis University, Qualitative Research Committee (2009). Qualitative Research Journals. www.slu.edu/organizations/qrc/QRjournals.html (accessed 24 April 2012).

Stacey, J. (1988). Can there be a feminist ethnography? *Women's Studies International Forum, 11* (1), 21–27.

Stainton Rogers, R. and Stainton Rogers, W. (1997). Going critical? In T. Ibáñez and L. Íñiguez (Eds.), *Critical social psychology*. London: Sage.

Stiegler, L. N. (2007). Discovering communicative competencies in a nonspeaking child with autism. *Language, Speech, and Hearing Services in Schools, 38* (4), 400–413.

Stokoe, E. (2010). 'I'm not gonna hit a lady': Conversation analysis, membership categorization and men's denials of violence towards women. *Discourse & Society, 21,* 59–82.

Stokoe, E. H. (2003). Mothers, single women and sluts: Gender, morality and membership categorization in neighbour disputes. *Feminism and Psychology, 13* (3), 317–344.

Stokoe, E., & Weatherall, A. (Eds.) (2002). Gender, language, conversation analysis and feminism. *Discourse & Society* special issue, *13* (6).

Strandmark, M., & Hallberg, L. R-M. (2007). Being rejected and expelled from the workplace: Experiences of bullying in the public service sector. *Qualitative Research in Psychology, 4,* 1–14.

Strauss, A., & Corbin, J. (1990). *Basics of qualitative research: Grounded theory, procedures and techniques*. Newbury Park, CA: Sage.

Strauss, A., & Corbin, J. (1994). Grounded theory methodology: An overview. In N. K. Denzin & Y. Lincoln (Eds.), *Handbook of qualitative research* (pp. 273–285). Thousand Oaks, CA: Sage.

Strauss, A., & Corbin, J. (1998). *Basics of qualitative research: Grounded theory, procedures and techniques* (2nd ed.). Newbury Park, CA: Sage.

Strauss, A., & Corbin, J. (1999). Grounded theory methodology: An overview. In A. Bryman & R. G. Burgess (Eds.), *Qualitative research*, Vol. 3 (pp. 73–93). Thousand Oaks, CA: Sage.

Stubbs, M. (1983). *Discourse analysis: The sociolinguistic analysis of natural language*. Oxford: Blackwell.

Sudddaby, R. (2006). From the Editors: What Grounded Theory is not. *Academy of Management Journal, 49* (4), 633–642.

Taylor, C. (2008). Online QDA. onlineqda.hud.ac.uk/methodologies.php (accessed 24 April 2012).

Taylor, S. (2001). Locating and conducting discourse analytic research. In M. Wetherell, S. Taylor, & S. J. Yates (Eds.), *Discourse as data: A guide for analysis* (pp. 5–48). London: Sage.

ten Have, P. (1999). *Doing conversation analysis: A practical guide*. London: Sage.

ten Have, P. (2007). *Doing conversation analysis: A practical guide* (2nd ed.). London: Sage.

The White House, Office of the Press Secretary. (2007, July 24). Remarks by President Bush on the Global War on Terror. kabul.usembassy.gov/bush_072407.html

The White House, Office of the Press Secretary. (2009). Remarks by the President on national security. www.whitehouse.gov/the-press-office/remarks-president-national-security-5-21-09

The White House, Office of the Press Secretary. (2011). Remarks by the President on the Middle East and North Africa. www.whitehouse.gov/the-press-office/2011/05/19/remarks-president-middle-east-and-north-africa

Thomas, G., & James, D. (2006). Reinventing grounded theory: Some questions about theory, ground and discovery. *British Educational Research Journal, 32* (6), 767–795.

Tileaga, C. (2007). Ideologies of moral exclusion: A critical discourse reframing of deper-sonalization, delegitimization and dehumanization. *British Journal of Social Psychology*, *46*, 717–737.

Tilley, E., & Woodthorpe, K. (2011). Is it the end for anonymity as we know it? A crit-ical examination of the ethical principle of anonymity in the context of 21st century demands on the qualitative researcher. *Qualitative Research*, *11* (2), 197–212.

Titchener, E. B. (1898). The postulates of a structural psychology. *Philosophical Review*, *7*, 449–465.

Toerien, M., & Kitzinger, C. (2007). Emotional labour in the beauty salon: Turn design of task-directed talk. *Feminism and Psychology*, *17* (2), 162–172.

Tolman, E. C. (1948). Cognitive maps in rats and men. *Psychological Review*, *55* (4), 189–208.

Tomkins, S. S. (1979). Script theory. In H. E. Howe, Jr, & R. A. Doemstbeoer (Eds.), *Nebraska Symposium on Motivation*, Vol. 26 (pp. 201–236). Lincoln, NE: University of Nebraska Press.

Tseliou, E. (2013). A critical methodological review of discourse and conversation analysis studies of family therapy. *Family Process*, *52* (4), 653–672.

UK Data Archive (n.d.). Manage and Share Data: Consent, confidentiality and ethics in data sharing. www.data-archive.ac.uk/sharing/confidential.asp (accessed 26 August 2009).

University of York, Department of Sociology (n.d.). Culture, Interaction and Knowledge: Sociology at York – Past, Present and Future. www.york.ac.uk/sociology/about/news-and-events/department/past-events/culture-interaction/45-years/day-two/ (accessed 24 April 2012).

van Dijk, T. (2001). Principles of critical discourse analysis. In M. Wetherell, S. Taylor & S. J. E. Yates (Eds.), *Discourse theory and practice: A reader* (pp. 300–317). London: Sage.

Vangeli, E., & West, R. (2012). Transition towards a 'non-smoker' identity following smoking cessation: An interpretative phenomenological analysis. *British Journal of Health Psychology*, *17*, 171–184.

Verkuyten, M. (2005). Accounting for ethnic discrimination: A discursive study among minority and majority group members. *Journal of Language and Social Psychology*, *24* (1), 66–92.

Veseth, M., Binder, P.-E. Borg, M., & Davidson, L. (2012). Toward caring for oneself in a life of intense ups and downs: A reflexive-collaborative exploration of recovery in bipolar disorder. *Qualitative Health Research*, *22* (1), 119–133.

Vidich, A. J., & Lyman, S. M. (2000). Qualitative methods: Their history in sociology and anthropology. In N. L. Denzin & Y. S. Lincoln (Eds.), *Handbook of qualitative research* (2nd ed., pp. 37–84). Thousand Oaks, CA: Sage.

Voutilainen, L., Peräkylä, A., & Ruusuvuori, J. (2011). Therapeutic change in interaction: Conversation analysis of a transforming sequence. *Psychotherapy Research*, *21* (3), 348–365.

Wardle, J. (2009). Current issues and new directions in psychology and health: The genetics of obesity – what is the role for health psychology? *Psychology & Health*, *24*, 997–1001.

Watson, J. B. (1913). Psychology as the behaviorist views it. *Psychological Review*, *20*, 158–177.

West, C. (1979). Against our will: Male interruptions of females in cross-sex conversations. *Annals of the New York Academy of Sciences*, *327*, 81–97.

Wertz, F. J. (2014). Qualitative inquiry in the history of psychology. *Qualitative Psychology*, *1* (1), 4–16.

Wetherell, M. (1998). Positioning and interpretative repertoires: Conversation analysis and post-structuralism in dialogue. *Discourse & Society*, 9, 387–412.

Wetherell, M., & Potter, J. (1992). *Mapping the language of racism: Discourse and the legitimation of exploitation*. Hemel Hempstead: Harvester/Wheatsheaf and New York: Columbia University Press.

Wetherell, M., Taylor, S., & Yates, S. J. (Eds.) (2001). *Discourse as data: A guide for analysis*. London: Sage.

White, M., & Epston, D. (1990). *Narrative means to therapeutic ends*. New York: Norton.

Whitsitt, D. R. (2009). A phenomenological exploration of coronary bypass surgery as experienced by three couples. *Journal of Phenomenological Psychology*, 40 (2), 140–177.

Whyte, W. F. (1943). *Street corner society. The social structure of an Italian slum*. Chicago, IL: University of Chicago Press.

Whyte, W. F. (1984). *Learning from the field: A guide from experience*. Beverly Hills, CA: Sage.

Wiggins, S. (2013). The social life of 'eugh': Disgust as assessment in family mealtimes *British Journal of Social Psychology*, 52, 489–509.

Wiggins, S., and Potter, J. (2008). Discursive psychology. In C. Willig & W. Stainton-Rogers (Eds.), *The SAGE handbook of qualitative research in psychology* (pp. 73–93). London: Sage.

Wilkinson, S. (1997). Feminist psychology. In D. Fox & I. Prilleltensky (Eds.), *Critical psychology: An introduction* (pp. 247–264). London: Sage.

Wilkinson, S., & Kitzinger, C. (2008). Using conversation analysis in feminist and critical research. *Social and Personality Psychology Compass*, 2 (2), 555–573.

Willig, C. (2008a). Discourse analysis. In J. Smith (Ed.), *Qualitative psychology: A practical guide to research methods* (2nd ed., pp. 160–185). London: Sage.

Willig, C. (2008b). *Introducing qualitative research in psychology* (2nd ed.). Maidenhead: Open University Press.

Willig, C. (2013). *Introducing qualitative research in psychology* (3rd ed.). Maidenhead: Open University Press.

Willig, C., & Stainton-Rogers, W. (2008). Introduction. In C. Willig & W. Stainton-Rogers (Eds.), *The SAGE handbook of qualitative research in psychology* (pp. 1–12). London: Sage.

Witcher, C. G. S. (2010). Negotiating transcription as a relative insider: Implications for rigour. *International Journal of Qualitative Methods*, 9, 122–132.

Witzel, A., & Mey, G. (2004). I am NOT opposed to quantification or formalization or modeling, but do not want to pursue quantitative methods that are not commensurate with the research phenomena addressed. *Forum: Qualitative Social Research*, 5(3), Article 41. www.qualitative-research.net/fqs-texte/3-04/04-3-41-e.htm (accessed 24 April 2012).

Wooffitt, R. (2001). Researching psychic practitioners: Conversation analysis. In M. Wetherell, S. Taylor & S. J. Yates (Eds.), *Discourse as data: A guide for analysis* (pp. 49–92). London: Sage.

Woolgar, S. (1996). Psychology, qualitative methods and the ideas of science. In J. T. E. Richardson (Ed.), *Handbook of qualitative research methods for psychology and the social sciences* (pp. 11–24). Leicester: BPS Books.

Wundt, W. (1912). *An introduction to psychology*. Translated by R. Pintner. New York: The MacMillan Company.

Yin, R. K. (2003). *Case study research: Design and methods* (3rd ed.). Thousand Oaks, CA: Sage.

Zimmerman, D. H., & West, C. (1975). Sex roles, interruptions and silences in conversation. In B. Thorne & N. Henley (Eds.), *Language and sex: Difference and dominance* (pp. 105–129). Rowley, MA: Newbury House.

译后记

　　丹尼斯·豪伊特的《心理学质性研究方法导论》(第 3 版)一书,较为系统地介绍了心理学质性研究方法的产生背景、发展历程、数据收集、分析方法、撰写过程、质量管控、伦理问题、案例分析等内容。该书对于每一种质性研究方法在使用过程中可能遇到的"是什么""为什么""怎么用""何时用"等问题均提供了丰富且翔实的参考信息,有助于读者全面了解和综合运用心理学质性研究方法探究实际问题。

　　本书作者对于心理学质性研究方法与量化研究方法的关系也有着客观的审视。有趣的是,作者本人此前长期从事量化心理学的研究和教学工作,对量化心理学的优缺点有深入的考量。这使他更清晰地认识到质性心理学发展的必要性,并且可以对质性研究方法的适用情境和使用策略进行更为科学、系统的探索。该书帮助读者在研究问题允许的情况下,进行量化和质性研究相结合的有益尝试。

　　不仅如此,质性心理学的发展在很大程度上受到社会学、哲学、语言学的影响。作者在接触心理学后,曾在工厂体验生活,在监狱开展研究,在医院实习工作。他还与大量社会学家、人类学家、语言学家长期共事。这些丰富的科研和交流经历使他可以对心理学研究方法做更为深刻的阐释。

　　受中国心理学会质性研究专业委员会的委托,我们 10 位译者在从事繁重科研和教学工作的同时,承担了本书的翻译工作。我们的分工为:宋亚男(北京大学),第 1、2 章;王玉(东北财经大学),第 3、4 章;熊韦锐(重庆师范大学),第 5、6 章;刘亚(重庆师范大学),第 7、8 章;阎书昌(河北师范大学),第 9 和 11 章;殷明(江苏警官学院),第 10 和 12 章;李力红(东北师范大学),第 13、14 章;彭文波(重庆师范大学),第 15、16 章;周丽华(浙江外国语学院),第 17、18 章。全书由甘怡群、宋亚男统稿。

　　应该感谢每位译者的努力,把原作者深入的思考、具有原创性的方法忠实地传递给读者。相信读者在阅读该书的过程中,不仅可以感受到质性心理学方法的独特魅力,也有幸体会到人类对于真理追求的努力尝试和无限乐趣。

译者